মহাজীবন

রবীন্দ্রনাথ বর্ণিত মহাত্মাদের জীবনগাথা

শ্রীরবীন্দ্রনাথ ঠাকুর

মহাজীবন

রবীন্দ্রনাথ-বর্ণিত মহাত্মাদের জীবনগাথা

হাওয়াকল

কলকাতা | নিউ দিল্লি | ফ্লোরিডা

স্থাপিত ২০০৮

হাওয়াকল

কলকাতা | নিউ দিল্লি | ফ্লোরিডা

Mahajibon
Life stories of various Prophets
by Rabindranath Tagore

প্রথম হাওয়াকল সংস্করণ অগাস্ট ২০২৫

প্রচ্ছদের ছবি ও প্রস্তুত বিতান চক্রবর্তী

হাওয়াকল পাবলিশার্স-এর পক্ষে
৭০-বি/৯ অমৃতপুরি, ইস্ট অফ কৈলাশ, নিউ দিল্লি ৬৫
৩৩/১/২ কে বি সরণী, দমদম, কলকাতা ৮০
থেকে প্রকাশিত
এবং শরৎ ইমপ্রেশন প্রাইভেট লিমিটেড,
শ্যামাচরণ দে স্ট্রিট, কলকাতা ৭৩
থেকে মুদ্রিত

info@hawakal.com
Contact: 8420758224

INR 650.00/- | USD 25.99

ISBN: 978-81-19858-05-7 (Hardback)
978-81-19858-28-6 (Paperback)

www.hawakal.com

সূচি

প্রাসঙ্গিকী

মৃত্যুতে যে পার্থিব জীবনের অবসান হয়, তার আগে সেই জীবন কতজনের জীবন হয়ে উঠতে পারে? এমন কি হতে পারে, এক জীবন আরও অনেক জীবনের নতুন জন্ম দিয়ে গেল? হতে পারে এবং হয়েছেও। ইতিহাস বলছে এসেছে এমন বহু জীবন যা কোনো একক ব্যক্তিজীবন হয়ে ওঠেনি, হয়ে উঠেছে মহাজীবন।

মহাজীবন-এর অর্থ বিচারে মহৎ ও মহান এই দুটি শব্দ চলে আসে জীবনের আগে। এই পৃথিবীতে কোনো এক সময় জন্মগ্রহণ করেছিলেন তথাগত। জীবনের সাধনায় এক রাজপুত্রের নবজন্ম হয়েছিল, কঠোর ত্যাগ তাঁকে জাগতিক সুখ দুঃখের ঊর্ধ্বে নিয়ে গিয়েছিল। তিনি হয়ে উঠেছিলেন গৌতম বুদ্ধ। পৃথিবীময় আদ্বিজ-চণ্ডালে শান্তির বাণী বর্ষিত হয়েছিল তারপর। বুদ্ধের বহু বছর পর পৃথিবীতে এলেন আরেক পুরুষ। পিতৃপরিচয়হীন সেই পুরুষ পরিচিত হয়েছিলেন মা মেরির সন্তানরূপে। বেথলহেলমের রাস্তায় একদিন বর্ষিত হয়েছিল শান্তির বাণী, অন্তরে প্রবাহিত হয়েছিল ত্যাগের উচ্ছ্বাস। ক্রুশবিদ্ধ হওয়ার সময়েও তাঁর কণ্ঠে ছিল ক্ষমার বার্তা, পিতা তুমি ওদের ক্ষমা কোরো।

এরপর সময়স্রোতে বয়ে গেছে অনেক জল। বুদ্ধ, খ্রিস্টের পূর্ব ও পরবর্তী সময়ে বহু রক্তক্ষয়ী হিংসাত্মক পরিস্থিতির সম্মুখীন

হয়েছে মানব সভ্যতা। ক্ষয় হয়েছে সাম্রাজ্যের, বিপর্যস্ত হয়েছে মনুষ্যত্ব। সবকিছুর ভিতর কেবল তিনটি শব্দ কাজ করে গেছে নীরবে—ত্যাগ, শান্তি এবং ক্ষমা। অনেক অনেক পরে ভারতবর্ষের ইতিহাসের দিকে ফিরে তাকালে চারজন পুরুষ আসবেন একে একে। রামমোহন রায়, ঈশ্বরচন্দ্র বন্দ্যোপাধ্যায়, দেবেন্দ্রনাথ ঠাকুর ও মোহনদাস করমচাঁদ গান্ধী। সনাতন হিন্দু ধর্মের বর্বরোচিত প্রথা সতীদাহ-র বিরুদ্ধে কার্যত একক প্রচেষ্টায় প্রতিরোধ গড়ে তুলেছিলেন রামমোহন। ব্রিটিশ ভারতে সেই প্রতিরোধ রাজকীয়। শেষপর্যন্ত আইনি হস্তক্ষেপে রোখা সম্ভব হয় এই কু-প্রথাকে। রাজা রামমোহন রায় এখানেই যুগপুরুষ, মহামানব। প্রশস্ত ললাট এবং প্রখর তেজ ছিল তাঁর চরিত্রে। ইতিহাস তো তেমন কথাই বলে। মহিলারা যে সমাজে ভয়াবহ বিপর্যস্ততার সম্মুখীন, বাল্য বিধবারা তাঁদের বৈধব্য যন্ত্রণায় বিপর্যস্ত, সেখানে রুখে দাঁড়ালেন ঈশ্বর। প্রকৃতই যেন ঈশ্বর তিনি! কেবল বিধবা বিবাহের প্রচলনে দীর্ঘ লড়াই করেই থেমে থাকলেন না, নারীশিক্ষার বিস্তারে কার্যত একক প্রচেষ্টায় স্থাপন করলেন একাধিক স্কুল। চরিত্রের দার্ঢ্য ও বিদ্যার সাগরস্বরূপ এই যুগপুরুষ পরিচিত হলেন ঈশ্বরচন্দ্র বিদ্যাসাগররূপে।

দেবেন্দ্রনাথ ঠাকুর তাঁর জীবন যাপনে বহু সমালোচিত। ঠাকুর পরিবারের অন্ধকার ইতিহাস তার ছায়া বিস্তার করেছে দেবেন্দ্রনাথের জীবনজুড়ে। তবে এই সমস্ত কঠিন পরিস্থিতিতেও তিনি থেকেছেন অবিচল। তাঁর ধী শক্তি বিস্ময়কর! শান্তম্, শিবম্, অদ্বৈতম্ এর মহামন্ত্রে দেবেন্দ্রনাথ নিজেকে ও পরিস্থিতিকে স্থির রাখতে পেরেছেন, হয়ে উঠেছেন মহর্ষি। তাঁর দ্যুতি যে বালক বয়স থেকেই রবীন্দ্রনাথের জীবনে এসে পড়েছে, পিতার জন্ম, মৃত্যু এবং দীক্ষা তিথির বক্তৃতাগুলিই প্রমাণ বহন করে।

ব্রিটিশ ভারতে প্রতিমুহূর্তে যখন দেশবাসীর অস্তিত্ব সংকটের মুখোমুখি, তখন প্রকট হয়েছিলেন দুই ব্যক্তিত্ব। একজন নিজের ব্যারিস্টারের নিশ্চিন্ত কর্মজীবনকে পিছনে রেখে ভারতবর্ষে এসেছিলেন আর্ত দেশবাসীর সহিতত্বের সরিক হতে; অপরজন সশস্ত্র

বিপ্লবের বাতাবহের আবহ থেকে নিজেকে বৃহৎ মুক্তির পথে সরিয়ে নিয়েছিলেন। কর্ম তাঁদের উপাধি প্রদান করেছিল, 'মহাত্মা' এবং 'ঋষি', একদিকে গান্ধীজি অন্যদিকে অরবিন্দ। তাঁদের রাজনৈতিক অবস্থান নিয়ে প্রচুর পক্ষ-বিপক্ষের সৃষ্টি হয়েছে। মতান্তর ও মনান্তরকে পাশে রেখে কেবল তিনটি শব্দের দিকে পুনরায় ফিরে যেতে হবে—ত্যাগ, ক্ষমা ও শান্তি। এই শব্দ তিনটির কাছে ফিরে যেতে হবে বহু ইতিহাস পেরিয়ে, উপলব্ধি করতে হবে কেন গান্ধী হয়ে উঠলেন মহাত্মাজি এবং অরবিন্দ ঘোষ হয়ে উঠলেন ঋষি অরবিন্দ। কী বলব তবে, এঁরা মহামানব নন?

ভারতবাসীকে স্বাধীনতা প্রদানের জন্য সোচ্চার কণ্ঠে তিনি বলতে পেরেছিলেন, রক্তের অধিকার থেকে জন্ম নেবে নতুন স্বাধীনতা। আজাদ হিন্দ বাহিনীর দিল্লি অভিযান ভিত নাড়িয়ে দিয়েছিল ইংরেজ সরকারের। প্রকৃত নেতার সমস্ত লক্ষণ সুস্পষ্ট হয়ে উঠেছিল সুভাষচন্দ্র বসুর চরিত্রে। হয়ে উঠেছিলেন প্রকৃত 'দেশনায়ক'। তাঁর ভিতরেও কি কাজ করেছিল সুপ্রাচীন সেই তিনটি শব্দ? করলেও কীভাবে? এই উত্তর সন্ধানের দায়িত্বটুকু পাঠকের জন্য থাক।

এই প্রত্যেকের জীবন কার্যত এভাবেই হয়ে উঠেছে মহাজীবন। তাঁরা হয় যুগপুরুষ, না হয় মহামানব। শুধু বাকি রইল একটি নাম, রবীন্দ্রনাথ। তিনি তো ঋষিকল্প! নিজের প্রজ্ঞা ও অন্তর্দর্শনে এই প্রত্যেক মনীষার জীবনী নির্মাণ করেছিলেন রবীন্দ্রনাথ। কখনো বিশ্বভারতীর ছাত্রদের উদ্দেশে দিয়েছিলেন ভাষণ। কখনো বিশেষ কোনো সভায় রেখেছিলেন নিজের বক্তব্য। অনেকক্ষেত্রে লিপিবদ্ধ করেছিলেন নিজের বিস্তীর্ণ ভাবনারাশি চিঠিপত্র বা কবিতায়। রবীন্দ্রদর্শনে প্রত্যেকের জীবন নিছক সালতামামি বহির্ভূত এক বৃহৎ মহাজীবন হয়ে উঠেছে। পুলিনবিহারী সেন এবং অন্যান্য ব্যক্তিবর্গ বিশ্বভারতীর ঐকান্তিক প্রচেষ্টায় একত্রিত করেছিলেন সেই সমস্ত জীবনীগুলিকে। বিচ্ছিন্নভাবে সেই জীবনীগ্রন্থগুলি একসময়ে পাওয়া গেলেও বর্তমানে তা দুর্লভ। বর্তমান সময় ও পরিস্থিতির নিরিখে এই

জীবনীগুলিকে একত্রিত করা প্রয়োজনীয় বলে মনে হয়।

সময়কে অবলম্বন করে উত্থান হয় কিছু শক্তির। রাজ্য, দেশ, পৃথিবীব্যাপী সেই শক্তি নিজের অস্তিত্বকে কায়েম করতে চায়। একটি ভূখণ্ডে বসবাস করছিল কিছু মানুষ। কয়েক সেকেন্ডের ব্যবধানে নিশ্চিহ্ন হয়ে গেল সেই ভূ-খণ্ড! তার সমস্ত বাসিন্দারা মুহূর্তখানেক আগেও জানত না, মৃত্যু এমন অবশ্যম্ভাবী হয়ে উঠতে চলেছে তাদের জীবনে! শিশু, যুবক, যুবতী, বৃদ্ধ, বৃদ্ধা, শিল্পী, সাহিত্যিক কেউ রেয়াত পেলেন না।

রাষ্ট্রের ক্ষমতা নেমে আসছে যুব সমাজের উপর। শিশু থেকে বয়স্ক, রেহাই নেই কারও। সনাতনপন্থী হোক বা জেহাদের সোচ্চার আস্ফালন, সাম্প্রদায়িকতার নগ্ন রূপ প্রত্যক্ষ করছে একুশ শতকের আধুনিক সভ্যতা। ভবিষ্যৎহীন প্রজন্মের হাহাকারে ক্লান্ত এই পৃথিবী। এই আধুনিকতাই কি কাঙ্ক্ষিত ছিল?

এই সমস্ত প্রশ্ন অতি প্রাসঙ্গিক হয়ে দাঁড়ায় প্রতিমুহূর্তে। ঠিক তখনই আমাদের ফিরে যেতে হয় সেই তিনটি শব্দের কাছে আবারও; ত্যাগ, শান্তি, ক্ষমা। তাই 'মহাজীবন' প্রকাশ করা হয়ে ওঠে অবশ্যম্ভাবী। অতি প্রাসঙ্গিক হয়ে ওঠেন রবীন্দ্রনাথ।

এই গ্রন্থে মূল বানান অপরিবর্তিত রয়েছে শুধু যেটুকু সংশোধন প্রয়োজন, তার অতিরিক্ত কোনো সংযোজন করা হয়নি। হাওয়াকল প্রকাশিত 'মহাজীবন' এই অস্থির সময়ের ভাষ্য হয়ে উঠুক, আশা এইটুকুই।

বিতান দে
২২ জুলাই ২০২৫
কলকাতা

বুদ্ধ

ক্রম

বুদ্ধদেব

আমি যাঁকে অন্তরের মধ্যে সর্বশ্রেষ্ঠ মানব বলে উপলব্ধি করি আজ এই বৈশাখী পূর্ণিমায় তাঁর জন্মোৎসবে আমার প্রণাম নিবেদন করতে এসেছি। এ কোনো বিশেষ অনুষ্ঠানের উপকরণগত অলঙ্কার নয়, একান্তে নিভৃতে যা তাঁকে বার-বার সমর্পণ করেছি সেই অর্ঘ্যই আজ এখানে উৎসর্গ করি।

একদিন বুদ্ধগয়াতে গিয়েছিলাম মন্দিরদর্শনে, সেদিন এই কথা আমার মনে জেগেছিল—যাঁর চরণস্পর্শে বসুন্ধরা একদিন পবিত্র হয়েছিল তিনি যেদিন সশরীরে এই গয়াতে ভ্রমণ করছিলেন, সেদিন কেন আমি জন্মাই নি, সমস্ত শরীর মন দিয়ে প্রত্যক্ষ তাঁর পুণ্যপ্রভাব অনুভব করি নি?

তখনি আবার এই কথা মনে হল যে, বর্তমান কালের পরিধি অতি সংকীর্ণ, সদ্য উৎক্ষিপ্ত ঘটনার ধূলি-আবর্তে আবিল, এই অল্পপরিসর অস্বচ্ছ কালের মধ্যে মহামানবকে আমরা পরিপূর্ণ করে উপলব্ধি করতে পারি নে ইতিহাসে বার-বার তার প্রমাণ হয়েছে। বুদ্ধদেবের জীবিতকালে ক্ষুদ্র মনের কত ঈর্ষা, কত বিরোধ তাঁকে আঘাত করেছে; তাঁর মাহাত্ম্য খর্ব করবার জন্যে কত মিথ্যা নিন্দার প্রচার হয়েছিল। কত শত লোক যারা ইন্দ্রিয়গত ভাবে তাঁকে কাছে

দেখেছে তারা অন্তরগত ভাবে নিজেদের থেকে তাঁর বিপুল দূরত্ব অনুভব করতে পারে নি, সাধারণ লোকালয়ের মাঝখানে থেকে তাঁর অলৌকিকত্ব তাদের মনে প্রতিভাত হবার অবকাশ পায় নি। তাই মনে করি, সেদিনকার প্রত্যক্ষ ধাবমান ঘটনাবলীর অস্পষ্টতার মধ্যে তাঁকে যে দেখি নি সে ভালোই হয়েছে। যাঁরা মহাপুরুষ তাঁরা জন্মমুহূর্তেই স্থান গ্রহণ করেন মহাযুগে, চলমান কালের অতীত কালেই তাঁরা বর্তমান, দূরবিস্তীর্ণ ভাবী কালে তাঁরা বিরাজিত। এ কথা সেদিন বুঝেছিলুম সেই মন্দিরেই। দেখলুম, দূর জাপান থেকে সমুদ্র পার হয়ে একজন দরিদ্র মৎস্যজীবী এসেছে কোনো দুষ্কৃতির অনুশোচনা করতে। সায়াহ্ন উত্তীর্ণ হল নির্জন নিঃশব্দ মধ্যরাত্রিতে, সে একাগ্রমনে করজোড়ে আবৃত্তি করতে লাগল: আমি বুদ্ধের শরণ নিলাম। কত শত শতাব্দী হয়ে গেছে, একদা শাক্যরাজপুত্র গভীর রাত্রে মানুষের দুঃখ দূর করবার সাধনায় রাজপ্রাসাদ ত্যাগ করে বেরিয়েছিলেন; আর সেদিনকার সেই মধ্যরাত্রে জাপান থেকে এল তীর্থযাত্রী গভীর দুঃখে তাঁরই শরণ কামনা করে। সেদিন তিনি ঐ পাপপরিতপ্তের কাছে পৃথিবীর সকল প্রত্যক্ষ বস্তুর চেয়ে প্রত্যক্ষতম, অন্তরতম; তাঁর জন্মদিন ব্যাপ্ত হয়ে রয়েছে ঐ মুক্তিকামীর জীবনের মধ্যে। সেদিন সে আপন মনুষ্যত্বের গভীরতম আকাঙ্ক্ষার দীপ্তশিখায় সম্মুখে দেখতে পেয়েছে তাঁকে যিনি নরোত্তম। যে বর্তমান কালে ভগবান বুদ্ধের জন্ম হয়েছিল সেদিন যদি তিনি প্রতাপশালী রাজরূপে, বিজয়ী বীররূপেই প্রকাশ পেতেন, তা হলে তিনি সেই বর্তমান কালকে অভিভূত করে সহজে সম্মান লাভ করতে পারতেন; কিন্তু সেই প্রচুর সম্মান আপন ক্ষুদ্র কালসীমার মধ্যেই বিলুপ্ত হ'ত। প্রজা বড়ো করে জানত রাজাকে, নির্ধন জানত ধনীকে, দুর্বল জানত প্রবলকে— কিন্তু মনুষ্যত্বের পূর্ণতাকে সাধনা করছে যে মানুষ সেই স্বীকার করে, সেই অভ্যর্থনা করে মহামানবকে। মানবকর্তৃক মহামানবের স্বীকৃতি মহাযুগের ভূমিকায়। তাই আজ ভগবান বুদ্ধকে দেখছি যথাস্থানে মানবমনের মহাসিংহাসনে মহাযোগের বেদীতে, যার মধ্যে অতীত

কালের মহৎপ্রকাশ বর্তমানকে অতিক্রম করে চলেছে। আপনার চিত্তবিকারে আপন চরিত্রের অপূর্ণতায় পীড়িত মানুষ আজও তাঁরই কাছে বলতে আসছে: বুদ্ধের শরণ কামনা করি। এই সুদূর কালে প্রসারিত মানবচিত্তের ঘনিষ্ঠ উপলব্ধিতেই তাঁর যথার্থ আবির্ভাব।

আমরা সাধারণ লোক পরস্পরের যোগে আপনার পরিচয় দিয়ে থাকি; সে পরিচয় বিশেষ শ্রেণীর, বিশেষ জাতির, বিশেষ সমাজের। পৃথিবীতে এমন লোক অতি অল্পই জন্মেছেন যাঁরা আপনাতে স্বতই প্রকাশবান্, যাঁদের আলোক প্রতিফলিত আলোক নয়, যাঁরা সম্পূর্ণ প্রকাশিত আপন মহিমায়, আপনার সত্যে। মানুষের খণ্ড প্রকাশ দেখে থাকি অনেক বড়ো লোকের মধ্যে; তাঁরা জ্ঞানী, তাঁরা বিদ্বান, তাঁরা বীর, তাঁরা রাষ্ট্রনেতা; তাঁরা মানুষকে চালনা করেছেন আপন ইচ্ছামত; তাঁরা ইতিহাসকে সংঘটন করেছেন আপন সঙ্কল্পের আদর্শে। কেবল পূর্ণ মনুষ্যত্বের প্রকাশ তাঁরই, সকল দেশের সকল কালের সকল মানুষকে যিনি আপনার মধ্যে অধিকার করেছেন, যাঁর চেতনা খণ্ডিত হয় নি রাষ্ট্রগত জাতিগত দেশকালের কোনো অভ্যস্ত সীমানায়।

মানুষের প্রকাশ সত্যে। এই সত্য যে কী তা উপনিষদে বলা হয়েছে: আত্মবৎ সর্বভূতেষু য পশ্যতি স পশ্যতি। যিনি সকল জীবকে আপনার মতো করে জানেন তিনিই সত্যকে জানেন। আপনার মধ্যে সত্যকে যিনি এমনি করে জেনেছেন তাঁর মধ্যে মনুষ্যত্ব প্রকাশিত হয়েছে, তিনি আপন মানবমহিমায় দেদীপ্যমান।

যস্ত সর্বাণি ভূতানি আত্মন্যেবানুপশ্যতি
চাত্মানং সর্বভূতেষু ন ততো বিজুগুপ্সতে।

সকলের মধ্যে আপনাকে ও আপনার মধ্যে সকলকে যিনি দেখতে পেয়েছেন, তিনি আর গোপন থাকতে পারেন না, সকল কালে তাঁর প্রকাশ।

মানুষের এই প্রকাশ জগতে আজ অধিকাংশ লোকের মধ্যে আবৃত। কিছু কিছু দেখা যায়, অনেকখানি দেখা যায় না। পৃথিবীসৃষ্টির আদিযুগে ভূমণ্ডল ঘন বাষ্প-আবরণে আচ্ছন্ন ছিল। তখন এখানে

সেখানে উচ্চতম পর্বতের চূড়া অবারিত আলোকের মধ্যে উঠতে পেরেছে। আজকের দিনে তেমনি অধিকাংশ মানুষ প্রচ্ছন্ন, আপন স্বার্থে, আপন অহঙ্কারে, অবরুদ্ধ চৈতন্যে। যে সত্যে আত্মার সর্বত্র প্রবেশ সেই সত্যের বিকাশ তাদের মধ্যে অপরিণত।

মানুষের সৃষ্টি আজও অসম্পূর্ণ হয়ে আছে। এই অসমাপ্তির নিবিড় আবরণের মধ্যে থেকে মানুষের পরিচয় আমরা পেতুম কী করে যদি না মানব সহসা আমাদের কাছে আবির্ভূত হ'ত কোনো প্রকাশবান্ মহাপুরুষের মধ্যে? মানুষের সেই মহাভাগ্য ঘটেছে, মানুষের সত্যস্বরূপ দেদীপ্যমান হয়েছে ভগবান বুদ্ধের মধ্যে, তিনি সকল মানুষকে আপন বিরাট হৃদয়ে গ্রহণ করে দেখা দিয়েছেন। ন ততো বিজুগুপ্সতে—আর তাঁকে গোপন করবে কিসে, দেশকালের কোন্ সীমাবদ্ধ পরিচয়ের অন্তরালে, কোন্ সদ্যপ্রয়োজনসিদ্ধির প্রলুব্ধতায়?

ভগবান বুদ্ধ তপস্যার আসন থেকে উঠে আপনাকে প্রকাশিত করলেন। তাঁর সেই প্রকাশের আলোকে সত্যদীপ্তিতে প্রকাশ হল ভারতবর্ষের। মানব-ইতিহাসে তাঁর চিরন্তন আবির্ভাব ভারতবর্ষের ভৌগোলিক সীমা অতিক্রম ক'রে ব্যাপ্ত হল দেশে দেশান্তরে। ভারতবর্ষ তীর্থ হয়ে উঠল, অর্থাৎ স্বীকৃত হল সকল দেশের দ্বারা, কেননা বুদ্ধের বাণীতে ভারতবর্ষ সেদিন স্বীকার করেছে সকল মানুষকে। সে কাউকে অবজ্ঞা করে নি, এইজন্যে সে আর গোপন রইল না। সত্যের বন্যায় বর্ণের বেড়া দিলে ভাসিয়ে; ভারতের আমন্ত্রণ পৌঁছল দেশ-বিদেশের সকল জাতির কাছে। এল চীন ব্রহ্মদেশ জাপান, এল তিব্বত মঙ্গোলিয়া। দুস্তর গিরি-সমুদ্র পথ ছেড়ে দিলে অমোঘ সত্যবার্তার কাছে। দুর হতে দুরে মানুষ বলে উঠল, মানুষের প্রকাশ হয়েছে, দেখেছি—মহান্তং পুরুষং তমসঃ পরস্তাৎ। এই ঘোষণাবাক্য অক্ষয় রূপ নিল মরুপ্রান্তরে প্রস্তরমূর্তিতে। অদ্ভুত অধ্যবসায়ে মানুষ রচনা করলে বুদ্ধ-বন্দনা, মূর্তিতে, চিত্রে, স্তুপে। মানুষ বলেছে, যিনি অলোকসামান্য দুঃসাধ্য সাধন ক'রেই তাঁকে

জানাতে হবে ভক্তি। অপূর্ব শক্তির প্রেরণা এল তাদের মনে; নিবিড় অন্ধকারে গুহাভিত্তিতে তারা আঁকল ছবি, দুর্বহ প্রস্তরখণ্ডগুলোকে পাহাড়ের মাথায় তুলে তারা নির্মাণ করলে মন্দির, শিল্প-প্রতিভা পার হয়ে গেল সমুদ্র, অপরূপ শিল্পসম্পদ রচনা করলে, শিল্পী আপনার নাম করে দিলে বিলুপ্ত, কেবল শাশ্বত কালকে এই মন্ত্র দান করে গেল: বুদ্ধং শরণং গচ্ছামি। জাভাদ্বীপে বরোবুদরে দেখে এলুম সুবৃহৎ স্তূপ পরিবেষ্টন ক'রে শত শত মূর্তি খুদে তুলেছে বুদ্ধের জাতককথার বর্ণনায়; তার প্রত্যেকটিতেই আছে কারুনৈপুণ্যের উৎকর্ষ, কোথাও লেশমাত্র আলস্য নেই, অনবধান নেই; এ'কে বলে শিল্পের তপস্যা, একই সঙ্গে এই তপস্যা ভক্তির—খ্যাতি-লোভহীন নিষ্কাম কৃচ্ছ্রসাধনায় আপন শ্রেষ্ঠশক্তিকে উৎসর্গ করা চিরবরণীয়ের চিরস্মরণীয়ের নামে। কঠিন দুঃখ স্বীকার ক'রে মানুষ আপন ভক্তিকে চরিতার্থ করেছে; তারা বলেছে, যে প্রতিভা নিত্যকালের সর্বমানবের ভাষায় কথা বলে সেই অকৃপণ প্রতিভার চূড়ান্ত প্রকাশ না করতে পারলে কোন্ উপায়ে যথার্থ করে বলা হবে 'তিনি এসেছিলেন সকল মানুষের জন্যে সকল কালের জন্যে'? তিনি মানুষের কাছে সেই প্রকাশ চেয়েছিলেন, যা দুঃসাধ্য, যা চিরজাগরূক, যা সংগ্রামজয়ী, যা বন্ধনচ্ছেদী। তাই সেদিন পূর্ব মহাদেশের দুর্গমে দুস্তরে বীর্যবান পূজার আকারে প্রতিষ্ঠিত হল তাঁর জয়ধ্বনি, শৈলশিখরে, মরুপ্রান্তরে, নির্জন গুহায়। এর চেয়ে মহত্তর অর্ঘ্য এল ভগবান বুদ্ধের পদমূলে যেদিন রাজাধিরাজ অশোক শিলালিপিতে প্রকাশ করলেন তাঁর পাপ, অহিংস্র ধর্মের মহিমা ঘোষণা করলেন, তাঁর প্রণামকে চিরকালের প্রাঙ্গণে রেখে গেলেন শিলাস্তম্ভে।

এত বড়ো রাজা কি জগতে আর কোনো দিন দেখা দিয়েছে! সেই রাজাকে মাহাত্ম্য দান করেছেন যে গুরু তাঁকে আহ্বান করবার প্রয়োজন আজ যেমন একান্ত হয়েছে এমন সেদিনও হয় নি যেদিন তিনি জন্মেছিলেন এই ভারতে। বর্ণে বর্ণে, জাতিতে জাতিতে, অপবিত্র ভেদবুদ্ধির নিষ্ঠুর মূঢ়তা ধর্মের নামে আজ রক্তে পঙ্কিল করে তুলেছে

এই ধরাতল; পরস্পর হিংসার চেয়ে সাংঘাতিক পরস্পর ঘৃণায় মানুষ এখানে পদে পদে অপমানিত। সর্বজীবে মৈত্রীকে যিনি মুক্তির পথ ব'লে ঘোষণা করেছিলেন সেই তাঁরই বাণীকে আজ উৎকণ্ঠিত হয়ে কামনা করি এই ভ্রাতৃবিদ্বেষকলুষিত হতভাগ্য দেশে। পূজার বেদীতে আবির্ভূত হোন মানবশ্রেষ্ঠ, মানবের শ্রেষ্ঠতাকে উদ্ধার করবার জন্যে। সকলের চেয়ে বড়ো দান যে শ্রদ্ধাদান, তার থেকে কোনো মানুষকে তিনি বঞ্চিত করেন নি। যে দয়াকে, যে দানকে তিনি ধর্ম বলেছেন সে কেবল দূরের থেকে স্পর্শ বাঁচিয়ে অর্থদান নয়, সে দান আপনাকে দান—যে দানধর্মে বলে 'শ্রদ্ধয়া দেয়ম্'। নিজের শ্রেষ্ঠতাভিমান, পুণ্যাভিমান, ধনাভিমান প্রবেশ ক'রে দানকে অপমানকর অধর্মে পরিণত করতে পারে এই ভয়ের কারণ আছে; এইজন্যে উপনিষদ্ বলেন: ভিয়া দেয়ম্। ভয় ক'রে দেবে। যে ধর্মকর্মের দ্বারা মানুষের প্রতি শ্রদ্ধা হারাবার আশঙ্কা আছে তাকেই ভয় করতে হবে। আজ ভারতবর্ষে ধর্মবিধির প্রণালীযোগে মানুষের প্রতি অশ্রদ্ধার পথ চারি দিকে প্রসারিত হয়েছে। এরই ভয়ানকত্ব কেবল আধ্যাত্মিক দিকে নয়, রাষ্ট্রীয় মুক্তির দিকে সর্বপ্রধান অন্তরায় হয়েছে এ প্রত্যক্ষ দেখছি। এই সমস্যার কি কোনো দিন সমাধান হতে পারে রাষ্ট্রনীতির পথে কোনো বাহ্য উপায়ের দ্বারা?

ভগবান্ বুদ্ধ একদিন রাজসম্পদ ত্যাগ করে তপস্যা করতে বসেছিলেন। সে তপস্যা সকল মানুষের দুঃখ-মোচনের সঙ্কল্প নিয়ে। এই তপস্যার মধ্যে কি অধিকারভেদ ছিল? কেউ ছিল কি ম্লেচ্ছ? কেউ ছিল কি অনার্য? তিনি তাঁর সব-কিছু ত্যাগ করেছিলেন দীনতম মূর্খতম মানুষেরও জন্যে। তাঁর সেই তপস্যার মধ্যে ছিল নির্বিচারে সকল দেশের সকল মানুষের প্রতি শ্রদ্ধা। তাঁর সেই এত বড়ো তপস্যা আজ কি ভারতবর্ষ থেকে বিলীন হবে?

জিজ্ঞাসা করি, মানুষে মানুষে বেড়া তুলে দিয়ে আমরা কী পেরেছি ঠেকাতে? ছিল আমাদের পরিপূর্ণ ধনের ভাণ্ডার; তার দ্বার, তার প্রাচীর, বাইরের আঘাতে ভেঙে পড়ে নি কি? কিছু কি তার

অবশিষ্ট আছে? আজ প্রাচীরের পর প্রাচীর তুলেছি মানুষের প্রতি আত্মীয়তাকে অবরুদ্ধ করে, আজ দেবতার মন্দিরের দ্বারে পাহারা বসিয়েছি দেবতার অধিকারকেও কৃপণের মতো ঠেকিয়ে রেখে। দানের দ্বারা, ব্যয়ের দ্বারা, যে ধনের অপচয় হয় তাকে বাঁচাতে পারলুম না; কেবল দানের দ্বারা যার ক্ষয় হয় না, বৃদ্ধি হয়, মানুষের প্রতি সেই শ্রদ্ধাকে সাম্প্রদায়িক সিন্ধুকের মধ্যে তালা বন্ধ করে রাখলুম। পুণ্যের ভাণ্ডার বিষয়ীর ভাণ্ডারের মতোই আকার ধরল। একদিন যে ভারতবর্ষ মানুষের প্রতি শ্রদ্ধার দ্বারা সমস্ত পৃথিবীর কাছে আপন মনুষ্যত্ব উজ্জ্বল করে তুলেছিল আজ সে আপন পরিচয়কে সঙ্কুচিত করে এনেছে; মানুষকে অশ্রদ্ধা ক'রেই সে মানুষের অশ্রদ্ধাভাজন হল। আজ মানুষ মানুষের বিরুদ্ধ হয়ে উঠেছে; কেননা মানুষ আজ সত্যভ্রষ্ট, তার মনুষ্যত্ব প্রচ্ছন্ন। তাই আজ সমস্ত পৃথিবী জুড়ে মানুষের প্রতি মানুষের এত সন্দেহ, এত আতঙ্ক, এত আক্রোশ। তাই আজ মহামানবকে এই ব'লে ডাকবার দিন এসেছে: তুমি আপনার প্রকাশের দ্বারা মানুষকে প্রকাশ করো।

ভগবান্ বুদ্ধ বলেছেন, অক্রোধের দ্বারা ক্রোধকে জয় করবে। কিছুদিন পূর্বেই পৃথিবীতে এক মহাযুদ্ধ হয়ে গেল। এক পক্ষের জয় হল, সে জয় বাহুবলের। কিন্তু যেহেতু বাহুবল মানুষের চরম বল নয়, এইজন্যে মানুষের ইতিহাসে সে জয় নিষ্ফল হল, সে জয় নূতন যুদ্ধের বীজ বপন করে চলেছে। মানুষের শক্তি অক্রোধে, ক্ষমাতে, এই কথা বুঝতে দেয় না সেই পশু যে আজও মানুষের মধ্যে মরে নি। তাই মানবের সত্যের প্রতি শ্রদ্ধা ক'রে মানবের গুরু বলেছেন: ক্রোধকে জয় করবে অক্রোধের দ্বারা, নিজের ক্রোধকে এবং অন্যের ক্রোধকে। এ না হলে মানুষ ব্যর্থ হবে, যেহেতু সে মানুষ। বাহুবলের সাহায্যে ক্রোধকে প্রতিহিংসাকে জয়ী করার দ্বারা শান্তি মেলে না, ক্ষমাই আনে শান্তি, এ কথা মানুষ আপন রাষ্ট্রনীতিতে সমাজনীতিতে যতদিন স্বীকার করতে না পারবে ততদিন অপরাধীর অপরাধ বেড়ে চলবে; রাষ্ট্রগত বিরোধের আগুন কিছুতে নিভবে না; জেলখানার

দানবিক নিষ্ঠুরতায় এবং সৈন্যনিবাসের সশস্ত্র ভ্রূকুটিবিক্ষেপে পৃথিবীর মর্মান্তিক পীড়া উত্তরোত্তর দুঃসহ হতে থাকবে—কোথাও এর শেষ পাওয়া যাবে না। পাশবতার সাহায্যে মানুষের সিদ্ধিলাভের দুরাশাকে যিনি নিরস্ত করতে চেয়েছিলেন, যিনি বলেছিলেন 'অক্কোধেন জিনে কোধং', আজ সেই মহাপুরুষকে স্মরণ করে মনুষ্যত্বের জগদ্ব্যাপী এই অপমানের যুগে বলবার দিন এল: বুদ্ধং শরণং গচ্ছামি। তাঁরই শরণ নেব যিনি আপনার মধ্যে মানুষকে প্রকাশ করেছেন। যিনি সেই মুক্তির কথা বলেছেন, যে মুক্তি নঙর্থক নয়, সদর্থক; যে মুক্তি কর্মত্যাগে নয়, সাধুকর্মের মধ্যে আত্মত্যাগে; যে মুক্তি রাগদ্বেষবর্জনে নয়, সর্বজীবের প্রতি অপরিমেয় মৈত্রীসাধনায়। আজ স্বার্থক্ষুধান্ধ বৈশ্যবৃত্তির নির্মম নিঃসীম লুব্ধতার দিনে সেই বুদ্ধের শরণ কামনা করি যিনি আপনার মধ্যে বিশ্বমানবের 'সত্যরূপ প্রকাশ করে আবির্ভূত হয়েছিলেন।

[বৈশাখী পূর্ণিমা: ৪ জ্যৈষ্ঠ ১৩৪২]

ব্রহ্মবিহার

ব্রহ্মবিহারের এই সাধনার পথে বুদ্ধদেব মানুষকে প্রবর্তিত করবার জন্যে বিশেষরূপে উপদেশ দিয়েছেন। তিনি জানতেন কোনো পাবার যোগ্য জিনিস ফাঁকি দিয়ে পাওয়া যায় না, সেইজন্যে তিনি বেশি কথা না ব'লে একেবারে ভিত খোঁড়া থেকে কাজ আরম্ভ করে দিয়েছেন।

তিনি বলেছেন, শীল গ্রহণ করাই মুক্তিপথের পাথেয় গ্রহণ করা। চরিত্র শব্দের অর্থই এই যাতে করে চলা যায়। শীলের দ্বারা সেই চরিত্র গ'ড়ে ওঠে; শীল আমাদের চলবার সম্বল।

পাণং ন হানেঃ প্রাণীকে হত্যা করবে না—এই কথাটি শীল। ন চাদিন্নমাদিয়েঃ যা তোমাকে দেওয়া হয় নি তা নেবে না—এই একটি শীল। মুসা ন ভাসেঃ মিথ্যা কথা বলবে না—এই একটি শীল। ন চ মজ্জপো সিয়াঃ মদ খাবে না—এই একটি শীল। এমনি করে যথাসাধ্য একটি একটি ক'রে শীল সঞ্চয় করতে হবে।

আর্যশ্রাবকেরা প্রতিদিন নিজেদের এই শীলকে স্মরণ করেনঃ ইধ অরিয়সাবকো অত্তনো সীলানি অনুস্সরতি।

শীলসকলকে কী বলে অনুস্মরণ করেন?

অখণ্ডানি, অচ্ছিদ্দানি, অসবলানি, অকস্মাসানি, ভুজিস্সানি, বিঞ্ঞুপ্পসত্থানি, অপরামট্ঠানি, সমাধিসংবত্তনিকানি।

অর্থাৎ, আমার এই শীল খণ্ডিত হয় নি, এতে ছিদ্র হয় নি, আমার এই শীল জোর করে রক্ষিত হয় নি, অর্থাৎ ইচ্ছা করেই রাখছি, এই শীলে পাপ স্পর্শ করে নি, এই শীল ধন মান প্রভৃতি কোনো স্বার্থসাধনের জন্য আচরিত নয়, এই শীল বিজ্ঞজনের অনুমোদিত, এই শীল বিদলিত হয় নি এবং এই শীল মুক্তিপ্রবর্তন করবে। এই ব'লে আর্যশ্রাবকগণ নিজ নিজ শীলের গুণ বারম্বার স্মরণ করেন।

এই শীলগুলিই হচ্ছে মঙ্গল। মঙ্গললাভই প্রেম ও মুক্তিলাভের সোপান। বুদ্ধদেব কাকে যে মঙ্গল বলেছেন তা মঙ্গলসুত্তে কথিত আছে। সেটি অনুবাদ করে দিই—

বহূ দেবা মনুস্সা চ মঙ্গলানি অচিন্তয়ুং
আকঙ্খমানা সোত্থানং ব্রূহি মঙ্গলমুত্তমং।

বুদ্ধকে প্রশ্ন করা হচ্ছে যে, 'বহু দেবতা বহু মানুষ যাঁরা শুভ আকাঙ্ক্ষা করেন তাঁরা মঙ্গলের চিন্তা করে এসেছেন, সেই মঙ্গলটি কী বলো।'

বুদ্ধ উত্তর দিচ্ছেন—

অসেবনা চ বালানং পণ্ডিতানঞ্চ সেবনা
পূজা চ পূজনেয়্যানং এতং মঙ্গলমুত্তমং।

অসৎগণের সেবা না করা, সজ্জনের সেবা করা, পূজনীয়কে পূজা করা—এই হচ্ছে উত্তম মঙ্গল।

পতিরূপদেসবাসো পুব্বে চ কতপুঞ্ঞতা
অত্তসম্মাপণিধি চ এতং মঙ্গলমুত্তমং।

যে দেশে ধর্মসাধন বাধা পায় না সেই দেশে বাস, পূর্বকৃত পুণ্যকে বর্ধিত করা, আপনাকে সৎকর্মে প্রণিধান করা—এই উত্তম মঙ্গল।

বহুসচ্চঞ্চ সিপ্পঞ্চ বিনয়ো চ সুসিক্খিতো
সুভাসিতা চ যা বাচা এতং মঙ্গলমুত্তমং।

বহু-শাস্ত্র-অধ্যয়ন, বহু-শিল্প-শিক্ষা, বিনয়ে সুশিক্ষিত হওয়া এবং সুভাষিত বাক্য বলা—এই উত্তম মঙ্গল।

মাতাপিতু-উপট্ঠানং পুত্তদারস্স সংগহো
অনাকুলা চ কম্মানি এতং মঙ্গলমুত্তমং।

মাতাপিতাকে পূজা করা, স্ত্রীপুত্রের কল্যাণ করা, অনাকুল কর্ম করা—এই উত্তম মঙ্গল।

দানঞ্চ ধম্মচরিয়ঞ্চ ঞ্ঞাতকানঞ্চ সংগহো
অনবজানি কম্মানি এতং মঙ্গলমুত্তমং।

দান, ধর্মচর্যা, জ্ঞাতিবর্গের উপকার, অনিন্দনীয় কর্ম—এই উত্তম মঙ্গল।

আরতী বিরতি পাপা মজ্জপানা চ সঞ্ঞমো
অপ্পমাদো চ ধম্মেসু এতং মঙ্গলমুত্তমং।

পাপে অনাসক্তি এবং বিরতি, মদ্যপানে বিতৃষ্ণা, ধর্মকর্মে অপ্রমাদ—এই উত্তম মঙ্গল।

গারবো চ নিবাতো চ সন্তুট্ঠী চ কতঞ্ঞুতা
কালেন ধম্মসবনং এতং মঙ্গলমুত্তমং।

গৌরব অথচ নম্রতা, সন্তুষ্টি, কৃতজ্ঞতা, যথাকালে ধর্মকথাশ্রবণ—এই উত্তম মঙ্গল।

খন্তী চ সোবচস্সতা সমণানঞ্চ দস্সনং
কালেন ধম্মসাকচ্ছা এতং মঙ্গলমুত্তমং।

ক্ষমা, প্রিয়বাদিতা, সাধুগণকে দর্শন, যথাকালে ধর্মালোচনা—এই উত্তম মঙ্গল।

তপো চ ব্রহ্মচরিয়ঞ্চ অরিয়সচ্চান দস্সনং
নিব্বানসচ্ছিকিরিয়া এতং মঙ্গলমুত্তমং।

তপস্যা, ব্রহ্মচর্য, শ্রেষ্ঠ সত্যকে জানা, মুক্তিলাভের উপযুক্ত সৎকার্য—এই উত্তম মঙ্গল।

ফুট্‌ঠস্‌স লোকধম্মেহি চিত্তং যস্‌স ন কম্পতি
অসোকং বিরজং খেমং এতং মঙ্গলমুত্তমং।

লাভ ক্ষতি নিন্দা প্রশংসা প্রভৃতি লোকধর্মের দ্বারা আঘাত পেলেও যার চিত্ত কম্পিত হয় না, যার শোক নেই, মলিনতা নেই, যার ভয় নেই—সে উত্তম মঙ্গল পেয়েছে।

এতাদিসানি কত্বান সব্বত্থমপরাজিতা
সব্বত্থ সোত্থি গচ্ছন্তি তং তেসং মঙ্গলমুত্তমন্তি।

এই রকম যারা করেছে তারা সর্বত্র অপরাজিত, তারা সর্বত্র স্বস্তি লাভ করে, তাদের উত্তম মঙ্গল হয়।

যারা বলে ধর্মনীতিই বৌদ্ধধর্মের চরম তারা ঠিক কথা বলে না। মঙ্গল একটা উপায় মাত্র। তবে নির্বাণই চরম? তা হতে পারে, কিন্তু সেই নির্বাণটি কী? সে কি শূন্যতা?

যদি শূন্যতাই হ'ত তবে পূর্ণতার দ্বারা তাতে গিয়ে পৌঁছনো যেত না। তবে কেবলই সমস্তকে অস্বীকার করতে করতে, 'নয় নয় নয়' বলতে বলতে, একটার পর একটা ত্যাগ করতে করতেই, সেই সর্বশূন্যতার মধ্যে নির্বাপণ লাভ করা যেত।

কিন্তু, বৌদ্ধধর্মে সে পথের ঠিক উল্টা পথ দেখি যে। তাতে কেবল তো মঙ্গল দেখছি নে, মঙ্গলের চেয়েও বড়ো জিনিসটি দেখছি যে।

মঙ্গলের মধ্যেও একটা প্রয়োজনের ভাব আছে। অর্থাৎ, তাতে একটা কোনো ভালো উদ্দেশ্য সাধন করে, কোনো-একটা সুখ হয় বা সুযোগ হয়।

কিন্তু, প্রেম যে সকল প্রয়োজনের বাড়া। কারণ, প্রেম হচ্ছে স্বতই আনন্দ, স্বতই পূর্ণতা; সে কিছুই নেওয়ার অপেক্ষা করে না, সে যে কেবলই দেওয়া।

যে দেওয়ার মধ্যে কোনো নেওয়ার সম্বন্ধ নেই সেইটেই হচ্ছে

শেষের কথা, সেইটেই ব্রহ্মের স্বরূপ—তিনি নেন না। এই প্রেমের ভাবে, এই আদানবিহীন প্রদানের ভাবে আত্মাকে ক্রমশ পরিপূর্ণ ক'রে তোলবার জন্যে বুদ্ধদেবের উপদেশ আছে, তিনি তার সাধনপ্রণালীও বলে দিয়েছেন।

এ তো বাসনাসংহরণের প্রণালী নয়, এ তো বিশ্ব হতে বিমুখ হবার প্রণালী নয়, এ যে সকলের অভিমুখে আত্মাকে ব্যাপ্ত করবার পদ্ধতি। এই প্রণালীর নাম 'মেত্তিভাবনা'—মৈত্রীভাবনা।

প্রতিদিন এই কথা ভাবতে হবে: সব্বে সত্তা সুখিতা হোন্তু, অবেরা হোন্তু, অব্যাপ্‌জঝা হোন্তু, সুখী অত্তানং পরিহরন্তু, সব্বে সত্তা মা যথালব্ধসম্পত্তিতো বিগচ্ছন্তু।

সকল প্রাণী সুখিত হোক, শত্রুহীন হোক, অহিংসিত হোক, সুখী আত্মা হয়ে কালহরণ করুক। সকল প্রাণী আপন যথালব্ধ সম্পত্তি হতে বঞ্চিত না হোক।

মনে ক্রোধ দ্বেষ লোভ ঈর্ষা থাকলে এই মৈত্রীভাবনা সত্য হয় না, এইজন্য শীলগ্রহণ শীলসাধন প্রয়োজন। কিন্তু, শীলসাধনার পরিণাম হচ্ছে সর্বত্র মৈত্রীকে দয়াকে বাধাহীন ক'রে বিস্তার। এই উপায়েই আত্মাকে সকলের মধ্যে উপলব্ধি করা সম্ভব হয়।

এই মৈত্রীভাবনার দ্বারা আত্মাকে সকলের মধ্যে প্রসারিত করা, এ তো শূন্যতার পন্থা নয়।

তা যে নয় তা বুদ্ধ যাকে ব্রহ্মবিহার বলছেন তা অনুশীলন করলেই বোঝা যাবে।

করণীয় মত্থ কুসলেন
যন্তং সন্তং পদং অভিসমেচ্চ
সক্কো উজূ চ সুহুজূ চ
সুবচো চস্‌স মৃদু অনতিমানী।

শান্তপদ লাভ করে পরমার্থকুশল ব্যক্তির যা করণীয় তা এই—তিনি শক্তিমান, সরল, অতি সরল, সুভাষী, মৃদু, নম্র এবং অনভিমানী হবেন।

সন্তুস্‌সকো চ সুভরো চ,
অপ্‌পকিচ্চো চ সল্লহুকবুত্তি
সন্তিন্দ্রিয়ো চ নিপকো চ
অপ্‌পগব্‌ভো কুলেসু অননুগিদ্ধো।

তিনি সন্তুষ্টহৃদয় হবেন, অল্পেই তাঁর ভরণ হবে; তিনি নিরুদ্‌বেগ, অল্পভোজী, শান্তেন্দ্রিয়, সদ্‌বিবেচক, অপ্রগল্‌ভ এবং সংসারে অনাসক্ত হবেন।

ন চ খুদ্দং সমাচরে কিঞ্চি
যেন বিঞ্ঞূপরে উপবদেয্যুং।
সুখিনো বা খেমিনো বা
সব্বে সত্তা ভবন্তু সুখিতত্তা।

এমন ক্ষুদ্র অন্যায়ও কিছু আচরণ করবেন না যার জন্যে অন্যে তাঁকে নিন্দা করতে পারে। তিনি কামনা করবেন সকল প্রাণী সুখী হোক, নিরাপদ হোক, সুস্থ হোক।

যে কেচি পাণভূতত্থি
তসা বা থাবরা বা অনবসেসা।
দীঘা বা যে মহন্তা বা
মজ্ঝিমা রস্‌সকা অণুকথূলা।
দিট্‌ঠা বা যে চ অদিট্‌ঠা
যে চ দূরে বসন্তি অবিদূরে।
ভূতা বা সম্ভবেসী বা
সব্বে সত্তা ভবন্তু সুখিতত্তা।

যে কোনো প্রাণী আছে, কী সবল কী দুর্বল, কী দীর্ঘ কী প্রকাণ্ড, কী মধ্যম কী হ্রস্ব, কী সূক্ষ্ম কী স্থূল, কী দৃষ্ট কী অদৃষ্ট, যারা দূরে বাস করছে বা যারা নিকটে, যারা জন্মেছে বা যারা জন্মাবে, অনবশেষে সকলেই সুখী-আত্মা হোক।

ন পরোপরং নিকুব্বেথ
নাতিমঞ্ঞেথ কত্থচি ন কঞ্চি
ব্যারোসনা পটিঘ সঞ্ঞা
নঞ্ঞ মঞ্ঞস্স দুক্খমিচ্ছেয্য।

পরস্পরকে বঞ্চনা কোরো না, কোথাও কাউকে অবজ্ঞা কোরো না, কায়ে বাক্যে বা মনে ক্রোধ ক'রে অন্যের দুঃখ ইচ্ছা কোরো না।

মাতা যথা নিযং পুত্তং
আয়ুসা একপুত্তমনুরক্খে
এবম্পি সব্বভূতেষু
মানসং ভাবয়ে অপরিমাণং।

মা যেমন একটিমাত্র পুত্রকে নিজের আয়ু দিয়ে রক্ষা করেন সমস্ত প্রাণীতে সেইপ্রকার অপরিমিত মানস রক্ষা করবে!

মেত্তঞ্চ সব্বলোকস্মিং
মানসং ভাবয়ে অপরিমাণং।
উদ্ধং অধো চ তিরিযঞ্চ
অসম্বাধং অবেরমসপত্তং।

ঊর্ধ্বে অধোতে চার-দিকে সমস্ত জগতের প্রতি বাধাহীন হিংসাহীন শত্রুতাহীন অপরিমিত মানস এবং মৈত্রী রক্ষা করবে।

তিট্ঠং চরং নিসিন্নো বা
সয়ানো বা যাবতস্স বিগতমিদ্ধো
এতং সতিং অধিট্ঠেয্যং
ব্রহ্মমেতং বিহারমিধমাহু।

যখন দাঁড়িয়ে আছ বা চলছ, বসে আছ বা শুয়ে আছ, যে পর্যন্ত না নিদ্রা আসে সে পর্যন্ত, এইপ্রকার স্মৃতিতে অধিষ্ঠিত হয়ে থাকাকে ব্রহ্মবিহার বলে।

অপরিমিত মানসকে প্রীতিভাবে মৈত্রীভাবে বিশ্বলোকে ভাবিত করে তোলাকে ব্রহ্মবিহার বলে। সে প্রীতি সামান্য প্রীতি নয়—মা তাঁর একটিমাত্র পুত্রকে যেরকম ভালোবাসেন সেইরকম ভালোবাসা।

ব্রহ্মের অপরিমিত মানস যে বিশ্বের সর্বত্রই রয়েছে, এক পুত্রের প্রতি মাতার যে প্রেম সেই প্রেম যে তাঁর সর্বত্র। তাঁরই সেই মানসের সঙ্গে মানস, প্রেমের সঙ্গে প্রেম না মেশালে সে তো ব্রহ্মবিহার হল না।

কথাটা খুব বড়ো। কিন্তু, বড়ো কথাই যে হচ্ছে, বড়ো কথাকে ছোটো কথা ক'রে তো লাভ নেই। ব্রহ্মকে চাওয়াই যে সকলের চেয়ে বড়োকে চাওয়া। উপনিষৎ বলেছেন: ভূমাত্বের বিজিজ্ঞাসিতব্যঃ। ভূমাকেই, সকলের চেয়ে বড়োকেই, জানতে চাইবে।

সেই চাওয়া সেই পাওয়ার রূপটা কী সে তো স্পষ্ট ক'রে, পরিষ্কার ক'রে সম্মুখে ধরতে হবে। ভগবান্ বুদ্ধ ব্রহ্মবিহারকে সুস্পষ্ট করে ধরেছেন; তাকে ছোটো ক'রে, ঝাপসা ক'রে, সকলের কাছে চলনসই করবার চেষ্টা করেন নি।

অপরিমিত মানসে অপরিমিত মৈত্রীকে সর্বত্র প্রসারিত ক'রে দিলে ব্রহ্মের বিহারক্ষেত্রে ব্রহ্মের সঙ্গে মিলন হয়।

এই তো হল লক্ষ্য। কিন্তু, এ তো আমরা একেবারে পারব না। এই দিকে আমাদের প্রত্যহ চলতে হবে। এই লক্ষ্যের সঙ্গে তুলনা করে প্রত্যহ বুঝতে পারব আমরা কতদূর অগ্রসর হলুম।

ঈশ্বরের প্রতি আমার প্রেম জন্মাচ্ছে কি না সে সম্বন্ধে আমরা নিজেকে নিজে ভোলাতে পারি। কিন্তু সকলের প্রতি আমার প্রেম বিস্তৃত হচ্ছে কি না, আমার শত্রুতা ক্ষয় হচ্ছে কি না, আমার মঙ্গলভাব বাড়ছে কি না তার পরিমাণ স্থির করা শক্ত নয়।

একটা-কোনো নির্দিষ্ট সাধনার সুস্পষ্ট পথ পাবার জন্যে মানুষের একটা ব্যাকুলতা আছে। বুদ্ধদেব এক দিকে উদ্দেশ্যকে যেমন খর্ব করেন নি তেমনি তিনি পথকেও খুব নির্দিষ্ট করে দিয়েছেন। কেমন করে ভাবতে হবে এবং কেমন করে চলতে হবে তা তিনি খুব স্পষ্ট করে বলেছেন। প্রত্যহ শীলসাধনার দ্বারা তিনি আত্মাকে মোহ থেকে

মুক্ত করতে উপদেশ দিয়েছেন এবং মৈত্রীভাবনা-দ্বারা আত্মাকে ব্যাপ্ত করবার পথ দেখিয়েছেন। প্রতিদিন এই কথা স্মরণ করো যে, আমার শীল অখণ্ড আছে, অচ্ছিদ্র আছে এবং প্রতিদিন চিত্তকে এই ভাবনায় নিবিষ্ট করো যে, ক্রমশ সকল বিরোধ কেটে গিয়ে আমার আত্মা সর্বভূতে প্রসারিত হচ্ছে। অর্থাৎ, এক দিকে বাধা কাটছে আর-এক দিকে স্বরূপলাভ হচ্ছে। এই পদ্ধতিকে তো কোনোক্রমেই শূন্যতালাভের পদ্ধতি বলা যায় না। এই তো নিখিললাভের পদ্ধতি, এই তো আত্মলাভের পদ্ধতি, পরমাত্মলাভের পদ্ধতি।

১১ চৈত্র [১৩১৫]

বৌদ্ধধর্মে ভক্তিবাদ

ডাক্তার রিচাড্, দীর্ঘকাল চীনদেশে বাস করিতেছেন। তিনি খৃস্টান মিশনরি।

তিনি লিখিতেছেন, একবার তিনি কার্যবশত ন্যান্‌কিং শহরে গিয়াছিলেন। সেখানে একটি বৌদ্ধশাস্ত্রপ্রকাশ-সভা আছে। টাইপিং বিপ্লবের সময় যে-সকল গ্রন্থ নষ্ট হইয়াছে তাহাই পুনরুদ্ধার করা এই সভার উদ্দেশ্য।

এই সভার প্রধান উদ্যোগী যিনি তাঁহার নাম য়াঙ্ বেন্ হুই। তিনি চীনের রাজপ্রতিনিধির অনুচররূপে দীর্ঘকাল য়ুরোপে যাপন করিয়াছেন। কন্‌ফুসীয় শাস্ত্র-শিক্ষায় তিনি উচ্চ-উপাধি-ধারী।

ডাক্তার রিচার্ড্ তাঁহাকে যখন জিজ্ঞাসা করিলেন 'আপনি কন্‌ফুসীয় উপাধি লইয়া কী করিয়া বৌদ্ধ হইলেন', তিনি উত্তর করিলেন, 'আপনি 'মিশনরি' হইয়া আমাকে এমন প্রশ্ন করিলেন, ইহাতে আমি বিস্মিত হইতেছি। আপনি তো জানেন, কেবলমাত্র সাংসারিক ব্যাপারের প্রতিই কন্‌ফুসীয় ধর্মের লক্ষ—যাহা সংসারের অতীত তাহার প্রতি তাহার দৃষ্টি নাই।' রিচার্ড্‌সাহেব কহিলেন, 'যাহা সংসারের অতিবর্তী, তাহার সম্বন্ধে মানবমনের যে প্রশ্ন, বৌদ্ধধর্মে তাহার কি কোনো সত্য মীমাংসা আছে?' তিনি কহিলেন, 'হাঁ।' পাদ্রিসাহেব জিজ্ঞাসা করিলেন, 'কোথায় তাহা পাওয়া যায়?' বেন্

হুই উত্তর করিলেন, 'ভক্তি-উদ্‌বোধননামক একটি গ্রন্থে পাইবেন। এই পুস্তক পড়িয়াই কন্‌ফুসীয় ধর্ম ছাড়িয়া আমি বৌদ্ধধর্মে দীক্ষিত হইয়াছি।'

ডাক্তার রিচার্ড্‌, এই বই আনাইলেন। পড়িতে আরম্ভ করিয়া প্রায় সমস্ত রাত্রি বই ছাড়িতে পারিলেন না। আর-একজন মিশনরি রাত্রি জাগিয়া তাঁহার পাশে কাজ করিতেছিলেন; তাঁহাকে ডাকিয়া বলিলেন, 'এ আমি আশ্চর্য একটি খৃস্টান বই পড়িতেছি।'

ডাক্তার রিচার্ড্‌ যে বইটির কথা বলিয়াছেন তাহার মূল গ্রন্থটি সংস্কৃত, অশ্বঘোষের রচনা। এই সংস্কৃত গ্রন্থ লুপ্ত হইয়াছে; কেবল চীন ভাষায় ইহার অনুবাদ এখন বর্তমান আছে।[১]

বৌদ্ধধর্ম জিনিসটা কী সে সম্বন্ধে আমরা একটা ধারণা করিয়া লইয়াছি। আমাদের বিশ্বাস এই যে, এই ধর্মে ধর্মের আর-সমস্ত অঙ্গই আছে, কেবল ইহার মধ্যে ঈশ্বরের কোনো স্থান নাই। জ্ঞানে ইহার ভিত্তি এবং কর্মে ইহার মন্দিরটি গড়া। কিন্তু মন্দিরের মধ্যে কেহ নাই; সেখানে নির্বাণের অন্ধকার, ভক্তি সেখান হইতে নির্বাসিত।

আমরা তো বৌদ্ধধর্মকে এইভাবে দেখি, অথচ দেখিতে পাইতেছি—বৌদ্ধশাস্ত্র হইতে খৃস্টান এমন-কিছু লাভ করিতেছেন যাহার সঙ্গে তিনি আপন ধর্মের প্রভেদ দেখিতেছেন না এবং যাহার রসে আকৃষ্ট হইয়া কন্‌ফুসীয় শাস্ত্রজ্ঞ পণ্ডিত বৌদ্ধধর্মে দীক্ষা গ্রহণ করিয়া তাহার প্রচারে উৎসাহিত হইয়া উঠিয়াছেন।

ইহার উত্তরে কেহ কেহ বলিবেন, 'হাঁ, চারিত্রনীতির উপদেশে খৃস্টান-ধর্মের সঙ্গে বৌদ্ধধর্মের মিল আছে, এ কথা সকলেই স্বীকার করে।' কিন্তু একটি কথা মনে রাখা উচিত, চারিত্রনীতির উপদেশ জিনিসটা মনোরম নহে; তাহা ঔষধ, তাহা খাদ্য নহে; তাহার সাড়া পাইলে ছুটিয়া লোক জড়ো হয় না, বরঞ্চ উল্টাই হয়। বৌদ্ধধর্মের মধ্যে যদি এমন-কিছু থাকে যাহা আমাদের হৃদয়কে টানে এবং পরিতৃপ্ত করে, তবে জানিব, তাহার মর্মটি, তাহার ধর্মটি সেই জায়গাতেই আছে।

ডাক্তার রিচাড্, অশ্বঘোষের গ্রন্থটির মধ্যে এমন-কিছু দেখিয়াছিলেন যাহা নীতি-উপদেশের অপেক্ষা গভীরতর, পূর্ণতর; যাহা দার্শনিক তত্ত্ব নহে, যাহা আচার-অনুষ্ঠানের পদ্ধতিমাত্র নহে। সেই জিনিসটি কোথা হইতে আসিল?

সম্প্রতি ইংলণ্ডে কোনো সভায় কয়েকজন ভিন্নজাতীয় ব্যক্তি আপন আপন ধর্ম লইয়া আলোচনা করিয়াছিলেন। একজন জাপানী বক্তা তাঁহার দেশের বিখ্যাত বৌদ্ধ আচার্যের ধর্মোপদেশ হইতে স্থানে স্থানে উদ্ধৃত করিয়া বৌদ্ধমতের ব্যাখ্যা করিয়াছিলেন। এই বৌদ্ধ আচার্যের নাম সোয়েন শাকু; ইনি কামাকুরার এঙ্গাকুজি এবং কেঙ্কোজি মঠের অধ্যক্ষ। ইনি এক স্থানে বলিয়াছেন—

'আমরা বস্তুমাত্রের সীমাবদ্ধ বিশেষ সত্তা মানিয়া থাকি। সকল বস্তুই দেশে কালে বদ্ধ হইয়া কার্যকারণের নিয়মে চালিত হয়। বিষয়রাজ্যের বহুত্ব আমরা স্বীকার করি। এই সংসার বাস্তব, ইহা শূন্য নহে; এই জীবন সত্য, ইহা স্বপ্ন নহে। আমরা বৌদ্ধরা একটি আদিকারণ মানি যাহা সর্বশক্তিমান সর্বজ্ঞ ও সর্বপ্রেমী। এই জগৎ সেই মহাপ্রজ্ঞা মহাপ্রাণের প্রকাশ। ইহার সকল বস্তুতেই সেই আদিকারণের প্রকৃতির অংশ আছে। কেবল মনুষ্যে নহে, পশু ও জড় বস্তুতেও আদিকারণের দিব্য স্বভাব প্রকাশমান হইতেছে।

'ইহা হইতেই বুঝা যাইবে, আমাদের মতে একই বহু এবং বহুই এক। এই জীবন এবং জগতের বাহিরে জগতের কারণকে খুঁজিতে যাওয়া ভ্রম। তাহা আমাদের মধ্যে অধিষ্ঠিত। কিন্তু তাই বলিয়া এই জগতের মধ্যেই তাহার শেষ নহে, জগতের সমস্ত পদার্থসমষ্টিকে অতিক্রম করিয়াও সে আছে। সংক্ষেপে বলিতে গেলে বৌদ্ধেরা বিশ্বাস করে যে, এই বিষয়রাজ্য অসত্য নহে, ইহার মূল কারণ জ্ঞানস্বরূপ এবং তাহা সমস্ত জগতে পরিব্যাপ্ত।'

উপরে যাহা উদ্ধৃত করা গেল তাহা হইতে বুঝা যাইবে যে, বৌদ্ধধর্ম সম্বন্ধে সাধারণত আমাদের যে ধারণা তাহার সহিত এই বৌদ্ধাচার্যের মতের মিল নাই। সম্ভবত কোনো কোনো বৌদ্ধ সম্প্রদায়ের মতের সঙ্গেও ইহার অনৈক্য হইবে।

কিন্তু ভাবিয়া দেখিবার বিষয় এই যে, কোনো কোনো বৌদ্ধসমাজে বৌদ্ধধর্ম এইরূপ পরিণতি লাভ করিয়াছে এবং নামান্তর গ্রহণ না করিয়া ইহা বৌদ্ধধর্ম বলিয়াই পরিচিত। ইতিহাসের কোনো-একটা বিশেষ স্থানে যাহা থামিয়া গিয়াছে তাহাকেই বৌদ্ধধর্ম বলিব—আর, যাহা মানুষের জীবনের মধ্যে নব নব কালে প্রবাহিত হইয়া চলিয়াছে, নব নব খাদ্যকে আত্মসাৎ করিয়া আপন জীবনকে পরিপুষ্ট প্রশস্ত করিয়া তুলিতেছে, তাহাকে বৌদ্ধধর্ম বলিব না—এই যদি পণ করিয়া বসি তবে কোনো জীবিত ধর্মকে ধর্ম নাম দেওয়া চলে না।

কোনো বৃহৎ ধর্মই একটিমাত্র সরল সূত্র নহে, তাহাতে নানা সূত্র জড়াইয়া আছে। সেই ধর্মকে যাহারা আশ্রয় করে তাহারা আপনার প্রকৃতির বিশেষত্ব-অনুসারে তাহার কোনো একটা সূত্রকেই বিশেষ করিয়া বা বেশি করিয়া বাছিয়া লয়। খৃস্টান-ধর্মে রোমান ক্যাথলিকদের সঙ্গে ক্যাল্‌ভিন-পন্থীদের অনেক প্রভেদ আছে। দুই ধর্মের মূল এক জায়গায় থাকিলেও তাহার পরিণতিতে গুরুতর পার্থক্য ঘটিয়াছে। আমরা যদি কেবলমাত্র ক্যাল্‌ভিন-পন্থীদের মত হইতে খৃস্টান-ধর্মকে বিচার করি, তবে নিশ্চয়ই তাহা অসম্পূর্ণ হইবে।

বৌদ্ধধর্ম সম্বন্ধেও সেইরূপ। সকলেই জানেন এই ধর্ম হীনযান এবং মহাযান এই দুই শাখায় বিভক্ত হইয়া গিয়াছে। এই দুই শাখার মধ্যে প্রভেদ গুরুতর। আমরা সাধারণত হীনযানমতাবলম্বী বৌদ্ধদের ধর্মকেই বিশুদ্ধ বৌদ্ধধর্ম বলিয়া গণ্য করিয়া লইয়াছি।

তাহার একটা কারণ, মহাযান-সম্প্রদায়ী বৌদ্ধদিগকে ভারতবর্ষে আমরা দেখিতে পাই না। দ্বিতীয় কারণ, যে পালি-সাহিত্য অবলম্বন করিয়া য়ুরোপীয় পণ্ডিতগণ বৌদ্ধধর্ম সম্বন্ধে আলোচনা করিতেছেন, তাহার মধ্যে মহাযান সম্প্রদায়ের মতগুলি পরিণত আকার ধারণ করে নাই।

ধর্মকে চিনিতে গেলে তাহাকে জীবনের মধ্যে দেখিতে হয়। পুরাতত্ত্ব-আলোচনার দ্বারা তাহার ইতিহাসের উপকরণ সংগ্রহ করা যাইতে পারে, কিন্তু তাহার পূর্ণ পরিচয় পাওয়া যায় না। অনেক সময়

মিশনরিরা যখন আমাদের ধর্ম সম্বন্ধে বিচার করেন, তখন দেখিতে পাই, তাঁহারা কেবলমাত্র বই পড়িয়া বা সাময়িক বিকৃতির প্রতি লক্ষ করিয়া বিদেশীর ধর্ম সম্বন্ধে যে জ্ঞান লাভ করেন তাহা নিতান্তই অঙ্গহীন। বস্তুত শাস্ত্রবচন খুঁটিয়া লইয়া, টুকরা জোড়া দিয়া, ধর্মকে চেনা যায় না। তাহার একটি সমগ্র ভাব আছে। সেই ভাবটিকে ঠিকমত ধরা শক্ত এবং ধরিলেও তাহাকে পরিস্ফুট করিয়া নির্দেশ করা সহজ নহে।

আমাদের দেশে যাঁহারা খৃস্টান-ধর্ম সম্বন্ধে আলোচনা করেন তাঁহাদের একটা মস্ত সুবিধা এই যে, খৃস্টানের মুখ হইতেই তাঁহারা খৃস্টান-ধর্মের কথা শুনিতে পান, এইজন্য তাহার ভিতরকার সুরটা তাঁহাদের কানে গিয়া পৌঁছায়। যদি কেবল প্রাচীন শাস্ত্র পড়িয়া, বচন জোড়া দিয়া, তাঁহাদিগকে এই কাজটি করিতে হইত তবে অন্ধ যেমন হাত বুলাইয়া রূপ নির্ণয় করে তাঁহাদেরও সেই দশা ঘটিত। অর্থাৎ, মোটামুটি একটা আকৃতির ধারণা হইত, কিন্তু সেই ধারণাটাই সর্বোচ্চ ধারণা নহে। রূপের সঙ্গে যে বর্ণ, যে লাবণ্য, যে-সকল অনির্বচনীয় প্রকাশ আছে, তাহা তাঁহাকে সম্পূর্ণ এড়াইয়া যাইত।

বৌদ্ধধর্ম সম্বন্ধে আমাদের সেই দশা ঘটিয়াছে। পুঁথি-পড়া বিদেশী পুরাতত্ত্ববিৎ পণ্ডিতদের গ্রন্থের শুষ্কপত্র হইতে আমরা এই ধর্মের পরিচয় গ্রহণ করি। এই ধর্মের রসধারায় সেই পণ্ডিতদের চিত্ত স্তরে স্তরে অভিষিক্ত নহে। এক প্রদীপের শিখা হইতে আর-এক প্রদীপ যেমন করিয়া শিখা গ্রহণ করে তেমন করিয়া তাঁহারা এই ধর্মকে সমগ্রভাবে লাভ করেন নাই। এমন অবস্থায় তাঁহাদের কাছ হইতে আমরা যাহা পাই তাহা নিতান্ত মোটা জিনিস; তাহা আলোকহীন, চক্ষুহীন, স্পর্শগত অনুভব মাত্র।

এইজন্য এইরূপ শাস্ত্র-গড়া বৌদ্ধধর্ম হইতে আমরা এমন জিনিস পাই না যাহা আমাদের অন্তঃকরণের গভীর ক্ষুধার খাদ্য জোগাইতে পারে। একজন ধর্মপরায়ণ ব্যক্তি অনেক কাল পালি গ্রন্থ আলোচনা করিয়াছিলেন। তাঁহার মুখের কথার আভাসে একদিন বুঝিয়াছিলাম

যে, তিনি এই আলোচনায় রস পান নাই, তাঁহার সময় মিথ্যা কাটিয়াছে।

অথচ এই ধর্ম হইতে কেহ রস পায় নাই এমন কথা বলিতে পারি না। ইহার মধ্যে একটি গভীর রসের প্রস্রবণ আছে যাহা ভক্তচিত্তকে আনন্দে মগ্ন করিয়াছে। দ্বাদশ-ত্রয়োদশ শতাব্দীতে জাপানে বৌদ্ধধর্মকে অবলম্বন করিয়া যে ভক্তির বন্যা দেশকে প্লাবিত করিয়াছিল তাহার সঙ্গে আমাদের দেশে বৈষ্ণবধর্মের আন্দোলনের বিশেষ প্রভেদ দেখি না।

আমাদের দেশে এক বেদান্তসূত্রকে অবলম্বন করিয়া দুই বিপরীত মতবাদ দেখা দিয়াছে, শঙ্করের অদ্বৈতবাদ আর বৈষ্ণবের দ্বৈতবাদ। শঙ্করের অদ্বৈতবাদকে প্রচ্ছন্ন বৌদ্ধমত বলিয়া কেহ কেহ নিন্দা করিয়াছেন। ইহা হইতে অন্তত এ কথা বুঝা যায় যে, বৌদ্ধদর্শনের সংঘাতে এবং অনেক পরিমাণে তাহার সহায়তায় শঙ্করের এই মতের উৎপত্তি হইয়াছে।

কিন্তু সেই দ্রাবিড় হইতেই যে প্রেমের ধর্মের স্রোত সমস্ত ভারতবর্ষে একদিন ব্যাপ্ত হইয়াছে সেই বৈষ্ণবধর্মকেও কি এই বৌদ্ধধর্মই সঞ্জীবিত করিয়া তোলে নাই? আমরা দেখিয়াছি বৌদ্ধ মন্দিরে বৈষ্ণব দেবতা স্থান লইয়াছে, এককালে যাহা বুদ্ধের পদচিহ্ন বলিয়া পূজিত হইত তাহাই বিষ্ণুপদচিহ্ন বলিয়া গণ্য হইয়াছে, রথযাত্রা প্রভৃতি বৌদ্ধ উৎসবকে বৈষ্ণব আত্মসাৎ করিয়াছে।

বৌদ্ধযুগের পূর্বে আমরা যে বৈদিক দেবতাদিগকে দেখি তাঁহারা স্বর্গবাসী দিব্যপুরুষ। সংসারপাশে আবদ্ধ মানুষকে মুক্তিদান করিবার জন্য পরমদয়া যে মানবরূপে মর্তলোকে আবির্ভূত—এই ভাবটির উদ্ভব কি সর্বপ্রথমে বৌদ্ধ সম্প্রদায়ের মধ্যেই নহে? বৈদিক যুগে কি কোথাও আমরা ইহার কোনো আভাস পাইয়াছি?

জাপানী অধ্যাপক আনেসাকি 'হিবার্ট্ জর্নালে' খৃস্টান ও বৌদ্ধ ধর্মের তুলনা করিয়া এক জায়গায় লিখিয়াছেন যে, এই দুই ধর্মধারার মূলে আমরা একটি জিনিস দেখিতে পাই—উভয় স্থানেই সত্য মানবরূপ গ্রহণ করিয়াছে, ভক্তি নরদেহ ধারণ করিয়াছে, প্রেমেতে

এবং ভক্তিতে সত্যকে সম্মিলিত করিয়া উপলব্ধি করিবার জন্য বিশ্বমানবের প্রতিনিধিস্বরূপ একজন মানুষের প্রয়োজন হইয়াছে।

বস্তুত বৌদ্ধধর্মেই সর্বপ্রথমে কোনো-একজন মানুষকে মানুষের চেয়ে অনেক বেশি করিয়া দেখা হইয়াছিল। বৌদ্ধধর্মের যিনি প্রতিষ্ঠাতা তিনি তাঁহার ভক্তদের চক্ষে মানুষের সমস্ত স্বাভাবিক সীমা অতিক্রম করিয়াই যেন প্রতিভাত হইয়াছেন। তিনি যে অসামান্য শক্তিসম্পন্ন গুরু তাহা নহে—তিনি যেন মূর্তিমান অসীমপ্রজ্ঞা, অসীমকরুণা। তিনি মুক্ত হইয়াও কেবল জীবকে দুঃখ হইতে ত্রাণ করিবার জন্যই বন্ধন স্বীকার করিয়াছেন—সে তাঁহার কর্মফলের অনিবার্য বন্ধন নহে; সে তাঁহার প্রেমের দ্বারা, দয়ার দ্বারা স্বেচ্ছারচিত বন্ধন।

কোনো বিশেষ একজন মানুষকে এমন করিয়া অসীম করিয়া দেখা বৌদ্ধধর্মে প্রথম প্রবর্তিত হইয়াছিল এবং যিশুকে ত্রাণকর্তা অবতাররূপে স্বীকার করা যে এই বৌদ্ধ মতেরই অনুসরণ করিয়া ঘটে নাই তাহা বলিতে পারিব না। বৌদ্ধধর্মের এই অবতারবাদ, এই ভক্তিবাদের দিকটাই বৈষ্ণবধর্ম গ্রহণ করিয়া ভারতে বৌদ্ধধর্মের পরিণামরূপে বিরাজ করিতেছে এইরূপ আমার বিশ্বাস।

ত্রয়োদশ শতাব্দীতে সাধু হোনেন জাপানে বৌদ্ধধর্মের মধ্য হইতে যে ভক্তির উৎস উৎসারিত করিয়াছিলেন তাহার বিবরণ অধ্যাপক আনেসাকি ধর্ম-ইতিহাস-আলোচনার আন্তর্জাতিক সম্মিলনসভায় বিবৃত করিয়াছিলেন। ভাগবত ধর্মের সঙ্গে তাঁহার সে ভক্তিধর্মের মর্মগত প্রভেদ নাই বলিলেই হয়। তিনি বলিয়াছেন, অমিত বুদ্ধের দয়াতেই জীবের মুক্তি। এই অমিত সুখাবতী-নামক বৌদ্ধশাস্ত্রের আনন্দলোকের অধীশ্বর। ইনি সর্বশক্তিমান, করুণাময়, মুক্তিদাতা। যে-কেহ ব্যাকুলচিত্তে তাঁহার শরণ গ্রহণ করিবে সে বুদ্ধকে মনশ্চক্ষুতে দেখিতে পাইবে ও মৃত্যুকালে সমস্ত পার্ষদমণ্ডলী-সহ অমিত আসিয়া তাহাকে আদরে গ্রহণ করিবেন। এই অমিতাভের জ্যোতি বিশ্বজগতে ব্যাপ্ত, দৃষ্টি মেলিলেই দেখা যায়; এই অমিতায়ুর প্রাণ মুক্তিধামে নিত্যকাল উপলব্ধ, যিনি ইচ্ছা করেন লাভ করিতে পারেন।

ইহা হইতে পাঠকেরা দেখিতে পাইবেন, বুদ্ধ যেখানেই মানুষের জ্ঞানকে ছাড়াইয়া তাহার ভক্তিকে অধিকার করিয়াছেন সেখানেই তাঁহার মানবভাব বিলুপ্ত হইয়াছে; সেখানে তাঁহার ধারণার সঙ্গে ভগবানের ধারণা এক হইয়া গিয়াছে।

বৌদ্ধধর্মের তিনটি মুখ—বুদ্ধ, ধর্ম এবং সংঘ। তাহার ধর্মে জ্ঞান, সংঘে কর্ম ও বুদ্ধে ভক্তি আশ্রিত হইয়া আছে। যদিও এই তিনের পরিপূর্ণ সম্মিলনই বৌদ্ধধর্মের পূর্ণ আদর্শ, তবু দেশ কাল পাত্রের প্রকৃতি-অনুসারে সে আদর্শ বিভক্ত হইয়া পড়ে এবং তখন ইহার কোনো-একটা দিকই প্রবল হইয়া দেখা দেয়। হীনযান ও মহাযানে তাহারই প্রমাণ পাওয়া যায়। হীনযানের দিকে যখন দেখি তখন মনে হয় বৌদ্ধধর্মে পূজাভক্তি বুঝি নাই, প্রত্যক্ষের অতীত কোনো মহৎসত্তাকে বৌদ্ধধর্ম বুঝি একেবারেই অস্বীকার করে—আবার মহাযানের দিকে তাকাইলে মনে হয় ভক্তির প্রবল উচ্ছ্বাসে বৌদ্ধধর্ম নানা বিচিত্র রূপ রস সৃষ্টি করিয়া চলিয়াছে, কোথাও তাহার জ্ঞানের সংযম নাই।

কিন্তু আসল কথা, বৌদ্ধধর্মের মধ্যে এই দুটা দিকই আছে। সমস্ত বাসনা ও কর্ম নিঃশেষে ধ্বংস করিয়া নির্বাণ-মুক্তির মধ্যেই আপনাকে একেবারে 'না' করিয়া দেওয়াই যে বৌদ্ধধর্মের চরম লক্ষ্য নহে তাহা একটু চিন্তা করিয়া দেখিলেই বুঝা যাইবে। সর্বভূতের প্রতি প্রেম জিনিসটি শূন্য পদার্থ নহে। এমন বিশ্বব্যাপী প্রেমের অনুশাসন কোনো ধর্মেই নাই। প্রেমের দ্বারা সমস্ত সম্বন্ধ সত্য এবং পূর্ণ হয়, কোনো সম্বন্ধ ছিন্ন হয় না। অতএব প্রেমের চরমে যে বিনাশ ইহা কোনোমতেই শ্রদ্ধেয় নহে।

এক দিকে স্বার্থপর বাসনাকে ক্ষয় ও অন্য দিকে স্বার্থত্যাগী প্রেমকে সমস্ত সীমা অবলুপ্ত করিয়া বিস্তার করা এই দুই শিক্ষাই যেখানে প্রবল মাত্রায় একত্র মিলিত হইয়াছে, বুঝিতেই হইবে, শূন্যতাই সেখানে লক্ষ্য নহে। কোনো-এক সম্প্রদায়ের বৌদ্ধদলের বা কোনো বিশেষ বৌদ্ধগ্রন্থের মধ্যে পোষক প্রমাণ থাকিলেও আমরা তাহাকেই সম্পূর্ণ সত্য বলিয়া গ্রহণ করিতে পারিব না। মাটি চাষ করাটাকেই

মুখ্য বলিয়া গণ্য করিব এবং ফসল বোনাটাকেই গৌণ বলিয়া উপেক্ষা করিব, ইহা হইতেই পারে না।

এই ফসলের কথাটা যেখানে আছে সেইখানেই মানুষের মন বিশেষ করিয়া আকৃষ্ট হইয়াছে এবং সেই আকর্ষণেই কঠিন সাধনার দুঃখ মানুষ মাথায় করিয়া লইয়াছে। এক-দল তার্কিক এমনভাবে তর্ক করে যে, যেহেতু ক্ষেত্রকে দীর্ণ বিদীর্ণ করিতে বলা হইয়াছে, অতএব সমস্ত ফসল নষ্ট করিয়া ফেলাই এই উপদেশের তাৎপর্য। আগাছা উৎপাটন করিয়া ফেলাই যে তাহার উদ্দেশ্য সে কথা বুঝিতে বাকি থাকে না যখন শুনিতে পাই 'প্রেমের বীজ মুঠা মুঠা দিকে দিকে ছড়াইয়া দিবে'। এই প্রেমের ফসল নির্বাণ নহে, আনন্দ, সে কথা বলাই বাহুল্য।

শ্রাবণ মাসের প্রবাসীতে শ্রীযুক্ত মহেশচন্দ্র ঘোষ মহাশয় দেখাইয়া দিয়াছেন যে, বুদ্ধদেব শূন্যবাদী ছিলেন না ও তিনি ব্রহ্মকে স্বীকার করিয়াছেন। লেখক বলিয়াছেন, ইতিবুত্তকং-নামক পালিগ্রন্থে লিখিত আছে যে, এক সময়ে ভগবান বুদ্ধ নিম্নলিখিত গাথা উচ্চারণ করিয়াছিলেন—

যস্‌স রাগো চ দোসো চ অবিজ্জা চ বিরাজিতা
তম্ ভাবিতত্তঞ্‌ঞতরম্ ব্রহ্মভূতম্ তথাগতম্
বুদ্ধম্ বেরভয়াতীতম্ আহু সব্বপহায়িনন্তি।

যাঁহার রাগ দ্বেষ এবং অবিদ্যা তিরোহিত হইয়াছে তাঁহাকে ধর্মে সুপ্রতিষ্ঠিত, ব্রহ্মভূত, তথাগত এবং বৈর ও ভয়াতীত এবং সর্বত্যাগী বুদ্ধ বলা হয়।

ব্রহ্মভুত শব্দের অর্থ এই যে, যিনি ব্রহ্মস্বরূপে বিরাজ করেন। মহেশবাবু যে শ্লোকটি উদ্ধৃত করিয়াছেন তাহাতে ব্রহ্মভুত ব্যক্তির যে-সকল লক্ষণ ব্যক্ত হইয়াছে তাহা ত্যাগমূলক। কিন্তু বৌদ্ধধর্ম কেবলমাত্র ত্যাগের ধর্ম নহে। তা যদি হইত তবে তাহার মধ্যে প্রেমের কোনো স্থান থাকিত না। বস্তুত বৌদ্ধধর্মের বিশেষত্বই এই যে, এক দিকে তাহার যেমন কঠোর ত্যাগ অন্য দিকে তাহার তেমনি উদার

প্রেম। ইহা কেবলমাত্র জ্ঞানের ধর্ম, ধ্যানের ধর্ম নহে। বুদ্ধদেব নিজের জীবনেই তাহা সপ্রমাণ করিয়াছেন। তিনি যখন দীর্ঘকাল তপস্যার পর তপস্যা পরিত্যাগ করিলেন তখন যাহারা তাঁহার প্রতি শ্রদ্ধাবান হইয়াছিল তাহাদের শ্রদ্ধা তিনি হারাইলেন। কারণ, তখনকার বিশ্বাস ছিল এই যে, তপশ্চরণের দ্বারা সমাধিপ্রাপ্তিই ব্রহ্মলাভ, তাহাই চরম সিদ্ধি। কিন্তু যখন বুদ্ধদেব বুদ্ধত্ব লাভ করিলেন তখনই তিনি কর্মে প্রবৃত্ত হইলেন। সে কর্ম বিশুদ্ধ কর্ম, কারণ তাহাতে ভয় লোভ মোহ হিংসা নাই; তাহা স্বার্থবন্ধনের অতীত; তাহা দয়ার কর্ম, প্রেমের কর্ম।

অতএব যেখানে বাসনার ক্ষয় হয় সেখানে যে কিছুই বাকি থাকে না তাহা নহে। সেখানে সমস্ত আসক্তি ও রিপুর আকর্ষণ দূর হইয়া যায় বলিয়াই দয়া প্রেম আনন্দ পরিপূর্ণ হইয়া উঠে। সেই পরিপূর্ণতাই ব্রহ্মের স্বরূপ। অতএব যিনি ব্রহ্মভূত হইবেন, ব্রহ্মের স্বরূপে বিরাজ করিবেন, তাঁহাকে কেবল ত্যাগের রিক্ততা নহে, ত্যাগের দ্বারা প্রেমের পূর্ণতা লাভ করিতে হইবে। এইজন্যই ব্রহ্মবিহার কাহাকে বলে বুদ্ধ তৎসম্বন্ধে বলিয়াছেন—

মাতা যথা নিযং পুত্তং আয়ুসা একপুত্তমনুরক্‌খে
এবম্পি সব্বভূতেসু মানসম্ভাবয়ে অপরিমাণং।
মেত্তঞ্চ সব্বলোকস্মিং মানসম্ভাবয়ে অপরিমাণং
উদ্ধং অধো চ তিরিযঞ্চ অসম্বাধং অবেরমসপত্তং।
তিট্‌ঠঞ্চরং নিসিন্নো বা সয়ানো বা যাবতস্‌স বিগতমিদ্ধো
এতং সতিং অধিট্‌ঠেয্যং ব্রহ্মমেতং বিহারমিধমাহু।

মাতা যেমন প্রাণ দিয়াও নিজের পুত্রকে রক্ষা করেন সেইরূপ সকল প্রাণীর প্রতি অপরিমাণ দয়াভাব জন্মাইবে। ঊর্ধ্বদিকে অধোদিকে চতুর্দিকে সমস্ত জগতের প্রতি বাধাশূন্য হিংসাশূন্য শত্রুতাশূন্য মানসে অপরিমাণ দয়াভাব জন্মাইবে। কী দাঁড়াইতে কী চলিতে, কী বসিতে কী শুইতে, যাবৎ নিদ্রিত না হইবে এই মৈত্রভাবে অধিষ্ঠিত থাকিবে—ইহাকেই ব্রহ্মবিহার বলে।

এইরূপ বিশ্বব্যাপী প্রেমের মধ্যে চিত্তকে প্রসারিত করাকেই বুদ্ধ

ব্রহ্মবিহার বলিয়াছেন। ইহাতে প্রমাণ হইতেছে, বুদ্ধ ব্রহ্মকে প্রেমস্বরূপ বলিয়াই জানিয়াছেন, ব্রহ্ম তাঁহার কাছে শূন্যতা নহে।

এই প্রেমকেই যদি সর্বব্যাপী পরম সত্য বলিয়া গণ্য করা হয় তবে সংসারকে একেবারে বাদ দিয়া বসিলে চলিবে কেন?

করুণা বলো, প্রেম বলো, আপনাকে লইয়া আপনি থাকিতে পারে না। প্রেমের বিষয়কে বাদ দিয়া প্রেমের সত্যতা নাই।

মহাযান-সম্প্রদায়ীরা এ সম্বন্ধে যাহা বলেন তাহা প্রণিধানের যোগ্য। পরে আমরা তাহা আলোচনা করিব।

যিনি নিজে বৌদ্ধধর্মাবলম্বী অথচ যিনি আধুনিক কালের পাঠকসমাজের কাছে নিজের মত সুস্পষ্টরূপে ব্যক্ত করিবার যোগ্যতা লাভ করিয়াছেন তাঁহারই নিকট হইতে আমরা এ সম্বন্ধে সহায়তা প্রত্যাশা করিতে পারি।

জাপানী বৌদ্ধ পণ্ডিত তাইতারো সুজুকির নিকট হইতে এ বিষয়ে আমরা জ্ঞানলাভ করিতে পারিব। তিনি অশ্বঘোষের গ্রন্থের অনুবাদ করিয়াছেন এবং মহাযান বৌদ্ধ মতেরও ব্যাখ্যা করিয়া বই লিখিয়াছেন।

তাঁহার গ্রন্থগুলি আমরা দেখিবার সুযোগ পাই নাই। কিন্তু তাঁহার পুস্তক অবলম্বন করিয়া ইংরেজি Quest পত্রে সম্পাদক-মহাশয় যে বিস্তৃত প্রবন্ধ লিখিয়াছেন তাহা পাঠ করিলে ইহা বুঝা যায় যে, যেমন বেদান্তদর্শন সম্বন্ধে কেবলমাত্র শাঙ্কর ভাষ্য পড়িলে ভারতে প্রচলিত বেদান্তকে সম্পূর্ণ আয়ত্ত করা হইল মনে করা যায় না, সেইরূপ পালিগ্রন্থে বৌদ্ধধর্মের যে পরিচয় পাওয়া যায় এবং যাহা অবলম্বন করিয়া সাধারণত য়ুরোপীয় পণ্ডিতেরা অনেক দিন ধরিয়া আলোচনা করিতেছেন, বৌদ্ধধর্মের মর্মগত সত্য-সন্ধানের পক্ষে তাহাই যথেষ্ট নহে।

এ কথা স্পষ্টই মনে হয়, ভারতবর্ষের চিত্ত হইতে জ্ঞানের ধারা এবং প্রেমের ধারাকে বুদ্ধদেব একত্রে আকর্ষণ করিয়া একদিন মিলাইয়াছিলেন। সেই মিলনের বন্যায় একদিন পৃথিবীর দেশ বিদেশ ভাসিয়া গিয়াছিল। তাহার পরে এত বড়ো মিলনের একটি বিপুল শক্তি ভারতবর্ষ হইতে যে একেবারে অন্তর্হিত হইয়াছে তাহা নহে।

বৌদ্ধযুগের পরবর্তী দর্শনে পুরাণে কোথাও বা নবীনরূপে, কোথাও বা পুরাতনকে নূতন আকার দিয়া, সেই ধারা নানা শাখা প্রশাখায় নানা নামে আজও প্রবাহিত হইতেছে।

আমরা পূর্বে এক স্থানে আভাস দিয়াছি, ভারতবর্ষে বৌদ্ধধর্মের সঙ্গে বৈষ্ণবধর্মের একটা সম্মিলন ঘটিয়াছিল। বস্তুত বৌদ্ধধর্ম বৈষ্ণবধর্মকে সৃষ্টি করে নাই। তাহার পুষ্টিসাধন করিয়াছে। গুরুতে দেবতা জ্ঞান করা এবং তাঁহার প্রসাদেই মুক্তি এই কথা স্বীকার করা, আমাদের আধুনিক পৌরাণিক ধর্মে দেখা যায়—আমার বিশ্বাস, এইরূপ গুরুবাদের উৎপত্তি বৌদ্ধধর্ম হইতে। ইহার কারণ এই যে, মানুষের ভক্তিবৃত্তি একটা সত্য পদার্থ, তাহাকে খাদ্য জোগাইতেই হইবে। যে ধর্মের যেমন মতই হউক-না কেন, ভক্তির আশ্রয় কাড়িয়া লইলে ভক্তি যেমন করিয়া হউক আপনার একটা আশ্রয় খাড়া করিয়া লয়। বুদ্ধদেব তাঁহার উপদেশে স্পষ্ট করিয়া ভক্তির কোনো চরম আশ্রয় নির্দেশ করেন নাই। এইজন্য তাঁহার অনুবর্তীদের ভক্তিবৃত্তি তাঁহাকেই বেষ্টন করিয়া ধরিয়াছে এবং ভক্তির স্বাভাবিক চরম গতি যে পরমপুরুষে, বুদ্ধকে তাঁহার সঙ্গেই মিলাইয়া লইয়াছে। এইরূপে বৌদ্ধধর্মে মানুষের ভক্তি অগত্যা মানুষকেই আশ্রয় করিয়াছে এবং সেই সমস্ত সীমাকে ভেদ করিয়া, বিদীর্ণ করিয়া, ভগবানের মধ্যে উত্তীর্ণ হইবার চেষ্টা করিয়াছে। অশ্বত্থ গাছ যখন মন্দিরের ভিত্তিতে জন্মায় তখন সেই মন্দিরকে নিজের প্রয়োজন-অনুসারে ভাঙিয়া-চুরিয়া নানাখানা করিয়া ফেলে—কেননা, যেখানে তাহার খাদ্য, যেমন করিয়া হউক, সেখানে তাহাকে শিকড় পাঠাইতে হইবে। বৌদ্ধধর্ম একদা দেবতাকে আচ্ছন্ন করিয়া রাখিয়াছিল বলিয়াই এই ধর্মে ভক্তি মানুষকে আশ্রয় করিয়াছিল; কিন্তু মানুষের মধ্যে তাহার সম্পূর্ণ খাদ্য নাই, এই কারণে সে বাঁকিয়া-চুরিয়া যেমন করিয়া পারে আপন আশ্রয়কে অতিক্রম করিয়া নিত্য আশ্রয়ের মধ্যে মুক্তিলাভের চেষ্টা করিয়াছে। এমনি করিয়া এইখানে গুরুবাদের উৎপত্তি ঘটিয়াছে।

মুক্তির পক্ষে আত্মশক্তিই প্রধান এই কথার উপরেই বৌদ্ধধর্মে বিশেষ জোর দেওয়া হইয়াছে। তাহার কারণও ছিল। ভারতবর্ষে যে সময় বুদ্ধের আবির্ভাব সে সময়ে যাগ যজ্ঞ প্রভৃতি বাহ্য ক্রিয়াকাণ্ডের

দ্বারা মুক্তি হইতে পারে এই কথার খুব প্রভাব ছিল। হোমাদি করিয়া দেবতাদিগকে খুশি করিতে পারিলেই তাঁহাদের অলৌকিক শক্তি-দ্বারা মানুষ সহজেই সদ্‌গতি লাভ করিবে এই প্রকার তখন বিশ্বাস ছিল। ইহারই বিরুদ্ধে বুদ্ধদেবকে বিশেষ করিয়া বলিতে হইয়াছিল, সাধু চিন্তা, সাধু বাক্য, সাধু কর্মের দ্বারাই মুক্তির পথ সুগম হয়। মুক্তি যথার্থ সাধনার দ্বারাই সাধ্য, এখানে অল্পমাত্রও ফাঁকি চলে না।

কিন্তু মানুষ জানে আত্মশক্তিই পর্যাপ্ত নহে। শুধু চোখ দিয়া আমরা দেখি না, বাহিরের আলো নহিলে আমাদের দেখা চলে না। তাহার একটা দিক আছে শক্তির দিক, আর-একটা দিক আছে নির্ভরের দিক। এই দুইয়ের যোগ বিচ্ছিন্ন করিয়া দিলে, ইহার একটাকেই একান্ত করিয়া দিলে, এমন একটা প্রতিক্রিয়ার বিপ্লব উপস্থিত হয় যে উল্টা দিকটা অতিমাত্র প্রবল হইয়া উঠে।

বৌদ্ধধর্ম আত্মশক্তিতে মানুষকে বলিষ্ঠ করিয়া তুলিবার পক্ষে যত জোরে টান দিয়াছিল তত জোরেই সে দৈবশক্তির দিকে ছুটিয়াছে। এমন দিন আসিল যেদিন মুক্তিলাভের জন্য বুদ্ধের প্রতি বৌদ্ধের নির্ভরের আর সীমা রহিল না। হোনেন বলিয়াছেন, বড়ো বড়ো ভারী পাথর যেমন জাহাজকে আশ্রয় করিয়া অনায়াসে সমুদ্র পার হইয়া যায়, তেমনি পর্বতাকার পাপের বোঝা-সত্ত্বেও আমরা অমিত বুদ্ধের দয়াবলেই জন্মমৃত্যুর সমুদ্র উত্তীর্ণ হইতে পারি। হোনেন স্পষ্টই বলেন, 'কখনো মনে করিয়ো না আমরা স্বকর্মের বলে নিজের আন্তরিক ক্ষমতাতেই পুণ্যলোক প্রাপ্ত হইতে পারি, অসাধুও বুদ্ধের শক্তি-প্রভাবে পরমগতি লাভ করে।'

এই-যে কথা উঠিল, বুদ্ধের প্রসাদ এবং শক্তিই আমাদিগকে ত্রাণ করিতে পারে, এইখানেই মানবগুরুর অলৌকিক ক্ষমতা প্রথম স্বীকার করা হইয়াছে। অবশ্য, মানবকে এখানে যেভাবে কল্পনা করা হয় তাহাতে তাহার মানবত্বই থাকে না, সর্বত্রই গুরুবাদের সেই বিশেষত্ব; গুরুর মধ্যে এমন শক্তির আরোপ করা হয় যাহা মানুষের শক্তি নহে।

সুফিধর্মেও গুরুবাদের এইরূপ প্রবলতা দেখা যায়। অথচ বিশুদ্ধ মুসলমান-ধর্ম এই প্রকার গুরুবাদের বিরুদ্ধ। আমার বিশ্বাস, এশিয়াখণ্ডে মানবগুরুকে দৈবশক্তিসম্পন্ন ত্রাণকর্তা বলিয়া পূজা করিবার যে প্রথা চলিয়াছে বৌদ্ধধর্ম হইতেই তাহার উৎপত্তি।

সুফিধর্মের এই গুরুবাদ পুনশ্চ আমাদের দেশেই বাউল ও কর্তাভজা সম্প্রদায়ের মধ্যে নূতন করিয়া ফিরিয়া আসিয়াছে। এমনি করিয়া বৌদ্ধধর্ম হইতে জন্মলাভ করিয়া গুরুবাদ ও অবতারবাদ নব নব আকারে আবর্তিত হইতেছে।

বৌদ্ধধর্মেই মানবকে দেবতার স্থান প্রথম দেওয়া হইয়াছে। তাহার পর হইতে মানব সেই দেবসিংহাসনের অধিকার আর সহজে ছাড়িতে পারিতেছে না। মানুষের মন একবার যখন এই অদ্ভুত কল্পনায় অভ্যস্ত হইয়া গিয়াছে তখন এই পথে চিন্তা প্রবাহিত হওয়ার বাধা সে আর দেখিতেছে না।

নাম জপ করা এবং নামাবলী-আবৃত্তিও আমরা মহাযান-বৌদ্ধসম্প্রদায়ে দেখিতে পাই। হোনেন বলিয়াছেন, যে-কেহ সর্বান্তঃকরণে অমিতের নাম স্মরণ করিবে তাহাদের কেহই পুণ্যজীবনলাভে বঞ্চিত হইবে না। যে-কোনো প্রাণী বুদ্ধের নাম স্মরণ করে তাহাকে পরমাত্মীয় বলিয়া জ্ঞান করিতে হইবে, ইহাও হোনেনের উপদেশ। বস্তুত বুদ্ধই যখন বৌদ্ধের ভক্তির একমাত্র ও চরম লক্ষ্য তখন তাঁহার অবর্তমানে তাঁহার নামই তাহাদের প্রধান সম্বল হইয়াছিল। তিনি নাই, কিন্তু তাঁহার নাম আছে। মানুষের অভাবে মানুষের এই নামকে আশ্রয় না করিয়া উপায় কী?

বৌদ্ধধর্মে একদিন মুক্তির পথ অত্যন্ত দুর্গম ছিল, সংযম এবং ত্যাগের কঠোরতার সীমা ছিল না। এই বৌদ্ধধর্ম করুণাকে আদর করিয়াছে, কিন্তু ভক্তিকে অস্বীকার করিয়াছিল। সেই ভক্তি আসিয়া একদিন আপন অবমাননার প্রতিশোধ লইয়াছে। সাধনার সমস্ত কঠোরতা সে অপহরণ করিয়াছে। পাপের বোঝা লইয়াও মানুষ উদ্ধার পাইবে এই কথা প্রচার করিয়াছে, কেবল নাম-স্মরণে ও উচ্চারণেই মুক্তি হইতে পারে এই আশ্বাস দিয়া মানুষের পুণ্যচেষ্টাকে শিথিল করিয়া দিয়াছে। অবশেষে এই নামের মাহাত্ম্যে নির্ভর এত দূর পর্যন্ত বাড়িয়া উঠিয়াছে যে, অজ্ঞানে ভ্রমক্রমে নাম-উচ্চারণ করিলেও মহাপাপী উদ্ধার পায় এমন বিশ্বাস ব্যাপ্ত হইয়া পড়িয়াছে।

মানবপ্রকৃতির অন্তর্নিহিত কোনো সত্যকে অবজ্ঞা করিয়া কোনো ধর্ম বাঁচে না। জ্ঞানকে হতমান করিলে সে তাহার শোধ লয়, ভক্তিকে

অপমান করিলে সে তাহা ক্ষমা করে না। যেখানে অভাব আছে পূরণ করিতে করিতে, যেখানে ত্রুটি আছে সংশোধন করিতে করিতে, ধর্ম অগ্রসর হইয়া চলে। যদি না চলে তবে মানুষের উপায় নাই। এইজন্যই কোনো বড়ো ধর্মকে কোনো এক কালে এক অবস্থায় এক ভাবে আবদ্ধ করিয়া দেখিলে ঠিক দেখা হয় না। এক দিকে হেলিলে অন্য দিকে হেলিয়া সে আপনার ভারসামঞ্জস্য উদ্ধার করে, কিন্তু তাই বলিয়া সেই দিকেই সে হেলিয়া থাকিতে পারে না—মধ্যপথকে আশ্রয় করিবার জন্যই তাহার চেষ্টা। একেবারেই না যদি করে তবে নৌকা- ডুবি।

বৌদ্ধধর্ম যে কী, তাহা নির্ণয় করিবার বেলায় তাহার সচলতার প্রতি লক্ষ করিতে হইবে। হীনযানও পূর্ণ বৌদ্ধধর্ম নহে, মহাযানও পূর্ণ বৌদ্ধধর্ম নহে। বৌদ্ধধর্ম সংসারের অতীত কোনো পূজনীয় সত্তাকে স্বীকার যে করে না এ কথাকে আমরা বৌদ্ধধর্মের নিত্য সত্য বলিয়া মানি না—এবং বৌদ্ধধর্ম যে আত্মশক্তির সাধনাকে ভক্তির জলে ডুবাইয়া মারিয়াছে এ কথাও তাহার চিরসত্য নহে। বৌদ্ধধর্ম এখনো মানুষের জ্ঞান ভক্তি কর্মের মধ্যে আপনার অমর সত্যকে বাধামুক্ত করিয়া তুলিবার জন্য সেই লক্ষ্য-অভিমুখে চলিয়াছে সকল ধর্মেরই গম্যস্থান যেখানে।

১৩১৮

১/ ‘শ্রদ্ধোৎপাদশাস্ত্র’ বা ‘মহাযানশ্রদ্ধোৎপাদশাস্ত্র’। এই গ্রন্থের মূল সংস্কৃত এখন পর্যন্ত পাওয়া যায় নাই। ইহার ইংরেজি অনুবাদ Asvaghosha’s Discourse on the Awakening of Faith in the Mahāyāna, translated for the first time from the Chinese version by Teitaro Suzuki, Chicago, 1900.

পাদটীকা শান্তিনিকেতন চীন-ভবনের শ্রীসুজিতকুমার মুখোপাধ্যায়ের সৌজন্যে।

বুদ্ধদেব-প্রসঙ্গ

ভারতবর্ষে বুদ্ধদেব মানবকে বড়ো করিয়াছিলেন। তিনি জাতি মানেন নাই, যাগযজ্ঞের অবলম্বন হইতে মানুষকে মুক্তি দিয়াছিলেন, দেবতাকে মানুষের লক্ষ হইতে অপসৃত করিয়াছিলেন। তিনি মানুষের আত্মশক্তি প্রচার করিয়াছিলেন। দয়া এবং কল্যাণ তিনি স্বর্গ হইতে প্রার্থনা করেন নাই, মানুষের অন্তর হইতে তাহা তিনি আহ্বান করিয়াছিলেন।

এমনি করিয়া শ্রদ্ধার দ্বারা, ভক্তির দ্বারা, মানুষের অন্তরের জ্ঞান শক্তি ও উদ্যমকে তিনি মহীয়ান করিয়া তুলিলেন। মানুষ যে দীন দৈবাধীন হীন পদার্থ নহে, তাহা তিনি ঘোষণা করিলেন।

এমন সময় হিন্দুর চিত্ত জাগ্রত হইয়া কহিল, 'সে কথা যথার্থ—মানুষ দীন নহে, হীন নহে, কারণ মানুষের যে শক্তি—যে শক্তি মানুষের মুখে ভাষা দিয়াছে, মনে ধী দিয়াছে, বাহুতে নৈপুণ্য দিয়াছে, যাহা সমাজকে গঠিত করিতেছে, সংসারকে চালনা করিতেছে, তাহাই দৈবী শক্তি।'

বুদ্ধদেব যে অভ্রভেদী মন্দির রচনা করিলেন, নবপ্রবুদ্ধ হিন্দু তাহারই মধ্যে তাঁহার দেবতাকে লাভ করিলেন। বৌদ্ধধর্ম হিন্দুধর্মের অন্তর্গত হইয়া গেল। মানবের মধ্যে দেবতার প্রকাশ, সংসারের মধ্যে দেবতার প্রতিষ্ঠা, আমাদের প্রতিমুহূর্তের সুখদুঃখের মধ্যে দেবতার

সঞ্চার, ইহাই নব-হিন্দুধর্মের মর্মকথা হইয়া উঠিল। শাক্তের শক্তি, বৈষ্ণবের প্রেম ঘরের মধ্যে ছড়াইয়া পড়িল—মানুষের ক্ষুদ্র কাজে কর্মে শক্তির প্রত্যক্ষ হাত, মানুষের স্নেহপ্রীতির সম্বন্ধের মধ্যে দিব্যপ্রেমের প্রত্যক্ষলীলা, অত্যন্ত নিকটবর্তী হইয়া দেখা দিল। এই দেবতার আবির্ভাবে ছোটোবড়োর ভেদ ঘুচিবার চেষ্টা করিতে লাগিল। সমাজে যাহারা ঘৃণিত ছিল তাহারাও দৈবশক্তির অধিকারী বলিয়া অভিমান করিল; প্রাকৃত পুরাণগুলিতে তাহার ইতিহাস রহিয়াছে।

১৩১০

২

সন্তানের জন্য আমরা মানুষকে দুঃসাধ্যকর্মে প্রবৃত্ত হইতে দেখিয়াছি, অনেক জন্তুকেও সেরূপ দেখিয়াছি; স্বদেশীয়-স্বদলের জন্যও আমরা মানুষকে দুরূহ চেষ্টা প্রয়োগ করিতে দেখিয়াছি, পিপীলিকাকেও মধুমক্ষিকাকেও সেরূপ দেখিয়াছি। কিন্তু মানুষের কর্ম যেখানে আপনাকে, আপনার সন্তানকে এবং আপনার দলকেও অতিক্রম করিয়া গেছে, সেইখানেই আমরা মনুষ্যত্বের পূর্ণশক্তির বিকাশে পরম গৌরব লাভ করিয়াছি। বুদ্ধদেবের করুণা সন্তানবাৎসল্য নহে, দেশানুরাগও নহে—বৎস যেমন গাভীমাতার পূর্ণস্তন হইতে দুগ্ধ আকর্ষণ করিয়া লয়, সেইরূপ ক্ষুদ্র অথবা মহৎ কোনো শ্রেণীর স্বার্থপ্রবৃত্তি সেই করুণাকে আকর্ষণ করিয়া লইতেছে না। তাহা জলভারাক্রান্ত নিবিড় মেঘের ন্যায় আপনার প্রভূত প্রাচুর্যে আপনাকে নির্বিশেষে সর্বলোকের উপরে বর্ষণ করিতেছে। ইহাই পরিপূর্ণতার চিত্র, ইহাই ঐশ্বর্য। ঈশ্বর প্রয়োজনবশত নহে, শক্তির অপরিসীম প্রাচুর্য-বশতই আপনাকে নির্বিশেষে নিয়তই বিশ্বরূপে দান করিতেছেন। মানুষের মধ্যেও যখন আমরা সেইরূপ শক্তির প্রয়োজনাতীত প্রাচুর্য ও স্বতঃপ্রবৃত্ত উৎসর্জন দেখিতে পাই, তখনই মানুষের মধ্যে ঈশ্বরের

প্রকাশ বিশেষভাবে অনুভব করি। বুদ্ধদেব বলিয়াছেন—

মাতা যথা নিযং পুত্তং আয়ুসা একপুত্তমনুরক্‌খে
এবম্পি সব্বভূতেসু মানসম্ভাবয়ে অপরিমাণং।
মেত্তঞ্চ সব্বলোকস্মিং মানসম্ভাবয়ে অপরিমাণং
উদ্ধং অধো চ তিরিযঞ্চ অসম্বাধং অবেরমসপত্তং॥
তিট্‌ঠঞ্চরং নিসিন্নো বা সয়ানো বা যাবতস্‌স বিগতমিদ্ধো
এতং সতিং অধিট্‌ঠেয্যং ব্রহ্মমেতং বিহারমিধমাহু॥

মাতা যেমন প্রাণ দিয়াও নিজের পুত্রকে রক্ষা করেন, এইরূপ সকল প্রাণীর প্রতি অপরিমাণ দয়াভাব জন্মাইবে। উর্ধ্বদিকে অধোদিকে চতুর্দিকে সমস্ত জগতের প্রতি বাধাশূন্য হিংসাশূন্য শত্রুতাশূন্য মানসে অপরিমাণ দয়াভাব জন্মাইবে। কী দাঁড়াইতে কী চলিতে, কী বসিতে কী শুইতে, যাবৎ নিদ্রিত না হইবে, এই মৈত্রভাবে অধিষ্ঠিত থাকিবে—ইহাকেই ব্রহ্মবিহার বলে।

এই-যে ব্রহ্মবিহারের কথা ভগবান বুদ্ধ বলিয়াছেন, ইহা মুখের কথা নহে, ইহা অভ্যস্ত নীতিকথা নহে; আমরা জানি, ইহা তাঁহার জীবনের মধ্যে হইতে সত্য হইয়া উদ্ভূত হইয়াছে। ইহা লইয়া অদ্য আমরা গৌরব করিব। এই বিশ্বব্যাপী চিরজাগ্রত করুণা, এই ব্রহ্মবিহার, এই সমস্ত-আবশ্যকের-অতীত অহেতুক অপরিমেয় মৈত্রীশক্তি, মানুষের মধ্যে কেবল কথার কথা হইয়া থাকে নাই, ইহা কোনো- না-কোনো স্থানে সত্য হইয়া উঠিয়াছিল। এই শক্তিকে আর আমরা অবিশ্বাস করিতে পারি না; এই শক্তি মনুষ্যত্বের ভাণ্ডারে চিরদিনের মতো সঞ্চিত হইয়া গেল। যে মানুষের মধ্যে ঈশ্বরের অপর্যাপ্ত দয়াশক্তির এমন সত্যরূপে বিকাশ হইয়াছে, আপনাকে সেই মানুষ জানিয়া উৎসব করিতেছি।

১৩১১

৩

বুদ্ধদেব যখন বেদনাপূর্ণচিত্তে ধ্যানদ্বারা এই প্রশ্নের উত্তর খুঁজেছিলেন যে, মানুষের বন্ধন বিকার বিনাশ কেন, দুঃখ জরা মৃত্যু কেন, তখন তিনি কোন্ উত্তর পেয়ে আনন্দিত হয়ে উঠেছিলেন? তখন তিনি এই উত্তরই পেয়েছিলেন যে, মানুষ আত্মাকে উপলব্ধি করলেই, আত্মাকে প্রকাশ করলেই, মুক্তিলাভ করবে। সেই প্রকাশের বাধাতেই তার দুঃখ, সেইখানেই তার পাপ।

এইজন্যে তিনি প্রথমে কতকগুলি নিষেধ স্বীকার করিয়ে মানুষকে শীল গ্রহণ করতে আদেশ করেন। তাকে বললেন, 'তুমি লোভ কোরো না, হিংসা কোরো না, বিলাসে আসক্ত হোয়ো না।' যে-সমস্ত আবরণ তাকে বেষ্টন করে ধরেছে সেইগুলি প্রতিদিনের নিয়ত অভ্যাসে মোচন ক'রে ফেলবার জন্যে তাকে উপদেশ দিলেন। সেই আবরণগুলি মোচন হলেই আত্মা আপনার বিশুদ্ধ স্বরূপটি লাভ করবে।

সেই স্বরূপটি কী? শূন্যতা নয়, নৈষ্কর্ম্য নয়। সে হচ্ছে মৈত্রী, করুণা, নিখিলের প্রতি প্রেম। বুদ্ধ কেবল বাসনা ত্যাগ করতে বলেন নি, তিনি প্রেমকে বিস্তার করতে বলেছেন। কারণ, এই প্রেমকে বিস্তারের দ্বারাই আত্মা আপন স্বরূপকে পায়। সূর্য যেমন আলোককে বিকীর্ণ করার দ্বারাই আপনার স্বভাবকে পায়।

৯ চৈত্র ১৩১৫

৪

বুদ্ধদেব যে দুঃখনিবৃত্তির পথ দেখিয়ে দিয়েছেন সে পথের একটা সকলের চেয়ে বড়ো আকর্ষণ কী? সে এই যে, অত্যন্ত দুঃখ স্বীকার করে এই পথে অগ্রসর হতে হয়। এই দুঃখ-স্বীকারের দ্বারা মানুষ আপনাকে বড়ো করে জানে। খুব বড়ো রকম ক'রে ত্যাগ, খুব বড়ো

রকম ক'রে ব্রত-পালনের মাহাত্ম্য মানুষের শক্তিকে বড়ো ক'রে দেখায় ব'লে মানুষের মন তাতে ধাবিত হয়।

১৪ চৈত্র [১৩১৫]

৫

বুদ্ধদেব শূন্যকে মানতেন কি পূর্ণকে মানতেন সে তর্কের মধ্যে যেতে চাই নে। কিন্তু তিনি মঙ্গলসাধনার দ্বারা প্রেমকে বিশ্বচরাচরে মুক্ত করতে উপদেশ দিয়েছিলেন। তাঁর মুক্তির সাধনাই ছিল স্বার্থত্যাগ অহংকারত্যাগ ক্রোধত্যাগের সাধনা, ক্ষমার সাধনা, দয়ার সাধনা, প্রেমের সাধনা। এমনি করে প্রেম যখন অহং'এর শাসন অতিক্রম করে বিশ্বের মধ্যে অনন্তের মধ্যে মুক্ত হয় তখন সে যা পায় তাকে যে নামই দাও-না কেন, সে কেবল ভাষার বৈচিত্র্য মাত্র, কিন্তু সেই-ই মুক্তি। এই প্রেম যা যেখানে আছে কিছুকেই ত্যাগ করে না; সমস্তকেই সত্যময় ক'রে, পূর্ণতম ক'রে উপলব্ধি করে। নিজেকে পূর্ণের মধ্যে সমর্পণ করবার কোনো বাধাই মানে না।

৭ বৈশাখ [১৩১৬]

৬

বিশেষ স্থানে গিয়ে, বিশেষ মন্ত্র প'ড়ে, বিশেষ অনুষ্ঠান ক'রে মুক্তিলাভ করা যায়, এই বিশ্বাসের অরণ্যে যখন মানুষ পথ হারিয়েছিল তখন বুদ্ধদেব এই অত্যন্ত সহজ কথাটি আবিষ্কার ও প্রচার করবার জন্যে এসেছিলেন যে, স্বার্থত্যাগ ক'রে, সর্বভূতে দয়া বিস্তার ক'রে, অন্তর থেকে বাসনাকে ক্ষয় ক'রে ফেললে তবেই মুক্তি হয়; কোনো স্থানে গেলে, বা জলে স্নান করলে, বা অগ্নিতে আহুতি দিলে, বা মন্ত্র উচ্চারণ

করলে হয় না। এই কথাটি শুনতে নিতান্তই সরল, কিন্তু এই কথাটির জন্যে একটি রাজপুত্রকে রাজ্যত্যাগ ক'রে বনে বনে, পথে পথে, ফিরতে হয়েছে।

৭ পৌষ [১৩১৬]

৭

বুদ্ধদেবের আসল কথাটা কী সেটা দেখতে গেলে তাঁর শিক্ষার মধ্যে যে অংশটা নেগেটিভ সে দিকে দৃষ্টি দিলে চলবে না—যে অংশ পজিটিভ সেইখানেই তাঁর আসল পরিচয়। যদি দুঃখ-দুরই চরম কথা হয় তা হলে বাসনালোপের দ্বারা অস্তিত্বলোপ করে দিলেই সংক্ষেপে কাজ শেষ হয়—কিন্তু মৈত্রীভাবনা কেন? মৃত্যুদণ্ডই যার উপর বিধান তার আর ভালোবাসা কেন, দয়া কেন? এর থেকে বোঝা যায় যে, এই ভালোবাসাটার দিকেই আসল লক্ষ—আমাদের অহং, আমাদের বাসনা স্বার্থের দিকে টানে—বিশুদ্ধ প্রেমের দিকে, আনন্দের দিকে নয়—এইজন্যই অহংকে নির্বাপিত ক'রে দিলেই সহজেই সেই আনন্দলোক পাওয়া যাবে। আমার 'পূর্ণিমা' বলে চিত্রা'র একটা কবিতা পড়েছ? তাতে আছে, একদিন সন্ধ্যার সময় বোটে বসে সৌন্দর্যতত্ত্ব সম্বন্ধে একটি ইংরেজি বই পড়তে পড়তে ক্লান্ত ও বিরক্ত হয়ে যেমনি বাতি নিবিয়ে দিলুম অমনি দেখি নৌকার সমস্ত জানলা দিয়ে জ্যোৎস্নার ধারা এসে আমার কক্ষ প্লাবিত করে দিলে। ঐ ছোট্ট একটি বাতি আমার টেবিলে জ্বলছিল ব'লে আকাশ-ভরা জ্যোৎস্না আমার ঘরে প্রবেশ করতেই পারে নি—বাইরে যে এত অজস্র সৌন্দর্য দ্যুলোক ভূলোক আচ্ছন্ন করে অপেক্ষা করছিল তা আমি জানতেও পারি নি। অহং আমাদের সেইরকম জিনিস—অত্যন্ত কাছে এই জিনিসটা আমাদের সমস্ত বোধশক্তিকে চার দিক থেকে এমনি আবৃত করে রেখেছে যে অনন্ত- আকাশ-ভরা অজস্র আনন্দ আমরা

বোধ করতেই পারছি নে—এই অহংটার যেমনি নির্বাণ হবে অমনি অনির্বচনীয় আনন্দ এক মুহূর্তে আমাদের কাছে পরিপূর্ণরূপে প্রত্যক্ষ হবেন। সেই আনন্দই যে বুদ্ধদেবের লক্ষ্য তা বোঝা যায় যখন দেখি তিনি লোকলোকান্তরের জীবের প্রতি মৈত্রী বিস্তার করতে বলছেন। জগতে যে অনন্ত আনন্দ বিরাজমান তারও যে ওই প্রকৃতি—সে যে যেখানে যা-কিছু আছে সমস্তর প্রতি অপরিমেয় প্রেম। এই জগদ্ব্যাপী প্রেমকে সত্যরূপে লাভ করতে গেলে নিজের অহংকে নির্বাপিত করতে হয়, এই শিক্ষা দিতেই বুদ্ধদেব অবতীর্ণ হয়েছিলেন—নইলে মানুষ বিশুদ্ধ আত্মহত্যার তত্ত্বকথা শোনবার জন্য কখনোই তাঁর চার দিকে ভিড় করে আসত না।

৯ জ্যৈষ্ঠ ১৩১৮

৮

বৌদ্ধধর্ম বিষয়াসক্তির ধর্ম নহে, এ কথা সকলকেই স্বীকার করিতে হইবে। অথচ ভারতবর্ষে বৌদ্ধধর্মের অভ্যুদয়কালে এবং তৎপরবর্তী যুগে সেই বৌদ্ধসভ্যতার প্রভাবে এ দেশে শিল্প বিজ্ঞান বাণিজ্য এবং সাম্রাজ্যশক্তির যেমন বিস্তার হইয়াছিল এমন আর কোনো কালে হয় নাই।

তাহার কারণ এই, মানুষের আত্মা যখন জড়ত্বের বন্ধন হইতে মুক্ত হয় তখনই আনন্দে তাহার সকল শক্তিই পূর্ণ বিকাশের দিকে উদ্যম লাভ করে। আধ্যাত্মিকতাই মানুষের সকল শক্তির কেন্দ্রগত, কেননা তাহা আত্মারই শক্তি; পরিপূর্ণতাই তাহার স্বভাব। তাহা অন্তর বাহির কোনো দিকেই মানুষকে খর্ব করিয়া আপনাকে আঘাত করিতে চাহে না।

১৩১৯

৯

বৌদ্ধযুগ ভারত-ইতিহাসের একটি প্রধান যুগ। ইহা আর্য-ভারতবর্ষ ও হিন্দু-ভারতবর্ষের মাঝখানকার যুগ। আর্যযুগে ভারতের আগন্তুক ও আদিম অধিবাসীদের মধ্যে বিরোধ চলিতেছিল। বৌদ্ধযুগে সেই-সকল বিরুদ্ধ জাতিদের মাঝখানকার বেড়াগুলি একধর্মবন্যায় ভাঙিয়াছিল—শুধু তাই নয়, বাহিরের নানা জাতি এই ধর্মের আহ্বানে ভারতবাসীদের সঙ্গে মিশিয়াছিল। তার পরে এই মিশ্রণকে যথাসম্ভব স্বীকার করিয়া এবং ইহাকে লইয়া একটা ব্যবস্থা খাড়া করিয়া আধুনিক হিন্দুযুগ মাথা তুলিয়াছে। বৈদিকযুগ ও হিন্দুযুগের মধ্যে আচারে ও পূজাতন্ত্রে যে গুরুতর পার্থক্য আছে তাহার মাঝখানের সন্ধিস্থল বৌদ্ধযুগ। এই যুগে আর্য ও অনার্য এক গণ্ডির মধ্যে আসিয়া পড়িয়াছিল। ইহার ফলে উভয়ের মানসপ্রকৃতি ও বাহ্য আচারের মধ্যে আদান-প্রদান ও রফানিষ্পত্তির চেষ্টা হইতে থাকে। কাজটা অত্যন্ত কঠিন; তাই সকল দিকেই বেশ সুসংগত রকমে রফা হইয়া গিয়াছে তাহাও বলিতে পারি না। আভ্যন্তরিক নানা অসংগতির জন্য আমরা অন্তরে বাহিরে দুর্বল রহিয়াছি; সামাজিক ব্যবহারে এবং ধর্মবিশ্বাসে পদে পদেই বিচারবুদ্ধিকে অন্ধ করিয়া আমাদিগকে চলিতে হয়—যাহা-কিছু আছে তাহাকে বুদ্ধির দ্বারা মিলাইয়া লওয়া নহে, অভ্যাসের দ্বারা মানিয়া লওয়াই আমরা প্রধানত আশ্রয় করিয়াছি।

যাহাই হউক, আমাদের এই বর্তমান যুগকে যদি ঠিকমত চিনিতে হয় তবে পূর্ববর্তী সন্ধিযুগের সঙ্গে আমাদের ভালোরূপ পরিচয় হওয়া চাই। একটা কারণে আমাদের দেশে এই পরিচয়ের ব্যাঘাত ঘটিয়াছে। ইংরেজ ঐতিহাসিকেরা বৌদ্ধধর্মের যে সম্প্রদায়ের রূপটিকে বিশেষ প্রাধান্য দিয়া আলোচনা করিয়া থাকেন তাহা হীনযান সম্প্রদায়। এই সম্প্রদায় বৌদ্ধধর্মের তত্ত্বজ্ঞানের দিকেই বেশি ঝোঁক দিয়াছে। মহাযান সম্প্রদায়ে বৌদ্ধধর্মের হৃদয়ের দিকটা প্রকাশ করে। সেইজন্য মানব-ইতিহাসের সৃষ্টিতে এই সম্প্রদায়ই প্রধানতর। শ্যাম, চীন, জাপান, জাভা প্রভৃতি দেশে এই মহাযান সম্প্রদায়ই প্রভাব বিস্তার করিয়াছিল। এইজন্যই মহাযান সম্প্রদায় এমন একটা প্রণালীর মতো হইয়াছিল যাহার ভিতর দিয়া নানা জাতির নানা ক্রিয়াকর্ম মন্ত্রতন্ত্র পূজার্চনা

ভারতে প্রবাহিত এবং এক মন্থনদণ্ডের দ্বারা মথিত হইয়াছে।

এই মহাযান সম্প্রদায়ের শাস্ত্রগুলিকে আলোচনা করিয়া দেখিলে আমাদের পুরাণগুলির সঙ্গে সকল বিষয়েই তাহার আশ্চর্য সাদৃশ্য দেখিতে পাওয়া যায়। এই সাদৃশ্যের কিছু অংশ বৌদ্ধধর্মের নিজেরই বিশুদ্ধ স্বরূপগত, কিন্তু অনেকটা ভারতের অবৈদিক সমাজের সহিত মিশ্রণ-জনিত। এই মিশ্রণের উপাদানগুলি নূতন নহে; ইহারাও অনেক কালের পুরাতন, মানবের শিশুকালের সৃষ্টি। দিনের বেলায় যেমন তারা দেখা যায় না তেমনি বৈদিক কালের সাহিত্যে এগুলি প্রকাশ পায় নাই, দেশের মধ্যে ইহারা ছড়ানো ছিল। বৌদ্ধযুগে যখন নানা জাতির সম্মিশ্রণ হইল তখন ক্রমশ ইহাদের প্রভাব জাগিয়া উঠিল এবং বৌদ্ধযুগের শেষ ভাগে ইহারাই আর-সমস্তকে ঠেলিয়া ভিড় করিয়া দাঁড়াইল। সেই ভিড়ের মধ্যে শৃঙ্খলা করিবার চেষ্টা, যাহা নিতান্ত অনার্য তাহাকে আর্যবেশ পরাইবার প্রয়াস, ইহাই হিন্দুযুগের ঐতিহাসিক সাধনা

১৩২৬

১০

একদিন বুদ্ধ বললেন, আমি সমস্ত মানুষের দুঃখ দূর করব। দুঃখ তিনি সত্যই দূর করতে পেরেছিলেন কি না সেটি বড়ো কথা নয়; বড়ো কথা হচ্ছে তিনি এটি ইচ্ছা করেছিলেন, সমস্ত জীবের জন্য নিজের জীবনকে উৎসর্গ করেছিলেন। ভারতবর্ষ ধনী হোক, প্রবল হোক, এ তাঁর তপস্যা ছিল না; সমস্ত মানুষের জন্য তিনি সাধনা করেছিলেন। আজ ভারতের মাটিতে আবার সেই সাধনা জেগে উঠুক, সেই ইচ্ছাকে ভারতবর্ষ থেকে কি দূর করে দেওয়া চলে!

১৭ ভাদ্র ১৩৩১

১১

ভারতবর্ষের সত্যের ঐশ্বর্যকে জানতে হ'লে সমুদ্রপারে ভারতবর্ষের সুদূর দানের ক্ষেত্রে যেতে হয়। আজ ভারতবর্ষের ভিতরে ব'সে ধূলিকলুষিত হাওয়ার ভিতর দিয়ে ভারতবর্ষকে যা দেখি তার চেয়ে স্পষ্ট ও উজ্জ্বল ক'রে ভারতবর্ষের নিত্যকালের রূপ দেখতে পাব ভারতবর্ষের বাইরে থেকে।

চীনে গেলাম। দেখলাম জাত হিসাবে তারা আমাদের থেকে সম্পূর্ণ আলাদা। নাকে চোখে ভাষায় ব্যবহারে তাদের সঙ্গে আমাদের কোনো মিলই নেই। কিন্তু তাদের সঙ্গে এমন একটি গভীর আত্মীয়তার যোগ অনুভব করা গেল, যা ভারতবর্ষীয় অনেকের সঙ্গে করা কঠিন হয়ে উঠেছে। এই যোগ রাজশক্তির দ্বারা স্থাপন করা হয় নি; এই যোগ উদ্যত তরবারির জোরেও নয়; এই যোগ কাউকে দুঃখ দিয়ে নয়, নিজে দুঃখ স্বীকার ক'রে। অত্যন্ত পরের মধ্যেও যে সত্যের বলে অত্যন্ত আত্মীয়তা স্বীকার করা সম্ভব হয় সেই সত্যের জোরেই চীনের সঙ্গে সত্যভারতের চিরকালের যোগবন্ধন বাঁধা হয়েছে। এই সত্যের কথা বিদেশী পলিটিক্‌সের ইতিহাসে স্থান পায় নি ব'লে আমরা এ'কে অন্তরের সঙ্গে বিশ্বাস করি নে। কিন্তু এ'কে বিশ্বাস করবার প্রমাণ ভারতের বাইরে সুদূর দেশে আজও রয়ে গেছে।

জাপানে প্রতিদিনের ব্যবহারে জাপানির সুগভীর ধৈর্য, আত্মসংযম, তার রসবোধের বিচিত্র পরিচয়ে যখন বিস্মিত হতেছিলাম তখন এ কথা কতবার শুনেছি যে, এই সকল গুণের প্রেরণা অনেকখানি বৌদ্ধধর্মের যোগে ভারতবর্ষ থেকে এসেছে। সেই মূল প্রেরণা স্বয়ং ভারতবর্ষ থেকে আজ লুপ্তপ্রায় হল। সত্যের যে বন্যা একদিন ভারতবর্ষের দুই কূল উপ্‌চিয়ে দেশে দেশে বয়ে গিয়েছিল ভারতবর্ষের প্রবাহিণীতে আজ তা তলায় নেমে আসছে, কিন্তু তার জলসঞ্চয় আজও দূরের নানা জলাশয়ে গভীর হয়ে আছে। এই কারণেই সেই-সকল জায়গা আধুনিক ভারতবাসীর পক্ষে তীর্থস্থান। কেননা, ভারতবর্ষের ধ্রুব পরিচয় সেই-সব জায়গাতেই।

শ্রাবণ ১৩৩৪

১২

বৌদ্ধধর্মের প্রভাবে জনসাধারণের প্রতি শ্রদ্ধা প্রবল হয়ে প্রকাশ পেয়েছে; এর মধ্যে শুদ্ধ মানুষের নয়, অন্য জীবেরও, যথেষ্ট স্থান আছে। জাতককাহিনীর মধ্যে খুব একটা মস্ত কথা আছে; তাতে বলেছে, যুগ-যুগ ধ'রে বুদ্ধ সর্বসাধারণের মধ্য দিয়েই ক্রমশ প্রকাশিত। প্রাণীজগতে নিত্যকাল ভালো-মন্দ'র যে দ্বন্দ্ব চলেছে সেই দ্বন্দ্বের প্রবাহ ধ'রেই ধর্মের শ্রেষ্ঠ আদর্শ বুদ্ধের মধ্যে অভিব্যক্ত। অতি সামান্য জন্তুর ভিতরেও অতি সামান্য রূপেই এই ভালোর শক্তি মন্দ'র ভিতর দিয়ে নিজেকে ফুটিয়ে তুলছে; তার চরম বিকাশ হচ্ছে অপরিমেয় মৈত্রীর শক্তিতে আত্মত্যাগ। জীবে জীবে লোকে লোকে সেই অসীম মৈত্রী অল্প অল্প ক'রে নানা দিক থেকে আপন গ্রন্থি মোচন করছে, সেই দিকেই মোক্ষের গতি। জীব মুক্ত নয়, কেননা আপনার দিকেই তার টান; সমস্ত প্রাণীকে নিয়ে ধর্মের যে অভিব্যক্তি তার প্রণালীপরম্পরায় সেই আপনার দিকে টানের 'পরে আঘাত লাগছে। সেই আঘাত যে পরিমাণে যেখানেই দেখা যায় সেই পরিমাণে সেখানেই বুদ্ধের প্রকাশ। মনে আছে, ছেলেবেলায় দেখেছিলুম, দড়িতে বাঁধা ধোপার বাড়ির গাধার কাছে এসে একটি গাভী স্নিগ্ধ চক্ষে তার গা চেটে দিচ্ছে; দেখে আমার বড়ো বিস্ময় লেগেছিল। বুদ্ধই যে তাঁর কোনো-এক জন্মে সেই গাভী হতে পারেন, এ কথা বলতে জাতককথা-লেখকের একটুও বাধত না। কেননা, গাভীর এই স্নেহেরই শেষ গিয়ে পৌঁচেছে মুক্তির মধ্যে। জাতককথায় অসংখ্য সামান্যের মধ্যে দিয়েই চরম অসামান্যকে স্বীকার করেছে। এতেই সামান্য এত বড়ো হয়ে উঠল। সেইজন্যেই এত বড়ো মন্দিরভিত্তির গায়ে গায়ে তুচ্ছ জীবনের বিবরণ এমন সরল ও নির্মল শ্রদ্ধার সঙ্গে চিত্রিত। ধর্মেরই প্রকাশচেষ্টার আলোতে সমস্ত প্রাণীর ইতিহাস বৌদ্ধধর্মের প্রভাবে মহিমান্বিত।

২৬ সেপ্টেম্বর ১৯২৭ [১৩৩৪]

১৩

বুদ্ধদেব উপদেশ দিলেন, সমস্ত জগতের প্রতি বাধাশূন্য হিংসাশূন্য শত্রুতাশূন্য মানসে অপরিমাণ মৈত্রী পোষণ করবে। দাঁড়াতে বসতে চলতে শুতে যাবৎ নিদ্রিত না হবে, এই মৈত্রী স্মৃতিতে অধিষ্ঠিত থাকবে—একেই বলে ব্রহ্মবিহার।

এত বড়ো উপদেশ মানুষকেই দেওয়া চলে। কেননা, মানুষের মধ্যে গভীর হয়ে আছে সোহহংতত্ত্ব। সে কথা বুদ্ধদেব নিজের মধ্য থেকেই জেনেছেন, তাই বলেছেন, অপরিমাণ প্রেমেই আপনার অন্তরের অপরিমেয় সত্যকে মানুষ প্রকাশ করে।

অথর্ববেদ বলেন, তস্মাদ্ বৈ বিদ্বান্ পুরুষমিদং ব্রহ্মেতি মন্যতে—যিনি বিদ্বান্ তিনি মানুষকে তার প্রত্যক্ষের অতীত বৃহৎ বলেই জানেন। সেইজন্যে তিনি তার কাছে প্রত্যাশা করতে পারেন দুঃসাধ্য কর্মকে, অপরিমিত ত্যাগকে। যে পুরুষে ব্রহ্ম বিদুস্তে বিদুঃ পরমেষ্ঠিনম্—যাঁরা ভূমাকে জানেন মানুষে, তাঁরা জানেন পরম দেবতাকেই। সেই মানবদেবতাকে মানুষের মধ্যে জেনেছিলেন বলেই বুদ্ধদেব উপদেশ দিতে পেরেছিলেন—

মাতা যথা নিযং পুত্তং আয়ুসা একপুত্তমনুরক্খে
এবম্পি সব্বভূতেসু মানসম্ভাবয়ে অপরিমাণং।

মা যেমন আপন আয়ু ক্ষয় করেই নিজের একমাত্র পুত্রকে রক্ষা করে তেমনি সকল প্রাণীর প্রতি মনে অপরিমাণ দয়াভাব জন্মাবে। মাথা গ'নে বলব না, কজন এই উপদেশ পালন করতে পারে। সেই গণনায় নয় সত্যের বিচার।

মানুষের অসীমতা যিনি নিজের মধ্যে অনুভব করেছিলেন তাঁকে অপেক্ষা করতে হয় নি মাথা গোনবার। তিনি অসংকোচে মানুষের মহামানবকে আহ্বান করেছিলেন; বলেছিলেন, অপরিমাণ ভালোবাসায় প্রকাশ করো আপনার অন্তরে ব্রহ্মকে। এই বাণী অসংকোচে সকলকে শুনিয়ে তিনি মানুষকে শ্রদ্ধা করেছিলেন।

[১৩৩৯]

খৃষ্ট

শ্রীরবীন্দ্রনাথ ঠাকুর

ক্রম

যিশুচরিত

বাউল সম্প্রদায়ের একজন লোককে একবার জিজ্ঞাসা করিয়াছিলাম, 'তোমরা সকলের ঘরে খাও না?' সে কহিল, 'না।' কারণ জিজ্ঞাসা করাতে সে কহিল, 'যাহারা আমাদের স্বীকার করে না আমরা তাহাদের ঘরে খাই না।' আমি কহিলাম, 'তারা স্বীকার না করে নাই করিল, তোমরা স্বীকার করিবে না কেন?' সে লোকটি কিছুক্ষণ চুপ করিয়া থাকিয়া সরল ভাবে কহিল, 'তা বটে, ঐ জায়গাটাতে আমাদের একটু প্যাঁচ আছে।'

আমাদের সমাজে যে ভেদবুদ্ধি আছে তাহারই দ্বারা চালিত হইয়া কোথায় আমরা অন্ন গ্রহণ করিব আর কোথায় করিব না তাহারই কৃত্রিম গণ্ডিরেখা-দ্বারা আমরা সমস্ত পৃথিবীকে চিহ্নিত করিয়া রাখিয়াছি। এমন-কি, যে-সকল মহাপুরুষ সমস্ত পৃথিবীর সামগ্রী, তাঁহাদিগকেও এইরূপ কোনো-না-কোনো একটা নিষিদ্ধ গণ্ডির মধ্যে আবদ্ধ করিয়া পর করিয়া রাখিয়াছি। তাঁহাদের ঘরে অন্ন গ্রহণ করিব না বলিয়া স্থির করিয়া বসিয়া আছি। সমস্ত জগৎকে অন্ন বিতরণের ভার দিয়া বিধাতা যাঁহাদিগকে পাঠাইয়াছেন আমরা স্পর্ধার সঙ্গে তাঁহাদিগকেও জাতে ঠেলিয়াছি।

মহাত্মা যিশুর প্রতি আমরা অনেক দিন এইরূপ একটা বিদ্বেষভাব

পোষণ করিয়াছি। আমরা তাঁহাকে হৃদয়ে গ্রহণ করিতে অনিচ্ছুক।

কিন্তু এজন্য একলা আমাদিগকেই দায়ী করা চলে না। আমাদের খৃষ্টের পরিচয় প্রধানত সাধারণ খৃষ্টান মিশনরিদের নিকট হইতে। খৃষ্টকে তাঁহারা খৃষ্টানি-দ্বারা আচ্ছন্ন করিয়া আমাদের কাছে ধরিয়াছেন। এ পর্যন্ত বিশেষভাবে তাঁহাদের ধর্মমতের দ্বারা আমাদের ধর্মসংস্কারকে তাঁহারা পরাভূত করিবার চেষ্টা করিয়াছেন। সুতরাং আত্মরক্ষার চেষ্টায় আমরা লড়াই করিবার জন্যই প্রস্তুত হইয়া থাকি।

লড়াইয়ের অবস্থায় মানুষ বিচার করে না। সেই মত্ততার উত্তেজনায় আমরা খৃষ্টানকে আঘাত করিতে গিয়া খৃষ্টকেও আঘাত করিয়াছি। কিন্তু যাঁহারা জগতের মহাপুরুষ, শত্রু কল্পনা করিয়া তাঁহাদিগকে আঘাত করা আত্মঘাতেরই নামান্তর। বস্তুত শত্রুর প্রতি রাগ করিয়া আমাদেরই দেশের উচ্চ আদর্শকে খর্ব করিয়াছি—আপনাকে ক্ষুদ্র করিয়া দিয়াছি।

সকলেই জানেন ইংরাজি শিক্ষার প্রথমাবস্থায় আমাদের সমাজে একটা সংকটের দিন উপস্থিত হইয়াছিল। তখন সমস্ত সমাজ টলমল, শিক্ষিতের মন আন্দোলিত। ভারতবর্ষে পূজার্চনা সমস্তই বয়ঃপ্রাপ্ত শিশুর খেলামাত্র—এ দেশে ধর্মের কোনো উচ্চ আদর্শ, ঈশ্বরের কোনো সত্য উপলব্ধি কোনো কালে ছিল না—এই বিশ্বাসে তখন আমরা নিজেদের সম্বন্ধে লজ্জা অনুভব করিতে আরম্ভ করিয়াছিলাম। এইরূপে হিন্দু সমাজের কূল যখন ভাঙিতেছিল, শিক্ষিতদের মন যখন ভিতরে ভিতরে বিদীর্ণ হইয়া দেশের দিক হইতে ধসিয়া পড়িতেছিল, স্বদেশের প্রতি অন্তরের অশ্রদ্ধা যখন বাহিরের আক্রমণের সম্মুখে আমাদিগকে দুর্বল করিয়া তুলিতেছিল, সেই সময়ে খৃষ্টান মিশনরি আমাদের সমাজে যে বিভীষিকা আনয়ন করিয়াছিল তাহার প্রভাব এখনও আমাদের হৃদয় হইতে সম্পূর্ণ দুর হয় নাই।

কিন্তু সেই সংকট আজ আমাদের কাটিয়া গিয়াছে। সেই ঘোরতর দুর্যোগের সময় রামমোহন রায় বাহিরের আবর্জনা ভেদ করিয়া আমাদের দেশের নিত্য সম্পদ সংশয়াকুল স্বদেশবাসীর নিকট

উদ্‌ঘাটিত করিয়া দিলেন। এখন ধর্মসাধনায় আমাদের ভিক্ষাবৃত্তির দিন ঘুচিয়াছে। এখন হিন্দুধর্ম কেবলমাত্র কতকগুলি অদ্ভুত কাহিনী এবং বাহ্য-আচার-রূপে আমাদের নিকট প্রকাশমান নহে। এখন আমরা নির্ভয়ে সকল ধর্মের মহাপুরুষদের মহাবাণী-সকল গ্রহণ করিয়া আমাদের পৈতৃক ঐশ্বর্যকে বৈচিত্র্যদান করিতে পারি।

কিন্তু দুর্গতির দিনে মানুষ যখন দুর্বল থাকে তখন সে এক দিকের আতিশয্য হইতে রক্ষা পাইলে আর-এক দিকের আতিশয্যে গিয়া উত্তীর্ণ হয়। বিকারের জ্বরে মানুষের দেহের তাপ যখন উপরে চড়ে তখনও ভয় লাগাইয়া দেয় আবার যখন নীচে নামিতে থাকে তখনও সে ভয়ানক। আমাদের দেশের বর্তমান বিপদ আমাদের পূর্বতন বিপদের উল্টাদিকে উন্মুক্ত হইয়া ছুটিতেছে।

আমাদের দেশের মহত্ত্বের মূর্তিটি প্রকাশ করিয়া দিলেও তাহা গ্রহণ করিবার বাধা আমাদের শক্তির জীর্ণতা। আমাদের অধিকার পাকা হইল না, কিন্তু আমাদের অহংকার বাড়িল। পূর্বে একদিন ছিল যখন আমরা কেবল সংস্কারবশত আমাদের সমাজ ও ধর্মের সমস্ত বিকারগুলিকে পুঞ্জীভূত করিয়া তাহার মধ্যে আবদ্ধ হইয়া বসিয়াছিলাম। এখন অহংকারবশতই সমস্ত বিকৃতিকে জোর করিয়া স্বীকার করাকে আমরা বলিষ্ঠতার লক্ষণ বলিয়া মনে করি। ঘরে ঝাঁট দিব না, কোনো আবর্জনাকেই বাহিরে ফেলিব না, যেখানে যাহা-কিছু আছে সমস্তকেই গায়ে মাখিয়া লইব, ধুলামাটির সঙ্গে মণিমাণিক্যকে নির্বিচারে একত্রে রক্ষা করাকেই সমন্বয়নীতি বলিয়া গণ্য করিব— এই দশা আমাদের ঘটিয়াছে। ইহা বস্তুত তামসিকতা। নির্জীবতাই যেখানে যাহা-কিছু আছে সমস্তকেই সমান মুল্যে রক্ষা করে। তাহার কাছে ভালোও যেমন মন্দও তেমন, ভুলও যেমন সত্যও তেমনি।

জীবনের ধর্মই নির্বাচনের ধর্ম। তাহার কাছে নানা পদার্থের মূল্যের তারতম্য আছেই। সেই অনুসারে সে গ্রহণ করে, ত্যাগ করে। এবং যাহা তাহার পক্ষে যথার্থ শ্রেয় তাহাকেই সে গ্রহণ করে এবং বিপরীতকেই বর্জন করিয়া থাকে।

পশ্চিমের আঘাত খাইয়া আমাদের দেশে যে জাগরণ ঘটিয়াছে তাহা মুখ্যত জ্ঞানের দিকে। এই জাগরণের প্রথম অবস্থায় আমরা নিজের সম্বন্ধে বার বার ইহাই লক্ষ্য করিয়া আসিতেছিলাম যে, আমরা জ্ঞানে যাহা বুঝি ব্যবহারে তাহার উল্টা করি। ইহাতে ক্রমে যখন আত্মধিক্কারের সূত্রপাত হইল তখন নিজের বুদ্ধির সঙ্গে ব্যবহারের সামঞ্জস্য-সাধনের অতি সহজ উপায় বাহির করিবার চেষ্টায় প্রবৃত্ত হইয়াছি। আমাদের যাহা-কিছু আছে সমস্তই ভালো, তাহার কিছুই বর্জনীয় নহে, ইহাই প্রমাণ করিতে বসিয়াছি।

এক দিকে আমরা জাগিয়াছি। সত্য আমাদের দ্বারে আঘাত করিতেছেন তাহা আমরা জানিতে পারিয়াছি। কিন্তু দ্বার খুলিয়া দিতেছি না—সাড়া দিতেছি, কিন্তু পাদ্য-অর্ঘ্য আনিয়া দিতেছি না। ইহাতে আমাদের অপরাধ প্রতিদিন কেবল বাড়িয়া চলিতেছে। কিন্তু সেই অপরাধকে ঔদ্ধত্যের সহিত অস্বীকার করিবার যে অপরাধ সে আরও গুরুতর। লোকভয়ে এবং অভ্যাসের আলস্যে সত্যকে আমরা যদি দ্বারের কাছে দাঁড় করাইয়া লজ্জিত হইয়া বসিয়া থাকিতাম তাহা হইলেও তেমন ক্ষতি হইত না, কিন্তু 'তুমি সত্য নও—যাহা অসত্য তাহাই সত্য' ইহাই প্রাণপণ শক্তিতে প্রমাণ করিবার জন্য যুক্তির কুহক বিস্তার করার মতো এত বড়ো অপরাধ আর কিছুই হইতে পারে না। আমরা ঘরের পুরাতন জঞ্জালকে বাঁচাইতে গিয়া সত্যকে বিনাশ করিতে কুণ্ঠিত হইতেছি না।

এই চেষ্টার মধ্যে যে দুর্বলতা প্রকাশ পায় তাহা মূলত চরিত্রের দুর্বলতা। চরিত্র অসাড় হইয়া আছে বলিয়াই আমরা কাজের দিকটাতে আপনাকে ও সকলকে ফাঁকি দিতে উদ্যত। যে-সকল আচার বিচার বিশ্বাস পূজাপদ্ধতি আমাদের দেশের শতসহস্র নরনারীকে জড়তা মূঢ়তা ও নানা দুঃখে অভিভূত করিয়া ফেলিতেছে, যাহা আমাদিগকে কেবলই ছোটো করিতেছে, ব্যর্থ করিতেছে, বিচ্ছিন্ন করিতেছে, জগতে আমাদিগকে সকলের কাছে অপমানিত ও সকল আক্রমণে পরাভূত করিতেছে, কোনোমতেই আমরা সাহস করিয়া স্পষ্ট করিয়া,

তাহাদের অকল্যাণরূপ দেখিতে এবং ঘোষণা করিতে চাহি না—নিজের বুদ্ধির চোখে সূক্ষ্ম ব্যাখ্যার ধুলা ছড়াইয়া নিশ্চেষ্টতার পথে স্পর্ধা করিয়া পদচারণ করিতে চাই। ধর্মবুদ্ধি চরিত্রবল যখন জাগিয়া উঠে তখন সে এই-সকল বিড়ম্বনা-সৃষ্টিকে প্রবল পৌরুষের সহিত অবজ্ঞা করে। মানুষের যে-সকল দুঃখ দুর্গতি সম্মুখে স্পষ্ট বিদ্যমান তাহাকে সে হৃদয়হীন ভাবুকতার সূক্ষ্ম কারুকার্যে মনোরম করিয়া তোলার অধ্যবসায়কে কিছুতেই আর সহ্য করিতে পারে না।

ইহা হইতেই আমাদের প্রয়োজন বুঝা যাইবে। জ্ঞানবৃদ্ধির দ্বারা আমাদের সম্পূর্ণ বলবৃদ্ধি হইতেছে না। আমাদের মনুষ্যত্বকে সমগ্রভাবে উদ্বোধিত করিয়া তোলার অভাবে আমরা নির্ভীক পৌরুষের সহিত পূর্ণশক্তিতে জীবনকে মঙ্গলের সরল পথে প্রবাহিত করিতে পারিতেছি না।

এই দুর্গতির দিনে সেই মহাপুরুষেরাই আমাদের সহায় যাঁহারা কোনো কারণেই কোনো প্রলোভনেই আপনাকে এবং অন্যকে বঞ্চনা করিতে চান নাই, যাঁহারা প্রবল বলে মিথ্যাকে অস্বীকার করিয়াছেন এবং সমস্ত পৃথিবীর লোকের নিকট অপমানিত হইয়াও সত্যকে যাঁহারা নিজের জীবন দিয়া সপ্রমাণ করিয়াছেন। তাঁহাদের চরিত চিন্তা করিয়া সমস্ত কৃত্রিমতা কুটিলতর্ক ও প্রাণহীন বাহ্য-আচারের জটিল বেষ্টন হইতে চিত্ত মুক্তিলাভ করিয়া রক্ষা পায়।

যিশুর চরিত আলোচনা করিলে দেখিতে পাইব যাঁহারা মহাত্মা তাঁহারা সত্যকে অত্যন্ত সরল করিয়া সমস্ত জীবনের সামগ্রী করিয়া দেখেন—তাঁহারা কোনো নূতন পন্থা, কোনো বাহ্য প্রণালী, কোনো অদ্ভুত মত প্রচার করেন না। তাঁহারা অত্যন্ত সহজ কথা বলিবার জন্য আসেন—তাঁহারা পিতাকে পিতা বলিতে ও ভাইকে ভাই ডাকিতে জন্মগ্রহণ করেন। তাঁহারা এই অত্যন্ত সরল বাক্যটি অত্যন্ত জোরের সঙ্গে বলিয়া যান যে, যাহা অন্তরের সামগ্রী তাহাকে বাহিরের আয়োজনে পুঞ্জীকৃত করিবার চেষ্টা করা বিড়ম্বনা মাত্র। তাঁহারা মনকে জাগাইতে বলেন, তাঁহারা দৃষ্টিকে সরল করিয়া সম্মুখে লক্ষ

করিতে বলেন, অন্ধ অভ্যাসকে তাঁহারা সত্যের সিংহাসন হইতে অপসারিত করিতে আদেশ করেন। তাঁহারা কোনো অপরূপ সামগ্রী সংগ্রহ করিয়া আনেন না, কেবল তাঁহাদের দীপ্ত নেত্রের দৃষ্টিপাতে আমাদের জীবনের মধ্যে তাঁহারা সেই চিরকালের আলোক নিক্ষেপ করেন যাহার আঘাতে আমাদের দুর্বল জড়তার সমস্ত ব্যর্থ জাল-বুনানির মধ্য হইতে আমরা লজ্জিত হইয়া জাগিয়া উঠি।

জাগিয়া উঠিয়া আমরা কী দেখি? আমরা মানুষকে দেখিতে পাই। আমরা নিজের সত্যমূর্তি সম্মুখে দেখি। মানুষ যে কত বড়ো সে কথা আমরা প্রতিদিন ভুলিয়া থাকি; স্বরচিত ও সমাজরচিত শত শত বাধা আমাদিগকে চারি দিক হইতে ছোটো করিয়া রাখিয়াছে, আমরা আমাদের সমস্তটা দেখিতে পাই না। যাঁহারা আপনার দেবতাকে ক্ষুদ্র করেন নাই, পূজাকে কৃত্রিম করেন নাই, লোকাচারের দাসত্বচিহ্ন ধুলায় ফেলিয়া দিয়া যাঁহারা আপনাকে অমৃতের পুত্র বলিয়া সগৌরবে ঘোষণা করিয়াছেন, তাঁহারা মানুষের কাছে মানুষকে বড়ো করিয়া দিয়াছেন। ইহাকেই বলে মুক্তি দেওয়া। মুক্তি স্বর্গ নহে, সুখ নহে। মুক্তি অধিকারবিস্তার, মুক্তি ভূমাকে উপলব্ধি।

সেই মুক্তির আহ্বান বহন করিয়া নিত্যকালের রাজপথে ঐ দেখো কে আসিয়া দাঁড়াইয়াছেন। তাঁহাকে অনাদর করিয়ো না, আঘাত করিয়ো না, 'তুমি আমাদের কেহ নও' বলিয়া আপনাকে হীন করিয়ো না। 'তুমি আমাদের জাতির নও' বলিয়া আপনার জাতিকে লজ্জা দিয়ো না। সমস্ত জড়সংস্কার জাল ছিন্ন করিয়া বাহির হইয়া আইস, ভক্তিনম্র চিত্তে প্রণাম করো, বলো—'তুমি আমাদের অত্যন্ত আপন, কারণ, তোমার মধ্যে আমরা আপনাকে সত্যভাবে লাভ করিতেছি।'

যে সময়ে কোনো দেশে কোনো মহাপুরুষ জন্মগ্রহণ করেন সে সময়কে আমরা তাঁহার আবির্ভাবের অনুকূল সময় বলিয়া গণ্য করি। এ কথা এক দিক হইতে সত্য হইলেও, এ সম্বন্ধে আমাদের ভুল বুঝিবার সম্ভাবনা আছে। সাধারণত যে লক্ষণগুলিকে আমরা অনুকূল বলিয়া মনে করি তাহার বিপরীতকেই প্রতিকূল বলিয়া গণ্য করা

চলে না। অভাব অত্যন্ত কঠোর হইলে মানুষের লাভের চেষ্টা অত্যন্ত জাগ্রত হয়। অতএব একান্ত অভাবকেই লাভসম্ভাবনার প্রতিকূল বলা যাইতে পারে না। বাতাস যখন অত্যন্ত স্থির হয় তখনই ঝড়কে আমরা আসন্ন বলিয়া থাকি। বস্তুত মানুষের ইতিহাসে আমরা বরাবর দেখিয়া আসিতেছি—প্রতিকূলতা যেমন আনুকূল্য করে এমন আর কিছুতেই নহে। যিশুর জন্মগ্রহণকালের প্রতি লক্ষ করিলেও আমরা এই সত্যটির প্রমাণ পাইব।

মানুষের প্রতাপ ও ঐশ্বর্য যখন চোখে দেখিতে পাই তখন আমাদের মনের উপর তাহার প্রভাব যে কিরূপ প্রবল হইয়া উঠে তাহা বর্তমান যুগে আমরা স্পষ্টই দেখিতে পাইতেছি। সে আপনার চেয়ে বড়ো যেন আর কাহাকেও স্বীকার করিতে চায় না। মানুষ এই ঐশ্বর্যের প্রলোভনে আকৃষ্ট হইয়া কেহ বা ভিক্ষাবৃত্তি, কেহ বা দাস্যবৃত্তি, কেহ বা দস্যুবৃত্তি অবলম্বন করিয়া সমস্ত জীবন কাটাইয়া দেয়—এক মুহূর্ত অবকাশ পায় না।

যিশু যখন জন্মগ্রহণ করিয়াছিলেন তখন রোম-সাম্রাজ্যের প্রতাপ অভ্রভেদী হইয়া উঠিয়াছিল। যে কেহ যে দিকে চোখ মেলিত এই সাম্রাজ্যেরই গৌরবচূড়া সকল দিক হইতেই চোখে পড়িতে থাকিত; ইহারই আয়োজন উপকরণ সকলের চিত্তকে অভিভূত করিয়া দিতেছিল। রোমের বিদ্যাবুদ্ধি বাহুবল ও রাষ্ট্রীয় শক্তির মহাজালে যখন বিপুল সাম্রাজ্য চারি দিকে আবদ্ধ, সেই সময়ে সাম্রাজ্যের এক প্রান্তে দরিদ্র ইহুদি মাতার গর্ভে এই শিশু জন্মগ্রহণ করিলেন।

তখন রোম-সাম্রাজ্যে ঐশ্বর্যের যেমন প্রবল মূর্তি, ইহুদি সমাজে লোকাচার ও শাস্ত্রশাসনেরও সেইরূপ প্রবল প্রভাব।

ইহুদিদের ধর্ম স্বজাতির মধ্যে গণ্ডিবদ্ধ। তাহাদের ঈশ্বর জিহোভা বিশেষভাবে তাহাদিগকে বরণ করিয়া লইয়াছেন এইরূপ তাহাদের বিশ্বাস। তাঁহার নিকট তাহারা কতকগুলি সত্যে বন্ধ, এই সত্যগুলি বিধিরূপে তাহাদের সংহিতায় লিখিত। এই বিধি পালন করাই ঈশ্বরের আদেশ-পালন।

বিধির অচল গণ্ডির মধ্যে নিয়ত বাস করিতে গেলে মানুষের ধর্মবুদ্ধি কঠিন ও সংকীর্ণ না হইয়া থাকিতে পারে না। কিন্তু ইহুদিদের সনাতন-আচার-নিষ্পেষিত চিত্তে নূতন প্রাণ সঞ্চার করিবার উপায় ঘটিয়াছিল। মাঝে মাঝে তাহাদের পাথরের প্রাচীর ভেদ করিয়া তাহাদের মধ্যে এক-একজন ঋষি আসিয়া দেখা দিতেন। ধর্মের প্রত্যক্ষ উপলব্ধি বহন করিয়াই তাঁহাদের অভ্যুদয়। তাঁহারা স্মৃতিশাস্ত্রের মৃতপত্র-মর্মরকে আচ্ছন্ন করিয়া দিয়া অমৃতবাণী প্রচার করিতেন। এই ইসায়া জেরেমায়া প্রভৃতি ইহুদি ঋষিগণ পরমদুর্গতির দিনে আলোক জ্বালাইয়াছেন, তাঁহাদের তীব্র জ্বালাময় বাক্যের বজ্রবর্ষণে স্বজাতির বদ্ধ জীবনের বহুদিনসঞ্চিত কলুষরাশি দগ্ধ করিয়াছেন।

শাস্ত্র ও আচারধর্মের দ্বারাই ইহুদিদের সমস্ত জীবন নিয়মিত। যদিচ তাহারা সাহসিক যোদ্ধা ছিল, তবু রাষ্ট্ররক্ষা ব্যাপারে তাহাদের পটুত্ব প্রকাশ পায় নাই। এই জন্য রাষ্ট্র সম্বন্ধে বিদেশী প্রতিবেশীদের হাতে তাহারা দুর্গতিলাভ করিয়াছিল।

যিশুর জন্মের কিছুকাল পূর্ব হইতে ইহুদিদের সমাজে ঋষি অভ্যুদয় বন্ধ ছিল। কালের গতি প্রতিহত করিয়া, প্রাণের প্রবাহ অবরুদ্ধ করিয়া, পুরাতনকে চিরস্থায়ী করিবার চেষ্টায় তখন সকলে নিযুক্ত ছিল। বাহিরকে একেবারে বাহিরে ঠেকাইয়া, সমস্ত দ্বার জানালা বন্ধ করিয়া, দেয়াল গাঁথিয়া তুলিবার দলই তখন প্রবল হইয়া উঠিয়াছিল। নবসংকলিত তাল্‌মদ্‌ শাস্ত্রে বাহ্য আচারবন্ধনের আয়োজন পাকা হইল, এবং ধর্মপালনের মূলে যে-একটি মুক্ত বুদ্ধি ও স্বাধীনতা-তত্ত্ব আছে তাহাকে স্থান দেওয়া হইল না।

জড়ত্বের চাপ যতই কঠোর হউক মনুষ্যত্বের বীজ একেবারে মরিতে চায় না। অন্তরাত্মা যখন পীড়িত হইয়া উঠে, বাহিরে যখন সে কোনো আশার মূর্তি দেখিতে পায় না, তখন তাহার অন্তর হইতেই আশ্বাসের বাণী উচ্ছ্বসিত হইয়া উঠে—সেই বাণীকে সে হয়তো সম্পূর্ণ বোঝে না, অথচ তাহাকে প্রচার করিতে থাকে। এই সময়টাতে ইহুদিরা আপনা-আপনি বলাবলি করিতেছিল মর্তে পুনরায় স্বর্গরাজ্য

প্রতিষ্ঠার কাল আসিতেছে। তাহারা মনে করিতেছিল তাহাদেরই দেবতা তাহাদের জাতিকেই এই স্বর্গরাজ্যের অধিকার দান করিবেন— ঈশ্বরের বরপুত্র ইহুদি জাতির সত্যযুগ পুনরায় আসন্ন হইয়াছে।

এই আসন্ন শুভ মুহূর্তের জন্য প্রস্তুত হইতে হইবে এই ভাবটিও জাতির মধ্যে কাজ করিতেছিল। এই জন্য মরুস্থলীতে বসিয়া অভিষেকদাতা যোহন্ যখন ইহুদিদিগকে অনুতাপের দ্বারা পাপের প্রায়শ্চিত্ত ও জর্ডনের তীর্থজলে দীক্ষা গ্রহণ করিবার জন্য আহ্বান করিলেন তখন দলে দলে পুণ্যকামীগণ তাঁহার নিকট আসিয়া সমবেত হইতে লাগিল। ইহুদিরা ঈশ্বরকে প্রসন্ন করিয়া পৃথিবীতে আপনাদের অপমান ঘুচাইতে চাহিল, ধরাতলের রাজত্ব এবং সকলের শ্রেষ্ঠস্থান অধিকার করিবার আশ্বাসে তাহারা উৎসাহিত হইয়া উঠিল।

এমন সময়ে যিশুও মর্তলোকে ঈশ্বরের রাজ্যকে আসন্ন বলিয়া ঘোষণা করিলেন। কিন্তু ঈশ্বরের রাজ্য যিনি স্থাপন করিতে আসিবেন তিনি কে? তিনি তো রাজা, তাঁহাকে তো রাজপদ গ্রহণ করিতে হইবে। রাজপ্রভাব না থাকিলে সর্বত্র ধর্মবিধি প্রবর্তন করিবে কী করিয়া? একবার কি মরুস্থলীতে মানবের মঙ্গল ধ্যান করিবার সময় যিশুর মনে এই দ্বিধা উপস্থিত হয় নাই? ক্ষণকালের জন্য কি তাঁহার মনে হয় নাই রাজপীঠের, উপরে ধর্মসিংহাসন প্রতিষ্ঠা করিলে তবেই তাঁহার ক্ষমতা অপ্রতিহত হইতে পারে? কথিত আছে, শয়তান তাঁহার সম্মুখে রাজ্যের প্রলোভন বিস্তার করিয়া তাঁহাকে মুগ্ধ করিতে উদ্যত হইয়াছিল। সেই প্রলোভনকে নিরস্ত করিয়া তিনি জয়ী হইয়াছিলেন। এই প্রলোভনের কাহিনীকে কাল্পনিক বলিয়া উড়াইয়া দিবার হেতু নাই। রোমের জয়পতাকা তখন রাজ গৌরবে আকাশে আন্দোলিত হইতেছিল এবং সমস্ত ইহুদি জাতি রাষ্ট্রীয় স্বাধীনতার সুখস্বপ্নে নিবিষ্ট হইয়াছিল। এমন অবস্থায় সমস্ত জনসাধারণের সেই অন্তরের আন্দোলন যে তাঁহারও ধ্যানকে গভীরভাবে আঘাত করিতে থাকিবে ইহাতে আশ্চর্যের কথা কিছুই নাই।

কিন্তু আশ্চর্যের কথা এই যে, এই সর্বব্যাপী মায়াজালকে ছেদন

করিয়া তিনি ঈশ্বরের সত্যরাজ্যকে সুস্পষ্ট প্রত্যক্ষ করিলেন। ধনমানের মধ্যে তাহাকে দেখিলেন না, মহাসাম্রাজ্যের দৃপ্ত প্রতাপের মধ্যে তাহাকে দেখিলেন না; বাহ্য উপকরণহীন দারিদ্র্যের মধ্যে তাহাকে দেখিলেন এবং সমস্ত বিষয়ী লোকের সম্মুখে একটা অদ্ভুত কথা অসংকোচে প্রচার করিলেন যে, যে নম্র পৃথিবীর অধিকার তাহারই। তিনি চরিত্রের দিক দিয়া এই যেমন একটা কথা বলিলেন, উপনিষদের ঋষিরা মানুষের মনের দিক দিয়া ঠিক এই প্রকারই অদ্ভুত একটা কথা বলিয়াছেন: যাহারা ধীর তাহারাই সকলের মধ্যে প্রবেশের অধিকার লাভ করে। ধীরাঃ সর্বমেবাবিশন্তি।

যাহা অত্যন্ত প্রত্যক্ষ এবং যাহা সর্বজনের চিত্তকে অভিভূত করিয়া বর্তমান, তাহাকে সম্পূর্ণ ভেদ করিয়া, সাধারণ মানবের সংস্কারকে অতিক্রম করিয়া, ঈশ্বরের রাজ্যকে এমন একটি সত্যের মধ্যে তিনি দেখিলেন যেখানে সে আপনার আন্তরিক শক্তিতে আপনি প্রতিষ্ঠিত—বাহিরের কোনো উপাদানের উপর তাহার আশ্রয় নহে। সেখানে অপমানিতেরও সম্মান কেহ কাড়িতে পারে না, দরিদ্রেরও সম্পদ কেহ নষ্ট করিতে পারে না। সেখানে যে নত সেই উন্নত হয়, যে পশ্চাদ্‌বর্তী সেই অগ্রগণ্য হইয়া উঠে। এ কথা তিনি কেবল কথায় রাখিয়া যান নাই। যে দোর্দণ্ডপ্রতাপ সম্রাটের রাজদণ্ড অনায়াসে তাঁহার প্রাণবিনাশ করিয়াছে তাহার নাম ইতিহাসের পাতার এক প্রান্তে লেখা আছে মাত্র। আর যিনি সামান্য চোরের সঙ্গে একত্রে ক্রুসে বিদ্ধ হইয়া প্রাণত্যাগ করিলেন, মৃত্যুকালে সামান্য কয়েকজন ভীত অখ্যাত শিষ্য যাঁহার অনুবর্তী, অন্যায় বিচারের বিরুদ্ধে দাঁড়াইবার সাধ্যমাত্র যাঁহার ছিল না, তিনি আজ মৃত্যুহীন গৌরবে সমস্ত পৃথিবীর হৃদয়ের মধ্যে বিরাজ করিতেছেন এবং আজও বলিতেছেন, 'যাহারা দীন তাহারা ধন্য; কারণ, স্বর্গরাজ্য তাহাদের। যাহারা নম্র তাহারা ধন্য; কারণ, পৃথিবীর অধিকার তাহারাই লাভ করিবে।'

এইরূপে স্বর্গরাজ্যকে যিশু মানুষের অন্তরের মধ্যে নির্দেশ করিয়া মানুষকেই বড়ো করিয়া দেখাইয়াছেন। তাহাকে বাহিরের উপকরণের

মধ্যে স্থাপিত করিয়া দেখাইলে মানুষের বিশুদ্ধ গৌরব খর্ব হইত। তিনি আপনাকে বলিয়াছেন মানুষের পুত্র। মানবসন্তান যে কে তাহাই তিনি প্রকাশ করিতে আসিয়াছেন।

তাই তিনি দেখাইয়াছেন, মানুষের মনুষ্যত্ব সাম্রাজ্যের ঐশ্বর্যেও নহে, আচারের অনুষ্ঠানেও নহে; কিন্তু মানুষের মধ্যে ঈশ্বরের প্রকাশ আছে এই সত্যেই সে সত্য। মানবসমাজে দাঁড়াইয়া ঈশ্বরকে তিনি পিতা বলিয়াছেন। পিতার সঙ্গে পুত্রের যে সম্বন্ধ তাহা আত্মীয়তার নিকটতম সম্বন্ধ—আত্মা বৈ জায়তে পুত্রঃ। তাহা আদেশ-পালনের ও অঙ্গীকার-রক্ষার বাহ্য সম্পর্ক নহে। ঈশ্বর পিতা এই চিরন্তন সম্বন্ধের দ্বারাই মানুষ মহীয়ান, আর কিছুর দ্বারা নহে। তাই ঈশ্বরের পুত্ররূপে মানুষ সকলের চেয়ে বড়ো, সাম্রাজ্যের রাজারূপে নহে। তাই শয়তান আসিয়া যখন তাঁহাকে বলিল 'তুমি রাজা' তিনি বলিলেন, 'না, আমি মানুষের পুত্র।' এই বলিয়া তিনি সমস্ত মানুষকে সম্মানিত করিয়াছেন।

তিনি এক জায়গায় ধনকে নিন্দা করিয়াছেন, বলিয়াছেন ধন মানুষের পরিত্রাণের পথে প্রধান বাধা। ইহা একটা নিরর্থক বৈরাগ্যের কথা নহে। ইহার ভিতরকার অর্থ এই যে, ধনী ধনকেই আপনার প্রধান অবলম্বন বলিয়া জানে—অভ্যাসের মোহ-বশত ধনের সঙ্গে সে আপনার মনুষ্যত্বকে মিলাইয়া ফেলে। এমন অবস্থায় তাহার প্রকৃত আত্মশক্তি আবৃত হইয়া যায়। যে আত্মশক্তিকে বাধামুক্ত করিয়া দেখে সে ঈশ্বরের শক্তিকেই দেখিতে পায় এবং সেই দেখার মধ্যেই তাহার যথার্থ পরিত্রাণের আশা। মানুষ যখন যথার্থভাবে আপনাকে দেখে তখনই আপনার মধ্যে ঈশ্বরকে দেখে; আর আপনাকে দেখিতে গিয়া যখন সে কেবল ধনকে দেখে, মানকে দেখে, তখনই আপনাকে অবমানিত করে এবং সমস্ত জীবনযাত্রার দ্বারা ঈশ্বরকে অস্বীকার করিতে থাকে।

মানুষকে এই মানবপুত্র বড়ো দেখিয়াছেন বলিয়াই মানুষকে যন্ত্ররূপে দেখিতে চান নাই। বাহ্য ধনে যেমন মানুষকে বড়ো করে না তেমনি বাহ্য আকারে মানুষকে পবিত্র করে না। বাহিরের স্পর্শ

বাহিরের খাদ্য মানুষকে দুষিত করিতে পারে না; কারণ, মানুষের মনুষ্যত্ব যেখানে, সেখানে তাহার প্রবেশ নাই। যাহারা বলে বাহিরের সংস্রবে মানুষ পতিত হয় তাহারা মানুষকে ছোটো করিয়া দেয়। এইরূপে মানুষ যখন ছোটো হইয়া যায় তখন তাহার সংকল্প, তাহার ক্রিয়াকর্ম, সমস্তই ক্ষুদ্র হইয়া আসে; তাহার শক্তি হ্রাস হয় এবং সে কেবলই ব্যর্থতার মধ্যে ঘুরিয়া মরে। এই জন্যই মানবপুত্র আচার ও শাস্ত্রকে মানুষের চেয়ে বড়ো হইতে দেন নাই এবং বলিয়াছেন, বলি-নৈবেদ্যের দ্বারা ঈশ্বরের পূজা নহে, অন্তরের ভক্তির দ্বারাই তাঁহার ভজনা। এই বলিয়াই তিনি অস্পৃশ্যকে স্পর্শ করিলেন, অনাচারীর সহিত একত্রে আহার করিলেন, এবং পাপীকে পরিত্যাগ না করিয়া তাহাকে পরিত্রাণের পথে আহ্বান করিলেন।

শুধু তাই নয়, সমস্ত মানুষের মধ্যে তিনি আপনাকে এবং সেই যোগে ভগবানকে উপলব্ধি করিলেন। তিনি শিষ্যদিগকে আহ্বান করিয়া বলিলেন, 'দরিদ্রকে যে খাওয়ায় সে আমাকেই খাওয়ায়, বস্ত্রহীনকে যে বস্ত্র দেয় সে আমাকেই বসন পরায়।' ভক্তিবৃত্তিকে বাহ্য অনুষ্ঠানের দ্বারা সংকীর্ণরূপে চরিতার্থ করিবার উপদেশ ও দৃষ্টান্ত তিনি দেখান নাই। ঈশ্বরের ভজনা ভক্তিরস সম্ভোগ করার উপায়মাত্র নহে। তাঁহাকে ফুল দিয়া, নৈবেদ্য দিয়া, বস্ত্র দিয়া, স্বর্ণ দিয়া, ফাঁকি দিলে যথার্থ আপনাকেই ফাঁকি দেওয়া হয়; ভক্তি লইয়া খেলা করা হয় মাত্র এবং এইরূপ খেলায় যতই সুখ হউক তাহা মনুষ্যত্বের অবমাননা। যিশুর উপদেশ যাঁহারা সত্যভাবে গ্রহণ করিয়াছেন তাঁহারা কেবল মাত্র পূজার্চনা-দ্বারা দিনরাত কাটাইয়া দিতে পারেন না; মানুষের সেবা তাঁহাদের পূজা, অতি কঠিন তাঁহাদের ব্রত। তাঁহারা আরামের শয্যা ত্যাগ করিয়া, প্রাণের মমতা বিসর্জন দিয়া, দূর দেশ-দেশান্তরে নরখাদকদের মধ্যে, কুষ্ঠরোগীদের মধ্যে, জীবন উৎসর্গ করিয়াছেন—কেননা, যাঁহার নিকট হইতে তাঁহারা দীক্ষা গ্রহণ করিয়াছেন তিনি মানবপুত্র, তাঁহার আবির্ভাবে মানবের প্রতি ঈশ্বরের দয়া সুস্পষ্ট প্রকাশমান হইয়াছে। কারণ, এই মহাপুরুষ সর্বপ্রকারে

মানবের মাহাত্ম্য যেমন করিয়া প্রচার করিয়াছেন এমন আর কে করিয়াছেন?

তাঁহাকে তাঁহার শিষ্যেরা দুঃখের মানুষ বলেন। দুঃখ স্বীকারকে তিনি মহৎ করিয়া দেখাইয়াছেন। ইহাতেও তিনি মানুষকে বড়ো করিয়াছেন। দুঃখের উপরেও মানুষ যখন আপনাকে প্রকাশ করে তখনই মানুষ আপনার সেই বিশুদ্ধ মনুষ্যত্বকে প্রচার করে যাহা আগুনে পোড়ে না যাহা অস্ত্রাঘাতে ছিন্ন হয় না।

সমস্ত মানুষের প্রতি প্রেমের দ্বারা যিনি ঈশ্বরের প্রেম প্রচার করিয়াছেন, সমস্ত মানুষের দুঃখভার স্বেচ্ছাপূর্বক গ্রহণ করিবার উপদেশ তাঁহার জীবন হইতে আপনিই নিঃশ্বসিত হইয়া উঠিবে ইহাতে আর আশ্চর্য কী আছে। কারণ, স্বেচ্ছায় দুঃখবহন করিতে অগ্রসর হওয়াই প্রেমের ধর্ম। দুর্বলের নির্জীব প্রেমই ঘরের কোণে ভাবাবেশের অশ্রুজলপাতে আপনাকে আপনি আর্দ্র করিতে থাকে। যে প্রেমের মধ্যে যথার্থ জীবন আছে সে আত্মত্যাগের দ্বারা, দুঃখস্বীকারের দ্বারা গৌরব লাভ করে। সে গৌরব অহংকারের গৌরব নহে; কারণ, অহংকারের মদিরায় নিজেকে মত্ত করা প্রেমের পক্ষে অনাবশ্যক—তাহার নিজের মধ্যে স্বত-উৎসারিত অমৃতের উৎস আছে।

মানুষের মধ্যে ভগবানের প্রকাশ—যিশুর এই বাণী কেবলমাত্র তত্ত্বকথারূপে কোনো-একটি শাস্ত্রের শ্লোকের মধ্যে বন্দী হইয়া বাস করিতেছে না। তাঁহার জীবনের মধ্যে তাহা একান্ত সত্য হইয়া দেখা দিয়াছিল বলিয়াই আজ পর্যন্ত তাহা সজীব বনস্পতির মতো নব নব শাখা প্রশাখা বিস্তার করিতেছে। মানবচিত্তের শত সহস্র সংস্কারের বাধা প্রতিদিনই সে ক্ষয় করিবার কাজে নিযুক্ত আছে। ক্ষমতার মদে মাতাল প্রতিদিন তাহাকে অপমান করিতেছে, জ্ঞানের গর্বে উদ্ধত প্রতিদিন তাহাকে উপহাস করিতেছে, শক্তি-উপাসক তাহাকে অক্ষমের দুর্বলতা বলিয়া অবজ্ঞা করিতেছে, কঠোর বিষয়ী তাহাকে কাপুরুষের ভাবুকতা বলিয়া উড়াইয়া দিতেছে—তবু সে নম্র হইয়া নীরবে মানুষের গভীরতম চিত্তে ব্যাপ্ত হইতেছে, দুঃখকেই আপনার

সহায় এবং সেবাকে আপনার সঙ্গিনী করিয়া লইয়াছে—যে পর তাহাকে আপন করিতেছে, যে পতিত তাহাকে তুলিয়া লইতেছে, যাহার কাছ হইতে কিছুই পাইবার নাই তাহার কাছে আপনাকে নিঃশেষে উৎসর্গ করিয়া দিতেছে। এমনি করিয়া মানবপুত্র পৃথিবীকে, সকল মানুষকেই বড়ো করিয়া তুলিয়াছেন—তাহাদের অনাদর দূর করিয়াছেন, তাহাদের অধিকার প্রশস্ত করিয়াছেন, তাহারা যে তাহাদের পিতার ঘরে বাস করিতেছে এই সংবাদের দ্বারা অপমানের সংকোচ মানবসমাজ হইতে অপসারিত করিয়াছেন—ইহাকেই বলে মুক্তিদান করা।

২৫ ডিসেম্বর ১৯১০
শান্তিনিকেতন

খৃষ্টধর্ম

সম্প্রদায় এই ব'লে অহংকার করে যে, সত্য আর-সকলকে ত্যাগ ক'রে তাকেই আশ্রয় করেছে। সেই অহংকারে সে সত্যের মর্যাদা যতই ভোলে নিজের বাহ্যরূপকে ততই পল্লবিত করতে থাকে। ধনের অহংকার ধনীর যতই বাড়ে ধনেরই আড়ম্বর তার ততই বিস্তৃত হয়, মনুষ্যত্বের গৌরব তার ততই খর্ব হয়ে যায়।

বিষয়ীলোক বিষয়কে নিয়ে অহংকার করে তাতে ক্ষতি হয় না; কারণ, বিষয়কে আপনার মধ্যে বদ্ধ রাখাই তার লক্ষ্য। কিন্তু সম্প্রদায় যখন তার সত্যটিকে আপন অহংকারের বিষয় করে তোলে, তখন সেই সত্য সে দান করতে এলে অন্যের পক্ষে তা গ্রহণ করা কঠিন হয়।

খৃষ্টান খৃষ্টধর্মকে নিয়ে যখনই অহংকার করে তখনই বুঝতে পারি তার মধ্যে এমন খাদ মিশিয়েছে যা তার ধর্ম নয়, যা তার আপনি। এই জন্যে সে যখন দাতাবৃত্তি করতে আসে তখন তার হাত থেকে ভিক্ষুকের মতো সত্যকে গ্রহণ করতে আমরা লজ্জা বোধ করি। অহংকারের প্রতিঘাতে অহংকার জেগে ওঠে—এবং যে অহংকার অহংকৃতের দানগ্রহণে কুণ্ঠিত সে নিন্দনীয় নয়।

এই জন্যেই মানুষকে সাম্প্রদায়িক খৃষ্টানের হাত থেকে খৃষ্টকে,

সাম্প্রদায়িক বৈষ্ণবের হাত থেকে বিষ্ণুকে, সাম্প্রদায়িক ব্রাহ্মের হাত থেকে ব্রহ্মকে উদ্ধার করে নেবার জন্যে বিশেষ ভাবে সাধনা করতে হয়।

আমাদের আশ্রমে আমরা সম্প্রদায়ের উপর রাগ করে সত্যের সঙ্গে বিরোধ করব না। আমরা খৃষ্টধর্মের মর্মকথা গ্রহণ করবার চেষ্টা করব—খৃষ্টানের জিনিস ব'লে নয়, মানবের জিনিস ব'লে।

বেদে ঈশ্বরের একটি নাম 'আবিঃ'; অর্থাৎ, আবির্ভাবই তাঁর স্বভাব, সৃষ্টিতে তিনি আপনাকে প্রকাশ করছেন সেই তাঁর ধর্ম। ভারতবর্ষের ঋষিরা দেখেছেন, জলে স্থলে শূন্যে সেই তাঁর নিরন্তর আনন্দধারা।

বদ্ধ ঘরে কেরোসিন জ্বলছে, সমস্ত রাত সেখানে অনেকে মিলে ঘুমোচ্ছে, দূষিত বাষ্পে ঘর ভরা—তখন যদি দরজা জানলা খুলে দিয়ে বদ্ধ-আকাশকে অসীম-আকাশের সঙ্গে যুক্ত করা যায় তা হলে সমস্ত সঞ্চিত তাপ এবং গ্লানি তখনি দূর হয়ে যায়। তেমনি আপনার বদ্ধ চিত্তকে ভূলোক ভুবর্লোক স্বর্লোকে পরম চৈতন্যের মধ্যে প্রতিষ্ঠিত করে দিলেই তার চারি দিকের পাপসঞ্চয় সহজেই বিলীন হয়—এই মুক্তির সাধনা ভারতবর্ষের।

ভারতবর্ষ যেমন ব্রহ্মের প্রকাশকে সর্বত্র উপলব্ধি ক'রে আপন চৈতন্যকে সর্বত্র ব্যাপ্ত করবার সাধনা করেছে, তেমনি ঈশ্বরের যে প্রকাশ মানবে সেইটির মধ্যে বিশেষভাবে আপন অনুভূতি প্রীতি ও চেষ্টাকে ব্যাপ্ত করার প্রতি খৃষ্টধর্মের লক্ষ্য।

বিশ্বে তাঁর প্রকাশ সরল, কিন্তু মানুষের মধ্যে প্রকাশে বিরোধ আছে। কারণ, সেখানে ইচ্ছার মধ্যে ইচ্ছার প্রকাশ। যতক্ষণ না প্রেম জাগে ততক্ষণ এই ইচ্ছা পরম-ইচ্ছাকে বাধা দিতে থাকে।

অভাব হতে জীব দুঃখ পায়, কিন্তু এই বিরোধ হতে মানুষের অকল্যাণ। দুঃখ পশুও পায়, কিন্তু এই অকল্যাণ বিশেষ ভাবে মানুষের। যে অংশে মানুষ পশু সে অংশে অভাবের দুঃখ তাকে কষ্ট দেয়, যে অংশে মানুষ মানুষ সে অংশে অকল্যাণের আঘাত তার অন্য

সকল আঘাতের চেয়ে বেশি। তাই মানুষের পশু-অংশ বলে, 'সঞ্চয় ক'রে ক'রে আমি অভাবের দুঃখ দূর করব'; মানুষের মানুষ-অংশ বলে, 'ত্যাগ ক'রে ক'রে আমার ক্ষুদ্র ইচ্ছাকে পরম ইচ্ছায় উৎসর্গ করব—বাসনাকে দগ্ধ করে প্রেমে সমুজ্জ্বল করে তুলব। সেই প্রেমেই আমার মধ্যে পরম-ইচ্ছার পূর্ণ প্রকাশ।'

সকল দুঃখের চেয়ে বড়ো দুঃখ মানুষের এই যে, তার বড়ো তার ছোটোর দ্বারা নিত্য পীড়া পাচ্ছে। এই তার পাপ। সে আপনার মধ্যে আপনার সেই বড়োকে প্রকাশ করতে পাচ্ছে না, সেই বাধাই তার কলুষ।

অন্নবস্ত্রের ক্লেশ সহ্য করা সহজ। কিন্তু আপনার ভিতরে আপনার সেই বড়ো কষ্ট পাচ্ছেন প্রকাশের অভাবে, এ কি মানুষ সইতে পারে? মানুষের ইতিহাসে এত যুদ্ধ কেন? কিসের খেদে উন্মত্ত হয়ে মানুষ আপন শতবৎসরের পুরাতন ব্যবস্থাকে ধূলিসাৎ করে দিয়ে আবার নূতন সৃষ্টিতে প্রবৃত্ত হয়? তার কান্না এই যে, আমার ছোটো আমার বড়োকে ঠেকিয়ে রাখছে।

এই ব্যথা যখন মানুষের মধ্যে এত সত্য তখন নিশ্চয়ই তার ঔষধ আছে। সে ঔষধ কোনো স্নানে পানে, বাহ্যিক কোনো আচারে অনুষ্ঠানে নয়। মানুষের মধ্যে ভূমার প্রকাশ যে কেমন করে বাধাহীন হতে পারে, যাঁরা মহামানুষ তাঁরা আপন জীবনের মধ্যে দিয়ে তাই দেখিয়ে দিয়ে গেছেন।

তাঁরা এই একটি আশ্চর্য ব্যাপার দেখিয়েছেন যে, মানুষ আপনার চেয়ে আপনি বড়ো; সেইজন্যে মানুষ মৃত্যুকে দুঃখকে ক্ষতিকে অগ্রাহ্য করতে পারে। এ যদি ক্ষণে ক্ষণে নিদারুণ স্পষ্টরূপে দেখতে না পেতুম তা হলে ক্ষুদ্র মানুষের মধ্যে যে বিরাট রয়েছেন এ কথা বিশ্বাস করতুম কেমন করে? মানুষের সেই বড়োর সঙ্গে মানুষের ছোটোর নিয়ত সংঘাতে যে দুঃখ জন্মাচ্ছে সেই দুঃখ পান করছেন কে? সেই বড়ো, সেই শিব। রাগ কাকে মারছে? চিরদিন ক্ষমা যে করে তার উপরেই সমস্ত মার গিয়ে পড়ছে। লোভ কার ধন হরণ করছে? যে

কেবলই ক্ষতিস্বীকার করে এবং চোরাই মাল ফিরে আসবে বলে ধৈর্যের সঙ্গে অপেক্ষা করতে থাকে। পাপ কাকে কাঁদাতে চায়? যার প্রেমের অবধি নেই, পাপ যে তাকেই কাঁদাচ্ছে।

এ যে আমরা চারি দিকে প্রত্যক্ষ দেখি। দুর্বৃত্ত সন্তান অন্য সকলকে যে আঘাত দেয় সেই আঘাতে আপন মাকেই সকলের চেয়ে ব্যথিত করে, তাই তো দুষ্প্রবৃত্তির পাপ এতই বিষম। অকল্যাণের দুঃখ জগতের সকল দুঃখের বাড়া; কেননা, সেই দুঃখে যিনি কাঁদছেন তিনি যে বড়ো, তিনি যে প্রেম। খৃষ্টধর্ম জানাচ্ছে, সেই পরমব্যথিতই মানুষের ভিতরকার ভগবান।

এই কথাটা বিশেষ কোনো ঐতিহাসিক কাহিনীর সঙ্গে জড়িয়ে বিশেষ দেশকালপাত্রের মধ্যে ক্ষুদ্র করে দেখলে সত্যকে তার আপন গৃহ থেকে নির্বাসিত করে কারাশৃঙ্খলে বেঁধে মারবার চেষ্টা করা হবে।

আসল সত্য এই যে, আমার মধ্যে যিনি বড়ো, যিনি আমার হাতে চিরদিন দুঃখ পেয়ে আসছেন, তিনি বলছেন, 'জগতের সমস্ত পাপ আমাকেই মারে, কিন্তু আমাকে মারতে পারে না। আজ পর্যন্ত সব চেয়ে বড়ো চোর কি সব ধন হরণ করতে পেরেছে? মানুষের পরম সম্পদের কি ক্ষয় হল? বিশ্বাসঘাতক আছে, কিন্তু সংসারে বিশ্বাস মরে নি। হিংসক আছে, কিন্তু ক্ষমাকে সে মারতে পারলে না।'

সেই বড়ো যিনি, তিনি তাঁর বেদনায় অমর। কিন্তু সেই ব্যথাই যদি চরম সত্য হ'ত তা হলে কি রক্ষা ছিল? বড়োর মধ্যে আনন্দের অমৃত আছে ব'লেই তো বেদনা সহ্য হল। ছোটো কি লেশমাত্র ব্যথা সইতে পারে? সে কি তিলমাত্র কিছু ছাড়তে পারে? কেন পারে না? তার আছে কী যে পারবে? তার প্রেম কোথায়, আনন্দ কোথায়?

আমরা তো ভারে ভারে কলুষ এনে জমাচ্ছি। যে বড়ো সে ক্রমাগত তাই ক্ষালন করছে—আপন রক্ত দিয়ে, দুঃখ দিয়ে, অশ্রু দিয়ে। প্রতিদিন এই হচ্ছে ঘরে ঘরে। বড়ো বলছেন, 'আমায় মারো, মারো, মারো! তোমার মার আমি ছাড়া আর কেউ সইবে না।' তখন আমরা কেঁদে বলছি, 'তোমাকে আর মারব না—তুমি যে আমার

চেয়ে বেশি। তোমার প্রকাশে ধুলো দিয়েছি—অশ্রুজলে সব ধোব। আজ হতে বসলুম তোমার আসনে, তোমার দুঃখ আমি বইব। তুমি নাও, নাও, নাও, আমার সব নাও। তুমি ভালোবেসেছ, আমিও বাসব।' এমনি করে তবে বিরোধ মেটে। তিনি যখন শাস্তি নেন তখন সেই শাস্তির দারুণ দুঃখ আর সহ্য হয় না, তবেই তো পাপের মূল মরে; নরকদণ্ডে তো মরে না।

যিনি বড়ো তিনি যে প্রেমিক। ছোটোকে নিয়ে তাঁর প্রেমের সাধ্যসাধনা। আকাশের আলো দিয়ে, পৃথিবীর লক্ষ্মীশ্রী দিয়ে, মানুষের প্রেমের সম্বন্ধের মধ্য দিয়ে তিনি আমাকে সাধছেন। আপনার সেই বড়োটিকে দেখে মন মুগ্ধ হয়েছে বলেই কবি কবিতা লিখেছে, শিল্পী কারু রচনা করেছে, কর্মী কর্মে আপনাকে ঢেলে দিয়েছে। মানুষের সকল রচনা এই বলেছে—'তোমার মতো এমন সুন্দর আর দেখলুম না। ক্ষুধা লোভ কাম ক্রোধ এ-যে সব কালো—কিন্তু তুমি কী সুন্দর, কী পবিত্র তুমি, তুমি আমার।'

মানুষের মধ্যে মানুষের এই-যে বড়োর আবির্ভাব, যিনি মানুষের হাতের সমস্ত আঘাত সহ্য করছেন এবং যাঁর সেই বেদনা মানুষের পাপের একেবারে মূলে গিয়ে বাজছে—এই আবির্ভাব তো ইতিহাসের বিশেষ কোনো একটি প্রান্তে নয়। সেই মানুষের দেবতা মানুষের অন্তরেই—তাঁরই সঙ্গে বিরোধেই মানুষের পাপ, তাঁরই সঙ্গে যোগেই মানুষের পাপের নিবৃত্তি। মানুষের সেই বড়ো, নিয়ত আপনার প্রাণ উৎসর্গ ক'রে মানুষের ছোটোকে প্রাণদান করছেন।

রূপকের আকারে এই সত্য খৃষ্টধর্মে প্রকাশ হচ্ছে।

২৫ ডিসেম্বর ১৯১৪
শান্তিনিকেতন

খৃষ্টোৎসব

তাই তোমার আনন্দ আমার ’পর, তুমি তাই এসেছ নীচে।
আমায় নইলে, ত্রিভুবনেশ্বর তোমার প্রেম হ’ত যে মিছে।

দুইয়ের মধ্যে একের যে প্রকাশ তাই হল যথার্থ সৃষ্টির প্রকাশ। নানা বিরোধে যেখানে এক বিরাজমান সেখানেই মিলন, সেখানেই এককে যথার্থভাবে উপলব্ধি করা যায়। আমাদের দেশের শাস্ত্রে তাই, এক ছাড়া দুইকে মানতে চায় নি। কারণ, দুইয়ের মধ্যে একের যে ভেদ তার অবকাশকে পূর্ণ করে দেখলেই এককে যথার্থভাবে পাওয়া যায়। এইটিই হচ্ছে সৃষ্টির লীলা। উপরের সঙ্গে নীচের যে মিলন, বিশ্বকর্মার কর্মের সঙ্গে ক্ষুদ্র আমাদের কর্মের যে মিলন, বিশ্বে নিরন্তর তারই লীলা চলছে। তার দ্বারা সব পূর্ণ হয়ে রয়েছে।

যাঁরা বিচ্ছেদের মধ্যে সত্যের এই অখণ্ড রূপকে এনে দেন তাঁরা জীবনে নিয়ত আনন্দবার্তা বহন করে এনেছেন। ইতিহাসে এই-সকল মহাপুরুষ বলেছেন যে, কোনোখানে ফাঁক নেই, প্রেমের ক্রিয়া নিত্য চলেছে। মানুষের মনের দ্বার উদ্‌ঘাটিত যদি না’ও হয় তবু এই প্রক্রিয়ার বিরাম নেই। তার অস্ফুট চিত্তকমলের উপর আলোকপাত হয়েছে, তাকে উদ্বোধিত করবার প্রয়াসের বিশ্রাম নেই। মানুষ জানুক বা নাই জানুক, সমস্ত আকাশ ব্যাপ্ত করে সেই অস্ফুট কুঁড়িটির

বিকাশের জন্যে আলোকের মধ্যেও প্রেমের প্রতীক্ষা আছে।

তেমনি ভাবে এক মহাপুরুষ বিশেষ করে তাঁর জীবন দিয়ে এই কথা বলেছিলেন যে, লোকলোকান্তরে যিনি তাঁর অভ্রচুম্বিত আলোকমালার প্রাসাদ সৃষ্টি করেছেন সেই বিচিত্র বিশ্বের অধিপতিই আমার পিতা, আমার কোনো ভয় নেই। এই বিরাট আকাশের তলে যাঁর প্রতাপে পৃথিবী ঘূর্ণ্যমান হচ্ছে তাঁর শক্তির অন্ত নেই, তা অতিপ্রচণ্ড—তার তুলনায় আমরা মানুষ কত নগণ্য সামান্য জীব। কিন্তু আমাদের ভয় নেই; এই-সকলের অন্তর্যামী-নিয়ন্তা আমারই পরম আত্মীয়, আমারই পিতা। বিশ্বের মূলে এই পরম সম্বন্ধ যা শূন্যকে পূর্ণতা দান করেছে, মৃত্যুশোকের উপর আনন্দধারা প্রবাহিত করছে, সেই মধুর সম্বন্ধটি আজ আমাদের অন্তরে অনুভব করতে হবে। আমাদের পরম পিতা যিনি তিনি বলছেন যে, 'ভয় নেই, সূর্যচন্দ্রের মধ্যে আমার অখণ্ড রাজত্ব, আমার অমোঘ নিয়ম অলঙ্ঘ্য, কিন্তু তুমি যে আমারই, তোমাকে আমার চাই।' যুগে যুগে এই মাভৈঃ বাণী যাঁরা পৃথিবীতে আনয়ন করেন তাঁরা আমাদের প্রণম্য।

এমনি করেই একজন মানবসন্তান একদিন বলেছিলেন যে, আমরা সকলে বিশ্বপিতার সন্তান, আমাদের অন্তরে যে প্রেমের পিপাসা আছে তা তাঁকে স্পর্শ করেছে। এ কথা হতেই পারে না যে, আমাদের বেদনা-আকাঙ্ক্ষার কোনো লক্ষ্য নেই, কারণ তিনি সত্যই আমাদের পরমসখা হয়ে তাঁর সাড়া দিয়ে থাকেন। তাই সাহস করে মানুষ তাঁকে আনন্দদায়িনী মা, মানবাত্মার কল্যাণবিধায়ক পিতারূপে জেনেছে। মানুষ যেখানে বিশ্বকে কেবল বাহিরের নিয়মযন্ত্রের অধীন বলে জানছে সেখানে সে কেবলই আপনাকে দুর্বল অশক্ত করছে, কিন্তু যেখানে সে প্রেমের বলে সমস্ত বিশ্বলোকে আত্মীয়তার অধিকার বিস্তার করেছে সেখানেই সে যথার্থ ভাবে আপনার স্বরূপকে উপলব্ধি করেছে।

এই বার্তা ঘোষণা করতে এক দিন মহাত্মা যিশু লোকালয়ের দ্বারে এসে উপস্থিত হয়েছিলেন। তিনি তো অস্ত্রে শস্ত্রে সজ্জিত হয়ে যোদ্ধৃবেশে আসেন নি, তিনি তো বাহুবলের পরিচয় দেন নি—

তিনি ছিন্নচীর প'রে পথে পথে ঘুরেছিলেন। তিনি সম্পদবান্ ও প্রতাপশালীদের কাছ থেকে আঘাত অপমান প্রাপ্ত হয়েছিলেন। তিনি যে বার্তা নিয়ে এসেছিলেন তার বদলে বাইরের কোনো মজুরি পান নি, কিন্তু তিনি পিতার আশীর্বাদ বহন করেছিলেন। তিনি নিষ্কিঞ্চন হয়ে দ্বারে দ্বারে এই বার্তা বহন করে এনেছিলেন যে, ধনের উপর আশ্রয় করলে চলবে না, পরম আশ্রয় যিনি তিনি বিশ্বকে পূর্ণ করে রয়েছেন। তিনি দেশ কাল পূর্ণ করে বিরাজমান। তিনি 'পরম-আনন্দঃ পরমাগতিঃ' এই কথা উপলব্ধি করবার জন্য যে ত্যাগের দরকার যারা তা শেখে নি তারা মৃত্যুর ভয়ে, ক্ষতির ভয়ে, প্রাণকে বুকে করে নিয়ে ফিরেছে—অন্তরের ভয় লোভ মোহের দ্বারা শ্রদ্ধাহীনতা প্রকাশ করেছে। এই মহাপুরুষ তাই আপনার জীবনে ত্যাগের দ্বারা মৃত্যুর দ্বারে উপস্থিত হয়ে মানুষের কাছে এই বাণী এনে দিয়েছিলেন। তাই তিনি মানবাত্মার পরম পথকে উন্মুক্ত করবার জন্য এক দিন দরিদ্র বেশে পথে বার হয়েছিলেন। যে-সব সরল প্রকৃতির মানুষ তাঁর অনুগমন করেছিল তারা সম্পূর্ণরূপে তাঁর বাণীর মর্ম বুঝতে পারে নি। তারা কিসের স্পর্শ পেয়েছিল জানি নে, কিন্তু ভক্তিভরে তাদের মাথা অবনত হয়ে গিয়েছিল। তাদের মাথা নিচুই ছিল—কারণ তাদের পরিচয় নাম ধাম কেউ জানত না, তারা সামান্য ধীবর ছিল। তারা যিশুর বাণীর প্রেরণা অনুভব করেছিল, একটি অব্যক্ত মধুর রসে তাদের অন্তর আপ্লুত হয়েছিল। এমনি করে যাদের কিছু নেই তারা পেয়ে গেল। কিন্তু যারা গর্বিত তারা এই পরমা বার্তাকে প্রত্যাখ্যান করেছিল।

এই মহাত্মার বাণী যে তাঁর ধর্মাবলম্বীরাই গ্রহণ করেছিল তা নয়। তারা বারে বারে ইতিহাসে তাঁর বাণীর অবমাননা করেছে, রক্তের চিহ্নের দ্বারা ধরাতল রঞ্জিত করে দিয়েছে—তারা যিশুকে এক বার নয়, বার-বার ক্রুশেতে বিদ্ধ করেছে। সেই খৃষ্টান নাস্তিকদের অবিশ্বাস থেকে যিশুকে বিচ্ছিন্ন করে তাঁকে আপন শ্রদ্ধার দ্বারা দেখলেই যথার্থ ভাবে সম্মান করা হবে। খৃষ্টের আত্মা তাই আজ চেয়ে আছে। বড়ো বড়ো গির্জায় তাঁর বাণী প্রচারিত হবে ব'লে তিনি পথে

পথে ফেরেন নি, কিন্তু যার অন্তরে ভক্তিরস বিশুষ্ক হয়ে যায় নি তারই কাছে তিনি তাঁর সমস্ত প্রত্যাশা নিয়ে একদিন উপনীত হয়েছিলেন। তিনি সেদিনকার কালের সব চেয়ে অখ্যাত দরিদ্র অভাজনদের সঙ্গে কণ্ঠ মিলিয়ে বিশ্বের অধিপতিকে বলে ছিলেন যে 'পিতা নোহসি'— তুমি আমাদের পিতা।

মানুষ জীবন ও মৃত্যুকে বিচ্ছিন্ন করে দেখে, এই দুইয়ের মধ্যে সে একের মিল দেখে না। যেমন তার দেহে পীঠের দিকে চোখ নেই ব'লে কেবল সামনেরই অঙ্গকে মেনে নেওয়া বিষম ভুল, তেমনি জীবন ও মৃত্যুর মধ্যে আপাত-অনৈক্যকেই সত্য ব'লে জানলে জীবনকে খণ্ডিত করে দেখা হয়। এই মিথ্যা মায়া থেকে যারা মুক্তিলাভ ক'রে অমৃতকে সর্বত্র দেখেছেন তাঁদের আমরা প্রণাম করি। তাঁরা মৃত্যুর দ্বারা অমৃতকে লাভ করেছেন, এই মর্তলোকেই অমরাবতী সৃজন করেছেন। অমর ধামের তেমন এক যাত্রী একদিন পৃথিবীতে অমর লোকের বাণী নিয়ে উপস্থিত হয়েছিলেন, সেই কথা স্মরণ করে আমরাও যেন মৃত্যুর তমোরাশির উপর অমৃত আলোর সম্পাত দেখতে পাই। রাত্রিতে সূর্য অস্তমিত হলে মূঢ় যে সে ভাবে যে, আলো বুঝি নির্বাপিত হল, সৃষ্টি লোপ পেল। এমন সময় সে অন্তরীক্ষে চেয়ে দেখে যে সূর্য অপসারিত হলে লোকলোকান্তরের জ্যোতির্ধাম উদ্ভাসিত হয়ে উঠেছে—মহারাজার এক দরবার ছেড়ে আর-এক দরবারে আলোর সংগীত ধ্বনিত হচ্ছে। সেই সংগীতে আমাদেরও নিমন্ত্রণ বেজে উঠেছে। মহা আলোকের মিলনে যেন আমরা পূর্ণ করে দেখি। জীবন ও মৃত্যুর মাঝখানকার এই অখণ্ড যোগসূত্র যেন আমরা না হারাই। যে মহাপুরুষ তাঁর জীবনের মধ্যেই অমৃতলোকের পরিচয় দিয়াছিলেন, তাঁর মৃত্যুর দ্বারা অমৃতরূপ পরিস্ফুট হয়ে উঠেছিল, আজ তাঁর মৃত্যুর অন্তর্নিহিত সেই পরম সত্যটিকে যেন আমরা স্পষ্ট আকারে দেখতে পাই।

২৫ ডিসেম্বর ১৯২৩
শান্তিনিকেতন

মানবসম্বন্ধের দেবতা

এই সংসারে একটা জিনিস অস্বীকার করতে পারি নে যে, আমরা বিধানের বন্ধনে আবদ্ধ। আমাদের জীবন, আমাদের অস্তিত্ব বিশ্বনিয়মের দ্বারা দৃঢ়ভাবে নিয়ন্ত্রিত। এ-সমস্ত নিয়মকে সম্পূর্ণভাবে স্বীকার করতেই হবে, নইলে নিষ্কৃতি নেই। নিয়মকে যে পরিমাণে জানি ও মানি সেই পরিমাণেই স্বাস্থ্য পাই, সম্পদ পাই, ঐশ্বর্য পাই। কিন্তু জীবনে একটা সত্য আছে যা এই নিয়মের মধ্যে আপনাকে দেখতে পায় না। কেননা, নিয়মের মধ্যে পাই বন্ধন, আত্মার মধ্যে চাই সম্বন্ধকে। বন্ধন এক-তরফা, সম্বন্ধে দুই পক্ষের সমান যোগ। যদি বলি বিশ্ব-ব্যাপারে আমার আত্মার কোনো অসীম সম্বন্ধের ক্ষেত্র নেই, শুধু কতকগুলি বাহ্যসম্পর্কসূত্রেই সে ক্ষণকালের জন্য জড়িত—তা হলে জানব তার মধ্যে যে-একটি গভীর ধর্ম আছে নিখিলের মধ্যে তার কোনো নিত্যকালীন সাড়া নেই। কেননা, তার মধ্যে যা আছে তা কেবল সত্তার নিয়ম নয়, সত্তার আনন্দ। এই-যে তার আনন্দ এ কি কেবল সংকীর্ণভাবে তারই মধ্যে? অসীমের মধ্যে কোথাও তার প্রতিষ্ঠা নেই? এর সত্যটা তা হলে কোন্‌খানে? সত্যকে আমরা একের মধ্যে খুঁজি। হাত থেকে লাঠি পড়ে গেল, গাছ থেকে ফল পড়ল, পাহাড়ের উপর থেকে ঝরনা নীচে নেমে এল, এ-সমস্ত ঘটনাকে যেই

এক তত্ত্বের মধ্যে দেখতে পেলে অমনি মানুষের মন বললে 'সত্যকে দেখেছি'। যতক্ষণ এই ঘটনাগুলি আমাদের কাছে বিচ্ছিন্ন ততক্ষণ আমাদের কাছে তারা নিরর্থক। তাই বৈজ্ঞানিক বলেন, তথ্যগুলি বহু, কিন্তু তারা সত্য হয়েছে অবিচ্ছিন্ন ঐক্যে।

এই তো গেল বস্তুরাজ্যের নিয়মক্ষেত্র, কিন্তু অধ্যাত্মরাজ্যের আনন্দক্ষেত্রে কি এই ঐক্যতত্ত্বের কোনো স্থান নেই?

আমরা আনন্দ পাই বন্ধুতে, সন্তানে, প্রকৃতির সৌন্দর্যে। এগুলি ঘটনার দিক থেকে বহু, কিন্তু কোনো অসীম সত্যে কি এদের চরম ঐক্য নেই? এ প্রশ্নের উত্তর বৈজ্ঞানিক দেন না, দেন সাধক। তিনি বলেন, 'বেদাহমেতম্, আমি যে এঁকে দেখেছি, রসো বৈ সঃ, তিনি যে রসের স্বরূপ—তিনি যে পরিপূর্ণ আনন্দ।' নিয়মের বিধাতাকে তো পদে পদেই দেখতে পাচ্ছি, কিন্তু ঋষি যাঁকে বলছেন 'স নো বন্ধুর্জনিতা', কে সেই বন্ধু, কে সেই পিতা? যিনি সত্যদ্রষ্টা তিনি 'হৃদা মনীষা মনসা' সকল বন্ধুর ভিতর দিয়ে সেই এক বন্ধুকে, সকল পিতার মধ্য দিয়ে সেই এক পিতাকে দেখছেন। বৈজ্ঞানিকের উত্তরে প্রশ্নের যেটুকু বাকি থাকে তার উত্তর তিনিই দেন। তখন আত্মা বলে, 'আমার জগৎকে পেলুম, আমি বাঁচলুম।' আমাদের অন্তরাত্মার এই প্রশ্নের উত্তর যাঁরা দিয়েছেন তাঁদেরই মধ্যে একজনের নাম যিশুখৃষ্ট। তিনি বলেছেন, 'আমি পুত্র, পুত্রের মধ্যেই পিতার আবির্ভাব।' পুত্রের সঙ্গে পিতার শুধু কার্যকারণের যোগ নয়, পুত্রে পিতারই আত্মস্বরূপের প্রকাশ। খৃষ্ট বলেছেন 'আমাতে তিনিই আছেন', প্রেমিক-প্রেমিকা যেমন বলতে পারে 'আমাদের মধ্যে কোনো ফাঁক নেই'। অন্তরের সম্বন্ধ যেখানে নিবিড়, বিশুদ্ধ, সেখানেই এমন কথা বলতে পারা যায়; সেখানেই মহাসাধক বলেন, 'পিতাতে আমাতে একাত্মতা।' এ কথাটি নূতন না হতে পারে, এ বাণী হয়তো আরও অনেকে বলেছেন। কিন্তু যে বাণী সফল হল জীবনের ক্ষেত্রে, নানা ফল ফলালো, তাকে নমস্কার করি। খৃষ্ট বলেছিলেন, 'আমার মধ্যে আমার পিতারই প্রকাশ।' এই ভাবের কথা ভারতবর্ষেও উচ্চারিত হয়েছে, কিন্তু সেটি শাস্ত্রবচনের

সীমানা উত্তীর্ণ হয়ে প্রাণের সীমায় যতক্ষণ না পৌঁছয় ততক্ষণ সে কথা বন্ধ্যা। যতই বড়ো ভাষায় তাকে স্বীকার করি ব্যবহারের দৈন্যে তাকে ততই বড়ো আকারে অপমানিত করি। খৃষ্টান সম্প্রদায় পদে পদে তা করে থাকেন। কথার বেলায় যাকে তারা বলে 'প্রভু', সেবার বেলায় তাকে দেয় ফাঁকি। সত্য কথার দাম দিতে হয় সত্য সেবাতেই। যদি সেই দিকেই দৃষ্টি রাখি তবে বলতে হয় যে, খৃষ্টের জন্ম ব্যর্থ হয়েছে; বলতে হয়, ফুল ফুটেছে সুন্দর, তার মাধুর্য উপভোগ করেছি, কিন্তু পরিণামে তাতে ফল ধরল না। এ দিকে চোখে দেখেছি বটে হিংসা রিপুর প্রাবল্য খৃষ্টীয় সমাজে। তৎসত্ত্বেও মানুষের প্রতি প্রেম, লোকহিতের জন্য আত্মত্যাগ খৃষ্টীয় সমাজের সাফল্য দেখিয়েছে—এ কথাটি সাম্প্রদায়িকতার মোহে প'ড়ে যদি না মানি তবে সত্যকেই অস্বীকার করা হবে। খৃষ্টানের ধর্মবুদ্ধি প্রতিদিন বলছে—মানুষের মধ্যে ভগবানের সেবা করো, তাঁর নৈবেদ্য নিরন্নের অন্নথালিতে, বস্ত্রহীনের দেহে। এই কথাটিই খৃষ্টধর্মের বড়ো কথা। খৃষ্টানরা বিশ্বাস করেন—খৃষ্ট আপন মানবজন্মের মধ্যে ভগবান ও মানবের একাত্মতা প্রতিপন্ন করেছেন।

ধনী তাঁর গ্রামের লোকের জলাভাবকে উপেক্ষা ক'রে পঁয়তাল্লিশ হাজার টাকা দিলেন পুত্রের অন্নপ্রাশনে দেবমন্দিরে দেবপ্রতিমার গলায় রত্নহার পরাতে। এই কথাটি তাঁর হৃদয়ে পৌঁছয় নি যে, যেখানে সূর্যের তেজ সেখানে দীপশিখা আনা মূঢ়তা, যেখানে গভীর সমুদ্র সেখানে জলগণ্ডুষ দেওয়া বালকোচিত। অথচ মানুষের তৃষ্ণার মধ্য দিয়ে ভগবান যে জল চাইছেন সে চাওয়া অতি স্পষ্ট, অতি তীব্র; সেই চাওয়ার প্রতি বধির হয়ে এরা দেবালয়ে রত্নালংকারের জোগান দেয়।

পুত্রের মধ্যে পিতাকে বিড়ম্বিত ক'রে দানের দ্বারা তাঁকে ভোলাবার চেষ্টায় মানুষ তাঁকে দ্বিগুণ অপমানিত করতে থাকে। দেখেছি ধনী মহিলা পাণ্ডার দুই পা সোনার মোহর দিয়ে ঢাকা দিয়ে মনে করেছে স্বর্গে পৌঁছবার পুরা মাশুল চুকিয়ে দেওয়া হল; অথচ

সেই মোহরের জন্য দেবতা যেখানে কাঙাল হয়ে দাঁড়িয়ে আছেন সেই মানুষের প্রতি দৃষ্টিই পড়ল না।

আজ প্রাতে আমাদের আশ্রমবন্ধু অ্যান্‌ড্রুজের চিঠি পেলুম। তিনি যে কাজ করতে গেছেন সে তাঁর আত্মীয়স্বজনের কাজ নয়, বরং তাদের প্রতিকূল। বাহ্যত যারা তাঁর অনাত্মীয়, যারা তাঁর স্বজাতীয় নয়, তাদের জন্য তিনি কঠিন দুঃখ সইছেন, স্বজাতীয়দের বিরুদ্ধে প্রবল সংগ্রাম করে দুঃখপীড়া পাচ্ছেন। এবার সেখানে যাবা মাত্র তিনি দেখলেন বসন্তমারীতে বহু ভারতীয় পীড়িত, মৃত্যুগ্রস্ত; তাঁর কাজ হল তাদের সেবা করা। মারীর মধ্যে ভারতীয় বণিক্‌দের এই যে তিনি সেবা করেছেন, এতে কিসে তাঁকে বল দিয়েছে? মানবসন্তানের সেবায় বিশ্বপিতার সেবার উপদেশ খৃষ্টানদেশের মধ্যে এতকাল ধরে এত গভীররূপে প্রবেশ করেছে যে সেখানে আজ যাঁরা নিজেকে নাস্তিক বলে প্রচার করেন তাঁদেরও নাড়ির রক্তে এই বাণী বহমান। তাঁরাও মানুষের জন্য প্রাণান্তকর দুঃখ স্বীকার করাকে আপন ধর্ম ব'লে প্রমাণ করেছেন। এ ফল কোন্‌ বৃক্ষে ফলল? কে এতে রসসঞ্চার করে? এ প্রশ্নের উত্তরে এ কথা অস্বীকার করতে পারি নে যে, সে খৃষ্টধর্ম।

লক্ষ্যে অলক্ষ্যে বিবিধ আকারে এই ধর্ম পশ্চিম মহাদেশে কাজ করছে। যাকে সেখানকার লোকে হিউম্যান ইণ্টরেস্‌ট্‌ অর্থাৎ মানবের প্রতি ঔৎসুক্য বলে তা জ্ঞানবিজ্ঞানের ক্ষেত্রে ইউরোপে যেমন জাগরূক তেমন আর কোথাও দেখি নি। সে দেশে সর্বত্রই মানুষকে সেখানকার লোকে সম্পূর্ণরূপে চেনবার জন্য তথ্য অন্বেষণ করে বেড়াচ্ছে। যারা নরমাংস খায় তাদেরও মধ্যে গিয়ে জিজ্ঞাসা করেছে, 'তুমি মানুষ, তুমি কী কর, তুমি কী ভাব?' আর আমরা? আমাদের পাশের লোকেরও খবর নিই নে। তাদের সম্বন্ধে না আছে কৌতূহল, না আছে শ্রদ্ধা। উপেক্ষা ও অবজ্ঞার কুহেলিকায় আচ্ছন্ন করে দিয়ে অধিকাংশ প্রতিবেশীর সম্বন্ধে অজ্ঞান হয়ে আছি। কেন এমন হয়? মানুষকে যথোচিত মূল্য দিই নে ব'লেই আজকের দিনে আমাদের এই দুর্দশা। খৃষ্ট বাঁচিয়েছেন পৃথিবীর অনেককে, বাঁচিয়েছেন মানুষের

ঔদাসীন্য থেকে মানুষকে। আজকে যারা তাঁর নাম নেয় না, তাঁকে অপমান করতেও কুণ্ঠিত হয় না, তারাও তাঁর সে বাণীকে কোনো-না-কোনো আকারে গ্রহণ করেছে।

মানুষ যে বহুমূল্য, তার সেবাতেই যে ভগবানের সেবা সার্থক, এই কথা ইউরোপ যেখানে মানে নি সেখানেই সে মার খেয়েছে। এ কথার মূল্য যে পরিমাণে ইউরোপ দিয়েছে সেই পরিমাণেই সে উন্নত হয়েছে। মানুষের প্রতি খৃষ্টধর্ম যে অসীম শ্রদ্ধা জাগরূক করেছে আমরা যেন নিরভিমানচিত্তে তাকে গ্রহণ করি এবং যে মহাপুরুষ সে সত্যের প্রচার করেছিলেন তাঁকে প্রণাম করি।

২৫ ডিসেম্বর ১৯২৬
শান্তিনিকেতন

বড়োদিন

যাঁকে আমরা পরম মানব বলে স্বীকার করি তাঁর জন্ম ঐতিহাসিক নয়, আধ্যাত্মিক। প্রভাতের আলো সদ্য-প্রভাতের নয়, সে চিরপ্রভাতের। আমরা যখনই তাকে দেখি তখনই সে নূতন, কিন্তু তবু সে চিরন্তন। নব নব জাগরণের মধ্যে দিয়ে সে প্রকাশ করে অনাদি আলোককে। জ্যোতির্বিদ্‌ জানেন নক্ষত্রের আলো যেদিন আমাদের চোখে এসে পৌঁছয় তার বহু যুগ পূর্বেই সে যাত্রা করেছে। তেমনি সত্যের দূতকে যেদিন আমরা দেখতে পাই সেইদিন থেকেই তাঁর বয়সের আরম্ভ নয়—সত্যের প্রেরণা রয়েছে মহাকালের অন্তরে। কোনো কালে অন্ত নেই তাঁর আগমনের এই কথা যেন জানতে পারি।

বিশেষ দিনে বিশেষ পূজা-অনুষ্ঠান করে যাঁরা নরোত্তম তাঁদের শ্রদ্ধা জানানো সুলভে মূল্য চুকিয়ে দেওয়া। তিন শত চৌষট্টি দিন অস্বীকার ক'রে তিন-শত-পঁয়ষট্টি-তম দিনে তাঁর স্তব দ্বারা আমরা নিজের জড়ত্বকে সান্ত্বনা দিই। সত্যের সাধনা এ নয়, দায়িত্বকে অস্বীকার করা মাত্র। এমনি ক'রে মানুষ নিজেকে ভোলায়। নামগ্রহণের দ্বারা কর্তব্য রক্ষা করি, সত্যগ্রহণের দুরূহ অধ্যবসায় পিছনে পড়ে যায়। কর্মের মধ্যে তাঁকে স্বীকার করলেম না, স্তবের মধ্যে সহজ নৈবেদ্য দিয়েই খালাস। যাঁরা এলেন বাহ্যিকতা থেকে আমাদের মুক্তি

দিতে তাঁদেরকে বন্দী করলেম বাহ্যিক অনুষ্ঠানের পুনরাবৃত্তির মধ্যে।

আজ আমি লজ্জা বোধ করেছি এমন ক'রে এক দিনের জন্যে আনুষ্ঠানিক কর্তব্য সমাধা করবার কাজে আহূত হয়ে। জীবন দিয়ে যাঁকে অঙ্গীকার করাই সত্য, কথা দিয়ে তাঁর প্রাপ্য চুকিয়ে দেওয়া নিরতিশয় ব্যর্থতা।

আজ তাঁর জন্মদিন এ কথা বলব কি পঞ্জিকার তিথি মিলিয়ে? অন্তরে যে দিন ধরা পড়ে না সে দিনের উপলব্ধি কি কালগণনায়? যেদিন সত্যের নামে ত্যাগ করেছি, যেদিন অকৃত্রিম প্রেমে মানুষকে ভাই বলতে পেরেছি, সেইদিনই পিতার পুত্র আমাদের জীবনে জন্মগ্রহণ করেছেন, সেইদিনই বড়োদিন—যে তারিখেই আসুক। আমাদের জীবনে তাঁর জন্মদিন দৈবাৎ আসে, কিন্তু ক্রুশে বিদ্ধ তাঁর মৃত্যু সে তো আসে দিনের পর দিন। জানি আজ বিশেষ দিনে দেশে দেশে গির্জায় গির্জায় তাঁর স্তবধ্বনি উঠছে, যিনি পরমপিতার বার্তা এনেছেন মানবসন্তানের কাছে—আর সেই গির্জার বাইরে রক্তাক্ত হয়ে উঠছে পৃথিবী ভ্রাতৃহত্যায়। দেবালয়ে স্তবমন্ত্রে তাঁকে আজ যারা ঘোষণা করছে তারাই কামানের গর্জনে তাঁকে অস্বীকার করছে, আকাশ থেকে মৃত্যুবর্ষণ ক'রে তাঁর বাণীকে অতি ভীষণ ব্যঙ্গ করছে। লোভ আজ নিদারুণ, দুর্বলের অন্নগ্রাস আজ লুণ্ঠিত, প্রবলের সামনে দাঁড়িয়ে খৃষ্টের দোহাই দিয়ে মার বুকে পেতে নিতে সাহস নেই যাদের তারাই আজ পূজাবেদীর সামনে দাঁড়িয়ে মৃত্যুশূলবিদ্ধ সেই কারুণিকের জয়ধ্বনি করছে অভ্যস্ত বচন আবৃত্তি করে। তবে কিসের উৎসব আজ? কেমন করে জানব খৃষ্ট জন্মেছেন পৃথিবীতে? আনন্দ করব কী নিয়ে? এক দিকে যাঁকে মারছি নিজের হাতে, আর-এক দিকে পুনরুজ্জীবন প্রচার করব শুধু মাত্র কথায়? আজও তিনি মানুষের ইতিহাসে প্রতিমুহূর্তে ক্রুশে বিদ্ধ হচ্ছেন।

তিনি ডেকেছিলেন মানুষকে পরমপিতার সন্তান বলে, ভাইকে মিলতে বলেছিলেন ভাইয়ের সঙ্গে। প্রাণোৎসর্গ করলেন এই মানবসত্যের বেদীতে। চিরদিনের জন্যে এই মিলনের আহ্বান রেখে

গেলেন আমাদের কাছে।

তাঁর আহ্বানকে আমরা যুগে যুগে প্রত্যাখ্যান করেছি। বেড়েই চলল তাঁর বাণীর প্রতিবাদ করবার অতি বিপুল আয়োজন।

বেদমন্ত্রে আছে তিনি আমাদের পিতা: পিতা নোহসি। সেইসঙ্গে প্রার্থনা আছে: পিতা নো বোধি। তিনি যে পিতা এই বোধ যেন আমাদের মনে জাগে। সেই পিতার বোধ যিনি দান করতে এসেছিলেন তিনি ব্যর্থ হয়ে, উপহসিত হয়ে, ফিরছেন আমাদের দ্বারের বাইরে—সেই কথাকে গান গেয়ে স্তব ক'রে চাপা যেন না দিই। আজ পরিতাপ করবার দিন, আনন্দ করবার নয়। আজ মানুষের লজ্জা সমস্ত পৃথিবী ব্যাপ্ত ক'রে। আজ আমাদের উদ্ধত মাথা ধুলায় নত হোক, চোখ দিয়ে অশ্রু বয়ে যাক। বড়োদিন নিজেকে পরীক্ষা করবার দিন, নিজেকে নম্র করবার দিন।

২৫ ডিসেম্বর ১৯৩২
শান্তিনিকেতন

খৃষ্ট

আমাদের এই ভূলোককে বেষ্টন করে আছে ভুবর্লোক, আকাশমণ্ডল, যার মধ্য দিয়ে আমাদের প্রাণের নিশ্বাসবায়ু সমীরিত হয়। ভূলোকের সঙ্গে সঙ্গে এই ভুবর্লোক আছে বলেই আমাদের পৃথিবী নানা বর্ণসম্পদে গন্ধসম্পদে সংগীতসম্পদে সমৃদ্ধ—পৃথিবীর ফল শস্য সবই এই ভুবর্লোকের দান। এক সময় পৃথিবী যখন দ্রবপ্রায় অবস্থায় ছিল তখন তার চার দিকে বিষবাষ্প ছিল ঘন হয়ে, সূর্যকিরণ এই আচ্ছাদন ভালো করে ভেদ করতে পারত না। ভূগর্ভের উত্তাপ অসংযত হয়ে জলস্থলকে ক্ষুব্ধ করে তুলেছিল। ক্রমশ এই তাপ শান্ত হয়ে গেলে আকাশ নির্মল হয়ে এল, মেঘপুঞ্জ হল ক্ষীণ, সূর্যকিরণ পৃথিবীর ললাটে আশীর্বাদটিকা পরিয়ে দেবার অবকাশ পেল। ভুবর্লোককে আচ্ছন্ন করেছিল যে কালিমা তা অপসারিত হলে পৃথিবী হল সুন্দর, জীবজন্তু হল আনন্দিত। মানবলোকসৃষ্টিও এই পদ্ধতি অবলম্বন করেছে। মানবচিত্তের আকাশমণ্ডলকে মোহকালিমা থেকে নির্মুক্ত করবার জন্য, সমাজকে শোভন বাসযোগ্য করবার জন্য, মানুষকে চলতে হয়েছে দুঃখস্বীকারের কাঁটাপথ দিয়ে। অনেক সময় সে চেষ্টায় মানুষ ভুল করেছে, কালিমা শোধন করতে গিয়ে অনেক সময় তাকে ঘনীভূত করেছে। পৃথিবী যখন তার সৃষ্টি-উপাদানের

সামঞ্জস্য পায় নি তখন কত বন্যা, ভূকম্প, অগ্নি-উচ্ছ্বাস, বায়ুমণ্ডলে কত আবিলতা। কত স্বার্থপরতা, হিংস্রতা, লুব্ধতা, দুর্বলকে পীড়ন আজও চলছে; আদিম কালে রিপুর অন্ধবেগের পথে শুভবুদ্ধির বাধা আরও অল্প ছিল। এই-যে বিষনিশ্বাসে মানুষের ভুবর্লোক আবিল মেঘাচ্ছন্ন, এই-যে কালিমা আলোককে অবরুদ্ধ করে, তাকে নির্মল করবার চেষ্টায় কত সমাজতন্ত্র ধর্মতন্ত্র মানুষ রচনা করেছে। যতক্ষণ এই চেষ্টা শুধু নিয়ম-শাসনে আবদ্ধ থাকে ততক্ষণ তা সফল হতে পারে না। নিয়মের বল্‌গায় প্রমত্ত রিপুর উচ্ছৃঙ্খলতাকে কিছু পরিমাণে দমন করতে পারে; কিন্তু তার ফল বাহ্যিক।

মানুষ নিয়ম মানে ভয়ে; এই ভয়টাতে প্রমাণ করে তার আত্মিক দুর্বলতা। ভয়দ্বারা চালিত সমাজে বা সাম্রাজ্যে মানুষকে পশুর তুল্য অপমানিত করে। বাহিরের এই শাসনে তার মনুষ্যত্বের অমর্যাদা। মানবলোকে এই ভয়ের শাসন আজও আছে প্রবল।

মানুষের অন্তরের বায়ুমণ্ডল মলিনতামুক্ত হয় নি ব'লেই তার এই অসম্মান সম্ভবপর হয়েছে। মানুষের অন্তরলোকের মোহাবরণ মুক্ত করবার জন্যে যুগে যুগে মহৎ প্রাণের অভ্যুদয় হয়েছে। পৃথিবীর একটা অংশ আছে, যেখানে তার সোনা-রুপার খনি, যেখানে মানুষের অশনবসনের আয়োজনের ক্ষেত্র; সেই স্থূল ভূমিকে আমাদের স্বীকার করতেই হবে। কিন্তু সেই স্থূল মৃত্তিকাভাণ্ডারই তো পৃথিবীর মাহাত্ম্যভাণ্ডার নয়। যেখানে তার আলোক বিচ্ছুরিত, যেখানে নিশ্বসিত তার প্রাণ, যেখানে প্রসারিত তার মুক্তি, সেই ঊর্ধ্বলোক থেকেই প্রবাহিত হয় তার কল্যাণ; সেইখানে থেকেই বিকশিত হয় তার সৌন্দর্য। মানবপ্রকৃতিতেও আছে স্থূলতা, যেখানে তার বিষয়বুদ্ধি, যেখানে তার অর্জন এবং সঞ্চয়; তারই প্রতি আসক্তিই যদি কোনো মূঢ়তায় সর্বপ্রধান হয়ে ওঠে তা হলে শান্তি থাকে না, সমাজ বিষবাষ্পে উত্তপ্ত হয়ে ওঠে। সমস্ত পৃথিবী জুড়ে আজ তারই পরিচয় পাচ্ছি, আজ বিশ্বব্যাপী লুব্ধতা প্রবল হয়ে উঠে মানুষে মানুষে হিংস্রবুদ্ধির আগুন জ্বালিয়ে তুলেছে। এমন দিনে স্মরণ করি সেই মহাপুরুষদের

যাঁরা মানুষকে সোনারুপার ভাণ্ডারের সন্ধান দিতে আসেন নি, দুর্বলের বুকের উপর দিয়ে প্রবলের ইস্পাত-বাঁধানো বড়ো রাস্তা পাকা করবার মন্ত্রণাদাতা যাঁরা নন—মানুষের সব চেয়ে বড়ো সম্পদ যে মুক্তি সেই মুক্তি দান করা যাঁদের প্রাণপণ ব্রত।

এমন মহাপুরুষ নিশ্চয়ই পৃথিবীতে অনেক এসেছেন, আমরা তাঁদের সকলের নামও জানি না। কিন্তু নিশ্চয়ই এমন অনেক আছেন এখনও যাঁরা এই পৃথিবীকে মার্জনা করছেন, আমাদের জীবনকে সুন্দর উজ্জ্বল করছেন। বিজ্ঞানে জেনেছি, জন্তুরা যে বিষনিশ্বাস পরিত্যাগ করে গাছপালা সে নিশ্বাস গ্রহণ ক'রে প্রাণদায়ী অক্সিজেন প্রশ্বসিত করে দেয়। তেমনি মানুষের চরিত্র প্রতিনিয়ত যে বিষ উদ্গার করছে নিয়ত তা নির্মল হচ্ছে পবিত্রজীবনের সংস্পর্শে। এই শুভ চেষ্টা মানবলোকে যাঁরা জাগ্রত রাখছেন তাঁদের যিনি প্রতীক, যদ্ভদ্রং তন্ন আসুব এই বাণী যাঁর মধ্যে উজ্জ্বল পরিপূর্ণ হয়ে উঠেছে, তাঁকে প্রণাম করার যোগেই সেই সাধুদের সকলকে একসঙ্গে প্রণাম জানাই—যাঁরা আত্মোৎসর্গের দ্বারা পৃথিবীতে কল্যাণ বিতরণ করছেন।

আজকের দিন যাঁর জন্মদিন ব'লে খ্যাত সেই যিশুর নিকটেই উপস্থিত করি জগতে যাঁরা প্রণম্য তাঁদের সকলের উদ্দেশে প্রণাম। আমরা মানবের পরিপূর্ণ কল্যাণরূপ দেখতে পেয়েছি কয়েক জনের মধ্যে। এই কল্যাণের দুত আমাদের ইতিহাসে অল্পই এসেছেন, কিন্তু পরিমাণ দিয়ে কল্যাণের বিচার তো হতে পারে না।

ভারতবর্ষে উপনিষদের বাণী মানুষকে বল দিয়েছে। কিন্তু সে তো মন্ত্র, ধ্যানের বিষয়। যাঁদের জীবনে রূপ পেয়েছে সেই বাণী তাঁরা যদি আমাদের আপন হয়ে আমাদের প্রত্যক্ষ হয়ে আসেন তবে সে আমাদের মস্ত সুযোগ। কেননা শাস্ত্রবাক্য তো কথা বলে না, মানুষ বলে। আজকে আমরা যাঁর কথা স্মরণ করছি তিনি অনেক আঘাত পেয়েছেন, বিরুদ্ধতা শত্রুতার সম্মুখীন হয়েছেন, নিষ্ঠুর মৃত্যুতে তাঁর জীবনান্ত হয়েছিল। এই-যে পরম দুঃখের আলোকে মানুষের মনুষ্যত্ব চিরকালের মতো দেদীপ্যমান হয়ে আছে এ তো বইপড়া

ব্যাপার নয়। এখানে দেখছি মানুষকে দুঃখের আগুনে উজ্জ্বল। এ'কে উপলব্ধি করা সহজ; শাস্ত্রবাক্যকে তো আমরা ভালোবাসতে পারি নে। সহজ হয় আমাদের পথ, যদি আমরা ভালোবাসতে পারি তাঁদের যাঁরা মানুষকে ভালোবেসেছেন। বুদ্ধ যখন অপরিমেয় মৈত্রী মানুষকে দান করেছিলেন তখন তো তিনি কেবল শাস্ত্র প্রচার করেন নি, তিনি মানুষের মনে জাগ্রত করেছিলেন ভক্তি। সেই ভক্তির মধ্যেই যথার্থ মুক্তি। খৃষ্টকে যাঁরা প্রত্যক্ষভাবে ভালোবাসতে পেরেছেন তাঁরা শুধু একা বসে রিপু দমন করেন নি, তাঁরা দুঃসাধ্য সাধন করেছেন। তাঁরা গিয়েছেন দুর-দুরান্তরে, পর্বত সমুদ্র পেরিয়ে মানবপ্রেম প্রচার করেছেন। মহাপুরুষেরা এইরকম আপন জীবনের প্রদীপ জ্বালান; তাঁরা কেবল তর্ক করেন না, মত প্রচার করেন না। তাঁরা আমাদের দিয়ে যান মানুষরূপে আপনাকে।

খৃষ্টের প্রেরণা মানবসমাজে আজ ছোটো বড়ো কত প্রদীপ জ্বালিয়েছে, অনাথ-পীড়িতদের দুঃখ দুর করবার জন্যে তাঁরা অপরিসীম ভালোবাসা ঢেলে দিয়েছেন। কী দানবতা আজ চার দিকে, কলুষে পৃথিবী আচ্ছন্ন—তবু বলতে হবে: স্বল্পমপ্যস্য ধর্মস্য ত্রায়তে মহতো ভয়াৎ। এই বিরাট কলুষনিবিড়তার মধ্যে দেখা যায় না তাঁদের যাঁরা মানবসমাজের পুণ্যের আকর। কিন্তু তাঁরা নিশ্চয়ই আছেন—নইলে পৃথিবী অভিশপ্ত হত, সমস্ত সৌন্দর্য ম্লান হয়ে যেত, সমস্ত মানবলোক অন্ধকারে অবলুপ্ত হত।

২৫ ডিসেম্বর ১৯৩৬
শান্তিনিকেতন

খৃষ্ট-প্রসঙ্গ

খৃষ্টান শাস্ত্রে বলে, ঈশ্বর মানবগৃহে জন্মগ্রহণ করিয়া বেদনার ভার বহন ও দুঃখের কণ্টককিরীট মাথায় পরিয়াছিলেন। মানুষের সকলপ্রকার পরিত্রাণের একমাত্র মূল্যই সেই দুঃখ। মানুষের নিতান্ত আপন সামগ্রী যে দুঃখ, প্রেমের দ্বারা তাহাকে ঈশ্বরও আপন করিয়া এই দুঃখসংগমে মানুষের সঙ্গে মিলিয়াছেন, দুঃখকে অপরিসীম মুক্তিতে ও আনন্দে উত্তীর্ণ করিয়া দিয়াছেন—ইহাই খৃষ্টানধর্মের মর্মকথা।

[১১ মাঘ] ১৩১৪

২

যিশু কোন্ অখ্যাত গ্রামের প্রান্তে কোন্-এক পশুরক্ষণশালায় জন্মগ্রহণ করেছিলেন—কোনো পণ্ডিতের ঘরে নয়, কোনো রাজার প্রাসাদে নয়, কোনো মহৈশ্বর্যশালী রাজধানীতে নয়, কোনো মহাপুণ্যক্ষেত্র তীর্থস্থানে নয়। যারা মাছ ধরে জীবিকা অর্জন করত এমন কয়েকজন মাত্র ইহুদি যুবক তাঁর শিষ্য হয়েছিল—যেদিন তাঁকে রোমরাজের প্রতিনিধি অনায়াসেই ক্রুশে বিদ্ধ করবার আদেশ দিলেন সেই দিনটি

জগতের ইতিহাসে যে চিরদিন ধন্য হবে এমন কোনো লক্ষণ সেদিন কোথাও প্রকাশ পায় নি। তাঁর শত্রুরা মনে করলে সমস্তই চুকেবুকে গেল, এই অতি ক্ষুদ্র স্ফুলিঙ্গটিকে একেবারে দলন করে নিবিয়ে দেওয়া গেল। কিন্তু, কার সাধ্য নেবায়! ভগবান যিশু তাঁর ইচ্ছাকে তাঁর পিতার ইচ্ছার সঙ্গে যে মিলিয়ে দিয়েছিলেন—সেই ইচ্ছার মৃত্যু নেই, তার স্বাভাবিকী ক্রিয়ার ক্ষয় নেই। অত্যন্ত কৃশ এবং দীন ভাবে যা নিজেকে প্রকাশ করেছিল তাই আজ দুই সহস্র বৎসর ধরে বিশ্বজয় করছে।

[১১ ফাল্গুন] ১৩১৫

৩

আর-এক মহাপুরুষ যিনি তাঁর পিতার মহিমা প্রচার করতে জগতে এসেছিলেন তিনি বলেছেন, 'তোমার পিতা যেরকম সম্পূর্ণ তুমি তেমনি সম্পূর্ণ হও।'

এ কথাটিও ছোটো কথা নয়। মানবাত্মার সম্পূর্ণতার আদর্শকে তিনি পরমাত্মার মধ্যে স্থাপন করে সেই দিকেই আমাদের লক্ষ্য স্থির করতে বলেছেন। সেই সম্পূর্ণতার মধ্যেই আমাদের ব্রহ্মবিহার, কোনো ক্ষুদ্র সীমার মধ্যে নয়। পিতা যেমন সম্পূর্ণ পুত্র তেমনি সম্পূর্ণ হতে নিয়ত চেষ্টা করবে। এ না হলে পিতাপুত্রে সত্যযোগ হবে কেমন করে?

এই সম্পূর্ণতার যে-একটি লক্ষণ নির্দেশ করেছেন সেও বড়ো কম নয়। যেমন বলেছেন, তোমার প্রতিবেশীকে তোমার আপনার মতো ভালোবাসো। কথাটাকে লেশমাত্র খাটো করে বলেন নি। বলেন নি যে, প্রতিবেশীকে ভালোবাসো; বলেছেন, প্রতিবেশীকে আপনারই মতো ভালোবাসো। যিনি ব্রহ্মবিহার কামনা করেন তাঁকে এই ভালোবাসায় গিয়ে পৌঁছতে হবে—এই পথেই তাঁকে চলা চাই।

ভগবান যিশু বলেছেন, শত্রুকেও প্রীতি করবে। শত্রুকে ক্ষমা

করবে ব'লে ভয়ে-ভয়ে মাঝপথে থেমে যান নি। শত্রুকে প্রীতি করবে ব'লে তিনি ব্রহ্মবিহার পর্যন্ত লক্ষ্যকে টেনে নিয়ে গিয়েছেন। বলেছেন, যে তোমার গায়ের জামা কেড়ে নেয় তাকে তোমার উত্তরীয় পর্যন্ত দান করো।

সংসারী লোকের পক্ষে এগুলি একেবারে অত্যুক্তি। তার কারণ, সংসারের চেয়ে বড়ো লক্ষ্যকে সে মনের সঙ্গে বিশ্বাস করে না। সংসারকে সে তার জামা ছেড়ে উত্তরীয় পর্যন্ত দিয়ে ফেলতে পারে যদি তাতে তার সাংসারিক প্রয়োজন সিদ্ধ হয়। কিন্তু, ব্রহ্মবিহারকে সে যদি প্রয়োজনের চেয়ে ছোটো বলে জানে তবে জামাটুকু দেওয়াও শক্ত হয়।

কিন্তু, যাঁরা জীবের কাছে সেই ব্রহ্মকে, সেই সকলের চেয়ে বড়োকেই ঘোষণা করতে এসেছেন, তাঁরা তো সংসারী লোকের দুর্বল বাসনার মাপে ব্রহ্মকে অতি ছোটো করে দেখাতে চান নি। তাঁরা সকলের চেয়ে বড়ো কথাকেই অসংকোচে একেবারে শেষ পর্যন্ত বলেছেন।

এই বড়ো কথাকে এত বড়ো করে বলার দরুন তাঁরা আমাদের একটা মস্ত ভরসা দিয়েছেন। এর দ্বারা তাঁরা প্রকাশ করেছেন মনুষ্যত্বের গতি এত দূর পর্যন্তই যায়, তার প্রেম এত বড়োই প্রেম, তার ত্যাগ এত বড়োই ত্যাগ।

১২ চৈত্র [১৩১৫]

৪

ঈশ্বরের সঙ্গে আমাদের যে গ্রন্থিবন্ধনের প্রয়োজন আছে মন্ত্র তার সহায়তা করে। এই মন্ত্রকে অবলম্বন করে আমরা তাঁর সঙ্গে একটা-কোনো বিশেষ সম্বন্ধকে পাকা করে নেব।

সেইরূপ একটি মন্ত্র হচ্ছে: পিতা নোহসি।

এই সুরে জীবনটাকে বাঁধলে সমস্ত চিন্তায় ও কর্মে একটি বিশেষ

রাগিণী জেগে উঠবে। আমি তাঁর পুত্র এইটেই মূর্তি ধরে আমার সমস্তের মধ্যেই এই কথাটাই প্রকাশ করবে যে, আমি তাঁর পুত্র।

আজ আমি কিছুই প্রকাশ করছি নে। আহার করছি, কাজ করছি, বিশ্রাম করছি, এই পর্যন্তই। কিন্তু, অনন্ত কালে অনন্ত জগতে আমার পিতা যে আছেন তার কোনো লক্ষণই প্রকাশ পাচ্ছে না। অনন্তের সঙ্গে আজও আমার কোনো গ্রন্থি কোথাও বাঁধা হয় নি।

ওই মন্ত্রটিকে দিয়ে জীবনের তার আজ বাঁধা যাক। আহারে বিহারে শয়নে স্বপনে ওই মন্ত্রটি বারম্বার আমার মনের মধ্যে বাজতে থাক্: পিতা নোহসি। জগতে আমার পিতা আছেন এই কথাটি সকলেই জানুক, কারও কাছে গোপন না থাক্।

ভগবান যিশু ওই সুরটিকে পৃথিবীতে বাজিয়ে গিয়েছেন। এমনি ঠিক করে তাঁর জীবনের তার বাঁধা ছিল যে মরণান্তিক যন্ত্রণার দুঃসহ আঘাতেও সেই তার লেশমাত্র বেসুর বলে নি, সে কেবলই বলেছে: পিতা নোহসি।

সেই-যে সুরের আদর্শটি তিনি দেখিয়ে গেছেন সেই খাঁটি আদর্শের সঙ্গে একান্ত যত্নে মিশিয়ে তারটি বাঁধতে হবে, যাতে আর ভাবতে না হয়, যাতে সুখে দুঃখে প্রলোভনে আপনিই সে গেয়ে ওঠে: পিতা নোহসি।

২৭ চৈত্র [১৩১৫]

৫

ইহুদিদের মধ্যে ফ্যারিসি-সম্প্রদায়ের অনুশাসনে যখন বাহ্য নিয়মপালনই ধর্ম বলে গণ্য হয়ে উঠেছিল, যখন তারা নিজের গণ্ডির বাইরে অন্য জাতি অন্য ধর্মপন্থীদের ঘৃণা করে তাদের সঙ্গে একত্রে আহার বিহার বন্ধ করাকেই ঈশ্বরের বিশেষ অভিপ্রায় ব'লে স্থির করেছিল, যখন ইহুদির ধর্মানুষ্ঠান ইহুদিজাতিরই নিজস্ব স্বতন্ত্র সামগ্রী হয়ে উঠেছিল, তখন যিশু এই অত্যন্ত সহজ কথাটি বলবার

জন্যেই এসেছিলেন যে,—ধর্ম অন্তরের সামগ্রী, ভগবান অন্তরের ধন, পাপপুণ্য বাহিরের কৃত্রিম বিধি-নিষেধের অনুগত নয়; সকল মানুষই ঈশ্বরের সন্তান, মানুষের প্রতি ঘৃণাহীন প্রেম ও পরমেশ্বরের প্রতি বিশ্বাসপূর্ণ ভক্তির দ্বারাই ধর্মসাধনা হয়; বাহ্যিকতা মৃত্যুর নিদান, অন্তরের সার পদার্থেই প্রাণ পাওয়া যায়। কথাটি এতই অত্যন্ত সরল যে শোনবামাত্রই সকলকেই বলতে হয় যে 'হাঁ', কিন্তু তবুও এই কথাটিকেই সকল দেশেই মানুষ এতই কঠিন করে তুলেছে যে এর জন্যে যিশুকে মরুপ্রান্তরে গিয়ে তপস্যা করতে এবং ক্রুশের উপরে অপমানিত মৃত্যুদণ্ডকে গ্রহণ করতে হয়েছে।

৭ পৌষ ১৩১৬

৬

মানুষের যাঁরা শ্রেষ্ঠ তাঁরা এমন জায়গায় সকলের সঙ্গে সমান হয়ে দাঁড়ান যেখানে সর্বব্যাপীর সঙ্গে তাঁদের আত্মার যোগস্থাপন হয়। যেখানে মানুষ সকলকে ঠেলেঠুলে নিজে বড়ো হয়ে উঠতে চায় সেখানেই তাঁর সঙ্গে বিচ্ছেদ ঘটে। সেইজন্যেই যাঁরা মানবজন্মের সফলতা লাভ করেছেন উপনিষৎ তাঁদের ধীর বলেছেন, যুক্তাত্মা বলেছেন। অর্থাৎ, তাঁরা সকলের সঙ্গে মিলে আছেন ব'লেই শান্ত, তাঁরা সকলের সঙ্গে মিলে আছেন ব'লেই সেই পরম-একের সঙ্গে তাঁদের বিচ্ছেদ নেই, তাঁরা যুক্তাত্মা।

খৃষ্টের উপদেশবাণীর মধ্যেও এই কথাটির আভাস আছে। তিনি বলেছেন, সুচির ছিদ্রের ভিতর দিয়ে যেমন উট প্রবেশ করতে পারে না, ধনীর পক্ষে মুক্তিলাভও তেমনি দুঃসাধ্য।

তার মানে হচ্ছে এই যে, ধন বলো, মান বলো, যা কিছু আমরা জমিয়ে তুলি তার দ্বারা আমরা স্বতন্ত্র হয়ে উঠি; তার দ্বারা সকলের সঙ্গে আমাদের যোগ নষ্ট হয়। তাকেই বিশেষভাবে আগলাতে সামলাতে গিয়ে সকলকে দুরে ঠেকিয়ে রাখি। সঞ্চয় যতই বাড়তে

থাকে ততই সকলের চেয়ে নিজেকে স্বতন্ত্র বলে গর্ব হয়। সেই গর্বের টানে এই স্বাতন্ত্র্যকে কেবলই বাড়িয়ে নিয়ে চলতে চেষ্টা হয়। এর আর সীমা নেই—আরও বড়ো, আরও বড়ো; আরও বেশি, আরও বেশি। এমনি করে মানুষ সকলের সঙ্গে যোগ হারাবার দিকেই চলতে থাকে, তার সর্বত্র প্রবেশের অধিকার কেবল নষ্ট হয়। উট যেমন সূচির ছিদ্রের মধ্যে দিয়ে গলতে পারে না সেও তেমনি কেবলই স্থূল হয়ে উঠে নিখিলের কোনো পথ দিয়েই গলতে পারে না; সে আপনার 'বড়ো'ত্বের মধ্যেই বন্দী। সে ব্যক্তি মুক্তস্বরূপকে কেমন করে পাবে যিনি এমন প্রশস্ততম জায়গায় থাকেন যেখানে জগতের ছোটোবড়ো সকলেরই সমান স্থান।

[১৩১৬]

৭

ধর্মান্দোলনের ইতিহাসে এইটি বরাবর দেখা গেছে, ধর্ম যখন আপনার রসের মূর্তি প্রকাশ করে তখনই সে বাঁধন ভাঙে এবং সকল মানুষকে এক করবার দিকে ধাবিত হয়। খৃষ্ট যে প্রেম-ভক্তিরসের বন্যাকে মুক্ত করে দিলেন তা ইহুদিধর্মের কঠিন শাস্ত্রবন্ধনের মধ্যে নিজেকে বদ্ধ রাখতে পারলে না এবং সেই ধর্ম আজ পর্যন্ত প্রবল জাতির স্বার্থের শৃঙ্খলকে শিথিল করবার জন্য নিয়ত চেষ্টা করছে, আজ পর্যন্ত সমস্ত সংস্কার এবং অভিমানের বাধা ভেদ করে মানুষের সঙ্গে মানুষকে মেলাবার দিকে তার আকর্ষণশক্তি প্রয়োগ করছে।

[১৩১৬]

৮

মানবসংসারের মধ্যেই সেই ভীষণকে সুন্দর করে দেখতে চাও?

তা হলে নিজের স্বার্থপর ছয়-রিপু-চালিত ক্ষুদ্র জীবন থেকে দূরে এসো। মানবচরিতকে যেখানে বড়ো করে দেখতে পাওয়া যায় সেই মহাপুরুষদের সামনে এসে দাঁড়াও। ওই দেখো শাক্যরাজবংশের তপস্বী। তাঁর পুণ্যচরিত আজ কত ভক্তের কণ্ঠে, কত কবির গাথায় উচ্চারিত হচ্ছে—তাঁর চরিত ধ্যান করে কত দীনচেতা ব্যক্তিরও মন আজ মুগ্ধ হয়ে যাচ্ছে। কী তার দীপ্তি, কী তার সৌন্দর্য, কী তার পবিত্রতা! কিন্তু, সেই জীবনের প্রত্যেক দিনকে একবার স্মরণ করে দেখো। কী দুঃসহ! কত দুঃখের দারুণ দাহে ওই সোনার প্রতিমা তৈরি হয়ে উঠেছে! সেই দুঃখগুলিকে স্বতন্ত্র করে যদি পুঞ্জীভূত করে দেখানো যেত তা হলে সেই নিষ্ঠুর দৃশ্যে মানুষের মন একেবারে বিমুখ হয়ে যেত। কিন্তু, সমস্ত দুঃখের সঙ্গে সঙ্গেই তার আদিতে ও অন্তে যে ভূমানন্দ আছে তাকে আমরা স্পষ্ট দেখতে পাচ্ছি ব'লেই এই চরিত এত সুন্দর, মানুষ একে এত আদরে অন্তরের মধ্যে গ্রহণ করেছে।

ভগবান ঈশাকে দেখো। সেই একই কথা। কত আঘাত, কত বেদনা! সমস্তকে নিয়ে তিনি কত সুন্দর! শুধু তাই নয়, তাঁর চারি দিকে মানুষের সমস্ত নিষ্ঠুরতা সংকীর্ণতা ও পাপ সেও তাঁর চরিতমূর্তির উপকরণ; পঙ্ককে পঙ্কজ যেমন সার্থক করে তেমনি মানবজীবনের সমস্ত অমঙ্গলকে তিনি আপনার আবির্ভাবের দ্বারা সার্থক করে দেখিয়েছেন।

ভীষণ শক্তির প্রচণ্ড লীলাকে আজ আমরা যেমন এই সন্ধ্যাকাশে শান্ত সুন্দর করে দেখতে পাচ্ছি, মহাপুরুষদের জীবনেও মহদ্‌দুঃখের ভীষণ লীলাকে সেইরকম বৃহৎ করে সুন্দর করে দেখতে পাই। কেননা, সেখানে আমরা দুঃখকে পরিপূর্ণ সত্যের মধ্যে দেখি, এইজন্য তাকে দুঃখরূপে দেখি নে, আনন্দরূপেই দেখি।

১৫ চৈত্র ১৩১৭

৯

খৃষ্টের জীবনবৃক্ষ হইতে যে ধর্মবীজ য়ুরোপের চিত্তক্ষেত্রে পড়িয়াছে তাহাই সেখানে এমন করিয়া ফলবান হইয়া উঠিয়াছে। সেই বীজের মধ্যে যে জীবনীশক্তি আছে সেটি কী? সেটি দুঃখকে পরম ধন বলিয়া গ্রহণ করা।

স্বর্গের দয়া যে মানুষের প্রেমে মানুষের সমস্ত দুঃখকে আপনার করিয়া লয়, এই কথাটি আজ বহুশত বৎসর ধরিয়া নানা মন্ত্রে অনুষ্ঠানে সংগীতে য়ুরোপ শুনিয়া আসিতেছে। শুনিতে শুনিতে এই আইডিয়াটি তাহার এমন একটি গভীর মর্মস্থানকে অধিকার করিয়া বসিয়াছে যাহা চেতনারও অন্তরালবর্তী অতিচেতনার দেশ—সেইখানকার গোপন নিস্তব্ধতার মধ্য হইতে মানুষের সমস্ত বীজ অঙ্কুরিত হইয়া উঠে—সেই অগোচর গভীরতার মধ্যেই মানুষের সমস্ত ঐশ্বর্যের ভিত্তি স্থাপিত হয়।

সেইজন্য আজ য়ুরোপে সর্বদা এই একটা আশ্চর্য ঘটনা দেখিতে পাই, যাহারা মুখে খৃষ্টধর্মকে অমান্য করে এবং জড়বাদের জয় ঘোষণা করিয়া বেড়ায় তাহারাও সময় উপস্থিত হইলে ধনে প্রাণে আপনাকে এমন করিয়া ত্যাগ করে, নিন্দাকে দুঃখকে এমন বীরের মতো বহন করে যে, তখনই বুঝা যায় তাহারা নিজের অজ্ঞাতসারেও মৃত্যুর উপরে অমৃতকে স্বীকার করে এবং সুখের উপরে মঙ্গলকেই সত্য বলিয়া মানে।

টাইটানিক জাহাজে যাঁহারা নিজের প্রাণকে নিশ্চিতভাবে অবজ্ঞা করিয়া পরের প্রাণকে রক্ষার চেষ্টা করিয়াছেন তাঁহারা সকলেই যে নিষ্ঠাবান ও উপাসনারত খৃষ্টান তাহা নহে, এমন-কি তাঁহাদের মধ্যে নাস্তিক বা আজ্ঞেয়িকও কেহ কেহ থাকিতে পারেন, কিন্তু তাঁহারা কেবলমাত্র মতান্তর গ্রহণের দ্বারা সমস্ত জাতির ধর্মসাধনা হইতে নিজেকে একেবারে বিচ্ছিন্ন করিবেন কী করিয়া? কোনো জাতির মধ্যে যাঁহারা তাপস তাঁহারা সে জাতির সকলের হইয়া তপস্যা করেন। এইজন্য সেই জাতির পনেরো-আনা মূঢ়ও যদি সেই তাপসদের গায়ে

ধুলা দেয় তথাপি তাহারাও তপস্যার ফল হইতে একেবারে বঞ্চিত হয় না।

ভগবানের প্রেমে মানুষের ছোটো বড়ো সমস্ত দুঃখ নিজে বহন করিবার শক্তি ও সাধনা আমাদের দেশে পরিব্যাপ্তভাবে দেখিতে পাই না, এ কথা যতই অপ্রিয় হউক তথাপি ইহা আমাদিগকে স্বীকার করিতেই হইবে। প্রেমভক্তির মধ্যে যে ভাবের আবেগ, যে রসের লীলা, তাহা আমাদের যথেষ্ট আছে; কিন্তু প্রেমের মধ্যে যে দুঃখস্বীকার, যে আত্মত্যাগ, যে সেবার আকাঙ্ক্ষা আছে, যাহা বীর্যের দ্বারাই সাধ্য, তাহা আমাদের মধ্যে ক্ষীণ। আমরা যাহাকে ঠাকুরের সেবা বলি তাহা দুঃখপীড়িত মানুষের মধ্যে ভগবানের সেবা নহে। আমরা প্রেমের রসলীলাকেই একান্তভাবে গ্রহণ করিয়াছি, প্রেমের দুঃখলীলাকে স্বীকার করি নাই।

দুঃখকে লাভের দিক দিয়া স্বীকার করার মধ্যে আধ্যাত্মিকতা নাই; দুঃখকে প্রেমের দিক দিয়া স্বীকার করাই আধ্যাত্মিকতা। কৃপণ ধনসঞ্চয়ের যে দুঃখ ভোগ করে, পারলৌকিক সদ্‌গতির লোভে পুণ্যকামী যে দুঃখব্রত গ্রহণ করে, মুক্তিলোলুপ মুক্তির জন্য যে দুঃখসাধন করে, এবং ভোগী ভোগের জন্য যে দুঃখকে বরণ করে, তাহা কোনোমতেই পরিপূর্ণতার সাধনা নহে। তাহাতে আত্মার অভাবকেই, দৈন্যকেই প্রকাশ করে। প্রেমের জন্য যে দুঃখ তাহাই যথার্থ ত্যাগের ঐশ্বর্য; তাহাতেই মানুষ মৃত্যুকে জয় করে ও আত্মার শক্তিকে ও আনন্দকে সকলের ঊর্ধ্বে মহীয়ান করিয়া তুলে।

এই দুঃখলীলার ক্ষেত্রেই আমরা আপনাকে ছাড়িয়া বিশ্বকে সত্যভাবে গ্রহণ করিতে পারি। সত্যের মূল্যই এই দুঃখ। এই দুঃখসম্পদই মানবাত্মার প্রধান ঐশ্বর্য। এই দুঃখের দ্বারাই তাহার বল প্রকাশ হয় এবং এই দুঃখের দ্বারাই সে আপনাকে এবং অন্যকে লাভ করে। তাই শাস্ত্রে বলে: নায়মাত্মা বলহীনেন লভ্যঃ। অর্থাৎ, দুঃখ স্বীকার করিবার বল যাহার নাই সে আপনাকে সত্যভাবে উপলব্ধি করিতে পারে না।...

মানুষকে এইরূপ সত্য বলিয়া দেখা, ইহা আত্মার সত্যদৃষ্টি,

অর্থাৎ, প্রেমের দ্বারাই ঘটে। তত্ত্বজ্ঞান যখন বলে, সর্বভূতই এক, সে একটা বাক্যমাত্র; সেই তত্ত্বকথার দ্বারা সর্বভূতকে আত্মবৎ করা যায় না। প্রেম-নামক আত্মার যে চরমশক্তি, যাহার ধৈর্য অসীম, আপনাকে ত্যাগ করাতেই যাহার স্বাভাবিক আনন্দ, সেই সেবাতৎপর প্রেম না হলে আর কিছুতেই পরকে আপন করা যায় না; এই শক্তির দ্বারাই দেশপ্রেমিক পরমাত্মাকে সমস্ত দেশের মধ্যে উপলব্ধি করেন, মানবপ্রেমিক পরমাত্মাকে সমস্ত মানবের মধ্যে লাভ করেন।

য়ুরোপের ধর্ম য়ুরোপকে সেই দুঃখপ্রদীপ্ত সেবাপরায়ণ প্রেমের দীক্ষা দিয়াছে। ইহার জোরেই সেখানে মানুষের সঙ্গে মানুষের মিলন সহজ হইয়াছে। ইহার জোরেই সেখানে দুঃখ-তপস্যার হোমাগ্নি নিবিতেছে না এবং জীবনের সকল বিভাগেই শত শত তাপস আত্মাহুতির যজ্ঞ করিয়া সমস্ত দেশের চিত্তে অহরহ তেজ সঞ্চার করিতেছেন। সেই দুঃসহ যজ্ঞহুতাশন হইতে যে অমৃতের উদ্‌ভব হইতেছে তাহার দ্বারাই সেখানে শিল্প বিজ্ঞান সাহিত্য বাণিজ্য রাষ্ট্রনীতির এমন বিরাট বিস্তার হইতেছে; ইহা কোনো কারখানাঘরে লোহার যন্ত্রে তৈরি হইতেই পারে না; ইহা তপস্যার সৃষ্টি এবং সেই তপস্যার অগ্নিই মানুষের আধ্যাত্মিক শক্তি, মানুষের ধর্মবল।

১৩১৯

১০

আজ খৃষ্ট্‌মাস্‌। এইমাত্র ভোরের বেলা আমরা আমাদের খৃষ্টোৎসব সমাধা করে উঠেছি। ... আমরা তিনজনে আমাদের শোবার ঘরের একটি কোণে বসে আমাদের উৎসব করলুম—কিছু অভাব বোধ হল না—উৎসবের যিনি দেবতা তিনি যদি আসন গ্রহণ করেন তা হলে কোনো আয়োজনের ত্রুটি চোখে পড়েই না। তাঁকে আজ আমরা প্রণাম করেছি, তাঁর আশীর্বাদ আমরা গ্রহণ করেছি। আমরা একান্তমনে প্রার্থনা করেছি যদ্‌ভদ্রং তন্ন আসুব। আমাদের সমস্ত

ইচ্ছাকে নিঃশেষে পরাস্ত করে দিয়ে তাঁর ইচ্ছাকে আমাদের জীবনে জয়ী করুন, জীবন একেবারে পরিপূর্ণরূপে সত্য হোক। সেজন্য যত ত্যাগ যত দুঃখদাহ সমস্তই যেন মাথা নত করে স্বীকার করে নিতে পারি। এই ইচ্ছা তাঁকে জানিয়েছি—এই ইচ্ছার মধ্যে কিছুমাত্র মিথ্যা যেন না থাকে এই কামনা করছি—যদি মিথ্যা থাকে তবে তা চূর্ণবিচূর্ণ হোক, বজ্রাগ্নিতে দগ্ধ হয়ে যাক! এই সত্যের পথে যাবার পক্ষে মানুষই মানুষের পক্ষে সকলের চেয়ে বড়ো বাধা, তেমনি মানুষই মানুষের পক্ষে পরম সহায়—সেই মানুষটিই আজ জন্মেছিলেন, তিনিই আজ আমাদের জীবনের মধ্যে জন্মগ্রহণ করুন—নিকলঙ্ক শুভ্র শিশুটি হয়ে, একেবারে নিরুপায় পিতার সন্তানটি হয়ে, একেবারে নিঃসম্বল নিষ্কিঞ্চন হয়ে। মনুষ্যত্বের পরম অধিকার লাভ করবার প্রার্থনা অনেকদিন জানিয়েছি—দুর্যোগের মুখে, বিঘ্নের মুখে, মোহান্ধতার মুখে এই আমার প্রার্থনা—এ প্রার্থনা ব্যর্থ হতেই পারে না—বিপুল ইন্ধনের তলায় যখন আগুন ধরে তখন সে কি চোখে পড়ে? সে নিতান্তই ছোটো, কিন্তু তার শক্তি কি কম? আজ সকালে তাঁর দরবারে আর-একবার দাঁড়িয়েছি। সমস্ত মানুষের হয়ে মানুষের বড়ো ভাই এই প্রার্থনা করে গিয়েছেন: Thy Kingdom come! আমাদের ঋষিরাও এই কথাই আর-এক ভাষায় বলেছেন: আবিরাবীর্ম এধি! সমস্ত মানুষের সেই অন্তরতম প্রার্থনাকে নিজের জীবনের মধ্যে সত্য করে তোলবার চেষ্টায় যদি বিরত হই তা হলে আমাদের প্রতিদিনের অন্ন চুরি করে খাওয়া হবে—তা হলে আমাদের মানবজন্মটা একটা অপরিশোধিত ঋণের স্বরূপ হয়ে আমাদের চিরদায়িক করে রেখে দেবে।

১০ পৌষ ১৩১৯

Urbana: Illinois

১১

খৃষ্টধর্ম যে কাঠামোর ভিতর দিয়ে এসে যে রূপটি পেয়েছে তার সঙ্গে বর্তমান জ্ঞানবিজ্ঞানের অনেক জায়গাতেই অনৈক্য হচ্ছে। তাতে করে পুরোনো ধর্মবিশ্বাস একেবারে গোড়া ঘেঁষে উন্মুলিত করে দেওয়া হচ্ছে। প্রতিদিন যা 'বিশ্বাস করি' বলে মানুষকে স্বীকার করতে হয় তা স্বীকার করা সে দেশের অধিকাংশ শিক্ষিত লোকের পক্ষে অসম্ভব। অনেকের পক্ষে চর্চে যাওয়া অসাধ্য হয়েছে। ধর্ম মানুষের জীবনের বাইরে পড়ে রয়েছে; লোকের মনকে তা আর আশ্রয় দিতে পারছে না। সেইজন্য ফরাসীস্ বিদ্রোহ থেকে আরম্ভ করে দেখা গিয়েছে যে, ধর্মকে আঘাত দেবার উদ্যম সেখানকার বুদ্ধিমান লোকদের পেয়ে বসেছে। অথচ ধর্মকে আঘাতমাত্র দিয়ে মানুষ আশ্রয় পাবে কেমন করে? তাতে কিছুদিনের মতো মানুষ প্রবৃত্ত থাকতে পারে, কিন্তু তাতে ধর্ম সম্বন্ধে মানুষের অন্তরে যে স্বাভাবিক পিপাসা রয়েছে তার কোনোই তৃপ্তি হয় না।

এখনকার কালে সেই পিপাসার দাবি জেগে উঠেছে। তার নানা লক্ষণ দেখতে পাওয়া যাচ্ছে। নাস্তিকতা নিয়ে যেদিন জ্ঞানী লোকেরা দম্ভ করতেন সেদিন চলে গিয়েছে। ধর্মকে আবৃত করে অন্ধ সংস্কারগুলা যখন প্রবল হয়ে ওঠে তখন সেগুলিকে ঝেঁটিয়ে ফেলার একটা দরকার হয়, নাস্তিকতা ও সংশয়বাদের সেই কারণে প্রয়োজন হয়। ... ইউরোপের লোকেরা ধর্মবিশ্বাসের একটা প্রত্যক্ষগম্য প্রমাণের অনুসন্ধান করছে—যেমন ভুতের বিশ্বাস, টেলিপ্যাথি প্রভৃতি কতগুলো অতীন্দ্রিয় রাজ্যের ব্যাপার নিয়ে তারা উন্মত্ত হয়ে উঠেছে। তাতে ও দেশের লোকেরা মনে করছে যে, ওই-সব প্রমাণ সংগৃহীত হলে ধর্মবিশ্বাস তার ভিত্তি পাবে। ... একজন ইংরাজ কবি একদিন আমাকে বললেন যে, তাঁর ধর্মবিশ্বাস অত্যন্ত শিথিল হয়ে গিয়েছিল, কিন্তু রেডিয়মের আবিষ্কারে তাঁর বিশ্বাসকে ফিরিয়েছে। তার মানে, ওরা বাইরের দিক থেকে ধর্মবিশ্বাসের ভিত্তিকে পাকা করবার

চেষ্টা করে। সেইজন্য ওরা যদি কখনো দেখে যে, মানুষের ভক্তির গভীরতার মধ্যেই একটা প্রমাণ রয়েছে—যেমন চোখ দিয়ে বাহ্য ব্যাপারকে দেখছি বলে তার প্রমাণ পাচ্ছি তেমনি একটা অধ্যাত্মদৃষ্টির দ্বারা আধ্যাত্মিক সত্যকে প্রত্যক্ষভাবে উপলব্ধি করা যায়—তা হলে ওরা একটা ভরসা পায়। প্রফেসর জেম্‌স প্রভৃতি দেখিয়েছেন যে, মিস্টিক বলে যাঁরা গণ্য তাঁরা তাঁদের ধর্মবিশ্বাসকে কেমন করে প্রকাশ করেছেন। তাঁদের সব জীবনের সাক্ষ্য থেকে তিনি দেখিয়েছেন যে, তাঁরা সবাই একই কথা বলেছেন, তাঁদের সকলেরই অভিজ্ঞতা একই পথ দিয়ে গিয়েছে। বিভিন্ন দেশে নানা অবস্থার নানা লোক একই বাণী নানা কালে ব্যক্ত করেছেন। এ বড়ো আশ্চর্য।

৭ পৌষ ১৩২০

১২

খৃষ্টধর্ম মানুষকে শ্রদ্ধা করেছে, কেননা তাঁদের যিনি পূজনীয় তিনি মানবের রূপে মানবের ভাগ্য স্বীকার করেছিলেন। এই কারণে যাঁরা যথার্থ খৃষ্টান তাঁদের মানবপ্রীতি অকৃত্রিমভাবে প্রকাশ পেয়ে থাকে দেশে বিদেশে, আমরা তার পরিচয় পেয়েছি। যদি তাঁদের ধর্ম্মমতে কোনো অসম্পূর্ণতা থাকে ব'লে আমরা মনে করি, তবু এ কথা স্বীকার করতে হবে যে, অন্তত এক জায়গায় এই ধর্ম মানবজাতির সঙ্গে আত্মনিবেদনের যোগে তাঁদের সম্বন্ধযুক্ত করতে পেরেছে, সেটা ধর্মবুদ্ধির শ্রেষ্ঠ পরিচয়! তাঁদের সাহিত্য এবং ব্যবহারে যেখানে মাহাত্ম্য দেখেছি মানবিকতা সেখানে সমুজ্জ্বল। সেখানে দৈন্য নেই, সেখানে স্বার্থের সংঘাতের ঊর্ধ্বে একটি উদার সভ্যতার বিকাশ ঘটেছে।

১১ মাঘ ১৩৪৭

ভারতপথিক
রাজা রামমোহন রায়

ক্রম

রামমোহন রায়

ইতিহাসে দেখি অনেক বড়ো বড়ো প্রাচীন সভ্যতা দেশের নদীর সঙ্গে নাড়ীর যোগে প্রাণবান। নদী দেশকে দেয় জল, দেয় ফল; কিন্তু সব চেয়ে বড়ো তার দান, দেশকে সে দেয় গতি। দূরের সঙ্গে, বাহিরের সঙ্গে সম্বন্ধ শাখায়িত করে নদী—স্থাবরের মর্মের মধ্যে নিয়ে আসে প্রাণের চলৎপ্রবাহ।

নদীমাতৃক দেশে নদী যদি একেবারে শুকিয়ে যায় তা হলে তার মাটিতে ঘটে কৃপণতা, তার অন্ন-উৎপাদনের শক্তি ক্ষীণ হয়। দেশের আপন জীবিকা যদি-বা কোনোমতে চলে, কিন্তু যে অন্নপ্রাচুর্যের দ্বারা বাইরের বৃহৎ জগতের সঙ্গে তার যোগ সেটা যায় দরিদ্র হয়ে। সে না পারে দিতে, না পারে নিতে। নিজের মধ্যে সে রুদ্ধ হয়ে থাকে, বিভক্ত হয় তার ঐক্যধারা, তার আত্মীয়মিলনের পথ হয় দুর্গম। বাহিরের সঙ্গে সে হয় পৃথক, অন্তরের মধ্যে সে হয় খণ্ডিত।

যেমন বিশেষ দেশ নদীমাতৃক, তেমনি বিশেষ জনচিত্ত আছে যাকে নদীমাতৃক বলা চলে। সে চিত্তের এমন নিত্য-প্রবাহিত মননধারা যার যোগে বাহিরকে সে আপনার মধ্যে টেনে আনে, নিজের মধ্যেকার ভেদ বিভেদ তার ভেসে যায়—যে প্রবাহ চিন্তার ক্ষেত্রকে নব নব সফলতায় পরিপূর্ণ করে, নিরন্তর অন্ন জোগায় সকল দেশকে, সকল কালকে।

একদা সেই চিত্ত ছিল ভারতের, তার ছিল বহমান-মননধারা। সে বলতে পেরেছিল 'আয়ন্তু সর্বতঃ স্বাহা', সকলে আসুক সকল দিক থেকে। 'শৃণ্বন্তু বিশ্বে', শুনুক বিশ্বের লোক। বলেছিল 'বেদাহম্', আমি জানি—এমন কিছু জানি যা বিশ্বের সকলকে আমন্ত্রণ করে জানাবার। যে তারা জ্যোতির্হীন তাকে নিখিল নক্ষত্রলোক স্বীকার করে না। প্রাচীন ভারত নিত্যকালের মধ্যে আপন পরিচয়কে দীপ্যমান করেছে; বিশ্বলোকে সে প্রকাশিত হয়েছে প্রভূত দাক্ষিণ্যে, আপনাকে দান করার দ্বারা। সেদিন সে ছিল না অকিঞ্চনরূপে অকিঞ্চিৎকর।

শত শত বৎসর চলে গেল—ইতিহাসের পুরোগামিনী গতি হল নিস্তব্ধ, ভারতবর্ষের মনোলোকে চিন্তার মহানদী গেল শুকিয়ে। তখন দেশ হয়ে পড়ল স্থবির, আপনার মধ্যে আপনি সংকীর্ণ, তার সজীব চিত্তের তেজ আর বিকীর্ণ হয় না দুর-দূরান্তরে। শুকনো নদীতে যখন জল চলে না তখন তলাকার অচল পাথরগুলো পথ আগলে বসে; তারা অসংলগ্ন, তারা অর্থহীন, পথিকদের তারা বিঘ্ন। তেমনি দুর্দিন যখন এল এই দেশে তখন জ্ঞানের চলমান গতি হল অবরুদ্ধ; নির্জীব হল নবনবোন্মেষশালিনী বুদ্ধি; উদ্ধত হয়ে দেখা দিল নিশ্চল আচারপুঞ্জ, আনুষ্ঠানিক নিরর্থকতা, মননহীন লোকব্যবহারের অভ্যস্ত পুনরাবৃত্তি। সর্বজনের প্রশস্ত রাজপথকে তারা বাধাগ্রস্ত করলে; খণ্ড খণ্ড সংকীর্ণ সীমানার বাইরে বিচ্ছিন্ন করলে মানুষের সঙ্গে মানুষের সম্বন্ধকে।

ঘুমের অবস্থায় মনের জানলা যখন সব বন্ধ হয়ে যায়, মন হয় বন্দী। তখন যে-সব স্বপ্ন নিয়ে সে খেলা করে, বিশ্বসত্যের সঙ্গে তাদের যোগ নেই; কেবলমাত্র সেই সুপ্ত মনের নিজের উপরেই তাদের প্রভাব এক কেন্দ্রে আবর্তিত, তা তারা যতই অদ্ভুত হোক, অসংগত হোক, উৎকট হোক। বাহিরের বাস্তব রাজ্য থেকে এই স্বপ্নরাজ্যে আর কারো প্রবেশের পথ নেই। একে বিদ্রূপ করা যায়, কিন্তু বিচার করা যায় না; কেননা, এ থাকে যুক্তির বাহিরে।

তেমনি ছিল অর্থহারা আচারের স্বপ্নজালে জড়িত ভারতবর্ষ,

তার আলো এসেছিল নিবে। তার আপনার কাছে আপন সত্য-পরিচয় ছিল আচ্ছন্ন। এমন সময় রামমোহন রায়ের আবির্ভাব হল এই দেশে, সেই আত্মবিস্মৃত প্রদোষের অন্ধকারে। সেদিন তার ইতিহাস অগৌরবের কালিমায় আবৃত। ভারত আপন বাণী তখন হারিয়েছে, নিখিল পৃথিবীর এই নতুন কালের জন্যে তার কোনো বার্তা নেই, ঘরের কোণে বসে সে মৃত যুগের মন্ত্র জপ করছে।

যখন সে আপন দুর্বলতায় অভিভূত, সেই অপমানের দিনে বাইরের লোক এল তার দ্বারে; আপন সম্মান রক্ষা ক'রে তাকে অভ্যর্থনা করবে এমন আয়োজন ছিল না; অতিথিরূপে তাকে গৃহস্বামী ডাকতে পারে নি, দ্বার ভেঙে দস্যুরূপে সে প্রবেশ করলে তার স্বর্ণভাণ্ডারে।

ভারতের চিত্ত সেদিন মনের অন্ন নূতন করে উৎপাদন করতে পারছিল না, তার খেত ভরা ছিল আগাছার জঙ্গলে। সেই অজন্মার দিনে রামমোহন রায় জন্মেছিলেন সত্যের ক্ষুধা নিয়ে। ইতিহাসের প্রাণহীন আবর্জনায়—বাহ্যবিধির কৃত্রিমতায় কিছুতে তাঁকে তৃপ্ত করতে পারলে না। কোথা থেকে তিনি নিয়ে এলেন সেই জ্ঞানের আগ্রহে স্বভাবত উৎসুক মন, যা সম্প্রদায়ের বিচিত্র বেড়া ভেঙে বেরোল, চারি দিকের মানুষ যা নিয়ে ভুলে আছে তাতে যার বিতৃষ্ণা হল। সে চাইল মোহমুক্ত বুদ্ধির সেই অবারিত আশ্রয়, যেখানে সকল মানুষের মিলনতীর্থ।

এই বেড়া-ভাঙার সাধনাই যথার্থ ভারতবর্ষের মিলনতীর্থকে উদ্‌ঘাটিত করা। এইজন্যেই এ সাধনা বিশেষভাবে ভারতবর্ষের যেহেতু এর বিরুদ্ধতাই ভারতে এত প্রভূত, এত প্রবল। ইংলণ্ড ক্ষুদ্র দ্বীপের সীমায় বদ্ধ, সেইজন্যেই তার সাধনা গেছে দ্বৈপায়নতার বিপরীত দিকে, বিশ্বে সে আপনাকে সুদুরে বিস্তার করেছে। দেশের বিশেষ অবস্থার মধ্যেই দেশের অঞ্জলি পাতা রয়েছে; সেই অঞ্জলির অর্থই এই যে, তার শূন্যতাকে পূর্ণ করতে হবে।

প্রত্যেক জাতির মধ্যে আছে তার নিহিতার্থ, তার বিশেষ সমস্যা;

সেই অর্থ তাকে পূরণ করতে হয় নিরন্তর প্রয়াসে। এই প্রয়াসের দ্বারাই তার চরিত্র সৃষ্ট হয়, তার উদ্ভাবনী শক্তি বললাভ করে। মানুষকে তার মনুষ্যত্ব প্রতিক্ষণে জয় করে নিতে হয়। প্রত্যেক জাতির ইতিহাস আপন জয়যাত্রার ইতিহাস। কঠিন বাধা দূর করবার পথেই তার স্বাস্থ্য, তার সম্পদ। এইজন্যেই বলেছে—বীরভোগ্যা বসুন্ধরা। দুর্গমকে সুগম করতে এসেছে মানুষ, দুর্লভকে উপলব্ধ। বিশেষ জাতিকে যে বিশেষ সমস্যা দিয়েছেন বিধাতা, তার সত্য উত্তর দিতে থাকার মধ্যেই তার পরিত্রাণ। যারা সমাধান করতে ভুল করেছে তারা মরেছে। আর, দুর্গতিগ্রস্ত হয়েছে তারাই যারা মনে করেছে তাদের সমাধান করবার কিছুই নেই, সমস্ত সমাধা হয়ে গেছে। যতক্ষণ মানুষের প্রাণ আছে ততক্ষণই তার সমস্যা, অবিরত সমস্যার উত্তর দিতে থাকাই প্রাণনক্রিয়া। চারি দিকে জড়ের জটিল বাধা নিত্যই, সেই বাধা নিত্যই ভেদ করার দ্বারা প্রাণ আপনাকে সপ্রমাণ করে। ইতিহাসে যে জটা পাকিয়ে থাকে, সেই গ্রন্থিকেই সনাতন ব'লে ভক্তি করলে সেটা মরণের ফাঁস হয়ে ওঠে।

মানব-ইতিহাসের প্রধান সমস্যাটা কোথায়? যেখানে কোনো অন্ধতায় কোনো মূঢ়তায় মানুষে মানুষে বিচ্ছেদ ঘটায়। মানব-সমাজের সর্বপ্রধান তত্ত্ব মানুষের ঐক্য। সভ্যতার অর্থই হচ্ছে মানুষের একত্র হবার অনুশীলনা। এই ঐক্যতত্ত্বের উপলব্ধি যেখানেই দুর্বল সেখানে সেই দুর্বলতা নানা ব্যাধির আকার ধ'রে দেশকে চারি দিক থেকে আক্রমণ করে।

ভারতবর্ষে তার সমস্যাটা সুস্পষ্ট। এখানে নানা জাতের লোক একত্রে এসে জুটেছে। পৃথিবীতে অন্য কোনো দেশে এমন ঘটে নি। যারা একত্র হয়েছে তাদের এক করতেই হবে, এই হল ভারতবর্ষের সর্বপ্রথম সমস্যা। এক করতে হবে বাহ্যিক ব্যবস্থায় নয়, আন্তরিক আত্মীয়তায়। ইতিহাস মাত্রেরই সর্বপ্রধান মন্ত্র হচ্ছে: সং গচ্ছধ্বং সং বদধ্বং সং বো মনাংসি জানতাম্। এক হয়ে চলব, এক হয়ে বলব, সকলের মনকে এক ব'লে জানব। এই মন্ত্রের সাধনা ভারতবর্ষে

যেমন অত্যন্ত দুরূহ এমন আর কোনো দেশেই নয়। যতই দুরূহ হোক, এই সাধনায় সিদ্ধিলাভ ছাড়া রক্ষা পাবার অন্য কোনো পথ নেই।

অন্য কোনো দেশের শ্রীবৃদ্ধি দেখে যখন আমরা মুগ্ধ হই তখন অনেক সময়ে আমরা তার সিদ্ধির পরিণত রূপটার দিকেই লুব্ধদৃষ্টিপাত করি, তার সাধনার দুর্গম পথটা আমাদের চোখে পড়ে না। দেখতে পাওয়া গেল স্বাধীন দেশের রাষ্ট্রব্যবস্থা, মনে করি ওই ব্যবস্থার একটি অনুরূপ প্রতিমা খাড়া করতে পারলেই আমাদের উদ্ধার। ভুলে যাই রাষ্ট্রব্যবস্থাটা দেহমাত্র—সেই দেহ নিরর্থক, যদি তার প্রাণ না থাকে। সেই প্রাণই জাতিগত ঐক্য। অন্য দেশে সেই ঐক্যেরই আন্তরিক শক্তিতে রাষ্ট্রব্যবস্থা গড়ে উঠেছে। সে-সব দেশেও সেই ঐক্যে যেখানে যে পরিমাণ বিকার ঘটে সেখানে সেই পরিমাণেই সমস্যা কঠিন হয়ে ওঠে। আমাদের দেশে জাতিতে জাতিতে পার্থক্য, পশ্চিম-মহাদেশে শ্রেণীতে শ্রেণীতে। সেই শ্রেণীগত পার্থক্যের মধ্যে আন্তরিক সামঞ্জস্য যদি না ঘটে তা হলে বাহ্য ব্যবস্থায় বিপদ-নিবারণ হবে না।

আমরা যদি কোনো ক্ষেত্রে দেখতে পাই প্রচুর ফসল তা হলে গোড়াতেই এ কথা মনে রাখতে হবে, এ ফসল বালিতে উৎপন্ন হয় নি, হয়েছে মাটিতে। মরুভূমিতে দেখা যায় উদ্ভিদ দূরে দূরে বিশ্লিষ্ট, তারা কাঁটার দ্বারা নিজেকে অত্যন্ত স্বতন্ত্র করে রক্ষা করেছে। তাদের জননী ধরণী এক রসের দাক্ষিণ্যে সকলকে পরিপোষণ করে নি, তাদের পরস্পরের মধ্যে প্রাণের ঐক্যে কার্পণ্য। এর প্রধান কারণ হচ্ছে, মাটির কণায় কণায় বন্ধন আছে, বালির কণায় কণায় বিচ্ছেদ। আমরা যখন সমৃদ্ধিমান জাতির ইতিহাস চর্চা করি তখন ভরা ফসলের দিকে চোখ পড়ে, এবং কৃষিপ্রণালীর বিবরণও যত্ন করে মুখস্থ করে পরীক্ষা পাস করে থাকি; কেবল একটা কথা মনে রাখি নে, এই ফসলের ঐশ্বর্য সম্পূর্ণ অসম্ভব যদি তার ভূমিকাতেই থাকে বিচ্ছিন্নতা। কৃষির যত্নকেও আমরা দাবি করি, ফসলেরও প্রত্যাশা করে থাকি, কিন্তু আমাদের ভূমির প্রকৃতিতেই যে বিচ্ছেদ তাকে চোখ বুজে আমরা

নগণ্য বলেই জ্ঞান করি এবং ধর্মের নামে তাকে নিত্যরূপে রক্ষা করবার চেষ্টায় সতর্ক হয়ে থাকি। আমরা ইতিহাসের উপরকার মলাটটা পড়ি, ভিতরকার পাতাগুলো বাদ দিয়ে যাই, ভুলে যাই কোনো দেশেই সমাজগত বিশ্লিষ্টতার উপর রাষ্ট্রজাতিগত স্বাতন্ত্র্য আজ পর্যন্ত সংঘটিত ও সংরক্ষিত হয় নি। প্রজারা যেখানে বিভক্ত সেখানে ব্যক্তিবিশেষের একাধিপত্য তাদের বাইরের বন্ধনে বেঁধে রাখে। তাও বেশি দিন টেঁকে না, কেবলই হাতবদল হতে থাকে। যেখানে মানুষে মানুষে বিচ্ছেদ, সেখানে কেবল রাষ্ট্রশক্তি নয়, বুদ্ধিবৃত্তিও শিথিল হয়ে যায়। সেখানে মাঝে মাঝে প্রতিভাশালীর অভ্যুদয় হয় না তা নয়, কিন্তু সেই প্রতিভার দান ধারণ ও পোষণ করবার উপযুক্ত আধার সর্বসাধারণের মধ্যে না থাকাতে কেবলই তা বিকৃত ও বিলুপ্ত হতে থাকে। ঐক্যের অভাবে মানুষ বর্বর হয়, ঐক্যের শৈথিল্যে মানুষ ব্যর্থ হয়, তার কারণ সমবায়ধর্ম মানুষের সত্যধর্ম—তার শ্রেষ্ঠতার হেতু।

ঐক্যবোধের উপদেশ উপনিষদে যেমন একান্তভাবে ব্যাখ্যাত হয়েছে এমন কোনো দেশে কোনো শাস্ত্রে হয় নি। ভারতবর্ষেই বলা হয়েছে: বিদ্বান্ ইতি সর্বান্তরস্থঃ স্বসংবিদ্ রূপবিদ্ বিদ্বান্। নিজেরই চৈতন্যকে সর্বজনের অন্তরস্থ ক'রে যিনি জানেন তিনিই বিদ্বান্। অথচ এই ভারতবর্ষেই অসংখ্য কৃত্রিম অর্থহীন বিধিবিধানের দ্বারা পরস্পরকে যেমন অত্যন্ত পৃথক করে জানা হয়, পৃথিবীতে এমন আর কোনো দেশেই নেই। সুতরাং এ কথা বলতে হবে, ভারতবর্ষে এমন একটা বাহ্য স্থূলতা রয়ে গেছে যা ভারতবর্ষের অন্তরতর সত্যের বিরুদ্ধ, যার মর্মান্তিক আঘাত দীর্ঘকাল ধরে ভারতের ইতিহাসে প্রকাশ পাচ্ছে নানা দুঃখে দারিদ্র্যে অপমানে।

এই দ্বন্দ্বের মাঝখানে ভারতবর্ষের শাশ্বত বাণীকে জয়যুক্ত করতে কালে কালে যে মহাপুরুষেরা এসেছেন, বর্তমান যুগে রামমোহন রায় তাঁদেরই অগ্রণী। এর আগেও নিবিড়তম অন্ধকারের মধ্যে মাঝে মাঝে শোনা গিয়েছে ঐক্যবাণী। মধ্যযুগে অচল সংস্কারের পিঞ্জরদ্বার খুলে বেরিয়ে পড়েছেন প্রত্যুষের অতন্দ্রিত পাখি, গেয়েছেন তাঁরা

আলোকের অভিবন্দন-গান সামাজিক জড়ত্বপুঞ্জের ঊর্ধ্ব আকাশে। তাঁরা সেই মুক্ত প্রাণের বার্তা এনেছেন, উপনিষদ যাকে সম্বোধন করে বলেছেন 'ব্রাত্য-স্ত্বং প্রাণ'—হে প্রাণ, তুমি ব্রাত্য, তুমি সংস্কারে বিজড়িত স্থাবর নও। সেই মুক্তিদূতের মধ্যে একজন ছিলেন কবীর, তিনি নিজেকে ভারতপথিক ব'লে জানিয়েছেন। নানা জটিল জঙ্গলের মধ্যে এই ভারতপথকে যাঁরা দেখতে পেয়েছিলেন তাঁদের মধ্যে আর-একজন ছিলেন দাদু। তিনি বলেন—

ভাই রে ঐসা পংথ হমারা
দ্বৈপখরহিত পংথ গহি পুরা অবরণ এক অধারা।

ভাই রে, আমার পথ এইরকম, সে দুইপক্ষরহিত, বর্ণহীন, সে এক। তিনি বলেছেন—

জাকোঁ মারণ জাইয়ে সোঈ ফিরি মারৈ,
জাকোঁ তারণ জাইয়ে সোঈ ফিরি তারৈ।

যাকে আমরা মারি সেই আমাদের ফিরে মারে, যাকে ত্রাণ করি সেই আমাদের ফিরে ত্রাণ করে। তিনি বলেছেন—

সব ঘট একৈ আতমা, ক্যা হিন্দু মুসলমান।

সেদিন আর-এক সাধু, ভারতের পথ যাঁর কাছে ছিল সুগোচর, তাঁর নাম রজ্জব। তিনি বলেন—

বুংদ বুংদ মিলি রসসিংধ হৈ, জুদা জুদা মরু ভায়।

অর্থাৎ, বিন্দুর সঙ্গে বিন্দু যখন মেলে তখনি হয় রসসিন্ধু, বিন্দুতে বিন্দুতে যখন পৃথক হয়ে যায় তখনি মরুভূমি প্রকাশ পায়। এই রজ্জব বলেন—

হাথ জোড়ু গুরু সুঁ হোঁ মিলৈ হিন্দু মুসলমান।

গুরুর কাছে আমি করজোড় করছি যেন হিন্দু মুসলমান মিলে যায়।

এই ভারতপথিকেরা যে মিলনের কথা বলেছিলেন সে মিলন মনুষ্যত্বের সাধনায়, ভেদবুদ্ধির অহংকার থেকে মুক্তি লাভের সাধনায়, রাষ্ট্রীয় প্রয়োজনসাধনায় নয়। এই ঐক্যের পথ যথার্থ ভারতের পথ। সেই পথের পথিক আধুনিক কালে রামমোহন রায়। তিনিও প্রয়োজনের দিক থেকে নয়, মানবাত্মার গভীরে যে মিলনের ধর্ম আছে সেই নিত্য আদর্শের দিক থেকে ভারতের ইতিহাসে শুভবুদ্ধিদ্বারা সংযুক্ত মানুষের এক মহদ্‌রূপ অন্তরে দেখেছিলেন। ভারতের উদার প্রশস্ত পন্থায় তিনি সকলকেই আহ্বান করেছেন, যে পন্থায় হিন্দু মুসলমান খৃস্টান সকলেই অবিরোধে মিলতে পারে। সেই বিপুল পন্থাই যদি ভারতের না হয়, যদি আচারের কাঁটার বেড়ায় বেষ্টিত সাম্প্রদায়িক শতখণ্ডতাই হয় ভারতের নিত্যপ্রকৃতিগত, তা হলে তো আমাদের বাঁচবার কোনো উপায় নেই। ওই তো এসেছে মুসলমান, ওই তো এসেছে খৃস্টান—

সাধন মাহি জোগ নহি জৈ, ক্যা সাধন পরমাণ।

ঐতিহাসিক সাধনায় এদের যদি যুক্ত করতে না পারি তা হলে সাধনার প্রমাণ হবে কিসে? এদের অঙ্গীভূত ক'রে নেবার প্রাণশক্তি যদি ভারতের না থাকে, পাথরের মতো কঠিন পিণ্ডীভূত হয়ে এদের বাইরে ঠেকিয়ে রাখাই যদি আমাদের ধর্ম হয়, তবে সেই পুঞ্জ পুঞ্জ অসংশ্লিষ্ট অনাত্মীয়তার নিদারুণ ভার সইবে কে?

প্রতিদিন কি এরা স্খলিত হয়ে পড়ছে না দলে দলে? সমাজের নীচের স্তরে কি গর্ত প্রসারিত হচ্ছে না? আপনার লোক যখন পর হয়ে যায় তখন সে যে নিদারুণ হয়ে ওঠে, তার কি প্রমাণ পাচ্ছি নে? যাদের অবজ্ঞা করি তাদের আলগা করে রাখি, যাদের ছুঁই নে তাদের ধরতে পারি নে। আপনাকে পর করবার যে সহস্র পথ প্রশস্ত করে রেখেছি, সেই পথ দিয়েই শনির যত চর দেশে প্রবেশ করেছে। আমাদের বিপুল জনতরণীর তক্তাগুলিকে সাবধানে ফাঁক ফাঁক ক'রে রাখাকেই যদি ভারতের চিরকালীন ধর্ম ব'লে গণ্য করি, তা হলে বাইরের তরঙ্গগুলোকে শত্রু ঘোষণা ক'রে কেন মিছে বিলাপ

করা? তা হলে বিনাশের লবণাশ্রুসমুদ্রে তলিয়ে যাওয়াকেই ভারত-ইতিহাসের চরম লক্ষ্য ব'লে নিশ্চেষ্ট থাকাই শ্রেয়। সেচনী দিয়ে ক্রমাগত জল সেঁচে সেঁচে কতদিন চলবে আমাদের জীর্ণ ভাগ্যের তরী বাওয়া?

আমাদের ইতিহাসের আধুনিক পর্বের আরম্ভকালেই এসেছেন রামমোহন রায়। তখন এ যুগকে কি বিদেশী কি স্বদেশী কেউ স্পষ্ট করে চিনতে পারে নি। তিনিই সেদিন বুঝেছিলেন এ যুগের যে আহ্বান সে সুমহৎ ঐক্যের আহ্বান। তিনি জ্ঞানের আলোকে প্রদীপ্ত আপন উদার হৃদয় বিস্তার ক'রে দেখিয়েছিলেন সেখানে হিন্দু মুসলমান খৃস্টান কারো স্থান-সংকীর্ণতা নেই। তাঁর সেই হৃদয় ভারতেরই হৃদয়, তিনি ভারতের সত্য পরিচয় আপনার মধ্যে প্রকাশ করেছেন। ভারতের সত্য পরিচয় সেই মানুষে, যে মানুষের মধ্যে সকল মানুষের সম্মান আছে, স্বীকৃতি আছে।

সকল দেশেরই মধ্যে একটা বিরুদ্ধতার দ্বন্দ্ব দেখা যায়। এক ভাগে তার আপন শ্রেষ্ঠতাকে আপনি প্রতিবাদ, তার অন্ধতা অহমিকা দ্বারাই তার আত্মলাঘব; এই দিকটা অভাবার্থক, এই দিকে তার ক্ষতির বিভাগ, তার কৃষ্ণপক্ষের অংশ। আর-এক দিকে তার আলোক, তার নিহিতার্থ, তার চিরসত্য; এই দিকটাই ভাবার্থক, প্রকাশাত্মক। এই দিকে তার পরিচয় যদি ম্লান না হয়, নিঃশেষিত না হয়, তবেই সর্বকালে সে গৌরবান্বিত।

য়ুরোপের সকল দেশেই একদিন ডাইনির অস্তিত্ব বিশ্বাস করত। শত শত স্ত্রীলোক সেখানে নিরপরাধে পুড়ে মরেছে। কিন্তু এই অন্ধতার দিকটাই আন্তরিকভাবে য়ুরোপের একান্ত ছিল না। তাই লোকগণনায় এই বিশ্বাসের প্রসার পরিমাপ ক'রে এর দ্বারা য়ুরোপকে চিনতে গেলে অবিচার হবে। একদিন য়ুরোপের ধর্মমূঢ়বুদ্ধি জিয়োর্ডানো ব্রুনোকে পুড়িয়ে মেরেছিল, কিন্তু সেদিন চিতায় জ্বলতে জ্বলতে একলা জিয়োর্ডানো দিয়েছিলেন য়ুরোপীয় চিত্তের পরিচয়, যে চিত্তকে সে যুগের সাম্প্রদায়িক জড়বুদ্ধি দল বেঁধে অস্বীকার

করেছিল, কিন্তু যাকে আজ সর্বমানব সম্মানের সঙ্গে স্বীকার করে নিয়েছে। একদিন ইংরেজের সাহিত্যে, তার ইতিহাসে, ইংরেজের পরিচয় আমরা পেয়েছিলুম; দেখেছিলুম মানুষের প্রতি তার মৈত্রী, দাসপ্রথার 'পরে তার ঘৃণা, পরাধীনের মুক্তির জন্যে তার অনুকম্পা, ন্যায়বিচারের প্রতি তার নিষ্ঠা। আজ যদি ভারতের রাষ্ট্রাসন জুড়ে তার এই স্বভাবের নিষ্ঠুর প্রতিবাদ অজস্র দেখতে পাই, তবু তার থেকে ইংরেজের চরম পরিচয় গ্রহণ করা সত্য হবে না। যে কারণেই হোক তার অভাবার্থক দিকটা প্রবল হয়ে উঠেছে, এ-সমস্ত তারই দুর্লক্ষণ। আজও ইংলণ্ডে এমন মানুষ আছে ইংরেজ-স্বভাবের বিরুদ্ধগামী সমস্ত অন্যায় যাদের হৃদয়কে পীড়িত করছে। বস্তুত সব ইংরেজই যে ইংরেজ এ কথাটা মনে করাই ভুল। খাঁটি ইংরেজের সংখ্যা স্বল্প যদি-বা হয়, আর নিজের সমাজে তারা যদি-বা লাঞ্ছনা ভোগ করে, তবুও তারা সমস্ত ইংরেজেরই প্রতিনিধি।

তেমনি একদা যেদিন বাংলাদেশে প্রগাঢ় অন্ধতা, কৃত্রিমতা, সাম্প্রদায়িক সংকীর্ণতার মধ্যে রামমোহন রায়ের আগমন হল, সেদিন এই বিমুখ দেশে তিনিই একলা ভারতের নিত্য পরিচয় বহন করে এসেছেন। তাঁর সর্বতোমুখী বুদ্ধি ও সর্বতঃপ্রসারিত হৃদয় সেদিনকার এই বাংলাদেশের অখ্যাত কোণে দাঁড়িয়ে সকল মানুষের জন্যে আসন পেতে দিয়েছিল। এ কথা মুক্তকণ্ঠে বলবার দিন এসেছে যে, যে আতিথ্যভ্রষ্ট আসন কৃপণঘরের রুদ্ধ কোণের জন্য সে আসন নয়, যে আসনে সর্বজন অবাধে স্থান পেতে পারে সেই উদার আসনই চিরন্তন ভারতবর্ষের স্বরচিত। লক্ষ লক্ষ আচারবাদী তাকে যদি সংকুচিত করে, খণ্ড খণ্ড করে, সমস্ত পৃথিবীর কাছে স্বদেশকে ধিক্কৃত ক'রে ভারত সভ্যতার প্রতিবাদ করে, তবু বলব এ কথা সত্য। মানুষের ঐক্যের বার্তা রামমোহন রায় একদিন ভারতের বাণীতেই ঘোষণা করেছিলেন, এবং তাঁর দেশবাসী তাঁকে তিরস্কৃত করেছিল—তিনি সকল প্রতিকূলতার মধ্যে দাঁড়িয়ে আমন্ত্রণ করেছিলেন মুসলমানকে, খৃস্টানকে, ভারতের সর্বজনকে হিন্দুর এক পঙ্ক্তিতে ভারতের মহা

অতিথিশালায়। যে ভারত বলেছে—

যস্তু সর্বাণি ভূতানি আত্মন্যেবানুপশ্যতি
সর্বভূতেষু চাত্মানং ততো ন বিজুগুপ্‌সতে।

যিনি সকলের মধ্যে আপনাকে, আপনার মধ্যে সকলকে দেখেন, তিনি কাউকে ঘৃণা করেন না।

তাঁর মৃত্যুর পরে আজ একশত বৎসর অতীত হল। সেদিনকার অনেক কিছুই আজ পুরাতন হয়ে গেছে, কিন্তু রামমোহন রায় পুরাতত্ত্বের অস্পষ্টতায় আবৃত হয়ে যান নি। তিনি চিরকালের মতোই আধুনিক। কেননা, তিনি যে কালকে অধিকার করে আছেন তার এক সীমা পুরাতন ভারতে, কিন্তু সেই অতীতকালেই তা আবদ্ধ হয়ে নেই—তার অন্য দিক চলে গিয়েছে ভারতের সুদূর ভাবীকালের অভিমুখে। তিনি ভারতের সেই চিত্তের মধ্যে নিজের চিত্তকে মুক্তি দিতে পেরেছেন যা জ্ঞানের পথে সর্বমানবের মধ্যে উন্মুক্ত। তিনি বিরাজ করছেন ভারতের সেই আগামীকালে, যে কালে ভারতের মহা ইতিহাস আপন সত্যে সার্থক হয়েছে, হিন্দু মুসলমান খৃস্টান মিলিত হয়েছে অখণ্ড মহাজাতীয়তায়। বায়ুপোতে অত্যূর্ধ্ব আকাশে যখন ওঠা যায় তখন দৃষ্টিচক্র যতদূর প্রসারিত হয়, তার এক দিকে থাকে যে দেশকে বহুদূরে অতিক্রম করে এসেছি, আর-এক দিক থাকে সম্মুখে যা এখনো আছে বহুযোজন দূরে। রামমোহন যে কালে বিরাজ করেন সে কাল তেমনি অতীতে অনাগতে পরিব্যাপ্ত, আমরা তাঁর সেই কালকে আজও উত্তীর্ণ হতে পারি নি।

আজ আমার অধিক বলবার শক্তি নেই; কেবল এই কথা মাত্র বলতে এসেছি যে, যদিও অজ্ঞানের অশক্তির জগদ্দল পাথর ভারতের বুকে চেপে আছে, লজ্জায় আমরা সংকুচিত, দুঃখে আমাদের দেহমন জীর্ণ, অপমানে আমাদের মাথা অবনত, বিদেশের পথিক আমাদের কলঙ্ক কুড়িয়ে নিয়ে দেশে দেশে নিন্দাপণ্যের ব্যাবসা চালাচ্ছে, তবু আমাদের সকল দুর্গতির উপরে সর্বোচ্চ আশার কথা এই যে, রামমোহন রায় এ দেশে জন্মেছেন, তাঁর মধ্যে ভারতের পরিচয়।

তাঁকে দেশের বহুজনে সাম্প্রদায়িক ক্ষুদ্র অহমিকায় যদি অবজ্ঞা করে, আপন বলে স্বীকার না করে, তবুও চিরকালের ভারতবর্ষ তাঁকে গভীর অন্তরে নিশ্চিত স্বীকার করেছে। বর্তমান যুগ-রচনায় আজও তাঁর প্রভাব ক্রিয়াশালী, আজও তাঁর নীরব কণ্ঠ ভারতের অমর বাণীতে আহ্বান করছে তাঁকে—

য একোঽবর্ণো বহুধা শক্তিযোগাৎ
বর্ণান্ অনেকান্ নিহিতার্থো দধাতি
বিচৈতি চান্তে বিশ্বমাদৌ স দেবঃ।

প্রার্থনা করছে—

স নো বুদ্ধ্যা শুভয়া সংযুনক্তু॥

১৪ পৌষ ১৩৪০

২

আমাদের প্রাণ বিদ্রোহী। চার দিকে জড়দানব তার প্রকাণ্ড শক্তি ও অসংখ্য বাহু বিস্তার করে বসে আছে। ক্ষুদ্র প্রাণ প্রতি মুহূর্তে নানা দিক থেকে তাকে নিরস্ত করে তবে আত্মপ্রকাশ করে। এই জড় তার চারিদিকে ক্লান্তির প্রাচীর তুলে তুলে তার প্রয়াসের পরিধিকে কেবলই সংকীর্ণ করে আনতে চায়। বারংবার এই প্রাচীরকে ভেঙে ভেঙে তবে প্রাণ আপন অধিকার রক্ষা করতে পারে। তাই আমাদের হৃৎপিণ্ড দিনে রাত্রে এক মুহূর্ত ছুটি নিতে পারে না, গুরুভার বস্তুপুঞ্জের নিষ্ক্রিয়তার বিরুদ্ধে তার আক্রমণ ক্ষান্ত হলেই মৃত্যু।

প্রাণের এই নিত্য সচেষ্টতাতেই যেমন প্রাণের আত্মপ্রকাশ, মনেরও তাই। তার অনন্ত জিজ্ঞাসা। চার দিকে সত্যের রহস্য মূক হয়ে আছে। আপন শক্তিতে উত্তর আদায় করতে হয়। অল্প অনবধান

হলেই ভুল উত্তর পাই। সেই ভুল উত্তরগুলিকে নিশ্চেষ্ট নিঃসংশয়ে স্বীকার করে নিলেই মনের সাংঘাতিক পরাভব। জিজ্ঞাসার শৈথিল্যেই মনের জড়তা। যেমন জীবনীশক্তির নিরুদ্যমেই অস্বাস্থ্য, তাতেই যত রোগের উৎপত্তি, বিনাশের আয়োজন, তেমনি মননশক্তির অবসাদ ঘটলেই মানুষের জ্ঞানের রাজ্যে যত রকমের বিকার প্রবেশ করে। সত্যমিথ্যা ভালোমন্দ সমস্ত-কিছুকেই বিনাপ্রশ্নে অলস ভীরু মন যখন মেনে নিতে থাকে, তখনি মনুষ্যত্বের সকল প্রকার দুর্গতি। জড়ের মধ্যে যে অচল মূঢ়তা, মানুষের মন যখনি তার সঙ্গে আপসে সন্ধি করে তখন থেকে জগতে মানুষ মন-মরা হয়ে থাকে, জড় রাজার খাজনা জুগিয়ে নিঃস্ব হয়ে পড়ে।

আমাদের দেশে একদিন মনের স্বরাজ গিয়েছে ধ্বংস হয়ে। পঙ্গু মনের ছিল না আত্মকর্তৃত্ব, প্রশ্ন করবার শক্তি ও ভরসা সে হারিয়েছিল। সে যা শুনেছে তাই মেনেছে, যে বুলি তার কানে দেওয়া হয়েছে সেই বুলিই সে আউড়িয়েছে। যখন কোনো উৎপাত এসে পড়েছে স্কন্ধে তখন তাকে বিধিলিপি বলে নিয়েছে মেনে। নিজের বুদ্ধি খাটিয়ে নূতন প্রণালীতে বর্তমানকালীন সংসারসমস্যার সমাধান করা তার অধিকার-বহির্ভূত বলে স্বীকার করার দ্বারা আত্মাবমাননায় তার সংকোচ ছিল না। মনের আত্মপ্রকাশের ধারা সেদিন এ দেশে অবরুদ্ধ হয়ে গিয়েছিল। দেশ তখন সামনের কালের দিকে চলে নি, পিছনের কালকেই ক্রমাগত প্রদক্ষিণ করেছে—চিন্তাশক্তি যেটুকু বাকি ছিল সে অনুসন্ধান করতে নয়, অনুসরণ করবার জন্যেই।

সুপ্তি যখন আবিষ্ট করে তখনি চুরি যাবার সময়। অন্তরের মধ্যে যখন অসাড়তা, বাইরের বিপদ তখনি প্রবল। চিত্তের মধ্যে যার স্বাধীনতা নেই বাইরের দিক থেকে সে কখনোই স্বাধীন হতে পারে না। অন্তরের দিকে সব-কিছুকে যে অবিসম্বাদে মেনে নেয়, বাইরে অন্যায় প্রভুত্বকেও না মানবার শক্তি তার থাকে না—যে বুদ্ধি অসত্যকে ঠেকায় মনে, সেই বুদ্ধিই অমঙ্গলকে ঠেকায় বহিঃসংসারে—নির্জীব মন অন্তরে বাহিরে কোনো আক্রমণকেই ঠেকাতে পারে না। তাই

সেদিনকার ভারতের ইতিহাসে বারে বারে দেখা গেল ভারতবর্ষ তার মর্মান্তিক পরাভবকে মেনে নিলে আর সেইসঙ্গে মেনে নিলে যা না-মানবার এমন হাজার হাজার জিনিস। এই-যে তার বাইরের দুর্দশার বোঝা পুঞ্জীভূত হয়ে উঠল, এ তার অন্তরের অবুদ্ধির বোঝারই শামিল।

যখন আমাদের আর্থিক মানসিক আধ্যাত্মিক শক্তি ক্ষীণতম, যখন আমাদের দৃষ্টিশক্তি মোহাবৃত, সৃষ্টিশক্তি আড়ষ্ট, বর্তমান যুগের কোনো প্রশ্নের নূতন উত্তর দেবার মতো বাণী যখন আমাদের ছিল না, আপন চিত্তদৈন্য সম্বন্ধে লজ্জা করবার মতো চেতনাও যখন দুর্বল, সেই দুর্গতির দিনেই রামমোহন রায়ের এ দেশে আবির্ভাব। প্রবল শক্তিতে তিনি আঘাত করেছিলেন সেই দুরবস্থার মূলে, যা মানুষের পরম সম্পদ স্বাধীনবুদ্ধিকে অবিশ্বাস করেছে। কিন্তু, তখন আমরা সেই দুরবস্থার কারণকেই পূজা করতে অভ্যস্ত, তাই সেদিন আমরাও তাঁকে শত্রু বলে দণ্ড উদ্যত করেছি। ডাক্তার বলেন—রোগ জিনিসটা দেহের অধিকার সম্বন্ধে দীর্ঘকালের দলিল, দাখিল করলেও সে বাহিরের আগন্তুক, স্বাস্থ্যতত্ত্বই দেহের অন্তর্নিহিত চিরন্তন সত্য। রামমোহন রায় তেমনি করেই বলেছিলেন আমাদের অজ্ঞানকে, আমাদের অন্ধতাকে কালের গণনায় সনাতন বলি, কিন্তু সত্যের দিক থেকে তাই আমাদের অনাত্মীয় আগন্তুক। তিনি দেখিয়েছিলেন আমাদের দেশের অন্তরাত্মার মধ্যেই কোথায় আছে বিশুদ্ধ জ্ঞানের চিরপুরাতন চিরনূতন প্রতিষ্ঠা; মনের স্বাস্থ্যকে আত্মার শক্তিকে প্রবল করবার জন্যে, উজ্জ্বল করবার জন্যে, ভারতের একান্ত আপন যে সাধনসম্পদের ভাণ্ডার তারই দ্বার তিনি খুলে দিয়েছিলেন। সেদিনকার জনতা তাঁকে শত্রু বলে ঘোষণা করেছিল।

আজও কি রামমোহনকে আমরা শত্রু বলে অসম্মান করতে পারি? যার গৌরবে দেশ বিশ্বের কাছে আপন গৌরবের পরিচয় দিতে পারে, এমন লোক কি আমাদের অনেক আছে? দেশের যথার্থ মহাপুরুষের নামে গৌরব করার অর্থই দেশের ভবিষ্যতের জন্যে আশা করা। সে গৌরব প্রাদেশিক হলে, সাময়িক হলে, তার উপরে নির্ভর

করা চলে না। সে গৌরব এমন হওয়া চাই সমস্ত পৃথিবী যার সমর্থন করে। রামমোহনের চিত্ত, তাঁর হৃদয়, স্থানিক ও ক্ষণিক পরিধিতে বদ্ধ ছিল না। যদি থাকত তবে দেশের সাধারণ লোকে অনায়াসে তাঁকে সমাদর করতে পারত। কারণ, যে মানদণ্ড আমাদের নিত্য ব্যবহারের দ্বারা সুপরিচিত তা বিশেষ দেশকালের, তা সর্বদেশ ও চিরন্তন কালের নয়। কিন্তু, সেই পরিমাপের দ্বারা পরিমিত গৌরবের জোরে দেশ মাথা তুলতে পারবে না, সর্বদেশকালের সর্বলোকের কাছে তাকে আত্মপ্রকাশ করাতে পারবে না। তার মহত্ত্বকে নিম্নভূমিবর্তী জনতার আদর্শকে অনেক উপরে ছাড়িয়ে উঠতে হবে। তাতে ক'রে বর্তমানকালের সাম্প্রতিক রুচি বিশ্বাস ও আচার তাকে নিষ্ঠুরভাবে আঘাত করতে পারে, কিন্তু তার চেয়ে বড়ো আঘাত চিরন্তন আদর্শে আঘাত। দিঙ্‌নাগাচার্যের স্থূলহস্তের আঘাত উপস্থিতের আঘাত, সেই উপস্থিত মুহূর্ত নিজেই সদ্যোধ্বংসোন্মুখ, কিন্তু ভারতীর সূক্ষ্ম ইঙ্গিতের আঘাত শাশ্বত কালের। সে আঘাতে যারা বিলুপ্ত হয়েছে তাদের সমসাময়িক জয়ধ্বনির তারস্বর মহাকালের মহাকাশে ক্ষীণতম স্পন্দনও রাখে নি।

ক্ষণিক অনাদরের তুফানে যাদের নাম তলিয়ে যায় রামমোহন রায় তো সেই শ্রেণীর লোক নন। বিস্মৃতি বা উপেক্ষার কুহেলিকা তাঁর স্মৃতিকে কিছুকালের জন্য আচ্ছন্ন রাখলেও সে আবরণ কেটে যাবেই। দেশে আজ নবজাগরণের হাওয়া যখন দিয়েছে, সরে যাচ্ছে বাষ্পের অন্তরাল, তখন সর্বপ্রথমেই দেখা যাবে রামমোহনের মহোচ্চ মূর্তি। নবযুগের উদ্বোধনের বাণী দেশের মধ্যে তিনিই তো প্রথম এনেছিলেন, সেই বাণী এই দেশেরই পুরাতন মন্ত্রের মধ্যে প্রচ্ছন্ন ছিল; সেই মন্ত্রে তিনি বলেছিলেন—'অপাবৃণু', হে সত্য, তোমার আবরণ অপাবৃত করো। ভারতের এই বাণী কেবল স্বদেশের জন্যে নয়, সকল দেশের সকল কালের জন্যে। এই কারণেই ভারতবর্ষের সত্য যিনি প্রকাশ করবেন তাঁরই প্রকাশের ক্ষেত্র সর্বজনীন। রামমোহন রায় সেই সর্বকালের মানুষ। আমরা গর্ব করতে পারি স্থানিক ও সাময়িক ক্ষুদ্র মাপের বড়লোককে নিয়ে, কিন্তু যাঁদের নিয়ে গৌরব করতে পারি তাঁরা 'পূর্বাপরৌ তোয়নিধী বগাহ্য স্থিতঃ পৃথিব্যা ইব মানদণ্ডঃ'।

তাঁদের মহিমা পূর্ব এবং পশ্চিম সমুদ্রকে স্পর্শ করে আছে।

ভারতবর্ষে রামমোহন রায়ের যাঁরা পূর্ববর্তী ছিলেন তাঁদের মধ্যে অন্যতম কবীর নিজেকে বলেছিলেন ভারতপথিক। ভারতকে তিনি দেখতে পেয়েছিলেন মহাপথরূপে। এই পথে ইতিহাসের আদিকাল থেকে চলমান মানবের ধারা প্রবাহিত। এই পথে স্মরণাতীত কালে এসেছিল যারা, তাদের চিহ্ন ভূগর্ভে। এই পথে এসেছিল হোমাগ্নি বহন করে আর্যজাতি। এই পথে একদা এসেছিল মুক্তিতত্ত্বের আশায় চীনদেশ থেকে তীর্থযাত্রী। আবার কেউ এসেছে সাম্রাজ্যের লোভে, কেউ এল অর্থকামনায়। সবাই পেয়েছে আতিথ্য। এ ভারতে পথের সাধনা পৃথিবীর সকল দেশের সঙ্গে যাওয়া-আসার নেওয়া-দেওয়ার সম্বন্ধ, এখানে সকলের সঙ্গে মেলবার সমস্যা সমাধান করতে হবে। এই সমস্যার সমাধান যতক্ষণ না হয়েছে ততক্ষণ আমাদের দুঃখের অন্ত নেই। এই মিলনের সত্য সমস্ত মানুষের চরম সত্য, এই সত্যকে আমাদের ইতিহাসে অঙ্গীভূত করতে হবে। রামমোহন রায় ভারতের এই পথের চৌমাথায় এসে দাঁড়িয়েছিলেন, ভারতের যা সর্বশ্রেষ্ঠ দান তাই নিয়ে। তাঁর হৃদয় ছিল ভারতের হৃদয়ের প্রতীক—সেখানে হিন্দু মুসলমান খৃস্টান সকলে মিলেছিল তাদের শ্রেষ্ঠ সত্তায়, সেই মেলবার আসন ছিল ভারতের মহা ঐক্যতত্ত্ব ‘একমেবাদ্বিতীয়ম্’। আধুনিক যুগে মানবের ঐক্যবাণী যিনি বহন করে এনেছেন, তাঁরই প্রেরণায় উদ্বুদ্ধ হয়ে ভারতের আধুনিক কবি ভারতপথের যে গান গেয়েছে তাই উদ্ধৃত করে রামমোহনের প্রশস্তি শেষ করি—

হে মোর চিত্ত, পুণ্য তীর্থে
    জাগো রে ধীরে
এই ভারতের মহামানবের
    সাগরতীরে।...

হেথা একদিন বিরামবিহীন
        মহা ওংকারধ্বনি,
    হৃদয়তন্ত্রে একের মন্ত্রে

উঠেছিল রনরনি।
তপস্যাবলে একের অনলে
বহুরে আহুতি দিয়া
বিভেদ ভুলিল, জাগায়ে তুলিল
একটি বিরাট হিয়া।
সেই সাধনার সে আরাধনার
যজ্ঞশালার খোলা আজি দ্বার,
হেথায় সবারে হবে মিলিবারে
আনতশিরে—
এই ভারতের মহামানবের
সাগরতীরে।...

এসো হে আর্য, এসো অনার্য,
হিন্দু মুসলমান।
এসো এসো আজ তুমি ইংরাজ,
এসো এসো খৃস্টান।
এসো ব্রাহ্মণ, শুচি করি মন
ধরো হাত সবাকার,
এসো হে পতিত করো অপনীত
সব অপমানভার।
মার অভিষেকে এসো এসো ত্বরা
মঙ্গলঘট হয় নি যে ভরা,
সবার-পরশে-পবিত্র-করা
তীর্থনীরে—
আজি ভারতের মহামানবের
সাগরতীরে।

১৬ পৌষ ১৩৪০

৩

আমাদের দেশে সাম্প্রদায়িক প্রতিকূল লোকমত প্রায়ই অত্যন্ত তীব্র হয়ে দেখা দেয়—ব্যক্তিগত কটুভাষণের সঙ্গে বিজড়িত হওয়াতে সেই তীব্রতার সামনে দাঁড়িয়ে আপন মত প্রকাশ করা সংকোচের বিষয় হয়ে ওঠে। আজ আমার পক্ষে সেই সংকোচের দিনের অবসান হয়েছে। কিছুদিন পূর্বে আমি মৃত্যুর গহনে অবতরণ করেছিলুম, এখনো তার বন্ধুর তটভাগে স্খলিত পদে চলেছি। আজ আমার পক্ষে লোকমতের প্রভাব আর প্রবল নয়—এখন নিরবধিকাল আমার সম্মুখে বর্তমান।

১১ই মাঘের উৎসব যে সত্যে প্রতিষ্ঠিত তাকে আমাদের দেশের জনসাধারণ স্বীকার করে নি। যা তারা স্বীকার করে না তাকে তারা কলঙ্কিত করে। যিনি পরম শ্রদ্ধেয়, যেমন মহাত্মা রামমোহন রায়, তাঁর সম্বন্ধে বিরোধের উত্তাপ আজও প্রশমিত হয় নি। এটা স্বাভাবিক, সুতরাং অনিবার্য, অতএব তাই নিয়ে পরস্পরকে লাঞ্ছিত করা নিরর্থক। এ-সকল দ্বন্দ্বকোলাহল ভুলে গিয়ে, অদ্যকার উৎসবের মূলে যাঁর মহান্ চারিত্রশক্তি প্রতিষ্ঠিত, শান্তমনে তাঁকে স্মরণ করে তাঁর উদ্দেশে আমাদের ভক্তি নিবেদন করব। মতভেদ সত্ত্বেও এই শ্রদ্ধার কারণকে সত্য বলে স্বীকার করবেন এ কথা আমাদের দেশের সকলের কাছেই প্রত্যাশা করতে পারি। কারণ, এই সম্মানে স্বদেশের প্রতিই সম্মান।

পরজাতীয়কে যখন আমরা আচার ধর্ম নিয়ে বিচার করি তখন স্বভাবত অত্যুক্তি করে থাকি, বিশেষত যেখানে তাদের সঙ্গে এমন সম্বন্ধ যা দুঃখ দেয় এবং অপমান করে। কিন্তু তাদের ধর্ম ব্যক্তিগত জীবনে অনেক মহত্ত্ব প্রকাশ করে থাকে তাতে সন্দেহ নেই। আমাদের দেশেও সামাজিক শত বাধা ভেদ করে মহাপুরুষের উদ্ভব হয়েছে, কিন্তু সংস্কারের আবিলতায় আমরা তাঁদের ক্ষুদ্র করেছি, তাঁদের সত্যস্বরূপ উপলব্ধি করতে পারি নি। জাতীয় চিত্তদৈন্যের এই বিকৃতি

সুস্পষ্ট হয়ে উঠছে প্রত্যহ আমাদের ইতিহাসে।

খৃস্টধর্ম মানুষকে শ্রদ্ধা করেছে, কেননা, তাঁদের যিনি পূজনীয় তিনি মানবের রূপে মানবের ভাগ্য স্বীকার করেছিলেন। এই কারণে যাঁরা যথার্থ খৃস্টান তাঁদের মানবপ্রীতি অকৃত্রিমভাবে প্রকাশ পেয়ে থাকে দেশে বিদেশে, আমরা তার পরিচয় পেয়েছি। যদি তাঁদের ধর্মমতে কোনো অসম্পূর্ণতা থাকে ব'লে আমরা মনে করি, তবু এ কথা স্বীকার করতে হবে যে, অন্তত এক জায়গায় এই ধর্ম মানবজাতির সঙ্গে আত্মনিবেদনের যোগে তাঁদের সম্বন্ধযুক্ত করতে পেরেছে, সেটা ধর্মবুদ্ধির শ্রেষ্ঠ পরিচয়। তাঁদের সাহিত্য এবং ব্যবহারে যেখানে মাহাত্ম্য দেখেছি মানবিকতা সেখানে সমুজ্জ্বল। সেখানে দৈন্য নেই, সেখানে স্বার্থের সংঘাতের ঊর্ধ্বে একটি উদার সভ্যতার বিকাশ ঘটেছে। আমাদের দেশে ধর্ম মানুষের মধ্যে পরস্পরের সম্বন্ধকে ছিন্নবিচ্ছিন্ন করে দিয়েছে; আধ্যাত্মিক উপলব্ধির বাহন না হয়ে আধুনিক ভারতীয় ধর্মানুষ্ঠান দেশব্যাপী ভেদবুদ্ধির সৃষ্টি করেছে।

আচার যেখানে সাম্প্রদায়িক ধর্মে প্রতিষ্ঠিত নয়, সেখানে তাই নিয়ে মানুষের পরস্পর অনৈক্য ঘটে না। যেমন চীন দেশে। চীন সভ্যতায় ভিন্ন ভিন্ন সম্প্রদায়ের মানুষের মধ্যে বিরোধ নেই মতের পার্থক্য সত্ত্বেও। আচারে ব্যবহারের ক্ষেত্রে ধর্মের নামে সমাজকে তারা নিপীড়িত করে নি। যখন এক সময়ে খৃস্টধর্ম ঈশ্বরের ক্রোধের দোহাই দিয়ে বাহুবলে নিজের প্রভুত্ববিস্তার-চেষ্টা করেছিল তখনি সে ভিন্নমতাবলম্বীদের নির্যাতন করেছে, কেননা, তখনো তাদের ধর্ম শুভবুদ্ধিকে অমান্য ক'রে সংস্কারকেই স্বীকার করেছিল। সর্বসাধারণের বিশ্বাসের কোনো বুদ্ধিসম্মত ভূমিকা তাতে দেখা দেয় নি শাস্ত্র-অনুশাসন ছাড়া। আজকের দিনে য়ুরোপীয় সভ্যতার বহু ত্রুটি সত্ত্বেও সমাজে ধর্মের অন্ধ আক্রমণ নেই, তাদের মধ্যে কেউ বৌদ্ধ বা মুসলমান হলে তাকে ধর্মের নাম নিয়ে অত্যাচার করা হয় না। আচার এবং ধর্মের মিশ্রণে তাদের সমাজ কলুষিত হয় নি—তাদের শক্তির একটি কারণ সেইখানে। আমাদের দেশে শক্তিক্ষয়ের প্রধান একটা

হেতু—ধর্মের নাম নিয়ে প্রাত্যহিক জীবনে বহু নিরর্থক সংস্কারের আধিপত্য। এতে ধর্মের ভ্রষ্টতা এবং আচারের অত্যাচারপরায়ণ অন্যায়রূপ প্রকাশ পায়। দৃষ্টান্তস্বরূপে দক্ষিণ-মালাবারের একটি ঘটনার উল্লেখ করা যেতে পারে। কোনো ব্রাহ্মণেতর-জাতীয় ডাক্তারকে ব্রাহ্মণ গৃহস্থ আপন বাড়িতে নিয়েছিল চিকিৎসার জন্য, যে পথ দিয়ে গিয়েছিল সেটা কোনো পুষ্করিণীর তীরস্থ। তাতে মকদ্দমা উঠেছিল আদালত পর্যন্ত যে, সমস্ত পুষ্করিণীর জল দূষিত হয়েছে, অতএব তাকে শোধন করবার আইন জারি হোক অপরাধী গৃহস্থের উপর। এখানে দেখি দণ্ডদাতা আইন এবং আচারের সমবেত মূঢ় আক্রমণ, এর মধ্যে শাশ্বত ধর্মের পরিচয় নেই। অথচ ধর্মের নামে এইরকম অমানবিকতা আমাদের দেশে শ্রদ্ধা পেয়ে আসছে। মহাপুরুষ দৈবে আমাদের মধ্যে জন্মগ্রহণ ক'রে এই অধার্মিক ধর্মবিশ্বাস এবং বুদ্ধিবিরোধী আচারের প্রতিপক্ষে দাঁড়িয়েছেন। তথাপি দেশের জনসাধারণের মধ্যে নিরর্থক অনুষ্ঠানের পুনরাবৃত্তিই ধর্মের মর্যাদা নিয়েছে এবং আজও ধর্মবোধহীন অমানবিকতার চাপে সমাজ মানুষকে অপমানিত করছে।

এইপ্রকার মিথ্যা ধর্মবিশ্বাসের অভিঘাতে সমাজ শতখণ্ডে ভেঙে পড়ল—তার নাম নিয়ে বেশির ভাগ দেশবাসীকে অবজ্ঞাভাজন করা হল, বলা হল অশুচি এবং অপাঙক্তেয়। আচারের বেড়া গেঁথে যে বহুসংখ্যক মানুষকে দূরে সরিয়েছি তাদের দুর্বলতা এবং মূঢ়তা, তাদের আত্মাবমাননা সমগ্র দেশের উপর চেপে তাকে অকৃতার্থ করে রেখেছে সুদীর্ঘকাল। অথচ আমাদের যা বিশুদ্ধ, যা আমাদের সনাতন আধ্যাত্মিক সম্পদ, তাতে মানুষের এবং সর্বজীবের মূল্য ভূরিপরিমাণ স্বীকার করেছে। আত্মবৎ সর্বভূতেষু য পশ্যতি স পশ্যতি—এত বড়ো কথা বোধ হয় কোনো শাস্ত্রে নেই। সকলের মধ্যে আত্মার এই সম্বন্ধস্বীকার এবং এই সমগ্রের দৃষ্টিকে আমরা হারিয়েছি। আনুষ্ঠানিক মোহে আচ্ছন্ন হয়ে ঘরে ঘরে আচারের এবং অনৈক্যের ব্যর্থতা বিস্তার করেছি। জাতীয় সত্তা শতধা বিখণ্ডিত হয়ে আজ আমাদের

চরম দুরবস্থা উপস্থিত। এই দুর্গতিগ্রস্ত সমাজে একদিন একটি ব্রাহ্মণসন্তান জন্মগ্রহণ করেছিলেন—রামমোহন রায়। সমাজের সমস্ত অন্ধতাকে তিনি প্রতি পদে অস্বীকার করেছেন, নির্ভয়ে দাঁড়িয়েছেন মূঢ় সংস্কারের বিরুদ্ধে। সেজন্যে তিনি নিন্দাভাজন হয়েছেন এবং সেই নিন্দার আক্রমণ এখনো শান্ত হয় নি। এই দুর্গতির দিনেই আজ আমাদের পুনর্বার তাঁর বাণী স্মরণ করবার সময় এল। তাঁর মহাজীবনের মূল সাধনা কোন্‌খানে নিহিত তা আমাদের বুঝতে হবে।

উপনিষদের একটি মন্ত্র আছে—সত্যং জ্ঞানম্ অনন্তং ব্রহ্ম। বিশ্ববিধাতার একটা রূপ আছে যা কেবলমাত্র সত্য, অর্থাৎ আছে ছাড়া তার অন্য বাণী নেই। তার পরবর্তী কথা হচ্ছে জ্ঞানং—সে কেবলমাত্র হওয়া নয়। সত্যবোধের উপরে জ্ঞানের উপলব্ধিতে মনুষ্যত্বের বড়ো পদবী লাভ হল। সেই জ্ঞানকে যেখানে অবজ্ঞা করা হয়েছে, বুদ্ধির মোহমুক্ত বহুধা শক্তিকে প্রয়োগ না ক'রে মানবত্বকে যেখানে অস্বীকার করেছি, সেইখানে আমাদের অকৃতার্থতা। জ্ঞানের সোপান দিয়ে উপনীত হই পরমাত্মায়, কৃত্রিম কর্মের পথে নয়। তাঁর সামীপ্যে সর্বমানবের মিলন। ব্রহ্মকে উপনিষদ-কথিত বাণীতে উপলব্ধি করতে হলে বিশ্বসত্যকে স্বীকার ক'রে জ্ঞানের ভিতর দিয়ে আধ্যাত্মিক সত্যে পৌঁছতে হবে।

সংপ্রাপ্যৈনম্ ঋষয়ো জ্ঞানতৃপ্তাঃ
কৃতাত্মানো বীতরাগাঃ প্রশান্তাঃ।
তে সর্বগং সর্বতঃ প্রাপ্য ধীরা
যুক্তাত্মানঃ সর্বমেবাবিশন্তি॥

সর্বব্যাপী আত্মার সঙ্গে সংযুক্ত হয়ে সকলের মধ্যে জ্ঞানতৃপ্ত ঋষিরা প্রবেশ করেন। আমাদের শাস্ত্রমতে এই হচ্ছে মানুষের চরম সার্থকতা। এই বাণী ফিরিয়ে আনলেন মহাত্মা রামমোহন রায়। আনুষ্ঠানিক কৃত্যের বন্ধনে বন্দী সমাজকে ধর্মভ্রষ্টতা হতে আত্মোপলব্ধির সাধনায় প্রবৃত্ত করলেন তিনি; ভারতকে শোনালেন ঐক্যমন্ত্র, যাতে চরম মানবসত্যের উপলব্ধি-দ্বারা মানুষের মধ্যে সত্য এবং জ্ঞানের

যোগে কল্যাণময় সম্বন্ধ স্থাপিত হতে পারে। ধর্মের বিকার ভয়াবহ; বৈষয়িক ঈর্ষা-বিরোধে যে ক্ষতি করে তারও চেয়ে সাংঘাতিক ক্ষতি করেছে ধার্মিকতা। আশ্চর্য ধীশক্তি নিয়ে রামমোহন দাঁড়ালেন জাতীয় ধর্মবিশ্বাসের কুহেলিকার অতীতে, সত্যের অকুণ্ঠিত প্রকাশে নিয়োগ করলেন তাঁর অতুলনীয় চারিত্রশক্তি। এই অধ্যবসায়ে তিনি ছিলেন একক, তিনি ছিলেন নিন্দিত। তাঁর সাধনাকে আজকের এই উৎসবে অন্তরে গ্রহণ করে নিজেকে এবং নিজের দেশকে যেন ধন্য করি।

মাঘ ১৩৪৭

৪

ভারতবর্ষের ভূ-সংস্থানের মধ্যে একটি ঐক্য আছে। এর উত্তরে হিমালয়, দক্ষিণে সমুদ্রের বেষ্টন, পূর্ব দিকে গভীর অরণ্য, কেবল পশ্চিমে দুর্গম গিরিসংকটের পথ। ভৌগোলিক আকৃতির দিক থেকে তার অখণ্ডতা, কিন্তু লোকবসতির দিক থেকে সে ছিন্ন-বিচ্ছিন্ন। আচারে বিচারে ধর্মে ভাষায় ভারতবর্ষ পদে পদে খণ্ডিত। এখানে যারা পাশাপাশি আছে তারা মিলতে চায় না। এই দুর্বলতা-দ্বারা ভারতবর্ষ ভারাক্রান্ত, আত্মরক্ষায় অক্ষম।

আর-একটি দুর্গতি স্থায়ী হয়ে এ দেশকে জীর্ণ করেছে। অশথগাছ পুরাতন মন্দিরকে সর্বাঙ্গে বিদীর্ণ করে তাকে শিকড়ে শিকড়ে যেমন আঁকড়ে থাকে, তেমনি ভারতবর্ষের আদিম অধিবাসীদের মূঢ়সংস্কারজাল দেশের চিত্তকে বিচ্ছিন্ন করে ফেলে জড়িয়ে রয়েছে। আগাছার মতো অন্ধসংস্কারের একটা জোর আছে; তার জন্য চাষ-আবাদের প্রয়োজন হয় না, আপনি বেড়ে ওঠে, মরতে চায় না। কিন্তু বিশুদ্ধ জ্ঞানের ও ধর্মের উৎকর্ষের জন্য নিরন্তর সাধনা চাই। আমাদের দুর্ভাগ্য দেশে যেখানে উদার ক্ষেত্রে ফল ফলতে পারত সেখানে সর্বপ্রকার মুক্তির অন্তরায় উত্তুঙ্গ হয়ে উঠে অস্বাস্থ্যকর

নিবিড় জঙ্গল হয়ে আছে। এমন-কি, এ দেশে যাঁরা বৈজ্ঞানিক শিক্ষায় শিক্ষিত তাঁদেরও বহু লোকের মন গূঢ়ভাবে আফিমের নেশার মতো তামসিকতার দ্বারা অভিভূত। এর সঙ্গে লড়াই করা দুঃসাধ্য।

আর্যজাতি যাদের একদিন পরাজিত করেছিলেন, অবশেষে তাদেরই প্রকৃতি জয়ী হয়েছে। সমস্ত দেশ জুড়ে ঘটিয়ে তুলেছে মারাত্মক আত্মবিচ্ছেদ। পরস্পরকে অবজ্ঞা করা এবং পাশ কাটিয়ে চলার যে দুর্ব্যবহার তা এই দেশের সকল জাতিকেই যুগ যুগ ধরে আঘাত করছে।

আমরা যখন আজ রাষ্ট্রীয় ঐক্যের জন্য বদ্ধপরিকর তখন এ কথা আমাদের স্পষ্টভাবে বোঝা আবশ্যক যে, অন্তরের ঐক্য, হারিয়ে শুধু বাহ্য বিধির ঐক্য-দ্বারা কোনো দেশ কখনোই সর্বজনীন একত্ববোধে মহাজাতীয় সার্থকতা পায় নি। আমেরিকার যুক্তরাষ্ট্র বহু উপরাষ্ট্রের সমবায়ে একটি প্রকাণ্ড রাষ্ট্র—যেন একটা বৃহৎ রেলোয়ে ট্রেন, অনেকগুলি ভিন্ন ভিন্ন গাড়ি পরস্পর সংবদ্ধ হয়ে চলেছে সুনির্দিষ্ট পথে। সম্ভব হয়েছে তার একমাত্র কারণ— সেখানে সকলে শিক্ষায় দীক্ষায় নিবিড়ভাবে মিলে একজাতি হয়ে উঠেছে, মোটের উপরে ভাবনা ও বেদনার এক স্নায়ুমণ্ডলীর দ্বারা সেখানে জনচিত্তকলেবর অধিকৃত। তারা পরস্পর পরস্পরের একপথে চলবার বাধা নয়, পরস্পরের সহায় তারা। তাদের শক্তি-সাফল্যের এই প্রধান কারণ।

খণ্ডিত মন ও আচরণ নিয়ে আমাদের ইতিহাসের গোড়া থেকে আমরা বরাবর হারতে হারতে এসেছি। আর, আজই কি আমরা সকল খণ্ডতা সত্ত্বেও জিতে যাব এমন দুরাশা পোষণ করতে পারি? বিদেশীর অপমান থেকে রক্ষা পাওয়ার জন্য ঐক্যের দরকার আছে এ কথা আমরা তর্কদ্বারা বুঝি, কিন্তু কোনোমতেই সেই অন্তর দিয়ে বুঝি নে যেখানে বিচ্ছেদের বিষ ছড়িয়ে আছে। বেহারের লোক, মাদ্রাজের লোক, মাড়োয়ারের লোককে আমরা পর বলেই জানি, তার প্রধান কারণ, যে আচারের দ্বারা আমাদের চিত্ত বিভক্ত সে আচার কেবল যে স্বীকার করে না বুদ্ধিকে তা নয়, বুদ্ধির বিরুদ্ধে যায়। আমাদের

ভেদের রেখা রক্তের লেখা দিয়ে লিখিত। মূঢ়তার গণ্ডির মতো দুর্লঙ্ঘ্য ব্যবধান আর কিছুই নেই।

আমাদের দেশের হরিজন-সমস্যা এবং হিন্দু-মুসলমান-সমস্যার মূলে যে মনোবিকার আছে তার মতো বর্বরতা পৃথিবীতে আর কী আছে জানি না। আমরা পরস্পরকে বিশ্বাস করতে পারি না, অথচ সে কথা স্বীকার না করে নিজেদের বঞ্চনা করতে যাই। মনে করি ইংলণ্ড্ স্বাধীন হয়েছে পার্লামেন্টের রীতি মেনে, আমরাও সেই পথ অনুসরণ করব। ভুলে যাই যে, সে দেশে পার্লামেণ্ট্ বাইরে থেকে আমদানি করা জিনিস নয়, অনুকূল অবস্থায় ভিতর থেকে সৃষ্ট হয়ে ওঠা জিনিস। এককালে ইংলণ্ডে প্রটেস্টাণ্ট্ এবং রোমান ক্যাথলিকদের মধ্যে প্রবল বিরোধ ছিল, কিন্তু বৈজ্ঞানিক বুদ্ধি ও বিদ্যার প্রভাবে তা ক্ষীণ হয়ে দূর হয়েছে। ধর্মের তফাত সেখানে মানুষকে তফাত করে নি।

মনুষ্যত্বের বিচ্ছিন্নতাই প্রধান সমস্যা। সেইজন্যই আমাদের মধ্যে কালে কালে যে-সব সাধক চিন্তাশীল ব্যক্তিদের আবির্ভাব হয়েছে তাঁরা অনুভব করেছেন—মিলনের পন্থাই ভারতপন্থা। মধ্যযুগে যখন হিন্দু-মুসলমানের মধ্যে বিচ্ছেদ বড়ো সমস্যা হয়ে উঠেছিল তখন দাদূ কবীর প্রভৃতি সাধকগণ সেই বিচ্ছেদের মধ্যে আধ্যাত্মিক ঐক্য-সেতু প্রতিষ্ঠার চেষ্টা করে গেছেন।

কিন্তু একটা কথা তাঁরাও ভাবেন নি। প্রদেশে প্রদেশে আজ যে ভেদজ্ঞান, একই প্রদেশের মধ্যে যে পরস্পর ব্যবধান, একই সম্প্রদায়ের মধ্যেও যে বিভক্ততা, এ দুর্গতি তখন তাঁদের চিন্তার বিষয় হয়ে ওঠে নি। হিন্দু-মুসলমানের মধ্যকার বিচ্ছেদ আমাদের পীড়া দিচ্ছে। এই পীড়া উভয় পক্ষেই নিরতিশয় দুঃসহ দুর্বহ হয়ে উঠলে উভয়ের চেষ্টায় তার একটা নিষ্পত্তি হতে পারবে। কিন্তু এর চেয়ে দুঃসাধ্য সমস্যা হিন্দুদের, যারা শাশ্বত ধর্মের দোহাই দিয়ে একই সম্প্রদায়ের মধ্যে মানুষের প্রতি সুবুদ্ধিবিরুদ্ধ অসম্মানকর নিরর্থক ভাগ-বিভাগ নিত্য করে রাখে।

এইজন্যই মনে হয় নিবিড় প্রদোষান্ধকারের মধ্যে আমাদের

দেশে রামমোহন রায়ের জন্ম একটা বিস্ময়কর ব্যাপার। পাশ্চাত্য শিক্ষার অনেক পূর্বেই তাঁর শিক্ষা ছিল প্রাচ্য বিদ্যায়। অথচ ঘোরতর বিচ্ছেদের মধ্যে ঐক্যের সন্ধান লাভ করবার মতো বড়ো মন তাঁর ছিল। বর্তমান কালে অন্তত বাংলাদেশে ভারতীয় সংস্কৃতির সর্বপ্রথম দূত ছিলেন তিনি। বেদ-বেদান্তে উপনিষদে তাঁর পারদর্শিতা ছিল, আরবি-পারসিতেও ছিল সমান অধিকার—শুধু ভাষাগত অধিকার নয়—হৃদয়ের সহানুভূতিও ছিল সেইসঙ্গে। যে বৃদ্ধি, যে জ্ঞান দেশকালের সংকীর্ণতা ছাড়িয়ে যায়, তারই আলোকে হিন্দু মুসলমান এবং খৃস্টান তাঁর চিত্তে এসে মিলিত হয়েছিল। অসাধারণ দূরদৃষ্টির সঙ্গে সার্বভৌমিক নীতি এবং সংস্কৃতিকে তিনি গ্রহণ করেছিলেন। শুধু ধর্ম এবং আধ্যাত্মিকতার ক্ষেত্রে নয়, কর্মের ক্ষেত্রেও তাঁর বুদ্ধি ছিল সর্বগ। এ দেশে রাষ্ট্রবুদ্ধির তিনিই প্রথম পরিচয় দিয়েছেন। আর, নারীজাতির প্রতি তাঁর বেদনাবোধের কথা কারো অবিদিত নেই। সতীদাহের মতো নিষ্ঠুর প্রথার নামে ধর্মের অবমাননা তাঁর কাছে দুঃসহভাবে অশ্রদ্ধেয় হয়েছিল। সেদিন এই দুর্নীতিকে আঘাত করতে যে পৌরুষের প্রয়োজন ছিল আজ তা আমরা সুস্পষ্টভাবে ধারণা করতে পারি নে।

রামমোহন রায়ের চিত্তভূমিতে বিভিন্ন সম্প্রদায় এসে মিলিত হতে পেরেছিল এর প্রধান কারণ—ভারতীয় সংস্কৃতির শ্রেষ্ঠ উপদেশকে তিনি গ্রহণ করতে পেরেছিলেন। ভারতীয় বিদ্যা এবং ধর্মের মধ্যে যেখানে সবাই মিলতে পারে সেখানে ছিল তাঁর সাধনার ক্ষেত্র, সেখান থেকেই তিনি বাণী সংগ্রহ করেছিলেন। সেই ছিল তাঁর পাথেয়। ভারতের ঋষি যে আলো দেখেছিলেন অন্ধকারের পরপার হতে, সেই আলোই তিনি আপন জীবনযাত্রাপথের জন্য গ্রহণ করেছিলেন।

ভাবলেও বিস্ময় জন্মে যে, সেই সময়ে কী করে আমাদের দেশে তাঁর অভ্যাগম সম্ভবপর হয়েছে। তখন দেশে একটা দল ইংরেজি শিক্ষার অত্যন্ত বিরুদ্ধে ছিলেন, ম্লেচ্ছবিদ্যাতে অভিভূত হয়ে আমরা ধর্মচ্যুত হয়ে পড়ব এই ছিল তাঁদের ভয়। এ কথা কেউ বলতে পারবে

না যে, রামমোহন পাশ্চাত্য বিদ্যা দ্বারা বিহ্বল হয়ে পড়েছিলেন। প্রাচীন সংস্কৃত শাস্ত্রজ্ঞান তাঁর গভীর ছিল, অথচ তিনি সাহস করে বলতে পেরেছিলেন—দেশে বিজ্ঞানমূলক পাশ্চাত্য শিক্ষার বিস্তার চাই। প্রাচ্য ও পাশ্চাত্য বিদ্যার যথার্থ সমন্বয় সাধন করতে তিনি চেয়েছিলেন। বুদ্ধি জ্ঞান এবং আধ্যাত্মিক সম্পদের ক্ষেত্রে তাঁর এই ঐক্য সাধনের বাণী ভারতবর্ষের ইতিহাসে এক আশ্চর্য ঘটনা।

আজ যদি তাঁকে আমরা ভালো করে স্বীকার করতে না পারি, সে আমাদেরই দুর্বলতা। জীবিতকালে তাঁর প্রত্যেক কাজে আমরা তাঁকে পদে পদে ঠেকিয়েছি। আজও যদি আমরা তাঁকে খর্ব করবার জন্য উদ্যত হয়ে আনন্দ পাই সেও আমাদের বাঙালি চিত্তবৃত্তির আত্মঘাতী বৈশিষ্ট্যের পরিচয় দেয়।

তাঁকে কোনো বিশেষ আচারী সম্প্রদায় সহ্য করতে পারে নি, এতেই তাঁর যথার্থ গৌরবের পরিচয়। প্রচলিত ক্ষুদ্র গণ্ডির মধ্যে আপনাকে সীমাবদ্ধ করে রাখলে তিনি অনায়াসে জয়ধ্বনি পেতে পারতেন। কিন্তু তিনি তা না করে সবাইকে জড়িয়ে সমগ্র দেশের মধ্যে তাঁর বাণীকে প্রচার করে গেছেন। তাঁর এই কাজ সহজ কাজ নয়। এইজন্য তাঁকে আজ নমস্কার করি।

আমাদের অন্তরেও মুক্তি নেই, ঘরেও মুক্তি নেই। পর পর বিদেশী আমাদের স্বাধীনতা হরণ করতে উদ্যত হয়েছে। কেননা, অন্তরের সঙ্গে আমরা স্বাধীনতাকে স্বীকার করে নিতে পারি নি, সকলকে আমরা গ্রহণ করতে পারি নি। আমাদের এ কথা মনে রাখতে হবে যে, দুঃখ দারিদ্র্য এবং পরাভব যেখানে এত বড়ো সেখানে সকলকে গ্রহণ করার মতো বড়ো হৃদয়ও চাই। মহাপুরুষ রামমোহন রায়ের সেইরকম বড়ো হৃদয় ছিল। আজ তাঁকেই নমস্কার করব বলে এখানে এসেছি।

১০ আশ্বিন ১৩৪৩

৫

মানুষ সন্ধানী। আদিকাল হতে সে কেবল খুঁজে খুঁজেই বেড়িয়েছে। যখন তার সমস্ত চিত্তের উন্মেষ হয় নি তখনো সে আপনার সন্ধান-প্রবৃত্তিকে ক্রমাগত জাগিয়েছে। এই চলার পথে পরিশ্রান্ত হয়ে সে কতবার তার চার দিকে একটা গণ্ডি টেনে দিয়ে বলেছে—এই হল আমার গম্যস্থান, এখান থেকে আর এক পা'ও নড়ব না। অভ্যাস আর অনুষ্ঠানের বেড়া গড়ে তুলে নিজেকে বন্দী করে রেখেছে, যাতে তাকে আর সাধনা করতে না হয়, সন্ধান করে বেড়াতে না হয়। মন্ত্রকে খুঁটির মতো তৈরি করে সে তার চার দিকে কেবলই ঘানির বলদের মতো ঘুরেছে। পরিচিত কতকগুলো অভ্যাস অবলম্বন করে মানুষ আরাম চেয়েছে।

কিন্তু মানুষ তো আরামের জীব নয়। স্থাণুর মতো স্থির হয়ে আপাতপরিতৃপ্তি নিয়ে সে যখন বসে থাকে তখন তার সেই আরামলোভী সমাজের মধ্যেই প্রকৃত মনুষ্যত্ব নিয়ে মহামানুষ জন্মায়। সে বলে—আমরা তো গহ্বরচর জীব নই, একটা নিত্যনিয়মিত গতিহারা রুদ্ধ জীবনের আহার বিহার ও আরাম নিয়ে সন্তুষ্ট থাকলে আমাদের চলবে না তো! মহাপুরুষ সাধনার পথকে স্বীকার করে নেন, সত্যকে সন্ধান করে তিনি সেই গভীরকে সেই অসীমকে উপলব্ধি করতে চান। সমস্ত ক্ষুদ্রতা ও তুচ্ছতার সীমা অতিক্রম করার জন্যে তিনি তাঁর বেড়া-ভাঙার বাণী নিয়ে আসেন। মনে করিয়ে দেন যে, আরামের মধ্যে আনন্দ নেই, আনন্দকে মিলবে কেবল সেই অসীমের প্রাঙ্গণে। লোকে বলে এতদিনকার অভ্যাস আর অনুষ্ঠান দিয়ে বেড়া তৈরি করেছি, এখন সে গণ্ডি ভাঙব কী করে? এসেছি আমরা আমাদের গম্যস্থানে, আরামে আছি, আর খুঁজে বেড়াতে চাই না। তারা তাদের মিথ্যাকেই আঁকড়ে ধরে মহাপুরুষের সত্যবাণীকে অস্বীকার করে; তাঁকে গাল দেয়, অপমানও করে। বিজ্ঞানের দিক দিয়েও আমরা দেখি মানুষ আরাম পাবার জন্যে তার বুদ্ধিকে একদা

আষ্টেপৃষ্ঠে বেঁধেছে। প্রাচীনকালে লোক বলত যে, আকাশ একটা কঠিন গোলকার্ধ, তাতে নড়চড় নেই, মাথার উপর এই ফার্মামেণ্ট্ (firmament) কল্পনা করে নিয়ে এবং জগৎ-সংসারের সমস্ত নিয়ম একেবারে বেঁধে ফেলে মানুষ আরাম পেলে—যেন বিভ্রমের পথে তার ভ্রাম্যমাণ বুদ্ধির একটা স্থিতি হল। আমাদের দেশের জ্ঞানবৃদ্ধেরাও বলেছেন যে, সুমেরুশিখরের এক দিক দিয়ে সূর্য ওঠে এবং আর-এক দিকে নামে; কচ্ছপের খোলসের উপর আর বাসুকির মাথায় পৃথিবী অবস্থিত এই কল্পনা করে ভূমিকম্প ইত্যাদি প্রাকৃতিক বিপর্যয়ের তাঁরা একটা ব্যাখ্যা করে নিলেন। এতে করে তাঁদের বুদ্ধি আরাম পেলে। কিন্তু সে বাঁধা নিয়ম টিকল না তো। মানুষই তো শেষকালে বললে পৃথিবীও চলছে। আরামপ্রিয় মানুষ এই সম্ভাবনায় হিংস্র হয়ে উঠল, সন্ধানের দুরূহ পথে পরিশ্রান্ত হবার ভয়ে সে বৈজ্ঞানিককে বললে তার কথা প্রত্যাহার করতে। মানুষ কিন্তু অভ্যাসকে মানে নি, যদিও সে বাঁধামতওয়ালাদের কাছে অবমানিত হয়েছে, মার খেয়েছে। প্রাণ দিয়েও মানুষ সত্যকে দেখাবার প্রয়াস করেছে, ভয় পায় নি।

ধর্মেও দেখি সেইরকম বাঁধা নিয়ম, কত শুচিতা, কত কৃত্রিম গণ্ডি। নিয়ম পালন ক'রে আচার আবৃত্তি আর অভ্যাস রক্ষা ক'রে সে তার চিন্তাকে অবকাশ দিতে চেয়েছে বহুবিধ জটিলতা থেকে। মানুষ বলেছে যে, আদিকাল থেকে ব্রহ্মা যে নিয়ম বেঁধে দিয়েছেন, তার বাইরে যাবার জো নেই। ফলে নিত্য কৃত্রিমতার দরুন তার মন অসাড় হয়ে যায়, সে তখন নিত্যধর্ম অর্থাৎ সত্যকে মেনে নিতে দ্বিধাবোধ করে। আমাদের দেশে ধর্মের যখন এইরকম নিঃসাড় অবস্থা তখন রামমোহন এসেছিলেন। বাঁধা নিয়মের পথ পরিত্যাগ করে তিনি দুর্গম পথের যাত্রী হয়েছিলেন। এ কথা বলা যাবে না যে, শাস্ত্রজ্ঞ না হয়ে তিনি অন্য পথ বেছে নিয়েছিলেন। আচার আবৃত্তি ও অনুষ্ঠানের মধ্যে মন তাঁর তৃপ্তি মানে নি, অসীমের সন্ধান করতে গিয়ে তিনি উপনিষদের দ্বারে এসে পৌঁচেছিলেন। অন্যান্য মহাপুরুষের মতো তিনিও এসেছিলেন সন্ধানের পথে মানুষকে মুক্তি দিতে। তাঁদের মতোই কত লাঞ্ছনা গঞ্জনা, কত অবমাননা তাঁকে সইতে হয়েছে, কিন্তু বিপদ কোনোদিন

তাঁকে সত্যপথ থেকে বিচলিত করতে পারে নি।

অতি বড়ো শোক ও বেদনার মধ্যে পিতামহীর মৃত্যুর পর পিতা আমার শান্তি চেয়েছিলেন। তাঁর সেই পীড়িত ও শোকাতুর চিত্ত আকাশের দিকে হাত বাড়িয়েছিল; তিনিও প্রচলিত ধর্মের বাঁধন ছিঁড়ে এই উপনিষদের দ্বারে, সীমার উর্ধ্বে গিয়ে অসীমকে উপলব্ধি করার জন্যে এসেছিলেন। মুক্তির জন্যে তিনি রামমোহনের কাছে গিয়েছিলেন।

রামমোহন সম্পর্কে আজকের দিনটা একটা স্মরণীয় দিন। ছোটো একটা মণ্ডলী গড়ে উঠেছিল তাঁর চার দিকে; তাঁদের কাছে তিনি ধর্মপ্রচার করতে যান নি। তাঁদের সঙ্গে একসাথে সত্যের সাধনা করেছিলেন। অভ্যাসের টান এবং শাসন থেকে বন্ধনমোচন করতে তিনি এসেছিলেন মুক্তির দূত হয়ে। নিজের বন্ধন মোচন করে অপরকে মুক্ত করার কর্তব্য তিনি করে গিয়েছেন। তিনি যদি ব্যর্থ হয়ে থাকেন তবে সে আমাদের নিজেদেরই ব্যর্থতা; যদি তাঁর সাধনার বীজ আমাদের হৃদয়ে প্রবেশ করে থাকে তবে তা হল সেই মহাপুরুষেরই কাজ।

১১ মাঘ [১৩৪২]

৬

আমাদের জীবনে যে-সব লাভ পরম লাভ মাঝে মাঝে তাই উপলব্ধি করবার জন্যে আমাদের উৎসবের দিন। সেদিন যা আমাদের শ্রেষ্ঠ, যা আমাদের সত্য, যা আমাদের গৌরবের, তারই জন্যে আসন প্রস্তুত হয়; অন্তরের আলো বড়ো করে জ্বালাই; যা আমাদের চিরন্তন সেদিন তাকে ভালো করে দেখে নেবার জন্যে আমরা মিলি।

পশুপাখিদেরও প্রাণের ঐশ্বর্য আছে। সে তাদের প্রাণ-শক্তিরই বিশেষ বিকাশ। পাখি উড়তে পারে এ তার একটি সম্পদ। মাঝে মাঝে

এই সম্পদকে সে উপলব্ধি করতে চায়, মাঝে মাঝে সে ওড়ে, কোনো প্রয়োজনে নয়, ওড়বারই জন্যে; সে তার পক্ষচালনা দিয়ে আকাশে এই কথা ঘোষণা করে যে, 'আমি পেয়েছি।' এই তার উৎসব। বুনো ঘোড়া খোলা মাঠে এক-এক সময় খুব করে দৌড়ে নেয়—কোনো কারণ নেই। সে নিজেকে বলে, 'আমার গতিবেগ আমার সম্পদ—আমি পেয়েছি।' এই উৎসাহ ঘোষণা ক'রেই তার উৎসব। ময়ূর এক-একবার আপন মনে তার পুচ্ছ বিস্তার করে, আপন পুচ্ছশোভার প্রাচুর্য-গৌরব সে আপনারই কাছে প্রকাশ করে; আপন অস্তিত্বের ঐশ্বর্যকে উদ্‌ঘাটিত করে দিয়ে সে অনুভব করে যে, জীবলোকে তার একটি বিশেষ সম্মান আছে। সেও বলে, 'আমি পেয়েছি।'

কিন্তু মানুষের উৎসব তার প্রাণসম্পদের চেয়ে বেশি-কিছু নিয়ে। যা সে সহজে পেয়েছে তাতে সে অন্য জীবজন্তুর সঙ্গে সমান, যা সে সাধনা করে পেয়েছে তাতেই সে মানুষ। সে আপনার ঐশ্বর্য আপনি যখন সৃষ্টি করে তখনি সে আপনাকে সত্য করে পায়। তখনি সে বলে, 'আমি পেয়েছি।' তার আনন্দ সৃষ্টির আনন্দ।

যা-খুশি তাই বানিয়ে তোলা মাত্রকেই সৃষ্টি বলে না। কোনো বিশ্বসত্যকে লাভ করার যোগে প্রকাশ ও প্রকাশ করার যোগে লাভ করাকেই বলে সৃষ্টি। সুতরাং সে কারো একলার নয়। পশুপক্ষীর যে উৎসবের কথা পূর্বে বলেছি সে তাদের একলার, মানুষের উৎসব সকলকে নিয়ে। লক্ষপতি তার ব্যবসায়ে মস্ত লাভ করতে পারে, তা নিয়ে সে ঘটা করে ভোজ দিতেও পারে, কিন্তু সেইখানেই সেটা ফুরালো—মানুষের উৎসবলোকে সে স্থান পেল না। সে আপন লাভকে অতি সতর্কতা ও কৃপণতার সঙ্গে লোহার সিন্দুকের মধ্যে বন্দী করে রাখে, তার পরে একদিন সে অতি কঠিন পাহারার ভিতর থেকেও শূন্যে অন্তর্ধান করে। সে নিজে সৃষ্টি নয় বলেই উৎসব সৃষ্টি করতে পারে না। সৃষ্টি মানে উৎসৃষ্টি, যা সকল ব্যয়কে অতিক্রম করে দানরূপে থেকে যায়।

চিরকালের ঐশ্বর্য যখন তার কাছে প্রকাশ পায় তখন মানুষ বড়ো

করে বলতে চায় ‘আমি পেয়েছি’। এ কথা সে বলতে চায় সকল দেশকে, সকল কালকে, কেননা পাওয়া তার একলার নয়। ঋষি একদিন বিশ্বকে বলেছিলেন, ‘পেয়েছি, জেনেছি, বেদাহং।’ ঋষি সেইসঙ্গেই বলেছেন, ‘আমার পাওয়া তোমাদের সকলের পাওয়া, শৃণ্বন্তু বিশ্বে।’ এই বাণীই উৎসবের বাণী। মানুষের উৎসবে চিরন্তন কালের আনন্দ ও আহ্বান।

ঘরে যখন কোনো শুভ ঘটনা ঘটে, যেমন সন্তানের জন্ম বা বিবাহ, সেটাতেও আমাদের দেশের মানুষ সকলকে ডাকে; বলে, ‘আমার আনন্দে তোমরাও আনন্দ করো। আমার গৃহের উৎসব যখন বাইরে গিয়ে পৌঁছবে তখনি তা সম্পূর্ণ হবে।’ বস্তুত মানুষের ব্যক্তিগত শুভ ঘটনা, যা মানবসম্বন্ধের কোনো-একটি বিশেষ রূপকে প্রকাশ করে, যেমন জননীর সন্তানলাভ বা নরনারীর প্রেম-সম্মিলন, তাও একান্ত ব্যক্তিগত নয়; নবজাত শিশু বা নবদম্পতি শুধু মাত্র ঘরের না, তারা সমস্ত সমাজের। এইজন্যে গৃহের উৎসবকে সর্বজনের উৎসব যখন করি তখনি তা সার্থক হয়।

আজকের উৎসবের বাণী হচ্ছে এই যে, সমস্ত মানবের হয়ে আমরা একটি ব্রত লাভ করেছি, ব্রতপতি আমাদের এই ব্রতকে সার্থক করুন। এ আমাদের মিলনের ব্রত। একটি মহৎ জীবনের ভিতর থেকে এই ব্রত উদ্ভাবিত—একজন মহামানব এর প্রতিষ্ঠা করে গেছেন, আমরা যেন একে গ্রহণ করি।

মানুষ তার যে জীবনকে সহজে পেয়েছে সেই জীবনকে সৃষ্টি করার দ্বারা বিশিষ্টতা দিলে তবেই তাকে যথার্থ করে পায়। তা করতে গেলেই কোনো-একটি বড়ো সত্যকে আপন জীবনের কেন্দ্ররূপে আশ্রয় করা চাই। সেই কেন্দ্রস্থিত ধ্রুব সত্যের সঙ্গে আপন চিন্তাকে কর্মকে আপন দিনগুলিকে সংযুক্ত করে জীবনকে সুসংযত ঐক্য দিতে পারলে তবেই তাকে বলে সৃষ্টি। এই সৃষ্টির কেন্দ্রটি না পেলে তার দিনগুলি হয় বিচ্ছিন্ন, তার কর্মগুলির মধ্যে কোনো নিত্যকালের তাৎপর্য থাকে না। তখন জীবনটা আপন উপকরণ নিয়ে স্তূপাকার হয়ে

থাকে, রূপ পায় না। তাতেই মানুষের দুঃখ। এই বিশ্বসৃষ্টির যজ্ঞে যা-কিছু থাকে অস্পষ্ট, বিক্ষিপ্ত, যা-কিছু রূপ না পায়, তাই হয় বর্জিত। একেই বলে বিনষ্টি। যাঁরা আপনার মধ্যে সৃষ্টির সার্থকতা পেয়েছেন, যাঁরা নিজের জীবনের মধ্যে সত্যকে বাস্তব করে তুলেছেন, তাকে রূপ দিতে পেরেছেন, অমৃতাস্তে ভবন্তি।

অধিকাংশ মানুষ বিষয়লাভের উদ্দেশ্যকেই জীবনের কেন্দ্র করে। তার অধিকাংশ উদ্যম এই এক উদ্দেশ্যের দ্বারা নিয়ন্ত্রিত হয়। এতেও জীবনকে ব্যর্থ করে তার কারণ এই যে, মানুষ মহৎ। যতটুকু তার নিজের পোষণের জন্য, যতটুকু কেবল তার অদ্যতন, তাতে তার সমস্তটাকে ধরে না। এই সত্যটিকে প্রকাশ করবার জন্যে মানুষ দুটি শব্দ সৃষ্টি করেছে—অহং আর আত্মা। অহং মানুষের সেই সত্তা যার সমস্ত আকাঙ্ক্ষা ও আয়োজন চিরকালের থেকে ক্ষণিকতার মধ্যে, সর্বলোকের থেকে এককের মধ্যে তাকে পৃথক করে রেখেছে। আর, আত্মার মধ্যে তার সর্বজনীন ও সর্বকালীন সত্তা। সমস্ত জীবন দিয়ে যদি মানুষ অহংকেই প্রকাশ করে তবে সে সত্যকে পায় না; তার প্রমাণ, সে সত্যকে দেয় না। কেননা সত্যকে পাওয়া আর সত্যকে দেওয়া একই কথা, যেমন প্রদীপের পক্ষে আলো'কে পাওয়া। মানুষের পক্ষে আত্মাকে উপলব্ধি ও আত্মাকে দান করা একই কথা। আপনার সৃষ্টিতে মানুষ আপনাকে পায় এবং আপনাকে দেয়। এই দান করার দ্বারাই সে সর্বকাল ও সর্বজনের মধ্যে নিত্য হয়।

আমাদের মধ্যে বিচিত্র অসংলগ্ন ও পরস্পরবিরুদ্ধ কত প্রবৃত্তি রয়েছে। এগুলি প্রাকৃতিক—মাটি যেমন, শিলাখণ্ড যেমন প্রাকৃতিক। এরা সৃষ্টির উপকরণ। প্রকৃতির ক্ষেত্রে এদের অর্থ আছে, কিন্তু মানুষ এদের ভিতর থেকে আপন সংকল্পের বলে যখন একটি সম্পূর্ণ মূর্তি উদ্ভাবিত করে তখনি মানুষ এদের প্রতি আপন সার্থকতার মূল্য অর্পণ করে। বাঘের অস্তিত্বরক্ষায় প্রাকৃতিক প্রবৃত্তির প্রয়োজন আছে, তার হিংস্রতা তার জীবনযাত্রার উপযোগী, এইজন্য তার মধ্যে ভালোমন্দর মূল্যভেদ নেই। কিন্তু কেবলমাত্র জৈব অস্তিত্বরক্ষায় মানুষের

সম্পূর্ণতা নয়; বহুযুগের ইতিহাসের ভিতর দিয়ে মানুষ আপনাকে সৃষ্টি করে তুলছে—সেই তার মনুষ্যত্ব। এই তার আপন সৃষ্টির পক্ষে তার প্রকৃতিগত যে উপাদান অনুকূল তাই ভালো, যা প্রতিকূল তাই রিপু। এইজন্যে মানুষের জীবনের মাঝখানে এমন একটি মূল সত্যের প্রতিষ্ঠা থাকা চাই যা তার সমস্ত বিচ্ছিন্নতা-বিরুদ্ধতাকে সমন্বয়ের দ্বারা নিয়ন্ত্রিত করে ঐক্যদান করতে পারে। তবেই সে আপনার পরিপূর্ণ চিরন্তন সত্যকে পায়। সেই সত্যকে পাওয়াই অমৃতকে পাওয়া, না পাওয়া মহতী বিনষ্টি। অর্থাৎ যে বিনাশ তার দৈহিক জীবনের অভাবের বিনাশ সে নয়, তার চেয়েও বেশি; যা তার অমৃত থেকে বঞ্চিত হওয়ার বিনাশ, তাই।

যেমন ব্যক্তিগত মানুষের পক্ষে তেমনি তার সমাজের পক্ষে একটি সত্যের কেন্দ্র থাকা চাই। নইলে সে বিচ্ছিন্ন হয়, দুর্বল হয়, তার অংশগুলি পরস্পর পরস্পরকে আঘাত করতে থাকে। সেই কেন্দ্রটি এমন একটি সর্বজনীন সত্য হওয়া চাই যা তার সমস্ত বিচ্ছিন্নতাকে সর্বাঙ্গীণ ঐক্য দিতে পারে—নইলে তার না থাকে শান্তি, না থাকে শক্তি, না থাকে সমৃদ্ধি; সে এমন-কিছুকে উদ্ভাবন করতে পারে না যার চিরকালীন মূল্য আছে। সমাজ মানুষের সকলের চেয়ে বড়ো সৃষ্টি। সেইজন্যেই দেখি ইতিহাসের আরম্ভ হতেই, যখন থেকে মানুষ দলবদ্ধ হতে আরম্ভ করেছে তখন থেকেই, সে তার সম্মিলনের কেন্দ্রে এমন একটি সত্যকে প্রতিষ্ঠিত করতে চেয়েছে যা তার সমস্ত খণ্ডকে জোড়া দিয়ে এক করতে পারে। এইটের উপরেই তার কল্যাণের নির্ভর। এইটেই তার সত্য, এইটেই তার অমৃত, নইলে তার বিনষ্টি।

বস্তুত এই ঐক্যের মূলে মানবজাতি এমন-কিছুকে অনুভব করে যার প্রতি তার ভক্তি জাগে, যার জন্যে সে প্রাণ দেয়, যাকে সে দেবতা বলে জানে। মানুষ বাহ্যত বিচ্ছিন্ন, অথচ তার অন্তরের মধ্যে পরস্পর-যোগের যে শক্তি নিয়ত কাজ করছে তা পরম রহস্যময়, তা অনির্বচনীয়; তা প্রত্যেক ব্যক্তির মধ্যে প্রতিষ্ঠিত, অথচ প্রত্যেক ব্যক্তিকেই দেশে কালে বহুদূরে অতিক্রম করে চলে।

বিশেষ বিশেষ উপজাতি আপনাদের ঐক্যবন্ধনের গোড়ায় যে দেবতাকে স্থাপিত করেছে সেই দেবতাই বিশেষ সমাজের মধ্যে ঐক্য বিস্তার করলেও অন্য সমাজের বিরুদ্ধে ভেদবুদ্ধিকে একান্ত উগ্র করে তোলে। ধর্মের ঐক্যতত্ত্বকে সংকীর্ণ সীমায় স্থানিক রূপ দেবামাত্রই তা বাহিরের সঙ্গে বিচ্ছেদের সাংঘাতিক অস্ত্র হয়ে দাঁড়ায়। পৃথিবীতে প্রাকৃতিক বিভীষিকা অনেক আছে—ঝড়, বন্যা, অগ্ন্যুৎপাত, মারী—কিন্তু মানুষের ইতিহাস খুঁজে দেখলে দেখা যায় ধর্মের বিভীষিকার সঙ্গে তাদের তুলনাই হয় না। সর্বমানবের অন্তরতম যে গভীর ঐক্য, মানুষের ধর্মই তার সকলের চেয়ে বড়ো শত্রু ছিল, এবং সেই শত্রুতা যে আজও ঘুচে গেছে তা বলতে পারি নে।

তাই যুগে যুগে যাঁরা সাধকশ্রেষ্ঠ তাঁদের সাধনা এই যে, দেবতার সম্বন্ধে মানুষের যে বোধ স্থানে রূপে ও ভাবে খণ্ডিত তাকে অখণ্ড করা; সাম্প্রদায়িক কৃপণতা যে ধর্মকে আপন আপন বিশেষ বিশ্বাস বিধি ও ব্যবহারের দ্বারা বদ্ধ করেছে তাকে মুক্ত করে দিয়ে সর্বমানবের পূজাবেদিতে প্রতিষ্ঠিত করা। যখনি তা ঘটে তখনি সেই ধর্মের উৎসবে জাতিবর্ণ-নির্বিশেষে সকল মানুষের প্রতি আহ্বান ধ্বনিত হয়, সেই উৎসবক্ষেত্র কোনো বিশেষ ঐতিহাসিক বেড়া দিয়ে ঘেরা থাকে না। তখন ধর্মবোধের সঙ্গে যে অবাধ ঐক্যতত্ত্ব একাত্ম তা উজ্জ্বল হয়ে ওঠে।

ইতিহাসে দেখা গেছে একদা য়িহুদিরা তাঁদের ঈশ্বরকে তাঁদের জাতিগত অধিকারের মধ্যে সংকীর্ণ করে রেখেছিলেন; তাঁদের ধর্ম তাঁদের দেবতার প্রসাদকে নিজেদের ইতিহাসের মধ্যে একান্ত পুঞ্জিত করে রাখবার ভাণ্ডারঘরের মতো ছিল। সেই দেবতার নামে ভিন্ন সম্প্রদায়ের সর্বনাশ করাকে নিজ-দেবতার পূজার অঙ্গ বলেই তাঁরা মনে করেছিলেন। তাঁদের দেবতাকে হিংস্র বিদ্বেষপরায়ণ রক্তপিপাসু-রূপে ধ্যান করাই তাঁদের বিশেষ গৌরবের বিষয় ছিল। সেদিন তাঁদের ধর্মোৎসব তাঁদেরই মন্দিরের প্রাঙ্গণে ছিল সংকুচিত। সেখানে বিশ্বের অধিকাংশ মানুষই শুধু যে ছিল অনাহুত তা নয়, তারা শত্রু বলেই গণ্য হত।

যিশু এলেন ধর্মকে মুক্তি দিতে। ঈশ্বরকে তিনি সর্বমানবের পিতা বলে ঘোষণা করলেন—ধর্মে সকল মানুষের সমান অধিকার, ঈশ্বরে মানুষের পরম ঐক্য, এই সাধনমন্ত্র যখন তিনি মানুষকে দান করলেন তখন এই সাধনার সম্পদ সকল মানুষের উৎসবের যোগ্য হল।

যিশুর শিষ্যেরা এই মন্ত্র সকলেই সত্যভাবে গ্রহণ করেছে এমন কথা বলতে পারিনে। মুখে যাই বলুক, পাশ্চাত্য জাতির ধর্মবুদ্ধি মোটের উপর ওল্ড টেস্টামেন্টের ভাবেই সংঘটিত। এইজন্য যুদ্ধবিগ্রহের সময় তারা ঈশ্বরকে নিজেদের দলভুক্ত ব'লেই গণ্য করে, যুদ্ধে প্রতিকূল পক্ষ বিনষ্ট হলে তাতে তারা ঈশ্বরের পক্ষপাত কল্পনা ক'রে কৃতজ্ঞতা প্রকাশ করে। ঈশ্বরের নামে যে য়ুরোপে হিংস্রতা বহু শতাব্দী ধরে প্রশ্রয় পেয়েছে শুধু তাই নয়, যখন তারা যিশুর বাণীর প্রতিধ্বনি ক'রে স্বর্গরাজ্য-স্থাপনের কথা বলে তখন সেইসঙ্গেই নিজেদের রাজার জন্যে দেশের জন্যে ঈশ্বরের কৃপায় সকলপ্রকার উপায়ে মর্তরাজ্য-বিস্তারের আকাঙ্ক্ষাকেই জয়ী করতে চেষ্টা করে। এমন-কি, যুদ্ধবিগ্রহের সময় তাদের ধর্মযাজকেরা যত বিদ্বেষের উত্তেজনার অনুমোদন করেছে, এমন সৈনিকেরাও নয়।

এর কারণ, বাইবেলে যে অংশে ঈশ্বর রাগদ্বেষচালিত দলপতিরূপে কল্পিত ও বর্ণিত, সেই অংশই তাদের নিজের স্বাভাবিক প্রবৃত্তির সহায় হয়ে তাদের অহমিকা ও পরজাতি-বিদ্বেষকে বল দিয়েছে। কিন্তু তৎসত্ত্বেও খৃস্টের বাণী-যে কাজ করছে না তা হতেই পারে না। তার কাজ গূঢ় গভীর। বস্তুত আমাদের স্বাভাবিক অহংকার দেবতাকে ক্ষুদ্র ক'রে আমাদের শুভবুদ্ধিকে খণ্ডিত করে বলেই পরম সত্যের অদ্বৈতরূপ উপলব্ধির জন্যে আমাদের আত্মার এত গভীর প্রয়োজন।

বুদ্ধদেব জাতিবর্ণ ও শাস্ত্রের সমস্ত ভাগবিভাগ অতিক্রম করে বিশ্বমৈত্রী প্রচার করেছিলেন। এই বিশ্বমৈত্রী যে মুক্তি বহন করে সে হচ্ছে অনৈক্যবোধ থেকে মুক্তি। রিপুমাত্রই মানুষের সঙ্গে মানুষের ভেদ ঘটায়, কেননা ভেদ আমাদের অহং-এর মধ্যে, এবং আমাদের রিপুগুলি এই অহং-এরই অনুচর। তারা আত্মাকে অবরুদ্ধ করে।

সাধকেরা যখন ঐক্যের বিশ্বক্ষেত্রে আত্মাকে মুক্তি দান করেন তখনি তার আনন্দকে তার উৎসবকে সর্ব-দেশে-কালে প্রতিষ্ঠিত করেন।

ভারত-ইতিহাসের মধ্যযুগে যখন মুসলমান বাহির থেকে এল তখন সেই সংঘাতে দুই ধর্মের পরীক্ষা হয়েছিল। দেখা গেল এই দুই ধর্মের মধ্যেই এমন-কিছু ছিল যাতে মানুষে মানুষে শান্তি না এনে নিদারুণ বিরোধ জাগিয়েছে। হিন্দুধর্ম সেদিন হিন্দুকেও ঐক্যদান করে নি, তাকে শতধা বিভক্ত ক'রে তার বল হরণ করেছে। মুসলমান-ধর্ম আপন সম্প্রদায়কে এক করা দ্বারা বলীয়ান করেছিল, কিন্তু তার মধ্যে সাম্প্রদায়িক ভেদবোধ নির্দয়ভাবে প্রবল ছিল বলেই সাম্প্রদায়িক ভিন্নতার ভিতর দিয়েও মানুষের অন্তরতর ঐক্যকে উপলব্ধি করে নি। বাইরের দিক থেকে আঘাত ক'রে মুসলমান মানুষের বাহ্যরূপের প্রভেদকে সবলে একাকার করে দিতে চেয়েছিল। অপর পক্ষে ধর্মের বাহ্যরূপের বেড়াকে বহুগুণিত ক'রে হিন্দু, মানুষে মানুষে যে বাহ্যভেদ আছে তার উপর স্বয়ং ধর্মের স্বাক্ষর দিয়ে, তাকে নানা বিধি বিধান ও সংস্কারের দ্বারা আটঘাট বেঁধে পাকা করে দিয়েছিল। সেদিন এই দুই পক্ষে ধর্মবিরোধের অন্ত ছিল না—আজও সেই বিরোধ মিটতে চায় না।

সেদিন ভারতে যে-সব সাধক জন্মেছিলেন তাঁরা ভেদবুদ্ধির নিদারুণ প্রকাশ দেখেছেন। তাই মানুষের চিরকালীন সমস্যার সমন্বয় করবার জন্যে তাঁদের সমস্ত মন জেগেছিল। এই সমস্যা হচ্ছে—ধর্মের বলে ভেদের মধ্যে অভেদের সেতু স্থাপন করা। সে কেমন করে হতে পারে? না, সকল ধর্মের বাহিরে দেশ-কালের আবর্জনা জমে উঠে তার সাম্প্রদায়িক রূপকে কঠিন করে তোলে—সে দিকে এক সম্প্রদায়ের লোক অন্য সম্প্রদায়কে বাধা দেয়, আঘাত দেয়—কিন্তু তাদের মধ্যে যে অন্তরতম সত্য সেখানে ভেদ নেই, বাধা নেই। এক কথায় অবিদ্যার মধ্যেই বাধা, অজ্ঞানের বাধা। যেখানে কোনো-এক শাস্ত্রে বলে বাসুকির মাথার উপরে পৃথিবী স্থাপিত; সেখানে আর-এক শাস্ত্র বলে দৈত্যের কাঁধের উপর পৃথিবী স্থাপিত; এই মতভেদ নিয়ে আমরা যদি খুনোখুনি করি তবে সেই অজ্ঞানের লড়াই বাইরের দিক থেকে কিছুতেই মিটতে পারে না। কিন্তু জ্ঞানের দিকে বিরোধ মেটে

এইজন্যে যে, সেখানে বিশ্বাসের যে আদর্শ সে বিশ্বজনীন বুদ্ধি; সে প্রথাগত বিশ্বাস নয়, লোকমুখের কথা নয়।

আধ্যাত্মিক সাধনার মধ্যে বিশ্বজনীনতা আছে, সাম্প্রদায়িক প্রথার মধ্যে নেই। সেইজন্য ভারতবর্ষের ঐক্যসাধক ঋষিরা সকল ধর্মের মূলে যে চিরন্তন ধর্ম আছে তাকেই ভেদবোধ পীড়িত মানুষের কাছে উদ্‌ঘাটিত করেছিলেন। শাস্ত্র সাময়িক ইতিহাসের, আত্মপ্রত্যয় চিরকালের। শাস্ত্র ভেদ ঘটায়, আত্মপ্রত্যয় মিলন আনে। দাদু কবীর নানক প্রভৃতি মধ্যযুগের ভারতীয় সাধকেরা ধর্মের শাস্ত্রীয় বাহ্যরূপের বাধা ভেদ করে এক পরম সত্যের আধ্যাত্মিক রূপকে প্রচার করেছিলেন। সেইখানেই সকল বিরোধের সমন্বয়।

এই বিরোধসমন্বয়ের প্রয়োজন ভারতে যেমন এমন আর কোথাও নয়। এই ভারত-ইতিহাসে সকলের চেয়ে উজ্জ্বল নাম তাঁদেরই যাঁরা আধ্যাত্মিক সাধনার ক্ষেত্রে মানুষের বিরোধ-শান্তি করতে চেয়েছেন। তাঁদের যে গৌরব সে রাষ্ট্রনীতির কূটবুদ্ধির গৌরব নয়, সে গৌরব সহজ সাধনার। এ দেশে বড়ো বড়ো যোদ্ধা ও সম্রাটের জন্ম হয়েছিল, ঐতিহাসিক বহু অন্বেষণে কালের আবর্জনাস্তূপের মধ্যে থেকে তাদের লুপ্তপ্রায় নাম উদ্ধার করে আনেন। কিন্তু এই যে-সব সাধক বাহ্যিকতার আবরণ দূর করে ধর্মের আধ্যাত্মিক সত্যকে সর্বজনের কাছে প্রকাশ করেছেন, তাঁরা একদা সর্বজনের কাছে যতই আঘাত ও প্রত্যাখ্যান পেয়ে থাকুন, দেশের চিত্ত থেকে তাঁদের নাম কিছুতে লুপ্ত হতে চায় না। এঁরা অনেকেই ছিলেন অবিদ্বান অন্ত্যজজাতীয়, কিন্তু এঁদের সম্মান সর্বকালের; এঁরা ভারতের সব চেয়ে বড়ো অভাব মেটাবার সাধনা করেছেন, এবং ভেবে দেখতে গেলে সেই অভাব সমস্ত মানুষের।

আধুনিক ভারতে সেই সাধনার ধারা বহন করে এনেছেন রামমোহন রায়। তিনি যখন এলেন তখন সমস্যা আরো জটিলতর, তখন প্রবল রাজশক্তির হাত ধরে খৃস্টান-ধর্মও এই ধর্মভারবিদীর্ণ দেশে এসে প্রবেশ করেছে। রামমোহন রায় অপমান ও অত্যাচার স্বীকার করে ধর্মের সর্বজনীন সত্যের যোগে মানুষের বিচ্ছিন্ন চিত্তকে মেলাবার উদ্দেশে তাঁর সমস্ত জীবন উৎসর্গ করেছিলেন। মানবলোকে যাঁরা মহাত্মা তাঁদের এই সর্বপ্রধান লক্ষ্য। মানুষের পরমসত্য হচ্ছে মানুষ

এক; এই সত্যকে প্রশস্ত ও গভীরতম ভিত্তিতে প্রতিষ্ঠিত করাই তাঁদের কাজ। রামমোহন আত্মার দৃষ্টিতে সকল মানুষকে দেখেছিলেন এবং আত্মার যোগে সকল মানুষকে ধর্মসম্বন্ধে যুক্ত করতে চেয়েছিলেন।

সৌভাগ্যক্রমে আমাদের প্রাচীনতম সাধকরাও এই ঐক্যের বাণী চিরকালের মতো আমাদের দান করে গেছেন। তাঁরা বলেছেন শান্তং শিবমদ্বৈতং—যিনি অদ্বৈত, যিনি এক, তাঁর মধ্যেই মানুষের শান্তি, তাঁর মধ্যেই মানুষের কল্যাণ। এই বাণী অনেক কাল ভারতে সাম্প্রদায়িক কোলাহলে প্রচ্ছন্ন হয়েছিল। তিনি তাকেই তাঁর জীবনে তাঁর কর্মে ধ্বনিত করে তুললেন। আজ প্রায় একশো বছর হল তিনি এই একের মন্ত্র ঘোষণা করেছিলেন। যে ইচ্ছা ভারতবর্ষের গূঢ়তম ইচ্ছা, সেই তার চিরকালের ইচ্ছার সঙ্গে আজকের দিনের যোগ আছে। ভারতের সেই ইচ্ছাই একশত বৎসর পূর্বে ভারতের এক বরপুত্রের জীবনে আবির্ভূত হয়েছিল এবং এই দিনেই তাকে তিনি সফলতার রূপ দিতে চেয়েছিলেন। জানি সকলে তাঁকে স্বীকার করবে না এবং অনেকে তাঁকে বিরুদ্ধতার দ্বারা আঘাত করবে। কিন্তু জীবনে যাঁরা অমৃত লাভ করেছেন, প্রতিকূলতার সাময়িক কুহেলিকায় তাঁদের দীপ্তিকে গ্রাস করতে পারবে না। তাই যাঁদের মনে শ্রদ্ধা আছে তাঁরা ভারতের সনাতন ঐক্যবাণীর একটি উৎসমুখ বলেই আজকের এই দিনের পবিত্রতাকে অন্তরের মধ্যে গ্রহণ করবেন, এবং রামমোহনের মধ্যে যে প্রার্থনা ছিল সেই প্রার্থনাকে কায়মনোবাক্যে উচ্চারিত করবেন যে, ভারতবর্ষ বিচ্ছিন্নতা থেকে, জড়বুদ্ধি থেকে, বহিরন্তরের দাসত্বদশা থেকে, মুক্তিলাভ করুক—য একঃ স নো বুদ্ধ্যা শুভয়া সংযুনক্তু।

১১ মাঘ [১৩৩৫]

৭

বন্ধুগণ, জরার ক্লান্তিতে আজ আমি অভিভূত। একান্ত ইচ্ছাসত্ত্বেও এই স্মরণ-উৎসবে সম্পূর্ণভাবে যোগ দিতে পারি নি, সেজন্য ক্ষমা প্রার্থনা করি।

আজ আমাদের উপাসনার একটি বিশেষ দিন। উপাসনার বিশেষ বিশেষ উপলক্ষ আমাদের কাছে সময়-সময় উপস্থিত হয়। প্রকৃতির মধ্যেও দেখি, ঋতু-ঋতুতে নূতন নূতন উৎসব। প্রত্যেক ঋতু তার নিজের অর্ঘ্যনিবেদন বহন করে আনে। শরৎ যখন তার শিশিরধৌত নির্মল সৌন্দর্যের প্রাচুর্য নিয়ে দেখা দেয়, তখন সে আমাদের আত্মাকে আহ্বান করে, তখন আমাদের একটি বিশেষ বন্দনার দিন উপস্থিত হয়। প্রকৃতির সৌন্দর্যের মধ্যে আমরা শুনতে পাই বহুবিচিত্রকে নিয়ে একটি অখণ্ড সুষমার বাণী। জলে স্থলে আকাশে রূপসম্মিলনের মধ্যে সেই অপরূপ একের সংগীত কেবল আমাদের আত্মার কাছেই পৌঁছায়—সে এমন একটি লিপি যার ঠিকানা একমাত্র এইখানেই।

সৌন্দর্য অনির্বচনীয়। তাকে আমরা কোনোরকম ব্যাখ্যার দ্বারা বোঝাতে পারি না। আমাদের অন্তরতম উপলব্ধির দ্বারা তাকে আমরা শুধু স্বীকার করতে পারি। সংসারের সমস্ত-কিছু প্রয়োজনকে অতিক্রম করে এই সৌন্দর্য বিরাজমান। সৃষ্টি-রক্ষা বা পালনের কোনো তাগিদ দিয়ে তার হিসাব পাওয়া যায় না। সকল প্রয়োজনের অতীত যে ঐশ্বর্য, বিশ্বজগতে আনন্দরূপের আবির্ভাবকে সে প্রকাশ করে। তাই সংসারযাত্রার প্রতিদিনের সমস্ত অব্যবহিত দাবি চুকিয়ে দিয়েও যে অসীম উদ্বৃত্ত সৌন্দর্য দেখা দেয় তার মধ্যেই আমাদের আত্মা বিশ্বের নিত্যোৎসবের মূল সুরটিকে উপলব্ধি করতে পারে।

জীবনযাত্রার ছোটোখাটো খুঁটিনাটির মধ্যে আমরা এই মূলসুরটিকে ছিন্ন বিক্ষিপ্ত করে দেখি বলে তাকে তার বৃহৎ তাৎপর্যের মধ্যে উপলব্ধি করতে পারি না। যদি আদ্যন্ত দেখতে পেতেম, যে দেখা নানা বাধায় নানা বিরুদ্ধতার দ্বারা খণ্ডিত নয় এমন একটি স্বচ্ছ সমগ্র দেখা দিয়ে যদি অনুভব করতে পারতেম, তবে আমাদের মন অহৈতুক আনন্দে অভিভূত হয়ে পড়ত। জানতে পারতেম, যে পরিপূর্ণ সামঞ্জস্য আমরা শরৎকালের একটি শেফালির মধ্যে দেখতে পাচ্ছি তারই ছন্দ লোকে লোকে আকাশে আকাশে পরিব্যাপ্ত। প্রতিদিনকার কাজ চালাবার দেখার মধ্যে আমাদের আত্মার সেই

দেখা চাপা পড়ে, আনন্দরূপের পূর্ণতাবোধ ক্ষণে ক্ষণে হারিয়ে ফেলি, তার পরে নতুন ঋতু যখন পুরাতন ঋতুৎসবের পালা বদল করার আয়োজন করে তখন তার রাগিণীতে সেই মূলসুরের ধুয়াটিকে নতুন করে পাই। চন্দ্রতারাখচিত নীল আকাশে বিশ্বের যে আশ্চর্য-সুন্দর শতদলটি আলোকের সরোবরে ধীরে ধীরে বিকশিত হয়ে উঠছে তাকে সম্পূর্ণ করে সমগ্রভাবে যিনি দেখছেন তাঁর সেই স্থিরগম্ভীর আনন্দের আংশিক উপলব্ধি আমরা অনুভব করি।

এইরকম করেই আমাদের আর-একটি বন্দনার বিষয় হয় যখন আমরা কোনো মহাপুরুষের মধ্যে সেই মহতোমহীয়ানের পরিচয় পাই। এই পরিচয়ের মধ্যে একটি প্রতিবাদ আছে, যে প্রতিবাদ আমরা প্রকৃতির মহোৎসবের মধ্যেও দেখি। চারি দিকে শ্রীহীনতার অভাব নেই—কত কুৎসিত মলিনতা, কত আবর্জনা, কত অসম্পূর্ণতা প্রতিনিয়তই দেখতে পাই। কিন্তু তারই মধ্যে দেখি সুন্দরকে—দেখি ক্ষণজীবী প্রজাপতির ক্ষীণ সূক্ষ্ম সুকুমার পাখার রঙে রেখায় আশ্চর্য নৈপুণ্য—তখন বুঝি যা-কিছু কুশ্রী তার বিরুদ্ধে চিরকাল ধরে চলেছে সৌন্দর্যের এই প্রতিবাদ। তখন বুঝি সমস্ত কুশ্রীতাকে অতিক্রম করে সৌন্দর্যই ধ্রুবসত্য। বিশ্বজগতের ভিতরে ভিতরে আমাদের আত্মা যখন ছন্দোময় সামঞ্জস্যকে আবিষ্কার করে তখন দেখি, অনন্ত আকাশে সৌন্দর্যের তপস্যার আসন বিস্তীর্ণ। যা কুশ্রী, যা নিরর্থক, যা খণ্ড, সে-সমস্তকে একটি আশ্চর্য সুষমার মধ্যে সুপরিমিত করে নেবার জন্যে বিশ্বজগতের অন্তরে অন্তরে একটি অবিশ্রাম প্রবর্তনা কাজ করছে। বিক্ষিপ্তকে সংযত, বিকৃতকে সংস্কৃত করবার এই বিশ্বব্যাপী সৌন্দর্যতত্ত্ব আশ্রয় করে আছে আনন্দস্বরূপকে অমৃতস্বরূপকে। বিশ্বভুবন পরিব্যাপ্ত করে আনন্দরূপমমৃতং প্রকাশমান বলেই এটি সম্ভবপর হয়েছে।

মানবাত্মার মধ্যেও কত দীনতা, কত কলুষ, কত হিংসা দ্বেষ সর্বদাই প্রকাশ পাচ্ছে জানি। কিন্তু সেই সঙ্গে সঙ্গেই আশ্বাস আসে—এ-সমস্তকে অতিক্রম করে যিনি শিবং তিনি আছেন। মহাপুরুষের

জীবনের মধ্যে আমরা এই ইঙ্গিত পাই। যা-কিছু অশিব তাকে পরাভূত করে সমস্ত বিরুদ্ধতার সম্মুখে এসে মহাপুরুষের জীবন যখন দাঁড়ায়, আঘাত-অপমানের মাঝখানে কল্যাণের তপস্যাকে সার্থক করে, তখন সেই আশ্চর্য আবির্ভাবের সম্পূর্ণ যে অর্থ তাকে দেখি। প্রমাণ পাই যে, যুগে যুগে কলুষ ক্ষয় করছেন যিনি, অকল্যাণকে দুঃখের মধ্য দিয়ে কল্যাণে উত্তীর্ণ করছেন যিনি, তিনিই মহাপুরুষের বাণীর ভিতর দিয়ে বিরোধ-সংঘাতের মধ্যে হৃদয়ের সঙ্গে হৃদয়কে, জাতির সঙ্গে জাতিকে, ইতিহাসের বিপদসংকুল বন্ধুর পথে একসূত্রে বেঁধে দিচ্ছেন, তখন জানি যে তাঁকে প্রণাম করার দিন উপস্থিত।

আমাদের উপাসনায় ধ্যানের যে মন্ত্র আমরা ব্যবহার করি—সত্যং জ্ঞানং অনন্তং—সেই মন্ত্রের গভীর অর্থ হচ্ছে এই যে, চোখের দেখায় সত্যকে পাওয়া যায় না। মানুষের আত্মা নিজের জানবার ধর্ম দিয়েই সত্যের স্বরূপকে দেখে। চোখের দেখা বিচ্ছিন্ন, আত্মার দেখা ঐক্যে বাঁধা। ইন্দ্রিয়বোধ সেই একের বোধ নয়। আত্মা নিজের মধ্যে দেশকালের ভূমিকায় দেশ ও কালকে, সমগ্রভাবে অখণ্ডভাবে বিশ্বজগতের ঐক্যসূত্রটিকে, আবিষ্কার করার দ্বারাই সত্যকে উপলব্ধি করে। চোখ দিয়ে যখন অসীমতাকে দেখতে যাই তখন আয়তনের মধ্যে সংখ্যার মধ্যে তাকে খুঁজি। এমন করে বাহিরের দিক থেকে অসীমের সত্যকে পাওয়া যায় না। যত ছোটো আয়তনের মধ্যেই হোক না কেন, পরিপূর্ণতাকে যখন আত্মার দৃষ্টি দিয়ে দেখি তখন পাই অনন্ত সত্যকে। শিবকে অশিবের মধ্যে দেখা—সেও হচ্ছে আত্মার দেখা। মহাপুরুষেরা এই দৃষ্টি নিয়ে আসেন। তাঁরা বিপদকে ভয় করেন না, নিন্দা-ক্ষতিকে গ্রাহ্য করেন না। অবমাননার ভিতর দিয়ে তাঁরা এগিয়ে চলেন। যাঁরা মহৎ ভগবান তাঁদের বাহিরের দিক থেকে দয়া করেন না। নিষ্ঠুর ভগবান মহাপুরুষকে সম্মানের পথে পুষ্পবৃষ্টির ভিতর দিয়ে আহ্বান করেন না, দুঃখের কঠোর পথই তাঁদের জন্য নির্দিষ্ট করে রেখেছেন। সেইজন্য দুঃখের মধ্যেই মহাপুরুষের জীবনের সার্থকতা তাঁর সত্যের প্রমাণ। এই নির্দয়তার মধ্যে আমরা দেখি ভগবানের

দয়া—তখন ভয় যায়, তখন আমরা ভরসা পাই, তখন আমরা প্রণাম করি।

এই প্রণামের পরিপূর্ণ প্রার্থনা হচ্ছে 'অসতো মা সদ্‌গময়'—অসত্য আছে জানি, তার মধ্যেই সত্য দেখা দাও। কে এই সত্যকে আমাদের কাছে উজ্জ্বল করে দেখায়? যখন বহুল উপকরণের প্রয়োজনকেও অস্বীকার করে মানুষ বলতে পারে 'যা অমৃত নয় তা নিয়ে আমি কী করব', বীর যখন আঘাতের পর আঘাতেও অবসন্ন হন না, তখন অসত্যের মাঝখানে সত্যের যে আবির্ভাব তাকে আমরা দেখতে পাই। মানব-ইতিহাসের সংকটময় নিত্যবাধাগ্রস্ত অভিযানের মধ্যে আমরা সত্যের প্রকাশকে দেখি। আবার নিজের মধ্যেও দেখি—বিরুদ্ধতাকে অতিক্রম ক'রে অসত্যকে পরাভব ক'রে সত্য প্রকাশ পায়। তখন এই বিরুদ্ধতার ভিতর দিয়েই আমাদের প্রণাম পৌঁছয়। তখন বলি 'আবিরাবীর্ম এধি'—আমার অপ্রকাশের অস্বচ্ছতার মধ্যেই তোমার প্রকাশ উজ্জ্বল হোক। তখন আমরা বলি 'তমসো মা জ্যোতির্গময়'—অন্ধকারকে বিদীর্ণ করে আলোক প্রকাশ পাক। 'মৃত্যোর্মামৃতং গময়'—মৃত্যুর মধ্যে অমৃত জাগ্রত হউক।

আজ যাঁকে আমরা স্মরণ করছি, রুদ্রের আহ্বান সেই মহাপুরুষকেও একদিন ডাক দিয়েছিল। রুদ্র নিজে তাঁকে আহ্বান করেছিলেন—সেই আহ্বানের মধ্যেই রুদ্রের প্রসন্নতা তাঁকে আশীর্বাদ করেছে। সুখ নয়, খ্যাতি নয়, বিরুদ্ধতার পথে অগ্রসর হওয়া এই ছিল তাঁর প্রতি রুদ্রের নির্দেশ। আজও সে আহ্বান ফুরোয় নি। আজ পর্যন্ত তাঁর অবমাননা চলেছে। তিনি যে সত্যকে বহন করে এনেছেন দেশ এখনো সে সত্যকে গ্রহণ করে নি। যত দিন না দেশ তাঁর সত্যকে গ্রহণ করবে ততদিন এই বিরুদ্ধতা চলতেই থাকবে। দিন-মজুরি দিয়ে জনতার স্তুতিবাক্যে তাঁর ঋণ শোধ হবে না—ক্ষুদ্রের হাতে তাঁকে অপমান সহ্য করতে হবে। এই হচ্ছে তাঁর রুদ্রের প্রসাদ। তাঁর জন্য কোনো ছোটো পুরস্কারের ব্যবস্থা হয় নি। নিন্দা-অপমানের ভিতর দিয়েই সত্যকে প্রকাশ করতে হবে, ক্ষতির মধ্যেই

সত্যকে লাভ করতে হবে, মৃত্যুর মধ্যে অমৃতকে জাগ্রত করতে হবে।

তাই আজ আমাদের প্রার্থনা যেন ছোটো না হয়। ভীরুর মতো বলব না 'আমাদের দুঃখ দূর করো'। বীরের মতো বলব, 'দুঃখ দাও, বিপদ দাও, অপমানের পথে আমাদের নিয়ে যাও। কিন্তু দুঃখ বিপদ অপমানের মধ্যেও অন্তরে যেন তোমার প্রসন্নতার আশীর্বাদ অনুভব করি।'

হে রুদ্র, যত্তে দক্ষিণং মুখং তেন মাং পাহি নিত্যম্—তোমার যে প্রসন্নমুখ, আমাদের দেখাও। তমসো মা জ্যোতির্গময়—অন্ধকারের মধ্যে তোমার জ্যোতি প্রকাশ করো। হে রুদ্র, হে নিষ্ঠুর, ক্ষতি-পরাভবের ভিতর দিয়ে আমাদের নিয়ে যাও। বাহিরের আঘাতের দ্বারা আমাদের শক্তিকে অন্তরে অন্তরে পুঞ্জিত করো।

আজ যাঁকে আমরা স্মরণ করছি, যিনি রুদ্রের এই জয়পতাকা বহন করে এনেছিলেন, যিনি আমার পরম পূজনীয়, যাঁর কাছ থেকে আমার জীবনের পূজা—আমার সমস্ত জীবনের সাধনা আমি গ্রহণ করেছি, আজ তাঁর কথা বলতে পারি এমন শক্তি আমার নেই, আজ আমার কণ্ঠ ক্ষীণ। যদি কিছুই না বলতে পারি এই মনে করে আমি কিছু লিখেছিলাম, সেই লেখাটুকু পড়ে আমার বক্তব্য শেষ করব।

মহাপুরুষ যখন আসেন তখন বিরোধ নিয়েই আসেন, নইলে তাঁর আসার কোনো সার্থকতা নেই। ভেসে-চলার দল মানুষের ভাঁটার স্রোতকেই মানে। যিনি উজিয়ে নিয়ে তরীকে ঘাটে পৌঁছিয়ে দেবেন তাঁর দুঃখের অন্ত নেই, স্রোতের সঙ্গে প্রতিকূলতা তাঁর প্রত্যেক পদেই। রামমোহন রায় যে সময়ে এ দেশে এসেছিলেন সেই সময়কার ভাঁটার বেলার স্রোতকে তিনি মেনে নেন নি, সেই স্রোতও তাঁকে আপন বিরুদ্ধ বলে প্রতিমুহূর্তে তিরস্কার করেছে। হিমালয়ের উচ্চতা তার নিম্নতলের সঙ্গে অসমানতারই মাপে। সময়ের বিরুদ্ধতা দিয়েই মহাপুরুষের মহত্ত্বের পরিমাপ।

কোনো জাতির ইতিহাসে মানুষের প্রাণ যতদিন প্রবল থাকে

ততদিন সে আপন মর্মগত জাগ্রৎশক্তিতে নিজেকে নিজে নিরন্তর সংশোধন করে জয়ী করে চলতে পারে। বস্তুত প্রাণের প্রক্রিয়াই তাই। সে তো নিত্যসংগ্রাম। আমরা চলি, সে তো প্রতি পদক্ষেপেই মাটির অবিশ্রাম আকর্ষণের সঙ্গে বিরোধ। জড়তার ব্যূহ চারি দিকেই, দেহের প্রত্যেক যন্ত্রই তার সঙ্গে লড়াইয়ে প্রবৃত্ত। হৃদ্‌যন্ত্র চলছে, দিনে রাত্রে, নিদ্রায় জাগরণে; জড় রাজ্যের প্রকাণ্ড নিষ্ক্রিয়তা সেই চলার বিরুদ্ধ, মুহূর্তে মুহূর্তেই সে ক্লান্তির বাঁধ বাঁধতে চায়, যতক্ষণ জোর থাকে হৃদ্‌যন্ত্র মুহূর্তে মুহূর্তেই সেই বাধাকে অপসারণ করে চলে। বাতাস আমাদের চারি দিকে আপন নিয়মে প্রবাহিত, তাকে প্রাণের ব্যবস্থাবিভাগ আপন নিয়মের পথে প্রতিক্ষণেই বলপূর্বক চালনা করে। রোগের কারণ ও বীজ অন্তরে বাহিরে সর্বত্রই, দেহের আরোগ্যসেনানী তাকে সর্বদাই আক্রমণ করছে—এর আর অবসান নেই। জড়ধর্মের সঙ্গে জীবধর্মের, রোগশক্তির সঙ্গে আরোগ্যশক্তির নিরবচ্ছিন্ন যুদ্ধক্রিয়াকেই বলে প্রাণক্রিয়া। সেই সচেষ্ট শক্তি যদি ক্লান্ত হয়, এই প্রবল বিরোধে যদি শৈথিল্য ঘটে, দেহব্যবস্থায় চলার চেয়ে না-চলার প্রভাব যদি বেড়ে ওঠে, তবেই বিকৃতি ও মলিনতায় দেহ কেবলই অশুচি হতে থাকে, তখন মৃত্যুই করুণারূপে অবতীর্ণ হয়ে এই শ্রান্তসংগ্রাম পরাভবকে জীবজগৎ থেকে অপসারিত করে দেয়।

সমাজদেহও সজীব দেহ। জড়ত্বের মধ্যেই তার সমস্ত অমঙ্গল। সমাজের যুদ্ধকুশল প্রাণধর্মকে বুদ্ধির ম্লানতা, সংকল্পের দৈন্য, জ্ঞানের সংকীর্ণতা, প্রীতিমৈত্রীর দৌর্বল্যের সঙ্গে কেবলই বিরোধ জাগিয়ে রাখতে হয়। চিত্তের অসাড়তা তার সকলের চেয়ে বড়ো শত্রু। চিত্ত যখন আপন কর্তৃত্বকে খর্ব করে স্থাবর হয়ে বসতে চায় তখনি তার সর্বত্রই বিকৃতির আবর্জনা জমে উঠে তাকে অবরুদ্ধ করে দেয়। এই অবরোধেই মৃত্যুর আরম্ভ। এই সময়ে আসেন যে মহাপুরুষ তিনি জড়ত্বপুঞ্জের মধ্যে প্রবল বিরোধ নিয়ে আসেন, নির্বিচার প্রথার দ্বারা চালিত দীনাত্মা তাঁকে সহ্য করতে পারে না।

সুদীর্ঘকাল থেকেই ভারতবর্ষে ইতিহাস স্তম্ভিত হয়ে আছে।

কতকাল এই দেশ নিজে চিন্তা করে নি, চেষ্টা করে নি, সৃষ্টি করে নি, বুদ্ধিপূর্বক নিজের অন্তর-বাহিরের সম্মার্জন করে নি, তার সক্রিয় সংকল্প-শক্তি নব নব ব্যবস্থার দ্বারা নব নব কালের সঙ্গে সন্ধি স্থাপন করে নি। স্বাস্থ্যদৈন্য, অন্নদৈন্য, জ্ঞানদৈন্য, একে একে তার প্রাণের প্রায় সকল শিখাই ম্লান করে এনেছে। শতাব্দী থেকে শতাব্দীতে তার পরাভব বিস্তীর্ণ হয়ে চলল। মানুষের পরাভব তাকেই বলে যখন তার আপন ইচ্ছায় অরাজকতা ঘটে এবং বাহিরের ইচ্ছা শূন্য সিংহাসন অধিকার করে বসে; যখন তার নিজের বুদ্ধি অবসর নেয়, বাহিরের বুদ্ধি তাকে চালনা করে—সেই বুদ্ধি তার স্বজাতির অতীত কাল থেকেই তাকে অভিভূত করুক, বা অন্যজাতির বর্তমান কাল থেকে এসেই তাকে ঘুরিয়ে বেড়াক। মানুষের পরাভব তাকেই বলে যখন তার আত্মার কর্তৃত্ব আড়ষ্ট হয়, যখন সে কালপরম্পরাগত অভ্যাস-যন্ত্রের চাকাগুলোকে অন্ধভাবে ঘুরিয়ে চলে; যখন সে যুক্তিকে স্বীকার করে না, উক্তিকে স্বীকার করে; আন্তরধর্মকে খর্ব ক'রে বাহ্য কর্মকে প্রবল করে তোলে। কোনো কূট-কৌশলের দ্বারা বাহিরের কোনো সংকীর্ণ সংক্ষিপ্ত পথে এই স্থবিরত্ব-ভারমন্থর মানুষের পরিত্রাণ নেই।

এমনতর বহুযুগব্যাপী অন্ধতার দিনে দেশ যখন নিশ্চলতাকেই পবিত্রতা বলে স্থির করে নিস্তব্ধ ছিল, এমন সময়েই ভারতবর্ষে রামমোহনের আবির্ভাব। দেশকালের সঙ্গে অকস্মাৎ এমন প্রকাণ্ড বৈপরীত্য ইতিহাসে কদাচিৎ ঘটে। তাঁর দেশকাল তাঁকে উচ্চৈঃস্বরে অস্বীকার করেছিল। সেই অসহিষ্ণু অস্বীকৃতির দ্বারাই দেশ তাঁর মহোচ্চতাকে সর্বকালের কাছে ঘোষণা করেছে। এই পুরুষ কণ্ঠের গর্জনধ্বনির চেয়ে আর কোনো উপায়ে স্পষ্টতর করে বলা যায় না যে, তিনি এ দেশে অন্ধকারের বিপক্ষে আলোকের বিরোধ এনেছিলেন, তিনি অভ্যস্ত দুর্বল বচনের পুনরাবৃত্তি করে জড়বুদ্ধির অনুমোদন করেন নি; চাটুলুব্ধ জনতার খ্যাতি-গর্বিত অগ্রণীত্ব করার আত্মাবমাননাকে তিনি অগ্রাহ্য করেছিলেন; তিনি উদ্যতদণ্ড জনসংঘের মূঢ় প্রতিকূলতাকে ভয় করেন নি, এবং তাদের নিবেদিত

অন্ধ-ভক্তির প্রলোভনে সত্যপথ থেকে লেশমাত্র বিচলিত হওয়া তাঁর পক্ষে অসম্ভব ছিল। তিনি বহুযুগের পূজাবেদিতে আসীন জড়ত্বকে আঘাত করেছিলেন, এবং জড়ত্ব তাঁকে ক্ষমা করে নি।

তিনি জানতেন সকলপ্রকার জড়ত্বের মূলে আত্মার প্রতি অশ্রদ্ধা। জন্তু পায় নি তার স্বরাজ, কেননা সংস্কারের দ্বারা সে চালিত। জ্ঞানালোকিত আত্মা মানুষের ধর্মকে কর্মকে তার সৃষ্টিকে যে পরিমাণে অধিকার করে সেই পরিমাণেই তার স্বরাজ প্রসারিত হয়। সভ্যতার ইতিহাস মানুষের আত্মবুদ্ধি আত্মবিশ্বাস আত্মসম্মানের শক্তিতে স্বরাজ্যবিস্তারের ইতিহাস।

মনুষ্যত্বের সর্বোচ্চ শিখরে আত্মার জয়ঘোষণা একদিন এই ভারতবর্ষে যেমন অসংশয়িত বাণীতে প্রকাশ পেয়েছিল এমন আর কোথাও পায় নি। সেই বাণীই ভারতবর্ষে যখন খণ্ডিত আচ্ছন্ন অবরুদ্ধ তখনি রামমোহন রায় তাকে পুনরায় নূতন করে নির্মল করে বহন করে আনলেন। তার পূর্বেই অধিকাংশ ভারতবর্ষ নিজেকে নিকৃষ্ট অধিকারী বলে স্বীকার করে নিয়ে আত্মোপলব্ধি ও আত্মপ্রকাশের দায়িত্ব বিস্মৃত হয়ে জ্ঞানে কর্মে তামসিকতাকে অবলম্বন করে আত্মাবমাননায় নিমগ্ন ছিল। তার প্রথাজড়ত্বের-ব্যাধি-স্ফীত মন মানুষের শ্রেষ্ঠ অধিকারকে কেবল যে অঙ্গীকার করলে না তা নয়, তাকে ভর্ৎসনা করলে, আঘাত করলে।

আশ্চর্যের বিষয় এই যে, এই সম্পূর্ণ আত্মবিস্মৃত দেশের ক্ষুদ্র সীমানার মধ্যেই তিনি আত্মার বাণীকে উদ্বোধিত করতে চেয়েছিলেন এমন নয়। যে-কোনো সম্প্রদায়ই আপন জড় বাহ্য রূপের দ্বারা, জ্ঞানবিরোধী অন্ধ আচারের দ্বারা আপন সত্যরূপকে আবৃত করেছে, তাকেই তিনি আধ্যাত্মিক আদর্শের দ্বারা বিচার করেছিলেন। তিনি মানুষের সমগ্রতাকে যেমন সমস্ত মনে প্রাণে অনুভব ও ব্যবহারে প্রকাশ করেছেন, সেই যুগে সমস্ত পৃথিবীতে অতি অল্প লোকের পক্ষেই তা সম্ভবপর ছিল। তিনি জানতেন কেবলমাত্র আধ্যাত্মিক ক্ষেত্রেই সকল ধর্মের মধ্যে মানুষের আত্মার মিলন ঘটতে পারে।

তিনি জানতেন মানুষ যখন আপন ধর্মতত্ত্বের বাহ্য বেষ্টনীকে তার আত্মরূপের চেয়ে বেশি মূল্য দিয়েছে, তখনি তাতে যেমন মানুষের ব্যবধান ঘটিয়েছে, তার ধর্মগত বিষয়বুদ্ধি অহংকার হিংসা বিদ্বেষ জাগিয়ে পৃথিবীকে রক্তে পঙ্কিল করেছে, এমন আর কিছুতেই করে নি। ধর্মের বিশ্বতত্ত্বের ভূমিকা তিনি সেই ধর্মসংকীর্ণতার দিনে আপন চিত্তের মধ্যে লাভ ও আপন জীবনের মধ্যে প্রকাশ করেছিলেন।

যদিও সেদিন বাহির থেকে পৃথিবীর মানুষ প্রত্যেক সভ্য মানুষের জ্ঞানের মধ্যে স্থান পেয়েছিল, তার প্রাণের মধ্যে প্রবেশ করে নি। মানুষের সম্বন্ধে বিশ্ববোধ আজও পৃথিবীতে নানা সংকীর্ণ সংস্কারে বাধাগ্রস্ত। আজও পৃথিবী এ কথা বলতে পাচ্ছে না যে, নূতন যুগ এল। সকল দিকেই এ যে অখণ্ডতার যুগ। এই যুগে জ্ঞানে কর্মে সব মানুষকে মিলিয়ে নেবার প্রশস্ত রাজপথ উদ্‌ঘাটিত হওয়া চাই। বিজ্ঞানরাজ্যে আজ জ্ঞানে জ্ঞানে অসবর্ণতা দুর করে মিলন আরম্ভ হয়েছে; বিশ্ববাণিজ্যের মধ্যে কর্মের মিলও বিস্তীর্ণ হল, যদিও সেই মিলনপথের বাঁকে বাঁকে আজও বাটপাড়ির ব্যাবসা চলে; যতই কঠিন বাধায় কণ্টকাকীর্ণ হোক, তবু বিশ্বরাষ্ট্রনীতির যে সূত্রপাত হয় নি এমন কথা বলা যায় না। এই নূতন যুগধর্মের উদ্বোধন বহন করে বাহিরের প্রতিকূলতা ও আত্মীয়ের লাঞ্ছনার মধ্যে যাঁরা এই পৃথিবীতে বুক পেতে মাথা তুলে দাঁড়িয়েছেন তাঁদের প্রথম ও প্রধানদের মধ্যেই রামমোহন একজন। তিনি ভারতবর্ষের সেই দূত যিনি সর্বপ্রথমে বিশ্বক্ষেত্রে ভারতের বাণীকে বহন করে নিয়ে দাঁড়াতে পেরেছিলেন—সেই বাণী ভারতের স্বকীয় দৈন্য নিয়ে নয়, দুর্যোগ নিয়ে নয়, সমস্ত মানবের কাছে আপনার অর্ঘ্য নিয়ে। মানবসত্যকে তিনি সমগ্র করে দেখেছিলেন। তিনি যখন আপন ভাষায় বাঙালির আত্মপ্রকাশের উপাদানকে বলিষ্ঠ করবার জন্য প্রবৃত্ত ছিলেন তখন বাংলা গদ্য ভাষার অনুদ্‌ঘাটিত পথ তাঁকে প্রায় প্রথম থেকেই কঠিন প্রয়াসে খনন করতে হয়েছিল; যখন তিনি তত্ত্বজ্ঞানের আলোকে বাঙালির মন উদ্ভাসিত করতে চেয়েছিলেন তখন তিনি সেই অপরিণত গদ্যে দুরূহ অধ্যবসায়ে এমন-সকল পাঠকের কাছে বেদান্তের ভাষ্য করতে কুণ্ঠিত হন নি যাদের কোনো কোনো পণ্ডিতও উপনিষদ্‌কে কৃত্রিম বলে উপহাস করতে সাহস

করেছেন ও মহানির্বাণতন্ত্রকে মনে করেছিলেন রামমোহনেরই জাল-করা শাস্ত্র; সমাজে নারীর অধিকার সমর্থন করতে একলা যখন তিনি দাঁড়িয়েছিলেন তখন পশ্চিম মহাদেশেও নারী অবলাই ছিল এবং তার অধিকার ছিল সকল দিকেই সংকীর্ণ; যখন তিনি রাষ্ট্রীয় ক্ষেত্রে স্বজাতির সম্মান দাবি করেছিলেন তখন দেশে রাষ্ট্রীয় আন্দোলনের সূত্রপাতও হয় নি। মনুষ্যত্বের উপকরণ-বৈচিত্র্যকে তিনি তাঁর সকল শক্তি দিয়েই সম্মান করেছিলেন। মানুষকে তিনি কোনো দিকেই খর্ব করে দেখতে পারতেন না, কারণ তাঁর নিজের মধ্যেই মনুষ্যত্বের পূর্ণতা অসাধারণ ছিল।

এক শত বৎসর উত্তীর্ণ হয়ে গেছে। এখনো তাঁর সত্য পরিচয় দেশের কাছে অসম্পূর্ণ, এখনো তাঁকে অসম্মান করা দেশের লোকের কাছে অসম্ভব নয়; যে উদার দৃষ্টিতে তাঁর মহত্ত্ব সুস্পষ্ট দেখা যেত সে দৃষ্টি এখনো কুহেলিকায় আচ্ছন্ন। কিন্তু, এতে সেই কুহেলিকার স্পর্ধার কোনো কারণ নেই। জ্যোতিষ্ককে আবৃত করে সমস্ত প্রভাতকে যদি সে ব্যর্থ করে দেয় তবু সেই জ্যোতিষ্ক কুহেলিকার চেয়ে ধ্রুব ও মহৎ। মহত্ত্ব বাহিরের কর্কশ বাধার মধ্যে থেকেও কাজ করে, আলোকের অনাদরে তার বিলুপ্তি হয় না। রামমোহন যে শক্তিকে চালনা করে গেছেন সেই শক্তি আজও কাজ করছে, এবং অবশেষে এমন দিন আসবে যখন তাঁর অবিচলিত প্রতিষ্ঠাকে, তাঁর বীর্যবান্ অপ্রতিহত মহিমাকে সর্বান্তঃকরণে স্বীকার করবার মতো অন্ধসংস্কারমুক্ত সবল বুদ্ধি ও নির্বিকার শ্রদ্ধার অবস্থায় দেশ উত্তীর্ণ হবে। আমরা যারা তাঁর কাছ থেকে মানুষকে প্রচুর বিঘ্নের মধ্যে দিয়েও সত্য করে দেখবার প্রেরণা লাভ করি, তাঁর প্রত্যেক অসম্মানে আমরা মর্মাহত হই; কিন্তু তাঁর জীবিতকালেও শত শত অবমাননাতেও তাঁর কল্যাণশক্তিকে কিছুমাত্র ক্ষুণ্ণ করে নি, এবং তাঁর মৃত্যুর পরেও সকল অবজ্ঞার মধ্যে সেই শক্তি জাগ্রত থেকে অকৃতজ্ঞতার অন্তরে অন্তরেও সফলতার বীজ বপন করবে।

৬ ভাদ্র ১৩৩৫

৮

রাজা রামমোহনের কর্মজীবনের বৈচিত্র্য নানা দিকে প্রকাশ পেয়েছিল। তাঁর জীবনের এই কর্মবৈচিত্র্য-বর্ণনায় আমি অসমর্থ। আমি কেবল তাঁর জীবনের একটি কথা আপনাদের নিকটে বলব। এ পর্যন্ত আমরা তাঁর স্মৃতিসভায় কেউ তাঁর রাজনীতি, কেউ শিক্ষা, কেউ সমাজসংস্কার এইরূপে খণ্ড খণ্ড করে তাঁর জীবনের এক-একটা দিক আলোচনা করেছি। এমন টুকরা টুকরা করে কোনো মহৎচরিত্র আলোচনা করা আমি অন্যায় বলে মনে করি, ইহাতে তাঁকে সম্মান না করে অপমান করা হয়। ঠিক আসল যে শক্তিটি তাঁর জীবনে সংগীতের মতো বেজে উঠেছিল তার দিকে আমাদের দৃষ্টি পড়ে না। বিশেষত যেখানে রাজা রামমোহনের মহত্ত্ব তাঁর সেই দিকটা বাদ দিয়ে আমরা যদি তাঁকে কেউ আট-আনা কেউ বারো-আনা স্বীকার করি তা হলে তাঁর অপমানই করা হবে। যাঁরা মহাপুরুষ তাঁদের হয় সম্মান করে ষোলো-আনা স্বীকার করতে হবে, না হয় অস্বীকার করে অপমানিত করতে হবে; এর মাঝামাঝি অন্য পথ নেই। আমি মনে করি সত্যকে স্বীকার করে রামমোহন তাঁর দেশবাসীর নিকটে তখন যে নিন্দা ও অসম্মান পেয়েছিলেন, সেই নিন্দা ও অপমানই তাঁর মহত্ত্ব বিশেষভাবে প্রকাশ করে। তিনি যে নিন্দা লাভ করেছিলেন সেই নিন্দাই তাঁর গৌরবের মুকুট। লোকে গোপনে তাঁর প্রাণবধেরও চেষ্টা করেছিল।

বৈদিক যুগে ঋষিরা এক সময়ে সূর্যকেই দেবতা বলে পূজা করতেন। আবার উপনিষদের ঋষি সেই সূর্যকেই বলেছেন, ‘হে সূর্য, তুমি তোমার আবরণ অনাবৃত করো, তোমার মধ্যে আমরা সেই জ্যোতির্ময় সত্যদেবতাকে দেখি।’

সেকালে যতই পূজা, হোম, ক্রিয়া, অনুষ্ঠান থাকুক-না কেন, সেই-সকলের আবরণ ভেদ করে ঋষিরা সত্যকে দেখেছিলেন। যে ঈশোপনিষদে ঋষি সূর্যকে অনাবৃত হতে আহ্বান করেছেন সেই উপনিষদেরই প্রথম শ্লোক হচ্ছে—

ঈশা বাস্যমিদং সর্বং যৎকিঞ্চ জগত্যাং জগৎ।
তেন ত্যক্তেন ভুঞ্জীথা মা গৃধঃ কস্যস্বিদ্ধনং॥

সকলই দেখতে হবে সেই ঈশ্বরকে দিয়ে আচ্ছন্ন ক'রে, তাঁর দান ভোগ করতে হবে।

রাজা রামমোহন এই এককে, অবিনাশীকে প্রত্যক্ষ করেছিলেন। এই এককেই তিনি দেশাচার লোকাচার প্রভৃতির জঞ্জাল হতে অনাবৃত ক'রে, কেবল বাঙালিকে নয়, ভারতবাসীকে নয়, পৃথিবীবাসীকে দেখালেন। তিনি তাঁকে জেনে প্রাচীন ঋষির মতো বললেন—

বেদাহমেতং পুরুষং মহান্তং
আদিত্যবর্ণং তমসঃ পরস্তাৎ।।

এইখানেই তাঁর বিশেষত্ব। তিনি সমস্ত আবরণের মধ্য হতে একে আবিষ্কার করেছেন। তিনি এক দিকে প্রাচীন ঋষি, আবার অন্য দিকে তিনি একেবারে আধুনিক, যতদূর পর্যন্ত আধুনিক হওয়া যায় তিনি তাই। আগে এই বিশ্বাস ছিল এই ব্রহ্মকে সকলে জানতে পারে না। রামমোহন তাহা স্বীকার করলেন না, তিনি সকলকেই বললেন 'ভাব সেই একে'।

আজকের সভার এই প্রারম্ভসংগীত—'ভাব সেই একে', ইহাই রামমোহনের হৃদয়ের অন্তর্নিহিত কথা।

যিনি যাহাতে বড়ো, তাঁকে সেই দিক দিয়ে সম্মান দেখাতে হয়; টাকায় বড়ো যিনি তিনি ধনী বলে সম্মান পান; বিদ্যায় বড়ো যিনি, তিনি বিদ্বান বলে সম্মান পান। রামমোহনকে সেই-সকল দিক দিয়ে দেখলে চলবে না; তিনি এককে, সত্যকে লাভ করেছেন, সেই সত্যই তাঁর জীবনের সকলের চেয়ে বড়ো জিনিস। তাঁকে স্বীকার করেই তিনি নিন্দার মুকুট উপহার পেয়েছেন।

পৃথিবীর অন্য-সব মহাপুরুষের মতো তিনি টাকাকড়ি বিদ্যা খ্যাতি কিছুর দিকে দৃষ্টিপাত করেন নি, তিনি তাঁর সমস্ত জীবন দিয়ে সেই এককে সত্যকেই চেয়েছিলেন।

ভীষণ মরুভূমির মধ্যে হঠাৎ এক জায়গায় একটা প্রস্রবণ প্রকাশ পায়। হোক-না সেটা মরুভূমি, তথাপি সেখানেও ধরিত্রীর বুকের ভিতরে প্রাণের রসধারা আছে; এই ধারা সর্বত্রই আছে। চারি দিকে শুষ্ক নির্জীব সমতল বালুর ক্ষেত্রের মধ্যে এই প্রস্রবণ একান্ত খাপছাড়া বলে মনে হবে সন্দেহ নাই। হয়তো চারি দিক বলবে, 'বেশ জড় নির্জীব শান্ত ছিলাম আমরা, হঠাৎ কোত্থেকে এল এই শ্যামলতা ও জলধারার কলধ্বনি!'

এই শুষ্ক নির্জীব দেশে মুক্তির বাণী ও জীবনের শ্যামলতা নিয়ে রামমোহন এসেছেন। আমরা জোর করে তাঁকে অস্বীকার করতে চাই, কিন্তু সাধ্য কী তাঁকে অস্বীকার করি। যে দিকে তাকাই সেই দিকেই তাঁর জীবনধারা দেখতে পাই। আমরা এখন ফল পাচ্ছি, তাই অনায়াসে গাছের গোড়ার কথা অস্বীকার করছি। রামমোহন আমাদের কাছে আত্মার মুক্তির সংবাদ নিয়ে এসেছেন। আমরা এখন বিদেশী কলকব্জা শিখতে চাই, পশ্চিমের অনুকরণে বাইরে থেকে অপকৃষ্ট উপায়ে স্বাধীনতা চাই। সে অসম্ভব। সকল শক্তির যেখানে মধ্যবিন্দু ও প্রাণের যেখানে কেন্দ্র, সেখান থেকে আমরা জীবনধারা লাভ করতে না পারলে আমরা বাইরের চেষ্টায় মুক্তি পাব না।

অনেকের এই ধারণা আছে পশ্চিমে আধ্যাত্মিকতা নেই, তারা বস্তুতেই বড়ো হয়ে উঠেছে। আমি তা স্বীকার করি না। আধ্যাত্মিকতায় বড়ো না হয়ে মানুষ কিছুতেই বড়ো হতে পারে না। তাদের সেবা, তাদের প্রেম, তাদের ত্যাগের ইতিহাস যাঁরা জানেন তাঁরা এ কথা কিছুতেই বলতে পারেন না যে, পশ্চিমে আধ্যাত্মিকতা নেই।

রামমোহনকে সম্মান করতে হলে তাঁর জীবনের এই শ্রেষ্ঠ সত্যকে বরণ করতে হবে।

তাঁর জীবনের এই আসল কথাটিই আমার বক্তব্য। আর কিছু বলার সাধ্য আমার নেই।

১০ আশ্বিন ১৩২২

৯

একদা পিতৃদেবের নিকট শুনিয়াছিলাম যে, বাল্যকালে অনেক সময়ে রামমোহন রায় তাঁহাকে গাড়ি করিয়া স্কুলে লইয়া যাইতেন; তিনি রামমোহন রায়ের সম্মুখবর্তী আসনে বসিয়া সেই মহাপুরুষের মুখ হইতে মুগ্ধদৃষ্টি ফিরাইতে পারিতেন না, তাঁহার মুখচ্ছবিতে এমন একটি সুগভীর সুগম্ভীর সুমহৎ বিষাদচ্ছায়া সর্বদা বিরাজমান ছিল।

পিতার নিকট বর্ণনা-শ্রবণ-কালে রামমোহন রায়ের একটি অপূর্ব মানসী মূর্তি আমার মনে জাজ্বল্যমান হইয়া উঠে। তাঁহার মুখশ্রীর সেই পরিব্যাপ্ত বিষাদমহিমা, বঙ্গদেশের সুদূর ভবিষ্যৎকালের সীমান্ত পর্যন্ত, স্নেহচিন্তাকুল কল্যাণকামনার কোমল রশ্মিজালরূপে বিকীর্ণ দেখিতে পাই। আমরা বঙ্গবাসী নানা সফলতা এবং বিফলতা, দ্বিধা এবং দ্বন্দ্ব, আশা এবং নৈরাশ্যের মধ্য দিয়া ধীরে ধীরে আপনার পথ নির্মাণ করিয়া চলিয়াছি। আমি দেখিতে পাইতেছি এখনো আমাদের প্রতি সেই নব্যবঙ্গের আদিপুরুষ রামমোহন রায়ের দূরপ্রসারিত বিষাদদৃষ্টি নিস্তব্ধভাবে নিপতিত রহিয়াছে। এবং আমরা যখন আমাদের সমস্ত চেষ্টার অবসান করিয়া এই জীবলোকের কর্মক্ষেত্র হইতে অবসৃত হইব, যখন নবতর বঙ্গবাসী নব নব শিক্ষা এবং চেষ্টা এবং আশার রঙ্গভূমি-মধ্যে অবতীর্ণ হইবে, তখনো রামমোহন রায়ের সেই স্নিগ্ধ গম্ভীর বিষণ্ণবিশাল দৃষ্টি তাহাদের সকল উদ্যোগের প্রতি আশীর্বাদ বিকীর্ণ করিতে থাকিবে। আমার পিতাকে যেদিন রামমোহন রায় সঙ্গে করিয়া বিদ্যালয়ে লইয়া যাইতেছিলেন সেদিন আমাদের মধ্যে অধিকাংশ লোকেই ইহসংসারে ছিলেন না—সেদিন যে পথ দিয়া তাঁহার শকট চলিয়াছিল অদ্য সে পথের মূর্তি-পরিবর্তন হইয়া গিয়াছে। তখন বঙ্গসমাজে একটি নূতন সন্ধ্যার আবির্ভাব হইয়াছিল—তখন পারস্য শিক্ষা অস্তপ্রায়, ইংরাজি শিক্ষার অরুণোদয় হইতেছে মাত্র, এবং সংস্কৃত শিক্ষা স্বল্পতৈল দীপশিখার ন্যায় উজ্জ্বল আলোকের অপেক্ষা ভূরি পরিমাণে মলিন ধূম্র বিকীর্ণ করিতেছিল। তখনো

বঙ্গসমাজের অভ্যুদয় হয় নাই; তখন ছোটো ছোটো গ্রামসমাজ-পল্লিসমাজে বঙ্গদেশ বিচ্ছিন্ন বিভক্ত হইয়া ছিল; ব্যক্তিবিশেষের জাতিকুল, কার্য অকার্য, বেতন এবং উপরিপ্রাপ্য সংকীর্ণ গ্রাম্যমণ্ডলীর সর্বপ্রধান আলোচ্য বিষয় ছিল—এমন সময়ে একদিন রামমোহন রায় তাঁহার মহৎ প্রকৃতির, তাঁহার বৃহৎ সংকল্পের, সমস্ত অপরিমেয় বিষাদভার লইয়া আমার পিতাকে তাঁহার স্বপ্রতিষ্ঠিত নববিদ্যালয়ে পৌঁছাইয়া দিতেছিলেন।

অদ্য ইংরাজি শিক্ষা দশ দিকে বিকীর্ণ হইয়া পড়িয়াছে, অদ্য বাংলাদেশের প্রভাতবিহঙ্গেরা ইংরাজি-অনুবাদ-মিশ্রিত সংগীতে দিগ্‌বিদিক্ প্রতিধ্বনিত করিয়া তুলিয়াছেন, উষাসমীরণে শত শত সংবাদপত্র ইংরাজি ও বাংলাভাষায় মর্মরধ্বনি তুলিয়া অবিরাম আন্দোলিত হইতেছে। তখন গদ্য বাক্যবিন্যাস কী করিয়া বুঝিতে হয় রামমোহন রায় তাহা প্রথমে নির্দেশ করিয়া, তবে গদ্য লিখিতে প্রবৃত্ত হইয়াছিলেন। আজ দেখিতে দেখিতে বঙ্গসাহিত্যলতা গদ্যে পদ্যে পাঠ্যে অপাঠ্যে কোথাও-বা কণ্টকিত কোথাও-বা মঞ্জরিত হইয়া উঠিতেছে—আজ সভা-সমিতি আবেদন-নিবেদন আলোচনা-আন্দোলন বাদ-প্রতিবাদে বঙ্গভূমি শুকপক্ষীকুলায়ের ন্যায় মুখরিত হইয়া উঠিয়াছে। ফলত, বঙ্গসমাজপুরীর পুরাতন রাজপথের আজ অনেক নূতন সংস্কার হইয়া গিয়াছে, পথ এবং জনতা উভয়েরই বহুল পরিমাণে রূপান্তর দেখা যাইতেছে। কিন্তু, তথাপি আমি কল্পনা করিতেছি—যে শকটে রামমোহন রায় আমার পিতাকে বিদ্যালয়ে লইয়া গিয়াছিলেন সেই শকটে অদ্য আমরা তাঁহার সম্মুখবর্তী আসনে উপবিষ্ট রহিয়াছি, তাঁহার মুখ হইতে মুগ্ধ দৃষ্টি ফিরাইতে পারিতেছি না। দেখিতে পাইতেছি এখনো তাঁহার সমুন্নত ললাট ও উদার নেত্রযুগল হইতে সেই পুরাতন বিষাদচ্ছায়া অপনীত হয় নাই, এখনো তিনি ভবিষ্যতের দিগন্তাভিমুখে তাঁহার সেই গভীর চিন্তাবিষ্ট দূরদৃষ্টি নিবদ্ধ করিয়া রাখিয়াছেন।

হিমালয়ের দুর্গম নির্জন অভ্রভেদী গিরিশৃঙ্গমালার মধ্যে যে একটি নির্মল নিস্তব্ধ নিঃশব্দ তপঃপরায়ণ বিষাদ বিরাজ করে রামমোহন

রায়ের বিষাদ সেই বিষাদ—তাহা অবসাদ নহে, নৈরাশ্য নহে; তাহা দূরগামী সংকল্প, দূরপ্রসারিত দৃষ্টি, সুদূরব্যাপী মহৎ প্রকৃতির ধ্যানধৈর্যের বিশালতা, অনন্ত স্বচ্ছ আকাশের নীলিমা; অতলস্পর্শ নির্মল সরোবরে শ্যামলতা যেরূপ উজ্জ্বল তাঁহার বৃহৎ অন্তঃকরণের বিষাদ সেইরূপ জ্যোতির্ময়, সেইরূপ বহুদূরবিস্তীর্ণ। যে বঙ্গভূমি তাঁহার ধ্যানদৃষ্টির সম্মুখে নিয়ত প্রকাশ পাইতেছিল সে বঙ্গভূমি তখন কোথায় ছিল এবং এখনই বা কোথায় আছে। রামমোহন রায়ের সেই বঙ্গদেশ, তখনকার বঙ্গভূমির সমস্ত ক্ষুদ্রতা জড়তা সমস্ত তুচ্ছতা হইতে বহুদূরে পশ্চিমদিক্প্রান্তভাগে স্বর্ণপ্রভামণ্ডিত মেঘমালার মধ্যে ছায়াপুরীর মতো বিরাজ করিতেছিল। যখন বঙ্গদেশের পণ্ডিতগণ মূঢ়ের মতো তাঁহাকে গালি দিতেছিল তখন তিনি সেই মানস বঙ্গলোক হইতে দূরাগত সংগীতধ্বনির প্রতি কান পাতিয়াছিলেন; সমাজ যখন তাঁহাকে তিরস্কৃত করিবার উদ্দেশে আপন ক্ষুদ্র গৃহদ্বার অবরুদ্ধ করিতেছিল তখন তিনি প্রসারিত-বাহু বিশ্ববন্ধুর ন্যায় সেই মানস বঙ্গসমাজের নিত্য-উন্মুক্ত উদার জ্যোতির্ময় সিংহদ্বারের প্রতি আপন উৎসুক দৃষ্টি নিবদ্ধ করিয়াছিলেন। সে সংগীত, সে দৃশ্য, ভবিষ্যতের সেই স্বর্গীয় আশারাজ্য যাহাদের সম্মুখে বর্তমান ছিল না, তাহারা তাঁহার সেই উদার ললাটের উপর সততসঞ্চরমাণ ছায়ালোকের কোনো অর্থই বুঝিতে পারিত না। তাহাদের আশা ছিল না, ভাষা ছিল না, সাহিত্য ছিল না, জাতিকে তাহারা বর্ণ বলিয়া জানিত, দেশ বলিতে তাহারা নিজের পল্লীকে বুঝিত; বিশ্ব তাহাদের গৃহকোণকল্পিত মিথ্যা বিশ্ব, সত্য তাহাদের অন্ধ সংস্কার; ধর্ম তাহাদের লোকাচার প্রচলিত ক্রিয়াকর্ম, মনুষ্যত্ব কেবলমাত্র অনুগত প্রতিপালন এবং পৌরুষ রাজদ্বারে সৎ ও অসৎ উপায়ে উচ্চ বেতন-লাভ। রামমোহন রায় যদি কেবল ইহাদের মধ্যে আপনার দৃষ্টিকে নিবদ্ধ রাখিতেন, যদি সেই সংকীর্ণ বর্তমান কালের মধ্যেই আপনার সমস্ত আশাকে প্রতিহত হইতে দিতেন, তাহা হইলে কদাচ কাজ করিতে পারিতেন না—তাহা হইলে তাঁহার মাতৃভূমিকে আপন আদর্শলোকের মধ্যে প্রতিষ্ঠিত করা

তাঁহার পক্ষে অসাধ্য ও অসম্ভব বলিয়া বোধ হইত।

যদিও একই পৃথিবী, একই মৃত্তিকা, তথাপি মহাপুরুষদিগের জন্মভূমি আমাদের হইতে অনেক স্বতন্ত্র। এই পৃথিবী, এই মৃত্তিকা আমাদের অজ্ঞাতসারে অদৃশ্যভাবে তাঁহাদের পদতলে বহু ঊর্ধ্বে উন্নত হইয়া উঠে। যখন তাঁহারা আমাদের সহিত এক সমভূমিতে সঞ্চরণ করিতেছেন তখনো তাঁহারা পর্বতের শিখরাগ্রভাগে আছেন; সেইজন্য তাঁহারা গৃহের মধ্যে থাকিয়াও বিশ্বকে দেখিতে পান, বর্তমানের মধ্যে থাকিলেও ভবিষ্যৎ তাঁহাদিগকে আহ্বান করিতে থাকে, ইহলোকের মধ্যে থাকিয়াও পরলোক তাঁহাদের প্রত্যক্ষগোচর হয়। আমরা ভুগোলবিদ্যার সাহায্যে জ্ঞানে জানি যে, আমাদের ক্ষুদ্র পল্লীকে অতিক্রম করিয়াও বিশ্ব বিরাজ করিতেছে, কিন্তু আমরা সেই উচ্চ ভূমিতে নাই যেখান হইতে বিশ্বলোকের সহিত প্রত্যহ প্রত্যক্ষ পরিচয় হয়। আমরা কল্পনার সাহায্যে আমাদের ক্ষীণ দৃষ্টিকে ভবিষ্যৎ-অভিমুখে কিয়দ্‌দূর প্রেরণ করিতে পারি, কিন্তু আমরা সেই উন্নত লোকে বাস করি না যেখানে ভবিষ্যতের অনন্ত-আশ্বাস-সামগীতি বিশ্ব-বিধাতার নীরব মাভৈঃশব্দের সহিত নিরন্তর বিচিত্র স্বরে সম্মিলিত হইতেছে। আমাদের মধ্যে অনেকে পরলোকের প্রতি বিশ্বাসহীন নহি, কিন্তু আমরা সেই স্বাভাবিক সমুচ্চ আসনের উপর সর্বদা প্রতিষ্ঠিত নহি যেখান হইতে ইহলোক-পরলোকের জ্যোতির্ময় সংগমক্ষেত্র প্রতিদিন প্রতিমুহূর্তে অন্তরিন্দ্রিয়ের দৃষ্টি-গোচর হইতে থাকে। সেইজন্য আমাদের এত সংশয়, এত দ্বিধা; সেইজন্যই আমাদের সংকল্প এমন দুর্বল, আমাদের উদ্যম এমন স্বল্পপ্রাণ; সেইজন্যই বিশ্বহিতের উদ্দেশে আত্মসমর্পণ আমাদের নিকট একটি সুমধুর কাব্যকথা মাত্র, সেইজন্য ক্ষুদ্র বাধা আমাদের সম্মুখে উপস্থিত হইলে তাহাকে অতিক্রম করিয়া মহাসফলতার অনন্ত বিস্তীর্ণ উর্বরক্ষেত্র আর আমরা দেখিতেই পাই না। মর্ত্যসুখ যখন স্বর্ণমায়ামৃগের মতো আমাদিগকে প্রলুব্ধ করিয়া ধাবমান করে তখন অমৃতলোক আমাদের নিকট হইতে একেবারে অন্তর্হিত হইয়া যায়। আমাদের নিকট সংসারের ক্ষুদ্র সুখ দুঃখ, বর্তমানের

উপস্থিত বাধা বিপত্তি, মর্ত্যসুখের বিচিত্র প্রলোভনই প্রত্যক্ষ সত্য, আর-সমস্ত শুনা কথা—শিক্ষালব্ধ মুখস্থবিদ্যা এবং ছায়াময় কল্পনা। কিন্তু, মহাপুরুষদের নিকট আমাদের সেই-সকল ছায়ারাজ্য প্রত্যক্ষ সত্য; বস্তুত সেইখানেই তাঁহারা বাস করিতেছেন। আমাদের সংসার, আমাদের সুখদুঃখ, আমাদের বাধাবিপত্তি তাঁহাদিগকে চরম পরিণাম-স্বরূপে আবৃত করিয়া রাখে না।

রামমোহন রায় সেই মহাপুরুষ, যিনি বঙ্গদেশে অবতীর্ণ হইয়াও বিধাতার প্রসাদে নিত্য সত্যলোকে জন্মগ্রহণ করিয়াছিলেন, সেইজন্য তাঁহার শারীরিক জন্মস্থানের সহিত তাঁহার মানসিক জন্মভূমির বিরোধ তাঁহার সম্মুখে প্রধূমিত হইয়া উঠিল। তাঁহার অন্তরে নিত্যসত্যের স্বাভাবিক আদর্শ, বাহিরে চতুর্দিকেই অসত্য প্রাচীন ভক্তিভাজন বেশে সঞ্চরণ করিতেছে। সেই অসত্যের সহিত তিনি কোনোক্রমেই সন্ধিস্থাপন করিতে পারেন না। সেইজন্য দেশের বৃদ্ধেরা যখন প্রাণহীন ক্রিয়াকর্ম ও প্রথার মধ্যে জড়ত্বের শান্তিসুখ অনুভব করিতেছিল তখন বালক রামমোহন মরীচিকাভীরু তৃষাতুর মৃগশাবকের ন্যায় সত্যের অন্বেষণে দুর্গম প্রবাসে দেশদেশান্তরে ব্যাকুলভাবে পর্যটন করিতেছিলেন। কত লক্ষ লক্ষ লোক, যেখানে জন্মগ্রহণ করে সেখানকার জড়সংস্কারের পুরাতন লূতাতন্তুজালের মধ্যে অনায়াসে নির্বিরোধে আত্মসমর্পণ করিয়া আশ্রয়লাভ করে, তদ্দ্বারা অন্তরাত্মাকে খর্ব জীর্ণ জড়বৎ করিয়া রাখে, তাহা আমৃত্যুকাল জানিতেও পারে না—রামমোহন রায়ের আত্মা প্রথম হইতেই সেই-সকল জড় সংস্কারে জড়িত হইতে চাহিল না। নীড়চ্যুত তরুণ ঈগল্ পক্ষী যেমন স্বভাবতই পৃথিবীর সমস্ত নিম্নভূমি পরিহার করিয়া আপন অভ্রংলিহ শৈলকুলায়ের প্রতি ধাবমান হয়, কিশোর রামমোহন রায় সেইরূপ বঙ্গসমাজের জীর্ণনীড় স্বভাবতই পরিত্যাগ করিয়া অভ্রভেদী অচলশিখর প্রতিষ্ঠিত সত্য কুলায়ের জন্য ব্যাকুল হইয়া উঠিলেন। লোকাচার, সামাজিক সংস্কার, বহু পুরাতন হইতে পারে, কিন্তু সত্য তদপেক্ষা পুরাতন—সেই চিরপুরাতন সত্যের সহিত এই নবীন বাঙালি বালকের কোথায়

পরিচয় হইয়াছিল? সেই সত্যের অভাবে গৃহবাস, সমাজের আশ্রয়, লৌকিক সুখশান্তি, এই গৃহপালিত তরুণ বাঙালির নিকটে কেমন করিয়া এত তুচ্ছ বোধ হইল? সেই ভূমা সত্যসুখের আস্বাদ সে কবে কোথায় লাভ করিয়াছিল? বঙ্গমাতা এই বালককে তাহার অন্যান্য শিশুর ন্যায় জ্ঞান করিয়া আপনার চিরপ্রচলিত ক্রীড়নকগুলি তাহার সম্মুখে একে একে আনিয়া উপস্থিত করিতে লাগিল; বালক কাতর কণ্ঠে বলিতে লাগিল, 'ইহা নহে, ইহা নহে—আমি ধর্ম চাহি, ধর্মের পুত্তলি চাহি না; আমি সত্য চাহি, সত্যের প্রতিমা চাহি না।' বঙ্গমাতা কিছুতেই এই বালকটিকে ভুলাইয়া রাখিতে পারিল না—সমস্ত পরিত্যাগ করিয়া সত্যের সন্ধানে সে একাকী বিশ্বজগতে বাহির হইয়া গেল। সে কোন্-এক সময় কেমন করিয়া বাংলাদেশের সমস্ত দেশাচার-লোকাচারের উপরে মস্তক তুলিয়া দেখিতে পাইয়াছিল যে, এই আচার-অনুষ্ঠানই চরম নহে, ইহার বাহিরে অসীম সত্য অনন্তকাল অমৃতপিপাসু ভক্ত মহাত্মাদের জন্য প্রতীক্ষা করিয়া বসিয়া আছে। পূর্বেই বলিয়াছি মহাপুরুষদের পদতলে ধরণী অদৃশ্যভাবে উন্নত হইয়া উঠিয়া তাঁহাদিগকে প্রত্যক্ষগোচর চরাচরের বহির্বর্তী অনন্ত দৃশ্য দেখাইয়া দেয়, তখন তাঁহারা বরঞ্চ নিজের অঙ্গপ্রত্যঙ্গের অস্তিত্ব অবিশ্বাস করিতে পারেন কিন্তু সেই বিশ্ববেষ্টনকারী দৃশ্যাতীত অনন্ত সত্যলোকের অস্তিত্ব সম্বন্ধে সন্দিহান হইতে পারেন না।

নারিকেলের বহিরাবরণের ন্যায় সকল ধর্মেরই বাহ্যিক অংশ তাহার অন্তরস্থিত অমৃতরসকে ন্যূনাধিক পরিমাণে গোপন ও দুর্লভ করিয়া রাখে। তৃষার্ত রামমোহন রায় সেই-সকল কঠিন আবরণ স্বহস্তে ভেদ করিয়া ধর্মের রসশস্য আহরণ করিবার চেষ্টা করিতে লাগিলেন। তিনি নিজে সংস্কৃত শিখিয়া বেদ-পুরাণের গহন অরণ্যের মধ্যে আপনার পথ কাটিয়া লইলেন, হিব্রু ও গ্রীক ভাষা শিখিয়া খৃস্টধর্মের মূল আকরের মধ্যে অবতরণ করিলেন, আরব্য ভাষা শিখিয়া কোরানের মূল মন্ত্রগুলি স্বকর্ণে শ্রবণ করিয়া লইলেন। ইহাই সত্যের জন্য তপস্যা। সত্যের প্রতি যাহার প্রকৃত বিশ্বাস নাই সে বিনা

চেষ্টায় যাহা হাতের কাছে প্রস্তুত দেখিতে পায় তাহাকেই আশ্রয় করিয়া অবহেলে জীবনযাপন করিতে চাহে—কর্তব্যবিমুখ অলস ধাত্রীর ন্যায় মোহ-অহিফেন-সেবনে অভ্যস্ত করাইয়া অন্তরাত্মার সমস্ত চেষ্টা সমস্ত ক্রন্দন নিরস্ত করিতে প্রয়াস পায় এবং জড়ত্বসাধনার দ্বারা আত্মাকে অভিভূত করিয়া সংসারাশ্রমে পরিপুষ্ট সুচিক্কণ হইয়া উঠে।

একদিন বহু সহস্র বৎসর পূর্বে সরস্বতীকূলে কোন্-এক নিস্তব্ধ তপোবনে কোন্-এক বৈদিক মহর্ষি ধ্যানাসনে বসিয়া উদাত্ত স্বরে গান গাহিয়া উঠিয়াছিলেন—

শৃণ্বন্তু বিশ্বে অমৃতস্য পুত্রা আ যে ধামানি দিব্যানি তস্থুঃ।
বেদাহমেতং পুরুষং মহান্তং আদিত্যবর্ণং তমসঃ পরস্তাৎ।।

হে দিব্যধামবাসী অমৃতের পুত্রসকল, তোমরা শ্রবণ করো—আমি সেই তিমিরাতীত মহান্ পুরুষকে জানিয়াছি।

রামমোহন রায়ও একদিন উষাকালে নির্বাণদীপ তিমিরাচ্ছন্ন বঙ্গসমাজের গাঢ়নিদ্রামগ্ন নিশ্চেতন লোকালয়ের মধ্যস্থলে দাঁড়াইয়া উঠিয়া বলিয়াছিলেন—হে মোহশয্যাশায়ী পুরবাসীগণ, আমি সত্যের দর্শন পাইয়াছি—তোমরা জাগ্রত হও!

লোকাচারের পুরাতন শুষ্ক পর্ণশয্যায় সুখসুপ্ত প্রাণীগণ রক্তনেত্র উন্মীলন করিয়া সেই জাগ্রত মহাপুরুষকে রোষদৃষ্টিদ্বারা তিরস্কার করিতে লাগিল। কিন্তু, সত্য যাহাকে একবার আশ্রয় করে সে কি আর সত্যকে গোপন করিতে পারে? দীপবর্তিকায় অগ্নি যখন ধরিয়া উঠে তখন সেই শিখা লুক্কায়িত করা প্রদীপের সাধ্যায়ত্ত নহে—আমরা রুষ্ট হই আর সন্তুষ্ট হই, সে ঊর্ধ্বমুখী হইয়া জ্বলিতে থাকিবে, তাহার অন্য গতি নাই।

রামমোহন রায়েরও অন্য গতি ছিল না—সত্যশিখা তাঁহার অন্তরাত্মায় প্রদীপ্ত হইয়া উঠিয়াছিল—সমাজ তাঁহাকে যত লাঞ্ছনা যত নির্যাতন করুক, তিনি সে আলোক কোথায় গোপন করিবেন? তখন হইতে তাঁহার আর বিশ্রাম নাই, নিভৃতগৃহবাসসুখ নাই, বঙ্গসমাজের মধ্যস্থলে দাঁড়াইয়া তাঁহাকে শেষ পর্যন্ত জ্যোতি বিকীর্ণ করিতে হইবে।

তাঁহাকে সমস্ত বিরোধ বিদ্বেষ প্রতিকূলতার রোষগর্জনের উর্ধ্বে কণ্ঠ তুলিয়া বলিতে হইবে—মিথ্যা! মিথ্যা! হে পৌরগণ, ইহাতে মুক্তি নাই, ইহাতে তৃপ্তি নাই, ইহা ধর্ম নহে, ইহা আত্মার উপজীবিকা নহে, ইহা মোহ, ইহা মৃত্যু! মিথ্যাকে স্তূপাকার করিয়া তুলিলেও তাহা সত্য হয় না, তাহা মহৎ হয় না; সত্যের প্রতি যদি বিশ্বাস থাকে তবে সাবধানে জ্ঞানালোকে তাহাকে অন্বেষণ করিয়া লইয়া তবে তাহার পূজা করো—যে ভক্তি যেখানে-সেখানে অর্ঘ্য-উপহার স্থাপন করিয়া দ্রুত তৃপ্তি লাভ করিতে চায় সে ভক্তি আত্মার আলস্য, তাহা আধ্যাত্মিক বিলাসিতা, তাহা তপস্যা নহে, তাহা যথার্থ আত্মোৎসর্গ নহে, তাহা অবহেলা, তাহাতে আত্মা বললাভ জ্যোতিলাভ মুক্তিলাভ করে না, কেবল উত্তরোত্তর জড়ত্বজালে জড়িত হইয়া সুপ্তিমগ্ন হইতে থাকে।

গ্রহণ করা এবং বর্জন করা জীবনের একটি প্রধান লক্ষণ। জীবনীশক্তি প্রবল থাকিলে এই গ্রহণবর্জনক্রিয়া অব্যাহতভাবে চলিতে থাকে; যখন ইহার ব্যাঘাত ঘটে তখন স্বাস্থ্য নষ্ট হয় এবং মৃত্যু আসিয়া অধিকার করে।

আমাদের শারীর প্রকৃতিতে এই গ্রহণবর্জনক্রিয়া আমাদের ইচ্ছার অপেক্ষা না রাখিয়া বহুলাংশে যন্ত্রবৎ চলিতে থাকে। আমরা অচেতনভাবে অম্লজান বায়ু গ্রহণ করি, অঙ্গারক বায়ু ত্যাগ করি; আমাদের দেহ প্রতিক্ষণে নূতন শারীর কোষ নির্মাণ করিতেছে এবং মৃত কোষ পরিত্যাগ করিতেছে—কী করিয়া যে তাহা আমরা জানি না।

আমাদের অন্তরপ্রকৃতিতেও বিচিত্র ক্রিয়া আমাদের অজ্ঞাতসারে গূঢ়ভাবে ঘটিয়া থাকে, কিন্তু সেখানে আমাদের কর্তৃত্বের অধিকার অপেক্ষাকৃত ব্যাপক এবং গুরুতরদায়িত্বপূর্ণ। ভালোমন্দ পাপপুণ্য শ্রেয়প্রেয় আমাদিগকে নিজের সতর্ক চেষ্টায় গ্রহণ ও বর্জন করিতে হয়। ইহাতেই আত্মার মাহাত্ম্যও। এ কার্য যদি সম্পূর্ণ জড়বৎ যন্ত্রবৎ সম্পন্ন হইতে থাকিত তবে আমাদের মনুষ্যত্বের গৌরব থাকিত না—তবে ধর্ম ও নীতি শব্দ অর্থহীন হইত।

আত্মার গ্রহণ-বর্জন-কার্য এইরূপ স্বাধীন ইচ্ছার উপর নির্ভর করাতে অনেক সময়ে ইচ্ছা আপন কর্তব্য কার্য সতর্কভাবে সম্পন্ন করে না; অনেক পুরাতন আবর্জনা সঞ্চিত হইতে থাকে, অনেক নূতন পোষণপদার্থ দূরে পরিত্যক্ত হয়। শরীর আপন মৃত কোষকে যেমন নির্মমভাবে বর্জন করে আমরা আমাদের মৃত বস্তুগুলিকে তেমন অকাতরে পরিহার করিতে পারি না, এইজন্য সকল মনুষ্যসমাজ এবং সকল ধর্মেরই চতুর্দিকে বহুযুগসঞ্চিত পরমপ্রিয় মৃতবস্তুগুলি উত্তরোত্তর স্তূপাকার হইয়া ক্রমে তাহার গতির পথ রোধ করিয়া দাঁড়ায়—অভ্যন্তরের বায়ুকে দূষিত করিয়া তোলে, বাহিরের স্বাস্থ্যকর বায়ুকে প্রবেশ করিতে দেয় না। যাহারা শনৈঃ শনৈঃ অলক্ষিত ভাবে এই বিষবায়ুর মধ্যে পালিত হইয়া উঠে তাহারা বুঝিতে পারে না যে, তাহারা কী আলোক কী স্বাস্থ্য কী মুক্তি হইতে আপনাকে বঞ্চিত করিয়া রাখিয়াছে। তাহারা মমত্ববশত ভস্মকে ত্যাগ করিতে পারে না, অবশেষে পবিত্র অগ্নি উত্তরোত্তর আচ্ছন্ন হইয়া কখন নির্বাপিত হইয়া যায় তাহা তাহারা জানিতেও পারে না।

ক্রমে এমন হয় যে যাহা মুখ্য বস্তু, যাহা সারপদার্থ, তাহা লোকচক্ষুর অন্তরালে পড়িয়া অনভ্যস্ত হইয়া যায়, তাহার সহিত আর পরিচয় থাকে না, তাহাকে আমাদের আর একান্ত আবশ্যক বলিয়াই বোধ হয় না; যাহা গৌণ, যাহা ত্যাজ্য, তাহাই পদে পদে আমাদের চক্ষুগোচর হইয়া অভ্যাসজনিত প্রীতি আকর্ষণ করিতে থাকে।

এমন সময়ে সমাজে মহাপুরুষের আবির্ভাব হয়। তিনি বজ্রস্বরে বলেন, যে মিথ্যা সত্যকে আচ্ছন্ন করিয়া রাখিয়াছে সেই মিথ্যাকে সত্য অপেক্ষা প্রিয় জ্ঞান করিয়া উপাসনা করিয়ো না। তখন এই অতি পুরাতন কথা লোকের নিকট সম্পূর্ণ নূতন বলিয়া বোধ হয়। কেহ-বা বলে, 'সত্যকে মিথ্যা স্তূপের মধ্য হইতে অন্বেষণ করিয়া বাহির করিবার কষ্ট আমরা স্বীকার করিব না, আমরা যাহা সহজে পাই তাহাকেই সত্যজ্ঞানে সমাদর করিয়া নিশ্চিন্ত থাকিতে ইচ্ছা করি।' অর্থাৎ, যাহা বর্জনীয় তাহা বর্জন করিতে চাহি না, যাহা গ্রহণীয়

তাহাও গ্রহণ করিতে পারিনা, আমাদের আধ্যাত্মিক মৃত্যুদশা উপস্থিত হইয়াছে। তখন সেই মহাপুরুষ বিধিপ্রেরিত উদ্যত বজ্রাগ্নি সেই মৃত আবর্জনাস্তূপের প্রতি নিক্ষেপ করেন। ধূর্জটি যখন মৃত সতীদেহ কোনোমতেই পরিত্যাগ করিতে পারিলেন না, নিষ্ফল মোহে তাহাকে স্কন্ধে করিয়া বেড়াইতে লাগিলেন, তখন বিষ্ণু আপন সুদর্শনচক্র-দ্বারা সেই মৃতদেহ ছিন্নভিন্ন করিয়া শিবকে মোহভার হইতে মুক্ত করিয়াছিলেন। সেইরূপ মানবসমাজকে মোহমুক্ত করিবার জন্য মধ্যে মধ্যে মহাপুরুষগণ বিষ্ণুর সুদর্শনচক্র লইয়া আবির্ভূত হন—সমাজ আপনার বহুকালের প্রিয় মোহভার হইতে বঞ্চিত হইয়া একেবারে উন্মত্ত হইয়া উঠে, কিন্তু দেবতার চক্রকে আপন কর্ম হইতে কে নিবৃত্ত করিতে পারে?

সর্বত্রই এইরূপ হইয়া থাকে। আমাদের দেশও তাহার ব্যতিক্রমস্থল নহে। বরঞ্চ যে জাতি সজীব সচেষ্ট, যাহারা স্বাধীনভাবে চিন্তা করে, সবলভাবে কার্য করে, সানন্দমনে জীবনযাত্রা নির্বাহ করিতে থাকে, যাহাদের সমাজে প্রাণের প্রবাহ কখনো অবরুদ্ধ থাকে না, তাহারা আপন গতিবেগের দ্বারা আপন ত্যাজ্য পদার্থকে বহুলাংশে দূরে লইয়া যায়, আপন দূষণীয়তা সংশোধন করিতে থাকে।

আমরা বহুকাল হইতে পরাধীন অধঃপতিত উৎপীড়িত জাতি; বহুদিন হইতে আমাদের সেই অন্তরের বল নাই যাহার সাহায্যে আমরা বাহিরের শত্রুকে বাহিরে রাখিতে পারি; সমাজের মধ্যে সেই জীবনীশক্তির ঐক্য নাই যদ্দ্বারা আমরা বিপৎকালে এক মুহূর্তে এক হইয়া গাত্রোত্থান করিতে পারি; আমাদের মধ্যে বহুকাল হইতে কোনো মহৎ সংকল্পসাধন কোনো বৃহৎ অনুষ্ঠান সম্পন্ন হয় নাই—সেইজন্য আমাদের অন্তরপ্রকৃতি ক্রমশ তন্দ্রামগ্ন হইয়া আসিয়াছিল। আমাদের হৃদয় রাজপুরুষদের অপ্রতিহত স্বেচ্ছাচারিতায় দলিত নিস্তেজ, আমাদের অন্তঃকরণ বুদ্ধিবৃত্তির স্বাভাবিক সানন্দ পরিচালনার অভাবে জড়বৎ হইয়া আসিয়াছিল। এমন স্থলে আমাদের সমাজ আমাদের ধর্ম যে আপন আদিম বিশুদ্ধ উজ্জ্বলতা অক্ষুণ্ণভাবে রক্ষা করিয়া আসিয়াছে

ইহা কদাচ সম্ভবপর নহে। যদি রক্ষা করিত তবে সে উজ্জ্বলতা সকল অংশে সকল দিকেই প্রকাশ পাইত; তবে আমাদের মুখচ্ছবি মলিন, মেরুদণ্ড বক্র, মস্তক অবনত হইত না; তবে আমরা লোকসমাজে সর্বদা নির্ভীকভাবে অসংকোচে সঞ্চরণ করিতে পারিতাম। যাহার ধর্ম যাহার সমাজ সজীব সতেজ বিশুদ্ধ উন্নত, ত্রিভুবনে তাহার কাহাকেও ভয় করিবার নাই। বারুদ এবং সীসকের গোলকদ্বারা তাহার স্বাধীনতা অপহৃত হইতে পারে না। আগে আমাদের সমাজ নষ্ট হইয়াছে, ধর্ম বিকৃত হইয়াছে, বুদ্ধি পরবশ হইয়াছে, মনুষ্যত্ব মৃতপ্রায় হইয়াছে, তাহার পরে আমাদের রাষ্ট্রীয় দুর্গতির সূচনা হইয়াছে। সকল অবমাননা সকল দুর্বলতার মূল সমাজের মধ্যে, ধর্মের মধ্যে।

রামমোহন রায় সেই সমাজ সেই ধর্মের মধ্যে বিশুদ্ধ সত্যের আদর্শ স্থাপন করিলেন। তাঁহার নিজের আদর্শ নহে। তিনি এ কথা বলিলেন না যে, আমার এই নূতনরচিত মত সত্য, আমার এই নূতন-উচ্চারিত আদেশ ঈশ্বরাদেশ। তিনি এই কথা বলিলেন—সত্য মিথ্যা বিচার করিয়া গ্রহণ করিতে হইবে, সতর্ক যুক্তি দ্বারা সমাজের সমস্ত অকল্যাণ দূর করিতে হইবে। যেমন বলের দ্বারা ধূম নিরস্ত হয় না, অগ্নিকে সম্পূর্ণ প্রজ্বলিত করিয়া তুলিলে ধূমরাশি আপনি অন্তর্হিত হয়—রামমোহন রায় সেইরূপ ধর্মের প্রচ্ছন্ন বিশুদ্ধ অগ্নিকে প্রজ্বলিত জাগ্রত করিয়া তুলিয়া তাহার ধূমজাল দূর করিতে প্রবৃত্ত হইলেন। তিনি বেদ পুরাণ তন্ত্রের সারভাগ উদ্ধার করিয়া আনিয়া তাহার বিশুদ্ধ জ্যোতি আমাদের প্রত্যক্ষগোচর করিতে লাগিলেন। যে-সমস্ত নূতন কালিমা সেই পুরাতন জ্যোতিকে আচ্ছন্ন করিয়াছিল তাহাকে তিনি সেই জ্যোতির আদর্শের দ্বারাই নিন্দিত করিতে লাগিলেন। কিন্তু, হায়, আমাদের পক্ষে সেই পুরাতন জ্যোতিই নূতন, এই নূতন কালিমাই পুরাতন; সেই সনাতন বিশুদ্ধ সত্য শাস্ত্রের মধ্যে আছে, আর এই-সমস্ত অধুনাতন লোকাচার আমাদের ঘরে বাহিরে, আমাদের চিন্তায় কার্যে, আমাদের সুখে দুঃখে শত সহস্র চিহ্ন রাখিয়াছে—চক্ষু উন্মীলন করিলেই তাহাকে আমরা চতুর্দিকে দেখিতে পাই, শাস্ত্র উদ্‌ঘাটন না

করিলে সনাতন সত্যের সাক্ষাৎ পাই না। অতএব, হে রামমোহন রায়, তুমি যে মুক্তা আহরণ করিয়াছ তাহা শ্রেয় হইতে পারে, কিন্তু যে শুক্তি যুক্তি-অস্ত্রে বিদীর্ণ করিয়া ফেলিয়া দিতেছ তাহাই আমাদের প্রেয়, আমাদের পরিচিত; আমরা মুক্তাকে মুখে বহুমূল্য বলিয়া সম্মান করিতে সম্মত আছি, কিন্তু শুক্তিখণ্ডকেই হৃদয়ের মধ্যে বাঁধিয়া রাখিব।

তাহা হউক, সত্যকেও সময়ের অপেক্ষা করিতে হয়। কিন্তু, একবার যখন সে প্রকাশ পাইয়াছে তখন তাহার সহিতও আমাদের ক্রমশ পরিচয় হইবে। সত্যের পথ যদি বাধাগ্রস্ত না হয় তবে সত্যকে আমরা সম্পূর্ণরূপে পরীক্ষা করিয়া চিনিয়া লইতে পারি না; সন্দেহের দ্বারা পীড়িত নিষ্পীড়িত করিয়া তবে আমরা সত্যের অজেয় বল, অটল স্থায়িতা বুঝিতে পারি। যে প্রিয় পুরাতন মিথ্যা আমাদের গৃহে আমাদের হৃদয়ে এতকাল সত্যের ছদ্মবেশে বিরাজ করিয়া আসিয়াছে তাহাকে কি আমরা এক মুহূর্তের মধ্যে অকাতরে বিদায় দিতে পারি? সত্য যখন আপন কল্যাণময় কঠিন হস্তে তাহাকে আমাদের বক্ষ হইতে একেবারে কাড়িয়া ছিনিয়া লইয়া যাইবে তখন তাহার জন্য আমাদের হৃদয়ের শোণিতপাত এবং অজস্র অশ্রু বর্ষণ করিতে হইবে। যে ব্যক্তি তাহার পুরাতন প্রেয় বস্তুকে আপন শিথিল মুষ্টি হইতে অতি সহজেই ছাড়িয়া দিতে পারে সে লোক নূতন শ্রেয়কে তেমন সবলভাবে একান্তমনে ধারণ করিতে পারে না। পুরাতনের জন্য শোক যেখানে মৃদু, নূতনের জন্য আনন্দ সেখানে ম্লান। অবসন্ন রজনীর বিদায়-শিশিরাশ্রুজলের উপরেই প্রভাতের আনন্দ-অভ্যুদয় নির্মল উজ্জ্বল সুন্দর রূপে উদ্ভাসিত হইয়া উঠে।

প্রথমে সকলেই বলিব, না না, ইহাকে চাহি না, ইহাকে চিনি না, ইহাকে দূর করিয়া দাও; তাহার পর একদিন বলিব, এসো এসো হে সর্বশ্রেষ্ঠ, এসো হে হৃদয়ের মহারাজ, এসো হে আত্মার জাগরণ, তোমার অভাবেই আমরা এতদিন জীবন্মৃত হইয়া ছিলাম।

এসো গো নূতন জীবন।

এসো গো কঠোর নিঠুর নীরব, এসো গো ভীষণ শোভন।
এসো অপ্রিয় বিরস তিক্ত, এসো গো অশ্রুসলিলসিক্ত,
এসো গো ভূষণবিহীন রিক্ত, এসো গো চিত্তপাবন।
থাক্ বীণাবেণু, মালতীমালিকা, পূর্ণিমানিশি, মায়াকুহেলিকা—
এসো গো প্রখর হোমানলশিখা হৃদয়শোণিতপ্রাশন।
এসো গো পরমদুঃখনিলয়, মোহ-অঙ্কুর করো গো বিলয়,
এসো সংগ্রাম, এসো মহাজয়, এসো গো মরণসাধন।

প্রথমে প্রত্যাখ্যান করিয়াছিলাম বলিয়াই, যখন আবাহন করিব তখন একান্তমনে সমস্ত হৃদয়ের সঙ্গে করিব—প্রবল দ্বন্দ্বের পর পরাজয় স্বীকার করিয়া যখন আত্মসমর্পণ করিব তখন সম্পূর্ণরূপেই করিব, তখন আর ফিরিবার পথ রাখিব না।

আমাদের দেশে এখনো সত্যমিথ্যার সেই দ্বন্দ্ব চলিতেছে। এই দ্বন্দ্বের অবতারণাই রামমোহন রায়ের প্রধান গৌরব। কারণ, যে সমাজে সত্যমিথ্যার মধ্যে কোনো বিরোধ নাই সে সমাজের অবস্থা অতিশয় শোচনীয়; এমন-কি, জড়ভাবে অন্ধভাবে সত্যকে গ্রহণ করিলেও সে সত্যের কোনো গৌরব থাকে না। সীতার ন্যায় সত্যকেও বারংবার অগ্নিপরীক্ষা সহ্য করিতে হয়।

অনেকে মনে মনে অধৈর্য প্রকাশ করিয়া থাকেন যে, রামমোহন রায় শাস্ত্র হইতে আহরণ করিয়া যে ধর্মকে বঙ্গসমাজে প্রেরণ করিয়াছিলেন এখনো তাহাকে সকলে গৃহে আহ্বান করিয়া লয় নাই; এমন-কি, এক-এক সময় আশঙ্কা হয় সমাজ সহসা সবেগে তাহার বিপরীত মুখে ধাবিত হইতেছে, এবং রামমোহন রায়ের জীবনের প্রধান উদ্দেশ্য সফল হইতেছে না। কিন্তু, সে আশঙ্কায় মুহ্যমান হইবার আবশ্যক নাই। রামমোহন রায় যে ধর্মকে সত্য বলিয়া প্রচার করিয়াছিলেন সে ধর্মকে তিনি সত্য বলিয়া জানিয়াছিলেন—আমরাও অগ্রে সে ধর্মকে প্রকৃতরূপে সত্য বলিয়া জানিব তবে তাহাকে গ্রহণ করিব ইহাই তাঁহার অভিপ্রায়, সত্যকে কেবল পঠিত মন্ত্রের ন্যায় গ্রহণ করিব না।

সত্যকে যথার্থ সত্য বলিয়া জানা সহজ নহে—অনেকে যাঁহারা মনে করেন 'জানিয়াছি' তাঁহারাও জানেন না। রামমোহন রায় যে নিদারুণ পিপাসার পর যে কঠোর তপস্যার দ্বারা ধর্মে বিশ্বাস লাভ করিয়াছিলেন আমাদের সে পিপাসাও নাই, সে তপস্যাও নাই; আমরা কেবল পরম্পরাগত বাক্য শ্রবণ করিয়া যাই এবং মনে করি যে তাহা সত্য এবং তাহা বুঝিলাম। কিন্তু, আমাদের অন্তরাত্মা আকাঙ্ক্ষা-দ্বারা তাহাকে আকর্ষণ করিয়া তাহার সমস্ত সত্যতা একান্তভাবে লাভ করে না।

এখনো আমাদের বঙ্গসমাজে সেই আধ্যাত্মিক ক্ষুৎপিপাসার সঞ্চার হয় নাই, সত্যধর্মের জন্য আমাদের প্রাণের দায় উপস্থিত হয় নাই; যে ধর্ম স্বীকার করি সে ধর্ম বিশ্বাস না করিলেও আমাদের চলে, যে ধর্মে বিশ্বাস করি সে ধর্ম গ্রহণ না করিলেও আমাদের ক্ষতিবোধ হয় না—আমাদের ধর্মজিজ্ঞাসার সেই স্বাভাবিক গভীরতা নাই বলিয়া সে সম্বন্ধে আমাদের এমন অবিনয়, এমন চাপল্য, এমন মুখরতা। কোনো সন্ধান, কোনো সাধনা না করিয়া, অন্তরের মধ্যে কোনো অভাব অনুভব বা কোনো অভিজ্ঞতা লাভ না করিয়া, এমন অনায়াসে কোনো এক বিশেষ পক্ষ অবলম্বন-পূর্বক উকিলের মতো নিরতিশয় সূক্ষ্ম তর্ক করিয়া যাইতে পারি। এমন করিয়া কেহ আত্মার খাদ্য পানীয় আহরণ করে না। ইহা জীবনের সর্বোত্তম ব্যাপার লইয়া বাল্যক্রীড়া মাত্র।

দীর্ঘ সুপ্তির পর রামমোহন রায় আমাদিগকে নিদ্রোত্থিত করিয়া দিয়াছেন। এখন কিছুদিন আমাদের চিত্তবৃত্তির পরিপূর্ণ আন্দোলন হইলে পর তবে আমাদের আত্মার স্বাভাবিক সত্যক্ষুধা সঞ্চার হইবে—তখনি সে যথার্থ সত্যকে সত্যরূপে লাভ করিতে সক্ষম হইবে।

রামমোহন রায় এখন আমাদিগকে সেই সত্যলাভের পথে রাখিয়া দিয়াছেন। প্রস্তুত সত্য মুখে তুলিয়া দেওয়া অপেক্ষা এই সত্যলাভের পথে স্থাপন করা বহুগুণে শ্রেয়। এখন আমরা বহুকাল অলীক জল্পনা, নাস্তিক্যের অভিমান, বৃথা তর্কবিতর্ক এবং বহুবিধ কাল্পনিক যুক্তির মধ্যে অবিশ্রাম নৃত্য করিয়া ফিরিব; ধর্মের নানারূপ ক্রীড়ায় প্রভাত

অতিবাহন করিব; অবশেষে সূর্য যখন মধ্যগগনে অধিরোহণ করিবে, যখন অন্তঃকরণ অমৃতসরোবরে সুধাস্নানের জন্য ব্যাকুল হইয়া উঠিবে, ক্ষুধিত পিপাসিত অন্তরাত্মা তখন দেখিতে পাইবে সূক্ষ্মাতিসূক্ষ্ম তর্ক বিস্তার করিয়া শ্রান্তি বৈ পরিতৃপ্তি নাই—তখন যথার্থ অনুসন্ধান পড়িয়া যাইবে এবং যতক্ষণ আত্মার যথার্থ খাদ্যপানীয় না পাইব ততক্ষণ আপনাকে বৃথা বাক্যের ছলনায় ভুলাইয়া রাখিতে পারিব না। তখন রামমোহন রায় আত্মার স্বাধীন চেষ্টার যে রাজপথ বাঙালিকে নির্দেশ করিয়া দিয়াছেন সেই পথযাত্রা সার্থক হইবে এবং তখন রামমোহন রায়ের সেই শকট আপন গম্যস্থানে আত্মার বিদ্যামন্দিরে আমাদিগকে উত্তীর্ণ করিয়া দিবে।

রামমোহন রায় তাঁহার যজুর্বেদীয় কঠোপনিষদের বঙ্গানুবাদের ভূমিকায় যে প্রার্থনা করিয়াছেন আমরাও সেই প্রার্থনা করিয়া এই প্রবন্ধের উপসংহার করি—

'হে অন্তর্যামিন, পরমেশ্বর, আমাদিগ্যে আত্মার অন্বেষণ হইতে বহির্মুখ না রাখিয়া যাহাতে তোমাকে এক অদ্বিতীয় অতীন্দ্রিয় সর্বব্যাপী এবং সর্বনিয়ন্তা করিয়া দৃঢ়রূপে আমরণান্ত জানি এমৎ অনুগ্রহ কর ইতি। ওঁ তৎসৎ।'

আশ্বিন ? ১৩০৩

১০

মহাপুরুষেরা সমস্ত মানবজাতির গৌরবের ও আদর্শের স্থল বটে, কিন্তু তাঁহারা জাতিবিশেষের বিশেষ গৌরবের স্থল তাহার আর সন্দেহ নাই। গৌরবের স্থল বলিলে যে কেবলমাত্র সামান্য অহংকারের স্থল বুঝায় তাহা নহে গৌরবের স্থল বলিলে শিক্ষার স্থল, বললাভের স্থল বুঝায়। মহাপুরুষদিগের মহৎকার্যসকল দেখিয়া কেবলমাত্র সম্ভ্রমমিশ্রিত বিস্ময়ের উদ্রেক হইলেই যথেষ্ট ফললাভ হয় না—তাঁহাদিগকে যতই

'আমার' মনে করিয়া তাঁহাদের প্রতি যতই প্রেমের উদ্রেক হয় ততই তাঁহাদের কথা, তাঁহাদের কার্য, তাঁহাদের চরিত্র আমাদের নিকট জীবন্ত হইয়া উঠে যাঁহাদিগকে লইয়া আমরা গৌরব করি তাঁহাদিগকে শুদ্ধমাত্র যে আমরা ভক্তি করি তাহা নহে, তাঁহাদিগকে 'আমার' বলিয়া মনে করি। এইজন্য তাঁহাদের মহত্ত্বের আলোক বিশেষরূপে আমাদেরই উপরে আসিয়া পড়ে, বিশেষরূপে আমাদেরই মুখ উজ্জ্বল করে। শিশু যেমন সহস্র বলবান ব্যক্তিকে ফেলিয়া বিপদের সময় পিতার কোলে আশ্রয় লইতে যায়, তেমনি আমরা দেশের দুর্গতির দিনে আর-সকলকে ফেলিয়া আমাদের স্বদেশীয় মহাপুরুষদিগের অটল আশ্রয় অবলম্বন করিবার জন্য ব্যাকুল হই। তখন আমাদের নিরাশ হৃদয়ে তাঁহারা যেমন বলবিধান করিতে পারেন এমন আর কেহই নহে। ইংলণ্ডের দুর্গতি কল্পনা করিয়া কবি ওআর্ড্‌স্‌ওয়ার্থ্‌ পৃথিবীর আর-সমস্ত মহাপুরুষকে ফেলিয়া কাতর স্বরে মিল্টনকেই ডাকিলেন; কহিলেন, 'মিল্টন, আহা, তুমি যদি আজ বাঁচিয়া থাকিতে! তোমাকে ইংলণ্ডের বড়োই আবশ্যক হইয়াছে।' যে জাতির মধ্যে স্বদেশীয় মহাপুরুষ জন্মান নাই সে জাতি কাহার মুখ চাহিবে—তাহার কী দুর্দশা! কিন্তু, যে জাতির মধ্যে মহাপুরুষ জন্মগ্রহণ করিয়াছেন, তথাপি যে জাতি কল্পনার জড়তা, হৃদয়ের পক্ষাঘাত-বশত, তাঁহার মহত্ত্ব কোনোমতে অনুভব করিতে পারে না, তাহার কী দুর্ভাগ্য!

আমাদের কী দুর্ভাগ্য! আমরা বঙ্গসমাজের বড়ো বড়ো যশোবুদ্বুদদিগকে বালুকার সিংহাসনের উপর বসাইয়া দুই দিনের মতো পুষ্পচন্দন দিয়া মহত্ত্বপূজার স্পৃহা খেলাচ্ছলে চরিতার্থ করিতেছি, বিদেশীয়দের অনুকরণে কথায় কথায় সভা ডাকিয়া চাঁদা তুলিয়া মহত্ত্বপূজার একটা ভান ও আড়ম্বর করিতেছি।

রামমোহন রায়ের চরিত্র আলোচনা করিবার একটি গুরুতর আবশ্যকতা আছে। আমাদের এখনকার কালে তাঁহার মতো আদর্শের নিতান্ত প্রয়োজন হইয়াছে। আমরা কাতর স্বরে তাঁহাকে বলিতে পারি, 'রামমোহন রায়, আহা, তুমি যদি আজ বাঁচিয়া থাকিতে!

তোমাকে বঙ্গদেশের বড়োই আবশ্যক হইয়াছে। আমরা বাক্‌পটু লোক, আমাদিগকে তুমি কাজ করিতে শিখাও। আমরা আত্মম্ভরী, আমাদিগকে আত্মবিসর্জন দিতে শিখাও। আমরা লঘুপ্রকৃতি, বিপ্লবের স্রোতে চরিত্রগৌরবের প্রভাবে আমাদিগকে অটল থাকিতে শিখাও। আমরা বাহিরের প্রখর আলোকে অন্ধ, হৃদয়ের অভ্যন্তরস্থ চিরোজ্জ্বল আলোকের সাহায্যে ভালোমন্দ নির্বাচন করিতে ও স্বদেশের পক্ষে যাহা স্থায়ী ও যথার্থ মঙ্গল তাহাই অবলম্বন করিতে শিক্ষা দাও।'

রামমোহন রায় যথার্থ কাজ করিয়াছেন। তাঁহার সময়ে প্রগল্‌ভা রসনার এত শ্রীবৃদ্ধি হয় নাই, সুতরাং তাহার এত সমাদরও ছিল না। কিন্তু আর-একটা কথা দেখিতে হইবে। এক-একটা সময়ে কাজের ভিড় পড়িয়া যায়, কাজের হাট বসিয়া যায়, তখন কাজ করিতে অথবা কাজের ভান করিতে একটা আমোদ আছে। তখন সেই কার্যাড়ম্বর নাট্যরস জন্মাইয়া মানুষকে মত্ত করিয়া তুলে; বিশেষত একটা তুমুল কোলাহলে সকলে বাহ্যজ্ঞান বিস্মৃত হইয়া একপ্রকার বিহ্বল হইয়া পড়েন। কিন্তু রামমোহন রায়ের সময়ে বঙ্গসমাজের সে অবস্থা ছিল না। তখন কাজে মত্ততাসুখ ছিল না; একাকী ধীরভাবে সমস্ত কাজ করিতে হইত। সঙ্গীহীন সুগম্ভীর সমুদ্রের গর্ভে যেমন নীরবে অতি ধীরে ধীরে দ্বীপ নির্মিত হইয়া উঠে, সংকল্প তেমনি অবিশ্রাম নীরবে গভীর হৃদয় পরিপূর্ণ করিয়া কার্য-আকারে পরিস্ফুট হইয়া উঠিত। মহত্ত্বের প্রভাবে, হৃদয়ের অনুরাগের প্রভাবে কাজ না করিলে, কাজ করিবার আর কোনো প্রবর্তনাই তখন বর্তমান ছিল না। অথচ কাজের ব্যাঘাত এখনকার চেয়ে ঢের বেশি ছিল। রামমোহন রায়ের যশের প্রলোভন কিছুমাত্র ছিল না। তিনি যতগুলি কাজ করিয়াছিলেন কোনো কাজেই তাঁহার সমসাময়িক স্বদেশীয়দিগের নিকট হইতে যশের প্রত্যাশা করেন নাই। নিন্দাগ্লানি শ্রাবণের বারিধারার ন্যায় তাঁহার মাথার উপরে অবিশ্রাম বর্ষিত হইয়াছে—তবুও তাঁহাকে তাঁহার কার্য হইতে বিরত করিতে পারে নাই। নিজের মহত্ত্বে তাঁহার কী অটল আশ্রয় ছিল, নিজের মহত্ত্বের মধ্যেই তাঁহার হৃদয়ের কী

সম্পূর্ণ পরিতৃপ্তি ছিল, স্বদেশের প্রতি তাঁহার কী স্বার্থশূন্য সুগভীর প্রেম ছিল। তাঁহার স্বদেশীয় লোকেরা তাঁহার সহিত যোগ দেয় নাই, তিনিও তাঁহার সময়ের স্বদেশীয় লোকদের হইতে বহুদূরে ছিলেন, তথাপি তাঁহার বিপুল হৃদয়ের প্রভাবে স্বদেশের যথার্থ মর্মস্থলের সহিত আপনার সুদৃঢ় যোগ রক্ষা করিতে পারিয়াছিলেন। বিদেশীয় শিক্ষায় সে বন্ধন ছিন্ন করিতে পারে নাই এবং তদপেক্ষা গুরুতর যে স্বদেশীয়ের উৎপীড়ন তাহাতেও সে বন্ধন বিছিন্ন হয় নাই। এই অভিমানশূন্য বন্ধনের প্রভাবে তিনি স্বদেশের জন্য সম্পূর্ণ-আত্মবিসর্জন করিতে পারিয়াছিলেন। তিনি কী না করিয়াছিলেন! শিক্ষা বলো, রাজনীতি বলো, বঙ্গভাষা বলো, বঙ্গসাহিত্য বলো, সমাজ বলো, ধর্ম বলো, বঙ্গসমাজের যে-কোনো বিভাগে উত্তরোত্তর যতই উন্নতি হইতেছে, সে কেবল তাঁহারই হস্তাক্ষর কালের নূতন নূতন পৃষ্ঠায় উত্তরোত্তর পরিস্ফুটতর হইয়া উঠিতেছে মাত্র। বঙ্গ-সমাজের সর্বত্রই তাঁহার স্মরণস্তম্ভ মাথা তুলিয়া উঠিতেছে; তিনি এই মরুস্থলে যে-সকল বীজ রোপণ করিয়াছিলেন, তাহারা বৃক্ষ হইয়া শাখাপ্রশাখায় প্রতিদিন বিস্তৃত হইয়া পড়িতেছে। তাহারই বিপুল ছায়ায় বসিয়া আমরা কি তাঁহাকে স্মরণ করিব না!

তিনি যাহা করিয়াছেন তাহাতে তাঁহার মহত্ত্ব প্রকাশ পায়; আবার তিনি যাহা না করিয়াছেন তাহাতে তাঁহার মহত্ত্ব আরো প্রকাশ পায়। তিনি যে এত কাজ করিয়াছেন কিছুরই মধ্যে তাঁহার আত্মপ্রতিষ্ঠা করেন নাই। তিনি যে ব্রাহ্মসমাজ স্থাপন করিয়াছেন তাহাতে নিজের অথবা আর-কাহারো প্রতিমূর্তি স্থাপন করিতে নিষেধ করিয়াছেন। তিনি গড়িয়া পিটিয়া একটা নূতন ধর্ম বানাইতে পারিতেন, তাহা না করিয়া পুরাতন ধর্ম প্রচার করিলেন। তিনি নিজেকে গুরু বলিয়া চালাইতে পারিতেন, তাহা না করিয়া প্রাচীন ঋষিদিগকে গুরু বলিয়া মানিলেন। তিনি তাঁহার কাজ স্থায়ী করিবার জন্য প্রাণপণ করিয়াছেন, কিন্তু তাঁহার নাম স্থায়ী করিবার জন্য কিছুমাত্র চেষ্টা করেন নাই, বরং তাহার প্রতিকূলতা করিয়াছেন। এরূপ আত্মবিলোপ এখন তো দেখা

যায় না। বড়ো বড়ো সংবাদপত্রপুট পরিপূর্ণ করিয়া অবিশ্রাম নিজের নামসুধাপানে একপ্রকার মত্ততা জন্মাইয়া আমাদের কাজের উৎসাহ জাগাইয়া রাখিতে হয়—দেশের জন্য যে সামান্য কাজটুকু করি তাহাও বিদেশী আকারে সমাধা করি, চেষ্টা করি যাহাতে সে কাজটা বিদেশীয়দের নয়ন-আকর্ষণ পণ্যদ্রব্য হইয়া উঠে। স্তুতিকোলাহল ও দলস্থ লোকের অবিশ্রাম এক মন্ত্রোচ্চারণশব্দে বিব্রত থাকিয়া স্থিরভাবে কোনো বিষয়ের যথার্থ ভালোমন্দ বুঝিবার শক্তিও থাকে না, ততটা ইচ্ছাও থাকে না, একটা গোলযোগের আবর্তের মধ্যে মহানন্দে ঘুরিতে থাকি ও মনে করিতে থাকি বিদ্যুৎ-বেগে উন্নতির পথে অগ্রসর হইতেছি।

আমরা যে আত্মবিলোপ করিতে পারি না তাহার কারণ, আমরা আপনাকে ধারণ করিতে পারি না। সামান্য মাত্র ভাবের প্রবাহ উপস্থিত হইলেই আমরাই সর্বোপরি ভাসিয়া উঠি। আত্মগোপন করিতে পারি না বলিয়াই সর্বদা ভাবিতে হয় আমাকে কেমন দেখিতে হইতেছে। যাঁহারা মাঝারি রকমের বড়ো লোক তাঁহারা নিজের শুভসংকল্প সিদ্ধ করিতে চান বটে, কিন্তু তৎসঙ্গে আপনাকেও প্রচলিত করিতে চান। এ বড়ো বিষম অবস্থা। আপনিই যখন আপনার সংকল্পের প্রতিযোগী হইয়া উঠে তখন সংকল্পের অপেক্ষা আপনার প্রতি আদর স্বভাবতই কিঞ্চিৎ অধিক হইয়া পড়ে। তখন সংকল্প অনেক সময়ে হীনবল লক্ষ্যভ্রষ্ট হয়। কথায় কথায় তাহার পরিবর্তন হয়। কিছু-কিছু ভালো কাজ সম্পন্ন হয়, কিন্তু সর্বাঙ্গসুন্দর কাজটি হইয়া উঠে না। যে আপনার পায়ে আপনি বাধাস্বরূপ বিরাজ করিতে থাকে, সংসারে সহস্র বাধা সে অতিক্রম করিবে কী করিয়া? যে ব্যক্তি আপনাকে ছাড়িয়া সংসারের মধ্যস্থলে নিজের শুভকার্য স্থাপন করে, সে স্থায়ী ভিত্তির উপরে নিজের মঙ্গলসংকল্প প্রতিষ্ঠিত করে। আর, যে নিজের উপরেই সমস্ত কার্যের প্রতিষ্ঠা করে, সে যখন চলিয়া যায় তাহার অসম্পূর্ণ কার্যও তাহার সঙ্গে সঙ্গে চলিয়া যায়; যদি-বা বিশৃঙ্খল ভগ্নাবশেষ ধূলির উপরে পড়িয়া থাকে তবে তাহার ভিত্তি কোথাও খুঁজিয়া পাওয়া

যায় না। রামমোহন রায় আপনাকে ভুলিয়া নিজের মহতী ইচ্ছাকে বঙ্গসমাজের মধ্যে রোপণ করিয়াছিলেন, এইজন্য তিনি না থাকিলেও আজ তাঁহার সেই ইচ্ছা সজীবভাবে প্রতিদিন বঙ্গসমাজের চারি দিকে অবিশ্রাম কাজ করিতেছে। সমস্ত বঙ্গবাসী তাঁহার স্মৃতি হৃদয়পট হইতে মুছিয়া ফেলিতে পারে, কিন্তু তাঁহার সেই অমর ইচ্ছার বংশ বঙ্গসমাজ হইতে বিলুপ্ত করিতে পারে না।

রামমোহন রায়ের আত্মধারণাশক্তি কিরূপ অসাধারণ ছিল তাহা কল্পনা করিয়া দেখুন। অতি বাল্যকালে যখন তিনি হৃদয়ের পিপাসায় ভারতবর্ষের চতুর্দিকে আকুল হইয়া ভ্রমণ করিতেছিলেন তখন তাঁহার অন্তরে বাহিরে কী সুগভীর অন্ধকার বিরাজ করিতেছিল! যখন এই মহানিশীথিনীকে মুহূর্তে দগ্ধ করিয়া ফেলিয়া তাঁহার হৃদয়ে প্রখর আলোক দীপ্ত হইয়া উঠিল তখন তাহাতে তাঁহাকে বিপর্যস্ত করিতে পারে নাই। সে তেজ, সে আলোক তিনি হৃদয়ে ধারণ করিতে পারিলেন। যুগযুগান্তরের সঞ্চিত অন্ধকারময় অঙ্গারের খনিতে যদি বিদ্যুৎশিখা প্রবেশ করে তবে সে কী কাণ্ডই উপস্থিত হয়, ভূগর্ভ শতধা বিদীর্ণ হইয়া যায়। তেমনি সহসা জ্ঞানের নূতন উচ্ছ্বাস কয়জন সহজে ধারণ করিতে পারেন? কিন্তু রামমোহন রায় অত্যন্ত মহৎ ছিলেন, এইজন্য এই জ্ঞানের বন্যায় তাঁহার হৃদয় অটল ছিল; এই জ্ঞানের বিপ্লবের মধ্যে মাথা তুলিয়া যাহা আমাদের দেশে ধ্রুব মঙ্গলের কারণ হইবে তাহা নির্বাচন করিতে পারিয়াছিলেন। এ সময়ে ধৈর্যরক্ষা করা যায় কি? আজিকার কালে আমরা তো ধৈর্য কাহাকে বলে জানিই না। কিন্তু রামমোহন রায়ের কী অসামান্য ধৈর্যই ছিল! তিনি আর-সমস্ত ফেলিয়া পর্বতপ্রমাণ স্তূপাকার ভস্মের মধ্যে আচ্ছন্ন যে অগ্নি, ফুৎকার দিয়া তাহাকেই প্রজ্বলিত করিতে চাহিয়াছিলেন; তাড়াতাড়ি চমক লাগাইবার জন্য বিদেশী দেশালাইকাঠি জ্বালাইয়া জাদুগিরি করিতে চাহেন নাই। তিনি জানিতেন ভস্মের মধ্যে যে অগ্নিকণিকা অবশিষ্ট আছে তাহা ভারতবাসীর হৃদয়ের গূঢ় অভ্যন্তরে নিহিত, সে অগ্নি প্রজ্বলিত হইয়া উঠিলে আর নিভিবে না।

রামমোহন রায় যখন ভারতবর্ষে জন্মগ্রহণ করেন তখন এখানে চতুর্দিকে কালরাত্রির অন্ধকার বিরাজ করিতেছিল। মিথ্যা ও মৃত্যুর বিরুদ্ধে তাঁহাকে সংগ্রাম করিতে হইয়াছিল। মিথ্যা ও মৃত্যু-নামক মায়াবী রাজাদের প্রকৃত বল নাই, অমোঘ অস্ত্র নাই, কোথাও তাহাদের দাঁড়াইবার স্থল নাই, কেবল নিশীথের অন্ধকার ও একপ্রকার অনির্দেশ্য বিভীষিকার উপরে তাহাদের সিংহাসন প্রতিষ্ঠিত। আমাদের অজ্ঞান, আমাদের হৃদয়ের দুর্বলতাই তাহাদের বল। অতি বড়ো ভীরুও প্রভাতের আলোকে প্রেতের নাম শুনিলে হাসিতে পারে, কিন্তু অন্ধকার নিশীথিনীতে একটি শুষ্ক পত্রের শব্দ, একটি তৃণের ছায়াও অবসর পাইয়া আমাদের হৃদয়ে নিষ্ঠুর আধিপত্য করিতে থাকে। যথার্থ দস্যুভয় অপেক্ষা সেই মিথ্যা অনির্দেশ্য ভয়ের শাসন প্রবলতর। অজ্ঞানের মধ্যে মানুষ যেমন নিরুপায়, যেমন অসহায়, এমন আর কোথায়? রামমোহন রায় যখন জাগ্রত হইয়া বঙ্গসমাজের চারি দিকে দৃষ্টিপাত করিলেন তখন বঙ্গসমাজ সেই প্রেতভূমি ছিল। তখন শ্মশানস্থলে প্রাচীনকালের হিন্দুধর্মের প্রেতমাত্র রাজত্ব করিতেছিল। তাহার জীবন নাই, অস্তিত্ব নাই, কেবল অনুশাসন ও ভয় আছে মাত্র। সেই নিশীথে, শ্মশানে, সেই ভয়ের বিপক্ষে 'মা ভৈঃ' শব্দ উচ্চারণ করিয়া যিনি একাকী অগ্রসর হইয়াছিলেন, তাঁহার মাহাত্ম্য আমরা আজিকার এই দিনের আলোকে হয়তো ঠিক অনুভব করিতে পারিব না। যে ব্যক্তি সর্পবধ করিতে অগ্রসর হয় তাহার কেবলমাত্র জীবনের আশঙ্কা থাকে, কিন্তু যে ব্যক্তি বাস্তুসর্প মারিতে যায় তাহার জীবনের আশঙ্কার অপেক্ষা অনির্দেশ্য অমঙ্গলের আশঙ্কা বলবত্তর হইয়া উঠে। তেমনি রামমোহন রায়ের সময়ে হিন্দুসমাজের ভগ্নভিত্তির সহস্র ছিদ্রে সহস্র বাস্তু-অমঙ্গল উত্তরোত্তর পরিবর্ধমান বংশ-পরম্পরা লইয়া প্রাচীনতা ও জড়তার প্রভাবে অতিশয় স্থূলকায় হইয়া উঠিতেছিল। রামমোহন রায় সমাজকে এই সহস্র নাগপাশবন্ধন হইতে মুক্ত করিতে নির্ভয়ে অগ্রসর হইলেন। কিন্তু, এই নিদারুণ বন্ধন অনুরাগবন্ধনের ন্যায় সমাজকে জড়াইয়াছিল, এইজন্য সমস্ত বঙ্গসমাজ আর্তনাদ

করিয়া রামমোহন রায়ের বিরুদ্ধে উত্থান করিল। আজি আমাদের বালকেরাও সেই-সকল মৃতসর্পের উপরে হাস্যমুখে পদাঘাত করে, আমরা তাহাদিগকে নির্বিষ ঢোঁড়া সাপ বলিয়া উপহাস করি—ইহাদের প্রবল প্রতাপ, ইহাদের চক্ষের মোহ-আকর্ষণ, ইহাদের সুদীর্ঘ লাঙ্গুলের ভীষণ আলিঙ্গনের আশঙ্কা আমরা বিস্মৃত হইয়াছি।

একবার ভাঙচুর করিতে আরম্ভ করিলে একটা নেশা চড়িয়া যায়। সৃজনের যেমন আনন্দ আছে প্রলয়ের তেমনি একপ্রকার ভীষণ আনন্দ আছে। যাঁহারা রাজনারায়ণবাবুর 'এ কাল ও সে কাল' পাঠ করিয়াছেন তাঁহারা জানেন নূতন ইংরাজি শিক্ষা লাভ করিয়া বাঙালি ছাত্রেরা যখন হিন্দুকালেজ হইতে বাহির হইলেন, তখন তাঁহাদের কিরূপ মত্ততা জন্মিয়াছিল। তাঁহারা দলবদ্ধ হইয়া গুরুতর আঘাতে হিন্দুসমাজের হৃদয় হইতে রক্তপাত করিয়া, তাহাই লইয়া প্রকাশ্য পথে আবীর খেলাইতেন। কঠোর অট্টহাস্য ও নিষ্ঠুর উৎসবের কোলাহল তুলিয়া তখনকার শ্মশানদৃশ্য তাঁহারা আরো ভীষণতর করিয়া তুলিয়াছিলেন। তাঁহাদের নিকট হিন্দুসমাজের কিছুই ভালো কিছুই পবিত্র ছিল নাঃ হিন্দুসমাজের যে-সকল কঙ্কাল ইতস্তত বিক্ষিপ্ত ছিল তাহাদের ভালোরূপ সৎকার করিয়া শেষ ভস্মমুষ্টি গঙ্গার জলে নিক্ষেপ করিয়া বিষণ্ণমনে যে গৃহে ফিরিয়া আসিবেন, প্রাচীন হিন্দুসমাজের স্মৃতির প্রতি তাঁহাদের ততটুকুও শ্রদ্ধা ছিল না। তাঁহারা কালভৈরবের অনুচর ভূতপ্রেতের ন্যায় শ্মশানের নর-কপালে মদিরা পান করিয়া বিকট উল্লাসে উন্মত্ত হইতেন। সে সময়কার অবস্থা বিবেচনা করিলে তাঁহাদের ততটা দোষ দেওয়া যায় না। প্রথম বিপ্লবের সময় এইরূপই ঘটিয়া থাকে। একবার ভাঙিবার দিকে মন দিলে প্রলয়ের আনন্দ উত্তরোত্তর বাড়িয়া উঠে। সে সময়ে খানিকটা খারাপ লাগিলেই সমস্তটা খারাপ লাগে, বাহিরটা খারাপ লাগিলেই ভিতরটা খারাপ লাগে। কিন্তু বর্তমান বঙ্গসমাজে বিপ্লবের আগ্নেয় উচ্ছ্বাস সর্বপ্রথমে যিনি উৎসারিত করিয়া দিলেন, সেই রামমোহন রায়, তাঁহার তো এরূপ মত্ততা জন্মে নাই। তিনি তো স্থিরচিত্তে ভালোমন্দ

সমস্ত পর্যবেক্ষণ করিয়াছিলেন। তিনি আলোক জ্বালাইয়া দিলেন কিন্তু চিতালোক তো জ্বালান নাই। ইহাই রামমোহন রায়ের প্রধান মহত্ত্ব। কেবলমাত্র বাহ্য অনুষ্ঠান ও জীবনহীন তন্ত্রমন্ত্রের মধ্যে জীবন্তে সমাহিত হিন্দুধর্মের পুনরুদ্ধার করিলেন। যে মৃতভারে আচ্ছন্ন হইয়া হিন্দুধর্ম দিন দিন অবসন্ন মুমূর্ষু হইয়া পড়িতেছিল যে জড়পাষাণস্তূপে পিষ্ট হইয়া হিন্দুধর্মের হৃদয় হতচেতন হইয়া পড়িতেছিল, সেই মৃতভারে, সেই জড়স্তূপে রামমোহন রায় প্রচণ্ড বলে আঘাত করিলেন—তাহার ভিত্তি কম্পিত হইয়া উঠিল—তাহার আপাদমস্তক বিদীর্ণ হইয়া গেল। হিন্দুধর্মের বিপুলায়তন প্রাচীন মন্দির জীর্ণ হইয়া প্রতিদিন ভাঙিয়া পড়িতেছিল, অবশেষে হিন্দুধর্মের দেব-প্রতিমা আর দেখা যাইতেছিল না, কেবল মন্দিরেরই কাষ্ঠলোষ্ট্র-ধূলিস্তূপ অত্যন্ত উচ্চ হইয়া উঠিয়াছিল। তাহার গর্ভের মধ্যে অন্ধকার ঘনীভূত হইতেছিল, ছোটোবড়ো নানাবিধ সরীসৃপগণ গুহা নির্মাণ করিতেছিল, তাহার ইতস্তত প্রতিদিন কণ্টকাকীর্ণ গুল্মসকল উদ্ভিন্ন হইয়া সহস্র শিকড়ের দ্বারা নূতন নূতন বন্ধনে সেই পুরাতন ভগ্নাবশেষকে একত্রে বাঁধিয়া রাখিতে চেষ্টা করিতেছিল। হিন্দুসমাজ দেবপ্রতিমাকে ভুলিয়া এই জড়স্তূপকে পূজা করিতেছিল ও পর্বতপ্রমাণ জড়ত্বের তলে পড়িয়া প্রতিদিন চেতনা হারাইতেছিল। রামমোহন রায় সেই ভগ্ন মন্দির ভাঙিলেন। সকলে বলিল তিনি হিন্দুধর্মের উপরে আঘাত করিলেন। কিন্তু তিনিই হিন্দুধর্মের জীবন রক্ষা করিলেন। সমস্ত ভারতবর্ষ এইজন্য তাঁহার নিকটে কৃতজ্ঞ। কী সংকটের সময়েই তিনি জন্মিয়াছিলেন! তাঁহার এক দিকে হিন্দুসমাজের তটভূমি জীর্ণ হইয়া পড়িতেছিল, আর-এক দিকে বিদেশীয় সভ্যতাসাগরের প্রচণ্ড বন্যা বিদ্যুৎ-বেগে অগ্রসর হইতেছিল—রামমোহন রায় তাঁহার অটল মহত্ত্বে মাঝখানে আসিয়া দাঁড়াইলেন। তিনি যে বাঁধ নির্মাণ করিয়া দিলেন খৃস্টীয় বিপ্লব সেখানে আসিয়া প্রতিহত হইয়া গেল। সে সময়ে তাঁহার মতো মহৎ লোক না জন্মাইলে এতদিন বঙ্গদেশে হিন্দুসমাজে এক অতি শোচনীয় মহাপ্লাবন উপস্থিত হইত।

এইখানে রামমোহন রায়ের উদারতা সম্বন্ধে হয়তো দু-একটা কথা উঠিতে পারে। ভস্মস্তূপের মধ্যে ঋষিদের হৃদয়জাত যে অমর অগ্নি প্রচ্ছন্ন ছিল, ভস্ম উড়াইয়া দিয়া তিনি তাহাই বাহির করিয়াছেন। কিন্তু, এত করিবার কী প্রয়োজন ছিল? তাহার উত্তর এই—বিজ্ঞান-দর্শনের ন্যায় ধর্ম যদি কেবলমাত্র জ্ঞানের বিষয় হইত—হৃদয়ের মধ্যে অনুভব করিবার, লাভ করিবার, সঞ্চয় করিবার বিষয় না হইত—ধর্ম যদি গৃহের অলংকারের ন্যায় কেবল গৃহভিত্তিতে দুলাইয়া রাখিবার সামগ্রী হইত, আমাদের সংসারের প্রত্যেক ক্ষুদ্র কাজের প্রবর্তক নিবর্তক না হইত—তাহা হইলে এরূপ না করিলেও চলিত; তাহা হইলে নানাবিধ বিদেশী অলংকারে গৃহ সাজাইয়া রাখা যাইত; কিন্তু ধর্ম নাকি হৃদয়ে পাইবার ও সংসারের কাজে ব্যবহার করিবার দ্রব্য, দূরে রাখিবার নহে, এইজন্যই স্বদেশের ধর্ম স্বদেশের জন্য বিশেষ উপযোগী। ব্রহ্ম সমস্ত জগতের ঈশ্বর, কিন্তু তিনি বিশেষরূপে ভারতবর্ষেরই ব্রহ্ম। অন্য কোনো দেশের লোকে তাঁহাকে ব্রহ্ম বলিয়া জানে না, ব্রহ্ম বলিতে আমরা ঈশ্বরকে যেরূপ ভাবে বুঝি ঈশ্বরের অন্য কোনো বিদেশীয় নামে বিদেশীয়েরা কখনোই তাহাকে ঠিক সেরূপ ভাবে বুঝে না। বুঝে বা না বুঝে জানি না, কিন্তু ব্রহ্ম বলিতে আমাদের মনে যে ভাবের উদয় হইবে ঈশ্বরের অন্য কোনো বিদেশীয় নামে আমাদের মনে সে ভাব কখনোই উদয় হইবে না। ব্রহ্ম একটি কথার কথা নহে—যে ইচ্ছা পাইতে পারে না, যাহাকে ইচ্ছা দেওয়া যায় না। ব্রহ্ম আমাদের পিতামহদের অনেক সাধনার ধন; সমস্ত সংসার বিসর্জন দিয়া, সমস্ত জীবন ক্ষেপণ করিয়া, নিভৃত অরণ্যে ধ্যানধারণা করিয়া আমাদের ঋষিরা আমাদের ব্রহ্মকে পাইয়াছিলেন। আমরা তাঁহাদের সেই আধ্যাত্মিক সম্পদের উত্তরাধিকারী। আর-কোনো জাতি ঠিক এমন সাধনা করে নাই, ঠিক এমন অবস্থায় পড়ে নাই, এইজন্য ব্রহ্মকে প্রাপ্ত হয় নাই। প্রত্যেক জাতি বিশেষ সাধনা-অনুসারে বিশেষ ফল প্রাপ্ত হয়, সেই ফল তাহারা অন্য জাতিকে দান করে। এইরূপে সমস্ত পৃথিবীর উপকার হয়। আমাদের এত সাধনার

ফল কি আমরা ইচ্ছাপূর্বক অবহেলা করিয়া ফেলিয়া দিব?

উদ্ভিজ্জ ও পশুমাংসের মধ্যে যে জীবনীশক্তি আছে তাহা যে আমরা স্বায়ত্ত করিতে পারি তাহার কারণ, আমাদের নিজের জীবন আছে। আমাদের নিজের প্রাণ না থাকিলে আমরা নূতন প্রাণ উপার্জন করিতে পারি না। আমাদের প্রাণ না থাকিলে উদ্ভিজ্জ পশু পক্ষী কীট প্রভৃতি অন্য প্রাণীরা আমাদিগকে গ্রহণ করিত। এ জগতে মৃত টিঁকিতে পারে না, জীবিতের মধ্যে বিলীন হইয়া যায়। রামমোহন রায় যদি দেখিতেন আমাদের জীবন নাই, তবে পারসিক মৃতদেহের ন্যায় আমাদিগকে মৃতভবনে ফেলিয়া রাখিতে দিতেন, খৃস্টধর্ম প্রভৃতি অন্যান্য জীবিত প্রাণীর উদরস্থ হইতে দিতেন। কিন্তু তাহা না করিয়া তিনি চিকিৎসা শুরু করিয়া দিলেন। তিনি দেখিলেন—জীবন আমাদের মধ্যে আচ্ছন্ন হইয়া আছে। তাহাকেই তিনি জাগ্রত করিয়া তুলিলেন। আমাদের চেষ্টা হউক আমাদের এই জীবনকে সতেজ করিয়া তুলি; তবে আমরা ক্রমে বিদেশীয় সত্য আপনার করিতে পারিব। এইজন্যই বলি প্রাচীন ঋষিদের উপনিষদের ব্রহ্মনাম উচ্চারণ করিয়া আমাদের দেশে ঈশ্বরের সিংহাসন প্রতিষ্ঠা করিয়া লই, সার্বভৌমিকতা আপনিই তাহার মধ্যে বিরাজ করিবে। ঈশ্বর যেমন সকলের ঈশ্বর তেমনি তিনি প্রত্যেকের ঈশ্বর, যেমন তিনি জ্ঞানের ঈশ্বর তেমনি তিনি হৃদয়ের ঈশ্বর, তিনি যেমন সমস্ত জগতের দেবতা তেমনি আমাদের গৃহদেবতা। তাঁহাকে রাজা বলিয়াও দেখিতে পারি, তাঁহাকে পিতা বলিয়াও দেখিতে পারি। কিন্তু পিতা ঈশ্বর আমাদের যত নিকটের, তিনি আমাদের হৃদয়ের যত অভাব মোচন করেন, এমন রাজা ঈশ্বর নহেন। তেমনি ব্রহ্মই ভারতবর্ষের সাধনালব্ধ চিরন্তন আশ্রয়; জিহোবা গড্ অথবা আল্লা সেরূপ নহেন। রামমোহন রায় হৃদয়ের উদারতা-বশতই ইহা বুঝিয়াছিলেন।

৫ মাঘ ১২৯১

রামমোহন-প্রসঙ্গ

একদিন যে সময়ে য়ুরোপের জ্ঞানের ঐশ্বর্য হঠাৎ আমাদের চোখের সমুখে খুলিয়া গিয়া আমাদের দেশের নূতন ইংরেজি-শিক্ষিত লোকদিগকে একেবারে অভিভূত করিয়া দিয়াছিল সেই সময়ে রামমোহন রায় আমাদের স্বজাতির পৈতৃক জ্ঞান-ভাণ্ডারের দ্বার উন্মুক্ত করিয়া দিয়াছিলেন। তখনকার নিতান্ত শিশু ও দুর্বল বাংলাগদ্যেও তিনি উপনিষৎ বেদান্ত প্রভৃতি অনুবাদ করিতে প্রবৃত্ত হইয়াছিলেন। তিনিই সেই ঘোরতর ইংরেজি-বিদ্যাভিমানের দিনে জ্ঞান ও ধর্ম সম্বন্ধে আমাদের দেশের দারিদ্র্যের লজ্জা দূর করিয়া দিবার জন্য প্রথম দাঁড়াইয়াছিলেন। যতক্ষণ পর্যন্ত আমাদের মন হইতে সেই অগৌরব অল্পমাত্রও দূর না হইয়াছিল ততক্ষণ আমরা নিতান্ত নিঃসম্বল ভিক্ষুকের অবস্থায় আমাদের ইংরেজি মাস্টারের মুখের দিকে চাহিয়া অঞ্জলি পাতিয়া দাঁড়াইয়াছিলাম।

কিন্তু কোনো বড়ো জিনিসকে কখনোই ভিক্ষা করিয়া পাওয়া যায় না। নিজের ঘরের মূলধনটি আমরা যতটা পরিমাণে খাটাইব, বাহির হইতেও ততটা পরিমাণে লাভ করিবার অধিকারী হইব। বাণিজ্যে বসতে লক্ষ্মীঃ এবং ভিক্ষায়াং নৈব নৈব চ কথাটার অর্থই তাই। দুই কারণে ভিক্ষুকের দৈন্য ঘোচে না। এক তো পরের নিকট হইতে তাহার

উদ্‌বৃত্তের অংশ পাওয়া যায়, কখনোই তাহার ঐশ্বর্য আশা করা যায় না; দ্বিতীয়ত ভিক্ষুক যতই ভিক্ষা করে ততই তাহার নিজের চেষ্টার প্রতি বিশ্বাস পর্যন্ত চলিয়া যায়। এইজন্য ইংরেজের দেশে সমাজের হিতের প্রতি লক্ষ করিয়া ভিক্ষাবৃত্তিকে দণ্ডনীয় করা হইয়াছে।

রামমোহন রায় ইহুদি খৃস্টান ও মুসলমানের ধর্মগ্রন্থ হইতে তাহার সারসংকলন করিয়া স্বদেশীর সম্মুখে উপস্থিত করিয়াছিলেন, কিন্তু এই-সমস্তকে গ্রহণ ও ধারণ করিবার জন্য লজ্জার সহিত ভিক্ষার পাত্র বাড়াইয়া ধরেন নাই, আমাদের লক্ষ্মীর ভাণ্ডারের সোনার থাল বাহির করিয়াছিলেন। আমাদের অধিকার যে কোন্‌খানে ছিল তাহাই তিনি প্রকাশ করিয়াছেন।

এই আমাদের স্বদেশীয় অধিকারের পথেই যাত্রা করিয়া আজ বিবেকানন্দ প্রভৃতি মনস্বী এবং সেইসঙ্গে আমাদের সমস্ত দেশ, ইস্কুলের ছাত্রভাবকে কাটাইয়া, পৃথিবীর জ্ঞানীসভায় নিজের গৌরবে প্রবেশ করিতেছে। এমনি করিয়া নিজের সম্পদে মাথা তুলিতে পারিলেই আমরা বিশ্বমানবের জ্ঞানশালায় নিঃসংকোচে আতিথ্য গ্রহণ করিতে পারি—নহিলে মুষ্টিভিক্ষা এবং উঞ্ছবৃত্তি করিয়াই দিন কাটাইতে হয়। সম্পদকে নিজের মধ্যে অনুভব করিলে কেবল যে গৌরববৃদ্ধি হয় তাহা নহে, শক্তিবৃদ্ধি হয়।

পৌষ? ১৩১৪

২

অধুনাতন কালে দেশের মধ্যে যাঁহারা সকলের চেয়ে বড়ো মনীষী তাঁহারা পশ্চিমের সঙ্গে পূর্বকে মিলাইয়া লইবার কাজেই জীবনযাপন করিয়াছেন। তাহার দৃষ্টান্ত রামমোহন রায়। তিনি মনুষ্যত্বের ভিত্তির উপরে ভারতবর্ষকে সমস্ত পৃথিবীর সঙ্গে মিলিত করিবার জন্য একদিন একাকী দাঁড়াইয়াছিলেন। কোনো প্রথা কোনো সংস্কার তাঁহার

দৃষ্টিকে অবরুদ্ধ করিতে পারে নাই। আশ্চর্য উদার হৃদয় ও উদার বুদ্ধির দ্বারা তিনি পূর্বকে পরিত্যাগ না করিয়া পশ্চিমকে গ্রহণ করিতে পারিয়াছিলেন। তিনিই একলা সকল দিকেই নব্যবঙ্গের পত্তন করিয়া গিয়াছিলেন। এইরূপে তিনিই স্বদেশের লোকের সকল বিরোধ স্বীকার করিয়া আমাদের জ্ঞানের ও কর্মের ক্ষেত্রকে পূর্ব হইতে পশ্চিমের দিকে প্রশস্ত করিয়া দিয়াছেন; আমাদিগকে মানবের চিরন্তন অধিকার, সত্যের অবাধ অধিকার দান করিয়াছেন; আমাদিগকে জানিতে দিয়াছেন আমরা সমস্ত পৃথিবীর, আমাদেরই জন্য বুদ্ধ খৃস্ট মহম্মদ জীবন গ্রহণ ও জীবন দান করিয়াছেন। ভারতবর্ষের ঋষিদের সাধনার ফল আমাদের প্রত্যেকের জন্যই সঞ্চিত হইয়াছে, পৃথিবীর যে দেশেই যে-কেহ জ্ঞানের বাধা দূর করিয়াছেন, জড়ত্বের শৃঙ্খল মোচন করিয়া মানুষের আবদ্ধ শক্তিকে মুক্তি দিয়াছেন, তিনি আমাদেরই আপন— তাঁহাকে লইয়া আমরা প্রত্যেকে ধন্য। রামমোহন রায় ভারতবর্ষের চিত্তকে সংকুচিত ও প্রাচীরবদ্ধ করেন নাই, তাহাকে দেশে ও কালে প্রসারিত করিয়াছেন, ভারতবর্ষ ও য়ুরোপের মধ্যে তিনি সেতু স্থাপন করিয়াছেন; এই কারণেই ভারতবর্ষের সৃষ্টিকার্যে আজও তিনি শক্তিরূপে বিরাজ করিতেছেন। কোনো অন্ধ অভ্যাস, কোনো ক্ষুদ্র অহংকারবশত মহাকালের অভিপ্রায়ের বিরুদ্ধে মূঢ়ের মতো তিনি বিদ্রোহ করেন নাই; যে অভিপ্রায় কেবল অতীতের মধ্যে নিঃশেষিত নহে, যাহা ভবিষ্যতের দিকে উদ্যত, তাহারই জয়পতাকা সমস্ত বিঘ্নের বিরুদ্ধে বীরের মতো বহন করিয়াছেন।...

রামমোহন রায় যে পশ্চিমের ভাবকে আত্মসাৎ করিতে পারিয়াছিলেন তাহার প্রধান কারণ, পশ্চিম তাঁহাকে অভিভূত করে নাই; তাঁহার আপনার দিকে দুর্বলতা ছিল না। তিনি নিজের প্রতিষ্ঠাভূমির উপরে দাঁড়াইয়া বাহিরের সামগ্রী আহরণ করিয়াছিলেন। ভারতবর্ষের ঐশ্বর্য কোথায় তাহা তাঁহার অগোচর ছিল না এবং তাহাকে তিনি নিজস্ব করিয়া লইয়াছিলেন; এইজন্যই যেখান হইতে যাহা পাইয়াছেন তাহা বিচার করিবার নিক্তি ও মানদণ্ড তাঁহার হাতে

ছিল; কোনো মূল্য না বুঝিয়া তিনি মুগ্ধের মতো আপনাকে বিকাইয়া দিয়া অঞ্জলিপূরণ করেন নাই।

শ্রাবণ ১৩১৫

৩

এই নূতন যুগে পৃথিবীর মানবচিত্তে যে প্রভাত আসছে সেই নব-প্রভাতের বার্তা বাংলাদেশে আজ আশি বৎসর হল প্রথম এসে উপস্থিত হয়েছিল। তখন পৃথিবীতে দেশের সঙ্গে দেশের বিরোধ, ধর্মের সঙ্গে ধর্মের সংগ্রাম; তখন শাস্ত্রবাক্য এবং বাহ্য প্রথার লৌহ সিংহাসনে বিভাগই ছিল রাজা। সেই ভেদবুদ্ধির প্রাচীররুদ্ধ অন্ধকারের মধ্যে রাজা রামমোহন যখন অদ্বিতীয় একের আলোক তুলে ধরলেন তখন তিনি দেখতে পেলেন যে, যে ভারতবর্ষে হিন্দু মুসলমান ও খৃস্টান ধর্ম আজ একত্র সমাগত হয়েছে সেই ভারতবর্ষেই বহুপূর্ব যুগে এই বিচিত্র অতিথিদের এক সভায় বসাবার জন্যে আয়োজন হয়ে গেছে। মানবসভ্যতা যখন দেশে দেশে নব নব বিকাশের শাখাপ্রশাখায় ব্যাপ্ত হতে চলেছিল তখন এই ভারতবর্ষ বারম্বার মন্ত্র জপ করছিলেন— এক! এক! এক! তিনি বলছিলেন—‘ইহ চেৎ অবেদীৎ অথ সত্যমস্তি’, এই এককেই যদি মানুষ জানে তবে সে সত্য হয়; ‘ন চেৎ ইহ অবেদীৎ মহতী বিনষ্টিঃ’, এই এককে যদি না জানে তবে তার মহতী বিনষ্টি। এ পর্যন্ত পৃথিবীতে যত মিথ্যার প্রাদুর্ভাব হয়েছে সে কেবল এই মহান্ একের উপলব্ধি-অভাবে। যত ক্ষুদ্রতা নিষ্ফলতা দৌর্বল্য, সে এই একের থেকে বিচ্যুতিতে। যত মহাপুরুষের আবির্ভাব সে এই একককে প্রচার করতে। যত মহাবিপ্লবের আগমন সে এই একককে উদ্ধার করবার জন্যে।

মাঘ ১৩১৫

৪

পূর্ণ মনুষ্যত্বের সর্বাঙ্গীণ আকাঙ্ক্ষাকে বহন করে এ দেশে রামমোহন রায়ের আবির্ভাব হয়েছিল। ভারতবর্ষে তিনি যে কোনো নূতন ধর্মের সৃষ্টি করেছিলেন তা নয়, ভারতবর্ষে যেখানে ধর্মের মধ্যে পরিপূর্ণতার রূপ চিরদিনই ছিল, যেখানে বৃহৎ সামঞ্জস্য, যেখানে শান্তংশিবমদ্বৈতম্, সেইখানকার সিংহদ্বার তিনি সর্বসাধারণের কাছে উদ্‌ঘাটিত করে দিয়েছিলেন।

[১৩১৭]

৫

রামমোহন রায় আমাদের দেশের প্রাচীন ব্রহ্মসাধনাকে নবীন যুগে উদ্‌ঘাটিত করে দিলেন। ব্রহ্মকে তিনি নিজের জীবনের মধ্যে গ্রহণ করে জীবনের সমস্ত শক্তিকে বৃহৎ করে বিশ্বব্যাপী করে প্রকাশ করে দিলেন। তাঁর সকল চিন্তা, সকল চেষ্টা, মানুষের প্রতি তাঁর প্রেম, দেশের প্রতি তাঁর শ্রদ্ধা, কল্যাণের প্রতি তাঁর লক্ষ, সমস্তই ব্রহ্মসাধনাকে আশ্রয় করে উদার ঐক্য লাভ করেছিল। ব্রহ্মকে তিনি জীবন থেকে এবং ব্রহ্মাণ্ড থেকে বিচ্ছিন্ন করে কেবলমাত্র ধ্যানের বস্তু জ্ঞানের বস্তু ক'রে নিভৃতে নির্বাসিত করে রাখেন নি। ব্রহ্মকে তিনি বিশ্ব ইতিহাসে বিশ্বধর্মে বিশ্বকর্মে সর্বত্রই সত্য করে দেখবার সাধনা নিজের জীবনে এমন করে প্রকাশ করলেন যে সেই তাঁর সাধনার দ্বারা আমাদের দেশে সকল বিষয়েই তিনি নূতন যুগের প্রবর্তন করে দিলেন।

রামমোহন রায়ের মুখ দিয়ে ভারতবর্ষ আপন সত্যবাণী ঘোষণা করেছে। বিদেশের গুরু যখন এই ভারতবর্ষকে দীক্ষা দেবার জন্য উপস্থিত হয়েছিল এই বাণী তখনি উচ্চারিত হয়েছে।

অথচ আশ্চর্যের বিষয় এই যে, ঘরে বাহিরে তখন এই ব্রহ্মসাধনার

কথা চাপা ছিল। আমাদের দেশে তখন ব্রহ্মকে পরমজ্ঞানীর অতিদূর গহন জ্ঞানদুর্গের মধ্যে কারারুদ্ধ করে রেখেছিল; চারি দিকে রাজত্ব করছিল আচার বিচার, বাহ্য অনুষ্ঠান এবং ভক্তিরসমাদকতার বিচিত্র আয়োজন। সেদিন রামমোহন রায় যখন ব্রহ্মসাধনকে পুঁথির অন্ধকারসমাধি থেকে মুক্ত করে জীবনের ক্ষেত্রে এনে দাঁড় করালেন, তখন দেশের লোক সবাই ক্রুদ্ধ হয়ে বলে উঠল, 'এ আমাদের আপন জিনিস নয়, এ আমাদের বাপ-পিতামহের সামগ্রী নয়।' বলে উঠল, 'এ খৃস্টানি, একে ঘরে ঢুকতে দেওয়া হবে না।' শক্তি যখন বিলুপ্ত হয়, জীবন যখন সংকীর্ণ হয়ে আসে, জ্ঞান যখন গ্রাম্যগণ্ডির মধ্যে আবদ্ধ হয়ে কাল্পনিকতাকে নিয়ে যথেচ্ছ বিশ্বাসের অন্ধকার ঘরে স্বপ্ন দেখে আপনাকে বিফল করতে চায়, তখনি ব্রহ্ম সকলের চেয়ে সুদুর—এমন-কি, সকলের চেয়ে বিরুদ্ধ হয়ে প্রতিভাত হন। এ দিকে য়ুরোপে মানবশক্তি তখন প্রবলভাবে জাগ্রত হয়ে বৃহৎভাবে আপনাকে প্রকাশ করছে। কিন্তু, সে তখন আপনাকেই প্রকাশ করতে চাচ্ছে—আপনার চেয়ে বড়োকে নয়, সকলের চেয়ে শ্রেয়কে নয়। তার জ্ঞানের ক্ষেত্র বিশ্বব্যাপী, তার কর্মের ক্ষেত্র পৃথিবী-জোড়া, এবং সেই উপলক্ষে মানুষের সঙ্গে তার সম্বন্ধ সুদুরবিস্তৃত। কিন্তু তার ধ্বজপতাকায় লেখা ছিল 'আমি', তার মন্ত্র ছিল 'জোর যার মুলুক তার'। সে যে অস্ত্রপাণি রক্তবসনা শক্তিদেবতাকে জগতে প্রচার করতে চলেছিল, তার বাহন ছিল পণ্যসম্ভার, অন্তহীন উপকরণরাশি।

কিন্তু এই বৃহৎ ব্যাপারকে কিসে ঐক্যদান করতে পারে? এই বিরাট যজ্ঞের যজ্ঞপতি কে? কেউ-বা বলে স্বাজাত্য, কেউ-বা বলে রাষ্ট্রব্যবস্থা, কেউ-বা বলে অধিকাংশের সুখ-সাধন, কেউ-বা বলে মানবদেবতা। কিন্তু, কিছুতেই বিরোধ মেটে না, কিছুতেই ঐক্যদান করতে পারে না, প্রতিকূলতা পরস্পরের প্রতি ভ্রূকুটি করে পরস্পরকে শান্ত রাখতে চেষ্টা করে এবং যাকে গ্রহণ করতে দলবদ্ধ স্বার্থের কোনোখানে বাধে তাকে একেবারে ধ্বংস করবার জন্যে সে উদ্যত হয়ে ওঠে। কেবল বিপ্লবের পর বিপ্লব আসছে, কেবল

পরীক্ষার পর পরীক্ষা চলছে, কিন্তু এ কথা একদিন জানতেই হবে—বাহিরে যেখানে বৃহৎ অনুষ্ঠান অন্তরে সেখানে ব্রহ্মকে উপলব্ধি না করলে কিছুতেই কিছুর সমন্বয় হতে পারবে না; প্রয়োজনবোধকে যত বড়ো নাম দাও, স্বার্থসিদ্ধিকে যত বড়ো সিংহাসনে বসাও, নিয়মকে যত পাকা করে তোলো এবং শক্তিকে যত প্রবল করে দাঁড় করাও, সত্যপ্রতিষ্ঠা কিছুতেই নেই, শেষ পর্যন্ত কিছুই টিঁকতে এবং টেঁকাতে পারবে না। যা প্রবল অথচ প্রশান্ত, ব্যাপক অথচ গভীর, আত্মসমাহিত অথচ বিশ্বানুপ্রবিষ্ট, সেই আধ্যাত্মিক জীবনসূত্রের দ্বারা না বেঁধে তুলতে পারলে অন্য কোনো কৃত্রিম জোড়াতাড়ার দ্বারা জ্ঞানের সঙ্গে জ্ঞান, কর্মের সঙ্গে কর্ম, জাতির সঙ্গে জাতি যথার্থভাবে সম্মিলিত হতে পারবে না। সেই সম্মিলন যদি না ঘটে তবে আয়োজন যতই বিপুল হবে তার সংঘাতবেদনা ততই দুঃসহ হয়ে উঠতে থাকবে।

১২ মাঘ ১৩১৭

৬

যখন চারি দিক অচেতন, সমস্ত দ্বার রুদ্ধ, সমস্ত দীপ নির্বাপিত, অভাব যখন এতই অধিক যে অভাববোধ চলিয়া গিয়াছে, বাধা যখন এত নিবিড় যে মানুষ তাহাকে আপনার আশ্রয় বলিয়া অবলম্বন করিয়া ধরে, সেই সময়েই অভাবনীয়রূপে প্রতিকারের দূত কোথা হইতে দ্বারে আসিয়া দাঁড়ায় তাহা বুঝিতেই পারি না। তাহাকে কেহ প্রত্যাশা করে না, কেহ চিনে না, সকলেই তাহাকে শত্রু বলিয়া উদ্বিগ্ন হইয়া উঠে। এ দেশে একদিন যখন রাশীকৃত প্রাণহীন সংস্কারের বাধা অনন্তের বোধকে আচ্ছন্ন করিয়া ধরিয়াছিল, মানুষের জীবনযাত্রাকে তুচ্ছ ও সমাজকে শতখণ্ড করিয়া তুলিয়াছিল, মনুষ্যত্বকে যখন আমরা সংকীর্ণ গ্রাম্যতার মধ্যেই আবদ্ধ করিয়া দেখিতেছিলাম, বিশ্বব্যাপারের কোথাও যখন আমরা একের অমোঘ নিয়ম দেখি নাই,

কেবল দশের উৎপাতই কল্পনা করিতেছিলাম—উন্মত্তের দুঃস্বপ্নের মতো যখন সমস্ত জগৎকে বিচিত্র বিভীষিকায় পরিপূর্ণ দেখিতেছিলাম এবং কেবলই মন্ত্র-তন্ত্র তাগাতাবিজ শান্তিস্বস্ত্যয়ন মানত ও বলিদানের দ্বারা ভীষণ শত্রুকল্পিত সংসারে কোনোমতে আত্মরক্ষা করিয়া চলিবার জন্য ব্যাকুল হইয়াছিলাম—এইরূপে যখন চিন্তায় ভীরুতা, কর্মে দৌর্বল্য, ব্যবহারে সংকোচ এবং আচারে মূঢ়তা সমস্ত দেশের পৌরুষকে শতদীর্ণ করিয়া অপমানের রসাতলে আমাদিগকে আকর্ষণ করিতেছিল—সেই সময়ে বাহিরের বিশ্ব হইতে আমাদের জীর্ণ প্রাচীরের উপরে একটা প্রচণ্ড আঘাত লাগিল—সেই আঘাতে যাঁহারা জাগিয়া উঠিলেন তাঁহারা এক মুহূর্তেই নিদারুণ বেদনার সহিত বুঝিতে পারিলেন কিসের অভাব এখানে, কিসের এই অন্ধকার এই জড়তা এই অপমান, কিসের এই জীবিত-মৃত্যুর আনন্দহীন সর্বব্যাপী অবসাদ। এখানে আকাশ খণ্ডিত, আলোক নিষিদ্ধ, অনন্তের প্রাণসমীরণ প্রতিহত; এখানে নিখিলের সহিত অবাধ যোগ সহস্র কৃত্রিমতার প্রাচীরে প্রতিরুদ্ধ। তাঁহাদের সমস্ত প্রাণ কাঁদিয়া উঠিল—ভূমাকে চাই, ভূমাকে চাই!

এই কান্নাই সমস্ত মানুষের কান্না। পৃথিবীর সর্বত্রই মানুষ কোথাও-বা আপনার বহু প্রাচীন অভ্যাসের আবরণের দ্বারা আপনার মঙ্গলকে আড়াল করিয়া রাখিয়াছে, কোথাও-বা সে আপনার নানা রচনার দ্বারা সঞ্চয়ের দ্বারা কেবলই আপনাকে বড়ো করিতে গিয়া আপনার চেয়ে বড়োকে হারাইয়া ফেলিতেছে। কোথাও-বা সে নিষ্ক্রিয়ভাবে জড়তার দ্বারা কোথাও-বা সে সক্রিয়ভাবে প্রয়াসের দ্বারাই মানবজীবনের শ্রেষ্ঠ সার্থকতাকে বিস্মৃত হইয়া বসিয়াছে।

এই বিস্মৃতির গভীর তলদেশ হইতে আপনাকে উদ্ধার করিবার চেষ্টা, ইহাই আমরা ব্রাহ্মধর্মের ইতিহাসের আরম্ভেই দেখিতে পাই। মানুষের সমস্ত বোধকেই অনন্তের বোধের মধ্যে উদ্বোধিত করিয়া তুলিবার প্রয়াসই ব্রাহ্মধর্মের সাধনা রূপে প্রকাশ পাইয়াছে। সেইজন্যই আমরা দেখিতে পাইলাম রামমোহন রায়ের জীবনের কর্মক্ষেত্র সমস্ত

মনুষ্যত্ব। রাষ্ট্রনীতি, সমাজনীতি, ধর্মনীতি, সকল দিকেই তাঁহার চিত্ত পূর্ণবেগে ধাবিত হইয়াছে। কেবলমাত্র কর্মশক্তির স্বাভাবিক প্রাচুর্যই তাহার মূল প্রেরণা নহে—ব্রহ্মের বোধ তাঁহার সমস্ত শক্তিকে অধিকার করিয়াছিল। সেই বোধের মধ্য দিয়া তিনি মানুষকে দেখিয়াছিলেন বলিয়াই মানুষকে সকল দিকেই এমন বড়ো করিয়া এমন সত্য করিয়া দেখিয়াছিলেন; সেইজন্যই তাঁহার দৃষ্টি সমস্ত সংস্কারের বেষ্টন ছাড়াইয়া গিয়াছিল; সেইজন্য কেবল যে তিনি স্বদেশের চিত্তশক্তির বন্ধনমোচন কামনা করিয়াছিলেন তাহা নহে, মানুষ যেখানেই কোনো মহৎ অধিকার লাভ করিয়া আপনার মুক্তির ক্ষেত্রকে বড়ো করিতে পারিয়াছে সেইখানেই তিনি তৃপ্তিবোধ করিয়াছেন।

১১ পৌষ ১৩১৮

৭

ভারতবর্ষের পূর্বপ্রান্তে এই বাংলাদেশে আজ প্রায় শতবৎসর পূর্বে রামমোহন রায় পৃথিবীর সেই বাধামুক্ত ধর্মের পালটাকেই ঈশ্বরের প্রসাদবায়ুর সম্মুখে উন্মুক্ত করিয়া ধরিয়াছেন। ইহাও আশ্চর্যের বিষয় যে, মানুষের সঙ্গে মানুষের যোগ, ধর্মের সঙ্গে ধর্মের ঐক্য তখন পৃথিবীর অন্য কোথাও মানবের মনে পরিস্ফুট হইয়া প্রকাশ পায় নাই। সেদিন রামমোহন রায় যেন সমস্ত পৃথিবীর বেদনাকে হৃদয়ে লইয়া পৃথিবীর ধর্মকে খুঁজিতে বাহির হইয়াছিলেন।

তিনি যে সময়ে ভারতে জন্মগ্রহণ করিয়াছিলেন তখন এ দেশের সর্বশ্রেষ্ঠ ধর্ম আচ্ছন্ন হইয়া ছিল। তিনি মূর্তিপূজার মধ্যেই জন্মিয়াছিলেন এবং তাহারই মধ্যে বাড়িয়া উঠিয়াছিলেন। কিন্তু এই বহুকালব্যাপী সংস্কার ও দেশব্যাপী অভ্যাসের নিবিড়তার মধ্যে থাকিয়াও এই বিপুল এবং প্রবল এবং প্রাচীন সমাজের মধ্যে কেবল একলা রামমোহন মূর্তিপূজাকে কোনোমতেই স্বীকার করিতে পারিলেন না। তাহার

কারণ এই, তিনি আপনার হৃদয়ের মধ্যে বিশ্বমানবের হৃদয় লইয়া জন্মগ্রহণ করিয়াছিলেন। মূর্তিপূজা সেই অবস্থারই পূজা যে অবস্থায় মানুষ বিশেষ দেশকে বিশেষ জাতিকে বিশেষ বিধিনিষেধসকলকে বিশ্বের সহিত অত্যন্ত পৃথক করিয়া দেখে; যখন সে বলে যাহাতে আমারই বিশেষ দীক্ষা তাহাতে আমারই বিশেষ মঙ্গল; যখন সে বলে আমার এই-সমস্ত বিশেষ শিক্ষাদীক্ষার মধ্যে বাহিরের আর-কাহারো প্রবেশ করিয়া ফল নাই এবং কাহাকেও প্রবেশ করিতে দিবই না।

...ধর্মের সংস্কারকে সংকীর্ণ করিলে তাহা চিরশৃঙ্খলের মতো মানুষকে চাপিয়া ধরে; মানুষের সমস্ত আয়তন যখন বাড়িতেছে তখন সেই ধর্ম আর বাড়ে না, রক্তচলাচলকে বন্ধ করিয়া অঙ্গকে সে কৃশ করিয়াই রাখিয়া দেয়, মৃত্যু পর্যন্ত তাহার হাত হইতে নিস্তার পাওয়াই কঠিন হয়। সেই অতি কঠিন সংকীর্ণ ধর্মের প্রাচীন বন্ধনকে রামমোহন রায় যে কোনোমতেই আপনার আশ্রয় বলিয়া কল্পনা করিতে পারেন নাই তাহার কারণ এই যে, তিনি সহজেই বুঝিয়াছিলেন—যে সত্যের ক্ষুধায় মানুষ ধর্মকে প্রার্থনা করে সে সত্য ব্যক্তিগত নহে, জাতিগত নহে, তাহা সর্বগত। তিনি বাল্যকাল হইতেই অনুভব করিয়াছিলেন যে, যে দেবতা সর্বদেশে সর্বকালে সকল মানুষের দেবতা না হইতে পারেন—অর্থাৎ যিনি আমার কল্পনাকে তৃপ্ত করেন, অন্যের কল্পনাকে বাধা দেন—যিনি আমার অভ্যাসকে আকর্ষণ করেন, অন্যের অভ্যাসকে পীড়িত করেন—তিনি আমারও দেবতা হইতে পারেন না, কারণ সকল মানুষের সঙ্গে যোগ কোনোখানে বিচ্ছিন্ন করিয়া মানুষের পক্ষে পূর্ণ সত্য হওয়া একেবারেই সম্ভব হয় না এবং এই পূর্ণ সত্যই ধর্মের সত্য।

১১ মাঘ ১৩১৮

৮

আমাদের দেশে বর্তমানকালে, কী বলিয়া আপনার পরিচয় দিব তাহা লইয়া অন্তত ব্রাহ্মসমাজে একটা তর্ক উঠিয়াছে। অথচ এ তর্কটা রামমোহন রায়ের মনের মধ্যে একেবারেই ছিল না দেখিতে পাই। এ দিকে তিনি সমাজপ্রচলিত বিশ্বাস ও পূজার্চনা ছাড়িয়াছেন, কোরান পড়িতেছেন, বাইবেল হইতে সত্যধর্মের সারসংগ্রহ করিতেছেন, অ্যাডাম সাহেবকে দলে টানিয়া ব্রাহ্মসভা স্থাপন করিয়াছেন—সমাজে নিন্দায় কান পাতিবার জো নাই, তাঁহাকে সকলেই বিধর্মী বলিয়া গালি দিতেছে, এমন-কি, যদি কোনো নিরাপদ সুযোগ মিলিত তবে তাঁহাকে মারিয়া ফেলিতে পারে এমন লোকের অভাব ছিল না—কিন্তু, কী বলিয়া আপনার পরিচয় দিব সে বিষয়ে তাঁহার মনে কোনোদিন লেশমাত্র সংশয় ওঠে নাই। কারণ হাজার হাজার লোকে তাঁহাকে অহিন্দু বলিলেও তিনি হিন্দু এ সত্য যখন লোপ পাইবার নয়, তখন এ সম্বন্ধে চিন্তা করিয়া সময় নষ্ট করিবার কোনো দরকার ছিল না।

...রামমোহন রায় তাঁহার চারি দিকের বর্তমান অবস্থা হইতে যত উচ্চেই উঠিয়াছেন, সমস্ত হিন্দুসমাজকে তিনি তত উচ্চেই তুলিয়াছেন। এ কথা কোনোমতেই বলিতে পারিব না যে তিনি হিন্দু নহেন, কেননা অন্যান্য অনেক হিন্দু তাঁহার চেয়ে অনেক নীচে ছিল এবং নীচে থাকিয়া তাঁহাকে গালি পাড়িয়াছে। কেন বলিতে পারিব না? কেননা, এ কথা সত্য নহে। কেননা, তিনি যে নিশ্চিতই হিন্দু ছিলেন, অতএব তাঁহার মহত্ত্ব হইতে কখনোই হিন্দুসমাজ বঞ্চিত হইতে পারিবে না—হিন্দুসমাজের বহুশত লক্ষ লোক যদি এক হইয়া স্বয়ং এজন্য বিধাতার কাছে দরখাস্ত করে তথাপি পারিবে না। শেক্সপিয়র-নিউটনের প্রতিভা অসাধারণ হইলেও তাহা যেমন সাধারণ ইংরেজের সামগ্রী, তেমনি রামমোহনের মত যদি সত্য হয় তবে তাহা সাধারণ হিন্দুসমাজেরই সত্য মত।

অতএব, যদি সমস্ত বিপুল হিন্দুসমাজের মধ্যে কেবলমাত্র আমার সম্প্রদায়ই সত্যধর্মকে পালন করিতেছে ইহাই সত্য হয়, তবে এই সম্প্রদায়কেই আশ্রয় করিয়া সমস্ত হিন্দুসমাজ সত্যকে রক্ষা করিতেছে—তবে অপরিসীম অন্ধকারের মধ্যে একমাত্র এই পূর্বপ্রান্তে সমস্ত সমাজেরই অরুণোদয় হইয়াছে। আমি সেই রাত্রির অন্ধকার হইতে অরুণোদয়কে ভিন্ন কোঠায় স্বতন্ত্র করিয়া রাখিব না। বস্তুত ব্রাহ্মসমাজের আবির্ভাব সমস্ত হিন্দুসমাজেরই ইতিহাসের একটি অঙ্গ। হিন্দুসমাজেরই নানা ঘাতপ্রতিঘাতের মধ্যে তাহারই বিশেষ একটি মর্মান্তিক প্রয়োজনবোধের ভিতর দিয়া তাহারই আন্তরিক শক্তির উদ্যমে এই সমাজ উদ্বোধিত হইয়াছে। ব্রাহ্মসমাজ আকস্মিক অদ্ভুত একটা খাপছাড়া কাণ্ড নহে। যেখানে তাহার উদ্ভব সেখানকার সমগ্রের সহিত তাহার গভীরতম জীবনের যোগ আছে। বীজকে বিদীর্ণ করিয়া গাছ বাহির হয় বলিয়াই সে গাছ বীজের পক্ষে একটা বিরুদ্ধ উৎপাত নহে। হিন্দুসমাজের বহুস্তরবদ্ধ কঠিন আবরণ একদা ভেদ করিয়া সতেজে ব্রাহ্মসমাজ মাথা তুলিয়াছিল বলিয়া তাহা হিন্দুসমাজের বিরুদ্ধ নহে, ভিতর হইতে যে অন্তর্যামী কাজ করিতেছেন তিনি জানেন তাহা হিন্দুসমাজেরই পরিণাম।

বৈশাখ ১৩১৯

৯

ভারতের সেই আধ্যাত্মিক সত্য সম্বন্ধের সাধনা আজিকার দিনেও নিশ্চেষ্ট হয় নাই। তাই এ কথা জোর করিয়া বলা যায় যে, রামমোহন রায়ের জন্ম এবং তাঁহার তপস্যা আধুনিক ভারতের সকল ঘটনার মধ্যে বড়ো ঘটনা; কারণ, পূর্ব ও পশ্চিম আপন অবিচ্ছিন্নতা অনুভব করিবে, আজ পৃথিবীতে ইহার প্রয়োজন সকলের চেয়ে গুরুতর। পশ্চিম যখন ভারতের দ্বারে আঘাত করিল তখন ভারত সর্বপ্রথমে

রামমোহন রায়ের মধ্য দিয়াই সেই আঘাতের সত্যকার সাড়া দিয়াছিল। তিনি ভারতের তপস্যালব্ধ আধ্যাত্মিক সম্পদের মধ্যেই, অর্থাৎ পরমাত্মায় সকল আত্মার ঐক্য এই বিশ্বাসের মধ্যেই, সর্বমানবের মিলনের সত্যতা উপলব্ধি করিয়াছিলেন।

[পৌষ] ১৩২৪

১০

...একজনের নাম আজ আমার মনে পড়ছে—যিনি প্রাচীন কালের সঙ্গে ভাবী কালের, এক যুগের সঙ্গে অন্য যুগের সম্মিলনের সাধনা করেছিলেন। রাজা রামমোহন রায়ও বিদ্যাসাগরের মতো জীবনের আরম্ভকালে শাস্ত্রে অসামান্য পারদর্শী হয়েছিলেন এবং বাল্যকালে পাশ্চাত্য বিদ্যা শেখেন নি। তিনি দীর্ঘকাল কেবল প্রাচ্য বিদ্যার মধ্যেই আবিষ্ট থেকে তাকেই একমাত্র শিক্ষার বিষয় করেছিলেন। কিন্তু, তিনি এই সীমার মধ্যেই একান্ত আবদ্ধ হয়ে থাকতে পারলেন না। রামমোহন সত্যকে নানা দেশে, নানা শাস্ত্রে, নানা ধর্মে অনুসন্ধান করেছিলেন—এই নির্ভীক সাহসের জন্য তিনি ধন্য। যেমন ভৌগোলিক সত্যকে পূর্ণভাবে জানবার জন্য মানুষ নূতন নূতন দেশে নিষ্ক্রমণ ক'রে অসাধারণ অধ্যবসায় ও চরিত্রবলের পরিচয় দিয়েছে, তেমনি মানসলোকের সত্যের সন্ধানে চিত্তকে প্রথার আবেষ্টন থেকে মুক্ত করে নব নব পথে ধাবিত করতে গিয়ে মহাপুরুষেরা আপন চরিত্রমহিমায় দুঃসহ কষ্টকে শিরোধার্য করে নিয়ে থাকেন।

১৭ শ্রাবণ ১৩২১

১১

ভারতের বাণী বহন করে যে-সকল একের দূত এ দেশে জন্মেছেন তাঁরা যে প্রথম হতেই এখানে আদর পেয়েছেন তা নয়। ...আদর

না পাওয়াই স্বাভাবিক, কেননা তাঁরা ভেদ প্রবর্তক সনাতনবিধির বাহিরের লোক, যেমন খৃস্ট ছিলেন ইহুদি ফ্যারিসি-গণ্ডির বাহিরে। কিন্তু, বহুদিন তাঁরা অনাদরের অসাম্প্রদায়িক ছায়ায় প্রচ্ছন্ন ছিলেন বলে তাঁরাই যে অভারতীয় ছিলেন তা নয়। তাঁরাই ছিলেন যথার্থ ভারতীয়, কেননা তাঁরাই বাহিরের কোনো সুবিধা থেকে নয়, অন্তরের আত্মীয়তা থেকে, হিন্দুকে মুসলমানকে এক করে জেনেছিলেন; তাঁরাই ঋষিদের সেই বাক্যকে সাধনার মধ্যে প্রমাণ করেছিলেন যে বাক্য বলে—সত্যকে তিনিই জানেন যিনি আপনাকেই জানেন সকলের মধ্যে।

ভারতীয় এই সাধকদেরই সাধনাধারা বর্তমান কালে প্রকাশিত হয়েছে রামমোহন রায়ের জীবনে। এই যুগে তিনিই উপনিষদের ঐক্যতত্ত্বের আলোকে হিন্দু মুসলমান খৃস্টানকে সত্যদৃষ্টিতে দেখতে পেয়েছিলেন, তিনি কাউকেই বর্জন করেন নি। বুদ্ধির মহিমায় ও হৃদয়ের বিপুলতায় তিনি এই বাহ্যভেদের ভারতে আধ্যাত্মিক অভেদকে উজ্জ্বল করে উপলব্ধি করেছিলেন এবং সেই অভেদকে প্রচার করতে গিয়ে দেশের লোকের কাছে আজও তিনি তিরস্কৃত। যাঁর নির্মল দৃষ্টির কাছে হিন্দু মুসলমান খৃস্টানের শাস্ত্র আপন দুরূহ বাধা সরিয়ে দিয়েছিল, তাঁকে আজ তারাই অভারতীয় বলতে স্পর্ধা করছে পাশ্চাত্য বিদ্যা ছাড়া আর কোনো বিদ্যায় যাদের অভিনিবেশ নেই। আজকের দিনেও রামমোহন রায় আমাদের দেশে যে জন্মেছেন তাতে এই বুঝতে পারি যে, কবীর নানক দাদু ভারতের যে সত্য-সাধনাকে বহন করেছিলেন আজও সেই সাধনার প্রবাহ আমাদের প্রাণের ক্ষেত্র পরিত্যাগ করে নি। ভারতচিত্তের প্রকাশের পথ উদ্‌ঘাটিত হবেই।

ভাদ্র ১৩৩৫

মহর্ষি
দেবেন্দ্রনাথ

ক্রম

মহর্ষি দেবেন্দ্রনাথ ঠাকুর

(পিতার জন্ম এবং মৃত্যু তিথিতে রবীন্দ্রনাথের বক্তব্যমালা)

১

পূজনীয় পিতৃদেবের আজ অষ্টাশীতিতম সাম্বৎসরিক জন্মোৎসব। এই উৎসবদিনের পবিত্রতা আমরা বিশেষভাবে হৃদয়ের মধ্যে গ্রহণ করিব।

বহুতর দেশকে সঞ্জীবনস্পর্শে উর্বর করিয়া, পুণ্যধারায় বহুতর গ্রাম-নগরীর পিপাসা মিটাইয়া, অবশেষে জাহ্নবী যেখানে মহাসমুদ্রের প্রত্যক্ষসম্মুখে আপন সুদীর্ঘ পর্যটন অতলস্পর্শ শান্তির মধ্যে সমাপ্ত করিতে উদ্যত হয়, সেই সাগরসংগমস্থল তীর্থস্থান। পিতৃদেবের পূতজীবন অদ্য আমাদের সম্মুখে সেই তীর্থস্থান অবারিত করিয়াছে। তাঁহার পুণ্যকর্মরত দীর্ঘজীবনের একাগ্রধারা অদ্য যেখানে তটহীন সীমাশূন্য বিপুল বিরামসমুদ্রের সম্মুখীন হইয়াছে সেইখানে আমরা ক্ষণকালের জন্য নত শিরে স্তব্ধ হইয়া দণ্ডায়মান হইব। আমরা চিন্তা করিয়া দেখিব, বহুকাল পূর্বে একদিন স্বর্গ হইতে কোন্ শুভ সূর্যকিরণের আঘাতে অকস্মাৎ সুপ্তি হইতে জাগ্রত হইয়া কঠিন তুষারবেষ্টনকে অশ্রুধারায় বিগলিত করিয়া এই জীবন আপন

কল্যাণযাত্রা আরম্ভ করিয়াছিল— তখন ইহার ক্ষীণ স্বচ্ছ ধারা কখনো আলোক কখনো অন্ধকার— কখনো আশা কখনো নৈরাশ্যের মধ্য দিয়া দুর্গম পথ কাটিয়া কাটিয়া চলিতেছিল। বাধা প্রতিদিন বৃহদাকার হইয়া দেখা দিতে লাগিল— কঠিন প্রস্তরপিণ্ডসকল পথরোধ করিয়া দাঁড়াইল— কিন্তু সে-সকল বাধায় স্রোতকে রুদ্ধ না করিতে পারিয়া দ্বিগুণবেগে উদ্‌বেল করিয়া তুলিল— দুঃসাধ্য দুর্গমতা সেই দুর্বার বলের নিকট মস্তক নত করিয়া দিল। এই জীবনধারা ক্রমশ বৃহৎ হইয়া, বিস্তৃত হইয়া, লোকালয়ের মধ্যে অবতরণ করিল; দুই কূলকে নবজীবনে অভিষিক্ত করিয়া চলিল; বাধা মানিল না, বিশ্রাম করিল না, কিছুতেই তাহাকে লক্ষ্য হইতে বিক্ষিপ্ত করিয়া দিল না— অবশেষে আজ সেই একনিষ্ঠ অনন্যপরায়ণ জীবনস্রোত সংসারের দুই কূলকে আচ্ছন্ন করিয়া, অতিক্রম করিয়া উঠিয়াছে— আজ সে তাহার সমস্ত চেষ্টা, সমস্ত চাঞ্চল্যকে পরমপরিণামের সম্মুখে প্রশান্ত করিয়া পরিপূর্ণ আত্মবিসর্জনের দিকে আপনাকে প্রসারিত করিয়াছে— অনন্ত জীবনসমুদ্রের সহিত সার্থক জীবনধারার এই সুগম্ভীর সম্মিলনদৃশ্য অদ্য আমাদের ধ্যাননেত্রের সম্মুখে উদ্‌ঘাটিত হইয়া আমাদিগকে ধন্য করুক।

অমৃতপিপাসা ও অমৃতসন্ধানের পথে ঐশ্বর্য একটি প্রধান অন্তরায়। সামান্য সোনার প্রাচীর উচ্চ হইয়া উঠিয়া আমাদের দৃষ্টি হইতে অনন্ত আকাশের অমৃত-আলোককে রুদ্ধ করিয়া দাঁড়াইতে পারে। ধনসম্পদের মধ্যেই দীনহৃদয় আপনার সার্থকতা উপলব্ধি করিতে থাকে— সে বলে, এই তো আমি কৃতার্থ হইয়াছি, দশে আমার স্তব করিতেছে, দেশে আমার প্রতাপ বিকীর্ণ হইতেছে, বাহিরে আমার আড়ম্বর অভ্রভেদ করিতেছে, ঘরে আমার আরামশয়ন প্রতিদিন স্তরে স্তরে রাশীকৃত হইয়া উঠিতেছে, আমার আর কী চাই। হায় রে দরিদ্র, নিখিল মানবের অন্তরাত্মা যখন ক্রন্দন করিয়া উঠিয়াছে— যাহাতে আমি অমর না হইব তাহা লইয়া আমি কী করিব—'যেনাহং নামৃতা স্যাং কিমহং তেন কুর্যাম্'—সপ্তলোক যখন

অন্তরীক্ষে ঊর্ধ্বকররাজি প্রসারিত করিয়া প্রার্থনা করিতেছে, আমাকে সত্য দাও, আলোক দাও, অমৃত দাও, 'অসতো মা সদ্‌গময়, তমসো মা জ্যোতির্গময়, মৃত্যোর্মামৃতং গময়'— তখন তুমি বলিতেছ আমার ধন আছে, আমার মান আছে, আমার আরাম আছে, আমি প্রভু, আমি অধিপতি, আমার আর কী চাই! ঐশ্বর্যের ইহাই বিড়ম্বনা— দীনাত্মার কাছে ঐশ্বর্যই চরমসার্থকতার রূপ ধারণ করে। অদ্যকার উৎসবে আমরা যাঁহার মাহাত্ম্য স্মরণ করিবার জন্য সমবেত হইয়াছি— একদা প্রথম যৌবনেই তাঁহার অধ্যাত্মদৃষ্টি এই কঠিন ঐশ্বর্যের দুর্লঙ্ঘ্য প্রাচীর অতিক্রম করিয়া অনন্তের দিকে উন্মীলিত হইয়াছিল—যখন তিনি ধনমানের দ্বারা নীরন্ধ্রভাবে আবৃত আচ্ছন্ন ছিলেন, তখনই ধনসম্পদের স্থূলতম আবরণ ভেদ করিয়া, স্তাবকগণের বন্দনাগানকে অধঃকৃত করিয়া, আরাম-আমোদ-আড়ম্বরের ঘন যবনিকা বিচ্ছিন্ন করিয়া এই অমৃতবাণী তাঁহার কর্ণে কেমন করিয়া প্রবেশলাভ করিল যে 'ঈশা-বাস্যমিদং সর্বম্‌'—যাহা-কিছু সমস্তকেই ঈশ্বরের দ্বারা আচ্ছন্ন দেখিবে, ধনের দ্বারা নহে, স্বার্থের দ্বারা নহে, আত্মাভিমানের দ্বারা নহে—যিনি 'ঈশানং ভূতভব্যস্য', যিনি আমাদের অনন্তকালের ঈশ্বর, আমাদের ভূতভবিষ্যতের প্রভু, তাঁহাকে এই ধনিসন্তান কেমন করিয়া মুহূর্তের মধ্যে ঐশ্বর্যপ্রভাবের ঊর্ধ্বে, সমস্ত প্রভুত্বের উচ্চে আপনার একমাত্র প্রভু বলিয়া প্রত্যক্ষ করিতে পারিলেন— সংসারের মধ্যে তাঁহার নিজের প্রভুত্ব, সমাজের মধ্যে তাঁহার ধনমর্যাদার সম্মান, তাঁহাকে অন্ধ করিয়া রাখিতে পারিল না।

আবার যেদিন এই প্রভূত ঐশ্বর্য অকস্মাৎ এক দুর্দিনের বজ্রাঘাতে বিপুল আয়োজন আড়ম্বর লইয়া তাঁহার চতুর্দিকে সশব্দে ভাঙিয়া পড়িতে লাগিল—ঋণ যখন উপন্যাসের দানবের ন্যায় মুহূর্তের মধ্যেই বৃহদাকার ধারণ করিয়া তাঁহার গৃহদ্বার, তাঁহার সুখসমৃদ্ধি, তাঁহার অশনবসন, সমস্তই গ্রাস করিবার জন্য মুখব্যাদান করিল—তখনো পদ্ম যেমন আপন মৃণালবৃন্ত দীর্ঘতর করিয়া জলপ্লাবনের ঊর্ধ্বে আপনাকে সূর্যকিরণের দিকে নির্মল সৌন্দর্যে উন্মেষিত করিয়া রাখে,

তেমনি করিয়া তিনি সমস্ত বিপদবন্যার ঊর্ধ্বে আপনার অম্লানহৃদয়কে ধ্রুবজ্যোতির দিকে উদ্‌ঘাটিত করিয়া রাখিলেন। সম্পদ যাঁহাকে অমৃতলাভ হইতে তিরস্কৃত করিতে পারে নাই, বিপদও তাঁহাকে অমৃতসঞ্চয় হইতে বঞ্চিত করিতে পারিল না। সেই দুঃসময়কেই তিনি আত্মজ্যোতির দ্বারা সুসময় করিয়া তুলিয়াছিলেন—যখন তাঁহার ধনসম্পদ ধূলিশায়ী তখনই তিনি তাঁহার দৈন্যের ঊর্ধ্বে দণ্ডায়মান হইয়া পরমাত্মসম্পদবিতরণের উপলক্ষে সমস্ত ভারতবর্ষকে মুহুর্মুহু আহ্বান করিতেছিলেন। সম্পদের দিনে তিনি ভুবনেশ্বরের দ্বারে রিক্তহস্তে ভিক্ষু হইয়া দাঁড়াইয়াছিলেন, বিপদের দিনে তিনি আত্মৈশ্বর্যের গৌরবে ব্রহ্মসত্র খুলিয়া বিশ্বপতির প্রসাদসুধাবণ্টনের ভারগ্রহণ করিয়াছিলেন।

ঐশ্বর্যের সুখশয্যা হইতে তুলিয়া লইয়া ধর্ম ইহাকে তাহার পথের মধ্যে দাঁড় করাইয়া দিল—'ক্ষুরস্য ধারা নিশিতা দুরত্যয়া দুর্গং পথস্তৎ কবয়ো বদন্তি'—কবিরা বলেন, সেই পথ ক্ষুরধারনিশিত অতি দুর্গম পথ। লোকাচারপ্রচলিত চিরাভ্যস্ত ধর্ম, আরামের ধর্ম, তাহা অন্ধভাবে জড় ভাবেও পালন করিয়া যাওয়া চলে এবং তাহা পালন করিয়া লোকের নিকট সহজেই যশোলাভ করিতে পারা যায়। ধর্মের সেই আরাম সেই সম্মানকেও পিতৃদেব পরিহার করিয়াছিলেন। ক্ষুরধারনিশিত দুরতিক্রম্য পথেই তিনি নির্ভয়ে পদনিক্ষেপ করিলেন। লোকসমাজের আনুগত্য করিতে গিয়া তিনি আত্মবিদ্রোহী আত্মঘাতী হইলেন না।

ধনিগৃহে যাঁহাদের জন্ম, পৈতৃককাল হইতেই সমাজের নিকট সম্মানলাভে যাঁহারা অভ্যস্ত, সমাজপ্রচলিত সংস্কারের নিবিড়ব্যূহ ভেদ করিয়া নিজের অন্তর্লব্ধ সত্যের পতাকাকে শত্রুমিত্রের ধিক্কার লাঞ্ছনা ও প্রতিকূলতার বিরুদ্ধে অবিচলিত দৃঢ়মুষ্টিতে ধারণ করিয়া রাখা তাঁহাদের পক্ষে কোনোমতেই সহজ নহে— বিশেষতঃ বৈষয়িক সংকটের সময় সকলের আনুকূল্য যখন অত্যাবশ্যক হইয়া উঠে তখন তাহা যে কিরূপ কঠিন, সে কথা সহজেই অনুমান করা যাইতে পারে। সেই তরুণবয়সে, বৈষয়িক দুর্যোগের দিনে, সম্ভ্রান্তসমাজে তাঁহার

যে বংশগত প্রভূত প্রতিপত্তি ছিল তাহার প্রতি দৃক্‌পাত না করিয়া, পিতৃদেব ভারতবর্ষের ঋষিবন্দিত চিরন্তন ব্রহ্মের, সেই অপ্রতিম দেবাধিদেবের আধ্যাত্মিক পূজা প্রতিকূল সমাজের নিকট মুক্তকণ্ঠে ঘোষণা করিলেন।

তাহার পরে তাঁহার জীবনে আর-এক গুরুতর সংগ্রামের দিন উপস্থিত হইল। সকলেই জানেন, বৈচিত্র্যই জগতে ঐক্যকে প্রমাণ করে—বৈচিত্র্য যতই সুনির্দিষ্ট হয়, ঐক্য ততই সুস্পষ্ট হইয়া উঠে। ধর্মও সেইরূপ নানা সমাজের ইতিহাসকে আশ্রয় করিয়া, নানা বিভিন্ন কণ্ঠে নানা বিচিত্র আকারে এক নিত্যসত্যকে চারি দিক হইতে সপ্রমাণ করিতে চেষ্টা করিতেছে। ভারতবর্ষ বিশেষ সাধনায় বিশেষভাবে যাহা লাভ করিয়াছে তাহার ভারতবর্ষীয় আকার বিলুপ্ত করিয়া, তাহাকে ভারতবর্ষের ইতিহাস হইতে উৎপাটিত করিয়া, তাহাকে অন্যদেশীয় আকৃতি-প্রকৃতির সহিত মিশ্রিত করিয়া দিবার চেষ্টা করিলে জগতের ঐক্যমূলক বৈচিত্র্যের ধর্মকে লঙ্ঘন করা হয়। প্রত্যেক লোক যখন আপনার প্রকৃতি-অনুসারে পরিপূর্ণ উৎকর্ষ লাভ করে তখনই সে মনুষ্যত্বলাভ করে— সাধারণ মনুষ্যত্ব ব্যক্তিগত বিশেষত্বের ভিত্তির উপরে প্রতিষ্ঠিত। মনুষ্যত্ব হিন্দুর মধ্যে এবং খৃস্টানের মধ্যে বস্তুত একই, কিন্তু তথাপি হিন্দু-বিশেষত্ব মনুষ্যত্বের একটি বিশেষ সম্পদ, এবং খৃস্টান-বিশেষত্বও মনুষ্যত্বের একটি বিশেষ লাভ—তাহার কোনোটা সম্পূর্ণ বর্জন করিলে মনুষ্যত্ব দৈন্যপ্রাপ্ত হয়। ভারতবর্ষের যাহা শ্রেষ্ঠধন তাহাও সার্বভৌমিক, য়ুরোপের যাহা শ্রেষ্ঠধন তাহাও সার্বভৌমিক; কিন্তু তথাপি ভারতবর্ষীয়তা এবং য়ুরোপীয়তা উভয়ের স্বতন্ত্র সার্থকতা আছে বলিয়া উভয়কে একাকার করিয়া দেওয়া চলে না। মেঘ আকাশ হইতে জলবর্ষণ করে এবং সরোবর ভূতলে থাকিয়া জলদান করে— যদিও দানের সামগ্রী একই, তথাপি এই পার্থক্যবশতই মেঘ আপন প্রকৃতি-অনুসারে বিশেষভাবে ধন্য এবং সরোবরও আপন প্রকৃতি-অনুসারে বিশেষভাবে কৃতার্থ। ইহারা উভয়ে এক হইয়া গেলে জলের পরিমাণ মোটের উপরে কমে না,

কিন্তু জগতে ক্ষতির কারণ ঘটে।

তরুণ ব্রাহ্মসমাজ যখন পাশ্চাত্ত্য শিক্ষার প্রভাবে এই কথা ভুলিয়াছিল, যখন ধর্মের স্বদেশীয় রূপ রক্ষা করাকে সে সংকীর্ণতা বলিয়া জ্ঞান করিত, যখন সে মনে করিয়াছিল বিদেশীয় ইতিহাসের ফল ভারতবর্ষীয় শাখায় ফলাইয়া তোলা সম্ভবপর এবং সেই চেষ্টাতেই যথার্থভাবে ঔদার্যরক্ষা হয়, তখন পিতৃদেব সার্বভৌমিক ধর্মের স্বদেশীয় প্রকৃতিকে একটা বিমিশ্রিত একাকারত্বের মধ্যে বিসর্জন দিতে অস্বীকার করিলেন— ইহাতে তাঁহার অনুবর্তী অসামান্যপ্রতিভাশালী ধর্মোৎসাহী অনেক তেজস্বী যুবকের সহিত তাঁহার বিচ্ছেদ ঘটিল। এই বিচ্ছেদ স্বীকার করিতে যে দৃঢ়তা, যে সাহস, যে বলের প্রয়োজন হয়, সমস্ত মতামতের কথা বিস্মৃত হইয়া আজ তাহাই যেন আমরা স্মরণ করি। আধুনিক হিন্দুসমাজের প্রচলিত লোকাচারের প্রবল প্রতিকূলতার মুখে আপন অনুবর্তী সমাজের ক্ষমতাশালী সহায়গণকে পরিত্যাগ করিয়া নিজেকে সকল দিক হইতেই রিক্ত করিতে কে পারে, যাঁহার অন্তঃকরণ জগতের আদিশক্তির অক্ষয় নির্ঝরধারায় অহরহ পূর্ণ হইয়া না উঠিতেছে।

ইহাকে যেমন আমরা সম্পদে-বিপদে অভয় আশ্রয়ে অবিচলিত দেখিয়াছি, তেমনি একবার বর্তমান সমাজের প্রতিকূলে, আর-একবার হিন্দুসমাজের অনুকূলে তাঁহাকে সত্যে বিশ্বাসে দৃঢ় থাকিতে দেখিলাম— দেখিলাম, উপস্থিত গুরুতর ক্ষতির আশঙ্কা তাঁহাকে টলাইতে পারিল না। হিন্দুসমাজের মধ্যে তিনি পরম দুর্দিনেও একাকী দাঁড়াইয়াছিলেন, ব্রাহ্মসমাজে তিনি নব আশা নব উৎসাহের অভ্যুদয়ের মুখে পুনর্বার সমস্ত ত্যাগ করিয়া একাকী দাঁড়াইলেন। তাঁহার কেবল এই প্রার্থনা রহিল: 'মাহং ব্রহ্ম নিরাকুর্যাং মা মা ব্রহ্ম নিরাকরোৎ'— আমি ব্রহ্মকে ত্যাগ করিলাম না, ব্রহ্ম আমাকে ত্যাগ না করুন।

ধনসম্পদের স্বর্ণস্তূপরচিত ঘনান্ধকার ভেদ করিয়া নবযৌবনের অপরিতৃপ্ত প্রবৃত্তির পরিবেষ্টনের মধ্যে দিব্যজ্যোতি যাঁহার ললাটস্পর্শ করিয়াছিল, ঘনীভূত বিপদের ভ্রূকুটিকুটিল রুদ্রচ্ছায়ায় আসন্ন

দারিদ্র্যের উদ্যত বজ্রদণ্ডের সম্মুখেও ঈশ্বরের প্রসন্ন মুখচ্ছবি যাঁহার অনিমেষ অন্তর্দৃষ্টির সম্মুখে অচঞ্চল ছিল, দুর্দিনের সময়েও সমস্ত লোকভয় অতিক্রম করিয়া যাঁহার কর্ণে ধর্মের 'মা ভৈঃ' বাণী সুস্পষ্ট ধ্বনিত হইয়া উঠিয়াছিল, বলবৃদ্ধি দলপুষ্টির মুখে যিনি বিশ্বাসের বলে সমস্ত সহায় হইতে বিচ্ছিন্ন হইয়া নিঃসংকোচে পরমসহায়ের আশ্রয় গ্রহণ করিয়াছিলেন, অদ্য তাঁহার পুণ্যচেষ্টাভূয়িষ্ঠ সুদীর্ঘ জীবনদিনের সায়াহ্নকাল সমাগত হইয়াছে। অদ্য তাঁহার ক্লান্তকণ্ঠের স্বর ক্ষীণ, কিন্তু তাঁহার সম্পূর্ণপ্রায় জীবনের নিঃশব্দবাণী সুস্পষ্টতর; অদ্য তাঁহার ইহজীবনের কর্ম সমাপ্ত, কিন্তু তাঁহার জীবনব্যাপী কর্মচেষ্টার মূলদেশ হইতে যে একাগ্রনিষ্ঠা ঊর্ধ্বলোকে উঠিয়াছে তাহা আজ নিস্তব্ধভাবে প্রকাশমান। অদ্য তিনি তাঁহার এই বৃহৎ সংসারের বর্হিদ্বারে আসিয়া দাঁড়াইয়াছেন । কিন্তু সংসারের সমস্ত সুখদুঃখ বিচ্ছেদ-মিলনের মধ্যে যে অচলা শান্তি জননীর আশীর্বাদের ন্যায় চিরদিন তাঁহার অন্তরে ধ্রুব হইয়া ছিল, তাহা দিনান্তকালের রমণীয় সূর্যাস্তচ্ছটার ন্যায় অদ্য তাঁহাকে বেষ্টন করিয়া উদ্‌ভাসিত। কর্মশালায় তিনি তাঁহার জীবনেশ্বরের আদেশপালন করিয়া, অদ্য বিরামশালায় তিনি তাঁহার হৃদয়েশ্বরের সহিত নির্বাধমিলনের পথে যাত্রা করিবার জন্য প্রস্তুত হইয়াছেন। এই পুণ্যক্ষণে আমরা তাঁহাকে প্রণাম করিবার জন্য, তাঁহার সার্থকজীবনের শান্তিসৌন্দর্যমণ্ডিত শেষ রশ্মিচ্ছটা মস্তক পাতিয়া গ্রহণ করিবার জন্য, এখানে সমাগত হইয়াছি।

বন্ধুগণ, যাঁহার জীবন আপনাদের জীবনশিখাকে ক্ষণে ক্ষণে উজ্জ্বল করিয়াছে, যাঁহার বাণী অবসাদের সময় আপনাদিগকে বল ও বিষাদের সময় আপনাদিগকে সান্তনা দিয়াছে, তাঁহার জন্মদিনকে উৎসবের দিন করিয়া আপনারা ভক্তিকে চরিতার্থ করিতে আসিয়াছেন— এইখানে আমি আমার পুত্রসম্বন্ধ লইয়া এই উৎসবদিনে যদি ক্ষণকালের জন্য পিতার নিকট বিশেষভাবে উপস্থিত হই, তবে আমাকে মার্জনা করিবেন। সন্নিকটবর্তী মহাত্মাকে সমগ্রভাবে সম্পূর্ণভাবে দেখিবার অবসর আত্মীয়দের প্রায় ঘটে না। সংসারের সম্বন্ধ বিচিত্র সম্বন্ধ,

বিচিত্র স্বার্থ, বিচিত্র মত, বিচিত্র প্রবৃত্তি ইহার দ্বারা বিচারশক্তির বিশুদ্ধতা রক্ষা করা কঠিন হয়, ছোটো জিনিস বড়ো হইয়া উঠে, অনিত্য জিনিস নিত্য জিনিসকে আচ্ছন্ন করিয়া রাখে, সংসারের নানা ঘাতপ্রতিঘাতে প্রকৃত পরিচয় প্রত্যহ খণ্ডিত হইয়া যায়। এইজন্যই পিতৃদেবের এই জন্মদিনের উৎসব তাঁহার আত্মীয়দের পক্ষে একটি বিশেষ শুভ অবসর। যে পরিমাণ দূরে দাঁড়াইলে মহত্ত্বকে আদ্যোপান্ত অখণ্ড দেখিতে পাওয়া যায়, অদ্যকার এই উৎসবের সুযোগে বাহিরের ভক্তমণ্ডলীর সহিত একাসনে বসিয়া আমরা সেই পরিমাণ দূরে আসিব, তাঁহাকে ক্ষুদ্র সংসারের সমস্ত তুচ্ছ সম্বন্ধজাল হইতে বিচ্ছিন্ন করিয়া দেখিব, আমাদের সংকীর্ণ জীবনের প্রাত্যহিক ব্যবহারোৎক্ষিপ্ত সমস্ত ধূলিরাশিকে অপসারিত করিয়া তাঁহাকে বৃহৎ আকাশের মধ্যে, নির্মল শান্তির মধ্যে, দেবপ্রসাদের অক্ষুণ্ণ আনন্দরশ্মির মধ্যে, তাঁহার যথার্থ মহিমায় তাঁহাকে তাঁহার জীবনের নিত্যপ্রতিষ্ঠার উপরে সমাসীন দেখিব। সংসারের আবর্তে উদ্‌ভ্রান্ত হইয়া যত বিদ্রোহ, যত চপলতা, যত অন্যায় করিয়াছি, অদ্য তাহার জন্য তাঁহার শ্রীচরণে একান্তচিত্তে ক্ষমা প্রার্থনা করিব— আজ তাঁহাকে আমাদের সংসারের, আমাদের সর্বপ্রয়োজনের অতীত করিয়া, তাঁহাকে বিশ্বভুবনের ও বিশ্বভুবনেশ্বরের সহিত বৃহৎ নিত্যসম্বন্ধে যুক্ত করিয়া দেখিব এবং তাঁহার নিকট এই আশীর্বাদ প্রার্থনা করিব যে, যে চিরজীবনের ধনকে তিনি নিজের জীবনের মধ্যে সঞ্চিত করিয়াছেন সেই সঞ্চয়কেই যেন আমরা সর্বপ্রধান পৈতৃক সম্পত্তি বলিয়া গণ্য করি, তাঁহার জীবনের দৃষ্টান্ত যেন আমাদিগকে ধনসম্পদের অন্ধতা হইতে রক্ষা করে, বিপদের বিভীষিকা হইতে উদ্ধার করে, বিশ্বাসের দৃঢ়তার মধ্যে আমাদিগকে ধারণ করিয়া রাখে এবং তিনি ঋষিদের যে মন্ত্র আমাদের কর্ণে ধ্বনিত করিয়াছেন তাহা যেন কোনো আরামের জড়ত্বে, কোনো নৈরাশ্যের অবসাদে বিস্মৃত না হই—

মাহং ব্রহ্ম নিরাকুর্যাং মা মা ব্রহ্ম নিরাকরোৎ
অনিরাকরণমস্তু অনিরাকরণং মেহস্তু।

বন্ধুগণ, ভ্রাতৃগণ, এই সপ্তাশীতিবর্ষীয় জীবনের সম্মুখে দাঁড়াইয়া আনন্দিত হও, আশান্বিত হও। ইহা জানো যে, ‘সত্যমেব জয়তে নানৃতম্’; ইহা জানো যে, ধর্মই ধর্মের সার্থকতা। ইহা জানো যে, আমরা যাহাকে সম্পদ বলিয়া উন্মত্ত হই তাহা সম্পদ নহে; যাহাকে বিপদ বলিয়া ভীত হই তাহা বিপদ নহে; আমাদের অন্তরাত্মা সম্পদ বিপদের অতীত যে পরমা শান্তি তাহাকে আশ্রয় করিবার অধিকারী। ‘ভূমাত্বেব বিজিজ্ঞাসিতব্যঃ’ — সমস্ত জীবন দিয়া ভূমাকেই জানিতে ইচ্ছা করো, এবং সমস্ত জীবনের মধ্যে ভূমাকেই সপ্রমাণ করো। এই প্রার্থনা করো ‘আবিরাবীর্ম এধি’— হে স্বপ্রকাশ, আমার নিকটে প্রকাশিত হও। আমার নিকটে প্রকাশিত হইলে সেই প্রকাশ আমাকে অতিক্রম করিয়া সমস্ত মানবের নিকট সহজে দীপ্যমান হইয়া উঠিবে এইরূপে আমার জীবন সমস্ত মানবের নিত্য-জীবনের মধ্যে উৎসর্গীকৃত হইয়া থাকিবে, আমার এই কয়দিনের মানবজন্ম চিরদিনের জন্য সার্থক হইবে।

ওঁ শান্তিঃ শান্তিঃ শান্তিঃ

৩জ্যৈষ্ঠ ১৩১১, মহর্ষি দেবেন্দ্রনাথের জন্মোৎসবে পঠিত

২

অদ্য এই দেশের উপরে এই গৃহের উপরে মৃত্যুর অন্ধকার ঘনীভূত হইয়াছে— দিক্ হইতে দিগন্তর শোকমেঘের কালিমায় আচ্ছন্ন— এই দুর্দিন দুর্যোগের মধ্যে এই অনাথপরিবার দুর্বলকম্পিত হস্তে ব্রহ্মোৎসবের পুণ্যদীপখানি আজ পুনরায় উত্থিত করিয়া ধরিল। এই উৎসবের আনন্দশিখা যিনি উজ্জ্বল করিয়া জ্বালাইয়াছিলেন, যিনি ইহাকে এই গৃহের মধ্যে চিরদিনের জন্য স্থাপন করিয়া গেছেন— তিনি তাঁহার মহৎজীবনের সমস্ত কর্ম দেবোৎসৃষ্ট নির্মাল্যের ন্যায় চিরন্তন আশীর্বচনের ন্যায় আমাদের জন্য রাখিয়া এখানকার কর্মলোক হইতে অন্তর্ধান করিয়াছেন— তিনি এখন সেই বিশ্বান্তরাত্মা পরম

এককের সম্মুখে একাকী সমাসীন— আমরা অদ্য নতশিরে তাঁহার সেই স্বহস্তজ্বালিত অনির্বাণ মঙ্গলদীপ এই গৃহপ্রাঙ্গণের মধ্যে আনয়ন করিলাম।

আজ বাহিরের সমারোহ নাই, আজ বাহিরের আলোকমালা ম্লান ও বিরল— আজ এই গৃহস্থপরিবার সমবেত উপাসকবর্গ হইতে স্বতন্ত্র হইয়া শোকনিয়ম পালন করিতেছেন— কিন্তু বন্ধুগণ, অধ্যাত্মদৃষ্টি মেলিয়া দেখো, যিনি এই উৎসবের অধিষ্ঠাত্রী দেবতা, তাঁহার জ্যোতি আজ এই শোকান্ধকারের মধ্যে, স্বল্পসমারোহের মধ্যে, সমুজ্জ্বল হইয়া দীপ্তি পাইতেছে। আজ কোনো উজ্জ্বলদৃশ্যে আমাদের দৃষ্টি মুগ্ধ করিতেছে না—আজ কোনো উদ্দাম চিন্তায় আমাদের চিত্তকে বিক্ষিপ্ত করিতেছে না—আজ মৃত্যু আমাদের সমস্ত ভাবনাকে আকর্ষণ করিয়া সেই বিরামদাত্রী বিশ্বধাত্রী জগজ্জননীর অন্তঃপুরের দ্বারসম্মুখে আনিয়া উপস্থিত করিয়াছে;—যেখানে তিনি তাঁহার ভক্তসন্তানকে কর্মের ক্লান্তি শরীরের গ্লানি, সংসারের ধূলি হইতে সদ্যবিমুক্ত করিয়া ক্রোড়ের মধ্যে গ্রহণ করিয়াছেন।

আজ আর বহুতর দীপমালার প্রয়োজন নাই—আজ সংসারের পরপার হইতে একটি আলোকচ্ছটা প্রতিফলিত হইয়া মানবজীবনের অস্তাচলশিখরকে অপরূপ মাহাত্ম্যে মণ্ডিত করিয়াছে— সেই আলোকই আজ আমাদের উৎসবের আলোক।

যে মহাপুরুষ পাঁচ দিন পূর্বে লোকান্তরে যাত্রা করিলেন, তিনি জীবিত-কালে এই ব্রহ্মোৎসবে বর্ষে বর্ষে আমাদিগকে উর্ধ্বস্বরে আহ্বান করিয়াছেন, বলিয়াছেন—'তমেব বিদিত্বাতিমৃত্যুমেতি নান্যঃ পন্থা বিদ্যুতেহয়নায়'—তাঁহাকে জানিয়াই মৃত্যুকে অতিক্রম করা যায়, মুক্তির আর কোনো উপায় নাই। তখন আমরা সকলে তাঁহার আহ্বানে সমান কর্ণপাত করি নাই—আমরা এখানে লঘুচিত্তে আসিয়াছি, চক্ষুকর্ণের কৌতুহল চরিতার্থ করিয়াছি, আনন্দের ঔদার্যকে ঐশ্বর্যের আড়ম্বরে পরিণত হইতে দেখিয়াছি। আজ সেই মহাত্মা মৃত্যুকে অতিক্রম করিয়া অন্ধকারের পরপার হইতে আমাদিগকে অদ্যকার

এই উৎসবে আহ্বান করিতেছেন—আজ এই ক্ষুদ্র গৃহের মধ্য হইতে তিনি আমাদিগকে ডাকিতেছেন না—সমস্ত আকাশের মধ্য হইতে আজ তাঁহার উচ্চারিত এই বাণী আমরা শুনিতেছি—

যস্য ছায়ামৃতং যস্য মৃত্যুঃ কস্মৈ দেবায় হবিষা বিধেম।

'অমৃত যাঁহার ছায়া— যাঁহার ছায়া মৃত্যু— তিনি ছাড়া আর কোন্ দেবতাকে আমরা পূজা করিব?'

আমরা জীবনকে ও মৃত্যুকে খণ্ডিত করিয়া স্বতন্ত্র করিয়া দেখি— সেইজন্য জীবন ও মৃত্যুর মাঝখানে আমরা একটা বিভীষিকার ব্যবধান গড়িয়া তুলি। কিন্তু, জীবন যাঁহার, মৃত্যুও তাঁহারই প্রসাদ, এই কথা অদ্য বিশেষভাবে স্মরণ করিয়া সেই জীবন ও মৃত্যুর অধীশ্বরকে আমরা পূজা করিব। 'যস্য ছায়ামৃতং যস্য মৃত্যুঃ' তিনি জীবন ও মৃত্যুকে ঐক্যদান করিয়াছেন, এই কথা স্মরণ করিয়া আমরা জীবনকে সংযত করিব ও মৃত্যুকে ভয়শোক হইতে মুক্ত করিব। 'যস্য ছায়ামৃতং যস্য মৃত্যুঃ' তাঁহার সহিত জীবনে মৃত্যুতে কোনো অবস্থাতেই আমাদের বিচ্ছেদ নাই, এই কথা স্মরণ করিয়া অদ্য মৃত্যুশোকের দিনেও সেই মৃত্যুরাজের উৎসবে আমরা পরিপূর্ণহৃদয়ে যোগদান করিব।

যিনি এই গৃহের স্বামী ছিলেন, তাঁহার মৃত্যুতে এই গৃহের কর্মপ্রবাহ সহসা স্তব্ধ হইতে পারে, সংসারযাত্রায় সমস্ত রথচক্র সহসা অবরুদ্ধ হইতে পারে, পরিজনবর্গের উৎসাহ উল্লাস সহসা ম্লান হইতে পারে— কিন্তু এই গৃহস্বামী যাঁহাকে তাঁহার চিরজীবনের স্বামী বলিয়া বরণ করিয়াছিলেন, তাঁহার উৎসব তো লেশমাত্র ক্ষুণ্ণ হইতে পারে না। লোকান্তরিত আত্মার সহিত তাঁহার চিরসম্বন্ধের তিলমাত্র ব্যত্যয় হয় নাই, এই বন্ধুজনপরিবৃত গৃহকে তিনি মুহূর্তকালের জন্যও পরিত্যাগ করেন নাই। চন্দ্রমা শুভ্রকিরণে রাত্রিকে অভিষিক্ত করিতেছে, আকাশ চিরন্তন নক্ষত্রমালায় খচিত হইয়া আছে, নিত্যসমীরিত বায়ু ক্ষুদ্রতম কীটাণুকেও জীবনদানে কৃপণতা করিতেছে না; ভূর্ভুবঃস্বর্লোকে পূর্ণশক্তি বিচিত্রভাবে আপনাকে প্রকাশ করিতেছে। কিছুতেই কোথাও ইহার কোনো খর্বতা নাই। 'যস্য ছায়ামৃতং যস্য মৃত্যুঃ' তাঁহার

মহোৎসবকে মৃত্যু কেমন করিয়া ম্লান করিবে— মৃত্যু যে তাঁহারই।

স্বর্গগত মহাপুরুষের জীবনের মধ্য দিয়া যে মঙ্গলশক্তিকে তিনি পৃথিবীতে প্রকাশ করিয়াছিলেন, উক্ত মহাপুরুষের মৃত্যুতে কি সেই শক্তি এই জগৎ হইতে হ্রাস হইয়া গেল? যাহা ভদ্র, যাহা কল্যাণ, তাহার কণামাত্র কি হারাইয়াছে? যাহা সত্য তাহার তিলমাত্র কি লুপ্ত হইয়াছে? কখনোই নহে। আজ একবার নিখিলের দিকে চাও এবং অনুভব করো— সমস্তই আছে, কিছুই ভ্রষ্ট হয় নাই। আমরা জীবনে যাঁহাকে পাইয়াছিলাম, মৃত্যুতেও তিনি নবতরভাবে আমাদেরই আছেন। তাঁহার সাধনা তাঁহার সফলতা তাঁহার সঙ্গে সঙ্গে অন্তর্ধান করে নাই; তাহা চিরকাল আমাদের সাধনা আমাদের সফলতারূপে বর্তমান রহিবে। তাঁহার সমস্ত জীবন আমাদের মধ্যে বিচিত্রভাবে ফলিত হইতে থাকিবে।

ঈশ্বরের মঙ্গলশক্তি সর্বত্রই বিশ্বরূপে প্রকাশ পাইতেছে। সেই শক্তিই আকাশ জল বায়ু অগ্নি চন্দ্র সূর্য-রূপে নিয়তই আমাদিগকে ধারণ বেষ্টন করিয়া রহিয়াছে, তথাপি তাহার মধ্য হইতে সেই প্রত্যক্ষ মঙ্গলকে আমরা অন্তরের মধ্যে উপলব্ধি করিতে পারি না— কিন্তু যখন সেই শক্তি কোনো মানুষের জীবনের মধ্যে অসামান্য পুণ্যমহিমা ধারণপূর্বক সমস্ত ভয়লোভ-স্বার্থের ঊর্ধ্বে উত্তুঙ্গ হইয়া আপনাকে প্রকাশ করে তখনই তাহা মানুষের ধন হইয়া যায়— যে মঙ্গলকে সংশয়বুদ্ধিদ্বারা আমরা নিখিল জলস্থল আকাশের মধ্যে দেখিতে পাই না, সেই মঙ্গলকে মানুষের মধ্যে মহাপুরুষের মধ্যে আমরা নতমস্তকে স্বীকার না করিয়া থাকিতে পারি না। বিশ্বের যে দিকে তাকাই, সর্বত্রই অমৃত সর্বত্রই আনন্দ— কিন্তু সেই অমৃত গ্রহণ করিবার, পান করিবার পাত্র আমরা নিজের মধ্যে পাই না— মহাপুরুষের মহৎ জীবন সেই বিশ্বব্যাপী অমৃত— বিশ্বব্যাপী আনন্দকে মানুষের গ্রহণের যোগ্য করিয়া চিরদিনের জন্য রক্ষা করে।

কয়েকদিন পূর্বে এই গৃহ হইতে যিনি বিশ্বগৃহে গমন করিয়াছেন, তিনি অমৃতকে আপনার জীবনের মধ্যে ধারণ করিয়া সেই জীবন

আমাদের সকলকে দান করিয়া গেছেন। তাঁহার জীবনের মধ্যে দীর্ঘ তপস্যার দ্বারা ব্রহ্মের যে অগ্নি সঞ্চিত হইয়াছে, তাহা আমাদের অধিকারে আসিয়াছে। ঈশ্বরকে সেই মহাপুরুষের মধ্য দিয়া আমরা কিভাবে লাভ করিলাম, অদ্যকার উৎসবে তাহাই আমরা আলোচনা করিয়া দেখিব। জগতের সমস্ত মহাত্মগণ মানুষকে মুক্তির দিকে লইয়া যান, ইহার জীবন আমাদিগকে সেই মুক্তির পথে কোথায় আকর্ষণ করিয়াছে, অদ্য তাহা লক্ষ করিয়া দেখিতে হইবে।

যৌবনের প্রথম আরম্ভেই ইনি যখন প্রভূত ধনসম্পদের মধ্যে ঈশ্বরের করাঘাতে ভোগনিদ্রা হইতে সহসা জাগ্রত হইয়া উঠিলেন, যখন সুপ্তোত্থিত শিশুর ন্যায় ইহার চিত্ত ক্ষুধা-পিপাসায় কাঁদিয়া উঠিল তখন চতুর্দিকে বিষয়সুখোপকরণের অন্ত ছিল না, কিন্তু ইহার ক্ষুধার অন্ন কোথায় ছিল? সেদিন কিসের অভাবে ইঁহার চারি দিকে সমস্ত ধনজনপূর্ণ সংসার বিরস হইয়া উঠিল, সূর্যকিরণ মলিন হইয়া গেল?

যে অন্নের জন্য মাতৃক্রোড়চ্যুত শিশুর ন্যায় তাঁহার সমস্ত অন্তঃকরণ ক্রন্দন করিয়া উঠিয়াছিল, তাঁহার পিতার রাজদুর্লভ ঐশ্বর্য যে অন্নের একটি কণামাত্রও তাঁহার নিকটে বহন করিয়া আনিতে পারে নাই, বায়ুবাহিত একখানি ছিন্ন পত্র সেই পরমান্নের সন্ধান তাঁহার সম্মুখে আনিয়া উপস্থিত করিল— সেই পত্র বহু সহস্র বর্ষ পূর্বকার এই বাণী তাঁহার নিকট আনয়ন করিল—

ঈশাবাস্যমিদং সর্বং যৎকিঞ্চ জগত্যাং জগৎ
তেন ত্যক্তেন ভুঞ্জীথা মাগৃধঃ কস্যস্বিদ্ধনং।

'জগতে যাহা কিছু সমস্তই ঈশ্বরের দ্বারা আচ্ছন্ন করিয়া দেখিবে, তিনি যাহা দিতেছেন, তাহাই ভোগ করিবে, কাহারো ধনে লোভ করিবে না।'

শত শত বৎসর পূর্বে একদা যে ঋষি এই বাণী উচ্চারণ করিয়াছিলেন, তিনি জানিতেন না তাঁহার এই বাক্য সুদুর ভবিষ্যতে এক খণ্ড পত্র অবলম্বন করিয়া ইংরাজরাজধানীতে কোনো বিলাস-লালিত ধনীর পুত্রকে অমৃত-ধনের বার্তা বলিয়া দিবে।

সেই বিস্তৃতনামা বল্কলবসন বনবাসী ঋষির এই বাক্যটি যৌবনের মোহ ধনসম্পদের ব্যূহ ভেদ করিয়া কি আশ্চর্য শক্তির পরিচয় দিল! এই যে শক্তি সহস্র বৎসরকে জয় করিয়াছে, ধনরত্নরাশিকে পরাস্ত করিয়াছে, বাহিরে তাহা দেখিতে কি দীন কি দুর্ব্বল! তাহা একটিমাত্র ক্ষুদ্র শ্লোক, একটিমাত্র ছিন্নপত্র তাহার বাহন— কিন্তু তাহার নিকট মানীর মস্তক নত, ভোগীর ভোগ লজ্জিত, ধনীর ধন ধূলিপুঞ্জ!

এই ক্ষুদ্র শ্লোকটি যে দেবেন্দ্রনাথের নিকট তাঁহার সমস্ত ভোগৈশ্বর্যের অপেক্ষা বৃহৎ হইয়া উঠিয়াছিল, তাঁহার জীবনের সেই ঘটনাটি এখন হইতে চিরদিন আমাদের সম্মুখে মুক্তির পথ নির্দেশ করিয়া দিবে, মানুষের ভোগের বন্ধন শিথিল ও তাহার স্বার্থসুখকে লঘু করিতে থাকিবে— ইহা মনুষ্যত্বের ভাণ্ডারে চিরদিনের জন্য সঞ্চিত হইয়া রহিল।

বন্ধুগণ, এ কথা কেহ মনে করিয়ো না যে, তিনি যে অভাব অনুভব করিয়াছিলেন, আমরা তো তাহা অনুভব করি না; অতএব তিনি যাহার অধিকারী হইয়াছেন মানুষ তাহার অধিকারী হইবে কি করিয়া? আমাদের সকলেরই অভাব সেই একই অভাব। আমরা যত অচেতনই হই-না কেন, ধনকে আমরা যতই প্রিয়, ভোগকে আমরা যতই বাঞ্ছনীয় মনে করি না কেন, আমাদের অন্তরে অন্তরে সেই একমাত্র অভাব, ধন হইতে ধনে, ভোগ হইতে ভোগে, এক হইতে অন্যে নিত্য নিয়তই সেই একই অন্ন, সেই একই সম্পদ অশ্রান্তভাবে অন্বেষণ করিয়া ফিরিতেছে। চাহিতেছি ইহা নিশ্চয়, কিন্তু কাহাকে চাহিতেছি, তাহা যথার্থভাবে জানি না। মহাপুরুষরাই আমাদের হইয়া আবিষ্কার করিয়াছেন যে, আমরা কি চাহি। তাঁহারাই বলিয়া দেন যে, তোমরা যে মনে করিতেছ যে তোমরা মরীচিকা চাহিতেছ, তাহা তো সত্য নহে; তোমরা যে জল চাহিতেছ।

তাঁহারাই বলিয়া দেন যে—

> তদেতৎ শ্রেয়ঃ পুত্রাৎ প্রেয়ো বিত্তাৎ প্রেয়োহন্যস্মাৎ
> সর্ব্বস্মাৎ অন্তরতর যদয়মাত্মা।

'এই যে নিখিলের অন্তরতর আত্মা ইনি পুত্র হইতেও প্রিয়, বিত্ত হইতেও প্রিয়, অন্য সমস্ত হইতেই প্রিয়।'

তাঁহারা যে প্রার্থনা করিয়াছেন—

অসতোমা সদ্‌গময়, তমসোমা জ্যোতির্গময়, মৃত্যোর্মামৃতংগময়—

'অসত্য হইতে আমাকে সত্যে লইয়া যাও, অন্ধকার হইতে আমাকে জ্যোতিতে লইয়া যাও, মৃত্যু হইতে আমাকে অমৃতে লইয়া যাও'—ইহা যে আমাদের সকলেরই প্রার্থনা; মানুষের সকল প্রার্থনার মধ্যেই এই প্রার্থনা রহিয়াছে। আমরা যখন ধনকে প্রার্থনা করিতেছি, তখন আমরা ধনকেই সত্য, ধনকেই আলোক, ধনকেই অমৃত জানিয়া প্রার্থনা করিতেছি। এই সমস্ত বৃথা প্রার্থনার পরম দুঃখ হইতে কে আমাদিগকে মুক্তিদান করিবে! মানুষ যথার্থই যাহা চায়, মানুষকে কে তাহা সত্যভাবে সন্ধান করিতে প্রবৃত্ত করিবে! সেই মহাত্মগণ—স্বার্থের অপেক্ষা পরমার্থ যাঁহাদের নিকট সহজেই বড়ো হইয়া উঠিয়াছে, সুখের অপেক্ষা মঙ্গলকে যাঁহারা অকুণ্ঠিতচিত্তে বরণ করিয়াছেন, ধর্মেই যাঁহাদের আনন্দ, যাঁহাদের স্থিতি।

স্বর্গগত মহর্ষি দেবেন্দ্রনাথ মানুষের যথার্থ অভাবকে নিজের মধ্যে যথার্থভাবে অনুভব করিয়া তাহার একমাত্র আকাঙ্ক্ষার সামগ্রীকে একান্তভাবে সন্ধান করিয়া মানুষের অন্তরতর চিরন্তন সত্যকে তাঁহার তপোনিষ্ঠ দীর্ঘজীবনের দ্বারা বিশেষভাবে মানুষের আয়ত্তগম্য করিয়া গেলেন।

নবযৌবনারম্ভে যখন দেবেন্দ্রনাথ ব্যাকুলিতচিত্তে অমৃতের সন্ধানে নিযুক্ত হইলেন, তখন ধনসম্পদের বন্ধন হইতে আর একটি দুরূহতর বন্ধন তাঁহাকে ছেদন করিতে হইয়াছিল। ক্ষুধা যখন সত্য, পিপাসা যখন তীব্র তখন তাহাকে সংস্কারের দ্বারা শান্ত, প্রথার দ্বারা রুদ্ধ করিয়া রাখা যায় না। তাঁহার চারি দিকের সমাজ ধর্ম বলিয়া তাঁহার সম্মুখে যে সকল উপকরণ আনিয়া উপস্থিত করিল, তিনি সে-সমস্তকে অপরিতৃপ্তচিত্তে দূর করিয়া বলিতে লাগিলেন—

যেনাহং নামৃতং স্যাম্ কিমহং তেন কুর্যাম্।

ক্ষুধিত শিশুকে প্রত্যক্ষ মাতার স্তন ছাড়া দীর্ঘকাল আর কী দিয়া ভুলাইয়া রাখিবে! মানুষ যখন অচেতনভাবে থাকে, মানুষ যখন যথার্থভাবে ঈশ্বরকে চাহে না, তখন আচার বিচার প্রথার সংস্কারপাশ তাহাকে চারি দিকে জড়িত করিয়া ঈশ্বরের স্থান অধিকার করিতে থাকে—নিশ্চেষ্ট মানুষ তাহারই মধ্যে অনায়াসে আবৃত জড়িত হইয়া পড়িয়া থাকে। প্রত্যক্ষ সত্য, প্রত্যক্ষ আলোক, প্রত্যক্ষ অমৃতের জন্য যে মহাত্মার আকাঙ্ক্ষা সচেতনরূপে জাগ্রত হইয়া উঠে, তিনি এই সমস্ত বহু-কালসঞ্চিত সংস্কারের স্তূপীকৃত আবরণ ছিন্ন করিয়া সর্বত্র ঈশ্বরের অব্যবহিত স্পর্শ সন্ধান করিবার জন্য ব্যাকুল বাহু প্রসারিত করেন। মানুষকে তাহার স্বরচিত জাল হইতে বিমুক্ত করিবার জন্য মাঝে মাঝে এইরূপ নির্ভীক সত্যসন্ধিৎসু মহাপুরুষের আবির্ভাব হইয়া থাকে।

মহর্ষি দেবেন্দ্রনাথ ভারতবর্ষকে সেই সংস্কারবন্ধন হইতে মুক্তির চেষ্টায় প্রবৃত্ত করিয়াছেন। তাঁহার জীবন আমাদিগকে এই শিক্ষা দিতেছে যে, জীবাত্মাপরমাত্মার মধ্যে কোনো ব্যবধান নাই— পরম সত্যকে অন্তরে বাহিরে প্রত্যক্ষভাবে উপলব্ধি করিতে হইবে, নতুবা কিছুতেই আমাদের সার্থকতা হইতে পারে না।

দেবেন্দ্রনাথের জীবনের এই চেষ্টা আমাদের হিন্দুসমাজের মধ্যে প্রবলভাবে সঞ্চারিত হইয়া গেছে। হিন্দুধর্ম আজ নিদ্রিত নহে, তাহা অচেতনভাবে বাহ্য প্রথা পালনেই আপনার সমস্ত চেষ্টাকে বদ্ধ রাখে নাই—তাহা সত্যকে সন্ধান করিতে উদ্যত, শাস্ত্রের মর্মোদ্‌ঘাটনে প্রবৃত্ত। এই উদ্যম, এই চেষ্টাই সমাজের প্রাণ—মহর্ষি দেবেন্দ্রনাথ সমাজের মধ্যে এই প্রাণ-সঞ্চার করিয়া গেছেন। তিনি সত্যের পথে জাগ্রতভাবে সমাজকে ধাবিত করিয়া দিয়াছেন, ইহার পরিণামফল বিচারের দিন এখনো উপস্থিত হয় নাই—কিন্তু ইহা নিশ্চয়, জড়ত্ব শ্রেয় নহে, চেতনাই শ্রেয়।

মহাত্মন্! ঈশ্বর তোমার জীবনের মধ্যে যে অগ্নি নিহিত

করিয়াছিলেন সংসারের সমস্ত ভোগসম্পদের বাধা, দুঃখবিপত্তির অবরোধ সবলে অতিক্রম-পূর্বক তুমি তাহাকে প্রজ্বলিত করিয়া সমাজের মধ্যে উজ্জ্বল করিয়া রাখিয়া গেছ। তোমার সমস্ত জীবন সমগ্রতা লাভ করিয়া আমাদের সম্মুখে আজ মৃত্যুর অমৃত আসনে প্রতিষ্ঠিত হইয়াছে— জীবিতকালে তোমাকে যেমন করিয়া নমস্কার করিয়াছি, আজ তদপেক্ষা সম্পূর্ণভাবে তোমার নিকট প্রণত হইলাম। দুর্বল মর্ত্যদেহ লইয়া তুমি যে মঙ্গলকে সংসারে প্রচার করিয়া গেছ— সেই মঙ্গলের মধ্যে অদ্য তোমাকে নমস্কার করি; দুর্বল মানবমন লইয়া তুমি যে সত্যকে সমাজে প্রচার করিয়া গেছ, সেই সত্যের মধ্যে তোমাকে নমস্কার করি; পার্থিবলীলার অবসানে যে শান্তিময় অমৃতে তুমি আশ্রয়লাভ করিয়াছ, সেই অমৃতের মধ্যে অদ্য তোমাকে নমস্কার করি। যাঁহার মধ্যে অদ্য তুমি আছ, তাঁহার নমস্কারের মধ্যে তোমার নমস্কার প্রেরণ করি। তোমার অমরজীবন চিরদিন ভোগসম্পদের মোহমত্ততা হইতে আমাদিগকে রক্ষা করুক, দুঃখবিপদের অবসাদ হইতে আমাদিগকে রক্ষা করুক, জড়সংস্কারের আক্রমণ হইতে আমাদিগকে রক্ষা করুক— বিশ্বহিতে আমাদিগকে নিযুক্ত করুক, স্বার্থসুখে আমাদিগকে বিরত করুক, সত্যে কুশলে ধর্মে মহত্ত্বে আমাদিগকে দৃঢ়-প্রতিষ্ঠ করুক। যেমন উক্তি তুমি আমাদিগকে শিক্ষা দিয়া গেছ, এক্ষণে তাহাই উচ্চারণ করি— সেই উক্তির সহিত তোমার দিব্যকণ্ঠের বাণী মিলিত করো।

ওঁ নমঃ সম্ভবায় চ ময়োভবায় চ
নমঃ শঙ্করায় চ ময়স্করায় চ—
নমঃ শিবায় চ শিবতরায় চ।

'হে সুখকর কল্যাণকর, হে সুখকল্যাণের আকর, হে কল্যাণ, হে কল্যাণতর, তোমাকে বার বার নমস্কার করি।'

১১ মাঘ ১৩১১, মহর্ষিভবনে সন্ধ্যাকালে উপাসনাশেষে উপদেশ

৩

হে পরমপিতঃ, হে পিতৃতমঃ পিতৃণাম্, এ সংসারে যাঁহার পিতৃভাবের মধ্য দিয়া তোমাকে পিতা বলিয়া জানিয়াছি, অদ্য একাদশ দিন হইল তিনি ইহলোক হইতে অবসৃত হইয়াছেন। তাঁহার সমস্ত জীবন হোমহুতাশনের ঊর্ধ্বমুখী পবিত্র শিখার ন্যায় তোমার অভিমুখে নিয়ত উত্থিত হইয়াছে। অদ্য তাঁহার সুদীর্ঘ জীবনযাত্রার অবসানে তুমি তাঁহাকে কী শান্তিতে, কী অমৃতে অভিষিক্ত করিয়াছ— যিনি স্বর্গ কামনা করেন নাই, কেবল 'ছায়াতপয়োরিব' ব্রহ্মলোকে তোমার সহিত যুক্ত হইবার জন্য যাঁহার চরমাকাঙ্ক্ষা ছিল, অদ্য তাঁহাকে তুমি কিরূপ সুধাময় চরিতার্থতার মধ্যে বেষ্টন করিয়াছ, তাহা আমাদের মননের অগোচর— তথাপি হে মঙ্গলময়, তোমার পরিপূর্ণ মঙ্গল ইচ্ছার প্রতি সম্পূর্ণ বিশ্বাস স্থাপন করিয়া তোমাকে বারবার নমস্কার করি। তুমি অনন্তসত্য, তোমার মধ্যে আমাদের সমস্ত সত্যচিন্তা নিঃশেষে সার্থক হয়— তুমি অনন্তকল্যাণ, তোমার মধ্যে আমাদের সমস্ত শুভকর্ম সম্পূর্ণরূপে সফল হয়— আমাদের সমস্ত অকৃত্রিম প্রেম, হে আনন্দস্বরূপ, তোমারই মধ্যে সুন্দরভাবে ধন্য হয়— আমাদের পিতৃদেবের জীবনের সমস্ত সত্য, সমস্ত মঙ্গল, সমস্ত প্রেম তোমার মধ্যে অনির্বচনীয়রূপে পরিপূর্ণ হইয়াছে, ইহা জানিয়া আমরা ভ্রাতাভগিনীগণ করজোড়ে তোমার জয়োচ্চারণ করিতেছি।

পৃথিবীতে অধিকাংশ সম্বন্ধই দানপ্রতিদানের অপেক্ষা রাখে— কিন্তু পিতামাতার স্নেহ প্রতিদান প্রত্যাশার অতীত। তাহা পাপ, অপরাধ, কদর্যতা, কৃতঘ্নতা, সমস্তকেই অতিক্রম করিয়া আপনাকে প্রকাশ করে। তাহা ঋণ নহে, তাহা দান। তাহা আলোকের ন্যায়, সমীরণের ন্যায়—তাহা শিশুকাল হইতে আমাদিগকে নিয়ত রক্ষা করিয়াছে, কিন্তু তাহার মূল্য কেহ কখনো চাহে নাই। পিতৃস্নেহের সেই অযাচিত সেই অপর্যাপ্ত মঙ্গলের জন্য, হে বিশ্বপিতঃ, আজ তোমাকে প্রণাম করি।

আজ প্রায় পঞ্চাশ বৎসর অতীত হইল, আমাদের পিতামহের মৃত্যুর পরে এই গৃহের উপরে সহসা ঋণরাশিভারাক্রান্ত কী দুর্দিন উপস্থিত হইয়াছিল তাহা সকলেই জানেন। পিতৃদেব একাকী বহুবিধ প্রতিকূলতার মধ্যে দুস্তর ঋণসমুদ্র সন্তরণপূর্বক কেমন করিয়া যে কূলে উত্তীর্ণ হইয়াছিলেন, আমাদের অদ্যকার অন্নবস্ত্রের সংস্থান কেমন করিয়া যে তিনি ধ্বংসের মুখ হইতে বাঁচাইয়া আমাদের জন্য রক্ষা করিয়াছেন, আজ তাহা আমাদের পক্ষে কল্পনা করাও কঠিন। সেই ঝঞ্ঝার ইতিহাস আমরা কী জানি। কতকাল ধরিয়া তাঁহাকে কী দুঃখ, কী চিন্তা, কী চেষ্টা, কী দশাবিপর্যয়ের মধ্য দিয়া প্রতিদিন প্রতিরাত্রি যাপন করিতে হইয়াছে, তাহা মনে করিতে গেলে শরীর কণ্টকিত হয়। তিনি অতুল বৈভবের মধ্যে লালিতপালিত হইয়াছিলেন— অকস্মাৎ ভাগ্যপরিবর্তনের সম্মুখে কেমন করিয়া তিনি অবিচলিত বীর্যের সহিত দণ্ডায়মান হইলেন! যাহারা অপর্যাপ্ত ধনসম্পদ ও বাধাহীন ভোগসুখের মধ্যে মানুষ হইয়া উঠে, দুঃখসংঘাতের অভাবে বিলাসলালিত্যের সংবেষ্টনে বাল্যকাল হইতে যাহাদের শক্তির চর্চা অসম্পূর্ণ, সংকটের সময় তাহাদের মতো অসহায় কে আছে! বাহিরের বিপদের অপেক্ষা নিজের অপরিণত চারিত্রবল ও অসংযত প্রবৃত্তি তাহাদের পক্ষে গুরুতর শত্রু। এই সময়ে এই অবস্থায় যে ধনপতির পুত্র নিজের চিরাভ্যাসকে খর্ব করিয়া, ধনি-সমাজের প্রভূত প্রতিপত্তিকে তুচ্ছ করিয়া, শান্তসংযত শৌর্যের সহিত এই সুবৃহৎ পরিবারকে স্কন্ধে লইয়া দুঃসহ দুঃসময়ের বিরুদ্ধে যাত্রা করিয়াছেন ও জয়ী হইয়াছেন, তাঁহার সেই অসামান্য বীর্য, সেই সংযম, সেই দৃঢ়চিত্ততা, সেই প্রতিমুহূর্তের ত্যাগস্বীকার আমরা মনের মধ্যে সম্পূর্ণরূপে উপলব্ধিই বা করিব কী করিয়া এবং তদনুরূপ কৃতজ্ঞতাই বা কেমন করিয়া অনুভব করিব। আমাদের অদ্যকার সমস্ত অন্ন-বস্ত্র-আশ্রয়ের পশ্চাতে তাঁহার সেই বিপত্তিতে অকম্পিত বলিষ্ঠ দক্ষিণহস্ত ও সেই হস্তের মঙ্গল-আশিস্‌স্পর্শ আমরা যেন নিয়ত নম্রভাবে অনুভব করি।

আমাদের সর্বপ্রকার অভাবমোচনের পক্ষে প্রচুর এই যে সম্পত্তি

তিনি সম্পূর্ণ নিজের বলে রক্ষা করিয়াছেন, ইহা যদি অধর্মের সহায়তায় ঘটিত, তবে অদ্য অন্তর্যামীর সম্মুখে সেই পিতার নিকটে শ্রদ্ধানিবেদন করিতে আমাদিগকে কুণ্ঠিত হইতে হইত। সর্বাগ্রে তিনি ধর্মকে রক্ষা করিয়া পরে তিনি ধন রক্ষা করিয়াছেন— অদ্য আমরা যাহা লাভ করিয়াছি তাহার সহিত তিনি অসত্যের গ্লানি মিশ্রিত করিয়া দেন নাই; আজ আমরা যাহা ভোগ করিতেছি তাহাকে দেবতার প্রসাদস্বরূপ নির্মলচিত্তে নিঃসংকোচে গ্রহণ করিবার অধিকারী হইয়াছি।

সেই বিপদের দিনে তাঁহার বিষয়ী বন্ধুর অভাব ছিল না; তিনি ইচ্ছা করিলে হয়তো কৌশলপূর্বক তাঁহার পুর্বসম্পত্তির বহুতর অংশ এমন করিয়া উদ্ধার করিতে পারিতেন যে, ধনগৌরবে বঙ্গীয় ধনীদের ঈর্যাভাজন হইয়া থাকিতেন। তাহা করেন নাই বলিয়া আজ যেন আমরা তাঁহার নিকটে দ্বিগুণতর কৃতজ্ঞ হইতে পারি।

ঘোর সংকটের সময় একদিন তাঁহার সম্মুখে একই কালে শ্রেয়ের পথ ও প্রেয়ের পথ উদ্‌ঘাটিত হইয়াছিল। তখন সর্বস্ব হারাইবার সম্ভাবনা তাঁহার সম্মুখে ছিল—তাঁহার স্ত্রীপুত্র ছিল, তাঁহার মানসম্ভ্রম ছিল—তৎসত্ত্বে যেদিন তিনি শ্রেয়ের পথ নির্বাচন করিয়া লইলেন সেই মহাদিনের কথা আজ যেন আমরা একবার স্মরণ করিবার চেষ্টা করি, তাহা হইলে আমাদের বিষয়লালসার তীব্রতা শান্ত হইয়া আসিবে এবং সন্তোষের অমৃতে আমাদের হৃদয় অভিষিক্ত হইবে। অর্জনের দ্বারা তিনি যাহা আমাদিগকে দিয়াছেন তাহা আমরা গ্রহণ করিয়াছি; বর্জনের দ্বারা তিনি যাহা আমাদিগকে দিয়াছেন তাহাও যেন গৌরবের সহিত গ্রহণ করিবার যোগ্য আমরা হইতে পারি।

তিনি ব্রহ্মনিষ্ঠ গৃহস্থ ছিলেন। কিন্তু তিনি যদি শুদ্ধমাত্র বিষয়ী হইতেন তবে তাঁহার উদ্ধারপ্রাপ্ত সম্পত্তিখণ্ডকে উত্তরোত্তর সঞ্চয়ের দ্বারা বহুলরূপে বিস্তৃত করিতে পারিতেন। কিন্তু বিষয়বিস্তারের প্রতি লক্ষ রাখিয়া ঈশ্বরের সেবাকে তিনি বঞ্চিত করেন নাই। তাঁহার ভাণ্ডার ধর্মপ্রচারের জন্য মুক্ত ছিল—কত অনাথ পরিবারের তিনি আশ্রয় ছিলেন, কত দরিদ্র গুণীকে তিনি অভাবের পেষণ হইতে

উদ্ধার করিয়াছেন, দেশের কত হিতকর্মে তিনি বিনা আড়ম্বরে গোপনে সাহায্য দিয়াছেন। এই দিকে কৃপণতা করিয়া তিনি কোনোদিন তাঁহার সন্তানদিগকে বিলাসভোগ বা ধনাভিমানচর্চায় প্রশ্রয় দেন নাই। ধর্মপরায়ণ গৃহস্থ যেমন সমস্ত অতিথিবর্গের আহারশেষে নিজে ভোজন করেন, তিনি সেইরূপ তাঁহার ভাণ্ডারদ্বারের সমস্ত অতিথিবর্গের পরিবেশনশেষ লইয়া নিজের পরিবারকে প্রতিপালন করিয়াছেন। এইরূপে তিনি আমাদিগকে ধনসম্পদের মধ্যে রাখিয়াও আড়ম্বর ও ভোগোন্মত্ততার হস্ত হইতে রক্ষা করিয়াছেন, এবং এইরূপে যদি তাঁহার সন্তানগণের সম্মুখ হইতে লক্ষ্মীর স্বর্ণপিঞ্জরের অবরোধদ্বার কিছুমাত্র শিথিল হইয়া থাকে, যদি তাঁহারা ভাবলোকের মুক্ত আকাশে অবাধবিহারের কিছুমাত্র অধিকারী হইয়া থাকেন, তবে নিশ্চয়ই তাঁহারা পিতার পুণ্যপ্রসাদে বহুতর লক্ষপতির অপেক্ষা সৌভাগ্যবান হইয়াছেন।

আজ এই কথা বলিয়া আমরা সকলের কাছে গৌরব করিতে পারি যে, এতকাল আমাদের পিতা যেমন আমাদিগকে দারিদ্র্য হইতে রক্ষা করিয়াছিলেন, তেমনি ধনের গণ্ডির মধ্যেও আমাদিগকে বদ্ধ করিয়া রাখেন নাই। পৃথিবী আমাদের সম্মুখে মুক্ত ছিল—ধনী দরিদ্র সকলেরই গৃহে আমাদের যাতায়াতের পথ সমান প্রশস্ত ছিল। সমাজে যাঁহাদের অবস্থা আমাদের অপেক্ষা হীন ছিল তাঁহারা সুহৃদ্‌ভাবেই আমাদের পরিবারে অভ্যর্থনা প্রাপ্ত হইয়াছেন, পারিষদভাবে নহে। ভবিষ্যতে আমরা ভ্রষ্ট হইতে পারি, কিন্তু আমরা ভ্রাতাগণ দারিদ্র্যের অসম্মানকে এই পরিবারের ধর্ম বলিয়া জানিতে পাই নাই। ধনের সংকীর্ণতা ভেদ করিয়া মনুষ্যসাধারণের অকুণ্ঠিত সংস্রবলাভ যাঁহার প্রসাদে আমাদের ঘটিয়াছে তাঁহাকে আজ আমরা নমস্কার করি।

তিনি আমাদিগকে যে কী পরিমাণে স্বাধীনতা দিয়াছেন তাহা আমরা ছাড়া আর কে জানিবে! যে ধর্মকে তিনি ব্যাকুল সন্ধানের দ্বারা পাইয়াছেন, যে ধর্মকে তিনি উৎকট বিপদের মধ্যেও রক্ষা করিয়াছেন, যে ধর্মের উদ্দেশে তিনি তাঁহার সমস্ত জীবন উৎসর্গ

করিয়াছেন, সেই ধর্মকে তিনি আপনার গৃহের মধ্যেও শাসনের বস্তু করেন নাই। তাঁহার দৃষ্টান্ত আমাদের সম্মুখে ছিল, তাঁহার উপদেশ হইতে আমরা বঞ্চিত হই নাই, কিন্তু কোনো নিয়মের শাসনে তিনি আমাদের বুদ্ধিকে, আমাদের কর্মকে বদ্ধ করেন নাই। তিনি কোনো বিশেষ মতকে অভ্যাস বা অনুশাসনের দ্বারা আমাদের উপরে স্থাপন করিতে চান নাই— ঈশ্বরকে ধর্মকে স্বাধীনভাবে সন্ধান করিবার পথ তিনি আমাদের সম্মুখে মুক্ত করিয়া দিয়াছেন। এই স্বাধীনতার দ্বারা তিনি আমাদিগকে পরম সম্মানিত করিয়াছেন—তাঁহার প্রদত্ত সেই সম্মানের যোগ্য হইয়া সত্য হইতে যেন স্খলিত না হই, ধর্ম হইতে যেন স্খলিত না হই, কুশল হইতে যেন স্খলিত না হই। পৃথিবীতে কোনো পরিবার কখনোই চিরদিন একভাবে থাকিতে পারে না, ধন ও খ্যাতিকে কোনো বংশ চিরদিন আপনার মধ্যে বদ্ধ করিয়া রাখিতে পারে না, ইন্দ্রধনুর বিচিত্র বর্ণচ্ছটার ন্যায় এই গৃহের সমৃদ্ধি নিশ্চয়ই একদিন দিগন্তরালে বিলীন হইয়া যাইবে, ক্রমে নানা ছিদ্রযোগে বিচ্ছেদবিশ্লেষের বীজ প্রবেশ করিয়া কোন্-এক দিন এই পরিবারের ভিত্তিকে শতধা বিদীর্ণ করিয়া দিবে—কিন্তু এই পরিবারের মধ্য দিয়া যিনি অচেতন সমাজকে ধর্মজিজ্ঞাসায় সজীব করিয়া দিয়াছেন, যিনি নূতন ইংরেজি-শিক্ষার ঔদ্ধত্যের দিনে শিশুবঙ্গভাষাকে বহুযত্নে কৈশোরে উত্তীর্ণ করিয়া দিয়াছেন, যিনি দেশকে তাহার প্রাচীন ঐশ্বর্যের ভাণ্ডার উদ্‌ঘাটিত করিতে প্রবৃত্ত করিয়াছেন, যিনি তাঁহার তপঃপরায়ণ একলক্ষ্য জীবনের দ্বারা আধুনিক বিষয়লুব্ধসমাজে ব্রহ্মনিষ্ঠ গৃহস্থের আদর্শ পুনঃস্থাপিত করিয়া গিয়াছেন, তিনি এই পরিবারকে সমস্ত মনুষ্য পরিবারের সহিত সংযুক্ত করিয়া দিয়া, ইহার সর্বোচ্চ লাভকে সমস্ত মনুষ্যের লাভ করিয়া দিয়া, ইহার পরম ক্ষতিকে সমস্ত মনুষ্যের ক্ষতি করিয়া দিয়া, আমাদিগকে যে গৌরব দান করিয়াছেন, অন্য সমস্ত ক্ষুদ্র মানমর্যাদা বিস্মৃত হইয়া অদ্য আমরা তাহাই স্মরণ করিব ও একান্ত ভক্তির সহিত তাঁহার নিকটে আপনাকে প্রণত করিয়া দিব— ও যাঁহার মধ্যে তিনি আশ্রয়লাভ করিয়াছেন, সমস্ত ধনমানের ঊর্ধ্বে,

খ্যাতিপ্রতিপত্তির ঊর্ধ্বে তাঁহাকেই দর্শন করিব।

হে বিশ্ববিধাতঃ, আজ আমাদের সমস্ত বিষাদ-অবসাদ দূর করিয়া দাও— মৃত্যু সহসা যে যবনিকা অপসারণ করিয়াছে তাহার মধ্য দিয়া তোমার অমৃতলোকের আভাস আমাদিগকে দেখিতে দাও। সংসারের নিয়ত উত্থানপতন, ধনমানজীবনের আবির্ভাব-তিরোভাবের মধ্যে, তোমার 'আনন্দরূপমমৃতম্' প্রকাশ করো। কত বৃহৎ সাম্রাজ্য ধূলিসাৎ হইতেছে, কত প্রবল প্রতাপ অস্তমিত হইতেছে, কত লোকবিশ্রুত খ্যাতি বিস্মৃতি মগ্ন হইতেছে, কত কুবেরের ভাণ্ডার ভগ্নস্তূপের বিভীষিকা রাখিয়া অন্তর্হিত হইতেছে— কিন্তু হে আনন্দময়, এই সমস্ত পরিবর্তনপরম্পরার মধ্যে 'মধু বাতা ঋতায়তে' বায়ু মধু বহন করিতেছে, 'মধু ক্ষরন্তি সিন্ধবঃ' সমুদ্রসকল মধু ক্ষরণ করিতেছে— তোমার অনন্ত মাধুর্যের কোনো ক্ষয় নাই, তোমার সেই বিশ্বব্যাপিনী মাধুরী সমস্ত শোকতাপবিক্ষোভের কুহেলিকা ভেদ করিয়া অদ্য আমাদের চিত্তকে অধিকার করুক।

মাধ্বীর্নঃ সন্তোষধীঃ মধু নক্তম্ উতোষসঃ, মধুমৎ পার্থিবং রজঃ, মধু দ্যৌরস্তু নঃ পিতা, মধুমান্নো বনস্পতিঃ, মধুমান্ অস্তু সূর্যঃ, মাধ্বীর্গাবো ভবন্তু নঃ।

'ওষধিরা আমাদের পক্ষে মাধ্বী হউক, রাত্রি এবং উষা আমাদের পক্ষে মধু হউক, পৃথিবীর ধূলি আমাদের পক্ষে মধুমান্ হউক, এই যে আকাশ পিতার ন্যায় সমস্ত জগৎকে ধারণ করিয়া আছে ইহা আমাদের পক্ষে মধু হউক, সূর্য মধুমান্ হউক এবং গাভীরা আমাদের জন্য মাধ্বী হউক।'

ওঁ শান্তিঃ শান্তিঃ শান্তিঃ।

মাঘ ১৩১১ মহর্ষির আদ্যকৃত্য উপলক্ষে প্রার্থনা

৪

জগতে যে সকল মহাপুরুষ ধর্মসমাজ স্থাপন করিয়া গিয়াছেন তাঁহারা যাহা দিতে চাহিয়াছেন তাহা আমরা নিতে পারি নাই, এ কথা স্বীকার করিতেই হইবে। শুধু পারি নাই যে তাহা নয়, আমরা এক লইতে হয়তো আর লইয়া বসিয়াছি। ধর্মের আসনে সাম্প্রদায়িকতাকে বরণ করিয়া হয়তো নিজেকে সার্থক জ্ঞান করিয়া নিশ্চিন্ত হইয়া আছি।

তাহার একটা কারণ, আমাদের গ্রহণ করিবার শক্তি সকলের এক রকমের নয়। আমার মন যে পথে সহজে চলে, অন্যের মন সে পথে বাধা পায়। আমাদের এই মানসিক বৈচিত্র্যকে অস্বীকার করিয়া সকল মানুষের জন্যই একই বাঁধা রাজপথ বানাইয়া দিবার চেষ্টা আমাদের মনে আসে। কারণ, তাহাতে কাজ সহজ হইয়া যায়। সে চেষ্টা এ পর্যন্ত সফল হয় নাই। সফল হওয়া যে অসাধ্য, তাহাও আমরা ভালো করিয়া বুঝিতে পারি নাই। সেইজন্য যে পথে আমি চলিয়া অভ্যস্ত বা আমার পক্ষে যাহা সহজ, সেই পথই যে সকলের একমাত্র পথ নয়, কাহারো পক্ষে যে তাহা দুর্গম হইতে পারে, এ কথা আমরা মনেও করিতে পারি না। এইজন্যই এই পথেই সব মানুষকে টানা আমরা জগতের একমাত্র মঙ্গল বলিয়া মনে করি। এই টানাটানিতে কেহ আপত্তিপ্রকাশ করিলে আমরা আশ্চর্য বোধ করি, মনে করি— সে লোকটা হয় ইচ্ছা করিয়া নিজের হিত পরিত্যাগ করিতেছে, নয় তাহার মধ্যে এমন একটা হীনতা আছে যাহা অবজ্ঞার যোগ্য।

কিন্তু ঈশ্বর আমাদের মনের মধ্যে গতিশক্তির যে বৈচিত্র্য দিয়াছেন, আমরা কোনো কৌশলেই তাহাকে একাকার করিয়া দিতে পারিব না। গতির লক্ষ্য এক, কিন্তু তাহার পথ অনেক। সব নদীই সাগরের দিকে চলিয়াছে, কিন্তু সবাই এক নদী হইয়া চলে নাই। চলে নাই, সে আমাদের ভাগ্য।

ঈশ্বর কোনোমতেই আমাদের সকলকেই একটা বাঁধা পথে চলিতে দিবেন না। অনায়াসে চোখ বুজিয়া আমরা একজনের পশ্চাতে

আর একজন চলিব, ঈশ্বর আমাদের পথকে এত সহজ কোনোদিন করিবেন না। কোনো ব্যক্তি, তাঁহার যত বড়ো ক্ষমতাই থাক্, পৃথিবীর সমস্ত মানবাত্মার জন্য নিশ্চেষ্ট জড়ত্বের সুগমতা চিরদিনের জন্য বানাইয়া দিয়া যাইবেন, মানুষের এমন দুর্গতি বিশ্ববিধাতা কখনোই সহ্য করিতে পারেন না।

এইজন্য প্রত্যেক মানুষের মনের গভীরতর স্তরে ঈশ্বর একটি স্বাতন্ত্র্য দিয়াছেন; অন্তত সেখানে একজনের উপর আর একজনের কোনো অধিকার নাই। সেখানেই তাহার অমরতার বীজকোষ বড়ো সাবধানে রক্ষিত; সেইখানেই তাহাকে নিজের শক্তিতে নিজে সার্থক হইতে হইবে। সহজের প্রলোভনে এই জায়গাটার দখল যে ব্যক্তিই ছাড়িয়া দিতে চায় সে লাভে-মূলে সমস্তই হারায়। সেই ব্যক্তিই ধর্মের বদলে সম্প্রদায়কে, ঈশ্বরের বদলে গুরুকে, বোধের বদলে গ্রন্থকে লইয়া চোখ বুজিয়া বসিয়া থাকে। শুধু বসিয়া থাকিলেও বাঁচিতাম, দল বাড়াইবার চেষ্টায় পৃথিবীতে অনেক ব্যর্থতা এবং অনেক বিরোধের সৃষ্টি করে।

এইজন্য বলিতেছিলাম, মহাপুরুষেরা ধর্মসম্প্রদায়ের প্রতিষ্ঠা করিয়া যান, আর আমরা তাহার মধ্য হইতে সম্প্রদায়টাই লই, ধর্মটা লই না। কারণ, বিধাতার বিধানে ধর্ম জিনিসটাকে নিজের স্বাধীন শক্তির দ্বারাই পাইতে হয়, অন্যের কাছ হইতে তাহা আরামের ভিক্ষা মাগিয়া লইবার জো নাই। কোনো সত্যপদার্থই আমরা আর কাহারো কাছ হইতে কেবল হাত পাতিয়া চাহিয়া পাইতে পারি না। যেখানে সহজ রাস্তা ধরিয়া ভিক্ষা করিতে গিয়াছি সেখানেই ফাঁকিতে পড়িয়াছি। তেমন করিয়া যাহা পাইয়াছি তাহাতে আত্মার পেট ভরে নাই, কিন্তু আত্মার জাত গিয়াছে।

তবে ধর্মসম্প্রদায় ব্যাপারটাকে আমরা কী চোখে দেখিব। তাহাকে এই বলিয়াই জানিতে হইবে যে, তাহা তৃষ্ণা মিটাইবার জল নহে, তাহা জল খাইবার পাত্র। সত্যকার তৃষ্ণা যাহার আছে সে জলের জন্যই ব্যাকুল হইয়া ফিরে, সে উপযুক্ত সুযোগ পাইলে গণ্ডুষে করিয়াই

পিপাসা নিবৃত্তি করে। কিন্তু যাহার পিপাসা নাই সে পাত্রটাকেই সবচেয়ে দামী বলিয়া জানে। সেইজন্যই জল কোথায় পড়িয়া থাকে তাহার ঠিক নাই, পাত্র লইয়াই পৃথিবীতে বিষম মারামারি বাধিয়া যায়। তখন যে ধর্ম বিষয়বুদ্ধির ফাঁস আল্‌গা করিবে বলিয়া আসিয়াছিল তাহা জগতে একটা নূতনতর বৈষয়িকতার সূক্ষ্মতর জাল সৃষ্টি করিয়া বসে; সে জাল কাটানো শক্ত।

ধর্মসমাজের প্রতিষ্ঠাতারা নিজের নিজের সাধ্যানুসারে আমাদের জন্য, মাটির হউক আর সোনার হউক, এক-একটা পাত্র গড়িয়া দিয়া যান। আমরা যদি মনে করি, সেই পাত্রটা গড়িয়া দিয়া যাওয়াই তাঁহাদের মাহাত্ম্যের সবচেয়ে বড়ো পরিচয়, তবে সেটা আমাদের ভুল হইবে। কারণ, পাত্রটি আমাদের কাছে যতই প্রিয় এবং যতই সুবিধাকর হউক, তাহা কখনোই পৃথিবীর সকলেরই কাছে সমান প্রিয় এবং সমান সুবিধাকর হইতে পারে না। ভক্তির মোহে অন্ধ হইয়া, দলের গর্বে মত্ত হইয়া, এ কথা ভুলিলে চলিবে না। কথামালার গল্প সকলেই জানেন— শৃগাল থালায় ঝোল রাখিয়া সারসকে নিমন্ত্রণ করিয়াছিল, লম্বা ঠোঁট লইয়া সারস তাহা খাইতে পারে নাই; তার পর সারস যখন সরুমুখ চোঙের মধ্যে ঝোল রাখিয়া শৃগালকে ফিরিয়া নিমন্ত্রণ করিল তখন শৃগালকে ক্ষুধা লইয়াই ফিরিতে হইয়াছিল। সেইরূপ এমন সর্বজনীন ধর্মসমাজ আমরা কল্পনা করিতে পারি না যাহা তাহার মত ও অনুষ্ঠান লইয়া সকলেরই বুদ্ধি রুচি ও প্রয়োজনকে পরিতৃপ্ত করিতে পারে।

অতএব শাস্ত্রীয় ধর্মমত ও আনুষ্ঠানিক ধর্মসমাজ স্থাপনের দিক হইতে পৃথিবীর ধর্মগুরুদিগকে দেখা তাঁহাদিগকে ছোটো করিয়া দেখা। তেমন করিয়া কেবল দলের লোকেরাই দেখিতে পারে এবং তাহাতে করিয়া কেবল দলাদলিকেই বাড়াইয়া তোলা হয়। তাঁহাদের মধ্যে নিশ্চয়ই এমন একটি দেখিবার আছে যাহা লইয়া সকল দেশে সকল কালে সকল মানুষকেই আহ্বান করা যায়—যাহা প্রদীপমাত্র নহে, যাহা আলো।

সেটি কী। না, যেটি তাঁহারা নিজেরা পাইয়াছেন। যাহা গড়িয়াছেন

তাহা নহে। যাহা পাইয়াছেন সে তো তাঁহাদের নিজের সৃষ্টি নহে, যাহা গড়িয়াছেন তাহা তাঁহাদের নিজের রচনা।

আজ যাঁহার স্মরণার্থ আমরা সকলে এখানে সমবেত হইয়াছি তাঁহাকেও যাহাতে কোনো একটা দলের দিক হইতে না দেখি, ইহাই আমার নিবেদন। সম্প্রদায়ভুক্ত লোকের সম্প্রদায়ের ধ্বজাকেই সর্বোচ্চ করিয়া ধরিতে গিয়া পাছে গুরুকেও তাহার কাছে খর্ব করিয়া দেন, এ আশঙ্কা মন হইতে কিছুতেই দূর হয় না— অন্তত আজিকার দিনে নিজেদের সেই সংকীর্ণতা তাঁহার প্রতি যেন আরোপ না করি।

অবশ্যই, কর্মক্ষেত্রে তাঁহার প্রকৃতির বিশেষত্ব নানা রূপে দেখা দিয়াছে। তাঁহার ভাষায়, তাঁহার ব্যবহারে, তাঁহার কর্মে তিনি বিশেষভাবে নিজেকে আমাদের কাছে প্রকাশ করিয়াছেন— তাঁহার সেই স্বাভাবিক বিশেষত্ব জীবনচরিত আলোচনা-কালে উপাদেয় সন্দেহ নাই। সেই আলোচনায় তাঁহার সংস্কার, তাঁহার শিক্ষা, তাঁহার প্রতি তাঁহার দেশের ও কালের প্রভাব-সম্বন্ধীয় সমস্ত তথ্য, আমাদের কৌতূহলনিবৃত্তি করে। কিন্তু সেই সমস্ত বিশেষ ভাবকে আচ্ছন্ন করিয়া দিয়া তাঁহার জীবন কি আর কাহাকেও আমাদের কাছে প্রকাশ করিতেছে না। আলো কি প্রদীপকে প্রকাশ করিবার জন্য, না প্রদীপ আলোকে প্রচার করিবার জন্য? তিনি যাঁহাকে দেখিতেছেন ও দেখাইতেছেন, যদি আজ সেই দিকেই আমাদের সমস্ত দৃষ্টি না যায়, আজ যদি তাঁহার নিজের বিশেষত্বের দিকে আমাদের দৃষ্টি কোনো অংশে ঠেকিয়া যায়, তবে গুরুর অবমাননা হইবে।

মহর্ষি একদিন পরিপূর্ণ ভোগের মাঝখানে জাগিয়া উঠিয়া বিলাস-মন্দিরের সমস্ত আলোকে অন্ধকার দেখিয়াছিলেন। সেইদিন তিনি তৃষার্ত চিত্ত লইয়া পিপাসা মিটাইবার জন্য দুর্গম পথে যাত্রা করিয়াছিলেন, সে কথা সকলেই জানেন। যেখান হইতে অমৃত উৎস নিঃসৃত হইয়া সমস্ত জগৎকে বাঁচাইয়া রাখিয়াছে, সেই তীর্থস্থানে তিনি না গিয়া ছাড়েন নাই। সেই তীর্থের জল তিনি আমাদের জন্যও পাত্রে ভরিয়া আনিয়াছিলেন। এ পাত্র আজ বাদে কাল ভাঙিয়া যাইতেও

পারে, তিনি যে ধর্মসমাজ দাঁড় করাইয়াছেন তাহার বর্তমান আকৃতি স্থায়ী না হইতেও পারে; কিন্তু তিনি সেই যে অমৃত উৎসের ধারে গিয়া নিজের জীবনকে ভরিয়া লইয়াছেন, ইহাই আমাদের প্রত্যেকের লাভ। এই লাভ নষ্ট হইবে না, শেষ হইবে না।

পূর্বেই বলিয়াছি, ঈশ্বরকে আর কাহারো হাত দিয়া আমরা পাইব না। তাঁহার কাছে নিজে যাইতে হইবে, তাঁহাকে নিজে পাইতে হইবে। দুঃসাধ্য হয় সেও ভালো, বিলম্ব হয় তাহাতে ক্ষতি নাই। অন্যের মুখে শুনিয়া, উপদেশ পাইয়া, সমাজবিহিত অনুষ্ঠান পালন করিয়া, আমরা মনে করি যেন আমরা চরিতার্থতা লাভ করিলাম; কিন্তু সে তো ঘটির জল, সে তো উৎস নহে। তাহা মলিন হয়, তাহা ফুরাইয়া যায়, তাহাতে আমাদের সমস্ত জীবন অভিষিক্ত হয় না এবং তাহা লইয়া আমরা বিষয়ী লোকের মতোই অহংকার ও দলাদলি করিতে থাকি। এমন ঘটির জলে আমাদের চলিবে না—সেই উৎসের কাছে আমাদের প্রত্যেককেই যাইতে হইবে, ঈশ্বরের সঙ্গে আমাদের নিজের একান্ত সম্বন্ধ তাঁহার সম্মুখে গিয়া আমাদিগকে নিজে স্বীকার করিতে হইবে। সম্রাট যখন আমাকে দরবারে ডাকেন তখন প্রতিনিধি পাঠাইয়া কি কাজ সারিতে পারি? ঈশ্বর যে আমাদের প্রত্যেককে ডাক দিয়াছেন, সেই ডাকে সাড়া দিয়া একেবারে সম্পূর্ণভাবে তাঁহার কাছে আত্মসমর্পণ করিতে না পারিলে কোনোমতেই আমাদের সার্থকতা নাই।

মহাপুরুষদের জীবন হইতে এই কথাটাই আমরা জানিতে পারি। যখন দেখি তাঁহারা হঠাৎ সকল কাজ ফেলিয়া তাড়াতাড়ি ছুটিয়াছেন তখন বুঝিতে পারি, তবে তো আহ্বান আসিতেছে—আমরা শুনিতে পাই নাই, কিন্তু তাঁহারা শুনিতে পাইয়াছেন। তখন চারি দিকের কোলাহল হইতে ক্ষণকালের জন্য মনটাকে টানিয়া লই, আমরাও কান পাতিয়া দাঁড়াই। অতএব মহাপুরুষদের জীবন হইতে আমরা প্রথমে স্পষ্ট জানিতে পারি, আত্মার প্রতি পরমাত্মার আহ্বান কতখানি সত্য। এই জানিতে পারাটাই লাভ।

তার পরে আর একদিন তাঁহাদিগকে দেখিতে পাই—সুখে দুঃখে

তাঁহারা শান্ত, প্রলোভনে তাঁহারা অবিচলিত, মঙ্গলব্রতে তাঁহারা দৃঢ়প্রতিষ্ঠ। দেখিতে পাই— তাঁহাদের মাথার উপর দিয়া কত ঝড় চলিয়া যাইতেছে, কিন্তু তাঁহাদের হাল ঠিক আছে; সর্বস্বক্ষতির সম্ভাবনা তাঁহাদের সম্মুখে বিভীষিকারূপে আবির্ভূত হইয়াছে, কিন্তু তাঁহারা অনায়াসেই তাহাকে স্বীকার করিয়া ন্যায়পথে ধ্রুব হইয়া আছেন; আত্মীয়বন্ধুগণ তাঁহাদিগকে পরিত্যাগ করিতেছে, কিন্তু তাঁহারা প্রসন্নচিত্তে সে সকল বিচ্ছেদ বহন করিতেছেন।— তখনই আমরা বুঝিতে পারি, আমরা কী পাই নাই আর তাঁহারা কী পাইয়াছেন—সে কোন্ শান্তি, কোন্ বন্ধু, কোন্ সম্পদ। তখন বুঝিতে পারি, আমাদিগকেও নিতান্তই কী পাওয়া চাই, কোন্ লাভে আমাদের সকল অন্বেষণ শান্ত হইয়া যাইবে।

অতএব মহাপুরুষদের জীবনে আমরা প্রথমে দেখি তাঁহারা কোন্ আকর্ষণে সমস্ত ত্যাগ করিয়া চলিয়াছেন; তাহার পরে দেখিতে পাই কোন্ লাভে তাঁহাদের সমস্ত ত্যাগ সার্থক হইয়াছে। এই দিকে আমাদের মনের জাগরণটাই আমাদের লাভ। কারণ, এই জাগরণের অভাবেই কোনো লাভই সম্পন্ন হইতে পারে না।

তার পরে যদি ভাবিয়া দেখি পাইবার ধন কোথায় পাওয়া যাইবে, কেমন করিয়া পাইব, তবে এই প্রশ্নই করিতে হইবে—তাঁহারা কোথায় গিয়াছেন, কেমন করিয়া পাইয়াছেন।

মহর্ষির জীবনে এই প্রশ্নের কী উত্তর পাই। দেখিতে পাই তিনি তাঁহার পূর্বতন সমস্ত সংস্কার সমস্ত আশ্রয় পরিত্যাগ করিয়া একেবারে রিক্তহস্তে বাহির হইয়া পড়িয়াছেন। সমাজের প্রচলিত প্রথা তাঁহাকে ধরিয়া রাখে নাই, শাস্ত্র তাঁহাকে আশ্রয় দেয় নাই। তাঁহার ব্যাকুলতাই তাঁহাকে পথ দেখাইয়া চলিয়াছে। সে পথ তাঁহার নিজেরই প্রকৃতির গভীর গোপন পথ। সব পথ ছাড়িয়া সেই পথ তাঁহাকে নিজে আবিষ্কার করিয়া লইতে হইয়াছে। এ আবিষ্কার করিবার ধৈর্য ও সাহস তাঁহার থাকিত না, তিনিও পাঁচজনের পথে চলিয়া, ধর্ম না হউক, ধার্মিকতা লাভ করিয়া সন্তুষ্ট থাকিতেন। কিন্তু

তাঁহার পক্ষে যে 'না পাইলে নয়' হইয়া উঠিয়াছিল, সেইজন্য তাঁহাকে নিজের পথ নিজেকে বাহির করিতে হইয়াছে। সেজন্য তাঁহাকে যত দুঃখ, যত তিরস্কার হউক, সমস্ত স্বীকার করিতে হইয়াছিল— ইহা বাঁচাইবার জো নাই। ঈশ্বর যে তাহাই চান। তিনি বিশ্বের ঈশ্বর হইয়াও আমাদের প্রত্যেকের সঙ্গে একটি নিতান্ত, একমাত্র স্বতন্ত্র সম্বন্ধে ধরা দিবেন— সেইজন্য আমাদের প্রত্যেকের মধ্যে তিনি একটি দুর্ভেদ্য স্বাতন্ত্র্যকে চারি দিকের আক্রমণ হইতে নিয়ত রক্ষা করিয়াছেন। এই অতি নির্মল নির্জন-নিভৃত স্বাতন্ত্র্যের মধ্যেই তাঁহার সঙ্গে আমাদের মিলনের স্থান নির্দিষ্ট রহিয়াছে। সেইখানকার দ্বার যখন আমরা নিজের চেষ্টায় খুলিয়া তাঁহার কাছে আমাদের সেই চরম স্বাতন্ত্র্যের অধিকার একেবারে ছাড়িয়া দিব, বিশ্বের মধ্যে যাহা আমি ছাড়া আর কাহারো নহে সেইটেই যখন তাঁহার কাছে সমর্পণ করিতে পারিব, তখনই আর আমার কিছু বাকি থাকিবে না, তখনই তাঁহাকে পাওয়া হইবে। এই যে আমাদের স্বাতন্ত্র্যের দ্বার ইহার প্রত্যেকের চাবি স্বতন্ত্র; একজনের চাবি দিয়া আর একজনের দ্বার খুলিবে না। পৃথিবীতে যাঁহারা ঈশ্বরকে না পাওয়া পর্যন্ত থামেন নাই, তাঁহারা সকলেই ব্যাকুলতার নির্দেশ মানিয়া, নিজের চাবি নিজে যেমন করিয়া পারেন সন্ধান করিয়া বাহির করিয়াছেন। কেবল পরের প্রতি নির্ভর করিয়া আলস্যবশত এ যাঁহারা না করিয়াছেন, তাঁহারা কোনো একটা ধর্মমত, ধর্মগ্রন্থ বা ধর্মসম্প্রদায়ে আসিয়া ঠেকিয়াছেন ও সেইখানেই তরঙ্গিত হইয়া উঠিয়া কলরব করিতেছেন, শেষ পর্যন্ত গিয়া পৌঁছেন নাই।

আমাদের শক্তি যদি ক্ষীণ হয়, আমাদের আকাঙ্ক্ষা যদি সত্য না হয়, তবে আমরা শেষ পর্যন্ত কবে গিয়া পৌঁছিব জানি না। কিন্তু মহাপুরুষদের জীবন যেদিন আলোচনা করিতে বসিব সেদিন যেন সেই শেষলক্ষ্যের কথাটাই সম্মুখে রাখি, তাঁহাদের স্মৃতি যেন আমাদিগকে পারের ঘাটের আলো দেখায়, তাহাকে যেন আমরা কোনোদিন সাম্প্রদায়িক অভিযানের মশাল করিয়া না তুলি। তাঁহাদের দৃষ্টান্ত আমাদিগকে বন্ধন হইতে উদ্ধার করিয়া দিবে, পরবশতা হইতে

উত্তীর্ণ করিয়া দিবে; আমাদিগকে নিজের সত্যশক্তিতে সত্যচেষ্টায় সত্যপথে প্রতিষ্ঠিত করিয়া দিবে। আমাদিগকে ভিক্ষা দিবে না, সন্ধান দিবে; আশ্রয় দিবে না, অভয় দিবে; অনুসরণ করিতে বলিবে না, অগ্রসর হইতে উৎসাহিত করিবে। এক কথায়, মহাপুরুষ তাঁহার নিজের রচনার দিকে আমাদিগকে টানিতেছেন না, ঈশ্বরের দিকে আহ্বান করিতেছেন। আজ আমরা যেন মনকে স্তব্ধ করি, শান্ত করি; যাহা প্রতিদিন ভাঙিতেছে গড়িতেছে, যাহা লইয়া তর্কবিতর্ক বিরোধবিদ্বেষের অন্ত নাই, যেখানে মানুষের বুদ্ধির রুচির অভ্যাসের অনৈক্য, সে-সমস্তকেই মৃত্যুর সম্মুখে যেন আজ ক্ষুদ্র করিয়া দেখিতে পারি; কেবল আমাদের আত্মার যে শক্তিকে ঈশ্বর আমাদের জীবন-মৃত্যুর নিত্যসম্বলরূপে আমাদিগকে দান করিয়াছেন, তাঁহার যে বাণী আমাদের সুখে-দুঃখে উত্থানে-পতনে জয়ে-পরাজয়ে চিরদিন আমাদের অন্তরাত্মায় ধ্বনিত হইতেছে, তাঁহার যে সম্বন্ধ নিগূঢ়রূপে নিত্যরূপে একান্তরূপে আমারই, তাহাই আজ নির্মলচিত্তে উপলব্ধি করিব; মহাপুরুষের সমস্ত সাধনা যাঁহাতে সার্থক হইয়াছে, সমাপ্ত হইয়াছে— সমস্ত কর্মের খণ্ডতা, সমস্ত চেষ্টার ভঙ্গুরতা, সমস্ত প্রকাশের অসম্পূর্ণতা যে এক পরম পরিণামের মধ্যে পরিপূর্ণ হইয়াছে—সেইদিকেই আজ আমাদের শান্তদৃষ্টিকে স্থির রাখিব। সম্প্রদায়ের লোকদিগকে এই কথা বিশেষভাবে স্মরণ করাইয়া দিয়া আমরা সেই পরলোকগত মহাত্মার নিকট আমাদের বিনম্র হৃদয়ের শ্রদ্ধা নিবেদন করি, তাঁহার স্মৃতিশিখরের ঊর্ধ্বে করজোড়ে সেই ধ্রুবতারার মহিমা নিরীক্ষণ করি—যে শাশ্বত জ্যোতি সম্পদ-বিপদের দুর্গম সমুদ্রপথের মধ্য দিয়া দীর্ঘদিনের অবসানে তাঁহার জীবনকে তাহার চরম বিশ্রামের তীর্থে উত্তীর্ণ করিয়া দিয়াছে।

৬ মাঘ ১৩১৩ মহর্ষি দেবেন্দ্রনাথের শ্রাদ্ধসভায় পঠিত

৫

আজ পিতৃদেবের মৃত্যুর বাৎসরিক।

তিনি একদিন ৭ই পৌষে ধর্মদীক্ষা গ্রহণ করেছিলেন। শান্তিনিকেতনের আশ্রমে সেই তাঁর দীক্ষাদিনের বার্ষিক উৎসব আমরা সমাধা করে এসেছি।

সেই ৭ই পৌষে তিনি যে দীক্ষা গ্রহণ করেছিলেন ৬ই মাঘ মৃত্যুর দিনে সেই দীক্ষাকে সম্পূর্ণ করে তাঁর মহৎ জীবনের ব্রত উদ্‌যাপন করে গেছেন।

শিখা থেকে শিখা জ্বালাতে হয়। তাঁর সেই পরিপূর্ণ জীবন থেকে আমাদেরও অগ্নি গ্রহণ করতে হবে।

এইজন্য ৭ই পৌষে যদি তাঁর দীক্ষা হয়, ৬ই মাঘ আমাদের দীক্ষার দিন। তাঁর জীবনের সমাপ্তি আমাদের জীবনকে দীক্ষা দান করে— জীবনের দীক্ষা।

জীবনের ব্রত অতি কঠিন ব্রত, এই ব্রতের ক্ষেত্র অতি বৃহৎ, এর মন্ত্র অতি দুর্লভ, এর কর্ম অতি বিচিত্র, এর ত্যাগ অতি দুঃসাধ্য। যিনি দীর্ঘ জীবনের নানা সুখে দুঃখে, সম্পদে বিপদে, মানে অপমানে তাঁর একটি মন্ত্র কোনোদিন বিস্মৃত হন নি, তাঁর একটি লক্ষ্য হতে কোনোদিন বিচলিত হন নি, যাঁর জীবনে এই প্রার্থনা সত্য হয়ে উঠেছিল 'মাহং ব্রহ্ম নিরাকুর্যাম্, মা মা ব্রহ্ম নিরাকরোৎ, অনিরাকরণমস্তু'— আমাকে ব্রহ্ম ত্যাগ করেন নি, আমি যেন তাঁকে ত্যাগ না করি, যেন তাঁকে পরিত্যাগ না হয়— তাঁরই কাছ থেকে আজ আমরা বিক্ষিপ্ত জীবনকে এক পরম লক্ষ্যে সার্থকতা দান করবার মন্ত্র গ্রহণ করব।

পরিপক্ক ফল যেমন বৃন্তচ্যুত হয়ে নিজেকে সম্পূর্ণ দান করে, তেমনি মৃত্যুর দ্বারাই তিনি তাঁর জীবনকে আমাদের দান করে গেছেন। মৃত্যুর ভিতর দিয়ে না পেলে এমন সম্পূর্ণ করে পাওয়া যায় না। জীবন নানা সীমার দ্বারা আপনাকে বেষ্টিত করে রক্ষা করে; সেই সীমা কিছু-না কিছু বাধা রচনা করে।

মৃত্যুর দ্বারাই সেই মহাপুরুষ তাঁর জীবনকে সম্পূর্ণভাবে উৎসর্গ করেছেন; তার সমস্ত বাধা দূর হয়ে গেছে; এই জীবনকে নিয়ে আমাদের কোনো সাংসারিক প্রয়োজনের তুচ্ছতা নেই, কোনো লৌকিক ও সাময়িক সম্বন্ধের ক্ষুদ্রতা নেই। তার সঙ্গে কেবল একটিমাত্র সম্পূর্ণ যোগ হয়েছে, সে হচ্ছে অমৃতের যোগ। মৃত্যুই এই অমৃতকে প্রকাশ করে।

মৃত্যু আজ তাঁর জীবনকে আমাদের প্রত্যেকের নিকটে এনে দিয়েছে, প্রত্যেকের অন্তরে এনে দিয়েছে। এখন আমরা যদি প্রস্তুত থাকি, যদি তাঁকে গ্রহণ করি, তবে তাঁর জীবনের সঙ্গে আমাদের জীবনের রাসায়নিক সম্মিলনের কোনো ব্যাঘাত থাকে না। তাঁর পার্থিব জীবনের উৎসর্গ আজ কিনা ব্রহ্মের মধ্যে সম্পূর্ণ হয়েছে, সেইজন্যে তিনি আজ সম্পূর্ণরূপে আমাদের সকলের হয়েছেন। বনের ফুল পূজা-অবসানে প্রসাদী ফুল হয়ে আজ বিশেষরূপেই সকলের সামগ্রী হয়েছেন। আজ সেই ফুলে তাঁর পূজার পুণ্য সম্পূর্ণ হয়েছে, আজ সেই ফুলে তাঁর দেবতার আশীর্বাদ মূর্তিমান হয়েছে। সেই পবিত্র নির্মাল্যটি মাথায় করে নিয়ে আজ আমরা বাড়ি চলে যাব, এইজন্য তাঁর মৃত্যুদিনের উৎসব। বিশ্বপাবন মৃত্যু আজ স্বয়ং সেই মহৎজীবনকে আমাদের সম্মুখে উদ্‌ঘাটন করে দাঁড়িয়েছেন— অদ্যকার দিন আমাদের পক্ষে যেন ব্যর্থ না হয়।

একদিন কোন্ ৭ই পৌষে তিনি একলা অমৃতজীবনের দীক্ষা গ্রহণ করেছিলেন, সেদিনকার সংবাদ খুব অল্প লোকেই জেনেছিল। ৬ই মাঘে মৃত্যু যখন যবনিকা উদ্‌ঘাটন করে দাঁড়াল তখন কিছুই আর প্রচ্ছন্ন রইল না। তাঁর এক দিনের সেই একলার দীক্ষা আজ আমরা সকলে মিলে গ্রহণ করবার অধিকারী হয়েছি। সেই অধিকারকে আমরা সার্থক করে যাব।

৬ মাঘ ১৩১৩ মহর্ষি দেবেন্দ্রনাথের মৃত্যুর চতুর্থ সাম্বৎসরিক স্মৃতিসভায় কথিত

৬

গত ৭ই পৌষ যাঁর দীক্ষাদিনের সাম্বৎসরিক উৎসব আমাদের আশ্রমে অনুষ্ঠিত হয়েছে— আজ এক মাস পরে তাঁরই মৃত্যুর স্মরণের সাম্বৎসরিক দিনে আমরা একত্রিত হয়েছি।

আমরা যারা জীবনপথের পথিক— তাদের তিনি তাঁর জীবনের যে দীক্ষা তা পাথেয়স্বরূপ দিয়ে গেছেন। সেই দান তাঁর এই আশ্রমে আকার ধারণ করেছে— এখানকার সূর্যোদয়-সূর্যাস্তের মধ্যে তাঁর পূজার অর্ঘ্য সঞ্চিত হয়ে আছে। তাঁর জীবনের ভিতর দিয়ে যা দিয়েছেন তা আমরা প্রত্যক্ষভাবে পাচ্ছি— মৃত্যুর ভিতর দিয়ে যে অনন্ত জীবনের মধ্যে তিনি গেছেন, তার যাওয়ার সঙ্গে আমাদের প্রত্যক্ষ যোগ না থাকলেও আছে— কারণ যাঁর যথার্থ কিছু দেওয়া হয়েছে মৃত্যুর যবনিকার অন্তরালে তিনি অন্তর্হিত হন না।

মৃত্যুতে অন্তর্ধান ঘটে না, দূরত্ব ঘটে না, মানুষ যেখানে অমৃতকে লাভ করেছে সেখানে সে মৃত্যুকে অতিক্রম করে গেছে, এইটি আজ স্মরণ করবার দিন।

আমার শয়নগৃহে যে ধূপ সন্ধ্যার সময় জ্বালা হয়, ক্রমে সে নিবে যায়, যখন রাত্রে শুতে যাই তখন আর কিছুই থাকে না। কালও ছিল না, পাত্রটি ভস্মে আচ্ছন্ন হয়ে ছিল। আজ প্রত্যুষে ঘুম ভেঙে দেখি ধূপের গন্ধে সব ঘর ভরে উঠেছে, ধূপপাত্রটি উজ্জ্বল হয়ে উঠেছে, ভস্ম নেই। এরকম কখনো হয় নি। —এতে আমার মনে এই কথাটি লাগল। আমাদের দেশে বহু প্রাচীনকালে তপস্যার যে অগ্নি বিশুদ্ধরূপে জ্বলেছিল, যার গন্ধে দিগ্‌দিগন্ত আমোদিত হয়েছিল— কখন সে ভস্মাচ্ছন্ন হয়ে গেল। প্রত্যেক দেশেই তার সাধনার শ্রেষ্ঠ সত্য কোনো-না কোনো সময়ে মলিন হয়ে আসে। শতাব্দী ধরে সে আচ্ছন্ন হয়ে থাকতেও পারে—কিন্তু সেই যে আগুন যাকে তিরোহিত মনে হয়েছে, ভস্মই যার প্রধান জিনিস বলে মনে হয়েছে— হঠাৎ দেখি সে জ্বলে উঠে সকল দিক আমোদিত করছে। এমনি করে সকল

দেশের সত্য সাধনার ধন অন্তর্হিত হয়ে গিয়েও কোনো-না কোনো মানুষের চিত্তে জাগ্রত হয়; রুদ্ধদ্বার চার দিকে, একটা কোথাও দরজা খোলা পেয়ে অন্তরে এসে আঘাত করে। আজকে যাঁর স্মরণের দিন তাঁর জীবনে এইটি বিশেষ করে দেখেছি।

উপনিষদের ঋষিরা যে সত্যকে জ্বালিয়েছিলেন, নানা আবরণের মধ্যে তার দীপ্তি প্রচ্ছন্ন হয়ে গিয়েছিল। প্রাচীনকালের জ্ঞানসম্পদের প্রতিমুখে শ্রদ্ধা প্রকাশ করলেও আমাদের জীবন থেকে তা দূরে সরে গিয়েছিল।

অথচ এই জ্ঞানের ধারাটি বিলুপ্ত হয় নি— নানা লোকের মধ্য দিয়ে অন্তঃসলিলা নদীর মতো তা গূঢ়ভাবে প্রবাহিত হয়ে এসেছে। হঠাৎ এই একজনকে দেখলুম, যিনি অকারণে, কিছুতেই বোঝা যায় না কেন —যা তাঁর চার দিকে কোথাও ছিল না, যাকে জানতেনও না, তার সন্ধানে প্রবৃত্ত হলেন। কোথা থেকে তাঁর অভাববোধ এল— সে কী ব্যাকুলতা!— আমাদের ইতিহাসের মধ্যে যা প্রচ্ছন্ন হয়ে আছে, ভারতবর্ষের সেই চিরকালের সাধনার ধন খোঁজবার প্রেরণা তাঁর হঠাৎ এল।

আমাদের জাতীয় অভ্যাস, ব্যক্তিগত অভ্যাস, ক্রমে উচ্চ হয়ে আমাদের কারাগার হয়ে ওঠে। চিরাগত অভ্যাসের দোষ এই— মানুষের চিত্তকে আলস্যের দ্বারা সে জড়ীভূত করে দেয়। অভ্যাস হচ্ছে নানা লোকের চিন্তায় আচারে খেয়ালে তৈরি করা পাথরের দুর্গ, আমাদের অলস চিত্ত এর মধ্যে আশ্রয় নিতে চায়, এই আশ্রয়ের ভিতর বসে সে ভাবে, 'পেয়েছি'।— কিন্তু এই দেওয়াল, চিত্তকে সত্যের সঙ্গে অব্যবহিতভাবে যুক্ত না করে বিচ্ছিন্ন করে। এই অভ্যাস প্রচণ্ড আঘাতে যখন ভেঙে যায়, তখনি আমরা সত্যের মুখোমুখি হতে পারি। মহর্ষির মনও বাল্যকাল থেকে দেশের, পরিবারের, আচরণ পদ্ধতি এবং অভ্যাসের দ্বারা জড়ীভূত ছিল। তাঁর চিত্ত স্বভাবত ভক্তিপ্রবণ ছিল; তাঁর দিদিমা প্রভৃতি যে অনুষ্ঠানে ব্যাপৃত থাকতেন তার সঙ্গে তাঁর প্রীতিভক্তির সম্বন্ধ আজন্মকাল থেকে দৃঢ় হয়েছিল—

কিন্তু এমন সময় দিদিমার মৃত্যু যখন তাঁকে আঘাত করলে তখন তিনি বুঝলেন যে, যে সব অভ্যাসের দ্বারা তিনি পরিবৃত, তা তাঁকে সেই সত্যের পরিচয় দিচ্ছিল না যা মৃত্যুর ক্ষতির মধ্য দিয়ে অমৃতের পরিপূর্ণের অভিজ্ঞতায় নিয়ে যায়।

মৃত্যুর আঘাত অমৃতের অভিজ্ঞতায় সচেতন করে তুলবে এই তার প্রধান কাজ। কিন্তু মৃত্যুশোকও জড়তার দ্বার না ভাঙতে পারে, যদি আমাদের আবরণ কঠিন ও আমাদের প্রাণের তেজ কঠিন থাকে।

মহর্ষি শিশুর মতো জাগ্রত হয়ে তাঁর ক্ষুধার অন্নের জন্য চার দিকে চাইলেন, অনেক খুঁজলেন, কোথাও অমৃতকে পেলেন না; মনে হল মৃত্যু সবশেষে নিয়ে গেল, তার ঊর্ধ্বে কিছুই নেই। তবুও তিনি অনুভব করলেন সত্য রয়েছেন, কিন্তু কোনো বাধাবশত তাকে পাচ্ছি না।

তিনি শাস্ত্র প্রভৃতির মধ্যে পথ খুঁজতে লাগলেন, সংস্কৃত ভাষা শিক্ষা করলেন, নানা পণ্ডিতকে নিয়ে নানা সন্ধানে প্রবৃত্ত হলেন। হঠাৎ একদিন একটি ছিন্ন পত্র উড়ে এল ঈশোপনিষদের বাণী নিয়ে—

ঈশাবাস্যমিদং সর্বং যৎকিঞ্চ জগত্যাং জগৎ
তেন ত্যক্তেন ভুঞ্জীথাঃ মা গৃধঃ কস্যস্বিদ্ধনম্—

'ঈশ্বরের দ্বারা সবকে আচ্ছন্ন করে দেখবে— যা-কিছু আছে যা-কিছু চলছে, ত্যাগের দ্বারা লাভ করবে, লোভ করবে না।' এ ছিন্ন পত্রের অর্থও তখন তিনি জানতেন না— পণ্ডিতের কাছে গেলেন এর অর্থ বুঝে নিতে। তখন থেকে উপনিষদের সাধনা তাঁর জীবনকে পরম আশ্রয় দিয়ে এসেছে।

আমাদের ঋষিরা যে মন্ত্র দেখেছেন এবং প্রকাশ করেছেন তাকে প্রমাণ করবার ভার আমাদের প্রত্যেকের উপর আছে— যতক্ষণ সে শুধু পুঁথির মধ্যে থাকে, ততক্ষণ তা হয় না। আমাদের দেশে এমন কথাও শোনা যায়— এ সব বড়ো ভাব, বড়ো কথা, মুনিঋষিদের জন্য, সংসারীর পক্ষে ও সব নয়। আমাদের সাধর্কেরা, যে সত্যকে জীবনে লাভ করেছিলেন তাকে এর চাইতে আর কোনোমতে বেশি তিরস্কৃত

করা যায় না। তাঁরা বলেছেন তাঁকে না পেলে 'মহতী বিনষ্টিঃ'— এ যদি তোমার জীবনের ভিতর দিয়ে না জানলে তবে সমস্ত জন্ম ব্যর্থ হয়ে গেল, এত বড়ো বিনাশ আর নেই। সত্যের প্রত্যক্ষ উপলব্ধিকে বিশ্বাস করো, অভ্যাসের দ্বারা জড়িত হয়ে থেকো না, দুর্বল আত্মাকে আলস্যে মগ্ন করে এত বড়ো বাণীকে অপমানিত করতে দিয়ো না!

আমাদের দেশের সত্যকে নিজের জীবনে তিনি প্রতিষ্ঠিত করেছিলেন— চন্দন সিন্দুর দিয়ে দূরে সরিয়ে রেখে তাকে শুধু মুখের পূজা দেন নি। পাপতাপ সুখদুঃখের দ্বারা তরঙ্গায়িত এই সংসারের মধ্যেই সেই 'সত্যং জ্ঞানমনন্তং'কে জীবনে পাওয়া যায়— যদি কিছু বড়ো জিনিস জীবনে পেয়ে থাকি, তাঁর সংস্পর্শে এই বিশ্বাসকে পেয়েছি।

সত্যের জন্য যাঁদের ব্যাকুলতা আছে তাঁরা তাকে নিজের চারি দিকে পান, তাঁদের আর কিছুর দরকার হয় না। অন্যেরা বাইরের জিনিসকে সত্যের পরিবর্তে নেয়। সত্যের সাধনা না করে আচার অনুষ্ঠানের দ্বারা তাকে পাবার চেষ্টা, ঘুষ দিয়ে লাভের চেষ্টার মতোই মানুষের একটা বড়ো মোহ। একান্তভাবে আকাঙ্ক্ষা না জাগলে সেই আকাঙ্ক্ষিত পরম ধন পাওয়া যায় না। শুধু মুখের কথায় নয়— তাঁর ধন প্রাণ, দীর্ঘজীবনের সব শোকদুঃখ বাধাবিপত্তির মধ্য দিয়ে, তাঁর সেই পরম আশ্রয় শিবম্ শান্তম্-এর যোগ কোনোদিন বিচ্ছিন্ন হতে তিনি দেন নি; 'সত্যং' তাঁর কাছে তাঁর ঘরের দেওয়ালের মতোই সত্য ছিলেন। সেই পরম পুরুষকে জীবনের সব ক্ষেত্রকে পূর্ণ করে যেমন তিনি দেখেছিলেন— তেমনি ভারতবর্ষের সেই বড়ো সাধনা ইতিহাসের নানা যবনিকায় যা আচ্ছন্ন হয়ে গিয়েছিল, মনকে নির্মল করে, জীবনকে বিশুদ্ধ করে তাকে প্রকাশ করা—এও তাঁর জীবনের সাধনার বস্তু ছিল। কোনো সম্প্রদায়ের ভিতরে দিয়ে তিনি এ চেষ্টা করেন নি, তিনি জানতেন সম্প্রদায় নানা বাধাগ্রস্ত— নানা স্থূলতা, নানা ক্ষুদ্রতা সেখানে সত্যকে অস্পষ্ট ও বিকৃত করে তোলে। শেষ জীবনে বার বার তাঁর মুখ থেকে শুনেছি এই শান্তিনিকেতনেরই

মধ্যে তাঁর জীবনের সার্থকতা নিহিত। এই শান্তিনিকেতনে যেখানে কোনো সম্প্রদায়ের নূতন বা পুরাতন আবর্জনা সঞ্চিত হয়ে ওঠে নি, যেখানে উন্মুক্ত আকাশ, অবারিত আলোক— এইখানে তিনি কিছু পেয়েছেন, কিছু দিয়েছেন। 'অসত্য থেকে সত্যে নিয়ে যাও' এই প্রার্থনা এই আশ্রমের অন্তরে তিনি দান করে গেছেন— যে প্রার্থনা বহুকাল থেকে চলে এসেছিল, যা মানুষ বিস্মৃত হয়েও হয় না— চিরকালের সেই প্রার্থনা তাঁর জীবনের ভিতর দিয়ে তিনি আমাদের দান করে গেছেন।

গাছ, মাটি থেকে, বাতাস থেকে, সূর্যের আলো থেকে খাদ্য ও তেজ আহরণ করে আনে, সে তার নিজের জিনিস নয়— কিন্তু তাকে নিজের জীবন দিয়ে ফলাতে হয়। তিনি এই ব্যাকুল প্রার্থনা তাঁর জীবনে ফলিয়ে গেছেন, তাই এই মন্ত্রটি আজ এত সহজগম্য হয়েছে। তাঁর মুখ থেকে যা পেয়েছি, তাঁর মৃত্যুর দিনে তা উচ্চারণ করে আজকের কাজ শেষ হোক—

'অসতো মা সদগময়—'।

৬ মাঘ ১৩২৮ মহর্ষিদেবের মৃত্যুদিনে কথিত

৭

আজ পিতৃদেবের মৃত্যুর সাম্বৎসরিক দিন।

আমি যখন জন্মেছি তখন থেকে তিনি হিমালয়ে ও দুরে দুরে ভ্রমণ করেছেন। দু-তিন বছর পর পর তিনি যখন বাড়ি আসতেন তখন সমস্ত পরিবারে একটা পরিবর্তন অনুভব করতুম— সেটা আমার অল্প বয়সকে ভয়েতে সম্ভ্রমে অভিভূত করত। সেই আমার বালক বয়সে তাঁর সত্তার যে মূর্তি আমার কাছে প্রকাশিত হয়েছিল সে হচ্ছে তাঁর একক ও বিরাট নিঃসঙ্গতার রূপ। তাঁর এই ভাবটি আমায় খুব স্তম্ভিত করত—এ আমার স্মরণে আছে। কেমন যেন মনে হত

যে, নিকটে থাকলেও তিনি যেন দূরে দূরে রয়েছেন। কাঞ্চনজঙ্ঘা যেমন সন্নিকটবর্তী গিরিশৃঙ্গসমূহ থেকে পৃথক হয়ে তার উত্তুঙ্গ তুষারকান্তি নিয়ে দাঁড়িয়ে থাকে, আমার কাছে ঠিক তেমনিভাবে আমার পিতৃদেবের আবির্ভাব হয়েছিল। সমবেত আত্মীয়স্বজন পরিবারবর্গ থেকে তিনি অতি সহজে পৃথক সমুচ্চ শুভ্র ও নিষ্কলঙ্ক রূপে প্রতিভাত হতেন। তখন আমি ছোটো ছিলুম; ছোটো ছেলেকে লোকে যেমন কাছে ডেকে ছোটো প্রশ্ন শুধোয় সেইরকমভাবে তিনি তখন আমায় ডেকে দু-এক কথা জিজ্ঞেস করতেন। আমার অগ্রজেরা কেবলমাত্র নিজেদের জীবন সম্বন্ধে নয়, সংসারের নানাবিধ খুঁটিনাটি কাজ সম্পর্কেও তাঁর সান্নিধ্য লাভ করেছেন ও তাঁর কাছ থেকে নানাবিধ নির্দেশ পেয়েছেন— সে সুযোগ প্রথম বয়সে আমার ঘটে নি। তবু পিতৃদেবকে দেখে আমার ক্রমাগত উপনিষদের একটি কথা মনে হয়েছে: 'বৃক্ষ ইব স্তব্ধো দিবি তিষ্ঠত্যেকঃ', যিনি এক তিনি এই আকাশে বৃক্ষের মতো স্তব্ধ হয়ে আছেন।

এখন মনে হয়, তাঁর সেই নিঃসঙ্গতার অর্থ যেন কিছু কিছু বুঝতে পারি। এখন বুঝতে পারি যে, তিনি বিরাট নিরাসক্ততা নিয়েই জন্মেছিলেন। তাঁর পিতার বিপুল ঐশ্বর্যসম্ভার ছিল, বাহিরের দিক দিয়ে সেই ঐশ্বর্যের কতরকম প্রকাশ হত তার ইয়ত্তা নেই। আহারে বিহারে বিলাসে ব্যসনে কত ধুম, কত জনসমাগম। পিতৃদেব সেই ভিড়ের মধ্যে থেকেও ভিড় থেকে দূরে থাকতেন। আপনার ব্যক্তিত্বের মর্যাদা নিয়ে আপনাতে নিবিষ্ট থাকা, এই ছিল তাঁর স্বভাব। অথচ কর্মেও তাঁকে লিপ্ত থাকতে হয়েছে। আমার পিতামহের অধিকাংশ অর্থ যে ব্যাঙ্কে খাটত সেইখানে তাঁরই নির্দেশক্রমে সামান্য পারিশ্রমিকে আমার পিতাকে কাজ করতে হত। যাতে তিনি বিষয়কর্মে নিপুণ হয়ে ওঠেন তার জন্যে পিতামহ যথেষ্ট আগ্রহ প্রকাশ করতেন। যদিও দায়িত্বজনক অনেক কাজ তিনি সুচারুরূপে নির্বাহ করতেন, তবু সমস্ত বিষয়কর্মের উপর তাঁর ঔদাসীন্য ও অনাসক্তি দেখে পিতামহ ক্ষুণ্ণ হতেন। তখন তাঁর যৌবনকাল, বাইরের আড়ম্বর ও চাকচিক্যে

মুগ্ধ হয়ে পড়া হয়তো তাঁর মতো অবস্থায় বিশেষ আশ্চর্যকর হত না; কিন্তু সমস্ত কর্মের মধ্যে জড়িত থেকেও তিনি সকল কর্মের ঊর্ধ্বে ছিলেন। সামাজিক দিক দিয়েও আবিষ্ট হয়ে পড়ার মতো অনুকূল অবস্থা তখন তাঁর প্রবল ছিল; অনেক পদস্থ ও সম্ভ্রান্ত অভিজাত সম্প্রদায়ের লোক তখন পিতামহের কাছে বিষয় বা অন্যবিধ ব্যাপার নিয়ে নিত্য উপস্থিত হতেন। উপরন্তু দর্পনারায়ণ ঠাকুরের বাড়ির এবং পাথুরেঘাটার রাজবাটীর আত্মীয়সমবায় নিয়ে সেই বহুদুর-পরিব্যাপ্ত সম্পর্কিত মণ্ডলীর সঙ্গে তাঁকে সংস্পর্শে আসতে হত। আমি ঠিক জানি নে অবশ্য, তবে নিশ্চিত অনুভব করতে পারি যে, এই আর্থিক প্রতিপত্তি ও সামাজিক সমারোহের মধ্যেও তিনি সেই উপনিষদ্-বর্ণিত একক পুরুষের মতো বৃক্ষের স্তব্ধ নিঃসঙ্গতা রক্ষা করে চলতেন। দ্বারিকানাথ ঠাকুরের তৎকালীন বিপুল ঐশ্বর্যের আমরা যথাযথ ধারণাই করতে পারি না; পিতৃদেবের মুখে শুনেছি যে, পিতামহ যখন বিলাতে অবস্থান করতেন তখন মাসিক তাঁকে লক্ষাধিক টাকা পাঠানো হত। পিতামহের মৃত্যুর অব্যবহিত পরেই, প্রকাণ্ড এক ভূমিকম্পের ফলে যেন, সেই বিরাট ঐশ্বর্য এক মুহূর্তে ধূলিসাৎ হয়ে গেল। সেই সংকটের মধ্যেও পিতৃদেব অবিচলিত— বৃক্ষ ইব স্তব্ধঃ। তখন তিনি মন্ত্র গ্রহণ করছেন; হয়তো তখনই সম্যক্ উপলব্ধি করতে পারলেন উপনিষদ্ যে মহৎ বাণী প্রচার করে গেছে— ঈশাবাশ্যমিদং সর্বং যৎকিঞ্চ জগত্যাং জগৎ।

আমার অভিজ্ঞতার মধ্যেই দেখেছি, অনেক শোকাবহ ব্যাপারে, আত্মীয়স্বজনের বিয়োগেবিচ্ছেদে, তিনি তাঁর সেই তেতালার ঘরে আত্মসমাহিত হয়ে একা বসে আছেন। কেউ সাহস করত না তাঁকে সান্ত্বনা দিতে। বাইরের আনুকূল্যের তিনি কোনোদিন অপেক্ষা রাখেন নি; আপনি আপনার মধ্যে আনন্দ পেতেন।

আমার যখন উপনয়ন হল, দশ বছর বয়সে— মুণ্ডিত কেশ, তার জন্য একটু লজ্জিত ছিলেম— তিনি হঠাৎ আমায় ডেকে বললেন, “হিমালয়ে যেতে ইচ্ছে কর?” আমার তখনকার কী আনন্দ বলবার

ভাষা নেই। সেকালে লুপ-লাইনটাই ছিল মেনলাইন— রাস্তায় আমাদের প্রথম বিরামের জায়গা হল শান্তিনিকেতন। সে জায়গার সঙ্গে এখানকার এ জায়গার অনেক তফাত— ধূধূ করছে প্রান্তর, শ্যামল বৃক্ষচ্ছায়ার অবকাশ নেই প্রায় কোথায়ও। সেই উষর রুক্ষ প্রান্তরের মধ্যে, আজকাল যেটা অতিথিশালা তারই একটা ছোটো ঘরে, আমি থাকতুম, অন্যটাতে তিনি থাকতেন। তাঁরই রোপণ করা শালবীথিকা তখন বড়ো হতে আরম্ভ করেছে। তখন আমার কবিতা লেখার পাগলামো তার আদিপর্ব পেরিয়েছে; নাট্যঘরের পাশে একটা নারিকেলগাছ ছিল, তারই তলায় বসে 'পৃথ্বীরাজবিজয়'* নামে একটি কবিতা রচনা করে গর্ব অনুভব করেছিলুম। খোয়াইয়ে বেড়াতে গিয়ে নানা রকমের বিচিত্র নুড়ি সংগ্রহ করা, আর এ ধারে ও ধারে ঘুরে গুহাগহ্বর গাছপালা আবিষ্কার করাই ছিল আমার কাজ। ভোরবেলায় উঠিয়ে দিয়ে তিনি আমায় শ্রীভগবদগীতা থেকে তাঁর দাগদেওয়া শ্লোক নকল করতে দিতেন; রাত্রে সৌর জগতের গ্রহতারার সঙ্গে পরিচয় করিয়ে দিতেন। এ ছাড়া তখন তিনি আমাকে একটু-আধটু ইংরেজি ও সংস্কৃতও পড়াতেন। তবু তাঁর এত কাছে থেকেও সর্বদা মনে হত, তিনি যেন দূরে দূরে রয়েছেন। এই সময় দেখতুম যে, আশপাশের লোকেরা কথায়-বার্তায় আলাপে-আলোচনায় তাঁর চিত্তবিক্ষেপ করতে সাহসই করত না। সকালবেলা অসমাপ্ত শুক্‌নো পুকুরের ধারে উঁচু জমিতে ও সন্ধ্যায় ছাতিমতলায় তাঁর যে ধ্যানের আত্মসমাহিত মূর্তি দেখতুম সে আমি কখনো ভুলব না।

তার পর হিমালয়ের কথা। তীব্র শীতের প্রত্যুষে প্রত্যহ ব্রাহ্মমুহূর্তে তাঁকে দেখতুম, বাতি হাতে। তাঁর দীর্ঘ দেহ লাল একটা শালে আবৃত করে তিনি আমায় জাগিয়ে দিয়ে উপক্রমণিকা পড়তে প্রবৃত্ত করতেন। তখন দেখতুম আকাশে তারা, আর পর্বতের উপর প্রত্যূষের আবছায়া অন্ধকারে তাঁর পূর্বাস্য ধ্যানমূর্তি, তিনি যেন সেই শান্ত স্তব্ধ আবেষ্টনের সঙ্গে একাঙ্গীভূত। এই কদিন তাঁর নিবিড় সান্নিধ্য সত্ত্বেও এটা আমার বুঝতে দেরি হত না যে, কাছে থেকেও তাঁকে নাগাল পাওয়া যায়

না। তার পরে স্বাস্থ্যভঙ্গের সময় তিনি যখন কলকাতায় ছিলেন তখন আমার যুবক বয়সে তাঁর কাছে প্রায়ই বিষয়কর্মের ব্যাপার নিয়ে যেতে হত। প্রতি মাসের প্রথম তিনটে দিন ব্রাহ্মসমাজের খাতা, সংসারের খাতা, জমিদারির খাতা নিয়ে তাঁর কাছে কম্পান্বিতকলেবরে যেতুম। তাঁর শরীর তখন শক্ত ছিল না, চোখে কম দেখতেন, তবুও শুনে শুনে অঙ্কের সামান্য ত্রুটিও তিনি চট করে ধরে ফেলতেন। এই সময়েও তাঁর সেই স্বভাবসিদ্ধ ঔদাসীন্য ও নির্লিপ্ততা আমায় বিস্মিত করেছে।

আমাদের সকল আত্মীয়-পরিজনের মধ্যে তিনি ছিলেন তেমনি একা যেমন একা সৌরপরিবারে সূর্য— স্বীয় উপলব্ধির জ্যোতির্মণ্ডলের মধ্যে তিনি আত্মসমাহিত থাকতেন। তাঁর প্রকৃতিগত নিরাসক্তির প্রকৃত দান হল এই আশ্রম, জনতা থেকে দূরে অথচ কল্যাণসূত্রে জনতার সঙ্গে আবদ্ধ। প্রকৃতির সৌন্দর্যের মধ্যে যে আনন্দ, এবং আত্মার আনন্দ, এই দুয়েরও প্রতীক হল এই আশ্রম। এই দুই আনন্দ মিলে তাঁর জীবনকে পরিপূর্ণ করেছিল। যে চিত্তবৃত্তি থাকলে মানুষকে সংঘবদ্ধ করা যায় সে তাঁর ছিল না। উপনিষদের মন্ত্র-উপলব্ধির আনন্দ তাঁর অন্তরে নিহিত ছিল— সাধারণের জন্যে সে আনন্দকে ছোটো করে বা জল মিশিয়ে পরিবেশন করতে পারেন নি। এই সকল কারণেই তাঁর চার দিকে বিশেষ কোনো একটা সম্প্রদায় গড়ে ওঠে নি। আপনার চরিত্র ও জীবনের মধ্য দিয়ে তিনি তাঁর জ্ঞান ও প্রেমের আদর্শ রেখে গেছেন। এর চেয়ে বেশি কিছু তিনি রেখে যান নি, কারণ জনতাকে বন্দী করার দুর্গ প্রতিষ্ঠা তাঁর স্বভাববিরুদ্ধ ছিল।

তাঁর প্রকৃত দান এই আশ্রম; এই আশ্রমে আসতে হলে দীক্ষা নিতে হয় না, খাতায় নাম লিখতে হয় না— যে আসতে পারে সেই আসতে পারে, কারণ এ তো সম্প্রদায়ের নয়। এর ভিতরকার বাণীটা হল 'শান্তম্ শিবম্ অদ্বৈতম্।' আশ্রমের মধ্যে যে গভীর শান্তি আছে সেটা কেউ মুক্তভাবে নিতে পারে তো নেয়। মোহমুগ্ধ ক'রে তো সে আনন্দ দেওয়া যায় না। সেইজন্যেই কখনো বলেন নি যে, তাঁর বিশেষ একটা মত কাউকে পালন করতে হবে। তাঁর প্রাচীন

সংস্কারের বিরুদ্ধে আমার আধুনিকপন্থী অগ্রজেরা অনেক বিরুদ্ধতা করেছেন, তিনি কিন্তু কখনো প্রতিবাদ করেন নি। আমার মধ্যেও অনেককিছু ছিল, অনেক মতবাদ, যার সঙ্গে তাঁর মতের মিল হয় নি, তবু তিনি শাসন ক'রে তাঁর অনুবর্তী হতে কখনো আজ্ঞা করেন নি। তিনি জানতেন যে, সত্য শাসনের অনুগত নয়, তাকে পাওয়ার হলে পাওয়া যায়, নইলে যায়ই না। অত্যাচার করেন অনেক গুরু, নিজেদের মতবাদ দিয়ে অনুবর্তীদের আষ্টেপৃষ্ঠে বন্ধন করে গিঁট বাঁধতে গিয়ে তাঁরা সোনা হারান। আমার পিতৃদেব স্বতন্ত্র ছিলেন, আমাদের স্বাতন্ত্র্যও তিনি শ্রদ্ধা করতেন। কোনোদিন বাঁধতে চান নি। মরবার আগে তিনি বলে গিয়েছিলেন যে, শান্তিনিকেতন আশ্রমে যেন তাঁর কোনো বাইরের চিহ্ন বা প্রতিকৃতি না থাকে। তাঁর এই অন্তিম বচনে সেই নিঃসংসক্ত আত্মার মুক্তির বাণী যেন ধ্বনিত হয়েছে। তিনি বুঝেছিলেন, যদি নিজেকে মুক্তি দিতে হয় তবে অন্যকেও মুক্তি দিতে হবে। যা বড়ো, কেবলমাত্র মুক্তির ক্ষেত্রেই তা থাকতে পারে। মুক্ত আকাশেই জ্যোতিষ্ক সঞ্চরণ করে। প্রদীপকেই কুটিরের মধ্যে সন্তর্পণে রাখতে হয়। এই মুক্তির শিক্ষা তাঁর কাছ থেকে আমি পেয়েছি। তাঁর কাছেই শিখেছি যে, সত্যকে জোর করে দেওয়া যায় না; বহু বিরুদ্ধতার ভিতর অপেক্ষা করে থাকতে হয়। এই আমার আজকের দিনের কথা।

৬ মাঘ ১৩৪২ মহর্ষির মৃত্যুবার্ষিকীতে কথিত

'পৃথ্বীরাজের পরাজয়', দ্রষ্টব্য জীবনস্মৃতি 'হিমালয়যাত্রা'

দেবেন্দ্রনাথ প্রসঙ্গ

(৭ই পৌষ মহর্ষির দীক্ষা দিবসে বলা রবীন্দ্রনাথের বক্তৃতামালা)

১

একদিন যাঁর চেতনা বিলাসের আরামশয্যা থেকে হঠাৎ জেগে উঠেছিল, এই ৭ই পৌষ দিনটি সেই দেবেন্দ্রনাথের দিন। এই দিনটিকে তিনি আমাদের জন্যে দান করে গিয়েছেন। রত্ন যেমন করে দান করতে হয় তেমনি করে দান করেছেন। ওই দিনটিকে এই আশ্রমের কৌটোটির মধ্যে স্থাপন করে দিয়ে গেছেন। আজ কৌটো উদ্‌ঘাটন করে রত্নটিকে এই প্রান্তরের আকাশের মধ্যে তুলে ধরে দেখব, এখানকার ধূলিবিহীন নির্মল নিভৃত আকাশতলে যে নক্ষত্রমণ্ডলী দীপ্তি পাচ্ছে সেই তারাগুলির মাঝখানে তাকে তুলে ধরে দেখব। সেই সাধকের জীবনের ৭ই পৌষকে আজ উদ্‌ঘাটন করার দিন— সেই নিয়ে আমরা আজ উৎসব করি।

এই ৭ই পৌষের দিনে সেই ভক্ত তাঁর দীক্ষাগ্রহণ করেছিলেন— সেই দীক্ষার যে কত বড়ো অর্থ আজকের দিন কি সে কথা আমাদের কাছে কিছু বলছে? সেই কথাটি না শুনে গেলে কী জন্যেই বা এসেছি আর কী নিয়েই বা যাব?

সেই যেদিন তাঁর জীবনে এই ৭ই পৌষের সূর্য একদিন উদিত হয়েছিল সেই দিনে আলোও জ্বলে নি, জনসমাগমও হয় নি— সেই শীতের নির্মল দিনটি শান্ত ছিল, স্তব্ধ ছিল। সেই দিনে যে কী ঘটছে তা তিনি নিজেও সম্পূর্ণ জানেন নি, কেবল অন্তর্যামী বিধাতাপুরুষ জানছিলেন।

সেই যে দীক্ষা সেদিন তিনি গ্রহণ করেছিলেন সেটি সহজ ব্যাপার নয়। সে শুধু শান্তির দীক্ষা নয়, সে অগ্নির দীক্ষা। তাঁর প্রভু সেদিন তাঁকে বলেছিলেন, 'এই যে জিনিসটি তুমি আজ আমার হাত থেকে নিলে এটি যে সত্য— এর ভার যখন গ্রহণ করেছ তখন তোমার আর আরাম নেই, তোমাকে রাত্রিদিন জাগ্রত থাকতে হবে। এই সত্যকে রক্ষা করতে তোমার যদি সমস্তই যায় তো সমস্তই যাক। কিন্তু সাবধান, তোমার হাতে আমার সত্যের অসম্মান না ঘটে।'

তাঁর প্রভুর কাছ থেকে এই সত্যের দান নিয়ে তার পরে আর তো তিনি ঘুমোতে পারেন নি। তাঁর আত্মীয় গেল, ঘর গেল, সমাজ গেল, নিন্দায় দেশ ছেয়ে গেল— এত বড়ো বৃহৎ সংসার, এত মানী বন্ধু, এত ধনী আত্মীয়, এত তাঁর সহায়, সমস্তের সঙ্গে বিচ্ছেদ ঘটে গেল এমন দীক্ষা তিনি নিয়েছিলেন। জগতের সমস্ত আনুকূল্যকে বিমুখ করে দিয়ে এই সত্যটি নিয়ে তিনি দেশে দেশে অরণ্যে পর্বতে ভ্রমণ করে বেড়িয়েছেন। এ যে প্রভুর সত্য। এই অগ্নি রক্ষার ভার নিয়ে আর আরাম নেই, আর নিদ্রা নেই। রুদ্রদেবের সেই অগ্নিদীক্ষা আজকের দিনের উৎসবের মাঝখানে আছে। কিন্তু, সে কি প্রচ্ছন্নই থাকবে? এই গীতবাদ্য কোলাহলের মাঝখানে প্রবেশ করে সেই 'ভয়ানাং ভয়ং ভীষণং ভীষণানাং' যিনি তাঁর দীপ্ত সত্যের বজ্রমূর্তি আজ প্রত্যক্ষ করে যাবে না? গুরুর হাত হতে সেই যে 'বজ্রমুদ্যতং' তিনি গ্রহণ করেছিলেন এই ৭ই পৌষের মর্মস্থানে সেই বজ্রতেজ রয়েছে।

কিন্তু, শুধু বজ্র নয়, শুধু পরীক্ষা নয়, সেই দীক্ষার মধ্যে যে কী বরাভয় আছে তাও দেখে যেতে হবে। সেই ধনিসন্তানের জীবনে যে সংকটের দিন এসেছিল তা তো সকলের জানা আছে। যে বিপুল ঐশ্বর্য

রাজহর্ম্যের মতো একদিন তাঁর আশ্রয় ছিল সেইটে যখন অকস্মাৎ তাঁর মাথার উপরে ভেঙে পড়ে তাঁকে মাটির সঙ্গে মিশিয়ে দেবার উদ্‌যোগ করেছিল তখন সেই ভয়ংকর বিপৎপতনের মাঝখানে একমাত্র এই সত্যদীক্ষা তাঁকে আবৃত করে রক্ষা করেছিল— সেই দিনে তাঁর আর কোনো পার্থিব সহায় ছিল না। এই দীক্ষা শুধু যে দুর্দিনের দারুণ আঘাত থেকে তাঁকে বাঁচিয়েছিল তা নয়— প্রলোভনের দারুণতর আক্রমণ থেকে তাঁকে রক্ষা করেছিল।

আজকের এই ৭ই পৌষের মাঝখানে তাঁর সেই সত্যদীক্ষার রুদ্রদীপ্তি এবং বরাভয়রূপ দুইই রয়েছে— সেটি যদি আমরা দেখতে পাই এবং লেশমাত্রও গ্রহণ করতে পারি তবে ধন্য হব। সত্যের দীক্ষা যে কাকে বলে আজ যদি ভক্তির সঙ্গে তাই স্মরণ করে যেতে পারি তা হলে ধন্য হব। এর মধ্যে ফাঁকি নেই, লুকোচুরি নেই, দ্বিধা নেই, দুই দিক বজায় রেখে চলবার চাতুরী নেই, নিজেকে ভোলাবার জন্যে সুনিপুণ মিথ্যাযুক্তি নেই, সমাজকে প্রসন্ন করবার জন্যে বুদ্ধির দুই চক্ষু অন্ধ করা নেই, মানুষের হাটে বিকিয়ে দেবার জন্যে ভগবানের ধন চুরি করা নেই। সেই সত্যকে সমস্ত দুঃখপীড়নের মধ্যে স্বীকার করে নিলে তার পরে একেবারে নির্ভয়, ধূলিঘর ভেঙে দিয়ে একেবারে পিতৃভবনের অধিকার-লাভ— চিরজীবনের যে গম্যস্থান, যে অমৃতনিকেতন, সেই পথের যিনি একমাত্র বন্ধু, তাঁরই আশ্রয়প্রাপ্তি— সত্যদীক্ষার এই অর্থ।

সেই সাধু সাধক তাঁর জীবনের সকলের চেয়ে বড়ো দিনটিকে, তাঁর দীক্ষার দিনটিকে, এই নির্জন প্রান্তরের মুক্ত আকাশ ও নির্মল আলোকের মধ্যে প্রতিষ্ঠিত করে রেখে দিয়ে গেছেন। তাঁর সেই মহাদিনটির চারি দিকে এই মন্দির, এই আশ্রম, এই বিদ্যালয় প্রতিদিন আকার ধারণ করে উঠছে; আমাদের জীবন, আমাদের হৃদয়, আমাদের চেতনা একে বেষ্টন করে দাঁড়িয়েছে; এই দিনটিরই আহ্বানে কল্যাণ মূর্তিমান হয়ে এখানে আবির্ভূত হয়েছে; এবং তাঁর সেই সত্যদীক্ষার দিনটি ধনী ও দরিদ্রকে, বালক ও বৃদ্ধকে, জ্ঞানী ও

মুর্খকে বর্ষে বর্ষে আনন্দ-উৎসবে আমন্ত্রণ করে আনছে। এই দিনটিকে যেন আমাদের অন্যমনস্ক জীবনের দ্বারপ্রান্তে দাঁড় করিয়ে না রাখি— একে ভক্তিপূর্বক সমাদর করে ভিতরে ডেকে নাও, আমাদের তুচ্ছ জীবনের প্রতিদিনের যে দৈন্য তাকে সম্পদে পূর্ণ করো।

হে দীক্ষাদাতা, হে গুরু, এখনো যদি প্রস্তুত হয়ে না থাকি তো প্রস্তুত করো, আঘাত করো, চেতনাকে সর্বত্র উদ্যত করো— ফিরিয়ে দিয়ো না, ফিরিয়ে দিয়ো না— দুর্বল ব'লে তোমার সভাসদ্‌দের সকলের পশ্চাতে ঠেলে রেখো না। এই জীবনে সত্যকে গ্রহণ করতেই হবে— নির্ভয়ে এবং অসংকোচে। অসত্যের স্তূপাকার আবর্জনার মধ্যে ব্যর্থ জীবনকে নিক্ষেপ করব না। দীক্ষা গ্রহণ করতে হবে— তুমি শক্তি দাও।

১৩১৫

২

কবির কাব্যের মধ্যে যেমন কবির পরিচয় থাকে তেমনি এই যে শান্তিনিকেতন আশ্রমটি তৈরি হয়ে উঠেছে, উঠেছে কেন, প্রতিদিনই তৈরি হয়ে উঠছে, এর মধ্যে একটি জীবনের পরিচয় আছে।

সেই জীবন কী চেয়েছিল এবং কী পেয়েছিল তা এই আশ্রমের মধ্যে যেমন করে লিখে গিয়েছে এমন আর-কোথাও লিখে যেতে পারে নি। অনেক বড়ো বড়ো রাজা তাম্রশাসনে শিলালিপিতে তাঁদের জয়লব্ধ রাজ্যের কথা ক্ষোদিত করে রেখে যান। কিন্তু এমন লিপি কোথায় পাওয়া যায়! এমন অবাধ মাঠে, এমন উদার আকাশে, এমন জীবনময় অক্ষর— এমন ঋতুতে ঋতুতে পরিবর্তনশীল নব নব বর্ণের লিপি!

মহর্ষি তাঁর জীবনে অনেক সভা স্থাপন করেছেন, অনেক ব্রাহ্মসমাজ-গৃহের প্রতিষ্ঠা করেছেন, অনেক উপদেশ দিয়েছেন,

অনেক গ্রন্থ প্রকাশ করেছেন, কিন্তু সে সমস্ত কাজের সঙ্গে তাঁর এই আশ্রমের একটি পার্থক্য আছে। যেমন গাছের ডাল থেকে খুঁটি হতে পারে, তাকে চিরে তার থেকে নানাপ্রকার জিনিস তৈরি হতে পারে, কিন্তু সেই গাছে যে ফুলটি ফোটে, যে ফলটি ধরে, সে এই সমস্ত জিনিস থেকেই পৃথক, তেমনি মহর্ষির জীবনের অন্যান্য সমস্ত কর্মের থেকে এই আশ্রমের একটি বিশিষ্টতা আছে। এর জন্যে তাঁকে চিন্তা করতে হয় নি, চেষ্টা করতে হয় নি, বাইরের লোকের সঙ্গে মিলতে হয় নি, চার দিকের সঙ্গে কোনো ঘাত-প্রতিঘাত সহ্য করতে হয় নি। এ তাঁর জীবনের মধ্যে থেকে একটি মূর্তি ধরে আপনা-আপনি উদ্‌ভিন্ন হয়ে উঠেছে। এইজন্যেই এর মধ্যে এমন একটি সৌন্দর্য, এমন একটি সম্পূর্ণতা রয়ে গেছে। এইজন্যেই এর মধ্যে এমন একটি সুধাগন্ধ, এমন একটি মধুসঞ্চয়। এইজন্যেই এর মধ্যে তাঁর আত্মপ্রকাশ যেমন সহজ, যেমন গভীর, এমন আর কোথাও নেই।

এই আশ্রমে আছে কী? মাঠ এবং আকাশ এবং ছায়াগাছগুলি, চার দিকে একটি বিপুল অবকাশ এবং নির্মলতা। এখানকার আকাশে মেঘের বিচিত্র লীলা এবং চন্দ্রসূর্যগ্রহতারার আবর্তন কিছুতে আচ্ছন্ন হয়ে নেই। এখানে প্রান্তরের মাঝখানে ছোটো বনটিতে ঋতুগুলি নিজের মেঘ আলো বর্ণ গন্ধ ফুল ফল— নিজের সমস্ত বিচিত্র আয়োজন নিয়ে সম্পূর্ণ মূর্তিতে আবির্ভূত হয়। কোনো বাধার মধ্যে তাদের খর্ব হয়ে থাকতে হয় না। চার দিকে বিশ্বপ্রকৃতির এই অবাধ প্রকাশ এবং তার মাঝখানটিতে শান্তং-শিবমদ্বৈতমের দুই সন্ধ্যা নিত্য আরাধনা—আর কিছুই নয়। গায়ত্রীমন্ত্র উচ্চারিত হচ্ছে, উপনিষদের মন্ত্র গঠিত হচ্ছে, স্তবগান ধ্বনিত হচ্ছে, দিনের পর দিন, বৎসরের পর বৎসর— সেই নিভৃতে, সেই নির্জনে, সেই বনের মর্মরে, সেই পাখির কুজনে, সেই উদার আলোকে, সেই নিবিড় ছায়ায়।

এই আশ্রমের মধ্যে থেকে দুটি সুর উঠেছে— একটি বিশ্বপ্রকৃতির সুর, একটি মানবাত্মার সুর। এই দুটি সুরধারার সংগমের মুখেই এই তীর্থটি স্থাপিত। এই দুটি সুরই অতি পুরাতন এবং চিরদিনই

নূতন। এই আকাশ নিরন্তর যে নীরব মন্ত্র জপ করছে সে আমাদের পিতামহেরা আর্যাবর্তের সমতল প্রান্তরের উপরে নিঃশব্দে দাঁড়িয়ে কত শতাব্দী পূর্বেও চিত্তের গভীরতার মধ্যে গ্রহণ করেছেন। এই যে বনটির পল্লবঘন নিস্তব্ধতার মধ্যে নিবিষ্ট হয়ে ছায়া এবং আলো দুই ভাই-বোনে মিলে পৃথিবীর উপরে নামাবলীর উত্তরীয় রচনা করছে, সেই পবিত্র শিল্পচাতুরী আমাদের বনবাসী আদিপুরুষেরা সেদিনও দেখেছেন যেদিন তাঁরা সরস্বতীর কূলে প্রথম কুটির নির্মাণ করতে আরম্ভ করেছেন। এ সেই আকাশ, এ সেই ছায়ালোক, এ সেই অনির্বচনীয় একটি প্রকাশের ব্যাকুলতা, যার দ্বারা সমস্ত শূন্যকে ক্রন্দিত করে শুনেছিলেন বলেই ঋষিপিতামহেরা এই অন্তরীক্ষকে ক্রন্দসী নাম দিয়েছিলেন।

আবার এখানে মানবের কণ্ঠ থেকে যে মন্ত্র উচ্চারিত হচ্ছে সেও কত যুগের প্রাচীন বাণী। পিতা নোহসি! পিতা নোবোধি! নমস্তেহস্তু—এই কথাটি কত সরল, কত পরিপূর্ণ এবং কত পুরাতন। যে ভাষায় এ বাণীটি প্রথম ব্যক্ত হয়েছিল সে ভাষা আজ প্রচলিত নেই, কিন্তু এই বাক্যটি আজও বিশ্বাসে ভক্তিতে নির্ভরে ব্যগ্রতায় এবং বিনতিতে পরিপূর্ণ হয়ে রয়েছে। এই কটিমাত্র কথায় মানবের চিরদিনের আশা এবং আশ্বাস এবং প্রার্থনা ঘনীভূত হয়ে রয়ে গেছে।

সত্যং জ্ঞানমনন্তং ব্রহ্ম: এই অত্যন্ত ছোটো অথচ অত্যন্ত বড়ো কথাটি কোন্ সুদূর কালের! আধুনিক যুগের সভ্যতা তখন বর্বরতার গর্ভের মধ্যে গুপ্ত ছিল, সে ভূমিষ্ঠও হয় নি। কিন্তু অনন্তের উপলব্ধি আজও এই বাণীকে নিঃশেষ করতে পারে নি।

অসতোমা সদ্‌গময়! তমসোমা জ্যোতির্গময়! মৃত্যোর্মামৃতং গময়—এত বড়ো প্রার্থনা যেদিন নরকণ্ঠ হতে উচ্ছ্বসিত হয়ে উঠেছিল সেদিনকার ছবি ইতিহাসের দূরবীক্ষণ দ্বারাও আজ স্পষ্টরূপে গোচর হয়ে ওঠে না। অথচ এই পুরাতন প্রার্থনাটির মধ্যে মানবাত্মার সমস্ত প্রার্থনা পর্যাপ্ত হয়ে রয়েছে।

এক দিকে এই পুরাতন আকাশ, পুরাতন আলোক এবং

তরুলতার মধ্যে পুরাতন জীবনবিকাশের নিত্যনুতনতা, আর এক দিকে মানবচিত্তের মৃত্যুহীন পুরাতন বাণী, এই দুইকে এক করে নিয়ে এই শান্তিনিকেতনের আশ্রম।

বিশ্বপ্রকৃতি এবং মানবচিত্ত, এই দুইকে এক করে মিলিয়ে আছেন যিনি তাঁকে এই দুইয়েরই মধ্যে এক রূপে জানবার যে ধ্যানমন্ত্র, সেই মন্ত্রটিকেই ভারতবর্ষ তার সমস্ত পবিত্র শাস্ত্রের সারমন্ত্র বলে বরণ করেছে। সেই মন্ত্রটিই গায়ত্রী: ওঁ ভূর্ভুবঃ স্বঃ তৎসবিতুর্বরেণ্যং ভর্গোদেবস্য ধীমহি ধিয়োয়োনঃ প্রচোদয়াৎ।

এক দিকে ভূলোক অন্তরীক্ষ জ্যোতিষ্কলোক, আর এক দিকে আমাদের বুদ্ধি-বৃত্তি, আমাদের চেতনা— এই দুইকেই যাঁর এক শান্তি বিকীর্ণ করছে, এই দুইকেই যাঁর এক আনন্দ যুক্ত করছে, তাঁকে তাঁর এই শক্তিকে বিশ্বের মধ্যে এবং আপনার বুদ্ধির মধ্যে ধ্যান করে উপলব্ধি করবার মন্ত্র হচ্ছে এই গায়ত্রী।

যাঁরা মহর্ষির আত্মজীবনী পড়েছেন তাঁরা সকলেই জানেন, তিনি তাঁর দীক্ষার দিনে এই গায়ত্রীমন্ত্রকেই বিশেষ করে তাঁর উপাসনার মন্ত্ররূপে গ্রহণ করেছিলেন। তাঁর এই দীক্ষার মন্ত্রটিই শান্তিনিকেতনের আশ্রমকে আকার দান করছে— এই নিভৃতে মানুষের চিত্তকে প্রকৃতির প্রকাশের সঙ্গে যুক্ত ক'রে, 'বরেণ্যং ভর্গ', সেই বরণীয় তেজকে, ধ্যানগম্য করে তুলছে।

এই গায়ত্রীমন্ত্রটি আমাদের দেশের অনেকেরই জপের মন্ত্র, কিন্তু এই মন্ত্রটি মহর্ষির ছিল জীবনের মন্ত্র। এই মন্ত্রটিকে তিনি তাঁর জীবনের মধ্যে প্রতিষ্ঠিত করেছিলেন এবং তাঁর সমস্ত জীবনের ভিতর থেকে প্রকাশ করেছিলেন।

এই মন্ত্রটিকে তিনি যে গ্রহণ করেছিলেন এবং রক্ষা করেছিলেন লোকাচারের অনুসরণ তার কারণ নয়। হাঁস যেমন স্বভাবতই জলকে আশ্রয় করে তিনি তেমনি স্বভাবতই এই মন্ত্রটিকে অবলম্বন করেছিলেন।

শিশু যেমন মাতৃস্তন্যের জন্য কেঁদে ওঠে, তখন তাকে আর

কিছু দিয়েই থামিয়ে রাখা যায় না, তেমনি মহর্ষির হৃদয় একদিন তাঁর যৌবনারম্ভে কী অসহ্য ব্যাকুলতায় ক্রন্দন করে উঠেছিল সে কথা আপনারা সকলেই জানেন।

সে ক্রন্দন কিসের? চার দিকে তিনি কোন্ জিনিসটি কোনোমতেই খুঁজে পাচ্ছিলেন না? যখন আকাশের আলো তাঁর চোখে কালো হয়ে উঠেছিল, যখন তাঁর পিতৃগৃহের অতুল ঐশ্বর্যের আয়োজন এবং মানসম্ভ্রমের গৌরব তাঁর মনকে কোনোমতেই শান্তি দিচ্ছিল না, তখন তাঁর যে কী প্রয়োজন, কী হলে তাঁর হৃদয়ের ক্ষুধা মেটে তা তিনি নিজেই বুঝতে পারছিলেন না।

ভোগবিলাসে তাঁর অরুচি জন্মে গিয়েছিল এবং তাঁর ভক্তিবৃত্তি নিজের চরিতার্থতা অন্বেষণ করছিল, কেবল এই কথাটুকুই সম্পূর্ণ সত্য নয়। কারণ ভক্তিবৃত্তিকে ভুলিয়ে রাখবার আয়োজন কি তাঁর ঘরের মধ্যেই ছিল না? যে দিদিমার সঙ্গে তিনি ছায়ার মতো সর্বদা ঘুরে বেড়াতেন তিনি জপতপ দানধ্যান পূজাঅর্চনা নিয়েই তো দিন কাটিয়েছেন; তাঁর সমস্ত ক্রিয়াকলাপেই শিশুকাল থেকেই মহর্ষি তাঁর সঙ্গের সঙ্গী ছিলেন। যখন বৈরাগ্য উপস্থিত হল, যখন ধর্মের জন্য তাঁর ব্যাকুলতা জন্মাল, তখন এই অভ্যস্ত পথেই তাঁর সমস্ত মন কেন ছুটে গেল না? ভক্তিবৃত্তিকে ব্যাপৃত করে রাখবার উপকরণ তো তাঁর খুব নিকটেই ছিল।

তাঁর ভক্তিকে যে এই দিকে তিনি কখনো নিয়োজিত করেন নি তা নয়। তিনি যখন বিদ্যালয়ে পরীক্ষা দিতে যেতেন পথিমধ্যে দেবী মন্দিরে ভক্তিভরে প্রণাম করতে ভুলতেন না; তিনি একবার এত সমারোহে সরস্বতীর পূজা করেছিলেন যে সেবার পূজার দিনে শহরে গাঁদাফুল দুর্লভ হয়ে উঠেছিল। কিন্তু যেদিন শ্মশানঘাটে পূর্ণিমার রাতে তাঁর চিত্ত জাগ্রত হয়ে উঠল সেদিন এই সকল চিরাভ্যস্ত পথকে তিনি পথ বলেই লক্ষ্য করলেন না। তাঁর তৃষ্ণার জল যে এ দিকে নেই তা বুঝতে তাঁকে চিন্তামাত্র করতে হয় নি।

তাই বলছিলুম, ভক্তিকে বাইরের দিকে নিয়োজিত করে তিনি

নিজেকে ফাঁকি দিতে পারেন নি। অন্তঃপুরে তাঁর ডাক পড়েছিল। তিনি জগতের মধ্যেই জগদীশ্বরকে, অন্তরাত্মার মধ্যেই পরমাত্মাকে দর্শন করতে চেয়েছিলেন। তাঁকে আর কিছুতে ভুলিয়ে রাখে কার সাধ্য! যারা নানা ক্রিয়াকর্মে আপনাকে ব্যাপৃত রাখতে চায় তাদের নানা উপায় আছে, যারা ভক্তির মধুর রসকে আস্বাদন করতে চায় তাদেরও অনেক উপলক্ষ মেলে। কিন্তু যারা একেবারে তাঁকেই চেয়ে বসে, তাদের তো ওই একটি বই আর দ্বিতীয় কোনো পন্থা নেই। তারা কি আর বাইরে ঘুরে বেড়াতে পারে? তাদের সামনে কোনো রঙিন জিনিস সাজিয়ে তাদের কি কোনোমতেই ভুলিয়ে রাখা যায়? নিখিলের মধ্যে এবং আত্মার মধ্যে তাদের প্রবেশ করতেই হবে।

কিন্তু এই অধ্যাত্মলোকের— এই বিশ্বলোকের মন্দিরের পথ তাঁর চার দিকে যে লুপ্ত হয়ে গিয়েছিল। অন্তরের ধনকে দূরে সন্ধান করবার প্রণালীই যে সমাজে চারি দিকে প্রচলিত ছিল। এই নির্বাসনের মধ্যে থেকেই তো তাঁর সমস্ত প্রাণ কেঁদে উঠেছিল। তাঁর আত্মা যে আশ্রয় চাচ্ছিল সে আশ্রয় বাইরে খণ্ডতার রাজ্যে সে কোথায় খুঁজে পাবে?

আত্মার মধ্যেই পরমাত্মাকে, জগতের মধ্যেই জগদীশ্বরকে দেখতে হবে, এই কথাটি এতই অত্যন্ত সহজ যে হঠাৎ মনে হয় এ নিয়ে এত খোঁজাখুঁজি কেন, এত কান্নাকাটি কিসের জন্যে? কিন্তু বরাবর মানুষের ইতিহাসে এই ঘটনাটি ঘটে এসেছে। মানুষের প্রবৃত্তি কিনা বাইরের দিকে ছোটবার জন্যে সহজেই প্রবণ, এই কারণে সেই ঝোঁকের মাথায় সে মূল কেন্দ্রের আকর্ষণ এড়িয়ে শেষে কোথায় গিয়ে পৌঁছয় তার ঠিকানা পাওয়া যায় না। সে বাহ্যিকতাকেই দিনে দিনে এমনি বৃহৎ ও জটিল করে দাঁড় করায় যে অবশেষে একদিন আসে যখন যা তার আন্তরিক, যা তার স্বাভাবিক, তাকেই খুঁজে বের করা তার পক্ষে সকলের চেয়ে কঠিন হয়ে ওঠে। এত কঠিন হয় যে তাকে সে আর খোঁজেই না, তার কথা সে ভুলেই যায়, তাকে আর সত্য বলে উপলব্ধিই করে না; বাহ্যিকতাকেই একমাত্র জিনিস বলে জানে,

আর-কিছুকে বিশ্বাসই করতে পারে না।

মেলার দিনে ছোটো ছেলে মার হাত ধরে ঘুরে বেড়ায়। কিন্তু তার মন কিনা চার দিকে, এইজন্যে মুঠো কখন সে ছেড়ে দেয়, তার পর থেকেই ভিড়ের মধ্যে, গোলমালের মধ্যে, কেবলই সে বাইরে থেকে বাইরে, দূরে থেকে দূরে চলে যেতে থাকে। ক্রমে মার কথা তার আর মনেই থাকে না, বাইরের যে সমস্ত সামগ্রী সে দেখে সেইগুলিই তার সমস্ত হৃদয়কে অধিকার করে বড়ো হয়ে ওঠে। যে মা তার সব চেয়ে আপন তিনিই তার কাছে সব চেয়ে ছায়াময়, সব চেয়ে দূর হয়ে ওঠেন। শেষকালে এমন হয় যে অন্য সমস্ত জিনিসের মধ্যেই সে আহত প্রতিহত হয়ে বেড়ায়, কেবল নিজের মাকে খুঁজে পাওয়াই সন্তানের পক্ষে সব চেয়ে কঠিন হয়ে ওঠে। আমাদের সেই দশা ঘটে।

এমন সময়ে এক-একজন মহাপুরুষ জন্মান যাঁরা সেই অনেকদিনকার হারিয়ে যাওয়া স্বাভাবিকের জন্যে আপনি ব্যাকুল হয়ে ওঠেন। যার জন্যে চার দিকের কারো কিছুমাত্র দরদ নেই তারই জন্যে তাঁদের কান্না কোনোমতেই থামতে চায় না। তাঁরা এক মুহূর্তে বুঝতে পারেন, আসল জিনিসটি আছে অথচ কোথাও তাকে দেখতে পাওয়া যাচ্ছে না। সেইটেই একমাত্র প্রয়োজনীয় জিনিস অথচ কেউ তার কোনো খোঁজ করছে না। জিজ্ঞাসা করলে, হয় হেসে উড়িয়ে দিচ্ছে নয় ক্রুদ্ধ হয়ে তাকে আঘাত করতে আসছে।

এমনি করে যেটি সহজ, যেটি স্বাভাবিক, যেটি সত্য, যেটি না হলে নয়, পৃথিবীতে এক-একজন লোক আসেন সেটিকেই খুঁজে বের করতে। ঈশ্বরের এই এক লীলা, যেটি সব চেয়ে সহজ তাকে তিনি শক্ত করে তুলতে দেন। যা নিতান্তই কাছের তাকে তিনি হারিয়ে ফেলতে দেন, পাছে সহজ বলেই তাকে না দেখতে পাওয়া যায়, পাছে খুঁজে বের করতে না হলে তার সমস্ত তাৎপর্যটি আমরা না পাই। যিনি আমাদের অন্তরতর তাঁর মতো এত সহজ আর কী আছে? তিনি আমাদের নিশ্বাসপ্রশ্বাসের চেয়ে সহজ, তবু তাঁকে আমরা হারাই সে কেবল তাঁকে আমরা খুঁজে বের করব বলেই। হঠাৎ যখন তিনি ধরা

পড়েন, হঠাৎ যখন কেউ হাততালি দিয়ে বলে ওঠে 'এই যে এইখানেই', আমরা ছুটে এসে জিজ্ঞাসা করি, 'কই? কোথায়?' এই যে হৃদয়ের হৃদয়ে, এই যে আত্মার আত্মায়। যেখানে তাঁকে পাওয়ার বড়োই দরকার সেইখানেই তিনি বরাবর বসে আছেন, কেবল আমরাই দূরে দূরে ছুটোছুটি করে মরছিলুম—এই সহজ কথাটি বোঝার জন্যেই, এই যিনি অত্যন্তই কাছে আছেন তাঁকেই খুঁজে পাবার জন্যে এক-একজন লোকের এত কান্নার দরকার। এই কান্না মিটিয়ে দেবার জন্যে যখনই তিনি সাড়া দেন তখনই ধরা পড়ে যান। তখনই সহজ আবার সহজ হয়ে আসে।

নিজের রচিত জটিল জাল ছেদন করে চিরন্তন আকাশ— চিরন্তন আলোকের অধিকার আবার ফিরে পাবার জন্য মানুষকে চিরকালই এইরকম মহাপুরুষদের মুখ তাকাতে হয়েছে। কেউ বা ধর্মের ক্ষেত্রে, কেউ বা জ্ঞানের ক্ষেত্রে, কেউ বা কর্মের ক্ষেত্রে এই কাজে প্রবৃত্ত হয়েছেন। যা চিরদিনের জিনিস তাকে তাঁরা ক্ষণিকের আবরণ থেকে মুক্ত করবার জন্যে পৃথিবীতে আসেন। বিশেষ স্থানে গিয়ে, বিশেষ মন্ত্র পড়ে, বিশেষ অনুষ্ঠান করে মুক্তি লাভ করা যায়, এই বিশ্বাসের অরণ্যে যখন মানুষ পথ হারিয়েছিল তখন বুদ্ধদেব এই অত্যন্ত সহজ কথাটি আবিষ্কার ও প্রচার করবার জন্যে এসেছিলেন যে স্বার্থত্যাগ করে, সর্বভূতে দয়া বিস্তার করে, অন্তর থেকে বাসনাকে ক্ষয় করে ফেললে তবেই মুক্তি হয়ঃ কোনো স্থানে গেলে, বা জলে স্নান করলে বা অগ্নিতে আহুতি দিলে, বা মন্ত্র উচ্চারণ করলে হয় না। এই কথাটি শুনতে নিতান্তই সরল, কিন্তু এই কথাটির জন্যে একটি রাজপুত্রকে রাজ্যত্যাগ করে বনে বনে, পথে পথে, ফিরতে হয়েছে। মানুষের হাতে এটি এতই কঠিন হয়ে উঠেছিল। য়িহুদিদের মধ্যে ফ্যারিসি সম্প্রদায়ের অনুশাসনে যখন বাহ্য নিয়মপালনই ধর্ম বলে গণ্য হয়ে উঠেছিল, যখন তারা নিজের গণ্ডির বাইরে অন্য জাতি অন্য ধর্মপন্থীদের ঘৃণা করে তাদের সঙ্গে একত্রে আহার বিহার বন্ধ করাকেই ঈশ্বরের বিশেষ অভিপ্রায় বলে স্থির করেছিল, যখন য়িহুদির ধর্মানুষ্ঠান য়িহুদি

জাতিরই নিজস্ব স্বতন্ত্র সামগ্রী হয়ে উঠেছিল, তখন যিশু এই অত্যন্ত সহজ কথাটি বলবার জন্যেই এসেছিলেন যে, ধর্ম অন্তরের সামগ্রী, ভগবান অন্তরের ধন, পাপপুণ্য বাহিরের কৃত্রিম বিধিনিষেধের অনুগত নয়; সকল মানুষই ঈশ্বরের সন্তান, মানুষের প্রতি ঘৃণাহীন প্রেম ও পরমেশ্বরের প্রতি বিশ্বাসপূর্ণ ভক্তির দ্বারাই ধর্মসাধনা হয়; বাহ্যিকতা মৃত্যুর নিদান, অন্তরের সার পদার্থেই প্রাণ পাওয়া যায়। কথাটি এতই অত্যন্ত সরল যে শোনবামাত্রই সকলকেই বলতে হয় যে 'হাঁ', কিন্তু তবুও এই কথাটিকেই সকল দেশেই মানুষ এতই কঠিন করে তুলেছে যে এর জন্যে যিশুকে মরুপ্রান্তরে গিয়ে তপস্যা করতে এবং ক্রুসের উপরে অপমানিত মৃত্যুদণ্ডকে গ্রহণ করতে হয়েছে।

মহম্মদকেও সেই কাজ করতে হয়েছিল। মানুষের ধর্মবুদ্ধি খণ্ড খণ্ড হয়ে বাহিরে ছড়িয়ে পড়েছিল, তাকে তিনি অন্তরের দিকে, অখণ্ডের দিকে, অনন্তের দিকে নিয়ে গিয়েছেন। সহজে পারেন নি; এর জন্যে সমস্ত জীবন তাঁকে মৃত্যুসংকুল দুর্গম পথ মাড়িয়ে চলতে হয়েছে, চারি দিকের শত্রুতা ঝড়ের সমুদ্রের মতো ক্ষুব্ধ হয়ে উঠে তাঁকে নিরন্তর আক্রমণ করেছে। মানুষের পক্ষে যা যথার্থ স্বাভাবিক, যা সরল সত্য, তাকেই স্পষ্ট অনুভব করতে ও উদ্ধার করতে, মানুষের মধ্যে যাঁরা সর্বোচ্চশক্তি-সম্পন্ন তাঁদেরই প্রয়োজন হয়।

মানুষের ধর্মরাজ্যে যে তিন জন মহাপুরুষ সর্বোচ্চ চূড়ায় অধিরোহণ করেছেন এবং ধর্মকে দেশগত জাতিগত লোকাচারগত সংকীর্ণ সীমা থেকে মুক্ত করে দিয়ে তাকে সূর্যের আলোকের মতো, মেঘের বারি-বর্ষণের মতো, সর্বদেশ ও সর্বকালের মানবের জন্য বাধাহীন আকাশে উন্মুক্ত করে দিয়েছেন তাঁদের নাম করেছি। ধর্মের প্রকৃতি যে বিশ্বজনীন, তাকে যে কোনো বিশেষ দেশের প্রচলিত মূর্তি বা আচার বা শাস্ত্র কৃত্রিম বন্ধনে আবদ্ধ করে রাখতে পারে না, এই কথাটি তাঁরা সর্বমানবের ইতিহাসের মধ্যে নিজের জীবন দিয়ে লিখে দিয়ে গেছেন। দেশে দেশে কালে কালে সত্যের দুর্গম পথে কারা যে ঈশ্বরের আদেশে আমাদের পথ দেখাবার জন্যে নিজের জীবন-

প্রদীপকে জ্বালিয়ে তুলেছেন সে আজ আমরা আর ভুল করতে পারব না, তাঁদের আদর্শ থেকেই স্পষ্ট বুঝতে পারব। সে প্রদীপটি কারো-বা ছোটো হতে পারে, কারো-বা বড়ো হতে পারে—সেই প্রদীপের আলো কারো বা দিগ্‌দিগন্তরে ছড়িয়ে পড়ে, কারো বা নিকটের পথিকদেরই পদক্ষেপের সহায়তা করে— কিন্তু সেই শিখাটিকে আর চেনা শক্ত নয়।

তাই বলছিলুম, মহর্ষি যে অত্যন্ত একটি সহজকে পাবার জন্যে ব্যাকুল হয়ে উঠেছিলেন তাঁর চার দিকে তার কোনো সহায়তা ছিল না। সকলেই তাকে হারিয়ে বসেছিল, সে পথের চিহ্ন কোথাও দেখা যাচ্ছিল না। সেইজন্যে যেখানে সকলেই নিশ্চিন্তমনে বিচরণ করছিল সেখানে তিনি যেন মরুভূমির পথিকের মতো ব্যাকুল হয়ে লক্ষ্য স্থির করবার জন্যে চারি দিকে তাকাচ্ছিলেন, মধ্যাহ্নের আলোকও তাঁর চক্ষে কালিমাময় হয়ে উঠেছিল এবং ঐশ্বর্যের ভোগায়োজন তাঁকে মৃগতৃষ্ণিকার মতো পরিহাস করছিল। তাঁর হৃদয় এই অত্যন্ত সহজ প্রার্থনাটি নিয়ে দিকে দিকে ঘুরে বেড়াচ্ছিল যে, ‘পরমাত্মাকে আমি আত্মার মধ্যেই পাব, জগদীশ্বরকে আমি জগতের মধ্যেই দেখব, আর-কোথাও নয়, দূরে নয়, বাইরে নয়, নিজের কল্পনার মধ্যে নয়, অন্য দশজনের চিরাভ্যস্ত জড়তার মধ্যে নয়।’ এই সহজ প্রার্থনার পথটিই চার দিকে এত বাধাগ্রস্ত এত কঠিন হয়ে উঠেছিল বলেই তাঁকে এত খোঁজ খুঁজতে হয়েছে, এত কান্না কাঁদতে হয়েছে।

এ কান্না যে সমস্ত দেশের কান্না। দেশ আপনার চিরদিনের যে জিনিসটি মনের ভুলে হারিয়ে বসেছিল, তার জন্যে কোনোখানেই বেদনা বোধ না হলে সে দেশ বাঁচবে কী করে! চার দিকেই যখন অসাড়তা তখন এমন একটি হৃদয়ের আবশ্যক যার সহজ চেতনাকে সমাজের কোনো সংক্রামক জড়তা আচ্ছন্ন করতে পারে না। এই চেতনাকে অতি কঠিন বেদনা ভোগ করতে হয়, সমস্ত দেশের হয়ে বেদনা। যেখানে সকলে সংজ্ঞাহীন হয়ে আছে সেখানে একলা তাকে হাহাকার বহন করে আনতে হয়, সমস্ত দেশের স্বাস্থ্যকে ফিরে পাবার

জন্যে একলা তাকে কান্না জাগিয়ে তুলতে হয়; বোধহীনতার জন্যেই চারি দিকের জনসমাজ যে সকল কৃত্রিম জিনিস নিয়ে অনায়াসে ভুলে থাকে, অসহ্য ক্ষুধাতুরতা দিয়ে তাকে জানাতে হয় প্রাণের খাদ্য তার মধ্যে নেই। যে দেশ কাঁদতে ভুলে গেছে, খোঁজবার কথা যার মনেও নেই, তার হয়ে একলা কাঁদা, একলা খোঁজা, এই হচ্ছে মহত্ত্বের একটি অধিকার। অসাড় দেশকে জাগাবার জন্যে যখন বিধাতার আঘাত এসে পড়তে থাকে তখন যেখানে চৈতন্য আছে সেইখানেই সমস্ত আঘাত বাজতে থাকে, সেইখানকার বেদনা দিয়েই দেশের উদ্‌বোধন আরম্ভ হয়।

আমরা যাঁর কথা বলছি তাঁর সেই সহজচেতনা কিছুতেই লুপ্ত হয় নি, সেই তাঁর চেতনা চেতনাকেই খুঁজছিল, স্বভাবতই কেবল সেই দিকেই সে হাত বাড়াচ্ছিল, চার দিকে যে-সকল স্থূল জড়ত্বের উপকরণ ছিল তাকে সে প্রাণপণ বলে ঠেলে ফেলে দিচ্ছিল— চৈতন্য না হলে চৈতন্য আশ্রয় পায় না যে।

এমন সময় এই অত্যন্ত ব্যাকুলতার মধ্যে তাঁর সামনে উপনিষদের একখানি ছিন্ন পত্র উড়ে এসে পড়ল। মরুভূমির মধ্যে পথিক যখন হতাশ হয়ে ঘুরে বেড়াচ্ছে তখন অকস্মাৎ জলচর পাখিকে আকাশে উড়ে যেতে দেখে সে যেমন জানতে পারে তার তৃষ্ণার জল যেখানে সেখানকার পথ কোন্ দিকে, এই ছিন্ন পত্রটিও তেমনি তাঁকে একটি পথ দেখিয়ে দিলে। সেই পথটি সকলের চেয়ে প্রশস্ত এবং সকলের চেয়ে সরল, যৎ কিঞ্চ জগত্যাং জগৎ, জগতে যেখানে যা কিছু আছে সমস্তর ভিতর দিয়েই সে পথ চলে গিয়েছে, এবং সমস্তর ভিতর দিয়েই সেই পরম চৈতন্যস্বরূপের কাছে গিয়ে পৌঁচেছে যিনি সমস্তকেই আচ্ছন্ন করে রয়েছেন।

তার পর থেকে তিনি নদীপর্বত-সমুদ্রপ্রান্তরে যেখানেই ঘুরে বেড়িয়েছেন কোথাও আর তাঁর প্রিয়তমকে হারান নি, কেননা তিনি যে সর্বত্রই আর তিনি যে আত্মার মাঝখানেই। যিনি আত্মার ভিতরেই তাঁকেই আবার দেশে দেশে দিকে দিকে সর্বত্রই ব্যাপকভাবে দেখতে

পাবার কত সুখ, যিনি বিশাল বিশ্বের সমস্ত বৈচিত্র্যের মধ্যে রূপরস-গীতগন্ধের নব নব রহস্যকে নিত্য নিত্য জাগিয়ে তুলে সমস্তকে আচ্ছন্ন করে রয়েছেন তাঁকেই আত্মার অন্তরতম নিভৃতে নিবিড়ভাবে উপলব্ধি করবার কত আনন্দ!

এই উপলব্ধি করার মন্ত্রই হচ্ছে গায়ত্রী। অন্তরকে এবং বাহিরকে, বিশ্বকে এবং আত্মাকে একের মধ্যে যোগযুক্ত করে জানাই হচ্ছে এই মন্ত্রের সাধনা এবং এই সাধনাই ছিল মহর্ষির জীবনের সাধনা।

জীবনের এই সাধনাটিকে তিনি তাঁর উপদেশ ও বক্তৃতার মধ্যে ভাষার দ্বারা প্রকাশ করেছেন, কিন্তু সকলের চেয়ে সম্পূর্ণ সৌন্দর্যে প্রকাশ পেয়েছে শান্তিনিকেতন আশ্রমটির মধ্যে। কারণ, এই প্রকাশের ভার তিনি একলা নেন নি। এই প্রকাশের কাজে এক দিকে তাঁর ভগবৎ-পূজায়-উৎসর্গ-করা সমস্ত জীবনটি রয়ে গেছে; আর-এক দিকে আছে সেই প্রান্তর, সেই আকাশ, সেই তরুশ্রেণী। এই দুই এখানে মিলিত হয়েছে— ভূর্ভুবঃ স্বঃ এবং ধিয়ঃ। এমনি করে গায়ত্রীমন্ত্র যেখানেই প্রত্যক্ষ-রূপ ধারণ করেছে, যেখানেই সাধকের মঙ্গলপূর্ণ চিত্তের সঙ্গে প্রকৃতির শান্তিপূর্ণ সৌন্দর্য মিলিত হয়ে গেছে, সেইখানেই পুণ্যতীর্থ।

আমরা যারা এই আশ্রমে বাস করছি, হে শান্তিনিকেতনের অধিদেবতা, আজ উৎসবের শুভদিনে তোমার কাছে আমাদের এই প্রার্থনা, তুমি আমাদের সেই চেতনাটি সর্বদা জাগিয়ে রেখে দাও যাতে আমরা যথার্থ তীর্থবাসী হয়ে উঠতে পারি। গ্রন্থের মধ্যে কীট যেমন তীক্ষ্ণ ক্ষুধার দংশনে গ্রন্থকে কেবল নষ্টই করে, তার সত্যকে লেশমাত্রও লাভ করে না, আমরাও যেন তেমনি করে নিজেদের অসংযত প্রবৃত্তিসকল নিয়ে এই আশ্রমের মধ্যে কেবল ছিদ্র বিস্তার করতে না থাকি, আমরা এর ভিতরকার আনন্দময় সত্যটিকে যেন প্রতিদিন জীবনের মধ্যে গ্রহণ করবার জন্যে প্রস্তুত হতে পারি। আমরা যে সুযোগ যে অধিকার পেয়েছি অচেতন হয়ে কেবলই যেন তাকে নষ্ট করতে না থাকি। এখানে যে সাধকের চিত্তটি রয়েছে সে যেন

আমাদের চিত্তকে উদ্‌বোধিত করে তোলে, যে মন্ত্রটি রয়েছে সে যেন আমাদের মননের মধ্যে ধ্বনিত হয়ে ওঠে; আমরাও যেন আমাদের জীবনটিকে এই আশ্রমের সঙ্গে এমনভাবে মিলিয়ে যেতে পারি যে, সেটি এখানকার পক্ষে চিরদিনের দানস্বরূপ হয়। হে আশ্রমদেব, দেওয়া এবং পাওয়া যে একই কথা। আমরা যদি নিজেকে না দিতে পারি তা হলে আমরা পাবও না, আমরা যদি এখান থেকে কিছু পেয়ে যাই এমন ভাগ্য আমাদের হয় তা হলে আমরা দিয়েও যাব— তা হলে আমাদের জীবনটি আশ্রমের তরুপল্লবের মর্মরধ্বনির মধ্যে চিরকাল মর্মরিত হতে থাকবে। এখানকার আকাশের নির্মল নীলিমার মধ্যে আমরা মিশব; এখানকার প্রান্তরের উদার বিস্তারের মধ্যে আমরা বিস্তীর্ণ হব; আমাদের আনন্দ এখানকার পথিকদের স্পর্শ করবে, এখানকার অতিথিদের অভ্যর্থনা করবে। এখানে যে সৃষ্টিকার্যটি নিঃশব্দে চিরদিনই চলছে তারই মধ্যে আমরাও চিরকালের মতো ধরা পড়ে যাব। বৎসরের পর বৎসর যেমন আসবে, ঋতুর পর ঋতু যেমন ফিরবে, তেমনি এখানকার শালবনে ফুল ফোটার মধ্যে, পূর্বদিগন্তে মেঘ ওঠার মধ্যে, এই কথাটি চিরদিন ফিরে ফিরে আসবে, ঘুরে ঘুরে বেড়াবে যেঃ হে আনন্দময়, তোমার মধ্যে আনন্দ পেয়েছি! হে সুন্দর, তোমার পানে চেয়ে মুগ্ধ হয়েছি! হে পবিত্র, তোমার শুভ্র হস্ত আমার হৃদয়কে স্পর্শ করেছে! হে অন্তরের ধন, তোমাকে বাহিরে পেয়েছি! হে বাহিরের ঈশ্বর, তোমাকে অন্তরের মধ্যে লাভ করেছি!

হে ভক্তের হৃদয়ানন্দ, আমরা যে তোমাকে সমস্ত মনপ্রাণ দিয়ে ভক্তি করতে পারি নে তার একটিমাত্র কারণ এই, আমরা তোমার মতো হতে পারি নি। তুমি আত্মদা, বিশ্বব্রহ্মাণ্ডে তুমি আপনাকে অজস্র দান করছ। আমরা স্বার্থ নিয়েই আছি, আমাদের ভিক্ষুকতা কিছুতেই ঘোচে না। আমাদের কর্ম, আমাদের ত্যাগ, স্বত-উচ্ছ্বসিত আনন্দের মধ্য থেকে উদ্‌বেল হয়ে উঠছে না। সেইজন্যে তোমার সঙ্গে আমাদের মিল হচ্ছে না। আনন্দের টানে আপনি আমরা আনন্দস্বরূপের মধ্যে গিয়ে পৌঁছতে পারছি নে, আমাদের ভক্তি তাই সহজ ভক্তি হয়ে উঠছে

না। তোমার যাঁরা ভক্ত তাঁরাই আমাদের এই অনৈক্যের সেতুস্বরূপ হয়ে তোমার সঙ্গে আমাদের মিলিয়ে রেখে দেন; আমরা তোমার ভক্তদের ভিতর দিয়ে তোমাকে দেখতে পাই, তোমারই স্বরূপকে মানুষের ভিতর দিয়ে ঘরের মধ্যে লাভ করি। দেখি যে তাঁরা কিছু চান না, কেবল আপনাকে দান করেন; সে দান মঙ্গলের উৎস থেকে আপনিই উৎসারিত হয়, আনন্দের নির্ঝর থেকে আপনিই ঝরে পড়ে; তাঁদের জীবন চার দিকে মঙ্গললোক সৃষ্টি করতে থাকে, সেই সৃষ্টি আনন্দের সৃষ্টি। এমনি করে তাঁরা তোমার সঙ্গে মিলেছেন। তাঁদের জীবনে ক্লান্তি নেই, ভয় নেই, ক্ষতি নেই; কেবলই প্রাচুর্য, কেবলই পূর্ণতা। দুঃখ যখন তাঁদের আঘাত করে তখনো তাঁরা দান করেন, সুখ যখন তাঁদের ঘিরে থাকে তখনো তাঁরা বর্ষণ করেন। তাঁদের মধ্যে মঙ্গলের এই রূপ যখন দেখতে পাই, আনন্দের এই প্রকাশ যখন উপলব্ধি করি তখন, হে পরমমঙ্গল পরমানন্দ, তোমাকে আমরা কাছে পাই; তখন তোমাকে নিঃসংশয় সত্য-রূপে বিশ্বাস করা আমাদের পক্ষে তেমন অসাধ্য হয় না। ভক্তের হৃদয়ের ভিতর দিয়ে তোমার যে মধুময় প্রকাশ, ভক্তের জীবনের উপর দিয়ে তোমার প্রসন্ন মুখের যে প্রতিফলিত স্নিগ্ধ রশ্মি, সেও তোমার জগদ্ব্যাপী বিচিত্র আত্মদানের একটি বিশেষ ধারা; ফুলের মধ্যে যেমন তোমার গন্ধ, ফলের মধ্যে যেমন তোমার রস, ভক্তের ভিতর দিয়েও তোমার আত্মদানকে আমরা যেন তেমনি আনন্দের সঙ্গে ভোগ করতে পারি। পৃথিবীতে জন্মগ্রহণ করে এই ভক্তিসুধা-সরস তোমার অতিমধুর লাবণ্য যেন আমরা না দেখে চলে না যাই। তোমার এই সৌন্দর্য তোমার কত ভক্তের জীবন থেকে কত রঙ নিয়ে যে মানবলোকের আনন্দকানন সাজিয়ে তুলেছে, তা যে দেখেছে সেই মুগ্ধ হয়েছে। অহংকারের অন্ধতা থেকে যেন এই দেবদুর্লভ দৃশ্য হতে বঞ্চিত না হই। যেখানে তোমার একজন ভক্তের হৃদয়ের প্রেমস্রোতে তোমার আনন্দধারা একদিন মিলেছিল আমরা সেই পুণ্যসংগমের তীরে নিভৃত বনচ্ছায়ায় আশ্রয় নিয়েছি; মিলনসংগীত এখনো সেখানকার সূর্যোদয়ে সূর্যাস্তে,

সেখানকার নিশীথরাত্রের নিস্তব্ধতায় বেজে উঠছে। থাকতে থাকতে, শুনতে শুনতে, সেই সংগীতে আমরাও যেন কিছু সুর মিলিয়ে যেতে পারি এই আশীর্বাদ করো। কেননা, জগতে যত সুর বাজে তার মধ্যে এই সুরই সব চেয়ে গভীর, সব চেয়ে মিষ্ট— মিলনের আনন্দে মানুষের আত্মার এই গান, ভক্তিবীণায় এই তোমার অঙ্গুলির স্পর্শ, এই সোনার তারের মূর্ছনা।

১৩১৬

৩

এই বিশ্বচরাচরে আমরা বিশ্বকবির যে লীলা চারি দিকেই দেখতে পাচ্ছি সে হচ্ছে সামঞ্জস্যের লীলা। সুর, সে যত কঠিন সুরই হোক, কোথাও ভ্রষ্ট হচ্ছে না; তাল, সে যত দুরূহ তালই হোক, কোনো জায়গায় তার স্খলনমাত্র নেই। চারি দিকেই গতি এবং স্ফূর্তি, স্পন্দন এবং নর্তন, অথচ সর্বত্রই অপ্রমত্ততা। পৃথিবী প্রতি মুহূর্তে প্রবল বেগে সূর্যকে প্রদক্ষিণ করছে, সূর্য প্রতি মুহূর্তে প্রবল বেগে কোনো এক অপরিজ্ঞাত লক্ষ্যের অভিমুখে ছুটে চলেছে, কিন্তু আমাদের মনে ভাবনামাত্র নেই— আমরা সকালবেলায় নির্ভয়ে জেগে উঠে দিবসের তুচ্ছতম কাজটুকুও সম্পন্ন করবার জন্যে মনোযোগ করি এবং রাত্রে এ কথা নিশ্চয় জেনে শুতে যাই যে, দিবসের আয়োজনটি যেখানে যেমনভাবে আজ ছিল সমস্ত রাত্রির অন্ধকার ও অচেতনতার পরেও ঠিক তাকে সেই জায়গাতেই তেমনি করেই কাল পাওয়া যাবে। কেননা, সর্বত্র সামঞ্জস্য আছে; এই অতি প্রকাণ্ড অপরিচিত জগৎকে আমরা এই বিশ্বাসেই প্রতি মুহূর্তে বিশ্বাস করি।

অথচ এই সামঞ্জস্য তো সহজ সামঞ্জস্য নয়— এ তো মেষে ছাগে সামঞ্জস্য নয়, এ যেন বাঘে গোরুতে এক ঘাটে জল খাওয়ানো। এই জগৎক্ষেত্রে যে সব শক্তির লীলা তাদের যেমন প্রচণ্ডতা, তেমনি

তাদের বিরুদ্ধতা— কেউ বা পিছনের দিকে টানে, কেউ বা সামনের দিকে ঠেলে; কেউ বা গুটিয়ে আনে, কেউ বা ছড়িয়ে ফেলে; কেউ বা বজ্রমুষ্টিতে সমস্তকে তাল পাকিয়ে নিরেট করে ফেলবার জন্যে চাপ দিচ্ছে, কেউ বা তার চক্রযন্ত্রের প্রবল আবর্তে সমস্তকে গুঁড়িয়ে দিয়ে দিগ্‌বিদিকে উড়িয়ে ফেলবার জন্যে ঘুরে ঘুরে বেড়াচ্ছে। এই সমস্ত শক্তি অসংখ্য বেশে এবং অসংখ্য তালে ক্রমাগতই আকাশময় ছুটে চলেছে— তার বেগ, তার বল, তার লক্ষ্য, তার বিচিত্রতা আমাদের ধারণাশক্তির অতীত; কিন্তু এই সমস্ত প্রবলতা বিরুদ্ধতা বিচিত্রতার উপরে অধিষ্ঠিত অবিচলিত অখণ্ড সামঞ্জস্য। আমরা যখন জগৎকে কেবল তার কোনো একটামাত্র দিক থেকে দেখি তখন গতি এবং আঘাত এবং বিনাশ দেখি, কিন্তু সমগ্রকে যখন দেখি তখন দেখতে পাই নিস্তব্ধ সামঞ্জস্য। এই সামঞ্জস্যই হচ্ছে তাঁর স্বরূপ যিনি শান্তংশিবমদ্বৈতম্। জগতের মধ্যে সামঞ্জস্য তিনি শান্তম্, সমাজের মধ্যে সামঞ্জস্য তিনি শিবম্, আত্মার মধ্যে সামঞ্জস্য তিনি অদ্বৈতম্।

আমাদের আত্মার যে সত্যসাধনা তার লক্ষ্যও এই দিকে, এই পরিপূর্ণতার দিকে, এই শান্ত শিব অদ্বৈতের দিকে— কখনোই প্রমত্ততার দিকে নয়। আমাদের যিনি ভগবান তিনি কখনোই প্রমত্ত নন; নিরবচ্ছিন্ন সৃষ্টিপরম্পরার ভিতর দিয়ে অনন্ত দেশ ও অনন্ত কাল এই কথারই কেবল সাক্ষ্য দিচ্ছে: এষ সেতুর্বিধরণো লোকানামসম্ভেদায়।

এই অপ্রমত্ত পরিপূর্ণ শান্তিকে লাভ করবার অভিপ্রায় একদিন এই ভারতবর্ষের সাধনার মধ্যে ছিল। উপনিষদে ভগবদ্গীতায় আমরা এর পরিচয় যথেষ্ট পেয়েছি।

মাঝখানে ভারতবর্ষে বৌদ্ধযুগের যখন আধিপত্য হল তখন আমাদের সেই সনাতন পরিপূর্ণতার সাধনা নির্বাণের সাধনার আকার ধারণ করল। স্বয়ং বুদ্ধের মনে এই নির্বাণ শব্দটির অর্থ যে কী ছিল তা এখানে আলোচনা করে কোনো ফল নেই; কিন্তু দুঃখের হাত থেকে নিস্তার পাবার জন্যে শূন্যতার মধ্যে ঝাঁপ দিয়ে আত্মহত্যা করাই যে চরম সিদ্ধি, এই ধারণা বৌদ্ধযুগের পর হতে নানা আকারে ন্যূনাধিক

পরিমাণে সমস্ত ভারতবর্ষে ছড়িয়ে গিয়েছে।

এমনি করে পূর্ণতার শান্তি একদিন শূন্যতার শান্তিআকারে ভারতবর্ষের সাধনাক্ষেত্রে দেখা দিয়েছিল। সমস্ত বাসনাকে নিরস্ত করে সমস্ত প্রবৃত্তির মূলোচ্ছেদ করে দিয়ে, তবেই পরম শ্রেয়কে লাভ করা যায়, এই মত যেদিন থেকে ভারতবর্ষে তার সহস্র মূল বিস্তার করে দাঁড়াল সেই দিন থেকে ভারতবর্ষের সাধনায় সামঞ্জস্যের স্থলে রিক্ততা এসে দাঁড়াল— সেই দিন থেকে প্রাচীন তাপসাশ্রমের স্থলে আধুনিক কালের সন্ন্যাসাশ্রম প্রবল হয়ে উঠল এবং উপনিষদের পূর্ণস্বরূপ ব্রহ্ম শঙ্করাচার্যের শূন্যস্বরূপ ব্রহ্মরূপে প্রচ্ছন্ন বৌদ্ধবাদে পরিণত হলেন।

কেবলমাত্র কঠোর চিন্তার জোরে মানুষ নিজের বাসনা ও প্রবৃত্তিকে মুছে ফেলে, জগদ্‌ব্রহ্মাণ্ডকে বাদ দিয়ে, শরীরের প্রাণক্রিয়াকে অবরুদ্ধ করে একটি গুণলেশহীন অবচ্ছিন্ন (Abstract) সত্তার ধ্যানে নিযুক্ত থাকতেও পারে, কিন্তু দেহমনহৃদয়বিশিষ্ট সমগ্র মানুষের পক্ষে এরকম অবস্থায় অবস্থিতি করা অসম্ভব এবং সে তার পক্ষে কখনোই প্রার্থনীয় হতে পারে না। এই কারণেই তখনকার জ্ঞানীরা যাকে মানুষের চরম শ্রেয় বলে মনে করতেন তাকে সকল মানুষের সাধ্য বলে গণ্যই করতেন না। এই কারণে এই শ্রেয়ের পথে তাঁরা বিশ্বসাধারণকে আহ্বান করতেই পারতেন না— বরঞ্চ অধিকাংশকেই অনধিকারী বলে ঠেকিয়ে রাখতেন এবং এই সাধারণ লোকেরা মূঢ়ভাবে যে কোনো বিশ্বাস ও সংস্কারকে আশ্রয় করত তাকে তাঁরা সকরুণ অবজ্ঞাভরে প্রশ্রয় দিতেন। যেখানে যেটা যেমনভাবে আছে ও চলছে তাই নিয়েই সাধারণ মানুষ সন্তুষ্ট থাকুক এই তাঁদের কথা ছিল, কারণ, সত্য মানুষের পক্ষে এতই সুদূর, এতই দুরধিগম্য, এবং সত্যকে পেতে গেলে নিজের স্বভাবকে মানুষের এমনি সম্পূর্ণ বিপর্যস্ত করে দিতে হয়!

দেশের জ্ঞান এবং দেশের অজ্ঞানের মধ্যে, দেশের সাধনা এবং দেশের সংসারযাত্রার মধ্যে, এত বড়ো একটা বিচ্ছেদ কখনোই

সুস্থভাবে স্থায়ী হতে পারে না। বিচ্ছেদ যেখানে একান্ত প্রবল সেখানে বিপ্লব না এসে তার সমন্বয় হয় না— কি রাষ্ট্রতন্ত্রে, কি সমাজতন্ত্রে, কি ধর্মতন্ত্রে।

আমাদের দেশেও তাই হল। মানুষের সাধনাক্ষেত্র থেকে জ্ঞানী যে হৃদয়পদার্থকে অত্যন্ত জোর করে একেবারে সম্পূর্ণ নির্বাসিত করে দিয়েছিল সেই হৃদয় অত্যন্ত জোরের সঙ্গেই অধিকার-অনধিকারের বেড়া চুরমার করে ভেঙে বন্যার বেগে দেখতে দেখতে একেবারে চতুর্দিক প্লাবিত করে দিলে, অনেক দিন পরে সাধনার ক্ষেত্রে মানুষের সঙ্গে মানুষের মিলন খুব ভরপুর হয়ে উঠল।

এখন আবার সকলে একেবারে উল্টো সুর এই ধরলে যে, হৃদয়বৃত্তির চরিতার্থতাই মানুষের সিদ্ধির চরম পরিচয়। হৃদয়বৃত্তির অত্যন্ত উত্তেজনার যে সমস্ত দৈহিক ও মানসিক লক্ষণ আছে সাধনায় সেগুলির প্রকাশই মানুষের কাছে একান্ত শ্রদ্ধালাভ করতে লাগল।

এই অবস্থায় স্বভাবত মানুষ আপনার ভগবানকেও প্রমত্ত আকারে দেখতে লাগল। তাঁর আর সমস্তকেই খর্ব করে কেবলমাত্র তাঁকে হৃদয়াবেগচাঞ্চল্যের মধ্যেই একান্ত করে উপলব্ধি করতে লাগল এবং সেইরকম উপলব্ধি থেকে যে একটি নিরতিশয় ভাববিহ্বলতা জন্মায় সেইটেকেই উপাসনার পরাকাষ্ঠা বলে গণ্য করে নিলে।

কিন্তু, ভগবানকে এইরকম করে দেখাও তাঁর সমগ্রতা থেকে তাঁকে অবচ্ছিন্ন করে দেখা। কারণ, মানুষ কেবলমাত্র হৃদয়পুঞ্জ নয়, এবং নানাপ্রকার উপায়ে শরীর-মনের সমস্ত শক্তিকে কেবলমাত্র হৃদয়াবেগের ধারায় প্রবাহিত করতে থাকলে কখনোই সর্বাঙ্গীণ মনুষ্যত্বের যোগে ঈশ্বরের সঙ্গে যোগসাধন হতে পারে না।

হৃদয়াবেগকেই চরমরূপে যখন প্রাধান্য দেওয়া হয় তখনি মানুষ এমন কথা অনায়াসে বলতে পারে যে, ভক্তিপূর্বক মানুষ যাকেই পূজা করুক না কেন, তাতেই তার সফলতা। অর্থাৎ, যেন পূজার বিষয়টি ভক্তিকে জাগিয়ে তোলবার একটা উপায়মাত্র, যার একটা উপায়ে ভক্তি না জন্মে তাকে অন্য যা-হয় একটা উপায় জুগিয়ে

দেওয়ায় যেন কোনো বাধা নেই। এই অবস্থায় উপলক্ষটা যাই হোক, ভক্তির প্রবলতা দেখলেই আমাদের মনে শ্রদ্ধার উদয় হয়— কারণ, প্রমত্ততাকেই আমরা সিদ্ধি বলে মনে করি।

এইরকম হৃদয়াবেগের প্রমত্ততাকেই আমরা অসামান্য আধ্যাত্মিক শক্তির লক্ষণ বলে মনে করি, তার কারণ আছে। যেখানে সামঞ্জস্য নষ্ট হয় সেখানে শক্তিপুঞ্জ এক দিকে কাত হয়ে পড়ে বলেই তার প্রবলতা চোখে পড়ে। কিন্তু, সে তো এক দিক থেকে চুরি করে অন্য দিককে স্ফীত করা। যে দিক থেকে চুরি হয় সে দিক থেকে নালিশ ওঠে; তার শোধ দিতেই হয় এবং তার শাস্তি না পেয়ে নিষ্কৃতি হয় না। সমস্ত চিত্তবৃত্তিকে কেবলমাত্র হৃদয়াবেগের মধ্যে প্রতিসংহরণের চর্চায় মানুষ কখনোই মনুষ্যত্ব লাভ করে না এবং মনুষ্যত্বের যিনি চরম লক্ষ্য তাঁকেও লাভ করতে পারে না।

নিজের মনের ভক্তির চরিতার্থতাই যখন মানুষের প্রধান লক্ষ্য হয়ে উঠল, বস্তুত দেবতা যখন উপলক্ষ হয়ে উঠলেন এবং ভক্তিকে ভক্তি করাই যখন নেশার মতো ক্রমশই উগ্র হয়ে উঠতে লাগল— মানুষ যখন পূজা করবার আবেগটাকেই প্রার্থনা করলে, কাকে পূজা করতে হবে সে দিকে চিন্তামাত্র প্রয়োগ করলে না, এবং এই কারণেই যখন তার পূজার সামগ্রী দ্রুতবেগে যেখানে-সেখানে যেমন-তেমন ভাবে নানা আকার ও নানা নাম ধরে অজস্র অপরিমিত বেড়ে উঠল এবং সেইগুলিকে অবলম্বন করে নানা সংস্কার নানা কাহিনী নানা আচার-বিচার জড়িত বিজড়িত হয়ে উঠতে লাগল— জগদ্‌ব্যাপারের সর্বত্রই একটা জ্ঞানের ন্যায়ের নিয়মের অমোঘ ব্যবস্থা আছে এই ধারণা যখন চতুর্দিকে ধূলিসাৎ হতে চলল— তখন সেই অবস্থায় আমাদের দেশে সত্যের সঙ্গে রসের, জ্ঞানের সঙ্গে ভক্তির একান্ত বিচ্ছেদ ঘটে গেল।

একদা বৈদিক যুগে কর্মকাণ্ড যখন প্রবল হয়ে উঠেছিল তখন নিরর্থক কর্মই মানুষকে চরমরূপে অধিকার করেছিল; কেবল নানা জটিল নিয়মে বেদি সাজিয়ে, কেবল মন্ত্র পড়ে, কেবল আহুতি ও বলি দিয়ে মানুষ সিদ্ধিলাভ করতে পারে এই ধারণাই একান্ত হয়ে উঠেছিল;

তখন মন্ত্র এবং অনুষ্ঠানই দেবতা এবং মানুষের হৃদয়ের চেয়ে বড়ো হয়ে দাঁড়াল। তার পরে জ্ঞানের সাধনার যখন প্রাদুর্ভাব হল তখন মানুষের পক্ষে জ্ঞানই একমাত্র চরম হয়ে উঠল— কারণ, যাঁর সম্বন্ধে জ্ঞান তিনি নির্গুণ নিষ্ক্রিয়, সুতরাং তাঁর সঙ্গে আমাদের কোনোপ্রকার সম্বন্ধ হতেই পারে না; এ অবস্থায় ব্রহ্মজ্ঞান-নামক পদার্থটাতে জ্ঞানই সমস্ত, ব্রহ্ম কিছুই নয় বললেই হয়। একদিন নিরর্থক কর্মই চূড়ান্ত ছিল; জ্ঞান ও হৃদ্‌বৃত্তিকে সে লক্ষ্যই করে নি, তার পরে যখন জ্ঞান বড়ো হয়ে উঠল তখন সে আপনার অধিকার থেকে হৃদয় ও কর্ম উভয়কে নির্বাসিত করে দিয়ে নিরতিশয় বিশুদ্ধ হয়ে থাকবার চেষ্টা করলে। তার পরে ভক্তি যখন মাথা তুলে দাঁড়াল তখন সে জ্ঞানকে পায়ের তলায় চেপে ও কর্মকে রসের স্রোতে ভাসিয়ে দিয়ে একমাত্র নিজেই মানুষের পরম স্থানটি সম্পূর্ণ জুড়ে বসল; দেবতাকেও সে আপনার চেয়ে ছোটো করে দিলে, এমন-কি, ভাবের আবেগকে মথিত করে তোলবার জন্যে বাহিরে কৃত্রিম উত্তেজনার বাহ্যিক উপকরণগুলিকেও আধ্যাত্মিক সাধনার অঙ্গ করে নিলে।

এইরূপ গুরুতর আত্মবিচ্ছেদের উচ্ছৃঙ্খলতার মধ্যে মানুষ চিরদিন বাস করতে পারে না। এই অবস্থায় মানুষ কেবল কিছুকাল পর্যন্ত নিজের প্রকৃতির একাংশের তৃপ্তি সাধনের নেশায় বিহ্বল হয়ে থাকতে পারে, কিন্তু তার সর্বাংশের ক্ষুধা একদিন না জেগে উঠে থাকতে পারে না।

সেই পূর্ণ মনুষ্যত্বের সর্বাঙ্গীণ আকাঙ্ক্ষাকে বহন করে এ দেশে রামমোহন রায়ের আবির্ভাব হয়েছিল। ভারতবর্ষে তিনি যে কোনো নূতন ধর্মের সৃষ্টি করেছিলেন তা নয়; ভারতবর্ষে যেখানে ধর্মের মধ্যে পরিপূর্ণতার রূপ চিরদিনই ছিল, যেখানে বৃহৎ সামঞ্জস্য, যেখানে শান্তং-শিবমদ্বৈতম্, সেইখানকার সিংহদ্বার তিনি সর্বসাধারণের কাছে উদ্‌ঘাটিত করে দিয়েছিলেন।

সত্যের এই পরিপূর্ণতাকে এই সামঞ্জস্যকে পাবার ক্ষুধা যে কিরকম প্রবল এবং তাকে আপনার মধ্যে কিরকম করে গ্রহণ ও

ব্যক্ত করতে হয়, মহর্ষি দেবেন্দ্রনাথের সমস্ত জীবনে সেইটেই প্রকাশ হয়েছে।

তাঁর স্নেহময়ী দিদিমার মৃত্যুশোকের আঘাতে মহর্ষির ধর্মজীবন প্রথম জাগ্রত হয়ে উঠেই যে ক্ষুধার কান্না কেঁদেছে তার মধ্যে একটি বিস্ময়কর বিশেষত্ব আছে।

শিশু যখন খেলবার জন্যে কাঁদে তখন হাতের কাছে যে কোনো একটা খেলনা পাওয়া যায় তাই দিয়েই তাকে ভুলিয়ে রাখা সহজ, কিন্তু সে যখন মাতৃস্তন্যের জন্যে কাঁদে তখন তাকে আর কিছু দিয়েই ভোলাবার উপায় নেই। যে লোক নিজের বিশেষ একটা হৃদয়াবেগকে কোনো একটা কিছুতে প্রয়োগ করবার ক্ষেত্রমাত্র চায় তাকে থামিয়ে রাখবার জিনিস জগতে অনেক আছে— কিন্তু কেবলমাত্র ভাবসম্ভোগ যার লক্ষ্য নয়, যে সত্য চায়, সে তো ভুলতে চায় না, সে পেতে চায়। কাজেই সত্য কোথায় পাওয়া যাবে এই সন্ধানে তাকে সাধনার পথে বেরোতেই হবে— তাতে বাধা আছে, দুঃখ আছে, তাতে বিলম্ব ঘটে, তাতে আত্মীয়েরা বিরোধী হয়, সমাজের কাছ থেকে আঘাত বর্ষিত হতে থাকে; কিন্তু উপায় নেই, তাকে সমস্তই স্বীকার করতে হয়।

এই যে সত্যকে পাবার ইচ্ছা এ কেবল জিজ্ঞাসামাত্র নয়, কেবল জ্ঞানে পাবার ইচ্ছা নয়, এর মধ্যে হৃদয়ের দুঃসহ ব্যাকুলতা আছে— তাঁর ছিল সত্যকে কেবল জ্ঞানরূপে নয়, আনন্দরূপে পাবার বেদনা। এইখানে তাঁর প্রকৃতি স্বভাবতই একটি সম্পূর্ণ সামঞ্জস্যকে চাচ্ছিল। আমাদের দেশে এক সময়ে বলেছিল, ব্রহ্মসাধনার ক্ষেত্রে ভক্তির স্থান নেই এবং ভক্তি-সাধনার ক্ষেত্রে ব্রহ্মের স্থান নেই, কিন্তু মহর্ষি ব্রহ্মকে চেয়েছিলেন জ্ঞানে এবং ভক্তিতে, অর্থাৎ সমস্ত প্রকৃতি দিয়ে সম্পূর্ণ করে তাঁকে চেয়েছিলেন —এইজন্যে ক্রমাগত নানা কষ্ট নানা চেষ্টা নানা গ্রহণবর্জনের মধ্যে দিয়ে যেতে যেতে যতক্ষণ তাঁর চিত্ত তাঁর অমৃতময় ব্রহ্মে, তাঁর আনন্দের ব্রহ্মে, গিয়ে না ঠেকেছিল ততক্ষণ একমুহূর্ত তিনি থামতে পারেন নি।

এই কারণে তাঁর জীবনে ব্রহ্মজ্ঞান একটি বিশেষত্ব লাভ করেছিল

এই যে, সে জ্ঞানকে সর্বসাধারণের কাছে না ধরে তিনি ক্ষান্ত হন নি।

জ্ঞানীর ব্রহ্মজ্ঞান কেবল জ্ঞানের গণ্ডির মধ্যেই বদ্ধ থাকে। সেই জন্যেই এ দেশের লোকে অনেক সময়েই বলে থাকে, ব্রহ্মজ্ঞানের আবার প্রচার কী।

কিন্তু ব্রহ্মকে যিনি হৃদয়ের দ্বারা উপলব্ধি করেছেন তিনি এ কথা বুঝেছেন, ব্রহ্মকে পাওয়া যায়, হৃদয়ের মধ্যে প্রত্যক্ষ পাওয়া যায়— শুধু জ্ঞানে জানা যায় তা নয়, রসে পাওয়া যায়, কেননা সমস্ত রসের সার তিনিঃ রসো বৈ সঃ। যিনি হৃদয় দিয়ে ব্রহ্মকে পেয়েছেন তিনি উপনিষদের এই মহাবাক্যের অর্থ বুঝেছেন—

যতো বাচো নিবর্তন্তে অপ্রাপ্য মনসা সহ
আনন্দং ব্রহ্মণো বিদ্বান্ ন বিভেতি কুতশ্চন।

জ্ঞান যখন তাঁকে পেতে চায় এবং বাক্য প্রকাশ করতে চায় তখন বারবার ফিরে ফিরে আসে, কিন্তু আনন্দ দিয়ে যখন সেই আনন্দের যোগ হয় তখন সেই প্রত্যক্ষ যোগে সমস্ত ভয় সমস্ত সংশয় দুর হয়ে যায়।

আনন্দের মধ্যে সমস্ত বোধের পরিপূর্ণতা— মন ও হৃদয়ের, জ্ঞান ও ভক্তির অখণ্ড যোগ।

আনন্দ যখন জাগে তখন সকলকে সে আহ্বান করে; সে গণ্ডির মধ্যে আপনাকে নিয়ে আপনি রুদ্ধ হয়ে বসে থাকতে পারে না। সে এ কথা কাউকে বলে না যে 'তুমি দুর্বল, তোমার সাধ্য নেই'। কেননা, আনন্দের কাছে কোনো কঠিনতাই কঠিন নয়— আনন্দ সেই আনন্দের ধনকে এতই একান্ত করে, এতই নিবিড় করে দেখে যে, সে তাঁকে দুষ্প্রাপ্য বলে কোনো লোককেই বঞ্চিত করতে চায় না; পথ যত দীর্ঘ যত দুর্গম হোক-না, এই পরমলাভের কাছে সে কিছুই নয়।

এই কারণে পৃথিবীতে এ পর্যন্ত যে কোনো মহাত্মা আনন্দ দিয়ে তাঁকে লাভ করেছেন তাঁরা অমৃতভাণ্ডারের দ্বার বিশ্বজনের কাছে খুলে দেবার জন্যেই দাঁড়িয়েছেন; আর যাঁরা কেবলমাত্র জ্ঞান বা কেবলমাত্র আচারের মধ্যে নিবিষ্ট তাঁরাই পদে পদে ভেদ-বিভেদের

দ্বারা মানুষের পরস্পর মিলনের উদার ক্ষেত্রকে একেবারে কণ্টকাকীর্ণ করে দেন। তাঁরা কেবল না'এর দিক থেকে সমস্ত দেখেন, হাঁ'এর দিক থেকে নয়— এইজন্যে তাঁদের ভরসা নেই, মানুষের প্রতি শ্রদ্ধা নেই এবং ব্রহ্মকেও তাঁরা নিরতিশয় শূন্যতার মধ্যে নির্বাসিত করে রেখে দেন।

মহর্ষি দেবেন্দ্রনাথের চিত্তে যখন ধর্মের ব্যাকুলতা প্রবল হল তখন তিনি যে অনন্ত নেতি-নেতিকে নিয়ে পরিতৃপ্ত হতে পারেন নি সেটা আশ্চর্যের বিষয় নয়, কিন্তু তিনি যে সেই ব্যাকুলতার বেগে সমাজের ও পরিবারের চিরসংস্কারগত অভ্যস্ত পথে তাঁর ব্যথিত হৃদয়কে সমর্পণ করে দিয়ে কোনোমতে তার কান্নাকে থামিয়ে রাখতে চেষ্টা করেন নি এইটেই বিস্ময়ের বিষয়। তিনি কাকে চাচ্ছেন তা ভালো করে জানবার পূর্বেই তাঁকেই চেয়েছিলেন— জ্ঞান যাঁকে চিরকালই জানতে চায় এবং প্রেম যাঁকে চিরকালই পেতে থাকে।

এইজন্য জীবনের মধ্যে তিনি সেই ব্রহ্মকে গ্রহণ করলেন— পরিমিত পদার্থের মতো করে যাঁকে পাওয়া যায় না এবং শূন্যপদার্থের মতো যাঁকে না পাওয়া যায় না— যাঁকে পেতে গেলে এক দিকে জ্ঞানকে খর্ব করতে হয় না, অন্য দিকে প্রেমকে উপবাসী করে মারতে হয় না— যিনি বস্তু-বিশেষের দ্বারা নির্দিষ্ট নন অথবা বস্তুশূন্যতার দ্বারা অনির্দিষ্ট নন— যাঁর সম্বন্ধে উপনিষদ্ বলেছেন যে 'যে তাঁকে বলে আমি জানি সেও তাঁকে জানে না, যে বলে আমি জানি নে সেও তাঁকে জানে না'— এক কথায় যাঁর সাধনা হচ্ছে পরিপূর্ণ সামঞ্জস্যের সাধনা।

যাঁরা মহর্ষির জীবনী পড়েছেন তাঁরা সকলেই দেখেছেন, ভগবৎপিপাসা যখন তাঁর প্রথম জাগ্রত হয়ে উঠেছিল তখন কিরকম দুঃসহ বেদনার মধ্যে তাঁর হৃদয়কে তরঙ্গিত করে তুলেছিল। অথচ তিনি যখন ব্রহ্মানন্দের রসাস্বাদ করতে লাগলেন তখন তাঁকে উদ্দাম ভাবোন্মাদে আত্মবিস্মৃত করে দেয় নি। কারণ, তিনি যাঁকে জীবনে প্রতিষ্ঠিত করেছিলেন তিনি শান্তম্-শিবম্-অদ্বৈতম্— তাঁর মধ্যে

সমস্ত শক্তি, সমস্ত জ্ঞান, সমস্ত প্রেম অতলস্পর্শ পরিপূর্ণতায় পর্যাপ্ত হয়ে আছে। তাঁর মধ্যে বিশ্বচরাচর শক্তিতে ও সৌন্দর্যে নিত্যকাল তরঙ্গিত হচ্ছে— সে তরঙ্গ সমুদ্রকে ছাড়িয়ে চলে যায় না, এবং সমুদ্র সেই তরঙ্গের দ্বারা আপনাকে উদ্‌বেল করে তোলে না। তাঁর মধ্যে অনন্ত শক্তি বলেই শক্তির সংযম এমন অটল, অনন্ত রস বলেই রসের গাম্ভীর্য এমন অপরিমেয়।

এই শক্তির সংযমে, এই রসের গাম্ভীর্যে মহর্ষি চিরদিন আপনাকে ধারণ করে রেখেছিলেন; কারণ, ভূমার মধ্যেই আত্মাকে উপলব্ধি করবার সাধনা তাঁর ছিল। যাঁরা আধ্যাত্মিক অসংযমকেই আধ্যাত্মিক শক্তির পরিচয় বলে মনে করেন তাঁরা এই অবিচলিত শান্তির অবস্থাকেই দারিদ্র্য বলে কল্পনা করেন— তাঁরা প্রমত্ততার মধ্যে বিপর্যস্ত হয়ে পড়াকেই ভক্তির চরম অবস্থা বলে জানেন। কিন্তু যাঁরা মহর্ষিকে কাছে থেকে দেখেছেন, বস্তুত যাঁরা কিছুমাত্র তাঁর পরিচয় পেয়েছেন, তাঁরা জানেন যে, তাঁর প্রবল সংযম ও প্রশান্ত গাম্ভীর্য ভক্তিরসের দীনতাজনিত নয়। প্রাচীন ভারতের তপোবনের ঋষিরা যেমন তাঁর গুরু ছিলেন, তেমনি পারস্যের সৌন্দর্যকুঞ্জের বুলবুল হাফেজ তাঁর বন্ধু ছিলেন। তাঁর জীবনের আনন্দপ্রভাতে উপনিষদের শ্লোকগুলি ছিল প্রভাতের আলোক এবং হাফেজের কবিতাগুলি ছিল প্রভাতের গান। হাফেজের কবিতার মধ্যে যিনি আপনার রসোচ্ছ্বাসের সাড়া পেতেন তিনি যে তাঁর জীবনেশ্বরকে কিরকম নিবিড় রসবেদনাপূর্ণ মাধুর্যঘন প্রেমের সঙ্গে অন্তরে বাহিরে দেখেছিলেন সে কথা অধিক করে বলাই বাহুল্য।

ঐকান্তিক জ্ঞানের সাধনা যেমন শুষ্ক বৈরাগ্য আনে, ঐকান্তিক রসের সাধনাও তেমনি ভাববিহ্বলতার বৈরাগ্য নিয়ে আসে। সে অবস্থায় কেবলই রসের নেশায় আবিষ্ট হয়ে থাকতে ইচ্ছা করে, আর সমস্তের প্রতি একান্ত বিতৃষ্ণা জন্মে, এবং কর্মের বন্ধনমাত্রকে অসহ্য বলে বোধ হয়। অর্থাৎ, মনুষ্যত্বের কেবল একটিমাত্র দিক অত্যন্ত প্রবল হয়ে ওঠাতে অন্য সমস্ত দিক একেবারে রিক্ত হয়ে যায়, তখন

আমরা ভগবানের উপাসনাকে কেবলই একটিমাত্র অংশে অত্যুগ্র করে তুলি এবং অন্য সকল দিক থেকেই তাকে শূন্য করে রাখি।

ভগবৎলাভের জন্য একান্ত ব্যাকুলতা সত্ত্বেও এইরকম সামঞ্জস্যচ্যুত বৈরাগ্য মহর্ষির চিত্তকে কোনোদিন অধিকার করে নি। তিনি সংসারকে ত্যাগ করেন নি, সংসারের সুরকে ভগবানের ভক্তিতে বেঁধে তুলেছিলেন। ঈশ্বরের দ্বারা সমস্তকেই আচ্ছন্ন করে দেখবে, উপনিষদের এই উপদেশ-বাক্য-অনুসারে তিনি তাঁর সংসারের বিচিত্র সম্বন্ধ ও বিচিত্র কর্মকে ঈশ্বরের দ্বারাই পরিব্যাপ্ত করে দেখবার তপস্যা করেছিলেন। কেবল নিজের পরিবার নয়, জনসমাজের মধ্যেও ব্রহ্মকে উপলব্ধি করবার সমস্ত বিঘ্ন দূর করতে তিনি চিরজীবন চেষ্টা করেছেন। এইজন্য এই শান্তিনিকেতনের বিশাল প্রান্তরের মধ্যেই হোক আর হিমালয়ের নিভৃত গিরিশিখরেই হোক, নির্জন সাধনায় তাঁকে বেঁধে রাখতে পারে নি। তাঁর ব্রহ্ম একলার ব্রহ্ম নয়, তাঁর ব্রহ্ম শুধু জ্ঞানীর ব্রহ্ম নয়, শুধু ভক্তের ব্রহ্মও নয়, তাঁর ব্রহ্ম নিখিলের ব্রহ্ম— নির্জনে তাঁর ধ্যান, সজনে তাঁর সেবা; অন্তরে তাঁর স্মরণ, বাহিরে তাঁর অনুসরণ, জ্ঞানের দ্বারা তাঁর তত্ত্ব-উপলব্ধি, হৃদয়ের দ্বারা তাঁর প্রতি প্রেম, চরিত্রের দ্বারা তাঁর প্রতি নিষ্ঠা এবং কর্মের দ্বারা তাঁর প্রতি আত্মনিবেদন। এই যে পরিপূর্ণস্বরূপ ব্রহ্ম, সর্বাঙ্গীণ মনুষ্যত্বের পরিপূর্ণ উৎকর্ষের দ্বারাই আমরা যাঁর সঙ্গে যুক্ত হতে পারি, তাঁর যথার্থ সাধনাই হচ্ছে তাঁর যোগে সকলের সঙ্গেই যুক্ত হওয়া এবং সকলের যোগে তাঁরই সঙ্গে যুক্ত হওয়া— দেহ মন হৃদয়ের সমস্ত শক্তি দ্বারাই তাঁকে উপলব্ধি করা এবং তাঁর উপলব্ধির দ্বারা দেহ মন হৃদয়ের সমস্ত শক্তিকে বলশালী করা— অর্থাৎ, পরিপূর্ণ সামঞ্জস্যের পথকে গ্রহণ করা। মহর্ষি তাঁর ব্যাকুলতার দ্বারা এই সম্পূর্ণতাকেই চেয়েছিলেন এবং তাঁর জীবনের দ্বারা একেই নির্দেশ করেছিলেন।

ব্রহ্মের উপাসনা কাকে বলে সে সম্বন্ধে তিনি বলেছেন: তস্মিন্ প্রীতিস্তস্য প্রিয়কার্যসাধনঞ্চ তদুপাসনমেব। তাঁতে প্রীতি করা এবং তাঁর প্রিয়কার্য সাধন করাই তাঁর উপাসনা। এ কথা মনে রাখতে হবে,

আমাদের দেশে ইতিপূর্বে তাঁর প্রতি প্রীতি এবং তাঁর প্রিয়কার্যসাধন এই উভয়ের মধ্যে বিচ্ছেদ ঘটে গিয়েছিল। অন্তত প্রিয়কার্য শব্দের অর্থকে আমরা অত্যন্ত সংকীর্ণ করে এনেছিলুম; ব্যক্তিগত শুচিতা এবং কতকগুলি আচার-পালনকেই আমরা ঈশ্বরের প্রিয়কার্য বলে স্থির করে রেখেছিলুম। কর্ম যেখানে দুঃসাধ্য, যেখানে কঠোর, কর্মে যেখানে যথার্থ বীর্যের প্রয়োজন, যেখানে বাধার সঙ্গে সংগ্রাম করতে হবে, যেখানে অমঙ্গলের কণ্টকতরুকে রক্তাক্ত হস্তে সমূলে উৎপাটন করতে হবে, যেখানে অপমান নিন্দা নির্যাতন স্বীকার ক'রে প্রাচীন অভ্যাসের স্থূল জড়ত্বকে কঠিন দুঃখে ভেদ ক'রে জনসমাজের মধ্যে কল্যাণের প্রতিষ্ঠা করতে হবে, সেই দিকে আমরা দেবতার উপাসনাকে স্বীকার করি নি। দুর্বলতাবশতই এই পূর্ণ উপাসনায় আমাদের অনাস্থা ছিল এবং অনাস্থা ছিল বলেই আমাদের দুর্বলতা এপর্যন্ত কেবলই বেড়ে এসেছে। ভগবানের প্রতি প্রীতি ও তাঁর প্রিয়কার্যসাধনের মাঝখানে আমাদের চরিত্রের মজ্জাগত দুর্বলতা যে বিচ্ছেদ ঘটিয়ে দিয়েছিল সেই বিচ্ছেদ মিটিয়ে দেবার পথে একদিন মহর্ষি একলা দাঁড়িয়েছিলেন— তখন তাঁর মাথার উপরে বৈষয়িক বিপ্লবের প্রবল ঝড় বইতেছিল এবং চতুর্দিকে বিচ্ছিন্ন পরিবার ও বিরুদ্ধ সমাজের সর্বপ্রকার আঘাত এসে পড়ছিল, তারই মাঝখানে অবিচলিত শক্তিতে একাকী দাঁড়িয়ে তিনি তাঁর বাক্যে ও ব্যবহারে এই মন্ত্র ঘোষণা করেছিলেন: তস্মিন্ প্রীতিস্তস্য প্রিয়কার্যসাধনঞ্চ তদুপাসনমেব।

ভারতবর্ষ তার দুর্গতিদুর্গের যে রুদ্ধ দ্বারে শতাব্দীর পর শতাব্দী যাপন করেছে— আপনার ধর্মকে সমাজকে, আপনার আচারব্যবহারকে কেবলমাত্র আপনার কৃত্রিম গণ্ডির মধ্যে বেষ্টিত করে বসে রয়েছে— সেই দ্বার বাইরের পৃথিবীর প্রবল আঘাতে আজ ভেঙে গেছে। আজ আমরা সকলের কাছে প্রকাশিত হয়ে পড়েছি, সকলের সঙ্গে আজ আমাদের নানাপ্রকার ব্যবহারে আসতে হয়েছে। আজ আমাদের যেখানে চরিত্রের দীনতা, জ্ঞানের সংকীর্ণতা, হৃদয়ের

সংকোচ, যেখানে যুক্তিহীন আচারের দ্বারা আমাদের শক্তি প্রয়োগের পথ পদে পদে বাধাগ্রস্ত হয়ে উঠছে, যেখানেই লোকব্যবহারে ও দেবতার উপাসনায় মানুষের সঙ্গে মানুষের দুর্ভেদ্য ব্যবধানে আমাদের শতখণ্ড করে দিচ্ছে, সেইখানেই আমাদের আঘাতের পর আঘাত, লজ্জার পর লজ্জা পেতে হচ্ছে— সেইখানেই অকৃতার্থতা বারম্বার আমাদের সমস্ত চেষ্টাকে ধূলিসাৎ করে দিচ্ছে এবং সেইখানেই প্রবলবেগে চলনশীল মানবস্রোতের অভিঘাত সহ্য করতে না পেরে আমরা মূর্ছিত হয়ে পড়ে যাচ্ছি। এইরকম সময়েই যে সকল মহাপুরুষ আমাদের দেশে মঙ্গলের জয়ধ্বজা বহন করে আবির্ভূত হবেন তাঁদের ব্রতই হবে জীবনের সাধনার ও সিদ্ধির মধ্যে সত্যের সেই বৃহৎ সামঞ্জস্যকে সমুজ্জল করে তোলা যাতে ক'রে এখানকার জনসমাজের সেই সাংঘাতিক বিশ্লিষ্টতা দূর হবে— যে বিশ্লিষ্টতা এ দেশে অন্তরের সঙ্গে বাহিরের, আচারের সঙ্গে ধর্মের, জ্ঞানের সঙ্গে ভক্তির, বিচারশক্তির সঙ্গে বিশ্বাসের, মানুষের সঙ্গে মানুষের প্রবল বিচ্ছেদ ঘটিয়ে আমাদের মনুষ্যত্বকে শতজীর্ণ করে ফেলছে।

ধনীগৃহের প্রচুর বিলাসের আয়োজনের মধ্যে জন্মগ্রহণ করে এবং আচারনিষ্ঠ সমাজের কুলক্রমাগত প্রথার মধ্যে পরিবেষ্টিত হয়ে মহর্ষি নিজের বিচ্ছেদকাতর আত্মার মধ্যে এই সামঞ্জস্য-অমৃতের জন্য ব্যাকুল হয়ে উঠেছিলেন; নিজের জীবনে চিরদিন সমস্ত লাভক্ষতি সমস্ত সুখ-দুঃখের মধ্যে এই সামঞ্জস্যের সাধনাকে গ্রহণ করেছিলেন এবং বাহিরে সমস্ত বাধাবিরোধের মধ্যে 'শান্তংশিবমদ্বৈতম্' এই সামঞ্জস্যের মন্ত্রটি অকুণ্ঠিত কণ্ঠে প্রচার করেছিলেন। তাঁর জীবনের অবসান পর্যন্ত এই দেখা গেছে যে তাঁর চিত্ত কোনো বিষয়েই নিশ্চেষ্ট ছিল না— ঘরে বাইরে, শয়নে আসনে, আহারে ব্যবহারে, আচারে অনুষ্ঠানে, কিছুতেই তাঁর লেশমাত্র শৈথিল্য বা অমনোযোগ ছিল না। কি গৃহকর্মে কি বিষয়-কর্মে, কি সামাজিক ব্যাপারে কি ধর্মানুষ্ঠানে, সুনিয়মিত ব্যবস্থার স্খলন তিনি কোনো কারণেই অল্পমাত্রও স্বীকার করতেন না; সমস্ত ব্যাপারকেই তিনি ধ্যানের মধ্যে সমগ্রভাবে

দেখতেন এবং একেবারে সর্বাঙ্গীণভাবে সম্পন্ন করতেন— তুচ্ছ থেকে বৃহৎ পর্যন্ত যা কিছুর সঙ্গে তাঁর যোগ ছিল তার কোনো অংশই তিনি নিয়মের ব্যভিচার বা সৌন্দর্যের বিকৃতি সহ্য করতে পারতেন না। ভাষায় বা ভাবে বা ব্যবহারে কিছুমাত্র ওজন নষ্ট হলে তৎক্ষণাৎ তাঁকে আঘাত করত। তাঁর মধ্যে যে দৃষ্টি, যে ইচ্ছা, যে আধ্যাত্মিক শক্তি ছিল তা ছোটো-বড়ো এবং আন্তরিক-বাহ্যিক কিছুকেই বাদ দিত না; সমস্তকেই ভাবের মধ্যে মিলিয়ে, নিয়মের মধ্যে বেঁধে, কাজের মধ্যে সম্পন্ন ক'রে তুলে, তবে স্থির হতে পারত। তাঁর জীবনের অবসান পর্যন্ত দেখা গেছে, তাঁর ব্রহ্মসাধনা প্রাকৃতিক ও মানবিক কোনো বিষয়কেই অবজ্ঞা করে নি— সর্বত্রই তাঁর ঔৎসুক্য অক্ষুণ্ণ ছিল। বাল্যকালে আমি যখন তাঁর সঙ্গে ড্যালহৌসি পর্বতে একবার গিয়েছিলুম তখন দেখেছিলুম, এক দিকে যেমন তিনি অন্ধকার রাত্রে শয্যাত্যাগ করে পার্বত্য গৃহের বারান্দায় একাকী উপাসনার আসনে বসতেন, ক্ষণে ক্ষণে উপনিষৎ ও ক্ষণে ক্ষণে হাফেজের গান গেয়ে উঠতেন, দিনের মধ্যে থেকে থেকে ধ্যানে নিমগ্ন হতেন, সন্ধ্যাকালে আমার বালককণ্ঠের ব্রহ্মসংগীত শ্রবণ করতেন, তেমনি আবার জ্ঞান আলোচনার সহায়স্বরূপ তাঁর সঙ্গে প্রক্টরের তিনখানি জ্যোতিষ্কসম্বন্ধীয় বই, কান্টের দর্শন ও গিবনের 'রোমের ইতিহাস' ছিল— তা ছাড়া এ দেশের ও ইংলণ্ডের সাপ্তাহিক ও মাসিক পত্র হতে তিনি জ্ঞানে ও কর্মে বিশ্বপৃথিবীতে মানুষের যা কিছু পরিণতি ঘটছে সমস্তই মনে মনে পর্যবেক্ষণ করতেন। তাঁর চিত্তের এই সর্বব্যাপী সামঞ্জস্যবোধ তাঁকে তাঁর সংসারযাত্রায় ও ধর্মকর্মে সর্বপ্রকার সীমালঙ্ঘন হতে নিয়ত রক্ষা করেছে, গুরুবাদ ও অবতারবাদের উচ্ছৃঙ্খলতা হতে তাঁকে নিবৃত্ত করেছে এবং এই সামঞ্জস্যবোধ চিরন্তন সঙ্গীরূপে তাঁকে একান্ত দ্বৈতবাদের মধ্যে পথভ্রষ্ট বা একান্ত অদ্বৈতবাদের কুহেলিকারাজ্যে নিরুদ্দেশ হতে দেয় নি। এই সীমালঙ্ঘনের আশঙ্কা তাঁর মনে সর্বদা কিরকম জাগ্রত ছিল তার একটি উদাহরণ দিয়ে আমি শেষ করব। তখন তিনি অসুস্থ শরীরে পার্ক স্ট্রীটে বাস করতেন— একদিন

মধ্যাহ্নে আমাদের জোড়াসাঁকোর বাটী থেকে তিনি আমাকে পার্ক স্ট্রীটে ডাকিয়ে নিয়ে বললেন, 'দেখো, আমার মৃত্যুর পরে আমার চিতাভস্ম নিয়ে শান্তিনিকেতনে সমাধিস্থাপনের একটি প্রস্তাব আমি শুনেছি; কিন্তু তোমার কাছে আমি বিশেষ করে বলে যাচ্ছি, কদাচ সেখানে আমার সমাধিরচনা করতে দেবে না।' আমি বেশ বুঝতে পারলুম, শান্তিনিকেতন আশ্রমের যে ধ্যানমূর্তি তাঁর মনের মধ্যে বিরাজ করছিল, সেখানে তিনি যে শান্ত-শিব-অদ্বৈতের আবির্ভাবকে পরিপূর্ণ আনন্দরূপে দেখতে পাচ্ছিলেন, তার মধ্যে তাঁর নিজের সমাধিস্তম্ভের কল্পনা সমগ্রের পবিত্রতা ও সৌন্দর্যকে সূচিবিদ্ধ করছিল— সেখানে তাঁর নিজের কোনো স্মরণচিহ্ন আশ্রমদেবতার মর্যাদাকে কোনোদিন পাছে লেশমাত্র অতিক্রম করে, সেদিন মধ্যাহ্নে এই আশঙ্কা তাঁকে স্থির থাকতে দেয় নি।

এই সাধক যে অসীম শান্তিকে আশ্রয় ক'রে আপনার প্রশান্ত গভীরতার মধ্যে অনুত্তরঙ্গ সমুদ্রের ন্যায় জীবনান্তকাল পর্যন্ত প্রতিষ্ঠিত ছিলেন সেই শান্তি তুমি, হে শান্ত, হে শিব! ভক্তের জীবনের মধ্য হতে তোমার সেই শান্তস্বরূপ উজ্জ্বলভাবে আমাদের জীবনে আজ প্রতিফলিত হোক। তোমার সেই শান্তিই সমস্ত ভুবনের প্রতিষ্ঠা, সকল বলের আধার। অসংখ্যবহুধা শক্তি তোমার এই নিস্তব্ধ শান্তি হতে উচ্ছ্বসিত হয়ে অসীম আকাশে অনাদি অনন্ত কালে বিকীর্ণ পরিকীর্ণ হয়ে পড়ছে এবং এই অসংখ্যবহুধা শক্তি সীমাহীন দেশকালের মধ্য দিয়ে তোমার এই নিস্তব্ধ শান্তির মধ্যে এসে নিঃশব্দে প্রবেশ লাভ করছে। সকল শক্তি সকল কর্ম সকল প্রকাশের আধার তোমার এই প্রবল বিপুল শান্তি আমাদের এই নানা ক্ষুদ্রতায়চঞ্চল বিরোধে-বিচ্ছিন্ন বিভীষিকায়-ব্যাকুল দেশের উপরে নব নব ভক্তের বাণী ও সাধকের জীবনের ভিতর দিয়ে প্রত্যক্ষরূপে অবতীর্ণ হোক। কৃষক যেখানে অলস এবং দুর্বল, যেখানে সে পূর্ণ উদ্যমে তার ক্ষেত্র কর্ষণ করে না, সেইখানেই শস্যের পরিবর্তে আগাছায় দেখতে দেখতে চারি দিক ভরে যায়, সেইখানেই বেড়া ঠিক থাকে না, আল নষ্ট হয়ে যায়, সেইখানেই

ঋণের বোঝা ক্রমশই বেড়ে উঠে বিনাশের দিন দ্রুত বেগে এগিয়ে আসতে থাকে— আমাদের দেশেও তেমনি করে দুর্বলতার সমস্ত লক্ষণ ধর্মসাধনায় ও কর্মসাধনায় পরিস্ফুট হয়ে উঠেছে; উচ্ছৃঙ্খল কাল্পনিকতা ও যুক্তিবিচারহীন আচারের দ্বারা আমাদের জ্ঞানের ও কর্মের ক্ষেত্র, আমাদের মঙ্গলের পথ, সর্বত্রই একান্ত বাধাগ্রস্ত হয়ে উঠেছে; সকলপ্রকার অদ্ভুত অমূলক অসংগত বিশ্বাস অতি সহজেই আমাদের চিত্তকে জড়িয়ে জড়িয়ে ফেলছে; নিজের দুর্বল বুদ্ধি ও দুর্বল চেষ্টায় আমরা নিজে যেমন ঘরে বাহিরে সকলপ্রকার অনুষ্ঠানে প্রতিষ্ঠানে পদে পদেই নিয়মের স্খলন ও অব্যবস্থার বীভৎসতাকে জাগিয়ে তুলি তেমনি তোমার এই বিশাল বিশ্বব্যাপারেও আমরা সর্বত্রই নিয়মহীন অদ্ভুত যথেচ্ছাচারিতা কল্পনা করি, অসম্ভব বিভীষিকা সৃজন করি— সেইজন্যই কোনোপ্রকার অন্ধ সংস্কারে আমাদের কোথাও বাধা নেই, তোমার চরিতে ও অনুশাসনে আমরা উন্মত্ততম বুদ্ধিভ্রষ্টতার আরোপ করতে সংকোচমাত্র বোধ করি নে এবং আমাদের সর্বপ্রকার চিরপ্রচলিত আচারবিচারে মূঢ়তার এমন কোনো সীমা নেই যার থেকে কোনো যুক্তিতর্কে কোনো শুভবুদ্ধি দ্বারা আমাদের নিবৃত্ত করতে পারে। সেইজন্যে আমরা দুর্গতির ভয়সংকুল সুদীর্ঘ অমাবস্যার রাত্রিতে দুঃখদারিদ্র্য-অপমানের ভিতর দিয়ে পথভ্রষ্ট হয়ে কেবলই নিজের অন্ধতার চারি দিকে ঘুরে ঘুরে বেড়াচ্ছি। হে শান্ত, হে মঙ্গল, আজ আমাদের পূর্বাকাশে তোমার অরুণরাগ দেখা দিয়েছে, আলোকবিকাশের পূর্বেই দুটি-একটি ক'রে ভক্তবিহঙ্গ জাগ্রত হয়ে সুনিশ্চিত পঞ্চমস্বরে আনন্দবার্তা ঘোষণা করছে; আজ আমরা দেশের নব উদ্বোধনের এই ব্রাহ্মমুহূর্তে মঙ্গল পরিণামের প্রতি দৃঢ় বিশ্বাসকে শিরোধার্য করে নিয়ে তোমার জ্যোতির্ময় কল্যাণসূর্যের অভ্যুদয়ের অভিমুখে নবীন প্রাণে নবীন আশায় তোমাকে আনন্দময় অভিবাদনে নমস্কার করি।

১৩১৭

৪

আমাদের আশ্রমের উৎসবের ভিতরকার তত্ত্বটি কী তাই আজ আমাদের বিশেষ করে জানবার দিন। যে মহাত্মা এই আশ্রম প্রতিষ্ঠা করেছিলেন আজ তাঁরই দীক্ষাদিনের সাম্বৎসরিক। আজকের এই উৎসবটি তাঁর জন্মদিনের বা মৃত্যুদিনের উৎসব নয়। তাঁর দীক্ষাদিনের উৎসব। তাঁর এই দীক্ষার কথাই এই আশ্রমের ভিতরকার কথা।

সকলেই জানেন যে, এক সময়ে যখন তিনি যৌবনবয়সে বিলাসের মধ্যে ঐশ্বর্যের মধ্যে লালিত পালিত হয়েছিলেন তখন হঠাৎ তাঁর পিতামহীর মৃত্যু হওয়াতে তাঁর অন্তরে অত্যন্ত বেদনা উপস্থিত হল। সেই বেদনার আঘাতে চারি দিক থেকে আবরণ উন্মোচিত হয়ে গেল। যে সত্যের জন্যে তাঁর হৃদয় লালায়িত হল তাকে তিনি কোথায় পাবেন, তাকে কেমন করে পাবেন, এই ভেবে তিনি ব্যাকুল হয়ে উঠলেন।

যতক্ষণ পর্যন্ত মানুষ তার চারি দিকে যে সকল অভ্যাস রয়েছে, যে সব প্রথা চিরকাল চলে আসছে, তারই মধ্যে বেশ আরামে থাকে—যতক্ষণ পর্যন্ত ভিতরে যে সত্য রয়েছে তা তার অন্তরে জাগ্রত না হয়—ততক্ষণ তার এই বেদনাবোধ থাকে না। যেমন, যখন আমরা ঘুমিয়ে থাকি তখন ছোটো খাঁচায় ঘুমোলেও কষ্ট হয় না, কিন্তু জেগে উঠলে আর সেই খাঁচার মধ্যে থাকতে পারি না। তখন সংকীর্ণ জায়গাতে আর আমাদের কুলোয় না। ধনমান যখন আমাদের বেষ্টন করে থাকে তখন তো আমাদের কোনো অভাব বোধ হয় না। আমরা সংসারে বেশ আরামে আছি এই মনে করেই নিশ্চিন্ত থাকি। শুধু ধনমান কেন, পুরুষানুক্রমে যে সব বিধিব্যবস্থা আচারবিচার চলে আসছে তার মধ্যেও নিবিষ্ট থাকলে মনে হয়, 'এ বেশ— আর নতুন কোনো চিন্তা বা চেষ্টা করবার দরকার নেই।' কিন্তু, একবার যথার্থ সত্যের পিপাসা জাগ্রত হলে দেখতে পাই যে সংসারই মানুষের শেষ জায়গা নয়। আমরা যে ধুলোয় জন্মে ধুলোয় মিশব তা নয়। জীবন-

মৃত্যুর চেয়ে অনেক বড়ো আমাদের আত্মা। সেই আত্মা উদ্‌বোধিত হলে বলে ওঠে, 'কী হবে আমার এই চিরকালের অভ্যাস নিয়ে, আচার নিয়ে! এ তো আমার নয়। এতে আরাম আছে, এতে কোনো ভাবনাচিন্তা নেই, এতেই সংসার চলে যাচ্ছে তা জানি। কিন্তু, এ আমার নয়।' সংসারের পনেরোআনা লোক যেমন ধনমানে বেষ্টিত হয়ে সন্তুষ্ট হয়ে আছে, তেমনি যে সমস্ত আচারবিচার চলে আসছে তারও মধ্যে তারা আরামে রয়েছে। কিন্তু, একবার যদি কোনো আঘাতে এই আবরণ ছিন্ন হয়ে যায় অমনি মনে হয়, এ কী কারাগার! এ আবরণ তো আশ্রয় নয়।

এক-একজন লোক সংসারে আসেন যাঁদের কোনো আবরণে আবদ্ধ করতে পারে না। তাঁদের জীবনেই বড়ো বড়ো আঘাত এসে পৌঁছয় আবরণ ভাঙবার জন্যে— এবং তাঁরা সংসারে যাকে অভ্যস্ত আরাম বলে লোকে অবলম্বন করে নিশ্চিন্ত থাকে তাকে কারাগার বলেই নির্দেশ করেন। আজ যাঁর কথা বলছি তাঁর জীবনে সেই ঘটনা ঘটেছিল। তাঁর পরিবারে ধনমানের অভাব ছিল না, চিরাগত প্রথা সেখানে আচরিত হত। কিন্তু, এক মুহূর্তেই মৃত্যুর আঘাতে তিনি যেমনি জাগলেন অমনি বুঝলেন যে এর মধ্যে শান্তি নেই। তিনি বললেন, 'আমার পিতাকে আমি জানতে চাই। দশজনের মতো করে তাঁকে জানতে চাই না, তাঁকে জানতে পারি না।' সত্যকে তিনি জীবনে প্রত্যক্ষভাবে জানতে চেয়েছিলেন; দশজনের মুখের কথায়, শাস্ত্রবাক্যে আচারে বিচারে তাঁকে জানবার চেষ্টাকে তিনি পরিহার করেছিলেন। সেই যে তাঁর উদ্‌বোধন সে প্রত্যক্ষ সত্যের মধ্যে উদ্‌বোধন, সেই প্রথমযৌবনের প্রারম্ভে যে তাঁর দীক্ষাগ্রহণ সে মুক্তির দীক্ষাগ্রহণ। যেদিন পক্ষীশাবকের পাখা ওঠে সেইদিনই পক্ষীমাতা তাকে উড়তে শেখায়। তেমনি তারই দীক্ষার দরকার যার মুক্তির দরকার। চারি দিকের জড় সংস্কারের আবরণ থেকে তিনি মুক্তি চেয়েছিলেন।

তাঁর কাছে সেই মুক্তির দীক্ষা নেব বলেই আমরা আশ্রমে এসেছি। ঈশ্বরের সঙ্গে যে আমাদের স্বাধীন মুক্ত যোগ সেইটে আমরা

এখানে উপলব্ধি করব; যে সব কাল্পনিক কৃত্রিম ব্যবধান তাঁর সঙ্গে আমাদের যোগ হতে দিচ্ছে না তার থেকে আমরা মুক্তি লাভ করব। যেটা কারাগার তার পিঞ্জরের প্রত্যেক শলাকাটি যদি সোনার শলাকা হয় তবু সে কারাগার, তার মধ্যে মুক্তি নেই। এখানে আমাদের সকল কৃত্রিম বন্ধন থেকে মুক্তি পেতে হবে। এখানে মুক্তির সেই দীক্ষা নেবার জন্য আমাদের প্রস্তুত হতে হবে। সেই দীক্ষাটিই যে তিনি আমাদের জন্য রেখে গেছেন।

তাই আমি বলছি যে, এ আশ্রম— এখানে কোনো দল নেই, সম্প্রদায় নেই। মানসসরোবরে যেমন পদ্ম বিকশিত হয় তেমনি এই প্রান্তরের আকাশে এই আশ্রমটি জেগে উঠেছে, একে কোনো সম্প্রদায়ের বলতে পারবে না। সত্যকে লাভ করবার দ্বারা আমরা তো কোনো নামকে পাই না। কতবার কত মহাপুরুষ এসেছেন— তাঁরা মানুষকে এইসব কৃত্রিম সংস্কারের বন্ধন থেকেই মুক্তি দিতে চেয়েছেন। কিন্তু আমরা সে কথা ভুলে গিয়ে সেই বন্ধনেই জড়াই, সম্প্রদায়ের সৃষ্টি করি। যে সত্যের আঘাতে কারাগারের প্রাচীর ভাঙি তাই দিয়ে তাকে নতুন নাম দিয়ে পুনরায় প্রাচীর গড়ি এবং সেই নামের পুজো শুরু করে দিই। বলি, আমার বিশেষ সম্প্রদায়ভুক্ত সমাজভুক্ত যে সকল মানুষ তারাই আমার ধর্মবন্ধু, তারাই আমার আপন। না, এখানে এ আশ্রমে আমাদের এ কথা বলবার কথা নয়। এখানে এই পাখিরাই আমাদের ধর্মবন্ধু, যে সাঁওতাল বালকেরা আমাদের শুভবুদ্ধিকে নিয়ত জাগ্রত করছে তারাই আমাদের ধর্মবন্ধু। আমাদের এই আশ্রম থেকে কেউ নাম নিয়ে যাবে না। স্বাস্থ্যলাভ করলে, বিদ্যালাভ করলে, মানুষের নাম যেমন বদলায় না, তেমনি ধর্মকে লাভ করলে নাম বদলাবার দরকার নেই। এখানে আমরা যে ধর্মের দীক্ষা পাব সে দীক্ষা মানুষের সমস্ত মনুষ্যত্বের দীক্ষা।

বাইরের ক্ষেত্রে মহর্ষি আমাদের সবাইকে কোন্ বড়ো জিনিস দিয়ে গিয়েছেন? কোনো সম্প্রদায় নয়, এই আশ্রম। এখানে আমরা নামের পুজো থেকে, দলের পুজো থেকে, আপনাদের রক্ষা করে

সকলেই আশ্রয় পাব— এইজন্যেই তো আশ্রম। যে কোনো দেশ থেকে, যে কোনো সমাজ থেকে, যেই আসুক না কেন, তাঁর পুণ্যজীবনের জ্যোতিতে পরিবৃত হয়ে আমরা সকলকেই এই মুক্তির ক্ষেত্রে আহ্বান করব। দেশ-দেশান্তর দূর-দূরান্তর থেকে যে কোনো ধর্মবিশ্বাসকে অবলম্বন করে যিনিই এখানে আশ্রয় চাইবেন, আমরা যেন কাউকে গ্রহণ করতে কোনো সংস্কারের বাধা বোধ না করি। কোনো সম্প্রদায়ের লিপিবদ্ধ বিশ্বাসের দ্বারা আমাদের মন যেন সংকুচিত না হয়।

যে মুক্তির বাণী তিনি তাঁর জীবন দিয়ে প্রচার করে গিয়েছিলেন তাকেই আমরা গ্রহণ করব— সেই তাঁর দীক্ষামন্ত্রটি: ঈশাবাস্যমিদং সর্বম্। ঈশ্বরের মধ্যে সমস্তকে দেখো। সেই মন্ত্রে তাঁর মন উতলা হয়েছিল। সর্বত্র সকল অবস্থায় আমরা যেন দেখতে পাই তিনি সত্য, জগতের বিচিত্র ব্যাপারের মধ্যে তিনি সত্যকেই প্রকাশ করছেন। কোনো সম্প্রদায় বলতে পারবে না যে, সে সত্যকে শেষ করে পেয়েছে। কালে কালে সত্যের নব নব প্রকাশ। এখানে দিনে দিনে আমাদের জীবন সেই সত্যের মধ্যে নূতন নূতন বিকাশ লাভ করবে, এই আমাদের আশা। আমরা এই মুক্তির সরোবরে স্নান করে আনন্দিত হই, সমস্ত সম্প্রদায়ের বন্ধন থেকে নিষ্কৃতি লাভ করে আনন্দিত হই।

১৩২০

৫

আশ্রমকে যেদিন সত্য করে দেখতে হবে সেদিন আনন্দের সংগীত বেজে উঠবে, ফুলের মালা দুলবে, সূর্যের কিরণ উজ্জ্বলতর হয়ে উঠবে— কারণ, আনন্দের মধ্য দিয়েই সত্যকে দেখা সম্ভব হয়, আর-কোনো উপায়ে নয়। আমাদের একান্ত আসক্তি দিয়ে সব জিনিসকে বাইরের দিক থেকে আঁকড়ে থাকি— সেইজন্যই সেই আসক্তি থেকে

ছাড়িয়ে ভিতরকার আনন্দরূপকে দেখবার এক-এক দিন আসে।

আশ্রমের প্রতিষ্ঠাতা মহর্ষি কোন্ দিনটিকে আশ্রমের এই সত্য রূপকে দেখবার উৎসবের দিন করেছেন? সে তাঁর দীক্ষার দিন। দীক্ষা সেইদিন যেদিন মানুষ আপনার মধ্যে যেটি বড়ো, আপনার মধ্যে যে অমর জীবন, তাকে স্বীকার করে। সংসারের ক্ষেত্রে মানুষ যে জন্মায় তাতে তার কোনো চেষ্টা নেই; সেখানকার আয়োজন তার আসবার অনেক পূর্ব থেকে প্রস্তুত হয়ে আছে। কিন্তু, মানুষ আপনাকে আপনি অতিক্রম করে যেদিন একেবারে সূর্যের আলোর কাছে, নিখিল আকাশের কাছে, পুণ্য সমীরণের কাছে, বিশাল বিশ্বব্রহ্মাণ্ডের দক্ষিণ হস্তের কাছে দীক্ষা গ্রহণ করে— যেদিন এই কথা বলে যে 'আমি অনন্ত কালের অমৃত-জীবনের মানুষ, আমারই মধ্যে সেই বৃহৎ সেই বিরাট সেই ভূমার প্রকাশ'—সেদিন সমস্ত মানুষের উৎসবের দিন। সেইরকম একটি দীক্ষার দিন, যেদিন মহর্ষি বিশ্বের মধ্যে অনন্তকে প্রণাম করেছেন, যেদিন আপনার মধ্যে অমৃতজীবনকে অনুভব করে তাকে অর্ঘ্যরূপে তাঁর কাছে নিবেদন করে দিয়েছেন, সেই দিনটি যে বাস্তবিকই উৎসবের দিন এই কথা অনুভব করে তিনি তাকে আমাদের জন্যে দান করে গিয়েছেন। মহর্ষির সেই দীক্ষাকে আশ্রয় করেই এখানে আমরা আছি। এই আশ্রম তাঁর সেই দীক্ষাদিনটিরই বাইরের রূপ। কারণ, এখানে কর্মে দীক্ষা, শিক্ষায় দীক্ষা, শিক্ষকতায় দীক্ষা— সেই অমরজীবনের দীক্ষা। সেই পরম দীক্ষার মন্ত্রটি এই আশ্রমের মধ্যে রয়ে গেছে। প্রতিদিন সে কথা যদি ভুলে গিয়ে থাকি, অন্তত আজ উৎসবের আনন্দালোকে আশ্রমের সেই অমৃতরূপকে সুস্পষ্ট উপলব্ধি করবার জন্য প্রস্তুত হও। আজ উদ্‌বোধিত হও, সত্যকে দেখো। আজ বাতাসের মধ্যে সেই দীক্ষার মন্ত্র শ্রবণ করো—

ঈশাবাস্যমিদং সর্বং যৎকিঞ্চ জগত্যাং জগৎ
তেন ত্যক্তেন ভুঞ্জীথা মা গৃধঃ কস্যস্বিদ্ধনং।

'যে পরম ইচ্ছায় সমস্ত জগৎ বিধৃত ও চালিত, যে পরম ইচ্ছায় সূর্য চন্দ্র তারা নিয়মিত, এবং আকাশের অনন্ত-আরতি-দীপের কোনোদিন

নির্বাণ নাই, সেই পরম ইচ্ছার দ্বারা সমস্ত বিশ্বব্রহ্মাণ্ড যে আচ্ছন্ন ইহা উপলব্ধি করো!' সব স্পন্দিত তাঁর ইচ্ছার কম্পনে, তাঁর আনন্দের বিদ্যুতে। সেই আনন্দকে দেখো। তিনি ত্যাগ করছেন তাই ভোগ করছি। তিনি ত্যাগ করছেন তাই জীবনের উৎস দশ দিকে প্রবাহিত হচ্ছে, আনন্দের নদী শাখায় প্রশাখায় বয়ে যাচ্ছে, ঘরে ঘরে স্বামীস্ত্রীর পবিত্র প্রীতিতে—পিতামাতার গভীর স্নেহে— মাধুর্যধারার অবসান নেই। অজস্র ধারায় সেই জীবন, সেই আনন্দ, সেই প্রেম প্রবাহিত; ভোগ করো, আনন্দে ভোগ করো। আকাশের নীলিমায়, কাননের শ্যামলিমায়, জ্ঞানে প্রেমে আনন্দে— ভোগ করো, পরিপূর্ণরূপে ভোগ করো! মা গৃধঃ। মনের ভিতরে কোনো কলুষ, কোনো লোভ না আসুক। পাপের লোভের সকল বন্ধন মুক্ত হোক। এই তাঁর দীক্ষার মন্ত্র।

এই মন্ত্র আশ্রমকে সৃষ্টি করেছে, এই মন্ত্র এই আশ্রমকে রক্ষা করেছে। এই আশ্রমের আকাশে, পুণ্য সমীরণে, নির্মল আলোকে, উদার প্রান্তরে, এই আমাদের সম্মিলিত জীবনের মধ্যে এই মন্ত্রকে দেখবার, শ্রবণ করবার, গ্রহণ করবার জন্য অদ্য এই উৎসব। চিত্ত জাগ্রত হোক, আশ্রমদেবতা প্রত্যক্ষ হোন, তিনি তাঁর মন্দিরের দ্বার উদ্‌ঘাটন করুন। এই ফুলের মতো সুকুমার তরুণজীবনগুলির উপর তাঁর স্নেহাশীর্বাদ পড়ুক, বিকশিত হোক এরা পুণ্যে প্রেমে পবিত্রতায়; স্মরণ করুক এই শুভদিন, গ্রহণ করুক এই মন্ত্র— এই চিরজীবনের পাথেয়। এদের সম্মুখে সমস্ত জীবনের পথ রয়েছে— অমৃত আশীর্বাদ এরা গ্রহণ করে যাত্রা করুক, চিরজীবনের দীক্ষাকে লাভ করে এরা অগ্রসর হয়ে যাক। পথের সমস্ত বাধা-বিপত্তি-সংকটকে অতিক্রম করে যাবার জন্যে এই দীক্ষার মন্ত্র তাদের সহায় হোক: উদ্‌বোধিত হও, জীবনকে উদ্‌বোধিত করো।

১৩২১

৬

যে মহাত্মা এই আশ্রম প্রতিষ্ঠা করেছিলেন আজ তাঁর দীক্ষাদিনের সাম্বৎসরিক উৎসব। তাই আজ তাঁর সেই দীক্ষাদিনের ইতিহাসকে স্মরণ করব।

তার কিছু পূর্বেই তাঁর জীবনে মৃত্যুর আগুন জ্বলেছিল। তারই আলোতে তিনি আপনাকে আর জগৎটাকে একবার দেখলেন। এ একেবারে নতুন দেখা। এতই নতুন যে সম্পূর্ণ বুঝতে পারা যায় না, কেবল বেদনাবোধ হয়। কিসের বেদনা? বেদনা এইজন্যে যে, সেই পুরাতন পরিচয় এই নতুন জীবনের পথ দেখাতে পারে না, এর মানে বুঝিয়ে দিতে পারে না।

কিন্তু তিনি এই যে বৈরাগ্যের আঘাতে জেগে উঠলেন সে কি শূন্যতার মধ্যেই জাগলেন? তাঁর পূর্বজীবনের পর্দা যখন ছিন্ন হয়ে গেল তখন সামনে তাঁর কি মৃত্যুরই গহ্বর প্রকাশ পেলে? তা নয়, পূর্বে তিনি ছিলেন বেড়ার মাঝখানে, এখন সেই বেড়া ভেঙে যেতেই তিনি বেরিয়ে পড়লেন পথের মধ্যে।

মানুষ যতদিন বেড়ার মধ্যে থাকে ততদিন তার যে কোনো গম্যস্থান আছে, এ কথা কেউ তাকে বলে না। সব দেয়ালগুলোই বলে, এইখানেই স্থিতি নয়; চলতে হবে, জানতে হবে, পেতে হবে।

একেবারেই উল্‌টো কথা। বেড়ার কথা থেকে রাস্তার কথা। সংসারের মানেটাই বদলে গেল। আগেকার জীবনের সঙ্গে আগেকার অভ্যাসের মিল ছিল, এখনকার জীবনে তার কোনো মূল্যই রইল না, শুধু তাই নয়, তা বাধা হয়ে উঠল। সেইজন্যেই আরম্ভে এমন বিষম ব্যাকুলতা—কেননা আহ্বান সামনের দিকে কিন্তু বন্ধন পিছনের দিকে।

বন্ধন যতক্ষণ স্থিতির পক্ষে সহায়তা করেছিল ততক্ষণ তা আশ্রয়। কিন্তু পথের ডাক শুনেই বোঝা গেল সেটা মিথ্যা, সেটা একটা আপদ।

সাংসারিক আমি, ছোটো আমি, আপনার আরাম নিয়ে ধনজনমান

নিয়ে, অহংকার নিয়ে বেশ গুছিয়ে বসেছিল— তার আয়োজনের তার উপকরণের অন্ত ছিল না। মৃত্যুর আঘাতমাত্রেই সে সমস্ত একেবারে, শূন্য হয়ে গেল।

এই কুয়াশা যখন কেটে গেল তখন সূর্যকে কি পাওয়া যাবে না? সংসারের ছোটো আমিটা মৃত্যুর কাছে যখন আর আত্মসমর্থন করতে পারলে না তখন কি শূন্যতারই চরম জয় হয়? চিরজীবনের বড়ো আমি যে আত্মা সে কি মৃত্যুর সমস্ত রিক্ততা পরিপূর্ণ করে দিয়ে দেখা দিল না?

মহর্ষি সেই পরিপূর্ণতার আভাস পেলেন বলেই বেড়ার জীবনটা ফেলে দিয়ে পথের জীবন শুরু করে দিলেন। তিনি ভোগের আয়োজন ফেলে দিয়ে সন্ধানের আয়োজনে প্রবৃত্ত হলেন। ক্ষোভের মাথায় মানুষ যাই বলুক, শূন্যতাকে কখনোই সে বিশ্বাস করতে পারে না— সেইজন্যেই যখন হরণের দুর্যোগ আসে তখনি মানুষের পূরণের দিন আসন্ন হয়।

এতদিন তার ধন ঐশ্বর্য অত্যন্ত বাস্তবরূপে তাঁর সমস্ত জীবন পূর্ণ করে ছিল; যেই সে-সমস্ত মৃত্যুর স্পর্শে ছায়া হয়ে গেল অমনি তিনি বিস্মিত হয়ে বলে উঠলেন, ‘এই যে, আমি!’ এমন কিছুকে সেদিন তিনি স্পষ্ট করে অনুভব করলেন মৃত্যু যাকে সরিয়ে দিতে পারে নি।

কিন্তু সেই আমি সত্য হয়েছে কার মধ্যে? তার জগৎ কোথায় এইটি জানতে না পারলে এই জাগ্রত আমির দুঃখ কিছুতেই আর মিটতে পারে না। এতদিন উপকরণ দিয়ে যাকে ভোলানো গিয়েছিল এ তো সে নয়। ধন দিয়ে মান দিয়ে এর প্রশ্নের উত্তর দেবে কি করে? এ যে দারিদ্র্যকে স্বীকার করতে উদ্যত, এ যে অপমানকে বহন করতে উৎসুক।

এই যে আমি সমস্ত সুখদুঃখ লাভক্ষতি জন্মমৃত্যুর মধ্যে দিয়ে চলেইছে, এর গতি কোথায়, এর আশ্রয় কোথায়, এর আনন্দ কোথায় এই সন্ধানে তিনি বেরলেন। সেই সন্ধান মিলল একটি বাণীর মধ্যে—

ঈশাবাস্যমিদং সর্বং যৎকিঞ্চ জগত্যাং জগৎ
তেন ত্যক্তেন ভুঞ্জীথা মা গৃধঃ কস্যস্বিদ্ধনং।

পূর্বেকার জীবনে তাঁর জগৎকে আচ্ছন্ন দেখেছিলেন তাঁর ক্ষুদ্র আপনাকে দিয়ে। তখন তাঁর আকাঙ্ক্ষা বাইরের ধনের দিকে ছিল, সে আকাঙ্ক্ষার বিরাম ছিল না। এই মন্ত্রে তাঁকে বলে দিলে জগতে যা কিছু চলছে তাকে ঈশ্বরের দ্বারা আচ্ছন্ন দেখো, এবং জানো যে তিনি তোমার জীবনের সমস্ত কিছুর মধ্যেই আপনাকেই দান করছেন, তাঁর সেই দানই অন্তরে গ্রহণ করো, বাইরের ধনের প্রতি লোভ কোরো না।

এই মন্ত্রে তিনি জানতে পারলেন, তাঁর আশ্রয়ের ভিত বদলাতে হবে, শুধু এর মেরামত নয়; নিজেকে যে সিংহাসনে বসিয়েছেন সেই সিংহাসনে তাঁকে বসাতে হবে। আপনাকে দিয়েই সংসারের সকল জিনিসের মূল্য যাচাই না করে পরম সত্যকে দিয়ে করতে হবে এবং বাইরের ধনলাভকে দিয়ে ভোগকে না মেপে অন্তরের প্রেমকে দিয়ে তাকে মাপতে হবে।

মৃত্যু আসে, ক্ষণকালের জন্য আমাদের বৈরাগ্য আনে; কিন্তু আমাদের অভ্যাসের প্রাচীর এমন মজবুত যে সামান্য একটু ছিদ্র খনন করে সে ছিদ্র দেখতে দেখতে আবার বুজে যায়। তাই আমরা সহজে এমন দীক্ষা গ্রহণ করি নে যে দীক্ষা আপনার জায়গায় সত্যকে, ধনের জায়গায় প্রেমকে স্বীকার করায়। বৈরাগ্যের পরম মুক্তি অন্ধকারে বিদ্যুতের মতো আসে, সূর্যের মতো উদিত হয় না।

শুধু মানুষের ব্যক্তিগত জীবনে নয়, জাতির জীবনেও মৃত্যুর আঘাত এসে পৌঁছয়, দীর্ঘকাল যে ব্যবস্থা চলছিল সে ব্যবস্থা টেঁকে না, যে অর্থ জমছিল সে সঞ্চয় নিঃশেষিত হয়ে যায়, উন্নতির যে পথ শ্রদ্ধা লাভ করেছিল সে পথের উপর অবিশ্বাস জন্মে। তখন সমস্ত জাতির মধ্যে একটা বৈরাগ্যের দিন আসে। এই বৈরাগ্যের আলোকে নিরাসক্তভাবে সত্যকে দেখবার ইচ্ছা যদি বা মনে আসে তবু তার বাধা সহজে দূর হতে চায় না। তাই নূতন জীবনের দীক্ষা সহজ হয়ে ওঠে না— 'তেন ত্যক্তেন ভুঞ্জীথা মা গৃধঃ কস্যস্বিদ্ধনং' এ বাণী

দ্বারের কাছ পর্যন্ত এসে পৌঁছয়, কিন্তু অন্তরের মধ্যে প্রবেশ করবার পথ পায় না।

আজকের দিনে য়ুরোপ ধন মান প্রতাপ ও বিজ্ঞানের সর্বোচ্চ সিংহাসনে প্রতিষ্ঠিত। সেই য়ুরোপের আসন আজ মৃত্যুর আঘাতে যেমন করে টলে উঠেছে ইতিহাসে এমন প্রায় দেখা যায় না। বাহিরের সেই টলার সঙ্গে তার অন্তর যে টলে ওঠে নি তা নয়— জীবনসমস্যা আর একবার চিন্তা করে দেখতে সে প্রবৃত্ত হয়েছে। কিন্তু নূতন জীবনের দীক্ষা নেওয়া ছাড়া তার কি আর কোনো পথ আছে?

য়ুরোপে একদিন ফ্যুডালতন্ত্র প্রবর্তিত হয়। সেই তন্ত্রে সেখানকার নিম্নস্তরের জনসাধারণ উচ্চস্তরের শাসনকর্তাদের স্বার্থভার বহন করে এসেছে— একদলের দাসত্বের উপর আর-এক দলের প্রভুত্ব নির্ভর করেছে। তার পরে আজ সেখানে ডিমক্রেসির প্রাদুর্ভাব। এই ডিমক্রেসির প্রভাবে সেখানকার সমাজে অন্য ভেদরেখা ক্ষীণ হয়ে এসে ধনী-নির্ধনের ভেদরেখা বিপুল হয়ে উঠেছে। এখন সেখানে অনেকদিন থেকেই ধনিকের স্বার্থ কর্মিকেরা বহন করে এসেছে। এই ধনিকের স্বার্থজাল আজ সমস্ত জগৎকে বেষ্টন করেছে।

এই স্বার্থ যতই বিপুল হয়ে উঠেছে এই স্বার্থের সংঘাতও ততই ভয়ংকর হয়েছে। সেই সংঘাতের ভীষণ রূপ আমরা দেখছি। এই ভীষণতা বিজ্ঞানের সহায়তায় ভাবী কালে আরো যে বিরাট মূর্তি ধরবে তার আর সন্দেহ নেই।

য়ুরোপে আজ তাই সমাজকে গড়ে তোলবার কাজে আর একবার হাত লাগাবার কথা হচ্ছে। কিন্তু 'তেন ত্যক্তেন ভুঞ্জীথা মা গৃধঃ কস্যস্বিদ্ধনং' এ কথা এখনো স্পষ্ট করে মনে উঠছে না। পূর্বে যে স্বার্থের একমহল দুর্গ ছিল তার জন্যে আজ সাতমহল দুর্গ বানিয়ে তাকে নিরাপদ করবার ইচ্ছা য়ুরোপে জেগে উঠেছে। এ কথা বুঝেও বুঝছে না যে, স্বার্থ কখনো বিরোধ মেটাতে পারে না। তাই এক দিকে শান্তির কথা চলছে আর এক দিকে প্রকাশ্যে ও গোপনে অস্ত্রও শাণিত হচ্ছে। সেখানকার সমাজে বণিকের বেশে যে স্বার্থ

গদিতে বসে আছে, রাজার বেশে সে স্বার্থ সিংহাসনে— তারা নিজের বাহ্যবেশ অল্পস্বল্প বদলাতে রাজি আছে কিন্তু কী উপায়ে তাদের গদি তাদের সিংহাসন অনন্তকাল স্থায়ী হয় এ চিন্তা কিছুতে তাদের মন থেকে ঘুচতে চায় না।

কিন্তু হয় নবজীবনের দীক্ষা নিতে হবে, নয় বারে বারে মৃত্যুর পরে মৃত্যু এসে সমস্ত লোপ করে দেবে, এর মাঝখানে কোনো রফানিষ্পত্তির কথা চলবে না। নিজেকেই ঈশ্বর করে এই চলমান জগতের সমস্ত চলাকে নিজের প্রয়োজনের দ্বারা চিরকাল অবরুদ্ধ করে রাখতে পারে সৌভাগ্যক্রমে এমন ক্ষমতা বিশ্বে কারো নেই। বাঁধ ভাঙবেই; সে বাঁধ আরো বড়ো করে বাঁধতে গেলে আরো বড়ো রকমের প্রলয়ের মধ্যেই ভাঙবে। তাই বলছি সত্যকে অন্তরের মধ্যে না পেয়ে মিথ্যাকে বিধিবিধানের জোরে বাইরের দিকে ঠেকাবার চেষ্টা বড়ো অপঘাতের দ্বারা মরবারই চেষ্টা— সেই অপঘাত হঠাৎ আসবে, তাকে কেউ সামলাতে পারবে না। য়ুরোপে আজ ভাবুকদলের কেউ কেউ বলছেন— এত দুঃখ ব্যর্থ হল, স্বার্থ প্রবলতর হয়ে উঠল, মন কঠিনতর হয়ে উঠেছে, পাপ সমূলে উৎপাটিত হল না; আবার মার খেতে হবে, আবার মরতে হবে, সেই আরো দুঃখের দিন আসছে, দীক্ষার দিন এখনো এল না।

নবজীবনের দীক্ষা যে কেউ গ্রহণ করে, সমস্ত মানুষের হয়েই সে গ্রহণ করে, এই কথা আমাদের মনে রাখতে হবে। সত্য যেখানেই প্রকাশ পায় সেখানেই সমস্ত মানুষের জন্যই সে সঞ্চিত হয়, সমস্ত মানুষেরই প্রাণশক্তির সঙ্গে তার নিগূঢ় যোগ হয়। সমস্ত মানুষের হয়ে সত্য দীক্ষা গ্রহণ করবার অধিকার আমাদেরও আছে। দুঃখপীড়িত জগতের মাঝখানে বসে আজ আমাদের পক্ষে এই কথা গভীরভাবে ভাববার দিন। মানুষকে তার অহমিকা থেকে নড়িয়ে দিয়ে তাকে সত্যে প্রতিষ্ঠিত করবার যে দীক্ষামন্ত্র, সেই মন্ত্র আমাদের প্রত্যেকের হোক।

ঈশাবাস্যমিদং সর্বং যৎকিঞ্চ জগত্যাং জগৎ
তেন ত্যক্তেন ভুঞ্জীথা মা গৃধঃ কস্যস্বিদ্ধনং।

এই বাইরের জগতে যা কিছু চলছে সমস্তই ঈশ্বরের দ্বারা আবৃত করে জানবে এবং অন্তরের জগতে যা কিছু ভোগ করি সে সমস্তকে তারই দান বলে গ্রহণ করবে, বাইরের ধনে লোভ করবে না।

১৩২৬

৭

যে মহাত্মা এই আশ্রমকে প্রতিষ্ঠিত করেন আজ তাঁর দীক্ষার সাম্বৎসরিক উৎসব। আমরা সকলে জানি যে যৌবনারম্ভে হঠাৎ একদিন সেই দীক্ষার মন্ত্র ছিন্নপত্র সহযোগে বাতাসে তাঁর হাতে এসে পড়ে। সেই মন্ত্র তিনি সকল জীবন ধরে সাধনা করেন। আমাদেরও সকলের জীবন সেই দীক্ষার অপেক্ষা করছে। আমাদের জন্যও তেমনি করেই দীক্ষামন্ত্র বাতাসে ফিরছে। প্রতিদিন প্রভাতের আলোকে সেই মন্ত্র বিকীর্ণ হচ্ছে; কেবল সেটা আমাদের হাতে এসে পড়বার অপেক্ষা আছে। হাতে যে অকস্মাৎ এসে পড়ে তাও ঠিক নয়— ভিতরে আমাদের চিত্ত যখন অনুকূল হয় তখন বাইরে থেকে দীক্ষা কেমন করে আপনি এসে পৌঁছায়।

অথচ অন্তরের গভীরতার মধ্যে মানুষের আকাঙ্ক্ষা আছে— সেই আকাঙ্ক্ষা বারে বারে তাকে তার আবরণ ছিন্ন করতে বলছে, নিজেকে নূতনতর করে প্রকাশ করতে বলছে; কালের যে-সব আবর্জনা মানুষের চারি দিকে জমে উঠে তার পথকে বাধাগ্রস্ত করে, যে বাধাগুলি অভ্যাসক্রমে সে আপন আশ্রয় বলে কল্পনা করে এসেছে, তাকে ধূলিসাৎ করে নিজেকে আবার সম্মুখে অগ্রসর হতে বলছে। মানুষের ইতিহাস এই বারে বারে বাধা মোচনের ইতিহাস। বারে বারে তার মনের মধ্যে এই বাণী এসেছে 'ত্যাগ করতে হবে', এই বাণী এসেছে 'উত্তিষ্ঠত জাগ্রত' —ওঠো, জাগো, আরামের শয্যা ত্যাগ করো, সঞ্চয়ের স্তূপ ধ্বংস করো; সেই পথে চলো কবিরা

যাকে বলেন, 'ক্ষুরস্য ধারা নিশিতা দুরত্যয়া দুর্গং পথস্তৎ।' অভ্যাসের জড়তায় অন্তরের এই গভীরতম বাণীকে মানুষ অনেক কাল অবজ্ঞা করে চলার পথের বাধাকেই ক্রমশ বিপুল করে তোলে। তখনই প্রচণ্ড বিপ্লব ঝড়ের মতো এসে পড়ে। যুদ্ধবিগ্রহ হঠাৎ কোথা থেকে অবতীর্ণ হয়ে ঐশ্বর্যপ্রাকারবেষ্টিত জাতির চিত্তকে আঘাত করে— যে পুরাতন প্রথার আবরণে তার সত্য প্রচ্ছন্ন থাকে পরম বেদনায় তাকে ছিন্ন করে দেয়, ঘোষণা করে যে কোনো বেষ্টনের মধ্যে তার চিরস্থিতি হতে পারে না। সেইজন্য অপ্রত্যাশিত অপঘাতে দেশ সহসা তার দীক্ষার মন্ত্র লাভ করে।

নবজীবনের দীক্ষার মন্ত্র তেমনি করেই শোকের অভিঘাতে অভ্যাসের বাধা বিদীর্ণ করে মহর্ষির চিত্তের মধ্যে এসে প্রবেশ করেছিল। সেই দীক্ষার অমৃতবাণী ভারতের প্রাচীন তপোবনে প্রথম ধ্বনিত হয়েছিল। আজ আমাদের কে তাকে গ্রহণ করবে, কখন গ্রহণ করবে, বর্তমান যুগে সেই অপেক্ষা রয়েছে। সেই বাণী নবজীবনের মন্ত্র বহন করছে, কে তাকে নিতে প্রস্তুত আছে? আমরা প্রত্যক্ষ দেখেছি, আধুনিক কালে একজন মহাত্মার চিত্তক্ষেত্রে সেই মন্ত্র বীজরূপে এসে পড়েছিল।

ঈশাবাস্যমিদং সর্বং যৎকিঞ্চ জগত্যাং জগৎ
তেন ত্যক্তেন ভুঞ্জীথা মা গৃধঃ কস্যস্বিদ্ধনং।

আমরা চোখে যা দেখছি তা কী? এই যে নানা গতিবেগ পরিবর্তনের মধ্যে যা চলছে ঘটছে, এটাই তো প্রত্যক্ষ। কিন্তু বাহিরের এই গতিকেই মানুষ চরম বলে স্বীকার করে নি। যাঁর দৃষ্টি সত্য হয়েছে তিনি এই চলনশীলতার ভিতর যখন পরিপূর্ণতার আদর্শ দেখেছেন তখন তাঁর চিন্তা, বাক্য, কর্ম সত্য হয়েছে। অন্ধ গতিকে চরম বলে মেনে নিলে জগতে বিরোধের অন্ত থাকে না। মানুষ তা হলে ঘোর অন্ধতার দ্বারা নীত হয়ে চলে, পরস্পরকে বেদনা দেয়।

কিন্তু শুধু ধ্যানের দৃষ্টিতে সত্যকে দেখা এবং সেই ধ্যানের আনন্দে মুগ্ধ থাকাই জীবনের পূর্ণতা সাধন নয়। দীক্ষার মন্ত্র শুধু ধ্যানের মন্ত্র

নয়, তা কর্মের মন্ত্র। সত্যের দীক্ষা নিখিলের সঙ্গে চিন্তা, ভাব ও কর্মের সত্য যোগসাধন করে— সেই যোগে কল্যাণ। সেইজন্য এই দীক্ষামন্ত্রের প্রথম অংশে আছে বটে যে বিশ্বজগতে যা কিছু নিরন্তর চলছে তাকে ঈশ্বরের দ্বারা আবৃত করে উপলব্ধি করো কিন্তু কেবল আন্তরিক উপলব্ধির মধ্যেই মন্ত্রটি থামে নি, তার পরে বলা হয়েছে যে, যে ভোগের আকাঙ্ক্ষা মানুষকে কর্মে প্রবৃত্ত করে সেই আকাঙ্ক্ষাকে কোন্ সত্যের দ্বারা নিয়মিত করবে? 'তেন ত্যক্তেন ভুঞ্জীথা', ত্যাগের দ্বারা ভোগ করবে— 'মা গৃধঃ', লোভ কোরো না। লোভের দ্বারা মানুষ ভোগের যে আয়োজন করে তাতেই অনর্থপাত করে; সেই ভোগ নিজের আত্মাকে অবরুদ্ধ ও অন্যের আত্মাকে পীড়িত করতে থাকে— অবশেষে একদিন প্রলয়ের মধ্যে তার অবসান হয়। তার কারণ যে-লোভ স্বার্থের দিকে প্রবলবেগে আকর্ষণ করে তা সেই বাণীকে অস্বীকার করে যে বাণী জানায় যে, যা কিছু আছে সমস্তকে এক অনন্ত পুরুষের দ্বারা অধিকৃত বলে জানবে। লোভ ক্রোধ মোহ আমাদের চিত্তের স্বাভিমুখী গতি, তা আমাদের স্বার্থের সীমার দিকে টানে, যিনি সকলকে সর্বত্র অধিকার করে আছেন তাঁর দিকের থেকে ফিরিয়ে আনে। এইজন্য পৃথিবীতে লোভকৃত কর্ম স্বার্থঘটিত চেষ্টা কোনো মহৎকে সৃষ্টি করে না—কেননা সৃষ্টি সেই সত্যের দ্বারাই হয় যা নিঃস্বার্থ আনন্দময়। পূর্ণতার যে প্রেরণা সেই হচ্ছে সৃষ্টির প্রেরণা, সেই হচ্ছে ত্যাগের প্রেরণা। সেই ত্যাগের দীক্ষাই আমাদের সত্য দীক্ষা, 'তেন ত্যক্তেন ভুঞ্জীথা মা গৃধঃ।'

মানুষের দৈহিক জীবনের ক্ষুধা তৃষ্ণা বেদনা তাকে ছোটো গণ্ডীতে বদ্ধ করে স্বার্থের দাবির দ্বারা বেষ্টন করে রেখেছে, প্রবৃত্তির বেগ তাকে বিচলিত করছে। কিন্তু সে বলে যে এই দাবিকে যদিও অস্বীকার করা কঠিন তবুও একে চরম বলে গ্রহণ করা যায় না। আমাদের পেট ভরানো ও সংগ্রহ করার সীমাকে নিরন্তর অতিক্রম করতে থাকলে অবশেষে ক্লান্তি ও অবসাদ আসে, আত্মা মাথা নেড়ে বলে, না, এতে হল না, আমার এতে পরিতৃপ্তি নাই। এমনি

করেই একদিন এক মহাপুরুষের কাছে আকাশের আলোও কালো বলে বোধ হয়েছিল। গভীরতম আকাঙ্ক্ষা তাঁকে ঐশ্বর্যের সুখ-স্বপ্নে তাড়না করল। কিসের জন্য অন্তরের বেদনা, কী চাই— তা তখনো মনে আসে নি। আত্মার ক্রন্দন তাঁকে আঘাত করে জাগাল, এমন সময়ে যে দীক্ষার মন্ত্র ভারতের বায়ুতে ভেসে বেড়াচ্ছিল তাই তাঁর কাছে সহসা এসে পৌঁছল।

ঈশাবাস্যমিদং সর্বং যৎকিঞ্চ জগত্যাং জগৎ
তেন ত্যক্তেন ভুঞ্জীথা মা গৃধঃ কস্যস্বিদ্ধনং।

সেদিন থেকে তাঁর যা কিছু ত্যাগ আর নিবেদন সব সেই পরমানন্দ স্বরূপের কাছে পৌঁছিয়ে দিয়েছেন। তাঁকে অহংকারের বন্ধন বারে বারে ক্ষণে ক্ষণে ছিন্ন করতে হয়েছে। সমগ্র জীবন ধরে তিনি অনন্ত জীবনের লক্ষ্যপথে আত্মাকে প্রবৃত্ত করেছেন।

এই তো মানুষের সাধনা। সে যখন ত্যাগের দ্বারা আপন সম্পদকে নিখিলের কাছে উৎসর্গ করে অমনি সে সত্য হয়ে উঠে। এত দুঃখ-বেদনার ভিতরও মানুষ তা অনুভব করছে। সে বুঝছে যে কেবলই অন্ধের মতো হাতড়াচ্ছে, বিষম ঘূর্ণিপাকে তার অশান্তির শেষ নাই। কিন্তু তার নিজের এবং তার চারি দিকের জড় অভ্যাসে ক্ষুদ্রের পথেই ঠেলে নিয়ে যাচ্ছে, ভূমার পথে না। সেই অভ্যাসের অচেতনতার থেকে তার জাগরণ আর ঘটবে না— সেইজন্য প্রতিদিন সূর্যোদয়ের মধ্যে যে উদ্‌বোধনের দীক্ষা আমাদের কাছে আসছে, যে দীক্ষা আমাদের প্রাচীন ভারতে সত্যদ্রষ্টার কণ্ঠে বাণী লাভ করেছে সে তো বারে বারেই ফিরে যাচ্ছে। কিন্তু সেই দীক্ষা সাধকের সার্থক জীবনের মধ্য দিয়ে আমাদের অন্তরের মধ্যে আজ প্রবেশ করুক। এখনই আমাদের শুভক্ষণ আসুক। এখনই আমাদের আত্মার গভীরতম প্রতীক্ষাকে সেই মন্ত্র অমৃতের দীক্ষায় চরিতার্থ করুক।

১৩২৮

৮

এই আশ্রমের যিনি প্রতিষ্ঠা করেছিলেন, আজ তাঁর দীক্ষার সাম্বৎসরিক দিন।

দীক্ষা বলতে কী বুঝি? মানুষ অন্যান্য জীবজন্তুর সঙ্গে পৃথিবীকে ভোগ করবে বলে জন্মেছে। প্রতিদিনের জীবনযাত্রায় মর্তপ্রাণের নানা আকাঙ্ক্ষা সে মেটাতে থাকে, দৈহিক মানসিক নানাবিধ খাদ্য সে সংগ্রহ করে। কিন্তু এতেও শেষ হল না, এই আকাঙ্ক্ষার উপরেও আর-এক মহৎ আকাঙ্ক্ষা তার আছে। এমন কি, সে বলে, অন্য আকাঙ্ক্ষাটির দৌরাত্ম্য থেকে মুক্তি চাই। এই তার এক আপন থেকে আর এক আপনের মুক্তি। তার ছোটো থেকে তার বড়োর মুক্তি। এ মুক্তি তার আত্মঘাত নয়, তার আত্মপ্রকাশ— যেমন মুক্তি বীজের বদ্ধতা থেকে অঙ্কুরের উদ্‌ভিন্নতা— তাতে বীজের ধ্বংস নয় তাতেই বীজের উদ্ধার, কারণ এই অঙ্কুরেই তার সত্যের বিকাশ।

মানুষের এই মুক্তির আকাঙ্ক্ষা সকল ক্ষেত্রেই কাজ করছে। জ্ঞানের ক্ষেত্রে দেখি অন্যান্য জীবজন্তুর মতো জীবনযাত্রার উপযোগী অভিজ্ঞতাটুকু নিয়ে মানুষ নিশ্চিন্ত থাকতে পারলে না; জ্ঞানের যে ছোটো বেড়া তার থেকে আপন জিজ্ঞাসাকে সে মুক্তি দিতে চেয়েছে। সমুদ্রের তলদেশে উত্তর মেরুর তুষারক্ষেত্রে আফ্রিকার পথহীন অরণ্যে— গ্রহনক্ষত্রের সুদূর সীমান্তে অণোরণীয়ান্ মহতোমহীয়ানের মধ্যে তার সন্ধান ঘুরে বেড়াচ্ছে। ইন্দ্রিয়বোধের সহজ বেষ্টনীটুকুর মধ্যে জ্ঞানবুভুক্ষু চিত্তকে কেউ ধরে রাখতে পারলে না।

মানুষের মধ্যে যেমন এই জ্ঞানের মুক্তির প্রেরণা তেমনি প্রেরণা কর্মের মুক্তির। যে কর্ম নিজের ছোটো স্বার্থের বেড়ার মধ্যেই বদ্ধ সেই কর্মের মধ্যেই তো মানুষের পরিতৃপ্তি হল না। ভোগের কর্ম জীবনমাত্রেরই, ত্যাগের কর্ম মানুষের। ভোগের যে অনুষ্ঠান যে আয়োজন তাতে ক্ষয় লেগে আছে। তাতে যা ব্যয় হয় তা নষ্ট হয়, এইজন্যেই ভোগের ক্ষেত্রে জন্তুতে জন্তুতে কাড়াকাড়ি মারামারির

অন্ত নেই। এই কাড়াকাড়ি মারামারির চেষ্টাকেই মানুষ আপন জীবনের একমাত্র নিত্য চেষ্টা বলে স্থির করে বসে নেই। তার যে কর্মে আত্মত্যাগের চেষ্টা প্রকাশ পায় সেই কর্মই তার মুক্ত কর্ম। সেখানে সে যে ফললাভ করে সে ফল তার অন্তরে; টাকাকড়ির মতো সে ফল নিয়ে কাড়াকাড়ি চলে না। মানবদের মধ্যে যাঁরা মহাপুরুষ তাঁরা নিজের সমস্ত জীবন দিয়ে এই কথাই প্রকাশ করেছেন যে, ভোগের জগতেই বন্ধন, ত্যাগের জগতেই মুক্তি।

প্রাকৃতিক শক্তির তাড়নায় আমরা জীবলোকের বাসনারাজ্যে ঘুরে বেড়াই কিন্তু অমৃতলোকের অধিকার পাবার জন্যে আমরা দীক্ষা গ্রহণ করি। প্রাকৃতিক শক্তি আমাদের যে বাসনা উদ্রেক করে তাকে আমরা বলি প্রবৃত্তি, তার মধ্যে আত্মকর্তৃত্ব নেই। কিন্তু দীক্ষা হচ্ছে সেই ইচ্ছাকে স্বীকার করা যা আত্মার। তার মধ্যে তাড়না নেই, আছে সাধনা।

একদা প্রিয়জনের মৃত্যুঘটনায় মহর্ষির মনে দীক্ষার প্রথম উদ্‌বোধন জাগে। প্রেম মৃত্যুকে স্বীকার করতে চায় না, সে নিজের মধ্যেই অমৃতলোকের সাক্ষ্য পায়। প্রেম কোনো না পদার্থকে মানে না— তার নিজের অস্তিত্বই পূর্ণতার উপরে প্রতিষ্ঠিত। এইজন্য প্রেম যখন মৃত্যুর দ্বারে দাঁড়ায় তখন তার সম্মুখে মৃত্যুই অমৃতলোকের বার্তা বহন করে, সে বলে, 'না-পদার্থ কোথাও নেই, সমস্তই পরিপূর্ণতার মধ্যে।' এই কথাই ঋষির বাণী অবলম্বন করে দীক্ষামন্ত্ররূপে তাঁর কাছে এসে উপস্থিত হয়েছিল। 'ঈশাবাস্যমিদং সর্বং যৎকিঞ্চ জগত্যাং জগৎ।' এই দীক্ষাবাণী নিয়ে বিশ্বজগৎকে ঈশ্বরের দ্বারা পরিপূর্ণ দেখতে পাওয়াই তো অমৃতলোককে উপলব্ধি করা। এই পূর্ণতার উপলব্ধি দ্বারাই মানুষ ত্যাগের সাধনা গ্রহণ করতে পারে। সেইজন্যে যে মন্ত্রের প্রথম অংশে পরিপূর্ণতার কথা আছে সেই মন্ত্রেরই দ্বিতীয় অংশে আছে 'তেন ত্যক্তেন ভুঞ্জীথাঃ মা গৃধঃ কস্যস্বিৎ ধনং।' অর্থাৎ পরিপূর্ণস্বরূপকে যিনি জেনেছেন, তাঁর আনন্দ ভোগের দ্বারা নয়, ত্যাগের দ্বারা। পূর্ণই যে সত্য এ কথা ত্যাগের দ্বারাই আমরা বুঝি। এই বুঝেই আমাদের

মুক্তি। ওই মন্ত্রে আছে 'মা গৃধঃ', লোভ কোরো না। কেননা, লোভ যে বন্ধন। সেই বন্ধন থেকেই যত যুদ্ধ বিগ্রহ অশান্তি। সকল পাপের মূলে এই লোভ। লোভ অসীমকে অস্বীকার করে, সংকীর্ণের মধ্যেই আত্মাকে বদ্ধ করতে চায়।

প্রবৃত্তির রাজ্যে আমরা যাকে সমৃদ্ধি বলি সে হচ্ছে সংগ্রহ ও সঞ্চয়ের দ্বারা বস্তুকে বহুগুণিত করা উপকরণের প্রসার সাধন। দীক্ষায় আমাদের যে রাজ্যের পথনির্দেশ করে সেখানকার সমৃদ্ধি হচ্ছে ত্যাগের দ্বারা আত্মার প্রসার সাধন। সেখানে বাহিরে বস্তুর মধ্যে আপনাকে অবরুদ্ধ করা নয়, ভূমার মধ্যে আত্মাকে মুক্তিদান করা।

মহর্ষির এই মুক্তির দীক্ষা ভিতরে ভিতরে আমাদের আশ্রমে কাজ করেছে। সেই দীক্ষা আমাদের সাধনক্ষেত্রের সীমা ক্রমশই বাড়িয়ে আজ আমাদের মহামানবের দ্বারে এনে পৌঁছিয়ে দিয়েছে। অন্য জীবজন্তুর জন্মগত সম্বন্ধ তার মা-বাপের সঙ্গেই। কোনো কোনো জন্তুর সমাজবন্ধন আছে কিন্তু সে সকল সমাজ সংকীর্ণ। মানুষের জন্মগত সম্বন্ধ সমস্ত মানবলোকের সঙ্গে— সেই মানবলোক দেশে কালে বিচ্ছিন্ন নয়। মানুষ জন্মমাত্রই সকল দেশের সকল কালের সকল মানুষের তপস্যার অধিকারী হয়। সকল মানুষের সঙ্গে প্রত্যেক মানুষের এই বিরাট সম্বন্ধ আছে বলেই মানুষ এত বড়ো। কারণ এই ঐক্য সম্বন্ধই মানুষের মধ্যে সকলের চেয়ে সত্য। এই সম্বন্ধ যেখানেই পীড়িত, খণ্ডিত, সেইখানেই মনুষ্যত্বের খর্বতা। এইজন্যেই কেবলমাত্র আধ্যাত্মিক দিকে নয় সাংসারিক দিকেও পরস্পরের যোগেই মানুষ সার্থকতা লাভ করে। সেই সার্থকতা লাভ কেবলমাত্র সুবিধাকে লাভ নয় সত্যকে লাভ। সেই লাভেই আমাদের ধর্ম আমাদের শান্তি আমাদের আনন্দ। মানুষ যখন নিজের ব্যক্তিগত সত্তাকে বড়ো করে পরিবারের মধ্যে নিজেকে সত্য বলে উপলব্ধি করে তখন সে যে কেবল কতকগুলি পারিবারিক সুবিধা লাভ করে তা নয়, মানবসম্বন্ধের বিস্তারজনিত আনন্দ লাভ করে। এইজন্যই এই সম্বন্ধের কাছে সে আপনার ব্যক্তিগত সুবিধা ও স্বার্থকে বিসর্জন করতেও

প্রস্তুত হয়। মানুষ যেখানে আপনার দেশের কোলের মধ্যে আপনাকে সত্য বলে উপলব্ধি করে সেখানেও এই কথা খাটে— এমনকি, সেখানে আপন পারিবারিক সুবিধা ও স্বার্থকেও বিসর্জন করতে সে কুণ্ঠিত হয় না। কিন্তু মানুষের মনুষ্যত্বের সীমা কি এইখানেই? মানুষে মানুষে ভেদ যে-বুদ্ধিতে বড়ো নাম ধরে ধর্মের স্থান অধিকার করতে উদ্যত হয়েছে সেই বুদ্ধি মানুষের সত্যকে আচ্ছন্ন করছে। সত্যের এই অপলাপেই পৃথিবীতে যুদ্ধ বিগ্রহ অশান্তি, এই ভেদবুদ্ধির উগ্রতাই মানুষের ধর্মবুদ্ধিকে পরাস্ত করে। যুদ্ধের অবসানে আজ য়ুরোপে যে নিদারুণ হিংস্রতা নির্লজ্জ মিথ্যাচার, ক্রোধ ও লোভের যে বীভৎস মূর্তি দেখা দিয়েছে, যা বিনাশের পন্থায় তাকে টেনে নিয়ে যাচ্ছে তার কারণ তো ওইখানে। রাষ্ট্রীয় ভেদবুদ্ধিকে য়ুরোপ দীর্ঘকাল ধরে পূজা করে এসেছে। অপদেবতার পূজা অতি ভয়ংকর— কারণ তাতে উপস্থিত কিছু ফল পাওয়া যায়, কিন্তু সেই ফল বিষফল, এবং তার বিষ একদিন হঠাৎ অনপেক্ষিত মুহূর্তে সাংঘাতিকরূপে নিজেকে জানান দেয়। য়ুরোপ আজ সে কথা জানতে পারছে— কিন্তু জেনেও নিজেকে সামলাতে পারছে না। আমাদের আশ্রমের দীক্ষায় যে প্রার্থনামন্ত্রকে আমাদের কাছে ধরেছে, সে হচ্ছে অসতো মা সদ্‌গময়— অসত্য-বুদ্ধি থেকে আমার চিত্তকে সত্যের মধ্যে মুক্তি দাও। যাঁরা এই মুক্তিকামী যাঁরা সকল মানুষকে এই মুক্তি দিতে চান তাঁরা সকল দেশ থেকে এইখানে আসুন। সর্বমানবের যে সাজি তাতেই দেশবিদেশের সাধনার ফুল ও ফল একত্র সাজিয়ে আমরা বিশ্বদেবতাকে উৎসর্গ করব। একদিন আমরা বলেছিলেম বিদেশী ফুলে আমাদের দেবতার পূজা হয় না— কিন্তু আমাদের এখানে আজ আমরা যেন বলতে পারি সকল দেশের ফুল ছাড়া দেবতার পূজা সম্পূর্ণ হতেই পারে না। মৃত্যোর্মামৃতং গময়— হে পরমাত্মন্, যে মোহ ছোটোর মধ্যে মৃত্যুলোকে আমাদের ধরে রাখে তার বন্ধন থেকে আমাদের চিত্তকে অমৃতলোকে মুক্তি দান করো।

১৩২৯

মহর্ষি-প্রসঙ্গ ২

৭ই পৌষের উৎসবে শান্তিনিকেতনে রবীন্দ্রনাথের কয়েকটি ভাষণ

১

আমার পিতা এখন চুঁচ্ড়োয় ফিরে গিয়েচেন— আমি তাঁর কাছে দিনকতক থেকে অত্যন্ত হৃদয়ের শান্তিলাভ করেছি— আমরা সমুদ্রতীরে থাক্‌তুম এবং তাঁকে সেই সমুদ্রতীরের অস্তোন্মুখ সূর্য্যের মত বোধ হত। আমি কিছুদিন তাঁর বৃহৎ জীবনের তীরে থেকে কতকটা যেন মহত্ত্ব সঞ্চয় করতে পেরেছি। তিনি তাঁর নিজের জীবন সম্বন্ধে যে বই লিখেচেন সেটা পড়ে আশ্চর্য্য হতে হয়। সে বইখানি একটি পরিণত মহৎ জীবনে পরিপূর্ণ হয়ে আছে। সেটা পড়লে আমার হৃদয়ে একপ্রকার অনির্দ্দেশ্য আশার সঞ্চার হয়। বাঙ্গালা ভাষায় এই একটি রীতিমত বই লেখা হল।

[১২৯৩]

২

আমার পিতা স্বভাবতই সুন্দরের উপাসক ছিলেন। জ্ঞানের দিক দিয়া ব্রহ্মকে উপলব্ধি করিবার সহায়তা তিনি উপনিষৎ হইতে পাইয়াছিলেন— রসের দিক দিয়া সুন্দরকে সেবা করিবার উপকরণ তিনি কোন্ শাস্ত্র হইতে সংগ্রহ করিতেন এই প্রশ্ন আপনার মনে জাগিয়াছে। ফরাসী দার্শনিক কুঁজ্যার গ্রন্থই তাঁহার অবলম্বন ছিল এ কথা ঠিক নহে— তত্ত্বশাস্ত্র ভক্তিবৃত্তিকে রস জোগাইতে পারে না।

বৈষ্ণব ধর্মমত ও পদাবলী আমার পিতার হৃদয়কে অধিকার করে নাই সে আমি জানি। তাঁহার রসভোগের সখা ছিলেন হাফেজ। তিনি নিজে কাব্য রচনা করিতে পারেন নাই তাঁহার সেই আকাঙ্ক্ষা মিটাইয়াছিলেন হাফেজের গানে। উপনিষৎ তাঁহার ক্ষুধা মিটাইত আর হাফেজ তাঁহার তৃষ্ণা দূর করিয়াছিল।

১৩১৬

৩

পশ্চিমদেশে যাঁরা মনীষী তাঁরা নিজের ধর্মসংস্কারের সংকীর্ণতায় পীড়া পাচ্ছেন এবং ইচ্ছা করছেন যে, ধর্মের পথ উদার এবং প্রশস্ত হয়ে যাক। সেই যাঁরা পীড়া পাচ্ছেন এবং সংস্কার কাটিয়ে ধর্মকে তার বিশুদ্ধ মূর্তিতে দেখবার চেষ্টা করছেন তাঁদের মধ্যে স্টপ্‌ফোর্ড ব্রুকও একজন। খ্রীস্টধর্ম যেখানে সংকীর্ণ সেখানে ব্রুক তাকে মানেন নি। তাঁর Onward Cry নামক নূতন বইটির প্রথম উপদেশটি পাঠ করলেই সেটা বোঝা যাবে।

আজকে যাঁর দীক্ষার সাম্বৎসরিকে আমরা এসেছি তিনি অন্‌ওআর্ড ক্রাই শুনতে পেয়েছিলেন। যে সময়ে আমাদের দেশে ধর্মকে সমাজকে চারি দিক থেকে নানা আচার ও প্রথার বন্ধনে

বেঁধেছিল, তাকে সংকীর্ণ করে রুদ্ধ করে রেখেছিল, সেই সময়ে তিনি এই আহ্বান শুনে জেগে উঠলেন। চারি দিকের এই রুদ্ধতা, এই বেড়াগুলো, তাঁকে অত্যন্ত বেদনা দিয়েছিল। তিনি যখন আকাশে উড়তে চেয়েছিলেন তখন পিঞ্জরের প্রত্যেকটি শলাকা তাঁকে আঘাত করেছিল। তিনি জীবনকে প্রতিদিন অগ্রসর করবেন, প্রতিদিন অনন্তের আস্বাদ আপনার ভিতর থেকে পাবেন, তাঁর এই আকাঙ্ক্ষা সেদিনকার সমাজে বড়োই দুর্লভ ছিল। সকলেই নিজ নিজ প্রচলিত অভ্যাসে তৃপ্ত ছিল। এই ৭ই পৌষের দিন তিনি তাঁর দীক্ষার আহ্বান শুনেছিলেন। সে আহ্বান এই মন্ত্রটি: ঈশাবাস্য-মিদং সর্বং। দেখো, তাঁর মধ্যে সব দেখো। এই আহ্বান, এই দীক্ষামন্ত্রই তো এই আশ্রমের মধ্যে রয়েছে। উপনিষদের এই মন্ত্র, এ কোনো বিশেষ সম্প্রদায়ের নয়, এ কোনো বিশেষ সম্প্রদায়কে সৃষ্টি করে না। এ বাণী দেশে দেশান্তরে নির্ঝরধারার মতো যুগে যুগে প্রবাহিত হয়ে চলতে থাকবে। দেখো, তাঁর মধ্যে সব দেখো।

সেইজন্য আজ আমাদের বিশেষভাবে চিন্তা করে দেখতে হবে যে, মহর্ষির জীবনের শ্রেষ্ঠ বিকাশ সমাজে হয় নি, তা এই আশ্রমে হয়েছিল। বিশেষ সমাজের সঙ্গে তিনি দীর্ঘকাল সংযুক্ত ছিলেন বটে, কিন্তু সেইখানেই তাঁর চিরজীবনের সাধনা তার বিশেষ সার্থকতা লাভ করে নি, এই আশ্রমের মধ্যেই তার সার্থকতা সম্পূর্ণ হয়েছিল। 'আরোর দিকে চলো' সেই ডাক তিনি শুনে বেরিয়েছিলেন; সেই মন্ত্রে তিনি দীক্ষা গ্রহণ করেছিলেন; এবং সেই ডাকটি, সেই মন্ত্রটি তিনি আমাদের মধ্যে রেখে গিয়েছেন। তিনি বলেছেন, 'এসো, এসো, আরো পাবে।' অনন্তস্বরূপের ভাণ্ডার যদি উন্মুক্ত হয়, তবে তার আর সীমা কোথায়? তাই আমাদের দেখতে হবে যে, আমরা যেন সেই পথে তাঁর অনুসরণ করি যে পথ দিয়ে তিনি চলে গিয়েছেন। জ্ঞানে প্রেমে ধর্মে সকল দিকে যেন মুক্তির পথেই ক্রমাগত অগ্রসর হতে থাকি। এ কথা ভুলবার নয় যে, এ আশ্রম সম্প্রদায়ের স্থান নয়, এখানে সমস্ত বিশ্বের আমরা পরিচয় পাব। এখানে সকল জাতির

সকল দেশের লোক সমাগত হবে। তাঁর এই দীক্ষার মন্ত্রকে, সমস্তকে ঈশ্বরের মধ্যে দেখার মন্ত্রকে আমরা কোথাও সংকোচ করব না। আমাদের অগ্রসরের পথ যেন কোনোমতেই বদ্ধ না হয়।

১৩২০

৪

আমার পিতার ধর্মসাধনা তত্ত্বজ্ঞানের উপর প্রতিষ্ঠিত ছিল না। অর্থাৎ তাঁহার সাধনা খালকাটা জলের মতো ছিল না, সে ছিল নদীর স্রোতের মতো। সেই নদী আপনার ধারার পথ আপনি কাটিয়া সমুদ্রে গিয়া পৌঁছে। এই পথ হয়তো বাঁকিয়া চুরিয়া যায়, কিন্তু ইহার গতির লক্ষ্য আপন স্বভাবের বেগেই সেই সমুদ্রের দিকে। গাছ আপন সকল পাতা মেলিয়া সূর্যালোককে সহজেই গ্রহণ করে এবং আপন জীবনের সহিত তাহাকে মিলিত করিয়া আপনার সর্বাঙ্গে সঞ্চারিত ও সঞ্চিত করিয়া তুলে। এই গাছকে বাধার মধ্যে রাখিলেও সে স্বভাবের একাগ্র প্রেরণায় যে কোনো ছিদ্রের মধ্য দিয়া আপন আকাঙ্ক্ষাকে সূর্যালোকের দিকে প্রসারিত করিয়া দেয়, এই আকাঙ্ক্ষা গাছটির সমগ্র প্রাণশক্তির আকাঙ্ক্ষা।

তেমনি বুদ্ধিবিচারের অনুসরণে নয় কিন্তু আত্মার প্রাণবেগের ব্যাকুল অনুধাবনেই পিতৃদেব সমস্ত কঠিন বাধা ভেদ করিয়া অসীমের অভিমুখে জীবনকে উদ্‌ঘাটিত করিয়াছিলেন।

১৩২৬

৫

সন্ধ্যা হয়েছে। উৎসবের দিন অবসান হল। সমস্ত দিন নানা শব্দে নানা

দৃশ্যে মন বিক্ষিপ্ত হয়ে গিয়েছে, আবার তাকে উৎসবের মূল কথায় ফিরিয়ে আনতে হয়।

আমাদের জীবনও তো নানা বিক্ষেপে পরিপূর্ণ। কিন্তু মোটের উপর জীবন কি একটি উৎসব নয়? এর উৎসবে আকাশে কত আলো জ্বলেছে, পৃথিবীতে ঋতুর পর ঋতু কত ফুলকাটা আস্তরণ বিছিয়েছে! মন যে নানা চিন্তায় এবং শক্তি যে নানা কর্মে ধাবিত হয়েছে তার গৌরব তার আনন্দ কি কম? তার পরে সুখ দুঃখ বিপদ সম্পদের নানা অভিজ্ঞতায় নিজের চৈতন্যকে যে নানা রঙে রঙিয়ে দেখা গেল সেও তো আমাদের উৎসবেরই অঙ্গ।

যে মানুষ এই জীবন-উৎসবের মূল সুর থেকে দুঃখ বিপদ আঘাত ক্ষতিকে স্বতন্ত্র করে নিয়ে তাকেই আর সব কিছু হতে বড়ো করে দেখেছে তাকেও জিজ্ঞাসা করি, পৃথিবীতে জীবননাট্যের শেষে যখন মৃত্যুর যবনিকা পড়ল তখন কি সকল দুঃখ স্বপ্নের মতো মিলিয়ে গেল না? দুঃখ তাপ আমাদের কল্পনায় যখন চিরস্থায়িত্বের ভান করে তখনই সে বিভীষিকা; কিন্তু তার পরে দিনের শেষে? তখন তার চিহ্নই বা কই, তার বেদনাই বা কোথায়?

এই উপলব্ধির শুধু মূল্য নয়, এর একটা নিগূঢ় আনন্দ আছে; সে কথা আমরা বুঝতে পারি যখন দেখি মানুষ সাহিত্যে সংগীতে চিত্রকলায় এই-সমস্ত বেদনাকে নানা রসে নানা রূপে স্থায়ী করে তুলছে। তার কারণ, মানুষ জানে জীবনের সমস্ত সুখ দুঃখ একটা বড়ো উৎসবেরই পালা— তার কোনোটাই নিজের মধ্যেই একান্ত এবং বিচ্ছিন্ন নয়, সমস্তটা জড়িয়ে একটা মস্ত প্রকাশ।

জীবনের সেই মূলগত ঐক্যকে সমগ্রতাকে সংশ্লিষ্টভাবে যিনি উপলব্ধি করলেন তিনিই তাকে পুরোপুরি ভোগ করলেন। যে মানুষ আমোদে-প্রমোদে বিক্ষিপ্ত হয়ে বেড়াল কিম্বা দুঃখশোকে উদ্‌ভ্রান্ত হয়ে গেল, সে পেলে না।

জীবনের সেই আনন্দময় ঐক্যকে কে স্পষ্ট করে দেখতে পায়? যে আপনার জীবনের অর্থকে একটি পরমানন্দময় একের মধ্যে

গভীরভাবে জেনেছে। সেই তো জোরের সঙ্গে বলতে পারে—

কোহ্যেবান্যাৎ কঃ প্রাণ্যাৎ যদেষ আকাশ আনন্দো ন স্যাৎ

‘কোনো জায়গায় কোনো গতি বা প্রাণক্রিয়া কিছুমাত্র থাকত না, আকাশে যদি আনন্দ না থাকত।’

জীবনকে যে মানুষ নিজেরই মধ্যে বিচ্ছিন্ন করে দেখছে সে জীবনের সূত্র হারিয়ে ফেলেছে, সে জীবনের সব কিছুকেই বিচ্ছিন্ন করে বোধ করছে, এইজন্যেই আঘাত-অভিঘাতে সে কেবলই এত বেশি নাড়া খাচ্ছে।

পৃথিবীতে যাঁরা উৎসবকে সম্পূর্ণ করেছেন, তার সমস্ত সুখ দুঃখ সম্পদ বিপদকে অসীমের মহিমায় জ্যোতির্ময় করে দেখিয়েছেন, তাঁদের কাছ থেকেই নিজের জীবনের সুর মিলিয়ে নিতে হবে।

সেইজন্যে আজ যাঁর দীক্ষার সাম্বৎসরিক দিন তাঁর জীবনকে স্মরণ করি। মৃত্যুর মহা অবকাশের মধ্য দিয়ে তাঁর জীবনকে সম্পূর্ণ করে দেখবার সুযোগ আমাদের এসেছে। আজ আমরা স্পষ্ট করেই বুঝতে পারছি— সত্যং জ্ঞানমনন্তং এই যে মন্ত্রটি আমরা উচ্চারণ করি মাত্র, এই মন্ত্রটিকে দিনে দিনে তিনি আপনার জীবনের মধ্যে উদ্‌ঘাটিত করেছেন। এই মন্ত্রই তাঁর সমস্ত সুখ দুঃখ সমস্ত কর্মকে নিয়ে তাঁর জীবনকে এক সূত্রে গেঁথে তুলেছে।

মানুষের প্রকৃতিতে যেমন ভুলভ্রান্তি সম্ভবপর তাও তাঁর ঘটেছে, দুঃখে সুখে তাকে যেমন ক্ষুব্ধ করে তাও তাঁকে করেছে, কিন্তু সে সমস্তকে অতিক্রম করে উঠেছে তাঁর জীবনে এই কথাটি—

আনন্দং ব্রহ্মণো বিদ্বান্ ন বিভেতি কুতশ্চন।

এমন করে যাঁর জীবন অখণ্ড হয়েছে, অসীমের সঙ্গে মিলিত হয়েছে, তাঁর সেই জীবন মানুষের ইতিহাস থেকে আর ভ্রষ্ট হতে পারে না। সেই জীবন অমৃতের মন্দিরে অর্ঘ্যরূপে আহরণ করা হয়েছে কিনা এইজন্য সেই নৈবেদ্য রয়ে গেল। এখন হতে সমস্ত মানুষেরই সে। তাই আজ আমরা তাঁর সেই জীবন থেকে জীবনের অর্থ লাভ করবার

জন্যে এসেছি। সেই অর্থটি মহোৎসবের সাজেই আমাদের কাছে আসুক, মহোৎসবের সুরেই আমাদের কানে বাজুক এবং বাধা কাটিয়ে দিয়ে আমাদের জীবনকেও উৎসবময় করে তুলুক।

১৩২৬

৬

আজকের মতো এমনই এক সাতই পৌষের শুভ প্রভাতে দিব্য আলোকের সাড়া পেয়ে অমৃতস্বরূপের দীক্ষা পেয়ে একজন সাধক এ কথা বলতে পেরেছিলেন যে এই উপকরণরুদ্ধ সংসারেই মানুষের জীবনযাত্রার অবসান নয়, তাকে এর বাইরে বেরিয়ে আসতে হবে। নিজের খাদ্যের মধ্যেই চিরবন্দী কীটের মতো মানুষ বাস করলে চলবে না। তিনি এ কথা একদিন উপলব্ধি করে সেই অমৃতলোকের আলোকেতে এই দীক্ষার মন্ত্র গ্রহণ করেছিলেন যে—

ঈশাবাস্যমিদং সর্বং যৎকিঞ্চ জগত্যাং জগৎ
তেন ত্যক্তেন ভুঞ্জীথা মা গৃধঃ কস্যস্বিদ্ধনং।

সেই পূর্ণস্বরূপের দ্বারা সকল চরাচর পূর্ণ হয়ে রয়েছে, ত্যাগের দ্বারা নয়। আপনাকে যখনই সম্পূর্ণ উৎসর্গ করতে পারবে তখনই বেঁচে যাবে— অমৃতকে লাভ করবে। তিনি সেই অমৃতস্বরূপের স্পর্শ সেদিন লাভ করে ধন্য হয়েছিলেন, তাই তিনি জীবনের শোক দুঃখ ক্ষতির আঘাতে আহত হন নি। তিনি অসীমের রসাস্বাদ লাভ করে পরিত্রাণের এই দীক্ষা গ্রহণ করতে পেরেছিলেন।

সেই দীক্ষামন্ত্রের বীজ আজ আশ্রমে অঙ্কুরিত হোক, সেই বীজের অঙ্কুর কালক্রমে এখানে ছায়াতরুরূপে বর্ধিত হোক। তিনি এখানে সপ্তপর্ণী তরুতলে বেদীরচনা করেছিলেন, তিনি অমৃতের পুত্র এই গৌরব উপলব্ধি করে বলেছিলেন যে 'তিনি আমার প্রাণের আরাম,

মনের আনন্দ আত্মার শান্তি।' তাঁর সেই ধ্যানের বেদী তিনি এ দেশে স্থাপন করে গিয়েছেন। আজ আশ্রমের সেই বড়ো আদর্শের মহাতরুতলে দেশবিদেশ থেকে সকলে সমবেত হয়েছেন। আশা আছে যে তাঁরা তাঁদের জীবন দিয়ে নূতন বেদী রচনা করে তুলবেন— সেই সুপ্রশস্ত বেদীতলে দেশ-বিদেশের তীর্থযাত্রী এসে মিলিত হবে। আজকার উৎসবের দিনে সেই পরম আনন্দের অপরিসীম আশা সঞ্চারিত হোক, যে আশাতে সৃষ্টির মন্ত্র নিহিত আছে। আজ হৃদয় পূর্ণ করে সেই আশার বার্তাকে ঘোষণা করবার দিন— সেই আশাই আমাদের সম্বৎসরের কর্মে পাথেয় স্বরূপ হয়ে বিরাজ করুক।

১৩৩০

৭

অনেক সময় প্রিয়জনের মৃত্যুতে যে বৈরাগ্য আনে তার মানে হচ্চে এই যে, তখন আহত প্রাণ এমন কিছুতে বাঁচতে চায় যার ক্ষয় নেই বিলুপ্তি নেই। পিতৃদেবের জীবনীর প্রথম অধ্যায়ে সেই কথাটাই পাই। মৃত্যু যখন জীবনের সামনে আসে তখন এই কথাটাই প্রশ্ন করে, 'তুমি অমৃত কী পেয়েছ, আমি যা নিলুম তার ভিতরকার কি বাকী আছে। কিছুই যদি বাকী না থাকে তা হলে সম্পূর্ণ ঠকেচ।' প্রাণ প্রাণকেই চায়, সে কোনোমতেই মৃত্যুর দ্বারা ঠকতে চায় না— যেই ঠিকমত বুঝতে পারে ঠকছি অমনি ব্যাকুল হয়ে বলে ওঠে 'যেনাহং নামৃতাস্যাম্ কিমহং তেন কুর্য্যাম।'

১৯২৬

৮

আমার আট-নয় বছর বয়সে গঙ্গাতীরের এক বাগানে কিছুকালের

জন্যে বাস করতে গিয়েছিলাম। গভীর আনন্দ পেলাম। গঙ্গানদী ভারতের একটি বৃহৎ পরিচয়কে বহন করে। ভারতের বহু দেশ বহু কাল ও বহু চিত্তের ঐক্যধারা তার স্রোতের মধ্যে বহমান। এই নদীর মধ্যে ভারতের একটি পরিচয়বাণী আছে। হিমাদ্রির স্কন্ধ থেকে পূর্বসমুদ্র পর্যন্ত লম্বমান এই গঙ্গানদী। সে যেন ভারতের যজ্ঞোপবীতের মতো, ভারতের বহুকাল ক্রমাগত জ্ঞান ধর্ম তপস্যার স্মৃতিযোগসূত্র।

তার পর আর কয়েক বৎসর পরেই পিতা আমাকে সঙ্গে করে হিমালয় পর্বতে নিয়ে যান। আমার পিতাকে এই প্রথম নিকটে দেখেছি, আর হিমালয় পর্বতকে। উভয়ের মধ্যেই ভাবের মিল ছিল। হিমালয়ে এমন একটি চিরন্তন রূপ যা সমগ্র ভারতের— যা এক দিকে দুর্গম, আর এক দিকে সর্বজনীন। আমার পিতার মধ্যেও ভারতের সেই বিদ্যা চিন্তায় পূজায় কর্মে প্রত্যহ প্রাণময় হয়ে দেখা যাচ্ছিল যা সর্বকালীন, যার মধ্যে প্রাদেশিকতার কার্পণ্যমাত্র নেই।

১৩৩৪

৯

আজকে ৭ই পৌষও একটি দীক্ষাদিনের সাম্বৎসরিক। মহর্ষি দেবেন্দ্রনাথ এইদিনে যে দীক্ষা নিয়েছিলেন, সেটাকে আশ্রয় করে এই আশ্রম গড়ে উঠেছে, বিচিত্র হয়ে উঠেছে, যেমন করে সূর্যের আলোক সমস্ত জীবমণ্ডলীকে জাগ্রত করে রেখেছে, সজীব করে রেখেছে, ফুলে ফলে, পশুতে পক্ষীতে বিচিত্র করে রেখেছে, তেমনই করে এই নির্জন প্রান্তরের মাঝখানে, এই তরুশূন্য ভূমিখণ্ডে তাঁর দীক্ষার আলোক যখন এসে স্পর্শ করল, তখন ক্রমে ক্রমে ধীরে ধীরে বৎসরে বৎসরে বিচিত্র কল্যাণরূপ সে উদ্‌বোধিত করল। ঠিক কোন্ ভাবের উপর কোন্ সত্যের উপর এই আশ্রমটি প্রতিষ্ঠিত, সে কথাটি আজ আমরা স্মরণ করব।

১৩৩৫

১০

আমার জন্ম যে পরিবারে সে পরিবারের ধর্মসাধন একটি বিশেষ ভাবের। উপনিষদ এবং পিতৃদেবের অভিজ্ঞতা, রামমোহন এবং আর আর সাধকদের সাধনাই আমাদের পারিবারিক সাধনা। আমি পিতার কনিষ্ঠ পুত্র। জাতকর্ম থেকে আরম্ভ করে আমার সব সংস্কারই বৈদিক মন্ত্রদ্বারা অনুষ্ঠিত হয়েছিল, অবশ্য ব্রাহ্মমতের সঙ্গে মিলিয়ে। আমি ইস্কুল পালানো ছেলে। যেখানেই গণ্ডী দেওয়া হয়েছে সেখানেই আমি বনিবনাও করতে পারি নি কখনো। যে অভ্যাস বাইরে থেকে চাপানো তা আমি গ্রহণ করতে অক্ষম। কিন্তু, পিতৃদেব সেজন্য কখনো ভর্ৎসনা করতেন না। তিনি নিজেই স্বাধীনতা অবলম্বন করে পৈতামহিক সংস্কার ত্যাগ করেছিলেন। গভীরতর জীবনতত্ত্ব সম্বন্ধে চিন্তা করার স্বাধীনতা আমারও ছিল। এ কথা স্বীকার করতেই হবে, আমার এই স্বাতন্ত্র্যের জন্যে কখনো কখনো তিনি বেদনা পেয়েছেন। কিছু বলেন নি।

বাল্যে উপনিষদের অনেক অংশ বারবার আবৃত্তি-দ্বারা আমার কণ্ঠস্থ ছিল। সব কিছু গ্রহণ করতে পারি নি সকল মন দিয়ে। শ্রদ্ধা ছিল, শক্তি ছিল না হয়তো। এমন সময় উপনয়ন হল। উপনয়নের সময় গায়ত্রীমন্ত্র দেওয়া হয়েছিল। কেবলমাত্র মুখস্থভাবে না; বারংবার সুস্পষ্ট উচ্চারণ করে আবৃত্তি করেছি এবং পিতার কাছে গায়ত্রীমন্ত্রের ধ্যানের অর্থ পেয়েছি। তখন আমার বয়স বারো বৎসর হবে।

১৯৩৩

১১

আমার পিতা ছিলেন হাফেজের অনুরাগী ভক্ত। তাঁর মুখ থেকে হাফেজের কবিতার আবৃত্তি ও তার অনুবাদ অনেক শুনেছি।

সেই কবিতার মাধুর্য দিয়ে পারস্যের হৃদয় আমাদের হৃদয়ে প্রবেশ করেছিল।[১]

১২

আমার পিতৃদেব একদিন যখন মনে শান্তি পাচ্ছিলেন না, তখন বাতাসে একটি ছিন্নপত্র তাঁর সামনে উড়ে এসেছিল— পণ্ডিতকে ডেকে সেই পত্রলিখিত ঈশাবাস্যমিদং সর্বম্ শ্লোকের অর্থ জিজ্ঞাসা করেছিলেন। ক্রমশ এই শ্লোকের সব কয়টি শব্দের অর্থই তাঁর কাছে স্পষ্ট হয়ে গেল, তাঁর জীবনের পাতার পর পাতায় সেই অর্থ ফুটে উঠতে লাগল— এই একটি মাত্র শ্লোক ধীরে ধীরে তাঁর সংসারকে জীবনকে আচ্ছন্ন করে দিল, আসক্তির বন্ধন ছিন্ন হয়ে ক্রমে তিনি নির্মল আনন্দের অধিকার লাভ করলেন। আজ ৭ই পৌষে তারই উৎসব।

১৩৪২

---

[১] মহর্ষির ব্যবহৃত একটি ঘণ্টার পিছনে হাফেজের দুই ছত্র শ্লোক উদ্‌ধৃত আছে। তাহার নীচে রবীন্দ্রনাথ-কৃত অনুবাদ আছে। ঘণ্টাটি রবীন্দ্রসদন-সংগ্রহে রক্ষিত। ফার্সি মূল কবিতা ও রবীন্দ্রনাথ-কৃত অনুবাদ মুদ্রিত হইল:

ম-রা দর্ মনজিল্-ই-জানাঁ, চি
অমন্-উ-অয়শ্, চুঁ হর্‌দম্
জারাস্ ফর্‌য়াদ্ মী-দরদ্, কি বর্-বন্দীদ মহম্মল্-হা।

সখার সদনে যেতে কত না আরাম
কত সুখ হবে সেথা লাভ।
এই বলি হেথা ঘণ্টা বাজে অবিরাম
বাঁধো তবে তব আস্‌বাব।

—ফার্সি লিপ্যন্তর শ্রীসুনীতিকুমার চট্টোপাধ্যায়-কৃত

১৩

অতি বড়ো শোক ও বেদনার মধ্যে পিতামহীর মৃত্যুর পর পিতা আমার শান্তি চেয়েছিলেন। তাঁর সেই পীড়িত ও শোকাতুর চিত্ত আকাশের দিকে হাত বাড়িয়েছিল; তিনিও প্রচলিত ধর্মের বাঁধন ছিঁড়ে এই উপনিষদের দ্বারে, সীমার ঊর্ধ্বে গিয়ে অসীমকে উপলব্ধি করার জন্যে এসেছিলেন। মুক্তির জন্যে তিনি রামমোহনের কাছে গিয়েছিলেন।

১৩৪৩

১৪

এই আশ্রমে যিনি নিজের সাধনার আসন প্রতিষ্ঠিত করেন আমার সেই পিতৃদেবের তরুণ জীবনে মৃত্যু-শোকের অন্ধকার নিবিড় হয়ে আক্রমণ করেছিল। তিনি সেই অন্ধকারকে অপসারিত করে একান্তভাবে উৎকণ্ঠিত হয়ে অমৃতের সন্ধান করেন। তাঁর জীবনীতে এ সময়ের বর্ণনায় বলেছেন যে, গভীর শোক সূর্যের জ্যোতিকে তাঁর কাছে কালিমায় আবৃত মনে করেছিল। তিনি তাতে শান্ত থাকতে পারেন নি। তিনি ধনীর সন্তান ছিলেন, তাঁর অসামান্য অতুল ধনসম্পদের মধ্যে বিলাসিতার উপকরণ পুঞ্জীভূত ছিল। তার মধ্যে থেকে তিনি মনে সান্ত্বনা পান নি। এই ধনবিলাসের দুর্গ থেকে মুক্তিলাভের কোনো উপায় ছিল না। কিন্তু সহসা দারুণ আঘাতে তাঁর কাছে দ্বার উদ্‌ঘাটিত হল। সংসারের আমোদ ও আরামে তাঁর বিতৃষ্ণা জন্মাল, মৃত্যু-শোকের আঘাত পেয়ে তিনি একান্ত মনে সন্ধান করতে লাগলেন কিরূপে মৃত্যুর অধিকৃত সংসারবন্ধন থেকে মুক্তি লাভ করবেন। সে সময়ে যে বাণী তাঁকে উৎসাহ দিয়েছিল তা এই— ‘তং বেদ্যং পুরুষং বেদ, যথা মা বো মৃত্যুঃ পরিব্যথাঃ’, সেই বেদনীয়

পুরুষকে জানো, যাঁকে জানলে মৃত্যু ব্যথা দিতে পারে না।

মহর্ষির মনে মৃত্যু-শোকের ভিতরে অমৃতপিপাসু আত্মার আকাঙ্ক্ষা জাগল। যে অহং মানুষকে নিজের দিকে টানে এবং আপন পুঞ্জীভূত উপকরণে অসীমকে অন্তরালে ফেলে, তাকে অপসারিত করে দিয়ে তিনি মহান পুরুষকে জানতে পারলেন। তখন তাঁর যে কত ভার লাঘব হয়ে গেল, তা জীবনীতে লিখে গেছেন।

জীবনের এই অনুভূতি যখন তাঁর কাছে সুস্পষ্ট, তখন অকস্মাৎ বজ্রাঘাতের ন্যায় তাঁর ধনসম্পদ ধূলিসাৎ হল, পৈত্রিক ব্যবসায় ঋণের দায়ে বন্ধ হয়ে গেল। কিন্তু তিনি সহজে এই দারিদ্র্যকে বরণ করে নিতে পেরেছিলেন। আমরা দেখতে পাই যে মানুষের অহং যখন উপকরণ নিয়ে আসক্ত থাকে তখন সে দারিদ্র্যের ভার সইতে পারে না। কিন্তু পিতৃদেবকে এই দারিদ্র্য পীড়া দেয় নি। যিনি আবাল্য ধনবিলাসে বেড়ে উঠেছেন, তিনি সেই ধনের অভাবদুঃখকে দূরে সরিয়ে দিয়ে অবিচলিত হতে পেরেছিলেন, তার কারণ আত্মা যখন আপন আনন্দে পূর্ণ থাকে তখন কোনো বোঝাই তাকে অবনত করতে পারে না। মহর্ষি তাঁর জীবনে সেই মুক্তিলাভ করেছিলেন। তিনি বিপদকালে অকাতরেই ঋণভার মোচন করে দিলেন। বিষয়ী বন্ধুরা বলেছিলেন নানা কৌশলে এই ঋণদায় হতে অব্যাহতি পেতে কিন্তু তিনি বললেন, 'যায় যাক্ সব কিছু ক্ষতি নেই, দুঃখ নেই।' তিনি পিতার ট্রাস্ট সম্পত্তি বাঁচাতে পারতেন, কিন্তু তাও মহাজনদের হাতে সঁপে দিলেন। তিনি বহু আয়াসে পর্বত প্রমাণ ঋণ শোধ করলেন।

আমরা মহর্ষির জীবনের আর একটা দিক দেখতে পাই। তিনি বলেন নি যে সংসারের সকল কর্তব্যের বন্ধনকে ছিন্ন করে বৈরাগ্য সাধন করতে হবে। তিনি গৃহী ছিলেন। তিনি বলেছেন যে সংসারের মধ্যে বাস করেই আসক্তির বন্ধন ঘোচাতে হবে। 'ফললাভে আসক্ত না হয়ে কর্ম করতে হবে' গীতার এই বাণী তিনি তাঁর জীবনে প্রতিপালন করেন। তিনি বলেন যে মানুষ সংসারের কর্তব্য পালন করবে কিন্তু মনকে মুক্ত রাখবে। মানুষ যখন পূর্ণ স্বরূপকে লাভ

করে তখন সংসার তাকে ক্ষতির পীড়া দেয় না, দারিদ্র্যে তার চিত্তকে বিক্ষিপ্ত করে না। তাই মহর্ষির জীবনে দেখতে পাই, সুনাবিক যেমন তরঙ্গসংকুল সমুদ্রে ভীত না হয়ে উত্তীর্ণ হবার উদ্যোগ করে, তেমনি তিনি সংসারের শোকদুঃখের তরঙ্গে দোলায়মান হয়েও জীবন-তরণী পরিচালনা করতে কুণ্ঠিত হন নি। তিনি বলেন সংসারধর্ম পালন করতে করতে তৎসত্ত্বেও মুক্তি পেতে হবে সংসারের এই শিক্ষা। প্রমাণ করতে হবে মানুষ কেবল দেহমন নিয়েই কাল যাপন করবে না, দেহমনের অতীত যে আত্মা তারই আত্মিক ধর্ম তাকে রক্ষা করতে হবে। তাকে সংসারের কর্তব্যের মধ্য দিয়েই প্রমাণ করতে হবে যে সে পশুধর্মের অতীত।

আমাদের দেশবাসীরা বলে থাকেন যে এ সব মুনি-ঋষির কথা। আমরা সংসারী, আমরা পবিত্র ও মুক্ত হতে পারি না। কিন্তু এমন কথা মানুষের আত্মাবমাননার কথা। সংসার ও সন্ন্যাসকে বিভক্ত করা মানুষের শ্রেয়ঃ পথ নয়। গৃহী মানবকেই সন্ন্যাসী হতে হবে এবং নিরাসক্ত হয়ে সংসারধর্ম পালন করতে হবে। আজকার দিনে পশ্চিমে ঘোর দুর্গতির কাল ঘনিয়ে এসেছে, দেশে-দেশে মানুষের মনে হিংস্রতার ও দ্বন্দ্বের অন্ত নাই। কিন্তু পাশ্চাত্ত্য সমাজকে যদি বলি যে বিজ্ঞানের পাঠশালা বন্ধ করে গিরিগুহায় অরণ্যে চোখ বুজে বসে থাকো তবে মিথ্যা বলা হবে। এ যেমন নিরর্থক, তেমনি যদি বলা যায় যে লুব্ধ স্বার্থকে বিস্তার করো, বিজ্ঞানের অস্ত্রে দুর্বলকে মারো, সেও তেমনি মিথ্যা কথা। কিন্তু বলতে হবে যে সংসারের সকল কর্তব্য পালনের মধ্যেই মানুষের আত্মিক শক্তিকে জয়যুক্ত করো। সভ্যতার উৎকর্ষ সাধন করো, কিন্তু নিরাসক্তভাবে, আত্মার উদার লোকে সভ্যতাকে উন্নীত করো। আজকের দিনে এ কথা বলে লাভ নেই যে ধনসম্পদের আহরণ বন্ধ করো, যা কিছু সব ত্যাগ করো, কিন্তু মানুষকে বলতে হবে যে ঐশ্বর্য-সাধনার ভিতর দিয়েই সন্ন্যাসী হও, সংসারের মধ্যে থেকেই তোমার মাহাত্ম্যের পরিচয় দাও।

একদা ভারতবর্ষের সাধক সংসারের মধ্যে বাস করেই এই

আধ্যাত্মিকতার সাধনা করেছিলেন। তাঁরা গৃহী ছিলেন। পরবর্তী যুগে এই সাধনাপথের পরিবর্তন হল, মানুষ অঙ্গে বিভূতি মেখে জনসমাজ থেকে দূরে গিয়ে আপনাকে শূন্যের মধ্যে উপলব্ধি করার চেষ্টা করতে লাগল। কিন্তু প্রাচীন যুগে মানুষ যে নিভৃত নির্জনতায় সাধনার আসন পেতেছিলেন সেখানেও সংসারীদের যাতায়াত ছিল। সব ত্যাগ করে চলে যেতে হবে মানুষের পক্ষে এ কথা সত্য হতে পারে না। সংসারের তিমিরান্ধকারের মধ্য হতেই আলোকের পথ আবিষ্কার করতে হবে, জ্যোতির্ময় পুরুষকে জানতে হবে।

আমার জীবনের একটা সৌভাগ্যের কথা ভেবে আশ্চর্য লাগে, সে কথা আজ বলতে চাই। এই আশ্রমের প্রারম্ভে আমাকে অসাধ্য ঋণভার ও দারিদ্র্যের বোঝা বহন করতে হয়েছে। আজকের এই প্রতিষ্ঠান স্থাপন অকস্মাৎ ও সহজে হয় নি, এর পিছনে অনেক কৃচ্ছ্রসাধ্য আয়োজন ও চেষ্টার ইতিহাস আছে। যখন এ স্থাপিত হয় সে সময়ে আমার নিজের সম্পত্তি ছিল না, দুর্বহ ঋণের বোঝা ছিল। সেই অবস্থাতেই নিজেকে সমস্ত কর্মভার এবং সকল ছাত্র ও শিক্ষকের ব্যয়ভার বহন করতে হয়েছে। কিন্তু এই কাজ আমার সহজ হয়েছিল, কারণ আমার কর্তব্যের প্রবাহ সহজেই আমাকে আমার নিজের থেকে সর্বদা সরিয়ে রেখেছিল। আশ্রমের এই সুদীর্ঘ ৫০ বছরের ইতিহাসে আমাকে অনেক শোক ক্ষতি সহ্য করতে হয়েছে। দেশের লোকের ঔদাসীন্য ও কুৎসা থেকে আমি নিষ্কৃতি পাই নি, এই প্রতিষ্ঠান চালাতে গিয়ে আত্মীয়মণ্ডলী থেকে দূরে পড়ে গিয়েছি। প্রতিকূলতার অন্ত ছিল না, কারণ বিষয়ীভাবে এই বিদ্যায়তন চালানো যথার্থই মূঢ়তা বলা যেতে পারে। তবু এই দুঃখ-দারিদ্র্য, অন্যায় নিন্দা ও অকারণ উপেক্ষার পীড়ন সহ্য করা আমার কাছে সহজ হয়েছে তার একমাত্র কারণ যে, যে অহংকারের ভার অহংকে পীড়িত করে কর্মের প্রেরণাবেগে সে আপনিই কাঁধ থেকে নেমে গিয়েছিল। যারা পর তারা আমার আত্মীয় হয়েছিল, যারা বাইরের তারা এসেছিল ভিতরে। কঠিন শোক দুঃখ আমাকে আক্রমণ করেছিল কিন্তু এই আশ্রম আমাকে পরাভব থেকে রক্ষা করেছে।

মানুষ আপনার কৃতিত্ব প্রমাণ করবার জন্য যখন কর্মের আয়োজন করে তখন দ্বন্দ্বের অন্ত থাকে না, কারণ কর্মক্ষেত্র তখন অহং ঘোষণার ক্ষেত্র হয়ে ওঠে। আজ উৎসবের দিনে আমরা এই কথা বলব যে এখানকার কর্মপ্রচেষ্টা ক্ষুদ্র আপনকে প্রচারের প্রয়াস নয়, আত্মউপলব্ধির সাধনা। এই আদর্শ আমাদের কর্মকে উদ্‌বুদ্ধ করুক, তবেই বিদ্যালয়ে ও আমাদের চারি দিকের পল্লীমণ্ডলে আমাদের কর্মব্রত সত্য হয়ে উঠবে।

১৩৪৩

বিদ্যাসাগরচরিত

ক্রম

বিদ্যাসাগরচরিত

বিদ্যাসাগরের চরিত্রে যাহা সর্বপ্রধান গুণ, যে গুণে তিনি পল্লী-আচারের ক্ষুদ্রতা, বাঙালিজীবনের জড়ত্ব সবলে ভেদ করিয়া একমাত্র নিজের গতিবেগপ্রাবল্যে কঠিন প্রতিকূলতার বক্ষ বিদীর্ণ করিয়া—হিন্দুত্বের দিকে নহে, সাম্প্রদায়িকতার দিকে নহে—করুণার অশ্রুজলপূর্ণ উন্মুক্ত অপার মনুষ্যত্বের অভিমুখে আপনার দৃঢ়নিষ্ঠ একাগ্র একক জীবনকে প্রবাহিত করিয়া লইয়া গিয়াছিলেন, আমি যদি অদ্য তাঁহার সেই গুণকীর্তন করিতে বিরত হই তবে আমার কর্তব্য একেবারেই অসম্পন্ন থাকিয়া যায়। কারণ, বিদ্যাসাগরের জীবনবৃত্তান্ত আলোচনা করিয়া দেখিলে এই কথাটি বারংবার মনে উদয় হয় যে, তিনি যে বাঙালি বড়োলোক ছিলেন তাহা নহে, তিনি রীতিমত হিন্দু ছিলেন তাহাও নহে—তিনি তাহা অপেক্ষাও অনেক বেশি বড়ো ছিলেন, তিনি যথার্থ মানুষ ছিলেন। বিদ্যাসাগরের জীবনীতে এই অনন্যসুলভ মনুষ্যত্বের প্রাচুর্যই সর্বোচ্চ গৌরবের বিষয়। তাঁহার সেই পর্বতপ্রমাণ চরিত্রমাহাত্ম্যে তাঁহারই কৃতকীর্তিকেও খর্ব করিয়া রাখিয়াছে।

তাঁহার প্রধান কীর্তি বঙ্গভাষা। যদি এই ভাষা কখনো সাহিত্যসম্পদে ঐশ্বর্যশালিনী হইয়া উঠে, যদি এই ভাষা অক্ষয় ভাবজননীরূপে মানবসভ্যতার ধাত্রীগণের ও মাতৃগণের মধ্যে গণ্য হয়—যদি এই

ভাষা পৃথিবীর শোকদুঃখের মধ্যে এক নূতন সান্ত্বনাস্থল, সংসারের তুচ্ছতা ও ক্ষুদ্র স্বার্থের মধ্যে এক মহত্ত্বের আদর্শলোক, দৈনন্দিন মানবজীবনের অবসাদ ও অস্বাস্থ্যের মধ্যে সৌন্দর্যের এক নিভৃত নিকুঞ্জবন রচনা করিতে পারে, তবেই তাঁহার এই কীর্তি তাঁহার উপযুক্ত গৌরব লাভ করিতে পারিবে।

বাংলাভাষার বিকাশে বিদ্যাসাগরের প্রভাব কিরূপ কার্য করিয়াছে এখানে তাহা স্পষ্ট করিয়া নির্দেশ করা আবশ্যক।

বিদ্যাসাগর বাংলাভাষার প্রথম যথার্থ শিল্পী ছিলেন। তৎপূর্বে বাংলায় গদ্যসাহিত্যের সূচনা হইয়াছিল, কিন্তু তিনিই সর্বপ্রথমে বাংলা গদ্যে কলানৈপুণ্যের অবতারণা করেন। ভাষা যে কেবল ভাবের একটা আধারমাত্র নহে, তাহার মধ্যে যেন-তেন-প্রকারেণ কতকগুলা বক্তব্য বিষয় পুরিয়া দিলেই যে কর্তব্যসমাপন হয় না, বিদ্যাসাগর দৃষ্টান্তদ্বারা তাহাই প্রমাণ করিয়াছিলেন। তিনি দেখাইয়াছিলেন যে, যতটুকু বক্তব্য তাহা সরল করিয়া, সুন্দর করিয়া এবং সুশৃঙ্খল করিয়া, ব্যক্ত করিতে হইবে। আজিকার দিনে এ কাজটিকে তেমন বৃহৎ বলিয়া মনে হইবে না, কিন্তু সমাজবন্ধন যেমন মনুষ্যত্ববিকাশের পক্ষে অত্যাবশ্যক তেমনি ভাষাকে কলাবন্ধনের দ্বারা সুন্দররূপে সংযমিত না করিলে সে ভাষা হইতে কদাচ প্রকৃত সাহিত্যের উদ্ভব হইতে পারে না। সৈন্যদলের দ্বারা যুদ্ধ সম্ভব, কেবলমাত্র জনতার দ্বারা নহে; জনতা নিজেকেই নিজে খণ্ডিত প্রতিহত করিতে থাকে, তাহাকে চালনা করাই কঠিন। বিদ্যাসাগর বাংলাগদ্যভাষার উচ্ছৃঙ্খল জনতাকে সুবিভক্ত, সুবিন্যস্ত, সুপরিচ্ছন্ন এবং সুসংযত করিয়া তাহাকে সহজ গতি এবং কার্য-কুশলতা দান করিয়াছেন। এখন তাহার দ্বারা অনেক সেনাপতি ভাবপ্রকাশের কঠিন বাধা সকল পরাহত করিয়া সাহিত্যের নব নব ক্ষেত্র আবিষ্কার ও অধিকার করিয়া লইতে পারেন—কিন্তু যিনি এই সেনার রচনাকর্তা, যুদ্ধজয়ের যশোভাগ সর্বপ্রথমে তাঁহাকেই দিতে হয়।

বাংলাভাষাকে পূর্বপ্রচলিত অনাবশ্যক সমাসাড়ম্বরভার হইতে

মুক্ত করিয়া, তাহার পদগুলির মধ্যে অংশযোজনার সুনিয়ম স্থাপন করিয়া, বিদ্যাসাগর যে বাংলা গদ্যকে কেবলমাত্র সর্বপ্রকার-ব্যবহারযোগ্য করিয়াই ক্ষান্ত ছিলেন তাহা নহে, তিনি তাহাকে শোভন করিবার জন্যও সর্বদা সচেষ্ট ছিলেন। গদ্যের পদগুলির মধ্যে একটা ধ্বনিসামঞ্জস্য স্থাপন করিয়া তাহার গতির মধ্যে একটি অনতিলক্ষ্য ছন্দঃস্রোত রক্ষা করিয়া, সৌম্য এবং সরল শব্দগুলি নির্বাচন করিয়া, বিদ্যাসাগর বাংলা গদ্যকে সৌন্দর্য ও পরিপুর্ণতা দান করিয়াছেন। গ্রাম্য পাণ্ডিত্য এবং গ্রাম্য বর্বরতা, উভয়ের হস্ত হইতেই উদ্ধার করিয়া তিনি ইহাকে পৃথিবীর ভদ্রসভার উপযোগী আর্যভাষারূপে গঠিত করিয়া গিয়াছেন। তৎপূর্বে বাংলা গদ্যের যে অবস্থা ছিল তাহা আলোচনা করিয়া দেখিলে এই ভাষাগঠনে বিদ্যাসাগরের শিল্পপ্রতিভা ও সৃষ্টি-ক্ষমতার প্রচুর পরিচয় পাওয়া যায়।

কিন্তু প্রতিভাসম্পন্ন বলিয়া বিদ্যাসাগরের সম্মান নহে। বিশেষত বিদ্যাসাগর যাহার উপর আপন প্রতিভা প্রয়োগ করিয়াছিলেন তাহা প্রবহমাণ, পরিবর্তনশীল। ভাষা নদীস্রোতের মতো—তাহার উপরে কাহারো নাম খুদিয়া রাখা যায় না। মনে হয়, যেন সে চিরকাল এবং সর্বত্র স্বভাবতই এইভাবে প্রবাহিত হইয়া আসিতেছে। বাস্তবিক সে যে কোন্ কোন্ নির্ঝরধারায় গঠিত ও পরিপুষ্ট তাহা নির্ণয় করিতে হইলে উজান-মুখে গিয়া পুরাবৃত্তের দুর্গম গিরিশিখরে আরোহণ করিতে হয়। বিশেষ গ্রন্থ অথবা চিত্র অথবা মূর্তি চিরকাল আপনার স্বাতন্ত্র্য রক্ষা করিয়া আপন রচনাকর্তাকে স্মরণ করাইয়া দেয়, কিন্তু ভাষা ছোটো বড়ো অসংখ্য লোকের নিকট হইতে জীবনলাভ করিতে করিতে ব্যাপ্ত হইয়া পূর্ব ইতিহাস বিস্মৃত হইয়া চলিয়া যায়, বিশেষরূপে কাহারো নাম ঘোষণা করে না।

কিন্তু সেজন্য আক্ষেপ করিবার প্রয়োজন নাই; কারণ, বিদ্যাসাগরের গৌরব কেবলমাত্র তাঁহার প্রতিভার উপর নির্ভর করিতেছে না।

প্রতিভা মানুষের সমস্তটা নহে, তাহা মানুষের একাংশ মাত্র।

প্রতিভা মেঘের মধ্যে বিদ্যুতের মতো, আর মনুষ্যত্ব চরিত্রের দিবালোক, তাহা সর্বত্রব্যাপী ও স্থির। প্রতিভা মানুষের সর্বশ্রেষ্ঠ অংশ, আর মনুষ্যত্ব জীবনের সকল মুহূর্তেই সকল কার্যেই আপনাকে ব্যক্ত করিতে থাকে। প্রতিভা অনেক সময়ে বিদ্যুতের ন্যায় আপনার আংশিকতাবশতই লোকচক্ষে তীব্রতররূপে আঘাত করে, এবং চরিত্রমহত্ত্ব আপনার ব্যাপকতা-গুণেই প্রতিভা অপেক্ষা ম্লানতর বলিয়া প্রতীয়মান হয়। কিন্তু চরিত্রের শ্রেষ্ঠতাই যে যথার্থ শ্রেষ্ঠতা, ভাবিয়া দেখিলে সে বিষয়ে কাহারো সংশয় থাকিতে পারে না।

ভাষা প্রস্তর অথবা চিত্রপটের দ্বারা সত্য এবং সৌন্দর্য প্রকাশ করা ক্ষমতার কার্য সন্দেহ নাই; তাহাতে বিচিত্র বাধা অতিক্রম এবং অসামান্য নৈপুণ্য প্রয়োগ করিতে হয়। কিন্তু নিজের সমগ্র জীবনের দ্বারা সেই সত্য ও সৌন্দর্য প্রকাশ করা তদপেক্ষা আরো বেশি দুরূহ, তাহাতে পদে পদে কঠিনতর বাধা অতিক্রম করিতে হয় এবং তাহাতে স্বাভাবিক সূক্ষ্ম বোধশক্তি ও নৈপুণ্য, সংযম ও বল অধিকতর আবশ্যক হয়।

এই চরিত্ররচনার প্রতিভা কোনো সাম্প্রদায়িক শাস্ত্র মানিয়া চলে না। প্রকৃত কবির কবিত্ব যেমন অলংকারশাস্ত্রের অতীত, অথচ বিশ্বহৃদয়ের মধ্যে বিধিরচিত নিগূঢ়নিহিত এক অলিখিত অলংকারশাস্ত্রের কোনো নিয়মের সহিত তাহার স্বভাবত কোনো বিরোধ হয় না, তেমনি যাঁহারা যথার্থ মনুষ্য তাঁহাদের শাস্ত্র তাঁহাদের অন্তরের মধ্যে, অথচ বিশ্বব্যাপী মনুষ্যত্বের সমস্ত নিত্য বিধানগুলির সঙ্গে সে শাস্ত্র আপনি মিলিয়া যায়। অতএব, অন্যান্য প্রতিভায় যেমন 'ওরিজিন্যালিটি' অর্থাৎ অনন্যতন্ত্রতা প্রকাশ পায়, মহচ্চরিত্রবিকাশেও সেইরূপ অনন্যতন্ত্রতার প্রয়োজন হয়।—অনেকে বিদ্যাসাগরের অনন্যতন্ত্র প্রতিভা ছিল না বলিয়া আভাস দিয়া থাকেন; তাঁহারা জানেন, অনন্যতন্ত্রত্ব কেবল সাহিত্যে এবং শিল্পে, বিজ্ঞানে এবং দর্শনেই প্রকাশ পাইয়া থাকে। বিদ্যাসাগর এই অকৃতকীর্তি অকিঞ্চিৎকর বঙ্গ সমাজের মধ্যে নিজের চরিত্রকে মনুষ্যত্বের আদর্শরূপে প্রস্ফুট করিয়া

যে এক অসামান্য অনন্যতন্ত্রত্ব প্রকাশ করিয়াছেন তাহা বাংলার ইতিহাসে অতিশয় বিরল; এত বিরল যে, এক শতাব্দীর মধ্যে কেবল আর দুই-একজনের নাম মনে পড়ে এবং তাঁহাদের মধ্যে রামমোহন রায় সর্বশ্রেষ্ঠ।

অনন্যতন্ত্রতা শব্দটা শুনিবামাত্র তাহাকে সংকীর্ণতা বলিয়া ভ্রম হইতে পারে; মনে হইতে পারে তাহা ব্যক্তিগত বিশেষত্ব, সাধারণের সহিত তাহার যোগ নাই। কিন্তু সে কথা যথার্থ নহে। বস্তুত আমরা নিয়মের শৃঙ্খলে, জটিল কৃত্রিমতার বন্ধনে এতই জড়িত ও আচ্ছন্ন হইয়া থাকি যে, আমরা সমাজের কল-চালিত পুত্তলের মতো হইয়া যাই; অধিকাংশ কাজই সংস্কারাধীনে অন্ধভাবে সম্পন্ন করি; নিজত্ব কাহাকে বলে জানি না, জানিবার আবশ্যকতা রাখি না। আমাদের ভিতরকার আসল মানুষটি জন্মাবধি মৃত্যুকাল পর্যন্ত প্রায় সুপ্তভাবেই কাটাইয়া দেয়, তাহার স্থানে কাজ করে একটা নিয়ম-বাঁধা যন্ত্র। যাঁহাদের মধ্যে মনুষ্যত্বের পরিমাণ অধিক, চিরাগত প্রথা ও অভ্যাসের জড় আচ্ছাদনে তাঁহাদের সেই প্রবল শক্তিকে চাপা দিয়া রাখিতে পারে না। ইহারাই নিজের চরিত্রপুরীর মধ্যে স্বায়ত্তশাসনের অধিকার প্রাপ্ত হন। অন্তরস্থ মনুষ্যত্বের এই স্বাধীনতার নামই নিজত্ব। এই নিজত্ব ব্যক্তভাবে ব্যক্তিবিশেষের, কিন্তু নিগূঢ়ভাবে সমস্ত মানবের। মহৎ ব্যক্তিরা এই নিজত্ব প্রভাবে এক দিকে স্বতন্ত্র, একক, অন্য দিকে সমস্ত মানবজাতির সবর্ণ, সহোদর। আমাদের দেশে রামমোহন রায় এবং বিদ্যাসাগর উভয়ের জীবনেই ইহার পরিচয় পাওয়া যায়। এক দিকে যেমন তাঁহারা ভারতবর্ষীয়, তেমনি অপর দিকে য়ুরোপীয় প্রকৃতির সহিত তাঁহাদের চরিত্রের বিস্তর নিকটসাদৃশ্য দেখিতে পাই। অথচ তাহা অনুকরণগত সাদৃশ্য নহে। বেশভূষায় আচারে-ব্যবহারে তাঁহারা সম্পূর্ণ বাঙালি ছিলেন; স্বজাতির শাস্ত্রজ্ঞানে তাঁহাদের সমতুল্য কেহ ছিল না; স্বজাতিকে মাতৃভাষায় শিক্ষাদানের মূলপত্তন তাঁহারাই করিয়া গিয়াছেন—অথচ নির্ভীক বলিষ্ঠতা, সত্যচারিতা, লোকহিতৈষা, দৃঢ়প্রতিজ্ঞা এবং আত্ম-নির্ভরতায় তাঁহারা বিশেষরূপে

য়ুরোপীয় মহাজনদের সহিত তুলনীয় ছিলেন। য়ুরোপীয়দের তুচ্ছ বাহ্য অনুকরণের প্রতি তাঁহারা যে অবজ্ঞা প্রকাশ করিয়াছেন তাহাতেও তাঁহাদের য়ুরোপীয়সুলভ গভীর আত্মসম্মানবোধের পরিচয় পাওয়া যায়। য়ুরোপীয় কেন, সরল সত্যপ্রিয় সাঁওতালেরাও যে অংশে মনুষ্যত্বে ভূষিত, সেই অংশে বিদ্যাসাগর তাঁহার স্বজাতীয় বাঙালির অপেক্ষা সাঁওতালের সহিত আপনার অন্তরের যথার্থ ঐক্য অনুভব করিতেন।

মাঝে মাঝে বিধাতার নিয়মের এরূপ আশ্চর্য ব্যতিক্রম হয় কেন, বিশ্বকর্মা যেখানে চার কোটি বাঙালি নির্মাণ করিতেছিলেন সেখানে হঠাৎ দুই-একজন মানুষ গড়িয়া বসেন কেন, তাহা বলা কঠিন। কী নিয়মে বড়োলোকের অভ্যুত্থান হয় তাহা সকল দেশেই রহস্যময়— আমাদের এই ক্ষুদ্রকর্মা ভীরুহৃদয়ের দেশে সে রহস্য দ্বিগুণতর দুর্ভেদ্য। বিদ্যাসাগরের চরিত্রসৃষ্টিও রহস্যাবৃত—কিন্তু ইহা দেখা যায় সে চরিত্রের ছাঁচ ছিল ভালো। ঈশ্বরচন্দ্রের পূর্বপুরুষের মধ্যে মহত্ত্বের উপকরণ প্রচুর পরিমাণে সঞ্চিত ছিল।

বিদ্যাসাগরের জীবনবৃত্তান্ত আলোচনা করিলে প্রথমেই তাঁহার পিতামহ রামজয় তর্কভূষণ আমাদের দৃষ্টি আকর্ষণ করেন। লোকটি অনন্যসাধারণ ছিলেন তাহাতে সন্দেহমাত্র নাই।

মেদিনীপুর জেলায় বনমালীপুরে তাঁহার পৈতৃক বাসস্থান ছিল। তাঁহার পিতার মৃত্যুর পরে বিষয়বিভাগ লইয়া সহোদরদের সহিত মনান্তর হওয়ায় তিনি সংসার ত্যাগ করিয়া চলিয়া গিয়াছিলেন। বহুকাল পরে তর্কভূষণ দেশে ফিরিয়া আসিয়া দেখিলেন তাঁহার স্ত্রী দুর্গাদেবী ভাশুর ও দেবরগণের অনাদরে প্রথমে শ্বশুরালয় হইতে বীরসিংহগ্রামে পিত্রালয়ে, পরে সেখানেও ভ্রাতা ও ভ্রাতৃজায়ার লাঞ্ছনায় বৃদ্ধ পিতার সাহায্যে পিতৃভবনের অনতিদূরে এক কুটিরে বাস করিয়া, চরকা কাটিয়া, দুই পুত্র ও চারি কন্যাসহ বহুকষ্টে দিনপাত করিতেছেন। তর্কভূষণ ভ্রাতাদের আচরণ শুনিয়া নিজের স্বত্ব ও তাঁহাদের সংস্রব ত্যাগ করিয়া ভিন্ন গ্রামে দারিদ্র্য অবলম্বন করিয়া রহিলেন। কিন্তু যাঁহার

স্বভাবের মধ্যে মহত্ত্ব আছে, দারিদ্র্যে তাঁহাকে দরিদ্র করিতে পারে না। বিদ্যাসাগর স্বয়ং তাঁহার পিতামহের যে চরিত্র বর্ণনা করিয়াছেন স্থানে স্থানে তাহা উদ্ধৃত করিতে ইচ্ছা করি।—

> তিনি নিরতিশয় তেজস্বী ছিলেন; কোনও অংশে, কাহারও নিকট অবনত হইয়া চলিতে, অথবা কোনও প্রকারে, অনাদর বা অবমাননা সহ্য করিতে পারিতেন না। তিনি, সকল স্থলে, সকল বিষয়ে, স্বীয় অভিপ্রায়ের অনুবর্ত্তী হইয়া চলিতেন, অন্যদীয় অভিপ্রায়ের অনুবর্ত্তন, তদীয় স্বভাব ও অভ্যাসের সম্পূর্ণ বিপরীত ছিল। উপকারপ্রত্যাশায়, অথবা অন্য কোনও কারণে, তিনি কখনও পরের উপাসনা বা আনুগত্য করিতে পারেন নাই।[১]

ইহা হইতেই শ্রোতৃগণ বুঝিতে পারিবেন একান্নবর্তী পরিবারে কেন এই অগ্নিখণ্ডটিকে ধরিয়া রাখিতে পারে নাই। তাঁহারা পাঁচ সহোদর ছিলেন, কিন্তু তিনি একাই নীহারিকাচক্র হইতে বিচ্ছিন্ন জ্যোতিষ্কের মতো আপন বেগে বাহিরে বিক্ষিপ্ত হইয়াছিলেন। একান্নবর্তী পরিবারের বহুভারাক্রান্ত যন্ত্রেও তাঁহার কঠিন চরিত্রস্বাতন্ত্র্য পেষণ করিয়া দিতে পারে নাই।—

> তাঁহার শ্যালক, রামসুন্দর বিদ্যাভূষণ, গ্রামের প্রধান বলিয়া পরিগণিত এবং সাতিশয় গর্ব্বিত ও উদ্ধতস্বভাব ছিলেন। তিনি মনে করিয়াছিলেন, ভগিনীপতি রামজয় তাঁহার অনুগত হইয়া থাকিবেন। কিন্তু তাঁহার ভগিনীপতি কিরূপ প্রকৃতির লোক, তাহা বুঝিতে পারিলে তিনি, সেরূপ মনে করিতে পারিতেন না। রামজয় রামসুন্দরের অনুগত হইয়া না চলিলে, রামসুন্দর নানাপ্রকারে তাঁহাকে জব্দ করিবেন, অনেকে তাঁহাকে এই ভয় দেখাইয়া ছিলেন। কিন্তু রামজয়, কোনও কারণে, ভয় পাইবার লোক ছিলেন না; তিনি স্পষ্টবাক্যে বলিতেন, বরং বাসত্যাগ করিব, তথাপি শালার

> অনুগত হইয়া চলিতে পারিব না। শ্যালকের আক্রোশে, তাঁহাকে সময়ে সময়ে, প্রকৃতপ্রস্তাবে, একঘরিয়া হইয়া থাকিতে ও নানাপ্রকার অত্যাচার উপদ্রব সহ্য করিতে হইত, তিনি তাহাতে ক্ষুব্ধ বা চলচিত্ত হইতেন না।[১]

তাঁহার তেজস্বিতার উদাহরণস্বরূপে উল্লেখ করা যাইতে পারে যে, জমিদার যখন তাঁহাদের বীরসিংহগ্রামের নূতন বাস্তবাটী নিষ্করব্রহ্মোত্তর করিয়া দিবেন মানস করিয়াছিলেন, তখন রামজয় দানগ্রহণ করিতে সম্মত হন নাই। গ্রামের অনেকেই বসতবাটী নাখেরাজ করিবার জন্য তাঁহাকে অনেক উপদেশ দিয়াছিল, কিন্তু তিনি কাহারো অনুরোধ রক্ষা করেন নাই। এমন লোকের পক্ষে দারিদ্র্যও মহৈশ্বর্য, ইহাতে তাঁহার স্বাভাবিক সম্পদ্ জাজ্বল্যমান করিয়া তোলে।[২]

কিন্তু তর্কভূষণ যে আপন স্বাতন্ত্র্যগর্বে সর্বসাধারণকে অবজ্ঞা করিয়া দূরে থাকিতেন তাহা নহে। বিদ্যাসাগর বলেন—

> তর্কভূষণ মহাশয় নিরতিশয় অমায়িক ও নিরহঙ্কার ছিলেন; কি ছোট, কি বড়, সর্ব্ববিধ লোকের সহিত, সমভাবে সদয় ও সাদর ব্যবহার করিতেন। তিনি যাঁহাদিগকে কপটবাচী মনে করিতেন, তাঁহাদের সহিত সাধ্যপক্ষে আলাপ করিতেন না। তিনি স্পষ্টবাদী ছিলেন, কেহ রুষ্ট বা অসন্তুষ্ট হইবেন, ইহা ভাবিয়া স্পষ্ট কথা বলিতে ভীত বা সঙ্কুচিত হইতেন না। তিনি যেমন স্পষ্টবাদী তেমনই যথার্থবাদী ছিলেন। কাহারও ভয়ে, বা অনুরোধে, অথবা অন্য কোনও কারণে, তিনি, কখনও কোনও বিষয়ে অযথা নির্দ্দেশ করেন নাই। তিনি যাঁহাদিগকে আচরণে ভদ্র দেখিতেন, তাঁহাদিগকেই ভদ্রলোক বলিয়া গণ্য করিতেন; আর যাঁহাদিগকে আচরণে অভদ্র দেখিতেন, বিদ্বান্, ধনবান্, ও ক্ষমতাপন্ন হইলেও, তাঁহাদিগকে ভদ্রলোক বলিয়া জ্ঞান করিতেন না।[২]

এ দিকে তর্কভূষণমহাশয়ের বল এবং সাহসও আশ্চর্য ছিল।

সর্বদাই তাঁহার হস্তে একখানি লৌহদণ্ড থাকিত। তখন দস্যু ভয়ে অনেকে একত্র না হইয়া স্থানান্তরে যাইতে পারিত না, কিন্তু তিনি একা এই লৌহদণ্ডহস্তে অকুতোভয়ে সর্বত্র যাতায়াত করিতেন; এমন কি, দুইচারিবার আক্রান্ত হইয়া দস্যুদিগকে উপযুক্তরূপ শিক্ষা দিয়াছিলেন। একুশ বৎসর বয়সে একবার তিনি এক ভালুকের সম্মুখে পড়িয়াছিলেন।—

> ভালুক নখরপ্রহারে তাঁহার সর্ব্বশরীর ক্ষতবিক্ষত করিতে লাগিল, তিনিও অবিশ্রান্ত লৌহযষ্টি প্রহার করিতে লাগিলেন। ভালুক ক্রমে নিস্তেজ হইয়া পড়িলে, তিনি, তদীয় উদরে উপর্য্যুপরি পদাঘাত করিয়া, তাহার প্রাণসংহার করিলেন।[১]

> অবশেষে শোণিতস্রুত বিক্ষতদেহে চারি ক্রোশ পথ হাঁটিয়া মেদিনীপুরে এক আত্মীয়ের গৃহে শয্যা আশ্রয় করেন; দুই মাস পরে সুস্থ হইয়া বাড়ি ফিরিতে পারেন।

আর একটিমাত্র ঘটনা উল্লেখ করিলে তর্কভূষণের চরিত্রচিত্র সম্পূর্ণ হইবে।

১৭৪২ শকের ১২ই আশ্বিন মঙ্গলবারে বিদ্যাসাগরের পিতা ঠাকুরদাস বন্দ্যোপাধ্যায় অদূরে কোমরগঞ্জে মধ্যাহ্নে হাট করিতে গিয়াছিলেন। রামজয় তর্কভূষণ তাঁহাকে ঘরের একটি শুভসংবাদ দিতে বাহির হইয়াছিলেন। পথের মধ্যে পুত্রের সহিত দেখা হইলে বলিলেন, "একটি এঁড়ে বাছুর হয়েছে।" শুনিয়া ঠাকুরদাস ঘরে আসিয়া গোয়ালের অভিমুখে গমন করিতেছিলেন; তর্কভূষণ হাসিয়া কহিলেন, "ও দিকে নয়, এ দিকে এসো।" বলিয়া সূতিকাগৃহে লইয়া নবপ্রসূত শিশু ঈশ্বরচন্দ্রকে নির্দেশ করিয়া দেখাইলেন।

এই কৌতুকহাস্যরশ্মিপাতে রামজয়ের বলিষ্ঠ উন্নতচরিত্র আমাদের নিকট প্রভাতের গিরিশিখরের ন্যায় রমণীয় বোধ হইতেছে। এ হাস্যময় তেজোময় নির্ভীক ঋজুস্বভাব পুরুষের মতো আদর্শ বাংলাদেশে অত্যন্ত বিরল না হইলে বাঙালির মধ্যে পৌরুষের অভাব

হইত না। আমরা তাঁহার চরিত্রবর্ণনা বিস্তারিতরূপে উদ্ধৃত করিলাম, তাহার কারণ, এই দরিদ্র ব্রাহ্মণ তাঁহার পৌত্রকে আর কোনো সম্পত্তি দান করিতে পারেন নাই, কেবল যে অক্ষয়সম্পদের উত্তরাধিকারবণ্টন একমাত্র ভগবানের হস্তে, সেই চরিত্রমাহাত্ম্য অখণ্ডভাবে তাঁহার জ্যেষ্ঠপৌত্রের অংশে রাখিয়া গিয়াছিলেন।

পিতা ঠাকুরদাস বন্দ্যোপাধ্যায়ও সাধারণ লোক ছিলেন না। যখন তাঁহার বয়স চৌদ্দ-পনেরো বৎসর, এবং যখন তাঁহার মাতা দুর্গাদেবী চরকায় সুতা কাটিয়া একাকিনী তাঁহার দুই পুত্র এবং চারি কন্যার ভরণপোষণে প্রবৃত্ত ছিলেন, তখন ঠাকুরদাস উপার্জনের চেষ্টায় কলিকাতায় প্রস্থান করিলেন।

কলিকাতায় আসিয়া প্রথমে তিনি তাঁহার আত্মীয় জগন্মোহন তর্কালংকারদের বাড়িতে উঠিলেন। ইংরাজি শিখিলে সওদাগর সাহেবদের হৌসে কাজ জুটিতে পারিবে জানিয়া প্রত্যহ সন্ধ্যাবেলায় এক শিপ্-সরকারের বাড়ি ইংরাজি শিখিতে যাইতেন। যখন বাড়ি ফিরিতেন তখন তর্কালংকারের বাড়িতে উপরিলোকের আহারের কাণ্ড শেষ হইয়া যাইত, সুতরাং তাঁহাকে রাত্রে অনাহারে থাকিতে হইত। অবশেষে তিনি তাঁহার শিক্ষকের এক আত্মীয়ের বাড়ি আশ্রয় লইলেন। আশ্রয়দাতার দারিদ্র্যনিবন্ধন এক-একদিন তাঁহাকে সমস্ত দিন উপবাসী থাকিতে হইত। একদিন ক্ষুধার জ্বালায় তাঁহার যথাসর্বস্ব একখানি পিতলের থালা ও একটি ছোটো ঘটি কাঁসারির দোকানে বেচিতে গিয়াছিলেন। কাঁসারিরা তাহার পাঁচসিকা দর স্থির করিয়াছিল, কিন্তু কিনিতে সম্মত হইল না; বলিল—অজানিত লোকের নিকট হইতে পুরানো বাসন কিনিয়া মাঝে মাঝে বড়ো ফেসাদে পড়িতে হয়।[২]

আর একদিন ক্ষুধার যন্ত্রণা ভুলিবার অভিপ্রায়ে মধ্যাহ্নে ঠাকুরদাস বাসা হইতে বাহির হইয়া পথে পথে ভ্রমণ করিতে লাগিলেন—

> বড়বাজার হইতে ঠনঠনিয়া পর্য্যন্ত গিয়া, এত ক্লান্ত ও ক্ষুধায় ও তৃষ্ণায় এত অভিভূত হইলেন, যে, আর তাঁহার চলিবার ক্ষমতা রহিল না। কিঞ্চিৎ পরেই, তিনি এক দোকানের সম্মুখে

> উপস্থিত ও দণ্ডায়মান হইলেন; দেখিলেন, এক মধ্যবয়স্কা বিধবা নারী ঐ দোকানে বসিয়া মুড়ি মুড়কি বেচিতেছেন। তাঁহাকে দাঁড়াইয়া থাকিতে দেখিয়া ঐ স্ত্রীলোক জিজ্ঞাসা করিলেন, বাপাঠাকুর, দাঁড়াইয়া আছ কেন। ঠাকুরদাস, তৃষ্ণার উল্লেখ করিয়া, পানার্থে জল প্রার্থনা করিলেন। তিনি, সাদর ও সস্নেহ বাক্যে, ঠাকুরদাসকে বসিতে বলিলেন, এবং ব্রাহ্মণের ছেলেকে শুধু জল দেওয়া অবিধেয়, এই বিবেচনা করিয়া, কিছু মুড়কি ও জল দিলেন। ঠাকুরদাস যেরূপ ব্যগ্র হইয়া, মুড়কিগুলি খাইলেন, তাহা এক দৃষ্টিতে নিরীক্ষণ করিয়া, ঐ স্ত্রীলোক জিজ্ঞাসা করিলেন, বাপাঠাকুর, আজ বুঝি তোমার খাওয়া হয় নাই। তিনি বলিলেন, না, মা, আজ আমি, এখন পর্য্যন্ত, কিছুই খাই নাই। তখন, সেই স্ত্রীলোক ঠাকুরদাসকে বলিলেন, বাপাঠাকুর, জল খাইও না, একটু অপেক্ষা কর। এই বলিয়া নিকটবর্ত্তী গোয়ালার দোকান হইতে, সত্বর, দই কিনিয়া আনিলেন, এবং আরও মুড়কি দিয়া, ঠাকুরদাসকে পেট ভরিয়া ফলার করাইলেন; পরে, তাঁহার মুখে সবিশেষ সমস্ত অবগত হইয়া, জিদ করিয়া বলিয়া দিলেন, যেদিন তোমার এরূপ ঘটিবেক, এখানে আসিয়া ফলার করিয়া যাইবে।[১]

এইরূপ কষ্টে কিছু ইংরাজি শিখিয়া ঠাকুরদাস প্রথমে মাসিক দুই টাকা ও তাহার দুই-তিন বৎসর পরে মাসিক পাঁচ টাকা বেতন উপার্জন করিতে লাগিলেন। অবশেষে জননী দুর্গাদেবী যখন শুনিলেন তাঁহার ঠাকুরদাসের মাসিক আট টাকা মহিয়ানা হইয়াছে তখন তাঁহার আহ্লাদের সীমা রহিল না এবং ঠাকুরদাসের সেই তেইশ-চব্বিশ বৎসর বয়সে গোঘাটনিবাসী রামকান্ত তর্কবাগীশের দ্বিতীয়া কন্যা ভগবতীদেবীর সহিত তাঁহার বিবাহ দিলেন।

বঙ্গদেশের সৌভাগ্যক্রমে এই ভগবতীদেবী এক অসামান্যা রমণী ছিলেন। শ্রীযুক্ত চণ্ডীচরণ বন্দ্যোপাধ্যায় মহাশয়ের রচিত

বিদ্যাসাগর-গ্রন্থে লিথোগ্রাফ-পটে এই দেবীমূর্তি প্রকাশিত হইয়াছে। অধিকাংশ প্রতিমূর্তিই অধিকক্ষণ দেখিবার দরকার হয় না, তাহা যেন মুহূর্তকালের মধ্যেই নিঃশেষিত হইয়া যায়। তাহা নিপুণ হইতে পারে, সুন্দর হইতে পারে, তথাপি তাহার মধ্যে চিত্তনিবেশের যথোচিত স্থান পাওয়া যায় না, চিত্রপটের উপরিতলেই দৃষ্টির প্রসর পর্যবসিত হইয়া যায়। কিন্তু ভগবতীদেবীর এই পবিত্র মুখশ্রীর গভীরতা এবং উদারতা বহুক্ষণ নিরীক্ষণ করিয়াও শেষ করিতে পারা যায় না। উন্নত ললাটে তাঁহার বুদ্ধির প্রসার, সুদূরদর্শী স্নেহবর্ষী আয়ত নেত্র, সরল সুগঠিত নাসিকা, দয়াপূর্ণ ওষ্ঠাধর, দৃঢ়তাপূর্ণ চিবুক, এবং সমস্ত মুখের একটি মহিমময় সুসংযত সৌন্দর্য দর্শকের হৃদয়কে বহু দূরে এবং বহু ঊর্ধ্বে আকর্ষণ করিয়া লইয়া যায়—এবং ইহাও বুঝিতে পারি ভক্তিবৃত্তির চরিতার্থতা-সাধনের জন্য কেন বিদ্যাসাগরকে এই মাতৃদেবী ব্যতীত কোনো পৌরাণিক দেবীপ্রতিমার মন্দিরে প্রবেশ করিতে হয় নাই।

ভগবতীদেবীর অকুণ্ঠিত দয়া তাঁহার গ্রাম, পল্লী, প্রতিবেশকে নিয়ত অভিষিক্ত করিয়া রাখিত। রোগার্তের সেবা, ক্ষুধার্তকে অন্নদান এবং শোকাতুরের দুঃখে শোক প্রকাশ করা তাঁহার নিত্যনিয়মিত কার্য ছিল। অগ্নিদাহে বীরসিংহগ্রামের বাসস্থান ভস্মীভুত হইয়া গেলে বিদ্যাসাগর যখন তাঁহার জননীদেবীকে কলিকাতায় লইয়া যাইবার চেষ্টা করেন, তিনি বলিলেন, "যে-সকল দরিদ্র লোকের সন্তানগণ এখানে ভোজন করিয়া বীরসিংহ বিদ্যালয়ে অধ্যয়ন করে, আমি এ স্থান পরিত্যাগ করিয়া স্থানান্তরে প্রস্থান করিলে তাহারা কী খাইয়া স্কুলে অধ্যয়ন করিবে?"[২]

দয়াবৃত্তি আরো অনেক রমণীর মধ্যে দেখা যায়, কিন্তু ভগবতীদেবীর দয়ার মধ্যে একটি অসাধারণত্ব ছিল, তাহা কোনোপ্রকার সংকীর্ণ সংস্কারের দ্বারা বদ্ধ ছিল না। সাধারণ লোকের দয়া দিয়াশলাই-শলাকার মতো কেবল বিশেষরূপ সংঘর্ষেই জ্বলিয়া উঠে এবং তাহা অভ্যাস ও লোকাচারের ক্ষুদ্র বাক্সের মধ্যেই বন্ধ। কিন্তু ভগবতীদেবীর হৃদয় সূর্যের ন্যায় আপনার বুদ্ধি-উজ্জ্বল দয়ারশ্মি স্বভাবতই চতুর্দিকে

বিকীর্ণ করিয়া দিত, শাস্ত্র বা প্রথা-সংঘর্ষের অপেক্ষা করিত না। বিদ্যাসাগরের তৃতীয় সহোদর শম্ভুচন্দ্র বিদ্যারত্ন মহাশয় তাঁহার ভ্রাতার জীবন-চরিতে লিখিয়াছেন যে, একবার বিদ্যাসাগর তাঁহার জননীকে জিজ্ঞাসা করিয়াছিলেন, "বৎসরের মধ্যে একদিন পূজা করিয়া ছয়-সাত শত টাকা বৃথা ব্যয় করা ভালো, কি গ্রামের নিরুপায় অনাথ লোকদিগকে ঐ টাকা অবস্থানুসারে মাসে মাসে কিছু কিছু সাহায্য করা ভালো?" ইহা শুনিয়া জননীদেবী উত্তর করেন, "গ্রামের দরিদ্র নিরুপায় লোক প্রত্যহ খেতে পাইলে পূজা করিবার আবশ্যক নাই।" এ কথাটি সহজ কথা নহে। তাঁহার নির্মল বুদ্ধি এবং উজ্জ্বল দয়া প্রাচীন সংস্কারের মোহাবরণ যে এমন অনায়াসে বর্জন করিতে পারে, ইহা আমার নিকট বড়ো বিস্ময়কর বোধ হয়। লৌকিক প্রথার বন্ধন রমণীর কাছে যেমন দৃঢ়, এমন আর কার কাছে? অথচ কী আশ্চর্য, স্বাভাবিক চিত্তশক্তির দ্বারা তিনি জড়তাময় প্রথাভিত্তি ভেদ করিয়া নিত্যজ্যোতির্ময় অনন্ত বিশ্বধর্মাকাশের মধ্যে উত্তীর্ণ হইলেন। এ কথা তাঁহার কাছে এত সহজ বোধ হইল কী করিয়া যে, মনুষ্যের সেবাই যথার্থ দেবতার পূজা। তাহার কারণ, সকল সংহিতা অপেক্ষা প্রাচীনতম সংহিতা তাঁহার হৃদয়ের মধ্যে স্পষ্টাক্ষরে লিখিত ছিল।

সিবিলিয়ান হ্যারিসন সাহেব যখন কার্যোপলক্ষে মেদিনীপুর জেলায় গমন করেন তখন ভগবতীদেবী তাঁহাকে স্বনামে পত্র পাঠাইয়া বাড়িতে নিমন্ত্রণ করিয়া আনিয়াছিলেন; তৎসম্বন্ধে তাঁহার তৃতীয় পুত্র শম্ভুচন্দ্র নিম্নলিখিত বর্ণনা প্রকাশ করিয়াছেন—

> জননীদেবী সাহেবের ভোজন-সময়ে উপস্থিত থাকিয়া তাঁহাকে ভোজন করাইয়াছিলেন। তাহাতে সাহেব আশ্চর্য্যান্বিত হইয়াছিলেন যে, অতি বৃদ্ধা হিন্দু স্ত্রীলোক সাহেবের ভোজনের সময় চিয়ারে উপবিষ্টা হইয়া কথাবার্ত্তা কহিতে প্রবৃত্ত হইলেন।... সাহেব হিন্দুর মত জননীকে ভূমিষ্ঠ হইয়া মাতৃভাবে অভিবাদন করেন। তদনন্তর নানা বিষয়ের কথাবার্ত্তা হইল। জননীদেবী প্রবীণা হিন্দু স্ত্রীলোক তথাপি তাঁহার স্বভাব অতি উদার, মন অতিশয় উন্নত এবং

> মনে কিছুমাত্র কুসংস্কার নাই। কি ধনশালী কি দরিদ্র কি বিদ্বান্ কি মূর্খ কি উচ্চজাতীয় কি নীচজাতীয় কি পুরুষ কি স্ত্রী কি হিন্দুধর্ম্মাবলম্বী কি অন্যধর্ম্মাবলম্বী, সকলেরই প্রতি সমদৃষ্টি।[২]

শম্ভুচন্দ্র অন্যত্র লিখিতেছেন—

> ১২৬৬ সাল হইতে ৭২ সাল পর্য্যন্ত ক্রমিক বিস্তর বিধবা কামিনীর বিবাহকার্য্য সমাধা হয়। ঐ সকল বিবাহিত লোককে বিপদ হইতে রক্ষার জন্য অগ্রজ মহাশয় বিশেষরূপ যত্নবান্ ছিলেন। উহাদিগকে মধ্যে মধ্যে আপনার দেশস্থ ভবনে আনাইতেন। বিবাহিতা ঐ সকল স্ত্রীলোককে যদি কেহ ঘৃণা করে একারণ জননীদেবী ঐ সকল বিবাহিতা ব্রাহ্মণজাতীয়া স্ত্রীলোকের সহিত একত্র এক পাত্রে ভোজন করিতেন।[২]

অথচ তখন বিধবাবিবাহের আন্দোলনে দেশের পুরুষেরা বিদ্যাসাগরের প্রাণসংহারের জন্য গোপনে আয়োজন করিতেছিল, এবং দেশের পণ্ডিতবর্গ শাস্ত্র মন্থন করিয়া কুযুক্তি এবং ভাষা মন্থন করিয়া কটূক্তি বিদ্যাসাগরের মস্তকের উপর বর্ষণ করিতেছিলেন; আর এই রমণীকে কোনো শাস্ত্রের কোনো শ্লোক খুঁজিতে হয় নাই; বিধাতার স্বহস্তলিখিত শাস্ত্র তাঁহার হৃদয়ের মধ্যে রাত্রিদিন উদ্‌ঘাটিত ছিল। অভিমন্যু জননীজঠরে থাকিতে যুদ্ধবিদ্যা শিখিয়াছিলেন, বিদ্যাসাগরও বিধিলিখিত সেই মহাশাস্ত্র মাতৃগর্ভবাসকালেই অধ্যয়ন করিয়া আসিয়াছিলেন।

আশঙ্কা করিতেছি সমালোচক মহাশয়েরা মনে করিতে পারেন যে বিদ্যাসাগরসম্বন্ধীয় ক্ষুদ্র প্রবন্ধে তাঁহার জননী সম্বন্ধে এতখানি আলোচনা কিছু পরিমাণবহির্ভূত হইয়া পড়িতেছে। কিন্তু এ কথা তাঁহারা স্থির জানিবেন এখানে জননীর চরিতে এবং পুত্রের চরিতে বিশেষ প্রভেদ নাই, তাঁহারা যেন পরস্পরের পুনরাবৃত্তি। তাহা ছাড়া, মহাপুরুষের ইতিহাস বাহিরের নানা কার্যে এবং জীবনবৃত্তান্তে স্থায়ী হয়, আর

মহৎনারীর ইতিহাস তাঁহার পুত্রের চরিত্রে তাঁহার স্বামীর কার্যে রচিত হইতে থাকে এবং সে লেখায় তাঁহার নামোল্লেখ থাকে না। অতএব, বিদ্যাসাগরের জীবনে তাঁহার মাতার জীবনচরিত কেমন করিয়া লিখিত হইয়াছে তাহা ভালোরূপ আলোচনা না করিলে উভয়েরই জীবনী অসম্পূর্ণ থাকে। আর আমরা যে মহাত্মার স্মৃতিপ্রতিমা পূজার জন্য এখানে সমবেত হইয়াছি যদি তিনি কোনোরূপ সূক্ষ্ম চিন্ময় দেহে অদ্য এই সভায় আসন গ্রহণ করিয়া থাকেন, এবং যদি এই অযোগ্য ভক্ত-কর্তৃক তাঁহার চরিতকীর্তন তাঁহার শ্রুতিগোচর হয়, তবে এই রচনার যে অংশে তাঁহার জীবনী অবলম্বন করিয়া তাঁহার মাতৃদেবীর মাহাত্ম্য মহীয়ান হইয়াছে, সেইখানেই তাঁহার দিব্যনেত্র হইতে প্রভূততম পুণ্যাশ্রুবর্ষণ হইতে থাকিবে, তাহাতে সন্দেহমাত্র নাই।

বিদ্যাসাগর তাঁহার বর্ণপরিচয় প্রথম ভাগে গোপাল-নামক একটি সুবোধ ছেলের দৃষ্টান্ত দিয়াছেন, তাহাকে বাপ-মায়ে যাহা বলে সে তাহাই করে। কিন্তু ঈশ্বরচন্দ্র নিজে যখন সেই গোপালের বয়সী ছিলেন তখন গোপালের অপেক্ষা কোনো কোনো অংশে রাখালের সঙ্গেই তাঁহার অধিকতর সাদৃশ্য দেখা যাইত। পিতার কথা পালন করা দূরে থাক্, পিতা যাহা বলিতেন তিনি ঠিক তাহার উল্‌টা করিয়া বসিতেন। শম্ভুচন্দ্র লিখিয়াছেন—

> পিতা তাঁহার স্বভাব বুঝিয়া চলিতেন। যে দিন শাদা বস্ত্র না থাকিত, সে দিন বলিতেন, আজ ভাল কাপড় পরিয়া কলেজে যাইতে হইবে, তিনি হঠাৎ বলিতেন, না, আজ ময়লা কাপড় পরিয়া যাইব। যে দিন বলিতেন, আজ স্নান করিতে হইবে, শ্রবণমাত্র দাদা বলিতেন যে, আজ স্নান করিব না; পিতা প্রহার করিয়াও স্নান করাইতে পারিতেন না। সঙ্গে করিয়া টাকশালের ঘাটে নাবাইয়া দিলেও দাঁড়াইয়া থাকিতেন। পিতা চড় চাপড় মারিয়া জোর করিয়া স্নান করাইতেন।[২]

পাঁচ-ছয় বৎসর বয়সের সময় যখন গ্রামের পাঠশালায় পড়িতে যাইতেন তখন প্রতিবেশী মথুর মণ্ডলের স্ত্রীকে রাগাইয়া দিবার

জন্য যে প্রকার সভ্যবিগর্হিত উপদ্রব তিনি করিতেন, বর্ণপরিচয়ের সর্বজননিন্দিত রাখাল বেচারাও বোধ করি এমন কাজ কখনো করে নাই।

নিরীহ বাংলাদেশে গোপালের মতো সুবোধ ছেলের অভাব নাই। এ ক্ষীণতেজ দেশে রাখাল এবং তাহার জীবনীলেখক ঈশ্বরচন্দ্রের মতো দুর্দান্ত ছেলের প্রাদুর্ভাব হইলে বাঙালিজাতির শীর্ণচরিত্রের অপবাদ ঘুচিয়া যাইতে পারে। সুবোধ ছেলেগুলি পাস্‌ করিয়া ভালো চাকরি-বাকরি ও বিবাহকালে প্রচুর পণ লাভ করে সন্দেহ নাই, কিন্তু দুষ্ট অবাধ্য অশান্ত ছেলেগুলির কাছে স্বদেশের জন্য অনেক আশা করা যায়। বহুকাল পূর্বে একদা নবদ্বীপের শচীমাতার এক প্রবল দুরন্ত ছেলে এই আশা পূর্ণ করিয়াছিলেন।

কিন্তু একটা বিষয়ে রাখালের সহিত তাহার জীবনচরিত-লেখকের সাদৃশ্য ছিল না। রাখাল পড়িতে যাইবার সময় পথে খেলা করে, মিছামিছি দেরি করিয়া সকলের শেষে পাঠশালায় যায়। কিন্তু পড়াশুনায় বালক ঈশ্বরচন্দ্রের কিছুমাত্র শৈথিল্য ছিল না। যে প্রবল জিদের সহিত তিনি পিতার আদেশ ও নিষেধের বিপরীত কাজ করিতে প্রবৃত্ত হইতেন, সেই দুর্দম জিদের সহিত তিনি পড়িতে যাইতেন। সেও তাঁহার প্রতিকূল অবস্থার বিরুদ্ধে নিজের জিদ রক্ষা। ক্ষুদ্র একগুঁয়ে ছেলেটি মাথায় এক মস্ত ছাতা তুলিয়া তাঁহাদের বড়োবাজারের বাসা হইতে পটলডাঙায় সংস্কৃতকালেজে যাত্রা করিতেন, লোকে মনে করিত একটা ছাতা চলিয়া যাইতেছে। এই দুর্জয় বালকের শরীরটি খর্ব, শীর্ণ, মাথাটা প্রকাণ্ড—স্কুলের ছেলেরা সেইজন্য তাঁহাকে যশুরে কৈ ও তাহার অপভ্রংশে কসুরে জৈ বলিয়া খেপাইত; তিনি তখন তোৎলা ছিলেন, রাগিয়া কথা কহিতে পারিতেন না।[২]

এই বালক রাত্রি দশটার সময় শুইতে যাইতেন। পিতাকে বলিয়া যাইতেন—রাত্রি দুই প্রহরের সময় তাঁহাকে জাগাইয়া দিতে। পিতা আর্মানিগির্জার ঘড়িতে বারোটা বাজিলেই ঈশ্বরচন্দ্রকে জাগাইতেন, বালক অবশিষ্ট রাত্রি জাগিয়া পড়া করিতেন। ইহাও একগুঁয়ে ছেলের

নিজের শরীরের প্রতি জিদ। শরীরও তাহার প্রতিশোধ তুলিতে ছাড়িত না। মাঝে মাঝে কঠিন সাংঘাতিক পীড়া হইয়াছিল, কিন্তু পীড়ার শাসনে তাঁহাকে পরাভূত করিতে পারে নাই।

ইহার উপরে গৃহকর্মও অনেক ছিল। বাসায় তাঁহার পিতা ও মধ্যমভ্রাতা ছিলেন। দাসদাসী ছিল না। ঈশ্বরচন্দ্র দুইবেলা সকলের রন্ধনাদি কার্য করিতেন। সহোদর শম্ভুচন্দ্র তাহার বর্ণনা করিয়াছেন। প্রত্যুষে নিদ্রাভঙ্গ হইলে ঈশ্বরচন্দ্র কিয়ৎক্ষণ পুস্তক আবৃত্তি করিয়া গঙ্গার ঘাটে স্নান করিয়া কাশীনাথবাবুর বাজারে বাটামাছ ও আলু-পটল-তরকারি ক্রয় করিয়া আনিতেন। বাটনা বাটিয়া উনান ধরাইয়া রন্ধন করিতেন। বাসায় তাঁহারা চারিজন খাইতেন। আহারের পর উচ্ছিষ্ট মুক্ত ও বাসন ধৌত করিয়া তবে পড়িতে যাইবার অবসর পাইতেন। পাক করিতে করিতে ও স্কুলে যাইবার সময় পথে চলিতে চলিতে পাঠানুশীলন করিতেন।

এই তো অবস্থা। এ দিকে ছুটির সময় যখন জল খাইতে যাইতেন তখন স্কুলের ছাত্র যাহারা উপস্থিত থাকিত, তাহাদিগকে মিষ্টান্ন খাওয়াইতেন। স্কুল হইতে মাসিক যে বৃত্তি পাইতেন, ইহাতেই তাহা ব্যয় হইত। আবার, দরোয়ানের নিকট ধার করিয়া দরিদ্র ছাত্রদিগকে নূতন বস্ত্র কিনিয়া দিতেন। পূজার ছুটির পর দেশে গিয়া—

> দেশস্থ যে সকল লোকের দিনপাত হওয়া দুষ্কর দেখিতেন, তাহাদিগকে যথাসাধ্য সাহায্য করিতে ক্ষান্ত থাকিতেন না। অন্যান্য লোকের পরিধেয় বস্ত্র না থাকিলে, গামছা পরিধান করিয়া নিজের বস্ত্রগুলি তাহাদিগকে বিতরণ করিতেন।[২]

যে অবস্থায় মানুষ নিজের নিকট নিজে প্রধান দয়ার পাত্র, সে অবস্থায় ঈশ্বরচন্দ্র অন্যকে দয়া করিয়াছেন। তাঁহার জীবনে প্রথম হইতে ইহাই দেখা যায় যে, তাঁহার চরিত্র সমস্ত প্রতিকূল অবস্থার বিরুদ্ধে ক্রমাগতই যুদ্ধ করিয়া জয়লাভ করিয়াছে। তাঁহার মতো অবস্থাপন্ন ছাত্রের পক্ষে বিদ্যালাভ করা পরম দুঃসাধ্য, কিন্তু এই গ্রাম্যবালক শীর্ণ খর্ব দেহ এবং প্রকাণ্ড মাথা লইয়া আশ্চর্য অল্পকালের

মধ্যেই বিদ্যাসাগর-উপাধি প্রাপ্ত হইয়াছেন। তাঁহার মতো দরিদ্রাবস্থার লোকের পক্ষে দান করা, দয়া করা বড়ো কঠিন; কিন্তু তিনি যখন যে অবস্থাতেই পড়িয়াছেন, নিজের কোনোপ্রকার অসচ্ছলতায় তাঁহাকে পরের উপকার হইতে বিরত করিতে পারে নাই, এবং অনেক মহৈশ্বর্যশালী রাজা রায়বাহাদুর প্রচুর ক্ষমতা লইয়া যে উপাধি লাভ করিতে পারে নাই, এই দরিদ্র পিতার দরিদ্র সন্তান সেই 'দয়ার সাগর' নামে বঙ্গদেশে চিরদিনের জন্য বিখ্যাত হইয়া রহিলেন।

কলেজ হইতে উত্তীর্ণ হইয়া বিদ্যাসাগর প্রথমে ফোর্ট্ উইলিয়ম কলেজের প্রধান পণ্ডিত ও পরে সংস্কৃতকলেজের অ্যাসিস্টাণ্ট সেক্রেটারির পদে নিযুক্ত হন। এই কার্যোপলক্ষে তিনি যে-সকল ইংরাজ প্রধান কর্মচারীদের সংস্রবে আসিয়াছিলেন, সকলেরই পরম শ্রদ্ধা ও প্রীতি-ভাজন হইয়াছিলেন। আমাদের দেশে প্রায় অনেকেই নিজের এবং স্বদেশের মর্যাদা নষ্ট করিয়া ইংরাজের অনুগ্রহ লাভ করেন। কিন্তু বিদ্যাসাগর সাহেবের হস্ত হইতে শিরোপা লইবার জন্য কখনো মাথা নত করেন নাই; তিনি আমাদের দেশের ইংরাজপ্রসাদগর্বিত সাহেবানুজীবীদের মতো আত্মাবমাননার মূল্যে বিক্রীত সম্মান ক্রয় করিতে চেষ্টা করেন নাই। একটা উদাহরণে তাহার প্রমাণ হইবে।—একবার তিনি কার্যোপলক্ষে হিন্দুকলেজের প্রিন্সিপল্ কার-সাহেবের সঙ্গে দেখা করিতে গিয়াছিলেন। সভ্যতাভিমানী সাহেব তাঁহার বুট-বেষ্টিত দুই পা টেবিলের উপরে ঊর্ধ্বগামী করিয়া দিয়া, বাঙালি ভদ্রলোকের সহিত ভদ্রতারক্ষা করা বাহুল্য বোধ করিয়াছিলেন। কিছুদিন পরে ঐ কার-সাহেব কার্যবশত সংস্কৃতকলেজে বিদ্যাসাগরের সহিত দেখা করিতে আসিলে বিদ্যাসাগর চটিজুতা-সমেত তাঁহার সর্বজনবন্দনীয় চরণযুগল টেবিলের উপর প্রসারিত করিয়া এই অহংকৃত ইংরাজ অভ্যাগতের সহিত আলাপ করিলেন। বোধ করি শুনিয়া কেহ বিস্মিত হইবেন না, সাহেব নিজের এই অবিকল অনুকরণ দেখিয়া সন্তোষলাভ করেন নাই।

ইতিমধ্যে কলেজের কার্যপ্রণালী সম্বন্ধে তাঁহার সহিত কর্তৃপক্ষের

মতান্তর হওয়ায় ঈশ্বরচন্দ্র কর্মত্যাগ করিলেন। সম্পাদক রসময় দত্ত এবং শিক্ষাসমাজের অধ্যক্ষ ময়েট-সাহেব অনেক উপরোধ-অনুরোধ করিয়াও কিছুতেই তাঁহার পণভঙ্গ করিতে পারিলেন না। আত্মীয়-বান্ধবেরা তাঁহাকে জিজ্ঞাসা করিল, তোমার চলিবে কী করিয়া। তিনি বলিলেন, "আলু-পটল বেচিয়া, মুদির দোকান করিয়া দিন চালাইব।" তখন বাসায় প্রায় কুড়িটি বালককে তিনি অন্নবস্ত্র দিয়া অধ্যয়ন করাইতেছিলেন—তাহাদের কাহাকেও বিদায় করিলেন না। তাঁহার পিতা পূর্বে চাকরি করিতেন—বিদ্যাসাগরের সবিশেষ অনুরোধে কার্যত্যাগ করিয়া বাড়ি বসিয়া সংসার-খরচের টাকা পাইতেছিলেন। বিদ্যাসাগর কাজ ছাড়িয়া দিয়া প্রতিমাসে ধার করিয়া পঞ্চাশ টাকা বাড়ি পাঠাইতে লাগিলেন। এই সময় ময়েট-সাহেবের অনুরোধে বিদ্যাসাগর ক্যাপ্তেন ব্যাঙ্ক্-নামক একজন ইংরাজকে কয়েক মাস বাংলা ও হিন্দি শিখাইতেন। সাহেব যখন মাসিক পঞ্চাশ টাকা হিসাবে বেতন দিতে গেলেন, তিনি বলিলেন, "আপনি ময়েট-সাহেবের বন্ধু এবং ময়েট-সাহেব আমার বন্ধু—আপনার কাছে আমি বেতন লইতে পারি না।"

১৮৫০ খৃস্টাব্দে বিদ্যাসাগর সংস্কৃতকলেজের সাহিত্য-অধ্যাপক ও ১৮৫১ খৃস্টাব্দে উক্ত কলেজের প্রিন্সিপল্-পদে নিযুক্ত হন। আট-বৎসর দক্ষতার সহিত কাজ করিয়া শিক্ষাবিভাগের নবীন কর্তা এক তরুণ সিবিলিয়ানের সহিত মনান্তর হইতে থাকায় ১৮৫৮ খৃস্টাব্দে তিনি কর্মত্যাগ করেন। বিদ্যাসাগর স্বভাবতই সম্পূর্ণ স্বাধীনতন্ত্রের লোক ছিলেন। অব্যাহতভাবে আপন ইচ্ছা চালনা করিতে পাইলে তবে তিনি কাজ করিতে পারিতেন। উপরিতন কর্তৃপক্ষের মতের দ্বারা কোনোরূপ প্রতিঘাত প্রাপ্ত হইলে তদনুসারে আপন সংকল্পের প্রবাহ তিলমাত্র পরিবর্তন করিতে পারিতেন না। কর্মনীতির নিয়মে ইহা তাঁহার পক্ষে প্রশংসনীয় ছিল না। কিন্তু বিধাতা তাঁহাকে একাধিপত্য করিবার জন্য পাঠাইয়াছিলেন, অধীনে কাজ চালাইবার গুণগুলি তাঁহাকে দেন নাই। উপযুক্ত অধীনস্থ কর্মচারী বাংলাদেশে

যথেষ্ট আছে, বিদ্যাসাগরকে দিয়া তাহাদের সংখ্যাবৃদ্ধি করা বিধাতা অনাবশ্যক ও অসংগত বোধ করিয়াছিলেন।

বিদ্যাসাগর যখন সংস্কৃতকলেজে নিযুক্ত তখন কলেজের কাজকর্মের মধ্যে থাকিয়াও এক প্রচণ্ড সমাজসংগ্রামে প্রবৃত্ত হইয়াছিলেন। একদিন বীরসিংহবাটীর চণ্ডীমণ্ডপে বসিয়া ঈশ্বরচন্দ্র তাঁহার পিতার সহিত বীরসিংহস্কুল সম্বন্ধে আলোচনা করিতেছিলেন, এমন সময় তাঁহার মাতা রোদন করিতে করিতে চণ্ডীমণ্ডপে আসিয়া একটি বালিকার বৈধব্যসংঘটনের উল্লেখ করিয়া তাঁহাকে বলিলেন, "তুই এতদিন এত শাস্ত্র পড়িলি, তাহাতে বিধবার কি কোনো উপায় নাই?"[২] মাতার পুত্র উপায় অন্বেষণে প্রবৃত্ত হইলেন।

স্ত্রীজাতির প্রতি বিদ্যাসাগরের বিশেষ স্নেহ অথচ ভক্তি ছিল। ইহাও তাঁহার সুমহৎ পৌরুষের একটি প্রধান লক্ষণ। সাধারণত আমরা স্ত্রীজাতির প্রতি ঈর্ষাবিশিষ্ট; অবলা স্ত্রীলোকের সুখ স্বাস্থ্য স্বচ্ছন্দতা আমাদের নিকট পরম পরিহাসের বিষয়, প্রহসনের উপকরণ। আমাদের ক্ষুদ্রতা ও কাপুরুষতার অন্যান্য লক্ষণের মধ্যে ইহাও একটি।

বিদ্যাসাগর শৈশবে জগদ্দুর্লভবাবুর বাসায় আশ্রয় পাইয়াছিলেন। জগদ্দুর্লভের কনিষ্ঠা ভগিনী রাইমণির সম্বন্ধে তিনি স্বরচিত জীবনবৃত্তান্তে যাহা লিখিয়াছেন তাহা এ স্থলে উদ্ধৃত করা যাইতে পারে।—

> রাইমণির অদ্ভুত স্নেহ ও যত্ন, আমি কস্মিন্ কালেও বিস্মৃত হইতে পারিব না। তাঁহার একমাত্র পুত্র গোপালচন্দ্র ঘোষ আমার প্রায় সমবয়স্ক ছিলেন। পুত্রের উপর জননীর যেরূপ স্নেহ ও যত্ন থাকা উচিত ও আবশ্যক, গোপালচন্দ্রের উপর রাইমণির স্নেহ ও যত্ন তদপেক্ষা অধিকতর ছিল, তাহার সংশয় নাই। কিন্তু আমার আন্তরিক দৃঢ় বিশ্বাস এই, স্নেহ ও যত্ন বিষয়ে, আমায় ও গোপালে রাইমণির অণুমাত্র বিভিন্নভাব ছিল না। ফলকথা এই, স্নেহ, দয়া, সৌজন্য, অমায়িকতা, সদ্‌বিবেচনা প্রভৃতি সদ্‌গুণ বিষয়ে, রাইমণির

> সমকক্ষ স্ত্রীলোক এপর্য্যন্ত আমার নয়নগোচর হয় নাই। এই দয়াময়ীর সৌম্যমূর্ত্তি, আমার হৃদয়মন্দিরে, দেবীমূর্ত্তির ন্যায়, প্রতিষ্ঠিত হইয়া, বিরাজমান রহিয়াছে। প্রসঙ্গক্রমে, তাঁহার কথা উত্থাপিত হইলে, তদীয় অপ্রতিম গুণের কীর্ত্তন করিতে করিতে, অশ্রুপাত না করিয়া থাকিতে পারি না। আমি স্ত্রীজাতির পক্ষপাতী বলিয়া, অনেকে নির্দ্দেশ করিয়া থাকেন। আমার বোধ হয়, সে নির্দ্দেশ অসঙ্গত নহে। যে ব্যক্তি রাইমণির স্নেহ, দয়া, সৌজন্য প্রভৃতি প্রত্যক্ষ করিয়াছে, এবং ঐ সমস্ত সদ্‌গুণের ফলভোগী হইয়াছে, সে যদি স্ত্রীজাতির পক্ষপাতী না হয়, তাহা হইলে, তাহার তুল্য কৃতঘ্ন পামর ভূমণ্ডলে নাই।

স্ত্রীজাতির স্নেহ দয়া সৌজন্য হইতে বঞ্চিত হইয়াছে, আমাদের মধ্যে এমন হতভাগ্য কয়জন আছে। কিন্তু ক্ষুদ্র-হৃদয়ের স্বভাব এই যে, সে যে পরিমাণে অযাচিত উপকার প্রাপ্ত হয় সেই পরিমাণে অকৃতজ্ঞ হইয়া উঠে। যাহা-কিছু সহজেই পায় তাহাই আপনার প্রাপ্য বলিয়া জানে; নিজের দিক হইতে যে কিছুমাত্র দেয় আছে তাহা সহজেই ভুলিয়া যায়। আমরাও সংসারে মাঝে মাঝে রাইমণিকে দেখিতে পাই; এবং তিনি যখন সেবা করিতে আসেন তখন তাঁহার সমস্ত যত্ন এবং প্রীতি অবহেলাভরে গ্রহণ করিয়া তাঁহাকে পরম অনুগ্রহ করিয়া থাকি; তিনি যখন চরণপূজা করিতে আসেন তখন আপন পঙ্ক-কলঙ্কিত পদযুগল অসংকোচে প্রসারিত করিয়া দিয়া অত্যন্ত নির্লজ্জ স্পর্ধাভরে সত্যসত্যই আপনাদিগকে নরদেবতারূপে নারীসম্প্রদায়ের পূজাগ্রহণের অধিকারী বলিয়া জ্ঞান করি। কিন্তু এই-সকল সেবক-পূজক অবলাগণের দুঃখমোচন এবং সুখস্বাস্থ্যবিধানে আমাদের মতো মর্তদেবগণের সুমহৎ ঔদাসীন্য কিছুতেই দূর হয় না; তাহার কারণ, নারীদের কৃত সেবা কেবল আমরা আমাদের সাংসারিক স্বার্থসুখের সহিত জড়িত করিয়া দেখি, তাহা আমাদের হৃদয়ের মধ্যে প্রবেশ করিয়া কৃতজ্ঞতা উদ্রেক করিবার অবকাশ পায় না।

বিদ্যাসাগর প্রথমত বেথুন-সাহেবের সহায়তা করিয়া বঙ্গদেশে স্ত্রীশিক্ষার সূচনা ও বিস্তার করিয়া দেন। অবশেষে যখন তিনি বালবিধবাদের দুঃখে ব্যথিত হইয়া বিধবাবিবাহ-প্রচলনের চেষ্টা করেন তখন দেশের মধ্যে সংস্কৃত শ্লোক ও বাংলা গালিমিশ্রিত এক তুমুল কলকোলাহল উত্থিত হইল। সেই মুষলধারে শাস্ত্র ও গালিবর্ষণের মধ্যে এই ব্রাহ্মণবীর বিজয়ী হইয়া বিধবাবিবাহ শাস্ত্রসম্মত প্রমাণ করিলেন এবং তাহা রাজবিধিসম্মত করিয়া লইলেন।

বিদ্যাসাগর এই সময়ে আরো একটি ক্ষুদ্র সামাজিক যুদ্ধে জয়লাভ করিয়াছিলেন, এ স্থলে তাহারও সংক্ষেপে উল্লেখ আবশ্যক। তখন সংস্কৃতকলেজে কেবল ব্রাহ্মণেরই প্রবেশ ছিল, সেখানে শূদ্রেরা সংস্কৃত পড়িতে পাইত না। বিদ্যাসাগর সকল বাধা অতিক্রম করিয়া শূদ্রদিগকে সংস্কৃতকলেজে বিদ্যাশিক্ষার অধিকার দান করেন।

সংস্কৃতকলেজের কর্ম ছাড়িয়া দিবার পর বিদ্যাসাগরের প্রধানকীর্তি মেট্রোপলিটান ইন্‌স্টিটুশ্যন। বাঙালির নিজের চেষ্টায় এবং নিজের অধীনে উচ্চতর শিক্ষার কলেজ স্থাপন এই প্রথম। আমাদের দেশে ইংরাজিশিক্ষাকে স্বাধীনভাবে স্থায়ী করিবার এই প্রথম ভিত্তি বিদ্যাসাগর-কর্তৃক প্রতিষ্ঠিত হইল। যিনি দরিদ্র ছিলেন, তিনি দেশের প্রধান দাতা হইলেন; যিনি লোকাচাররক্ষক ব্রাহ্মণপণ্ডিতের বংশে জন্মগ্রহণ করিয়াছিলেন, তিনি লোকাচারের একটি সুদৃঢ় বন্ধন হইতে সমাজকে মুক্ত করিবার জন্য সুকঠোর সংগ্রাম করিলেন, এবং সংস্কৃতবিদ্যায় যাঁহার অধিকারের ইয়ত্তা ছিল না, তিনিই ইংরাজিবিদ্যাকে প্রকৃতপ্রস্তাবে স্বদেশের ক্ষেত্রে বদ্ধমূল করিয়া রোপণ করিয়া গেলেন।

বিদ্যাসাগর তাঁহার জীবনের অবশিষ্টকাল এই স্কুল ও কলেজটিকে একাগ্রচিত্তে প্রাণাধিক যত্নে পালন করিয়া, দীন-দরিদ্র রোগীর সেবা করিয়া, অকৃতজ্ঞদিগকে মার্জনা করিয়া, বন্ধু-বান্ধবদিগকে অপরিমেয় স্নেহে অভিষিক্ত করিয়া, আপন পুষ্পকোমল এবং বজ্রকঠিন বক্ষে দুঃসহ বেদনাশল্য বহন করিয়া, আপন আত্মনির্ভরপর উন্নত বলিষ্ঠ

চরিত্রের মহান্ আদর্শ বাঙালিজাতির মনে চিরাঙ্কিত করিয়া দিয়া, ১২৯৮ সালের ১৩ই শ্রাবণ রাত্রে ইহলোক হইতে অপসৃত হইয়া গেলেন।

বিদ্যাসাগর বঙ্গদেশে তাঁহার অক্ষয় দয়ার জন্য বিখ্যাত। কারণ, দয়াবৃত্তি আমাদের অশ্রুপাতপ্রবণ বাঙালিহৃদয়কে যত শীঘ্র প্রশংসায় বিচলিত করিতে পারে, এমন আর কিছুই নহে। কিন্তু বিদ্যাসাগরের দয়ায় কেবল যে বাঙালিজনসুলভ হৃদয়ের কোমলতা প্রকাশ পায় তাহা নহে, তাহাতে বাঙালিদুর্লভ চরিত্রের বলশালিতারও পরিচয় পাওয়া যায়। তাঁহার দয়া কেবল একটা প্রবৃত্তির ক্ষণিক উত্তেজনামাত্র নহে, তাহার মধ্যে একটা সচেষ্ট আত্মশক্তির অচলকর্তৃত্ব সর্বদাই বিরাজ করিত বলিয়াই তাহা এমন মহিমশালিনী। এ দয়া অন্যের কষ্টলাঘবের চেষ্টায় আপনাকে কঠিন কষ্টে ফেলিতে মুহূর্তকালের জন্য কুণ্ঠিত হইত না। সংস্কৃতকলেজে কাজ করিবার সময় ব্যাকরণ-অধ্যাপকের পদ শূন্য হইলে বিদ্যাসাগর তারানাথ তর্কবাচস্পতির জন্য মার্শাল-সাহেবকে অনুরোধ করেন। সাহেব বলিলেন তাঁহার চাকরি লইবার ইচ্ছা আছে কি না অগ্রে জানা আবশ্যক। শুনিয়া বিদ্যাসাগর সেইদিনই ত্রিশ ক্রোশ পথ দূরে কালনায় তর্কবাচস্পতির চতুষ্পাঠী-অভিমুখে পদব্রজে যাত্রা করিলেন। পরদিনে তর্কবাচস্পতির সম্মতি ও তাঁহার প্রশংসাপত্রগুলি লইয়া পুনরায় পদব্রজে যথাসময়ে সাহেবের নিকট উপস্থিত হইলেন।[২] পরের উপকারকার্যে তিনি আপনার সমস্ত বল ও উৎসাহ প্রয়োগ করিতেন। ইহার মধ্যেও তাঁহার আজন্মকালের একটা জিদ প্রকাশ পাইত। সাধারণত আমাদের দয়ার মধ্যে এই জিদ না থাকাতে তাহা সংকীর্ণ ও স্বল্পফলপ্রসূ হইয়া বিশীর্ণ হইয়া যায়, তাহা পৌরুষমহত্ত্ব লাভ করে না।

কারণ, দয়া বিশেষরূপে স্ত্রীলোকের নহে; প্রকৃত দয়া যথার্থ পুরুষেরই ধর্ম। দয়ার বিধান পূর্ণরূপে পালন করিতে হইলে দৃঢ় বীর্য এবং কঠিন অধ্যবসায় আবশ্যক, তাহাতে অনেক সময় সুদূরব্যাপী সুদীর্ঘ কর্মপ্রণালী অনুসরণ করিয়া চলিতে হয়; তাহা কেবল

ক্ষণকালের আত্মত্যাগের দ্বারা প্রবৃত্তির উচ্ছ্বাস-নিবৃত্তি এবং হৃদয়ের ভারলাঘব করা নহে; তাহা দীর্ঘকাল ধরিয়া নানা উপায়ে নানা বাধা অতিক্রম করিয়া দুরূহ উদ্দেশ্য সিদ্ধির অপেক্ষা রাখে।

একবার গবর্মেণ্টের কোনো অত্যুৎসাহী ভৃত্য জাহানাবাদ-মহকুমায় ইন্‌কম্‌ট্যাক্স্ ধার্যের জন্য উপস্থিত হন। আয়ের স্বল্পতাপ্রযুক্ত যে-সকল ক্ষুদ্র ব্যবসায়ী ইন্‌কম্‌ট্যাক্সের অধীনে না আসিতে পারে, গবর্মেণ্টের এই সুচতুর শিকারী তাহাদের দুই-তিন জনের নাম একত্র করিয়া ট্যাক্সের জালে বদ্ধ করিতেছিলেন। বিদ্যাসাগর ইহা শুনিয়া তৎক্ষণাৎ খড়ার গ্রামে অ্যাসেসর-বাবুর নিকট আসিয়া আপত্তি প্রকাশ করেন। বাবুটি তাহাতে কর্ণপাত না করিয়া অভিযোগকারীদিগকে ধমক দিয়া বাধ্য করিলেন। বিদ্যাসাগর তৎক্ষণাৎ কলিকাতায় আসিয়া লেফ্‌টেনেণ্ট্, গবর্নরের নিকট বাদী হইলেন। লেফ্‌টেনেণ্ট্ গবর্নর বর্ধমানের কালেক্টর হ্যারিসন-সাহেবকে তদন্ত-জন্য প্রেরণ করেন। বিদ্যাসাগর হ্যারিসনের সঙ্গে গ্রামে গ্রামে ব্যবসায়ীদের খাতাপত্র পরীক্ষা করিয়া বেড়াইতে লাগিলেন। এইরূপে দুই-মাসকাল অনন্যমনা ও অনন্যকর্মা হইয়া তিনি এই অন্যায়-নিবারণে কৃতকার্য হইয়াছিলেন।[২]

বিদ্যাসাগরের জীবনে এরূপ দৃষ্টান্ত আরো অনেক দেওয়া যাইতে পারে। কিন্তু এরূপ দৃষ্টান্ত বাংলায় অন্যত্র হইতে সংগ্রহ করা দুষ্কর। আমাদের হৃদয় অত্যন্ত কোমল বলিয়া আমরা প্রচার করিয়া থাকি, কিন্তু আমরা কোনো ঝঞ্ঝাটে যাইতে চাহি না। এই অলসশান্তিপ্রিয়তা আমাদিগকে অনেক সময়েই স্বার্থপর নিষ্ঠুরতায় অবতীর্ণ করে। একজন জাহাজী গোরা কিছুমাত্র চিন্তা না করিয়া মজ্জমান ব্যক্তির পশ্চাতে জলে ঝাঁপ দিয়া পড়ে; কিন্তু একখানা নৌকা যেখানে বিপন্ন, অন্য নৌকাগুলি তাহার কিছুমাত্র সাহায্য-চেষ্টা না করিয়া চলিয়া যায়, এরূপ ঘটনা আমাদের দেশে সর্বদাই শুনিতে পাই। দয়ার সহিত বীর্যের সম্মিলন না হইলে সে দয়া অনেক স্থলেই অকিঞ্চিৎকর হইয়া থাকে।

কেবল যে সংকট এবং অধ্যবসায়ের ক্ষেত্রে আমাদের অন্তঃপুরচারিণী দয়া প্রবেশ করিতে চাহে না তাহা নহে। সামাজিক

কৃত্রিম শুচিতা রক্ষার নিয়ম-লঙ্ঘনও তাহার পক্ষে দুঃসাধ্য। আমি জানি, কোনো-এক গ্রাম্য মেলায় এক বিদেশী ব্রাহ্মণের মৃত্যু হইলে ঘৃণা করিয়া কেহই তাহার অন্ত্যেষ্টি-সৎকারের ব্যবস্থা করে নাই, অবশেষে তাহার অনুপস্থিত আত্মীয়-পরিজনের অন্তরে চিরশোকশল্য নিহিত করিয়া ডোমের দ্বারা মৃতদেহ শ্মশানে শৃগালকুক্কুরের মুখে ফেলিয়া আসা হয়। আমরা অতি সহজে 'আহা উহু' এবং অশ্রুপাত করিতে পারি, কিন্তু কর্মক্ষেত্রে পরোপকারের পথে আমরা সহস্র স্বাভাবিক এবং কৃত্রিম বাধার দ্বারা পদে পদে প্রতিহত। বিদ্যাসাগরের কারুণ্য বলিষ্ঠ—পুরুষোচিত। এইজন্য তাহা সরল এবং নির্বিকার; তাহা কোথাও সূক্ষ্ম তর্ক তুলিত না, নাসিকাকুঞ্চন করিত না, বসন তুলিয়া ধরিত না; একেবারে দ্রুতপদে, ঋজু রেখায়, নিঃশঙ্কে, নিঃসংকোচে আপন কার্যে গিয়া প্রবৃত্ত হইত। রোগের বীভৎস মলিনতা তাঁহাকে কখনো রোগীর নিকট হইতে দূরে রাখে নাই। এমন-কি, (চণ্ডীচরণবাবুর গ্রন্থে লিখিত আছে) কার্মাটাড়ে এক মেথরজাতীয়া স্ত্রীলোক ওলাউঠায় আক্রান্ত হইলে বিদ্যাসাগর স্বয়ং তাহার কুটিরে উপস্থিত থাকিয়া স্বহস্তে তাহার সেবা করিতে কুণ্ঠিত হন নাই। বর্ধমানবাসকালে তিনি তাঁহার প্রতিবেশী দরিদ্র মুসলমানগণকে আত্মীয়নির্বিশেষে যত্ন করিয়াছিলেন। শ্রীযুক্ত শম্ভুচন্দ্র বিদ্যারত্ন মহাশয় তাঁহার সহোদরের জীবনচরিতে লিখিতেছেন—

> অন্নচ্ছত্রে ভোজনকারিণী স্ত্রীলোকদের মস্তকের কেশগুলি তৈলাভাবে বিরূপ দেখাইত। অগ্রজ মহাশয় তাহা অবলোকন করিয়া দুঃখিত হইয়া তৈলের ব্যবস্থা করিয়াছিলেন, প্রত্যেককে দুই পলা করিয়া তৈল দেওয়া হইত। যাহারা তৈলবিতরণ করিত, তাহারা পাছে মুচি, হাড়ী, ডোম প্রভৃতি অপকৃষ্টজাতীয় স্ত্রীলোক স্পর্শ করে এই আশঙ্কায় তফাৎ হইতে তৈল দিত, ইহা দেখিয়া অগ্রজ মহাশয় স্বয়ং উক্ত অপকৃষ্ট ও অস্পৃশ্য জাতীয় স্ত্রীলোকের মস্তকে তৈল মাখাইয়া দিতেন।

এই ঘটনাশ্রবণে আমাদের হৃদয় যে ভক্তিতে উচ্ছ্বসিত হইয়া উঠে তাহা বিদ্যাসাগরের দয়া অনুভব করিয়া নহে। কিন্তু তাঁহার দয়ার মধ্য হইতে যে-একটি নিঃসংকোচ বলিষ্ঠ মনুষ্যত্ব পরিস্ফুট হইয়া উঠে তাহা দেখিয়া, আমাদের এই নীচজাতির প্রতি চিরাভ্যস্ত ঘৃণাপ্রবণ মনও আপন নিগূঢ় মানবধর্মবশত ভক্তিতে আকৃষ্ট না হইয়া থাকিতে পারে না।

তাঁহার কারুণ্যের মধ্যে যে পৌরুষের লক্ষণ ছিল তাহার অনেক উদাহরণ দেখা যায়। আমাদের দেশে আমরা যাঁহাদিগকে ভালোমানুষ অমায়িকপ্রকৃতি বলিয়া প্রশংসা করি, সাধারণত তাঁহাদের চক্ষুলজ্জা বেশি। অর্থাৎ, কর্তব্যস্থলে তাঁহারা কাহাকেও বেদনা দিতে পারেন না। বিদ্যাসাগরের দয়ায় সেই কাপুরুষতা ছিল না। ঈশ্বরচন্দ্র যখন কলেজের ছাত্র ছিলেন তখন তাঁহাদের বেদান্ত-অধ্যাপক শম্ভুচন্দ্র বাচস্পতির সহিত তাঁহার বিশেষ প্রীতিবন্ধন ছিল। বাচস্পতিমহাশয় বৃদ্ধবয়সে পুনরায় দারপরিগ্রহ করিবার ইচ্ছা করিয়া তাঁহার প্রিয়তম ছাত্রের মত জিজ্ঞাসা করিলে ঈশ্বরচন্দ্র প্রবল আপত্তিপ্রকাশ করিলেন। গুরু বারংবার কাকুতিমিনতি করা সত্ত্বেও তিনি মত পরিবর্তন করিলেন না। তখন বাচস্পতিমহাশয় ঈশ্বরচন্দ্রের নিষেধে কর্ণপাত না করিয়া এক সুন্দরী বালিকাকে বিবাহপূর্বক তাহাকে আশু বৈধব্যের তটদেশে আনয়ন করিলেন। শ্রীযুক্ত চণ্ডীচরণ বন্দ্যোপাধ্যায় মহাশয় তাঁহার বিদ্যাসাগর গ্রন্থে এই ব্যাপারের যে পরিণাম বর্ণন করিয়াছেন তাহা এই স্থলে উদ্ধৃত করি।—

> বাচস্পতি মহাশয় ঈশ্বরচন্দ্রের হাত ধরিয়া বলিলেন, 'তোমার মাকে দেখিয়া যাও।' এই বলিয়া দাসীকে নববধূর অবগুণ্ঠন উন্মোচন করিতে বলিলেন। তখন বাচস্পতি মহাশয়ের নববিবাহিতা পত্নীকে দেখিয়া ঈশ্বরচন্দ্র অশ্রু সংবরণ করিতে পারিলেন না। সেই জননীস্থানীয়া বালিকাকে দর্শন করিয়া ও এই বালিকার পরিণাম চিন্তা করিয়া বালকের ন্যায় রোদন করিতে লাগিলেন। তখন বাচস্পতি

> মহাশয় ‘অকল্যাণ করিস না রে’ বলিয়া তাঁহাকে লইয়া বাহিরবাটীতে আসিলেন এবং নানাপ্রকার শাস্ত্রীয় উপদেশের দ্বারা ঈশ্বরচন্দ্রের মনের উত্তেজনা ও হৃদয়ের আবেগ রোধ করিতে ও তাঁহাকে শান্ত করিতে প্রয়াস পাইতে লাগিলেন। এইরূপ বহুবিধ প্রবোধবাক্যে শান্ত করিতে প্রয়াস পাইয়া শেষে ঈশ্বরচন্দ্রকে কিঞ্চিৎ জল খাইতে অনুরোধ করিলেন। কিন্তু পাষাণতুল্য কঠিন প্রতিজ্ঞাপরায়ণ ঈশ্বরচন্দ্র জলযোগ করিতে সম্পূর্ণরূপে অসম্মত হইয়া বলিলেন, ‘এ ভিটায় আর কখনও জলস্পর্শ করিব না।’

বিদ্যাসাগরের হৃদয়বৃত্তির মধ্যে যে বলিষ্ঠতা দেখা যায়, তাঁহার বুদ্ধিবৃত্তির মধ্যেও তাহার পরিপূর্ণ প্রভাব প্রকাশ পায়। বাঙালির বুদ্ধি সহজেই অত্যন্ত সূক্ষ্ম। তাহার দ্বারা চুল চেরা যায়, কিন্তু বড়ো বড়ো গ্রন্থি ছেদন করা যায় না। তাহা সুনিপুণ, কিন্তু সবল নহে। আমাদের বুদ্ধি ঘোড়দৌড়ের ঘোড়ার মতো, অতি সূক্ষ্ম তর্কের বাহাদুরিতে ছোটে ভালো, কিন্তু কর্মের পথে গাড়ি লইয়া চলে না। বিদ্যাসাগর যদিচ ব্রাহ্মণ, এবং ন্যায়শাস্ত্রও যথোচিত অধ্যয়ন করিয়াছিলেন, তথাপি যাহাকে বলে কাণ্ডজ্ঞান সেটা তাঁহার যথেষ্ট ছিল। এই কাণ্ডজ্ঞানটি যদি না থাকিত, তবে যিনি একসময় ছোলা ও বাতাসা জলপান করিয়া পাঠশিক্ষা করিয়াছিলেন তিনি অকুতোভয়ে চাকরি ছাড়িয়া দিয়া স্বাধীনজীবিকা অবলম্বন করিয়া জীবনের মধ্যপথে সচ্ছলস্বচ্ছন্দাবস্থায় উত্তীর্ণ হইতে পারিতেন না। আশ্চর্যের বিষয় এই যে, দয়ার অনুরোধে যিনি ভূরি ভূরি স্বার্থত্যাগ করিয়াছেন, যিনি স্বার্থের অনুরোধে আপন মহোচ্চ আত্মসম্মানকে মুহূর্তের জন্য তিলমাত্র অবনত হইতে দেন নাই, যিনি আপনার ন্যায়সংকল্পের ঋজুরেখা হইতে কোনো মন্ত্রণায়, কোনো প্রলোভনে, দক্ষিণে বামে কেশাগ্রপরিমাণ হেলিতে চাহেন নাই, তিনি কিরূপ প্রশস্তবুদ্ধি এবং দৃঢ়প্রতিজ্ঞার বলে সংগতিসম্পন্ন হইয়া সহস্রের আশ্রয়দাতা হইয়াছিলেন। গিরিশৃঙ্গের দেবদারুদ্রুম যেমন শুষ্ক শিলাস্তরের মধ্যে অঙ্কুরিত হইয়া, প্রাণঘাতক হিমানীবৃষ্টি শিরোধার্য

করিয়া, নিজের আভ্যন্তরীণ কঠিনশক্তির দ্বারা আপনাকে প্রচুর সরস-শাখাপল্লব-সম্পন্ন সরলমহিমায় অভ্রভেদী করিয়া তুলে—তেমনি এই ব্রাহ্মণতনয় জন্মদারিদ্র্য এবং সর্বপ্রকার প্রতিকূলতার মধ্যেও কেবল নিজের মজ্জাগত অপর্যাপ্ত বলবুদ্ধির দ্বারা নিজেকে যেন অনায়াসেই এমন সরল, এমন প্রবল, এমন সমুন্নত, এমন সর্বসম্পৎশালী করিয়া তুলিয়াছিলেন।

মেট্রোপলিটান-বিদ্যালয়কে তিনি যে একাকী সর্বপ্রকার বিঘ্নবিপত্তি হইতে রক্ষা করিয়া তাহাকে সগৌরবে বিশ্ব-বিদ্যালয়ের সহিত সংযুক্ত করিয়া দিলেন, ইহাতে বিদ্যাসাগরের কেবল লোকহিতৈষা ও অধ্যবসায় নহে, তাঁহার সজাগ ও সহজ কর্মবুদ্ধি প্রকাশ পায়। এই বুদ্ধিই যথার্থ পুরুষের বুদ্ধি, এই বুদ্ধি সুদূরসম্ভবপর কাল্পনিক বাধাবিঘ্ন ও ফলাফলের সূক্ষ্মাতিসূক্ষ্ম বিচারজালের দ্বারা আপনাকে নিরুপায় অকর্মণ্যতার মধ্যে জড়ীভূত করিয়া বসে না; এই বুদ্ধি, কেবল সূক্ষ্মভাবে নহে, প্রত্যুত প্রশস্তভাবে, সমগ্রভাবে কর্ম ও কর্মক্ষেত্রের আদ্যোপান্ত দেখিয়া লইয়া, দ্বিধা বিসর্জন দিয়া, মুহূর্তের মধ্যে উপস্থিত বাধার মর্মস্থল আক্রমণ করিয়া, বীরের মতো কাজ করিয়া যায়। এই সবল কর্মবুদ্ধি বাঙালির মধ্যে বিরল।

যেমন কর্মবুদ্ধি তেমনি ধর্মবুদ্ধির মধ্যেও একটা সবল কাণ্ডজ্ঞান থাকিলে তাহার দ্বারা যথার্থ কাজ পাওয়া যায়। কবি বলিয়াছেন—ধর্মস্য সূক্ষ্মা গতিঃ। ধর্মের গতি সূক্ষ্ম হইতে পারে কিন্তু ধর্মের নীতি সরল ও প্রশস্ত। কারণ, তাহা বিশ্বসাধারণের এবং নিত্যকালের; তাহা পণ্ডিতের এবং তার্কিকের নহে। কিন্তু মনুষ্যের দুর্ভাগ্যক্রমে মানুষ আপন সংস্রবের সকল জিনিসকেই অলক্ষিতভাবে কৃত্রিম ও জটিল করিয়া তুলে। যাহা সরল, যাহা স্বাভাবিক, যাহা উন্মুক্ত উদার, যাহা মূল্য দিয়া কিনিতে হয় না, বিধাতা যাহা আলোক ও বায়ুর ন্যায় মনুষ্যসাধারণকে অযাচিত দান করিয়াছেন, মানুষ আপনি তাহাকে দুর্মূল্য-দুর্গম করিয়া দেয়। সেইজন্য সহজ কথা ও সরল ভাবপ্রচারের জন্য লোকোত্তর মহত্ত্বের অপেক্ষা করিতে হয়।

বিদ্যাসাগর বালবিধবাবিবাহের ঔচিত্য সম্বন্ধে যে প্রস্তাব করিয়াছেন তাহাও অত্যন্ত সহজ, তাহার মধ্যে কোনো নূতনত্বের অসামান্য নৈপুণ্য নাই। তিনি প্রত্যক্ষ ব্যাপারকে সম্পূর্ণ উপেক্ষা করিয়া এক অমূলক কল্পনালোক সৃজন করিতে আপন শক্তির অপব্যয় করেন নাই। তিনি তাঁহার বিধবাবিবাহ গ্রন্থে আমাদিগকে সম্বোধন করিয়া যে আক্ষেপোক্তি প্রকাশ করিয়াছেন তাহা উদ্ধৃত করিলেই আমার কথাটি পরিষ্কার হইবে।—

> হা ভারতবর্ষীয় মানবগণ! অভ্যাসদোষে তোমাদের বুদ্ধিবৃত্তি ও ধর্ম্মপ্রবৃত্তি সকল এরূপ কলুষিত হইয়া গিয়াছে ও অভিভূত হইয়া রহিয়াছে যে, হতভাগা বিধবাদিগের দুরবস্থাদর্শনে, তোমাদের চিরশুষ্ক নীরস হৃদয়ে কারুণ্যরসের সঞ্চার হওয়া কঠিন এবং ব্যভিচার দোষের ও ভ্রূণহত্যা পাপের প্রবল স্রোতে দেশ উচ্ছলিত হইতে দেখিয়াও, মনে ঘৃণার উদয় হওয়া অসম্ভাবিত। তোমরা প্রাণতুল্য কন্যা প্রভৃতিকে অসহ্য বৈধব্যযন্ত্রণানলে দগ্ধ করিতে সম্মত আছ; তাহারা, দুর্নিবার রিপুবশীভূত হইয়া, ব্যভিচার দোষে দূষিত হইলে, তাহার পোষকতা করিতে সম্মত আছ; ধর্ম্মলোপভয়ে জলাঞ্জলি দিয়া, কেবল লোকলজ্জা-ভয়ে, তাহাদের ভ্রূণহত্যার সহায়তা করিয়া, স্বয়ং সপরিবারে পাপপঙ্কে কলঙ্কিত হইতে সম্মত আছ; কিন্তু, কী আশ্চর্য্য! শাস্ত্রের বিধি অবলম্বন-পূর্ব্বক, তাহাদের পুনরায় বিবাহ দিয়া, তাহাদিগকে দুঃসহ বৈধব্যযন্ত্রণা হইতে পরিত্রাণ করিতে এবং আপনাদিগকেও সকল বিপদ্ হইতে মুক্ত করিতে সম্মত নহ। তোমরা মনে কর, পতিবিয়োগ হইলেই স্ত্রীজাতির শরীর পাষাণময় হইয়া যায়; দুঃখ আর দুঃখ বলিয়া বোধ হয় না; যন্ত্রণা আর যন্ত্রণা বলিয়া বোধ হয় না; দুর্জ্জয় রিপুবর্গ এককালে নির্ম্মূল হইয়া যায়। কিন্তু, তোমাদের এই সিদ্ধান্ত যে নিতান্ত ভ্রান্তিমূলক, পদে পদে তাহার উদাহরণ প্রাপ্ত হইতেছ। ভাবিয়া দেখ,

> এই অনবধানদোষে সংসারতরুর কি বিষময় ফল ভোগ করিতেছ।

রমণীর দেবীত্ব ও বালিকার ব্রহ্মচর্যমাহাত্ম্যের সম্বন্ধে বিদ্যাসাগর আকাশগামী ভাবুকতার ভুরিপরিমাণ সজল বাষ্প সৃষ্টি করিতে বসেন নাই; তিনি তাঁহার পরিষ্কার সবল বুদ্ধি ও সরল সহৃদয়তা লইয়া সমাজের যথার্থ অবস্থা ও প্রকৃত বেদনায় সকরুণ হস্তক্ষেপ করিয়াছেন। কেবলমাত্র মধুর বাক্যরসে চিঁড়াকে সরস করিতে সে'ই চায় যাহার দধি নাই। কিন্তু বিদ্যাসাগরের দধির অভাব না থাকাতে বাক্‌পটুতার প্রয়োজন হয় নাই। দয়া আপনি দুঃখের স্থানে গিয়া আকৃষ্ট হয়। বিদ্যাসাগর স্পষ্ট দেখিতেছেন যে, প্রকৃত সংসারে বিধবা হইবামাত্র বালিকা হঠাৎ দেবী হইয়া উঠে না, এবং আমরাও তাহার চতুর্দিকে নিষ্কলঙ্ক দেবলোক সৃষ্টি করিয়া বসিয়া নাই; এমন অবস্থায় সে'ও দুঃখ পায়, সমাজেরও রাশি রাশি অমঙ্গল ঘটে, ইহা প্রতিদিনের প্রত্যক্ষ সত্য। সেই দুঃখ, সেই অকল্যাণ নিবারণের উপযুক্ত উপায় অবলম্বন না করিয়া বিদ্যাসাগর থাকিতে পারেন না, আমরা সে স্থলে সুনিপুণ কাব্যকলা প্রয়োগ-পূর্বক একটা স্বকপোলকল্পিত জগতের আদর্শ-বৈধব্য কল্পনা করিয়া তৃপ্তি লাভ করি। কারণ, তাঁহার সরল ধর্মবুদ্ধিতে তিনি সহজেই যে বেদনা বোধ করিয়াছেন, আমরা সেই বেদনা যথার্থরূপে হৃদয়ের মধ্যে অনুভব করি না। সেইজন্য এ সম্বন্ধে আমাদের রচনায় নৈপুণ্য প্রকাশ পায়, সরলতা প্রকাশ পায় না। যথার্থ সবলতার সঙ্গে সঙ্গেই একটা সুবৃহৎ সরলতা থাকে।

এই সরলতা, কেবল মতামতে নহে, লোকব্যবহারেও প্রকাশ পায়। বিদ্যাসাগর পিতৃদর্শনে কাশীতে গমন করিলে সেখানকার অর্থলোলুপ কতকগুলি ব্রাহ্মণ তাঁহাকে টাকার জন্য ধরিয়া পড়িয়াছিল। বিদ্যাসাগর তাহাদের অবস্থা ও স্বভাব দৃষ্টে তাহাদিগকে দয়া অথবা ভক্তির পাত্র বলিয়া জ্ঞান করেন নাই, সেইজন্য তৎক্ষণাৎ অকপটচিত্তে উত্তর দিলেন, "এখানে আছেন বলিয়া আপনাদিগকে যদি আমি ভক্তি বা শ্রদ্ধা করিয়া বিশ্বেশ্বর বলিয়া মান্য করি, তাহা হইলে আমার মতো

নরাধম আর নাই।”… ইহা শুনিয়া কাশীর ব্রাহ্মণেরা ক্রোধান্ধ হইয়া বলেন, “তবে আপনি কী মানেন?”

বিদ্যাসাগর উত্তর করিলেন, “আমার বিশ্বেশ্বর ও অন্নপূর্ণা উপস্থিত এই পিতৃদেব ও জননীদেবী বিরাজমান।”[২]

যে বিদ্যাসাগর হীনতমশ্রেণীর লোকেরও দুঃখমোচনে অর্থব্যয় করিতে কুণ্ঠিত হইতেন না, তিনি কৃত্রিম কপট ভক্তি দেখাইয়া কাশীর ব্রাহ্মণের প্রার্থনা পূর্ণ করিতে পারিলেন না। ইহাই বলিষ্ঠ সরলতা, ইহাই যথার্থ পৌরুষ।

নিজের অশনবসনেও বিদ্যাসাগরের একটি অটল সরলতা ছিল। এবং সেই সরলতার মধ্যেও দৃঢ় বলের পরিচয় পাওয়া যায়। পূর্বেই দৃষ্টান্ত দেখানো গিয়াছে, নিজের তিলমাত্র সম্মানরক্ষার প্রতিও তাঁহার লেশমাত্র শৈথিল্য ছিল না। আমরা সাধারণত প্রবল সাহেবি অথবা প্রচুর নবাবি দেখাইয়া সম্মান লাভের চেষ্টা করিয়া থাকি। কিন্তু আড়ম্বরের চাপল্য বিদ্যাসাগরের উন্নত-কঠোর আত্মসম্মানকে কখনো স্পর্শ করিতে পারিত না। ভূষণহীন সারল্যই তাঁহার রাজভূষণ ছিল। ঈশ্বরচন্দ্র যখন কলিকাতায় অধ্যয়ন করিতেন তখন তাঁহার দরিদ্রা “জননীদেবী চরকাসুতা কাটিয়া পুত্রদ্বয়ের বস্ত্র প্রস্তুত করিয়া কলিকাতায় পাঠাইতেন।”[২] সেই মোটা কাপড়, সেই মাতৃস্নেহমণ্ডিত দারিদ্র্য তিনি চিরকাল সগৌরবে সর্বাঙ্গে ধারণ করিয়াছিলেন। তাঁহার বান্ধব তদানীন্তন লেফ্‌টেনেন্ট্‌ গবর্নর হ্যালিডে সাহেব তাঁহাকে রাজ-সাক্ষাতের উপযুক্ত সাজ করিয়া আসিতে অনুরোধ করেন। বন্ধুর অনুরোধে বিদ্যাসাগর কেবল দুই-একদিন চোগা-চাপকান পরিয়া সাহেবের সহিত দেখা করিতে গিয়াছিলেন। কিন্তু সে লজ্জা আর সহ্য করিতে পারিলেন না। বলিলেন, “আমাকে যদি এই বেশে আসিতে হয় তবে এখানে আর আমি আসিতে পারিব না।” হ্যালিডে তাঁহাকে তাঁহার অভ্যস্তবেশে আসিতে অনুমতি দিলেন। ব্রাহ্মণপণ্ডিত যে চটিজুতা ও মোটা ধুতিচাদর পরিয়া সর্বত্র সম্মান লাভ করেন, বিদ্যাসাগর রাজদ্বারেও তাহা ত্যাগ করিবার আবশ্যকতা বোধ করেন নাই। তাঁহার নিজের সমাজে যখন ইহাই ভদ্রবেশ, তখন তিনি অন্য সমাজে অন্য বেশ পরিয়া আপন সমাজের ও সেইসঙ্গে আপনার

অবমাননা করিতে চাহেন নাই। সাদা ধুতি ও সাদা চাদরকে ঈশ্বরচন্দ্র যে গৌরব অর্পণ করিয়াছিলেন, আমাদের বর্তমান রাজাদের ছদ্মবেশ পরিয়া আমরা আপনাদিগকে সে গৌরব দিতে পারি না; বরঞ্চ এই কৃষ্ণচর্মের উপর দ্বিগুণতর কৃষ্ণকলঙ্ক লেপন করি। আমাদের এই অবমানিত দেশে ঈশ্বরচন্দ্রের মতো এমন অখণ্ড পৌরুষের আদর্শ কেমন করিয়া জন্মগ্রহণ করিল, আমরা বলিতে পারি না। কাকের বাসায় কোকিলে ডিম পাড়িয়া যায়—মানব-ইতিহাসের বিধাতা সেইরূপ গোপনে কৌশলে বঙ্গভূমির প্রতি বিদ্যাসাগরকে মানুষ করিবার ভার দিয়াছিলেন।

সেইজন্য বিদ্যাসাগর এই বঙ্গদেশে একক ছিলেন। এখানে যেন তাঁহার স্বজাতি সোদর কেহ ছিল না। এ দেশে তিনি তাঁহার সমযোগ্য সহযোগীর অভাবে আমৃত্যুকাল নির্বাসন ভোগ করিয়া গিয়াছেন। তিনি সুখী ছিলেন না। তিনি নিজের মধ্যে যে এক অকৃত্রিম মনুষ্যত্ব সর্বদাই অনুভব করিতেন, চারি দিকের জনমণ্ডলীর মধ্যে তাহার আভাস দেখিতে পান নাই। তিনি উপকার করিয়া কৃতঘ্নতা পাইয়াছেন, কার্যকালে সহায়তা প্রাপ্ত হন নাই। তিনি প্রতিদিন দেখিয়াছেন—আমরা আরম্ভ করি, শেষ করি না; আড়ম্বর করি, কাজ করি না; যাহা অনুষ্ঠান করি তাহা বিশ্বাস করি না; যাহা বিশ্বাস করি তাহা পালন করি না; ভূরিপরিমাণ বাক্যরচনা করিতে পারি, তিলপরিমাণ আত্মত্যাগ করিতে পারি না; আমরা অহংকার দেখাইয়া পরিতৃপ্ত থাকি, যোগ্যতালাভের চেষ্টা করি না; আমরা সকল কাজেই পরের প্রত্যাশা করি অথচ পরের ত্রুটি লইয়া আকাশ বিদীর্ণ করিতে থাকি; পরের অনুকরণে আমাদের গর্ব, পরের অনুগ্রহে আমাদের সম্মান, পরের চক্ষে ধূলিনিক্ষেপ করিয়া আমাদের পলিটিক্স্, এবং নিজের বাক্‌চাতুর্যে নিজের প্রতি ভক্তিবিহ্বল হইয়া উঠাই আমাদের জীবনের প্রধান উদ্দেশ্য। এই দুর্বল, ক্ষুদ্র, হৃদয়হীন, কর্মহীন, দাম্ভিক, তার্কিক জাতির প্রতি বিদ্যাসাগরের এক সুগভীর ধিক্কার ছিল। কারণ, তিনি সর্ববিষয়েই ইহাদের বিপরীত ছিলেন। বৃহৎ বনস্পতি যেমন ক্ষুদ্র বনজঙ্গলের পরিবেষ্টন হইতে ক্রমেই শূন্য আকাশে মস্তক তুলিয়া উঠে, বিদ্যাসাগর সেইরূপ বয়োবৃদ্ধিসহকারে বঙ্গসমাজের সমস্ত

অস্বাস্থ্যকর ক্ষুদ্রতাজাল হইতে ক্রমশই শব্দহীন সুদূর নির্জনে উত্থান করিয়াছিলেন; সেখান হইতে তিনি তাপিতকে ছায়া এবং ক্ষুধিতকে ফলদান করিতেন; কিন্তু আমাদের শত-সহস্র ক্ষণজীবী সভাসমিতির ঝিল্লিঝংকার হইতে সম্পূর্ণ স্বতন্ত্র ছিলেন। ক্ষুধিত পীড়িত অনাথ অসহায়দের জন্য আজ তিনি বর্তমান নাই, কিন্তু তাঁহার মহৎ চরিত্রের যে অক্ষয়বট তিনি বঙ্গভূমিতে রোপণ করিয়া গিয়াছেন তাহার তলদেশ সমস্ত বাঙালিজাতির তীর্থস্থান হইয়াছে। আমরা সেইখানে আসিয়া আমাদের তুচ্ছতা, ক্ষুদ্রতা, নিষ্ফল আড়ম্বর ভুলিয়া, সূক্ষ্মতম তর্কজাল এবং স্থূলতম জড়ত্ব বিচ্ছিন্ন করিয়া, সরল সবল অটল মাহাত্ম্যের শিক্ষা লাভ করিয়া যাইব। আজ আমরা বিদ্যাসাগরকে কেবল বিদ্যা ও দয়ার আধার বলিয়া জানি; এই বৃহৎ পৃথিবীর সংস্রবে আসিয়া যতই আমরা মানুষ হইয়া উঠিব, যতই আমরা পুরুষের মতো দুর্গমবিস্তীর্ণ কর্মক্ষেত্রে অগ্রসর হইতে থাকিব, বিচিত্র শৌর্য বীর্য মহত্ত্বের সহিত যতই আমাদের প্রত্যক্ষ সন্নিহিত ভাবে পরিচয় হইবে, ততই আমরা নিজের অন্তরের মধ্যে অনুভব করিতে থাকিব যে, দয়া নহে, বিদ্যা নহে, ঈশ্বরচন্দ্র বিদ্যাসাগরের চরিত্রে প্রধান গৌরব তাঁহার অজেয় পৌরুষ, তাঁহার অক্ষয় মনুষ্যত্ব, এবং যতই তাহা অনুভব করিব ততই আমাদের শিক্ষা সম্পূর্ণ ও বিধাতার উদ্দেশ্য সফল হইবে, এবং বিদ্যাসাগরের চরিত্র বাঙালির জাতীয়জীবনে চিরদিনের জন্য প্রতিষ্ঠিত হইয়া থাকিবে।

ভাদ্র-কার্তিক ১৩০২

১। স্বরচিত বিদ্যাসাগরচরিত

২। শম্ভুচন্দ্র বিদ্যারত্ন-প্রণীত বিদ্যাসাগর-জীবনচরিত

বিদ্যাসাগর ১

শ্রদ্ধাস্পদ শ্রীযুক্ত শিবনাথ শাস্ত্রী মহাশয় বিদ্যাসাগরের জীবনী সম্বন্ধে যে প্রবন্ধ প্রকাশ করিয়াছেন তাহার আরম্ভে যোগবাশিষ্ঠ হইতে নিম্নলিখিত শ্লোকটি উদ্ধৃত করিয়া দিয়াছেন—

তরবোঽপি হি জীবন্তি জীবন্তি মৃগপক্ষিণঃ।
স জীবতি মনো যস্য মননেন হি জীবতি॥

তরুলতাও জীবনধারণ করে, পশুপক্ষীও জীবনধারণ করে; কিন্তু সে'ই প্রকৃতরূপে জীবিত যে মননের দ্বারা জীবিত থাকে।

মনের জীবন মননক্রিয়া এবং সেই জীবনেই মনুষ্যত্ব। প্রাণ সমস্ত দেহকে ঐক্যদান করিয়া তাহার বিচিত্র কার্য-সকলকে একতন্ত্রে নিয়মিত করে। প্রাণ চলিয়া গেলে দেহ পঞ্চত্বপ্রাপ্ত হয়, তাহার ঐক্য ছিন্ন হইয়া মাটির অংশ মাটিতে, জলের অংশ জলে মিশিয়া যায়। নিয়তক্রিয়াশীল নিরলস প্রাণই এই শরীরটাকে মাটি হইতে জল হইতে উচ্চ করিয়া, স্বতন্ত্র করিয়া, এক করিয়া, স্বতশ্চালিত এক অপূর্ব ইন্দ্রজাল রচনা করে।

মনের যে জীবন, শাস্ত্রে যাহাকে মনন বলিতেছে, তাহাও সেইরূপ মনকে এক করিয়া তাহাকে তাহার সমস্ত তুচ্ছতা, সমস্ত

অসম্বদ্ধতা হইতে উদ্ধার করিয়া খাড়া করিয়া গড়িয়া তোলে, সেই মনন-দ্বারা ঐক্যপ্রাপ্ত মন বিচ্ছিন্নভাবে বিক্ষিপ্ত হইয়া থাকে না, সে মন বাহ্যপ্রবাহের মুখে জড়পুঞ্জের মতো ভাসিয়া যায় না।

কোনো মনস্বী ইংরাজলেখক বলিয়াছেন, 'এমন লোকটি পাওয়া দুর্লভ, যিনি নিজের পায়ের উপর খাড়া হইয়া দাঁড়াইতে পারেন, যিনি নিজের চিত্তবৃত্তি সম্বন্ধে সচেতন, কর্মস্রোতকে প্রবাহিত এবং প্রতিহত করিবার মতো বল যাঁহার আছে, যিনি ধাবমান জনতা হইতে আপনাকে ঊর্ধ্বে রাখিতে পারেন এবং সেই জনতাপ্রবাহ কোথা হইতে আসিতেছে ও কোথায় তাহার গতি, তৎসম্বন্ধে যাঁহার একটি পরিষ্কৃত সংস্কার আছে।'

উক্ত লেখক যাহা বলিয়াছেন তাহাকে সংক্ষেপে বলিতে হইলে বলা যায় যে, এমন লোক দুর্লভ 'মনো যস্য মননেন হি জীবতি'।

সাধারণ লোকের মধ্যে মন-নামক যে একটা ব্যাপার আছে বলিয়া ভ্রম হয় তাহাকে খাড়া রাখিয়াছে কিসে। কেবল প্রথা এবং অভ্যাসে। তাহার জড় অঙ্গগুলি অভ্যাসের আটা দিয়া জোড়া—তাহা প্রাণের বন্ধনে এক হইয়া নাই। তাহার গতি চিরকালপ্রবাহিত দশজনের গতি, তাহার অদ্যতন দিন কল্যতন দিনের অভ্যস্ত অন্ধ পুনরাবৃত্তিমাত্র।

জলের মধ্যে তৃণ যেমন করিয়া ভাসিয়া যায়, মাছ তেমন করিয়া ভাসে না। জলের পথ এবং মাছের পথ সর্বদাই এক নহে। মাছকে খাদ্যের অনুসরণে, আত্মরক্ষার উত্তেজনায় নিয়ত আপনার পথ আপনি খুঁজিয়া লইতে হয়, তৃণ সে প্রয়োজন অনুভবই করে না।

মননক্রিয়া-দ্বারা যে মন জীবিত তাহাকেও আত্মরক্ষার জন্যই নিজের পথ নিজে খুঁজিয়া বাহির করিতে হয়। দশজনের মধ্যে ভাসিয়া চলা তাহার পক্ষে একেবারেই অসম্ভব।

সাধারণ বাঙালির সহিত বিদ্যাসাগরের যে একটি জাতিগত সুমহান্ প্রভেদ দেখিতে পাওয়া যায়, সে প্রভেদ শাস্ত্রীমহাশয় যোগবাশিষ্ঠের একটিমাত্র শ্লোকের দ্বারা পরিস্ফুট করিয়াছেন। আমাদের অপেক্ষা বিদ্যাসাগরের একটা জীবন অধিক ছিল। তিনি কেবল দ্বিজ ছিলেন

না, তিনি দ্বিগুণজীবিত ছিলেন।

সেইজন্য তাঁহার লক্ষ্য, তাঁহার আচরণ, তাঁহার কার্যপ্রণালী আমাদের মতো ছিল না। আমাদের সম্মুখে আছে আমাদের ব্যক্তিগত সুখদুঃখ, ব্যক্তিগত লাভক্ষতি; তাঁহার সম্মুখেও অবশ্য সেগুলা ছিল, কিন্তু তাহার উপরেও ছিল তাঁহার অন্তর্জীবনের সুখদুঃখ, মনোজীবনের লাভক্ষতি। সেই সুখদুঃখ-লাভক্ষতির নিকট বাহ্য সুখদুঃখ-লাভক্ষতি কিছুই নহে।

আমাদের বহির্জীবনেরও একটা লক্ষ্য আছে, তাহাকে সমস্ত জড়াইয়া এক কথায় স্বার্থ বলা যায়। আমাদের খাওয়া পরা শোওয়া, কাজকর্ম করা, সমস্ত স্বার্থের অঙ্গ। ইহাই আমাদের বহির্জীবনের মূলগ্রন্থি।

মননের দ্বারা আমরা যে অন্তর্জীবন লাভ করি তাহার মূল লক্ষ্য পরমার্থ। এই আম মহল ও খাস মহলের দুই কর্তা—স্বার্থ ও পরমার্থ। ইহাদের সামঞ্জস্যসাধন করিয়া চলাই মানবজীবনের আদর্শ। কিন্তু মধ্যে মধ্যে সংসারের বিপাকে পড়িয়া যে অবস্থায় 'অর্ধং ত্যজতি পণ্ডিতঃ', তখন পরমার্থকে রাখিয়া স্বার্থই পরিত্যাজ্য, এবং যাঁহার মনোজীবন প্রবল তিনি অবলীলাক্রমে সেই কাজ করিয়া থাকেন।

অধিকাংশের মন সজীব নয় বলিয়া শাস্ত্রে এবং লোকাচারে আমাদের মনঃপুত্তলীযন্ত্রে দম দিয়া তাহাকে একপ্রকার কৃত্রিম গতি দান করে। কেবল সেই জোরে আমরা বহুকাল ধরিয়া দয়া করি না, দান করি; ভক্তি করি না, পূজা করি; চিন্তা করি না, কর্ম করি; বোধ করি না, অথচ সেইজন্যই কোন্‌টা ভালো ও কোন্‌টা মন্দ, তাহা অত্যন্ত জোরের সহিত অতিশয় সংক্ষেপে চোখ বুজিয়া ঘোষণা করি। ইহাতে সজীব-দেবতা স্বরূপ পরমার্থ আমাদের মনে জাগ্রত না থাকিলেও তাহার জড়-প্রতিমা কোনোমতে আপনার ঠাট বজায় রাখে।

এই নির্জীবতা ধরা পড়ে বাঁধা নিয়মের নিশ্চেষ্ট অনুসরণ দ্বারা। যে সমাজে একজন অবিকল আর-একজনের মতো এবং এক কালের সহিত অন্য কালের বিশেষ প্রভেদ খুঁজিয়া পাওয়া যায় না, সে সমাজে পরমার্থ সজীব নাই এবং মননক্রিয়া একেবারে বন্ধ হইয়া গেছে, এ

কথা নিশ্চয় বলা যাইতে পারে।

আমাদের দেশের কবি তাই বলিয়াছেন, 'গতানুগতিকো লোকো ন লোকঃ পারমার্থিকঃ।' অর্থাৎ লোকে গতানুগতিক হইয়া থাকে, পারমার্থিক লোক দেখা যায় না। গতানুগতিক লোক যে পারমার্থিক নহে এবং পারমার্থিক লোক গতানুগতিক হইয়া থাকিতে পারেন না, কবি এই নিগূঢ় কথাটি অনুভব করিয়াছেন।

বিদ্যাসাগর আর যাহাই হউন, গতানুগতিক ছিলেন না। কেন ছিলেন না। তাহার প্রধান কারণ, মননজীবনই তাঁহার মুখ্যজীবন ছিল।

অবশ্য, সকল দেশেই গতানুগতিকের সংখ্যা বেশি। কিন্তু যে দেশে স্বাধীনতার স্ফূর্তি ও বিচিত্র কর্মের চাঞ্চল্য সর্বদা বর্তমান সেখানে লোকসমাজমন্থনে সেই অমৃত উঠে—যাহাতে মনকে জীবনদান করে, মননক্রিয়াকে সতেজ করিয়া তোলে।

তথাপি সকলেই জানেন, কার্লাইলের ন্যায় লেখক তাঁহাদের দেশের সাধারণ জনসমাজের অন্ধ মূঢ়তাকে কিরূপ সুতীব্র ভর্ৎসনা করিয়াছেন।

কার্লাইল যাহাকে hero অর্থাৎ বীর বলেন, তিনি কে।

The hero is he who lives in the inward sphere of things, in the True, Divine and Eternal, which exists always, unseen to most under the Temporary, Trivial: his being is in that; he declares that abroad, by act or speech as it may be, in declaring himself abroad.

অর্থাৎ, তিনিই বীর যিনি বিষয়পুঞ্জের অন্তরতর রাজ্যে সত্য এবং দিব্য এবং অনন্তকে আশ্রয় করিয়া আছেন—যে সত্য দিব্য ও অনন্ত পদার্থ অধিকাংশের অগোচরে চারি দিকের তুচ্ছ এবং ক্ষণিক ব্যাপারের অভ্যন্তরে নিত্যকাল বিরাজ করিতেছেন; সেই অন্তররাজ্যেই তাঁহার অস্তিত্ব; কর্মদ্বারা অথবা বাক্যদ্বারা নিজেকে বাহিরে প্রকাশ করিয়া তিনি সেই অন্তররাজ্যকেই বাহিরে বিস্তার করিতেছেন।

কার্লাইলের মতে ইঁহারা কাপড় ঝুলাইবার আলনা বা হজম করিবার যন্ত্র নহেন, ইঁহারাই সজীব মনুষ্য, অর্থাৎ সেই একই কথা, 'স জীবতি মনো যস্য মননেন হি জীবতি'। অথবা, অন্য কবির ভাষায় ইঁহারা গতানুগতিকমাত্র নহেন ইঁহারা পারমার্থিক।

আমরা স্বার্থকে যেমন সহজে এবং সুতীব্রভাবে অনুভব করি, মননজীবিগণ পরমার্থকে ঠিক তেমনি সহজে অনুভব করেন এবং তাহার দ্বারা তেমনি অনায়াসে চালিত হন। তাঁহাদের দ্বিতীয় জীবন, তাঁহাদের অন্তরতর প্রাণ যে খাদ্য চায়, যে বেদনা বোধ করে, যে আনন্দামৃতে সাংসারিক ক্ষতি এবং মৃত্যুর বিরুদ্ধেও অমর হইয়া উঠে, আমাদের নিকট তাহার অস্তিত্বই নাই।

পৃথিবীর এমন একদিন ছিল যখন সে কেবল আপনার দ্রবীভূত ধাতুপ্রস্তরময় ভূপিণ্ড লইয়া সূর্যকে প্রদক্ষিণ করিত। বহুযুগ পরে তাহার নিজের অভ্যন্তরে এক অপরূপ প্রাণশক্তির বিকাশে জীবনে এবং সৌন্দর্যে তাহার স্থলজল পরিপূর্ণ হইয়া গেল।

মানবসমাজেও মননশক্তিদ্বারা মনঃসৃষ্টি বহুযুগের এক বিচিত্র ব্যাপার। তাহার সৃষ্টিকার্য অনবরত চলিতেছে, কিন্তু এখনো সর্বত্র যেন দানা বাঁধিয়া উঠে নাই। মাঝে মাঝে এক এক স্থানে যখন তাহা পরিস্ফুট হইয়া উঠে তখন চারি দিকের সহিত তাহার পার্থক্য অত্যন্ত বেশি বোধ হয়।

বাংলাদেশে বিদ্যাসাগরকে সেইজন্য সাধারণ হইতে অত্যন্ত পৃথক দেখিতে হইয়াছে। সাধারণত আমরা যে পরমার্থের প্রভাব একেবারেই অনুভব করি না, তাহা নহে; মধ্যে মধ্যে বহুকাল গুমটের পর হঠাৎ একদিন ভিতর হইতে একটা আধ্যাত্মিক ঝড়ের বেগ আমাদিগকে স্বার্থ ও সুবিধা লঙ্ঘন করিয়া আরাম ও অভ্যাসের বাহিরে ক্ষণকালের জন্য আকর্ষণ করে, কিন্তু সে-সকল দমকা হাওয়া চলিয়া গেলে সে কথা আর মনেও থাকে না; আবার সেই আহারবিহার আমোদপ্রমোদের নিত্যচক্রের মধ্যে ঘুরিতে আরম্ভ করি।

ইহার কারণ, মনোজীবন আমাদের মধ্যে পরিণতিলাভ করে

নাই—আগাগোড়া বাঁধিয়া যায় নাই। চেতনা ও বেদনার আভাস সে অনুভব করে, কিন্তু তাহার স্থায়িত্ব নাই। অনুভূতি হইতে কার্যসম্পাদন পর্যন্ত অবিচ্ছেদ যোগ ও অনিবার্য বেগ থাকে না। কাজের সহিত ভাবের ও ভাবের সহিত মনের সচেতন নাড়ীজালের সজীব বন্ধন স্থাপিত হয় নাই।

যাঁহাদের মধ্যে সেই বন্ধন স্থাপিত হইয়াছে, যাঁহারা সেই দ্বিতীয় জীবন লাভ করিয়াছেন, পরমার্থদ্বারা শেষ পর্যন্ত চালিত না হইয়া তাঁহাদের থাকিবার জো নাই। তাঁহাদের একটা দ্বিতীয় চেতনা আছে—সে চেতনার সমস্ত বেদনা আমাদের অনুভবের অতীত।

বিদ্যাসাগর সেই দ্বিতীয় চেতনা লইয়া সংসারে জন্মগ্রহণ করাতে তাঁহার বেদনার অন্ত ছিল না। চারি দিকের অসাড়তার মধ্যে এই ব্যথিত বিশালহৃদয় কেবল নিঃসহায়ভাবে, কেবল আপনার প্রাণের জোরে, কেবল আপনার বেদনার উত্তাপে একাকী আপন কাজ করিয়া গিয়াছেন।

সাধারণলোকের হিসাবে সে-সমস্ত কাজের কোনো প্রয়োজন ছিল না। তিনি কেবলমাত্র পাণ্ডিত্যে এবং বিদ্যালয় পাঠ্যগ্রন্থবিক্রয় দ্বারা ধনোপার্জনে সংসারে যথেষ্ট সম্মানপ্রতিপত্তি লাভ করিয়া যাইতে পারিতেন। কিন্তু তাঁহার নিজের হিসাবে এ-সমস্ত কাজের একান্ত প্রয়োজন ছিল; নতুবা তিনি যে অধিকজীবন বহন করিতেন সে জীবনের নিশ্বাসরোধ হইত; তাঁহার ধনোপার্জন ও সম্মানলাভে তাঁহাকে রক্ষা করিতে পারিত না।

বালবিধবার দুঃখে দুঃখবোধ আমাদের পক্ষে একটি ক্ষণিক ভাবোদ্রেক মাত্র। তাহাদের বেদনা আমাদের জীবনকে স্পর্শ করে না। কারণ, আমরা গতানুগতিক; যেখানে দশজনের বেদনাবোধ নাই সেখানে আমরা অচেতন। আমরা প্রকৃতরূপে প্রত্যক্ষরূপে অব্যবহিতরূপে তাহাদের বঞ্চিতজীবনের সমস্ত দুঃখ ও অবমাননাকে আপনার দুঃখ ও অবমাননা-রূপে অনুভব করিতে পারি না। কিন্তু ঈশ্বরচন্দ্র বিদ্যাসাগরকে আপন অতিচেতনার দণ্ড বহন করিতে হইয়াছিল। অভ্যাস লোকাচার ও অসাড়তার পাষাণব্যবধান আশ্রয় করিয়া পরের দুঃখ হইতে তিনি আপনাকে রক্ষা করিতে পারেন নাই।

এইজন্য আমরা যেমন ব্যাকুলভাবে আপনার দুঃখ মোচন করিতে চেষ্টা করিয়া থাকি, তিনি যেন তাহা অপেক্ষা অধিক প্রাণপণে, দ্বিগুণতর প্রতিজ্ঞা সহকারে, বিধবাগণকে অতলস্পর্শ অচেতন নিষ্ঠুরতা হইতে উদ্ধার করিতে চেষ্টা করিয়াছিলেন। আমাদের পক্ষে স্বার্থ যেমন প্রবল, পরমার্থ তাঁহার পক্ষে ততোধিক প্রবল ছিল।

এমন একটি দৃষ্টান্ত দিলাম। কিন্তু তাঁহার জীবনের সকল কার্যেই দেখা গিয়াছে, তিনি যে চেতনারাজ্যে, যে মননলোকে বাস করিতেন, আমরা তাহা হইতে বহুদূরে অবস্থিত; তাঁহার চিন্তা ও চেষ্টা, বুদ্ধি ও বেদনা গতানুগতিকের মতো ছিল না, তাহা পারমার্থিক ছিল।

তাঁহার মতো লোক পারমার্থিকতাভ্রষ্ট বঙ্গদেশে জন্মিয়াছিলেন বলিয়া, চতুর্দিকের নিঃসাড়তার পাষাণখণ্ডে বারম্বার আহত প্রতিহত হইয়াছিলেন বলিয়া, বিদ্যাসাগর তাঁহার কর্মসংকুল জীবন যেন চিরদিন ব্যথিত ক্ষুব্ধ ভাবে যাপন করিয়াছেন। তিনি যেন সৈন্যহীন বিদ্রোহীর মতো তাঁহার চতুর্দিককে অবজ্ঞা করিয়া জীবনরণরঙ্গভূমির প্রান্ত পর্যন্ত জয়ধ্বজা নিজের স্কন্ধে একাকী বহন করিয়া লইয়া গেছেন। তিনি কাহাকেও ডাকেন নাই, তিনি কাহারো সাড়াও পান নাই, অথচ বাধা ছিল পদে পদে। তাঁহার মননজীবী অন্তঃকরণ তাঁহাকে প্রবল আবেগে কাজ করাইয়াছিল, কিন্তু গতজীবন বহিঃসংসার তাঁহাকে আশ্বাস দেয় নাই। তিনি যে শবসাধনায় প্রবৃত্ত ছিলেন, তাহার উত্তরসাধকও ছিলেন তিনি নিজে।

আধুনিক ইংলণ্ডে বিদ্যাসাগরের ঠিক উপমা পাওয়া যায় না। কেবল জন্‌সনের সহিত কতকগুলি বিষয়ে তাঁহার অত্যন্ত সাদৃশ্য দেখিতে পাই। সে সাদৃশ্য বাহিরের কাজে ততটা নয়—কারণ, কাজে বিদ্যাসাগর জন্‌সন অপেক্ষা অনেক বড়ো ছিলেন; কিন্তু এই সাদৃশ্য অন্তরের সরল প্রবল এবং অকৃত্রিম মনুষ্যত্বে। জন্‌সনও বিদ্যাসাগরের ন্যায় বাহিরে রূঢ় ও অন্তরে সুকোমল ছিলেন; জন্‌সনও পাণ্ডিত্যে অসামান্য, বাক্যালাপে সুরসিক, ক্রোধে উদ্দীপ্ত, স্নেহরসে আর্দ্র, মতে নির্ভীক, হৃদয়ভাবে অকপট এবং পরহিতৈষায় আত্মবিস্মৃত ছিলেন। দুর্বিষহ দারিদ্র্যও মুহূর্তকালের জন্য তাঁহার আত্মসম্মান আচ্ছন্ন করিতে পারে নাই। সুবিখ্যাত ইংরাজিলেখক লেস্‌লি স্টীফ্‌ন্, জন্‌সন সম্বন্ধে

যাহা বলিয়াছেন তাহার কিয়দংশ অনুবাদ করিয়া দিলাম।

মতের পরিবর্তে কেবল কথামাত্রদ্বারা তাঁহাকে ভুলাইবার জো ছিল না. এবং তিনি এমন কোনো মতবাদও গ্রাহ্য করিতেন না যাহা অকৃত্রিম আবেগ উৎপাদনে অক্ষম। ইহা ব্যতীত তাঁহার হৃদয়বৃত্তিসকল যেমন অকৃত্রিম তেমনি গভীর এবং সুকোমল ছিল। তাঁহার বৃদ্ধা এবং কুশ্রী স্ত্রীর প্রতি তাঁহার প্রেম কী পবিত্র ছিল। যেখানে কিছুমাত্র উপকারে লাগিত সেখানে তাঁহার করুণা কিরূপ সবেগে অগ্রসর হইত, 'গ্রাব্স্ট্রীট'এর সর্বপ্রকার প্রলোভন হইতে তিনি কিরূপ পুরুযোচিত আত্মসম্মানের সহিত আপন সম্ভ্রম রক্ষা করিয়াছিলেন, সে-সব কথার পুনরুল্লেখের প্রয়োজন নাই। কিন্তু বোধ করি, এ-সকল গুণের একান্ত দুর্লভতা সম্বন্ধে মনোযোগ আকর্ষণ করা ভালো। বোধ হয় অনেকেই আপন পিতাকে ভালোবাসে সৌভাগ্যক্রমে তাহা সত্য; কিন্তু ক'টা লোক আছে যাহার পিতৃভক্তি খ্যাপামি-অপবাদের আশঙ্কা অতিক্রম করিতে পারে। কয়জন আছেন যাঁহারা বহুদিনগত এক অবাধ্যতা-অপরাধের প্রায়শ্চিত্তসাধনের জন্য য়ুটক্সিটারের হাটে পিতার মৃত্যুর বহু বৎসর পরেও যাত্রা করিতে পারেন। সমাজত্যক্তা রমণী পথপ্রান্তে নিরাশ্রয়ভাবে পড়িয়া আছে দেখিলে আমাদের অনেকেরই মনে ক্ষণিক দয়ার আবেশ হয়। আমরা হয়তো পুলিসকে ডাকি কিম্বা ঠিকাগাড়িতে চড়াইয়া দিয়া তাহাকে সরকারি দরিদ্রাশ্রমে পাঠাই, অথবা বড়োজোর সরকারি দরিদ্রপালন ব্যবস্থার অসম্পূর্ণতার বিরুদ্ধে টাইম্স্-পত্রে প্রবন্ধ লিখিয়া পাঠাই! কিন্তু এ প্রশ্ন বোধ করি জিজ্ঞাসা না করাই ভালো যে, কয়জন সাধু আছেন যাঁহারা তাহাকে কাঁধে করিয়া নিজের বাড়িতে লইয়া যাইতে পারেন এবং তাহার অভাব-সকল মোচন করিয়া দিয়া তাহার জীবনযাত্রার সুব্যবস্থা করিয়া দেন। অনেক বড়োলোকের জীবনে আমরা সাধুভাব ও সদাচার দেখিতে পাই, কিন্তু ভালো লোকের মধ্যেও এমন আদর্শ সচরাচর দেখিতে পাওয়া যায় না, যাঁহার জীবন প্রচলিত লোকাচারের দ্বারা গঠিত নহে অথবা যাঁহার হৃদয়বৃত্তি চিরাভ্যস্ত শিষ্টপ্রথার বাঁধা খাল উদ্বেল করিয়া উঠিতে পারে। জন্সনের চরিত্রের প্রতি আমাদের যে প্রীতি জন্মে তাহার প্রধান কারণ, তাঁহার জীবন যে নেমি আশ্রয়

করিয়া আবর্তিত হইত তাহা মহত্ত্ব, তাহা প্রথামাত্রের দাসত্ব নহে।... অ্যাডিসন দেখাইয়াছিলেন খৃস্টানের মরণ কিরূপ; কিন্তু তাঁহার জীবন আরামের অবস্থা ও স্টেট্ সেক্রেটারির পদ এবং কাউণ্টেসের সহিত বিবাহের মধ্য দিয়া অতি অবাধে প্রবাহিত হইয়াছিল; মাঝে মাঝে পোর্ট্ মদিরার অতিসেবন ছাড়া আর কিছুতেই তাঁহার নাড়ী ও তাঁহার মেজাজকে চঞ্চল করিতে পারে নাই। কিন্তু আর-একজন কঠিন বৃদ্ধ তীর্থযাত্রী, যিনি অন্তর এবং বাহিরের দুঃখরাশি সত্ত্বেও যুদ্ধ করিয়া জীবনকে শান্তির পথে লইয়া গেছেন, যিনি এই সংসারের মায়ার হাটে উপহসিত হইয়া মৃত্যুচ্ছায়ার অন্ধগুহামধ্যে অবতীর্ণ হইয়াছিলেন, এবং যিনি নৈরাশ্যদৈত্যের বন্ধন হইতে বহু চেষ্টায়, বহু কষ্টে উদ্ধার পাইয়াছিলেন, তাঁহার মৃত্যুশয্যায় আমাদের মনে গভীরতর ভাবাবেগ উচ্ছ্বসিত হইয়া উঠে। যখন দেখিতে পাই এই লোকের অন্তিমকালের হৃদয়বৃত্তি কিরূপ কোমল, গম্ভীর এবং সরল, তখন আমরা স্বতই অনুভব করি যে, যে নিরীহ ভদ্রলোকটি পরম শিষ্টাচার রক্ষা করিয়া বাঁচিয়াছিলেন ও মরিয়াছিলেন, তাঁহার অপেক্ষা উন্নততর সত্তার সন্নিধানে বর্তমান আছি।

এই বর্ণনা পাঠ করিলে বিদ্যাসাগরের সহিত জন্‌সনের সাদৃশ্য সহজেই মনে পড়ে। বিদ্যাসাগরও কেবল ক্ষুদ্র সংকীর্ণ অভ্যস্ত ভব্যতার মধ্য দিয়া চলিতে পারেন নাই; তাঁহারও স্নেহ ভক্তি দয়া, তাঁহার বিপুলবিস্তীর্ণ হৃদয়, সমস্ত আদবকায়দাকে বিদীর্ণ করিয়া কেমন অসামান্য আকারে ব্যক্ত হইত তাহা তাঁহার জীবনচরিতের নানা ঘটনায় প্রকাশ পাইয়াছে।

এইখানে জন্‌সন সম্বন্ধে কার্লাইল যাহা লিখিয়াছেন তাহার কিয়দংশ অনুবাদ করি।—

তিনি প্রবল এবং মহৎ লোক ছিলেন। শেষ পর্যন্তই অনেক জিনিস তাঁহার মধ্যে অপরিণত থাকিয়া গিয়াছিল; অনুকূল উপকরণের মধ্যে তিনি কী না হইতে পারিতেন—কবি, ঋষি, রাজাধিরাজ। কিন্তু মোটের উপরে, নিজের 'উপকরণ', নিজের 'কাল' এবং ঐগুলা লইয়া নালিশ করিবার প্রয়োজন কোনো লোকেরই নাই; উহা একটা নিষ্ফল আক্ষেপমাত্র। তাঁহার কালটা খারাপ ছিল, ভালোই; তিনি সেটাকে

আরো ভালো করিবার জন্যই আসিয়াছেন। জন্‌সনের কৈশোরকাল ধনহীন, সঙ্গহীন, আশাহীন এবং দুর্ভাগ্যজালে বিজড়িত ছিল। তা থাক্; কিন্তু বাহ্য অবস্থা অনুকূলতম হইলেও জন্‌সনের জীবন দুঃখের জীবন হওয়া ছাড়া আর কিছু হওয়া সম্ভবপর হইত না। প্রকৃতি তাঁহার মহত্ত্বের প্রতিদানস্বরূপ তাঁহাকে বলিয়াছিল, রোগাতুর দুঃখরাশির মধ্যে বাস করো। না, বোধ করি দুঃখ এবং মহত্ত্ব ঘনিষ্ঠভাবে, এমন-কি অচ্ছেদ্যভাবে পরস্পর জড়িত ছিল। যে কারণেই হউক, অভাগা জন্সনকে নিয়তই রোগাবিষ্টতা, শারীরিক ও আধ্যাত্মিক বেদনা কোমরে বাঁধিয়া ফিরিতে হইত। তাঁহাকে একবার কল্পনা করিয়া দেখো—তাঁহার সেই রুগ্ন শরীর, তাঁহার ক্ষুধিত প্রকাণ্ড হৃদয় এবং অনির্বচনীয় উদ্বর্তিত চিন্তাপুঞ্জ লইয়া পৃথিবীতে বিপদাকীর্ণ বিদেশীর মতো ফিরিতেছেন, ব্যগ্রভাবে গ্রাস করিতেছেন যে-কোনো পারমার্থিক পদার্থ তাঁহার সম্মুখে আসিয়া পড়ে, আর যদি কিছুই না পান তবে অন্তত বিদ্যালয়ের ভাষা এবং কেবলমাত্র ব্যাকরণের ব্যাপার! সমস্ত ইংলণ্ডের মধ্যে বিপুলতম অন্তঃকরণ যাহা ছিল তাঁহারই ছিল, অথচ তাঁহার জন্য বরাদ্দ ছিল সাড়ে-চার আনা করিয়া প্রতিদিন। তবু সে হৃদয় ছিল অপরাজিত মহাবলী, প্রকৃত মনুষ্যের হৃদয়! অক্সফোর্ডে তাঁহার সেই জুতাজোড়ার গল্পটা সর্বদাই মনে পড়ে; মনে পড়ে, কেমন করিয়া সেই দাগকাটা মুখ, হাড়-বাহির-করা কলেজের দীন ছাত্র শীতের সময় জীর্ণ জুতা লইয়া ঘুরিয়া বেড়াইতেছে; কেমন করিয়া এক কৃপালু সচ্ছল ছাত্র গোপনে একজোড়া জুতা তাঁহার দরজার কাছে রাখিয়া দিল, এবং সেই হাড়-বাহির-করা দরিদ্র ছাত্র সেটা তুলিল, কাছে আনিয়া তাহার বহুচিন্তাজালে অস্ফুট দৃষ্টির নিকট ধরিল এবং তাহার পরে জানালার বাহিরে দুর করিয়া ছুঁড়িয়া ফেলিল। ভিজা পা বলো, পঙ্ক বলো, বরফ বলো, ক্ষুধা বলো, সবই সহ্য হয়, কিন্তু ভিক্ষা নহে; আমরা ভিক্ষা সহ্য করিতে পারি না। এখানে কেবল রূঢ় সুদৃঢ় আত্মসহায়তা। দৈন্যমালিন্য, উদ্ভ্রান্ত বেদনা এবং অভাবের অন্ত নাই, তথাপি অন্তরের মহত্ত্ব এবং পৌরুষ! এই-যে জুতা ছুঁড়িয়া ফেলা, ইহাই এ মানুষটির জীবনের ছাঁচ। একটি স্বকীয়তন্ত্র (original) মানুষ, এ তোমার গতানুগতিক ঋণপ্রার্থী ভিক্ষাজীবী লোক নহে। আর যাই

হউক, আমরা আমাদের নিজের ভিত্তির উপরেই যেন স্থিতি করি—সেই জুতা পায়ে দিয়াই দাঁড়ানো যাক যাহা আমরা নিজে জোটাইতে পারি। যদি তেমনিই ঘটে, তবে পাঁকের উপর চলিব, বরফের উপরেই চলিব, কিন্তু উন্নতভাবে চলিব; প্রকৃতি আমাদিগকে যে সত্য দিয়াছেন তাহারই উপর চলিব; অপরকে যাহা দিয়াছেন তাহারই নকলের উপর চলিব না।

কার্লাইল যাহা লিখিয়াছেন তাহার ঘটনা সম্বন্ধে না মিলুক, তাহার মর্মকথাটুকু বিদ্যাসাগরে অবিকল খাটে। তিনি গতানুগতিক ছিলেন না; তিনি স্বতন্ত্র, সচেতন, পারমার্থিক ছিলেন। শেষ দিন পর্যন্ত তাঁহার জুতা তাঁহার নিজেরই চটিজুতা ছিল। আমাদের কেবল আক্ষেপ এই যে, বিদ্যাসাগরের বস্‌ওয়েল কেহ ছিল না; তাঁহার মনের তীক্ষ্নতা সরলতা গভীরতা ও সহৃদয়তা তাঁহার বাক্যালাপের মধ্যে প্রতিদিন অজস্র বিকীর্ণ হইয়া গেছে, অদ্য সে আর উদ্ধার করিবার উপায় নাই। বস্‌ওয়েল না থাকিলে জন্‌সনের মনুষ্যত্ব লোকসমাজে স্থায়ী আদর্শ দান করিতে পারিত না। সৌভাগ্যক্রমে বিদ্যাসাগরের মনুষ্যত্ব তাঁহার কাজের মধ্যে আপনার ছাপ রাখিয়া যাইবে, কিন্তু তাঁহার অসামান্য মনস্বিতা, যাহা তিনি অধিকাংশ সময়ে মুখের কথায় ছড়াইয়া দিয়াছেন, তাহা কেবল অপরিস্ফুট জনশ্রুতির মধ্যে অসম্পূর্ণ আকারে বিরাজ করিবে।

অগ্রহায়ণ ১৩০৫

বিদ্যাসাগর ২

আমাদের দেশে বিদ্যাসাগর মহাশয়ের স্মরণ-সভা বছর বছর হয়, কিন্তু তাতে বক্তারা মন খুলে সব কথা বলেন না এই ব্যাপারটি লক্ষ্য করা যায়। আমাদের দেশের লোকেরা এক দিক দিয়ে তাঁকে শ্রদ্ধাজ্ঞাপন না করে থাকতে পারেন নি বটে, কিন্তু বিদ্যাসাগর তাঁর চরিত্রের যে মহত্ত্বগুণে দেশাচারের দুর্গ নির্ভয়ে আক্রমণ করতে পেরেছিলেন সেটাকে কেবলমাত্র তাঁর দয়া-দাক্ষিণ্যের খ্যাতির দ্বারা তাঁরা ঢেকে রাখতে চান। অর্থাৎ বিদ্যাসাগরের যেটি সকলের চেয়ে বড়ো পরিচয় সেইটিই তাঁর দেশবাসীরা তিরস্করণীর দ্বারা লুকিয়ে রাখবার চেষ্টা করছেন।

এর থেকে একটি কথার প্রমাণ হয় যে, তাঁর দেশের লোক যে যুগে বদ্ধ হয়ে আছেন বিদ্যাসাগর সেই যুগকে ছাড়িয়ে জন্মগ্রহণ করেছিলেন। অর্থাৎ সেই বড়ো যুগে তাঁর জন্ম, যার মধ্যে আধুনিক কালেরও স্থান আছে, যা ভাবী কালকে প্রত্যাখ্যান করে না। যে গঙ্গা মরে গেছে তার মধ্যে স্রোত নেই, কিন্তু ডোবা আছে; বহমান গঙ্গা তার থেকে সরে এসেছে, সমুদ্রের সঙ্গে তার যোগ। এই গঙ্গাকেই বলি আধুনিক। বহমান কাল-গঙ্গার সঙ্গেই বিদ্যাসাগরের জীবনধারার মিলন ছিল; এইজন্য বিদ্যাসাগর ছিলেন আধুনিক।

বিদ্যাসাগর ব্রাহ্মণ-পণ্ডিতের বংশে জন্মগ্রহণ করেন; তিনি অতীতের প্রথা ও বিশ্বাসের মধ্যে মানুষ হয়েছিলেন।—এমন দেশে তাঁর জন্ম হয়েছিল, যেখানে জীবন ও মনের যে প্রবাহ মানুষের সংসারকে নিয়ত অতীত থেকে বর্তমান, বর্তমান থেকে ভবিষ্যতের অভিমুখে নিয়ে যেতে চায়, সেই প্রবাহকে লোকেরা বিশ্বাস করে নি, এবং তাকে বিপজ্জনক মনে করে তার পথে সহস্র বাঁধ বেঁধে সমাজকে নিরাপদ করবার চেষ্টা করেছে। কিন্তু তৎসত্ত্বে তিনি পুরাতনের বেড়ার মধ্যে জড়ভাবে আবদ্ধ থাকতে পারেন নি। এতেই তাঁর চারিত্রের অসামান্যতা ব্যক্ত হয়েছে। দয়া প্রভৃতি গুণ অনেকের মধ্যে সচরাচর দেখা যায়, কিন্তু চারিত্রবল আমাদের দেশে সর্বত্র দৃষ্টিগোচর হয় না। যারা সবলচরিত্র, যাদের চারিত্রবল কেবলমাত্র ধর্মবুদ্ধিগত নয় কিন্তু মানসিক-বুদ্ধিগত, সেই প্রবলেরা অতীতের বিধিনিষেধে অবরুদ্ধ হয়ে নিঃশব্দে নিস্তব্ধ হয়ে থাকেন না। তাঁদের বুদ্ধির চারিত্রবল প্রথার বিচারহীন অনুশাসনকে শান্তশিষ্ট হয়ে মানতে পারে না। মানসিক চারিত্রবলের এইরূপ দৃষ্টান্ত আমাদের দেশের পক্ষে অতিশয় মুল্যবান। যাঁরা অতীতের জড় বাধা লঙ্ঘন করে দেশের চিত্তকে ভবিষ্যতের পরম সার্থকতার দিকে বহন করে নিয়ে যাবার সারথি-স্বরূপ, বিদ্যাসাগরমহাশয় সেই মহারথীগণের একজন অগ্রগণ্য ছিলেন, আমার মনে এই সত্যটিই সব চেয়ে বড়ো হয়ে লেগেছে।

বর্তমান কাল ভবিষ্যৎ ও অতীত কালের সীমান্তে অবস্থান করে, এই নিত্যচলনশীল সীমারেখার উপর দাঁড়িয়ে কে কোন্ দিকে মুখ ফেরায় আসলে সেইটাই লক্ষ্য করবার জিনিস। যারা বর্তমান কালের চূড়ায় দাঁড়িয়ে পিছন দিকেই ফিরে থাকে, তারা কখনো অগ্রগামী হতে পারে না, তাদের পক্ষে মানবজীবনের পুরোবর্তী হবার পথ মিথ্যা হয়ে গেছে। তারা অতীতকেই নিয়ত দেখে বলে তার মধ্যেই সম্পূর্ণ নিবিষ্ট হয়ে থাকাতেই তাদের একান্ত আস্থা। তারা পথে চলাকে মানে না। তারা বলে যে, সত্য সুদুর অতীতের মধ্যেই তার সমস্ত ফসল ফলিয়ে শেষ করে ফেলেছে; তারা বলে যে, তাদের ধর্ম কর্ম বিষয়ব্যাপারের

যা-কিছু তত্ত্ব তা ঋষিচিত্ত থেকে পরিপূর্ণ আকারে উদ্ভূত হয়ে চিরকালের জন্য স্তব্ধ হয়ে গেছে; তারা প্রাণের নিয়ম অনুসারে ক্রমশ বিকাশ লাভ করে নি সুতরাং তাদের পক্ষে ভাবী বিকাশ নেই, অর্থাৎ ভবিষ্যৎকাল বলে জিনিসটাই তাদের নয়।

এইরূপে সুসম্পূর্ণ সত্যের মধ্যে অর্থাৎ মৃত পদার্থের মধ্যে চিত্তকে অবরুদ্ধ করে তার মধ্যে বিরাজ করা আমাদের দেশের লোকদের মধ্যে সর্বত্র লক্ষগোচর হয়, এমন-কি, আমাদের দেশের যুবকদের মুখেও এর সমর্থন শোনা যায়। প্রত্যেক দেশের যুবকদের উপর ভার রয়েছে—সংসারের সত্যকে নূতন করে যাচাই করে নেওয়া, সংসারকে নূতন পথে বহন করে নিয়ে যাওয়া, অসত্যের বিরুদ্ধে বিদ্রোহ ঘোষণা করা। প্রবীণ ও বিজ্ঞ যাঁরা তাঁরা সত্যের নিত্যনবীন বিকাশের অনুকূলতা করতে ভয় পান, কিন্তু যুবকদের প্রতি ভার আছে তারা সত্যকে পরখ করে নেবে।

সত্য যুগে যুগে নূতন করে আত্মপরীক্ষা দেবার জন্যে যুবকদের মল্লযুদ্ধে আহ্বান করেন। সেই-সকল নবযুগের বীরদের কাছে সত্যের ছদ্মবেশধারী পুরাতন মিথ্যা পরাস্ত হয়। সব চেয়ে দুঃখের কথা এই যে, আমাদের দেশের যুবকেরা এই আহ্বানকে অস্বীকার করেছে। সকলপ্রকার প্রথাকেই চিরন্তন বলে কল্পনা করে কোনোরকমে শান্তিতে ও আরামে মনকে অলস করে রাখতে তাদের মনের মধ্যে পীড়া বোধ হয় না, দেশের পক্ষে এইটেই সকলের চেয়ে দুর্ভাগ্যের বিষয়। সেই জন্যেই আশ্চর্যের কথা এই যে, ব্রাহ্মণ-পণ্ডিতের ঘরে জন্মগ্রহণ করেও, এই দেশেরই একজন সেই নবীনের বিদ্রোহ নিয়ে উপস্থিত হয়েছিলেন। তিনি আপনার মধ্যে সত্যের তেজ, কর্তব্যের সাহস অনুভব করে ধর্মবুদ্ধিকে জয়ী করবার জন্যে দাঁড়িয়েছিলেন। এখানেই তাঁর যথার্থ মহত্ত্ব। সেদিন সমস্ত সমাজ এই ব্রাহ্মণতনয়কে কিরূপে আঘাত ও অপমান করেছিল তার ইতিহাস আজকার দিনে ম্লান হয়ে গেছে; কিন্তু যাঁরা সেই সময়ের কথা জানেন তাঁরা জানেন যে, তিনি কত বড়ো সংগ্রামের মধ্যে একাকী সত্যের জোরে

দাঁড়িয়েছিলেন। তিনি জয়ী হয়েছিলেন বলে গৌরব করতে পারি নে। কারণ, সত্যের জয়ে দুই প্রতিকূল পক্ষেরই যোগ্যতা থাকা দরকার। কিন্তু ধর্মযুদ্ধে যাঁরা বাহিরে পরাভব পান তাঁরাও অন্তরে জয়ী হন, এই কথাটি জেনে আজ আমরা তাঁর জয়কীর্তন করব।

বিদ্যাসাগর আচারের দুর্গকে আক্রমণ করেছিলেন, এই তাঁর আধুনিকতার একমাত্র পরিচয় নয়। যেখানে তিনি পাশ্চাত্য ও প্রাচ্য বিদ্যার মধ্যে সম্মিলনের সেতুস্বরূপ হয়েছিলেন সেখানেও তাঁর বুদ্ধির ঔদার্য প্রকাশ পেয়েছে। তিনি যা-কিছু পাশ্চাত্য তাকে অশুচি বলে অপমান করেন নি। তিনি জানতেন বিদ্যার মধ্যে পূর্ব-পশ্চিমের দিগ্‌বিরোধ নেই। তিনি নিজে সংস্কৃত-শাস্ত্রে বিশেষ পারদর্শী ছিলেন, অথচ তিনিই বর্তমান য়ুরোপীয় বিদ্যার অভিমুখে ছাত্রদের অগ্রসর করবার প্রধান উদ্যোগী হয়েছিলেন এবং নিজের উৎসাহ ও চেষ্টায় পাশ্চাত্য বিদ্যা আয়ত্ত করেছিলেন।

এই বিদ্যাসম্মিলনের ভার নিয়েছিলেন এমন এক ব্যক্তি যাঁর বাইরের ব্যবহার বেশভূষা প্রাচীন কিন্তু যাঁর অন্তর চিরনবীন। স্বদেশের পরিচ্ছদ গ্রহণ করে তিনি বিদেশের বিদ্যাকে আতিথ্যে বরণ করতে পেরেছিলেন এইটেই বড়ো রমণীয় হয়েছিল। তিনি অনেক বেশি বয়সে বিদেশী বিদ্যায় প্রবেশলাভ করেন এবং তাঁর গৃহে বাল্যকালে ও পুরুষানুক্রমে সংস্কৃতবিদ্যারই চর্চা হয়েছে। অথচ তিনি কোনো বিরুদ্ধ মনোভাব না নিয়ে অতি প্রসন্নচিত্তে পাশ্চাত্য বিদ্যাকে গ্রহণ করেছিলেন।

বিদ্যাসাগরমহাশয়ের এই আধুনিকতার গৌরবকে স্বীকার করতে হবে। তিনি নবীন ছিলেন এবং চিরযৌবনের অভিষেক লাভ করে বলশালী হয়েছিলেন। তাঁর এই নবীনতাই আমার কাছে সব চেয়ে পূজনীয়, কারণ তিনি আমাদের দেশে চলবার পথ প্রস্তুত করে গেছেন। প্রত্যেক দেশের মহাপুরুষদের কাজই হচ্ছে এইভাবে বাধা অপসারিত করে ভাবী যুগে যাত্রা করবার পথকে মুক্ত করে দেওয়া। তাঁরা মানুষের সঙ্গে মানুষের, অতীতের সঙ্গে ভবিষ্যতের সত্য সম্বন্ধের বাধা মোচন

করে দেন। কিন্তু বাধাই যে দেশের দেবতা সে দেশ এই মহাপুরুষদের সম্মান করতে জানে না। বিদ্যাসাগরের পক্ষে এই প্রত্যাখ্যানই তাঁর চরিত্রের সবচেয়ে বড়ো পরিচয় হয়ে থাকবে। এই ব্রাহ্মণতনয় যদি তাঁর মানসিক শক্তি নিয়ে কেবলমাত্র দেশের মনোরঞ্জন করতেন তা হলে অনায়াসে আজ তিনি অবতারের পদ পেয়ে বসতেন এবং যে নৈরাশ্যের আঘাত তিনি পেয়েছিলেন তা তাঁকে সহ্য করতে হত না। কিন্তু যাঁরা বড়ো, জনসাধারণের চাটুবৃত্তি করবার জন্যে সংসারে তাঁদের জন্ম নয়। এইজন্যে জনসাধারণও সকল সময়ে স্তুতিবাক্যের মজুরি দিয়ে তাঁদের বিদায় করে না।

এ কথা মানতেই হবে যে, বিদ্যাসাগর দুঃসহ আঘাত পেয়েছিলেন এবং শেষ পর্যন্ত এই বেদনা বহন করেছিলেন। তিনি নৈরাশ্যগ্রস্ত pessimist ছিলেন বলে অখ্যাতি লাভ করেছেন; তার কারণ হচ্ছে যে, যেখানে তাঁর বেদনা ছিল দেশের কাছ থেকে সেখানে তিনি শান্তি পান নি। তিনি যদিও তাতে কর্তব্যভ্রষ্ট হন নি, তবুও তাঁর জীবন যে বিষাদে আচ্ছন্ন হয়েছিল তা অনেকের কাছে অবিদিত নেই। তিনি তাঁর বড়ো তপস্যার দিকে স্বদেশীয়ের কাছে অভ্যর্থনা পান নি, কিন্তু সকল মহাপুরুষেরাই এই না-পাওয়ার গৌরবের দ্বারাই ভূষিত হন। বিধাতা তাঁদের যে দুঃসাধ্য সাধন করতে সংসারে পাঠান তাঁরা সেই দেবদত্ত দৌত্যের দ্বারাই অন্তরের মধ্যে সম্মান গ্রহণ করেই আসেন। বাহিরের অগৌরব তাঁদের অন্তরের সেই সম্মানের টীকাকেই উজ্জ্বল করে তোলে—অসম্মানই তাঁদের পুরস্কার।

এই উপলক্ষে আর-এক জনের নাম আজ আমার মনে পড়ছে—যিনি প্রাচীন কালের সঙ্গে ভাবী কালের, এক যুগের সঙ্গে অন্য যুগের সম্মিলনের সাধনা করেছিলেন। রাজা রামমোহন রায়ও বিদ্যাসাগরের মতো জীবনের আরম্ভকালে শাস্ত্রে অসামান্য পারদর্শী হয়েছিলেন এবং বাল্যকালে পাশ্চাত্য বিদ্যা শেখেন নি। তিনি দীর্ঘকাল কেবল প্রাচ্য বিদ্যার মধ্যেই আবিষ্ট থেকে তাকেই একমাত্র শিক্ষার বিষয় করেছিলেন। কিন্তু তিনি এই সীমার মধ্যেই একান্ত আবদ্ধ হয়ে থাকতে

পারলেন না। রামমোহন সত্যকে নানা দেশে, নানা শাস্ত্রে, নানা ধর্মে অনুসন্ধান করেছিলেন; এই নির্ভীক সাহসের জন্য তিনি ধন্য। যেমন ভৌগোলিক সত্যকে পূর্ণভাবে জানবার জন্য মানুষ নূতন নূতন দেশে নিষ্ক্রমণ করে অসাধারণ অধ্যবসায় ও চরিত্রবলের পরিচয় দিয়েছে, তেমনি মানসলোকের সত্যের সন্ধানে চিত্তকে প্রথার আবেষ্টন থেকে মুক্ত করে নব নব পথে ধাবিত করতে গিয়ে মহাপুরুষেরা আপন চরিত্রমহিমায় দুঃসহ কষ্টকে শিরোধার্য করে নিয়ে থাকেন। আমরা অনুভব করতে পারি না যে, এঁরা এঁদের বিরাট স্বরূপ নিয়ে ক্ষুদ্র জনসংঘকে ছাড়িয়ে কত ঊর্ধ্বে বিরাজ করেন। যারা ছোটো, বড়োর বড়োত্বকেই তারা সকলের চেয়ে বড়ো অপরাধ বলে গণ্য করে। এই কারণেই ছোটোর আঘাতই বড়োর পক্ষে পূজার অর্ঘ্য।

যে জাতি মনে করে বসে আছে যে অতীতের ভাণ্ডারের মধ্যেই তার সকল ঐশ্বর্য, সেই ঐশ্বর্যকে অর্জন করবার জন্যে তার স্বকীয় উদ্ভাবনার কোনো অপেক্ষা নেই, তা পূর্বযুগের ঋষিদের দ্বারা আবিষ্কৃত হয়ে চিরকালের মতো সংস্কৃত ভাষায় পুঁথির শ্লোকে সঞ্চিত হয়ে আছে, সে জাতির বুদ্ধির অবনতি হয়েছে, শক্তির অধঃপতন হয়েছে। নইলে এমন বিশ্বাসের মধ্যে স্তব্ধ হয়ে বসে কখনোই সে আরাম পেত না। কারণ, বুদ্ধি ও শক্তির ধর্মই এই যে, সে আপনার উদ্যমকে বাধার বিরুদ্ধে প্রয়োগ করে যা অজ্ঞাত, যা অলব্ধ, তার অভিমুখে নিয়ত চলতে চায়; বহুমূল্য পাথর দিয়ে তৈরি কবরস্থানের প্রতি তার অনুরাগ নেই। যে জাতি অতীতের মধ্যেই তার গৌরব স্থির করেছে, ইতিহাসে তার বিজয়যাত্রা স্তব্ধ হয়ে গেছে; সে জাতি শিল্পে সাহিত্যে বিজ্ঞানে কর্মে শক্তিহীন ও নিষ্ফল হয়ে গেছে। অতএব তার হাতের অপমানের দ্বারাই সেই জাতির মহাপুরুষদের মহৎ সাধনার যথার্থ প্রমাণ হয়।

আমি পূর্বেই বলেছি যে, য়ুরোপে যে-সকল দেশ অতীতের আঁচল-ধরা, তারা মানসিক আধ্যাত্মিক রাষ্ট্রিক সকল ব্যাপারেই অন্য দেশ থেকে পিছিয়ে পড়েছে। স্পেন-দেশের ঐশ্বর্য ও প্রতাপ এক সময়ে বহুদূর পর্যন্ত বিস্তার লাভ করেছিল, কিন্তু আজ কেন সে অন্য য়ুরোপীয় দেশের তুলনায় সেই পূর্ব-গৌরব থেকে ভ্রষ্ট হয়েছে? তার কারণ হচ্ছে যে, স্পেনের চিত্ত ধর্মে কর্মে প্রাচীন বিশ্বাস ও

আচারপদ্ধতিতে অবরুদ্ধ, তাই তার চিত্তসম্পদের উন্মেষ হয় নি। যারা এমনি ভাবে ভাবী কালকে অবজ্ঞা করে, বর্তমানকে প্রহসনের বিষয় বলে, সকল পরিবর্তনকে হাস্যকর দুঃখকর লজ্জাকর বলে মনে করে, তারা জীবন্মৃত জাতি। তাই বলে অতীতকে অবজ্ঞা করাও কোনো জাতির পক্ষে কল্যাণকর নয়, কারণ অতীতের মধ্যেও তার প্রতিষ্ঠা আছে। কিন্তু মানুষকে জানতে হবে যে, অতীতের সঙ্গে তার সম্বন্ধ ভাবী কালের পথেই তাকে অগ্রসর করবার জন্যে। আমাদের চলার সময় যে পা পিছিয়ে থাকে সেও সামনের পা'কে এগিয়ে দিতে চায়। সে যদি সামনের পা'কে পিছনে টেনে রাখত তা হলে তার চেয়ে খোঁড়া পা শ্রেয় হত। তাই সকল দেশের মহাপুরুষেরা অতীত ও ভবিষ্যতের মধ্যে মিলনসেতু নির্মাণ করে দিয়ে মানুষের চলার পথকে সহজ করে দিয়েছেন। আমি মনে করি যে, ভারতবর্ষে জাতির সঙ্গে জাতির, স্বদেশীর সঙ্গে বিদেশীর বিরোধ তত গুরুতর নয়, যেমন তার অতীতের সঙ্গে ভবিষ্যতের বিরোধ। এইরূপে আমরা উভয় কালের মধ্যে একটি অতলস্পর্শ ব্যবধান সৃষ্টি করে মনকে তার গহ্বরে ডুবিয়ে দিয়ে বসেছি। এক দিকে আমরা ভাবী কালে সম্পূর্ণ আস্থাবান হতে পারছি না, অন্য দিকে আমরা কেবল অতীতকে আঁকড়ে থাকতেও পারছি না। তাই আমরা এক দিকে মোটররেল-টেলিগ্রাফকে জীবনযাত্রার নিত্যসহচর করেছি; আবার অন্য দিকে বলছি যে, বিজ্ঞান আমাদের সর্বনাশ করল, পাশ্চাত্য বিদ্যা আমাদের সইবে না। তাই আমরা না আগে, না পিছে—কোনো দিকেই নিজেদের প্রতিষ্ঠিত করতে পারছি না। আমাদের এই দোটানার কারণ হচ্ছে যে, আমরা অতীতের সঙ্গে ভবিষ্যতের বিরোধ বাধিয়েছি, জীবনের নব নব বিকাশের ক্ষেত্র ও আশার ক্ষেত্রকে আয়ত্তের অতীত করে রাখতে চাচ্ছি, তাই আমাদের দুর্গতির অন্ত নেই।

আজ আমরা বলব যে, যে-সকল বীরপুরুষ অতীত ও ভবিষ্যতের মধ্যে সেতুবন্ধন করেছেন, অতীত সম্পদকে কৃপণের ধনের মতো মাটিতে গচ্ছিত না রেখে বহমান কালের মধ্যে তার ব্যবহারের মুক্তিসাধন করতে উদ্যমশীল হয়েছেন, তাঁরাই চিরস্মরণীয়, কারণ তাঁরাই চিরকালের পথিক, চিরকালের পথ-প্রদর্শক। তাঁদের সকলেই যে বাইরের সফলতা পেয়েছেন তা নয়, কারণ আমি বলেছি যে তাঁদের কর্মক্ষেত্র অনুসারে সার্থকতার তারতম্য হয়েছে, কিন্তু আমাদের পক্ষে

খুব আশার কথা যে আমাদের দেশেও এঁদের মতো লোকের জন্ম হয়।

আজকাল আমরা দেশে প্রাচ্যবিদ্যার যে সম্মান করছি তা কতকটা দেশাভিমান-বশত। কিন্তু সত্যের প্রতি নিষ্ঠা-বশত প্রাচীন বিদ্যাকে সর্বমানবের সম্পদ করবার জন্য ভারতবর্ষে সর্বপ্রথম ব্রতী হয়েছিলেন আমাদের বাংলার রামমোহন রায় এবং তার জন্য অনেকবার তাঁর প্রাণশঙ্কা পর্যন্ত উপস্থিত হয়েছে। আজ আমরা তাঁর সাধনার ফল ভোগ করছি, কিন্তু তাঁকে অবজ্ঞা করতে কুণ্ঠিত হই নি। তবু আজ আমরা তাঁকে নমস্কার করি।

বিদ্যাসাগরমহাশয়ও সেইরূপ, আচারের যে হৃদয়হীন প্রাণহীন পাথর দেশের চিত্তকে পিষে মেরেছে, রক্তপাত করেছে, নারীকে পীড়া দিয়েছে, সেই পাথরকে দেবতা বলে মানেন নি, তাকে আঘাত করেছেন। অনেকে বলবেন যে, তিনি শাস্ত্র দিয়েই শাস্ত্রকে সমর্থন করেছেন। কিন্তু শাস্ত্র উপলক্ষ মাত্র ছিল; তিনি অন্যায়ের বেদনায় যে ক্ষুব্ধ হয়েছিলেন সে তো শাস্ত্রবচনের প্রভাবে নয়। তিনি তাঁর করুণার ঔদার্যে মানুষকে মানুষরূপে অনুভব করতে পেরেছিলেন, তাকে কেবল শাস্ত্রবচনের বাহক রূপে দেখেন নি। তিনি কত কালের পুঞ্জীভূত লোকপীড়ার সম্মুখীন হয়ে নিষ্ঠুর আচারকে দয়ার দ্বারা আঘাত করেছিলেন। তিনি কেবল শাস্ত্রের দ্বারা শাস্ত্রের খণ্ডন করেন নি, হৃদয়ের দ্বারা সত্যকে প্রচার করে গেছেন।

আজ আমাদের মুখের কথায় তাঁদের কোনো পুরস্কার নেই। কিন্তু আশা আছে যে, এমন একদিন আসবে যেদিন আমরাও সম্মুখের পথে চলতে গৌরব বোধ করব, ভূতগ্রস্ত হয়ে শাস্ত্রানুশাসনের বোঝায় পঙ্গু হয়ে পিছনে পড়ে থাকব না, যেদিন 'যুদ্ধং দেহি' বলে প্রচলিত বিশ্বাসকে পরীক্ষা করে নিতে কুণ্ঠিত হব না। সেই জ্যোতির্ময় ভবিষ্যৎকে অভ্যর্থনা করে আনবার জন্যে যাঁরা প্রত্যুষেই জাগ্রত হয়েছিলেন তাঁদের বলব, 'ধন্য তোমরা, তোমাদের তপস্যা ব্যর্থ হয় নি; তোমরা একদিন সত্যের সংগ্রামে নির্ভয়ে দাঁড়াতে পেরেছিলে বলেই আমাদের অগোচরে পাষাণের প্রাচীরে ছিদ্র দেখা দিয়েছে। তোমরা একদিন স্বদেশবাসীদের দ্বারা তিরস্কৃত হয়েছিলে, মনে হয়েছিল বুঝি তোমাদের জীবন নিষ্ফল হয়েছে, কিন্তু জানি সেই ব্যর্থতার অন্তরালে তোমাদের কীর্তি অক্ষয়রূপ ধারণ করছিল।'

সত্যপথের পথিকরূপে সন্ধানীরূপে নবজীবনের সাধনায় প্রবৃত্ত

হয়ে ভাবী কালের তীর্থযাত্রীদের সঙ্গে একতালে পা ফেলে যেদিন আমরা এই কথা বলতে পারব, সেইদিনই এই-সকল মহাপুরুষদের স্মৃতি দেশের হৃদয়ের মধ্যে সত্য হয়ে উঠবে। আশা করি সেই শুভদিন অনতিদূরে।

ভাদ্র ১৩২১

বিদ্যাসাগরস্মৃতি

যে সযত্নস্মরণীয় বার্তা সর্বজনবিদিত তারও পুনরুচ্চারণের উপলক্ষ বারংবার উপস্থিত হয়; যে মহাত্মা বিশ্বপরিচিত, বিশেষ অনুষ্ঠানের সৃষ্টি হয় তাঁরও পরিচয়ের পুনরাবৃত্তির জন্যে। মানুষ আপন দুর্বল স্মৃতিকে বিশ্বাস করে না, মনোবৃত্তির তামসিকতায় স্বজাতির গৌরবের ঐশ্বর্য অনবধানে মলিন হয়ে যাবার আশঙ্কা ঘটে, ইতিহাসের এই অপচয় নিবারণের জন্যে সতর্কতা পুণ্যকর্মের অঙ্গ। কেননা কৃতজ্ঞতার দেয় ঋণ যে জাতি উপেক্ষা করে, বিধাতার বরলাভের সে অযোগ্য।

যে-সকল অপ্রত্যাশিত দান শুভদৈবক্রমে দেশ লাভ করে সেগুলি স্থাবর নয়; তারা প্রাণবান, তারা গতিশীল, তাদের মহার্ঘতা তাই নিয়ে। কিন্তু সেই কারণেই তারা নিরন্তর পরিণতির মুখে নিজের আদিপরিচয়কে ক্রমে অনতিগোচর করে তোলে। উন্নতির ব্যবসায়ে মূলধনের প্রথম সম্বল ক্রমশই আপনার পরিমাণ ও প্রকৃতির পরিবর্তন এমন করে ঘটাতে থাকে যাতে করে তার প্রথম রূপটি আবৃত হয়ে যায়, নইলে সেই বন্ধ্যা টাকাকে লাভের অঙ্কে গণ্য করাই যায় না।

সেইজন্যেই ইতিহাসের প্রথম দূরবর্তী দাক্ষিণ্যকে সুপ্রত্যক্ষ করে রাখবার প্রয়োজন হয়। পরবর্তী রূপান্তরের সঙ্গে তুলনা করে জানা চাই যে, নিরন্তর অভিব্যক্তির পথেই তার অমরতা, নির্বিকার জড়ত্বের

বন্দিশালায় নয়।

ঈশ্বরচন্দ্র বিদ্যাসাগর বাংলায় সাহিত্যভাষার সিংহদ্বার উদ্‌ঘাটন করেছিলেন। তার পূর্ব থেকেই এই তীর্থাভিমুখে পথ-খননের জন্যে বাঙালির মনে আহ্বান এসেছিল এবং তৎকালীন অনেকেই নানা দিক থেকে সে আহ্বান স্বীকার করে নিয়েছিলেন। তাঁদের অসম্পূর্ণ চেষ্টা বিদ্যাসাগরের সাধনায় পূর্ণতার রূপ ধরেছে। ভাষার একটা প্রকাশ মননের দিকে এবং জ্ঞানের তথ্যসংগ্রহের দিকে, অর্থাৎ বিজ্ঞানে তত্ত্বজ্ঞানে ইতিহাসে; আর একটা প্রকাশ ভাবের বাহন-রূপে রসসৃষ্টিতে; এই শেষোক্ত ভাষাকেই বিশেষ করে বলা যায় সাহিত্যের ভাষা। বাংলায় এই ভাষাই দ্বিধাবিহীন মূর্তিতে প্রথম পরিস্ফুট হয়েছে বিদ্যা-সাগরের লেখনীতে, তার সত্তায় শৈশব-যৌবনের দ্বন্দ্ব ঘুচে গিয়েছিল।

ভাষার অন্তরে একটা প্রকৃতিগত অভিরুচি আছে; সে সম্বন্ধে যাঁদের আছে সহজ বোধশক্তি, ভাষাসৃষ্টিকার্যে তাঁনা স্বতই এই রুচিকে বাঁচিয়ে চলেন, একে ক্ষুণ্ণ করেন না। সংস্কৃত শাস্ত্রে বিদ্যাসাগরের ছিল অগাধ পাণ্ডিত্য। এইজন্য বাংলাভাষার নির্মাণকার্যে সংস্কৃতভাষার ভাণ্ডার থেকে তিনি যথোচিত উপকরণ সংগ্রহ করেছিলেন। কিন্তু উপকরণের ব্যবহারে তাঁর শিল্পীজনোচিত বেদনাবোধ ছিল। তাই তাঁর আহরিত সংস্কৃত শব্দের সবগুলিই বাংলাভাষা সহজে গ্রহণ করেছে, আজ পর্যন্ত তার কোনোটিই অপ্রচলিত হয়ে যায় নি। বস্তুত পাণ্ডিত্য উদ্ধত হয়ে উঠে তাঁর সৃষ্টিকার্যের ব্যাঘাত করতে পারে নি। এতেই তাঁর ক্ষমতার বিশেষ গৌরব। তিনি বাংলাভাষার মূর্তি নির্মাণের সময় মর্যাদারক্ষার প্রতি দৃষ্টি রেখেছিলেন। মাইকেল মধুসূদন ধ্বনিহিল্লোলের প্রতি লক্ষ রেখে বিস্তর নূতন সংস্কৃত শব্দ অভিধান থেকে সংকলন করেছিলেন। অসামান্য কবিত্বশক্তি সত্ত্বেও সেগুলি তাঁর নিজের কাব্যের অলংকৃতিরূপেই রয়ে গেল, বাংলাভাষার জৈব উপাদানরূপে স্বীকৃত হল না। কিন্তু বিদ্যাসাগরের দান বাংলাভাষার প্রাণপদার্থের সঙ্গে চিরকালের মতো মিলে গেছে, কিছুই ব্যর্থ হয় নি।

শুধু তাই নয়। যে গদ্যভাষারীতির তিনি প্রবর্তন করেছেন তার ছাঁদটি বাংলাভাষায় সাহিত্যরচনা-কার্যের ভূমিকা নির্মাণ করে দিয়েছে। অথচ যদিও তাঁর সমসাময়িক ঈশ্বর গুপ্তের মতো রচয়িতার গদ্যভঙ্গির অনুকরণে তখনকার অনেক বিশিষ্ট সাহিত্যিক আপন রচনার ভিত গাঁথছিলেন, তবু সে আজ ইতিহাসের অনাদৃত নেপথ্যে অব্যবহৃত হয়ে পড়ে আছে। তাই আজ বিশেষ করে মনে করিয়ে দেবার দিন এল যে, সৃষ্টিকর্তা-রূপে বিদ্যাসাগরের যে স্মরণীয়তা আজও বাংলাভাষার মধ্যে সজীব শক্তিতে সঞ্চারিত, তাকে নানা নব নব পরিণতির অন্তরাল অতিক্রম করে সম্মানের অর্ঘ্য নিবেদন করা বাঙালির নিত্যকৃত্যের মধ্যে যেন গণ্য হয়। সেই কর্তব্যপালনের সুযোগ ঘটাবার জন্যে বিদ্যাসাগরের জন্মপ্রদেশে এই-যে মন্দিরের প্রতিষ্ঠা হয়েছে, সর্বসাধারণের উদ্দেশে আমি তার দ্বার উদ্‌ঘাটন করি। পুণ্যস্মৃতি বিদ্যাসাগরের সম্মাননার অনুষ্ঠানে আমাকে যে সম্মানের পদে আহ্বান করা হয়েছে, তার একটি বিশেষ সার্থকতা আছে। কারণ, এইসঙ্গে আমার স্মরণ করবার এই উপলক্ষ ঘটল যে, বঙ্গসাহিত্যে আমার কৃতিত্ব দেশের লোকে যদি স্বীকার করে থাকেন তবে আমি যেন স্বীকার করি একদা তার দ্বার উদ্‌ঘাটন করেছেন ঈশ্বরচন্দ্র বিদ্যাসাগর।

এখনো আমার সম্মাননিবেদন সম্পূর্ণ হয় নি। সবশেষের কথা উপসংহারে বলতে চাই। প্রাচীন আচারনিষ্ঠ ব্রাহ্মণপণ্ডিতের বংশে বিদ্যাসাগরের জন্ম, তবু আপন বুদ্ধির দীপ্তিতে তাঁর মধ্যে ব্যক্ত হয়েছিল আনুষ্ঠানিকতার বন্ধন-বিমুক্ত মন। সেই স্বাধীনচেতা তেজস্বী ব্রাহ্মণ যে অসামান্য পৌরুষের সঙ্গে সমাজের বিরুদ্ধতাকে একদা তাঁর সকরুণ হৃদয়ের আঘাতে ঠেলে দিয়ে উপেক্ষা করেছিলেন, অদম্য অধ্যবসায়ের সঙ্গে জয়ী করেছিলেন আপন শুভ সংকল্পকে, সেই তাঁর উত্তুঙ্গ মহত্ত্বের ইতিহাসকে সাধারণত তাঁর দেশের বহু লোক সসংকোচে নিঃশব্দে অতিক্রম করে থাকেন। এ কথা ভুলে যান যে, আচারগত অভ্যস্ত মতের পার্থক্য বড়ো কথা নয়, কিন্তু যে

দেশে অপরাজেয় নির্ভীক চারিত্রশক্তি সচরাচর দুর্লভ সে দেশে নিষ্ঠুর প্রতিকূলতার বিরুদ্ধে ঈশ্বরচন্দ্রের নির্বিচল হিতব্রতপালন সমাজের কাছে মহৎ প্রেরণা। তাঁর জীবনীতে দেখা গেছে ক্ষতির আশঙ্কা উপেক্ষা করে দৃঢ়তার সঙ্গে তিনি বারংবার আত্মসম্মান রক্ষা করেছেন, তেমনি যে শ্রেয়োবুদ্ধির প্রবর্তনায় দণ্ডপাণি সমাজশাসনের কাছে তিনি মাথা নত করেন নি সেও কঠিন সংকটের বিপক্ষে তাঁর আত্মসম্মান রক্ষার মূল্যবান দৃষ্টান্ত। দীনদুঃখীকে তিনি অর্থদানের দ্বারা দয়া করেছেন, সে কথা তাঁর দেশের সকল লোক স্বীকার করে; কিন্তু অনাথা নারীদের প্রতি যে করুণায় তিনি সমাজের রুদ্ধ হৃদয়দ্বারে প্রবল শক্তিতে আঘাত করেছিলেন তার শ্রেষ্ঠতা আরো অনেক বেশি কেননা তার মধ্যে প্রকাশ পেয়েছে কেবলমাত্র তাঁর ত্যাগশক্তি নয়—তাঁর বীরত্ব। তাই কামনা করি আজ তাঁর যে কীর্তিকে লক্ষ্য করে এই স্মৃতিসদনের দ্বার উন্মোচন করা হল, তার মধ্যে সর্বসমক্ষে সমুজ্জ্বল হয়ে থাক্ তাঁর মহাপুরুষোচিত কারুণ্যের স্মৃতি। ১২ অগ্রহায়ণ ১৩৪৬

পৌষ ১৩৪৬

মহাত্মা গান্ধী

ক্রম

মহাত্মা গান্ধী

ভারতবর্ষের একটি সম্পূর্ণ ভৌগোলিক মূর্তি আছে। এর পূর্বপ্রান্ত থেকে পশ্চিমপ্রান্ত এবং উত্তরে হিমালয় থেকে দক্ষিণে কন্যাকুমারিকা পর্যন্ত যে-একটি সম্পূর্ণতা বিদ্যমান, প্রাচীন কালে তার ছবি অন্তরে গ্রহণ করার ইচ্ছে দেশে ছিল, দেখতে পাই। একসময়, দেশের মনে নানা কালে নানা স্থানে যা বিচ্ছিন্ন হয়ে ছিল তা সংগ্রহ করে, এক করে দেখবার চেষ্টা, মহাভারতে খুব সুস্পষ্ট ভাবে জাগ্রত দেখি। তেমনি ভারতবর্ষের ভৌগোলিক স্বরূপকে অন্তরে উপলব্ধি করবার একটি অনুষ্ঠান ছিল, সে তীর্থভ্রমণ। দেশের পূর্বতম অঞ্চল থেকে পশ্চিমতম অঞ্চল এবং হিমালয় থেকে সমুদ্র পর্যন্ত সর্বত্র এর পবিত্র পীঠস্থান রয়েছে, সেখানে তীর্থ স্থাপিত হয়ে একটি ভক্তির ঐক্যজালে সমস্ত ভারতবর্ষকে মনের ভিতরে আনবার সহজ উপায় সৃষ্টি করেছে।

ভারতবর্ষ একটি বৃহৎ দেশ। একে সম্পূর্ণ ভাবে মনের ভিতর গ্রহণ করা প্রাচীন কালে সম্ভবপর ছিল না। আজ সার্ভে করে, মানচিত্র এঁকে, ভূগোলবিবরণ গ্রথিত করে ভারতবর্ষের যে ধারণা মনে আনা সহজ হয়েছে, প্রাচীন কালে তা ছিল না। এক হিসাবে সেটা ভালোই ছিল। সহজ ভাবে যা পাওয়া যায় মনের ভিতরে তা গভীর ভাবে মুদ্রিত হয় না। সেইজন্য কৃচ্ছ্রসাধন করে ভারত-পরিক্রমা দ্বারা যে

অভিজ্ঞতা লাভ হত তা সুগভীর, এবং মন থেকে সহজে দূর হত না।

মহাভারতের মাঝখানে গীতা প্রাচীনের সেই সমন্বয়তত্ত্বকে উজ্জ্বল করে। কুরুক্ষেত্রের কেন্দ্রস্থলে এই-যে খানিকটা দার্শনিক ভাবে আলোচনা, এটাকে কাব্যের দিক থেকে অসংগত বলা যেতে পারে; এমনও বলা যেতে পারে যে, মূল মহাভারতে এটা ছিল না। পরে যিনি বসিয়েছেন তিনি জানতেন যে, উদার কাব্য-পরিধির মধ্যে, ভারতের চিত্তভূমির মাঝখানে এই তত্ত্বকথার অবতারণা করার প্রয়োজন ছিল। সমস্ত ভারতবর্ষকে অন্তরে বাহিরে উপলব্ধি করবার প্রয়াস ছিল ধর্মানুষ্ঠানেরই অন্তর্গত। মহাভারতপাঠ যে আমাদের দেশে ধর্মকর্মের মধ্যে গণ্য হয়েছিল তা কেবল তত্ত্বের দিক থেকে নয়, দেশকে উপলব্ধি করার জন্যও এর কর্তব্যতা আছে। আর, তীর্থযাত্রীরাও ক্রমাগত ঘুরে ঘুরে দেশকে স্পর্শ করতে করতে অত্যন্ত অন্তরঙ্গ ভাবে ক্রমশ এর ঐক্যরূপ মনের ভিতরে গ্রহণ করবার চেষ্টা করেছেন।

এ হল পুরাতন কালের কথা।

পুরাতন কালের পরিবর্তন হয়েছে। আজকাল দেশের মানুষ আপনার প্রাদেশিক কোণের ভিতর সংকীর্ণতার মধ্যে আবদ্ধ হয়ে থাকে। সংস্কার ও লোকাচারের জালে আমরা জড়িত, কিন্তু মহাভারতের প্রশস্ত ক্ষেত্রে একটা মুক্তির হাওয়া আছে। এই মহাকাব্যের বিরাট প্রাঙ্গণে মনস্তত্ত্বের কত পরীক্ষা। যাকে আমরা সাধারণত নিন্দনীয় বলি, সেও এখানে স্থান পেয়েছে। যদি আমাদের মন প্রস্তুত থাকে, তবে অপরাধ দোষ সমস্ত অতিক্রম করে মহাভারতের বাণী উপলব্ধি করতে পারা যেতে পারে। মহাভারতে একটা উদাত্ত শিক্ষা আছে; সেটা নঞর্থক নয়, সদর্থক, অর্থাৎ তার মধ্যে একটা হাঁ আছে। বড়ো বড়ো সব বীরপুরুষ আপন মাহাত্ম্যের গৌরবে উন্নতশির, তাঁদেরও দোষ ত্রুটি রয়েছে, কিন্তু সেই-সমস্ত দোষ ত্রুটিকে আত্মসাৎ করেই তাঁরা বড়ো হয়ে উঠেছেন। মানুষকে যথার্থ ভাবে বিচার করবার এই প্রকাণ্ড শিক্ষা আমরা মহাভারত থেকে পাই।

পাশ্চাত্য সংস্কৃতির সঙ্গে আমাদের যোগ হবার পর থেকে আরও কিছু চিন্তনীয় বিষয় এসে পড়েছে যেটা আগে ছিল না। পুরাকালের ভারতে দেখি স্বভাবত বা কার্যত যারা পৃথক তাদের আলাদা শ্রেণীতে ভাগ করে দেওয়া হয়েছে। তবু খণ্ডিত করেও একটা ঐক্যসাধনের প্রচেষ্টা ছিল। সহসা পশ্চিমের সিংহদ্বার ভেদ করে শত্রুর আগমন হল। আর্যরা ওই পথেই এসে একদিন পঞ্চনদীর তীরে উপনিবেশ স্থাপন করেছিলেন, এবং তার পরে বিন্ধ্যাচল অতিক্রম করে ক্রমে ক্রমে সমস্ত ভারতবর্ষে নিজেদের পরিব্যাপ্ত করেছিলেন। ভারত তখন গান্ধার প্রভৃতি পারিপার্শ্বিক প্রদেশ-সুদ্ধ একটি সমগ্র সংস্কৃতিতে পরিবেষ্টিত থাকায়, বাইরের আঘাত লাগে নি। তার পরে একদিন এল বাইরের থেকে সংঘাত। সে সংঘাত বিদেশীয়; তাদের সংস্কৃতি পৃথক। যখন তারা এল তখন দেখা গেল যে, আমরা একত্র ছিলুম, অথচ এক হই নি। তাই সমস্ত ভারতবর্ষে বিদেশী আক্রমণের একটা প্লাবন বয়ে গেল। তার পর থেকে আমাদের দিন কাটছে দুঃখ ও অপমানের গ্লানিতে। বিদেশী আক্রমণের সুযোগ নিয়ে একে অন্যের সঙ্গে যোগ দিয়ে নিজের প্রভাব বিস্তার করেছে কেউ, কেউ-বা খণ্ড খণ্ড জায়গায় বিশৃঙ্খল ভাবে বিদেশীদের বাধা দেবার চেষ্টা করেছে নিজেদের স্বাতন্ত্র্য রক্ষা করার জন্যে। কিছুতেই তো সফলকাম হওয়া গেল না। রাজপুতনায়, মারাঠায়, বাংলাদেশে, যুদ্ধবিগ্রহ অনেক কাল শান্ত হয় নি। এর কারণ এই যে, যত বড়ো দেশ ঠিক তত বড়ো ঐক্য হল না; দুর্ভাগ্যের ভিতর দিয়ে আমরা অভিজ্ঞতা লাভ করলেম বহু শতাব্দী পরে। বিদেশী আক্রমণের পথ প্রশস্ত হল এই অনৈক্যের সুবিধা নিয়ে। নিকটের শত্রুর পর হুড়্‌মুড়্‌ করে এসে পড়ল সমুদ্র পাড়ি দিয়ে বিদেশী শত্রু তাদের বাণিজ্যতরী নিয়ে; এল পর্টুগীজ, এল ওলন্দাজ, এল ফ্রেঞ্চ্‌, এল ইংরেজ। সকলে এসে সবলে ধাক্কা মারলে; দেখতে পেল যে, এমন কোনো বেড়া নেই যেটা দুর্লঙ্ঘ্য। আমাদের সম্পদ সম্বল সব দিতে লাগলুম, আমাদের বিদ্যাবুদ্ধির ক্ষীণতা এল, চিত্তের দিক দিয়ে সম্বলহীন রিক্ত হয়ে পড়লুম। এমনি করেই বাইরের

নিঃস্বতা ভিতরেও নিঃস্বতা আনে।

এইরকম দুঃসময়ে আমাদের সাধক পুরুষদের মনে যে চিন্তার উদয় হয়েছিল সেটা হচ্ছে, পরমার্থের প্রতি লক্ষ রেখে ভারতের স্বাতন্ত্র্য উদ্বোধিত করার একটা আধ্যাত্মিক প্রচেষ্টা। তখন থেকে আমাদের সমস্ত মন গেছে পারমার্থিক পুণ্য-উপার্জনের দিকে। আমাদের পার্থিব সম্পদ পৌঁছয় নি সেখানে যেখানে যথার্থ দৈন্য ও শিক্ষার অভাব। পারমার্থিক সম্বলটুকুর লোভে যে পার্থিব সম্বল খরচ করি সেটা যায় মোহান্ত ও পাণ্ডাদের গর্বস্ফীত জঠরের মধ্যে। এতে ভারতের ক্ষয় ছাড়া বৃদ্ধি হচ্ছে না।

বিপুল ভারতবর্ষের বিরাট জনসমাজের মধ্যে আর-এক শ্রেণীর লোক আছেন যাঁরা জপ তপ ধ্যান ধারণা করার জন্যে মানুষকে পরিত্যাগ করে দারিদ্র্য ও দুঃখের হাতে সংসারকে ছেড়ে দিয়ে চলে যান। এই অসংখ্য উদাসীনমণ্ডলীর এই মুক্তিকামীদের অন্ন জুটিয়েছে তারা যারা এঁদের মতে মোহগ্রস্ত সংসারাসক্ত। একবার কোনো গ্রামের মধ্যে এইরকম এক সন্ন্যাসীর সঙ্গে আমার সাক্ষাৎ হয়েছিল। তাঁকে বলেছিলুম, 'গ্রামের মধ্যে দুষ্কৃতিকারী, দুঃখী, পীড়াগ্রস্ত যারা আছে, এদের জন্যে আপনারা কিছু করবেন না কেন।' আমার এই প্রশ্ন শুনে তিনি বিস্মিত ও বিরক্ত হয়েছিলেন। বললেন, 'কী। যারা সাংসারিক মোহগ্রস্ত লোক, তাদের জন্যে ভাবতে হবে আমায়! আমি একজনা সাধক, বিশুদ্ধ আনন্দের জন্যে ওই সংসার ছেড়ে এসেছি, আবার ওর মধ্যে নিজেকে জড়াব!' এই কথাটি যিনি বলেছিলেন তাঁকে এবং তাঁরই মতো অন্য সকল সংসারে-বীতস্পৃহ উদাসীনদের ডেকে জিগ্যেস করতে ইচ্ছে হয় যে, তাঁদের তৈলচিক্কণ নধর কান্তির পরিপুষ্টি সাধন করল কে। যাদেরকে ওঁরা পাপী ও হেয় ব'লে ত্যাগ করে এসেছেন সেই সংসারী লোকই ওঁদের অন্ন জুটিয়েছে। পরলোকের দিকে ক্রমাগত দৃষ্টি দিয়ে কতখানি শক্তির অপচয় হয়েছে তা বলা যায় না। বহু শতাব্দী ধরে ভারতের এই দুর্বলতা চলে আসছে। এর যা শাস্তি, ইহলোকের বিধাতা সে শাস্তি আমাদের দিয়েছেন। তিনি আমাদের

হুকুম দিয়ে পাঠিয়েছেন সেবার দ্বারা, ত্যাগের দ্বারা, এই সংসারের উপযোগী হতে হবে। সে হুকুমের অবমাননা করেছি, সুতরাং শাস্তি পেতেই হবে।

সম্প্রতি ইউরোপে স্বাতন্ত্র্যপ্রতিষ্ঠার একটা চেষ্টা চলেছে। ইতালি এক সময়ে বিদেশীর কবলে ধিক্কৃত জীবন যাপন করেছিল; তার পরে ইতালির ত্যাগী যাঁরা, যাঁরা বীর, ম্যাজিনি ও গ্যারিবল্ডি, বিদেশীর অধীনতা-জাল থেকে মুক্তিদান করে নিজেদের দেশকে স্বাতন্ত্র্য দান করেছেন। আমেরিকার যুক্তরাষ্ট্রেও দেখেছি এই স্বাতন্ত্র্য রক্ষা করবার জন্যে কত দুঃখ, কত চেষ্টা, কত সংগ্রাম হয়েছে। মানুষকে মনুষ্যোচিত অধিকার দেবার জন্যে পাশ্চাত্য দেশে কত লোক আপনাদের বলি দিয়েছে। বিভাগ সৃষ্টি করে পরস্পরকে যে অপমান করা হয়, সেটার বিরুদ্ধে পাশ্চাত্যে আজও বিদ্রোহ চলছে। ও দেশের কাছে জনসাধারণ, সর্বসাধারণ, মানবগৌরবের অধিকারী; কাজেই রাষ্ট্রতন্ত্রের যাবতীয় অধিকার সর্বসাধারণের মধ্যে পরিব্যাপ্ত হয়েছে। ও দেশের আইনের কাছে ধনী দরিদ্র ব্রাহ্মণ শূদ্রের প্রভেদ নেই। একতাবদ্ধ হয়ে স্বাতন্ত্র্যপ্রতিষ্ঠার শিক্ষা আমরা পাশ্চাত্যের ইতিহাস থেকে পেয়েছি। সমস্ত ভারতবাসী যাতে আপন দেশকে আপনি নিয়ন্ত্রণ করার অধিকার পায়, এই যে ইচ্ছে এটা আমরা পশ্চিম থেকে পেয়েছি। এতদিন ধরে আমরা নিজেদের গ্রাম ও প্রতিবাসীদের নিয়ে খণ্ড খণ্ড ভাবে ছোটোখাটো ক্ষুদ্র পরিধির ভিতর কাজ করেছি ও চিন্তা করেছি। গ্রামে জলাশয় ও মন্দির প্রতিষ্ঠা করে নিজেদের সার্থক মনে করেছি, এবং এই গ্রামকেই আমরা জন্মভূমি বা মাতৃভূমি বলেছি। ভারতকে মাতৃভূমি বলে স্বীকার করার অবকাশ হয় নি। প্রাদেশিকতার জালে জড়িত ও দুর্বলতায় অনুভূত হয়ে আমরা যখন পড়েছিলুম তখন রানাডে, সুরেন্দ্রনাথ, গোখলে প্রমুখ মহদাশয় লোকেরা এলেন জনসাধারণকে গৌরব দান করার জন্যে। তাঁদের আরব্ধ সাধনাকে যিনি প্রবল শক্তিতে দ্রুত বেগে আশ্চর্য সিদ্ধির পথে নিয়ে গেছেন সেই মহাত্মার কথা স্মরণ করতে আমরা আজ এখানে

সমবেত হয়েছি—তিনি হচ্ছেন মহাত্মা গান্ধী।

অনেকে জিজ্ঞাসা করতে পারেন, ইনিই কি প্রথম এলেন। তার পূর্বে কংগ্রেসের ভিতরে কি আরও অনেকে কাজ করেন নি। কাজ করেছেন সত্য, কিন্তু তাঁদের নাম করলেই দেখতে পাই যে, কত ম্লান তাদের সাহস, কত ক্ষীণ তাঁদের কণ্ঠধ্বনি।

আগেকার যুগে কংগ্রেসওয়ালারা আমলাতন্ত্রের কাছে কখনও নিয়ে যেতেন আবেদন-নিবেদনের ডালা, কখনও বা করতেন চোখরাঙানির মিথ্যে ভাণ। ভেবেছিলেন তাঁরা যে, কখনও তীক্ষ্ণ কখনও সুমধুর বাক্যবাণ নিক্ষেপ করে তাঁরা ম্যাজিনি-গ্যারিবল্ডির সমগোত্রীয় হবেন। সে ক্ষীণ অবাস্তব শৌর্য নিয়ে আজ আমাদের গৌরব করার মতো কিছুই নেই। আজ যিনি এসেছেন তিনি রাষ্ট্রীয় স্বার্থের কলুষ থেকে মুক্ত। রাষ্ট্রতন্ত্রের অনেক পাপ ও দোষের মধ্যে একটি প্রকাণ্ড দোষ হল এই স্বার্থান্বেষণ। হোক-না রাষ্ট্রীয় স্বার্থ খুব বড়ো স্বার্থ, তবু স্বার্থের যা পঙ্কিলতা তা তার মধ্যে না এসে পারেই না। পোলিটিশ্যান ব'লে একটা জাত আছে তাদের আদর্শ বড়ো আদর্শের সঙ্গে মেলে না। তারা অজস্র মিথ্যা বলতে পারে; তারা এত হিংস্র যে নিজেদের দেশকে স্বাতন্ত্র্য দেবার অছিলায় অন্য দেশ অধিকার করার লোভ ত্যাগ করতে পারে না। পাশ্চাত্য দেশে দেখি, এক দিকে তারা দেশের জন্যে প্রাণ দিতে পেরেছে, অন্য দিকে আবার দেশের নাম করে দুর্নীতির প্রশ্রয় দিয়েছে।

পাশ্চাত্য দেশ একদিন যে মুষল প্রসব করেছে আজ তারই শক্তি ইউরোপের মস্তকের উপর উদ্যত হয়ে আছে। আজকে এমন অবস্থা হয়েছে যে সন্দেহ হয়, আজ বাদে কাল ইউরোপীয় সভ্যতা টিকবে কি না। তারা যাকে পেট্রিয়টিজ্‌ম্ বলছে সেই পেট্রিয়টিজ্‌ম্ই তাদের নিঃশেষে মারবে। তারা যখন মরবে তখন অবশ্য আমাদের মতো নির্জীব ভাবে মরবে না, ভয়ংকর অগ্নি উৎপাদন করে একটা ভীষণ প্রলয়ের মধ্যে তারা মরবে।

আমাদের মধ্যেও অসত্য এসেছে; দলাদলির বিষ ছড়িয়েছেন

পোলিটিশ্যানের জাতীয় যাঁরা। আজ এই পলিটিক্স থেকেই ছাত্রছাত্রীর মধ্যেও দলাদলির বিষ প্রবেশ করেছে। পোলিটিশ্যানরা কেজো লোক; তাঁরা মনে করেন যে, কার্য উদ্ধার করতে হলে মিথ্যার প্রয়োজন আছে। কিন্তু বিধাতার বিধানে সে ছলচাতুরী ধরা পড়বে। পোলিটিশ্যানদের এ-সব চতুর বিষয়ীদের, আমরা প্রশংসা করতে পারি কিন্তু ভক্তি করতে পারি না। ভক্তি করতে পারি মহাত্মাকে, যাঁর সত্যের সাধনা আছে। মিথ্যার সঙ্গে মিলিত হয়ে তিনি সত্যের সার্বভৌমিক ধর্মনীতিকে অস্বীকার করেন নি। ভারতের যুগসাধনায় এ একটা পরম সৌভাগ্যের বিষয়। এই একটি লোক যিনি সত্যকে সকল অবস্থায় মেনেছেন, তাতে আপাতত সুবিধে হোক বা না হোক; তাঁর দৃষ্টান্ত আমাদের কাছে মহৎ দৃষ্টান্ত। পৃথিবীতে স্বাধীনতা এবং স্বাতন্ত্র্য লাভের ইতিহাস রক্তধারায় পঙ্কিল, অপহরণ ও দস্যুবৃত্তির দ্বারা কলঙ্কিত। কিন্তু পরস্পরকে হনন না করে, হত্যাকাণ্ডের আশ্রয় না নিয়েও যে স্বাধীনতা লাভ করা যেতে পারে, তিনি তার পথ দেখিয়েছেন। লোকে অপহরণ করেছে, বিজ্ঞান দস্যুবৃত্তি করেছে দেশের নামে। দেশের নাম নিয়ে এই-যে তাদের গৌরব, এ গর্ব টিকবে না তো। আমাদের মধ্যে এমন লোক খুব কমই আছেন যাঁরা হিংস্রতাকে মন থেকে দূর করে দেখতে পারেন। এই হিংসা-প্রবৃত্তি স্বীকার না করেও আমরা জয়ী হব, এ কথা আমরা মানি কি। মহাত্মা যদি বীরপুরুষ হতেন কিংবা লড়াই করতেন তবে আমরা এমনি করে আজ ওঁকে স্মরণ করতুম না। কারণ, লড়াই করার মতো বীরপুরুষ এবং বড়ো বড়ো সেনাপতি পৃথিবীতে অনেক জন্মগ্রহণ করেছেন। মানুষের যুদ্ধ ধর্মযুদ্ধ, নৈতিক যুদ্ধ। ধর্মযুদ্ধের ভিতরেও নিষ্ঠুরতা আছে, তা গীতা ও মহাভারতে পেয়েছি। তার মধ্যে বাহুবলেরও স্থান আছে কি না এ নিয়ে শাস্ত্রের তর্ক তুলব না। কিন্তু এই যে একটা অনুশাসন, মরব তবু মারব না, এবং এই করেই জয়ী হব—এ একটা মস্ত বড়ো কথা, একটা বাণী। এটা চাতুরী কিংবা কার্যোদ্ধারের বৈষয়িক পরামর্শ নয়। ধর্মযুদ্ধ বাইরে জেতবার জন্য নয়, হেরে গিয়েও জয় করবার জন্য। অধর্মযুদ্ধে মরাটা

মরা। ধর্মযুদ্ধে মরার পরেও অবশিষ্ট থাকে; হার পেরিয়ে থাকে জিত, মৃত্যু পেরিয়ে অমৃত। যিনি এই কথাটা নিজের জীবনে উপলব্ধি করে স্বীকার করেছেন, তাঁর কথা শুনতে আমরা বাধ্য।

এর মূলে একটা শিক্ষার ধারা আছে। ইউরোপে আমরা স্বাধীনতার কলুষ ও স্বাদেশিকতার বিষাক্ত রূপ দেখতে পাই। অবশ্য, আরম্ভে তারা অনেক ফল পেয়েছে, অনেক ঐশ্বর্য লাভ করেছে। সেই পাশ্চাত্য দেশে খৃস্টধর্মকে শুধু মৌখিক ভাবে গ্রহণ করেছে। খৃস্টধর্মে মানবপ্রেমের বড়ো উদাহরণ আছে: ভগবান মানুষ হয়ে মানুষের দেহে যত দুঃখ পাপ সব আপন দেহে স্বীকার করে নিয়ে মানুষকে বাঁচিয়েছেন—এই ইহলোকেই, পরলোকে নয়। যে সকলের চেয়ে দরিদ্র তাকে বস্ত্র দিতে হবে, যে নিরন্ন তাকে অন্ন দিতে হবে এ কথা খৃস্টধর্মে যেমন সুস্পষ্ট ভাবে বলা হয়েছে এমন আর কোথাও নয়।

মহাত্মাজি এমন একজন খৃস্টসাধকের সঙ্গে মিলতে পেরেছিলেন, যাঁর নিয়ত প্রচেষ্টা ছিল মানবের ন্যায্য অধিকারকে বাধামুক্ত করা। সৌভাগ্যক্রমে সেই ইউরোপীয় ঋষি টলস্টয়ের কাছ থেকে মহাত্মা গান্ধী খৃস্টানধর্মের অহিংস্রনীতির বাণী যথার্থ ভাবে লাভ করেছিলেন। আরও সৌভাগ্যের বিষয় এই যে, এ বাণী এমন একজন লোকের যিনি সংসারের বহু বিচিত্র অভিজ্ঞতার ফলে এই অহিংস্রনীতির তত্ত্ব আপন চরিত্রে উদ্ভাবিত করেছিলেন। মিশনারি অথবা ব্যবসায়ী প্রচারকের কাছে মানবপ্রেমের বাঁধা বুলি তাঁকে শুনতে হয় নি। খৃস্টবাণীর এই একটি বড়ো দান আমাদের পাবার অপেক্ষা ছিল। মধ্যযুগে মুসলমানদের কাছ থেকেও আমরা একটি দান পেয়েছি। দাদু, কবীর, রজ্জব প্রভৃতি সাধুরা প্রচার করে গিয়েছেন যে—যা নির্মল, যা মুক্ত, যা আত্মার শ্রেষ্ঠ সামগ্রী, তা রুদ্ধদ্বার মন্দিরে কৃত্রিম অধিকারীবিশেষের জন্যে পাহারা-দেওয়া নয়; তা নির্বিচারে সর্ব মানবেরই সম্পদ। যুগে যুগে এইরূপই ঘটে। যাঁরা মহাপুরুষ তাঁরা সমস্ত পৃথিবীর দানকে আপন মাহাত্ম্য দ্বারাই গ্রহণ করেন, এবং গ্রহণ করার দ্বারা তাকে সত্য করে তোলেন। আপন মাহাত্ম্য দ্বারাই পৃথুরাজা পৃথিবীকে দোহন

করেছিলেন রত্ন আহরণ করবার জন্যে। যাঁরা শ্রেষ্ঠ মহাপুরুষ তাঁরা সকল ধর্ম ইতিহাস ও নীতি থেকে পৃথিবীর শ্রেষ্ঠ দান গ্রহণ করেন।

খৃস্টবাণীর শ্রেষ্ঠ নীতি বলে যে, যারা নম্র তারা জয়ী হয়; আর খৃস্টানজাতি বলে, নিষ্ঠুর ঔদ্ধত্যের দ্বারা জয়লাভ করা যায়। এর মধ্যে কে জয়ী হবে ঠিক করে জানা যায় নি; কিন্তু উদাহরণস্বরূপ দেখা যায় যে, ঔদ্ধত্যের ফলে ইউরোপে কী মহামারীই না হচ্ছে। মহাত্মা নম্র অহিংস্রনীতি গ্রহণ করেছেন, আর চতুর্দিকে তাঁর জয় বিস্তীর্ণ হচ্ছে। তিনি যে নীতি তাঁর সমস্ত জীবন দিয়ে প্রমাণ করেছেন, সম্পূর্ণ পারি বা না পারি, সে নীতি আমাদের স্বীকার করতেই হবে। আমাদের অন্তরে ও আচরণে রিপু ও পাপের সংগ্রাম আছে, তা সত্ত্বেও পুণ্যের তপস্যার দীক্ষা নিতে হবে সত্যব্রত মহাত্মার নিকটে। আজকের দিন স্মরণীয় দিন, কারণ সমস্ত ভারতে রাষ্ট্রীয় মুক্তির দীক্ষা ও সত্যের দীক্ষা এক হয়ে গেছে সর্বসাধারণের কাছে।

শান্তিনিকেতন
১৬ আশ্বিন ১৩৪৪

গান্ধীজি

আজ মহাত্মা গান্ধীর জন্মদিবসে আশ্রমবাসী আমরা সকলে আনন্দোৎসব করব। আমি আরম্ভের সুরটুকু ধরিয়ে দিতে চাই।

আধুনিক কালে এই রকমের উৎসব অনেকখানি বাহ্য অভ্যাসের মধ্যে দাঁড়িয়েছে। খানিকটা ছুটি ও অনেকখানি উত্তেজনা দিয়ে এটা তৈরি। এইরকম চাঞ্চল্যে এই-সকল উপলক্ষের গভীর তাৎপর্য অন্তরের মধ্যে গ্রহণ করবার সুযোগ বিক্ষিপ্ত হয়ে যায়।

ক্ষণজন্মা লোক যাঁরা তাঁরা শুধু বর্তমান কালের নন। বর্তমানের ভূমিকার মধ্যে ধরাতে গেলে তাঁদের অনেকখানি ছোটো করে আনতে হয়, এমনি করে বৃহৎকালের পরিপ্রেক্ষিতে যে শাশ্বত মূর্তি প্রকাশ পায় তাকে খর্ব করি। আমাদের আশু প্রয়োজনের আদর্শে তাঁদের মহত্ত্বকে নিঃশেষিত করে বিচার করি। মহাকালের পটে যে ছবি ধরা পড়ে, বিধাতা তার থেকে প্রাত্যহিক জীবনের আত্মবিরোধ ও আত্মখণ্ডনের অনিবার্য কুটিল ও বিচ্ছিন্ন রেখাগুলি মুছে দেন, যা আকস্মিক ও ক্ষণকালীন তাকে বিলীন করেন; আমাদের প্রণম্য যাঁরা তাঁদের একটি সংহত সম্পূর্ণ মূর্তি সংসারে চিরন্তন হয়ে থাকে। যাঁরা আমাদের কালে জীবিত তাঁদেরকেও এই ভাবে দেখবার প্রয়াসেই উৎসবের সার্থকতা।

আজকের দিনে ভারতবর্ষে যে রাষ্ট্রিক বিরোধ পরশুদিন হয়তো

তা থাকবে না, সাময়িক অভিপ্রায়গুলি সময়ের স্রোতে কোথায় লুপ্ত হবে। ধরা যাক্, আমাদের রাষ্ট্রিক সাধনা সফল হয়েছে, বাহিরের দিক থেকে চাইবার আর কিছুই নেই, ভারতবর্ষ মুক্তিলাভ করল—তৎসত্ত্বেও আজকের দিনের ইতিহাসের কোন্ আত্মপ্রকাশটি ধূলির আকর্ষণ বাঁচিয়ে উপরে মাথা তুলে থাকবে সেইটিই বিশেষ করে দেখবার যোগ্য। সেই দিক থেকে যখন দেখতে যাই তখন বুঝি, আজকের উৎসবে যাঁকে নিয়ে আমরা আনন্দ করছি তাঁর স্থান কোথায়, তাঁর বিশিষ্টতা কোন্‌খানে। কেবলমাত্র রাষ্ট্রনৈতিক প্রয়োজনসিদ্ধির মূল্য আরোপ করে তাঁকে আমরা দেখব না, যে দৃঢ়শক্তির বলে তিনি আজ সমগ্র ভারতবর্ষকে প্রবল ভাবে সচেতন করেছেন সেই শক্তির মহিমাকে আমরা উপলব্ধি করব। প্রচণ্ড এই শক্তি সমস্ত দেশের বুকজোড়া জড়ত্বের জগদ্দল পাথরকে আজ নাড়িয়ে দিয়েছে; কয়েক বৎসরের মধ্যে ভারতবর্ষের যেন রূপান্তর জন্মান্তর ঘটে গেল। ইনি আসবার পূর্বে, দেশ ভয়ে আচ্ছন্ন, সংকোচে অভিভূত ছিল; কেবল ছিল অন্যের অনুগ্রহের জন্য আবদার আবেদন, মজ্জায় মজ্জায় আপনার 'পরে আস্থাহীনতার দৈন্য।

ভারতবর্ষের বাহির থেকে যারা আগন্তুকমাত্র তাদেরই প্রভাব হবে বলশালী, দেশের ইতিহাস বেয়ে যুগপ্রবাহিত ভারতের প্রাণধারা চিত্তধারা সেইটেই হবে ম্লান, যেন সেইটেই আকস্মিক—এর চেয়ে দুর্গতির কথা আর কী হতে পারে। সেবার দ্বারা, জ্ঞানের দ্বারা, মৈত্রীর দ্বারা, দেশকে ঘনিষ্ঠ ভাবে উপলব্ধি করবার বাধা ঘটাতে যথার্থই আমরা পরবাসী হয়ে পড়েছি। শাসনকর্তাদের শিক্ষাপ্রণালী রাষ্ট্রব্যবস্থা, ওদের তলোয়ার বন্দুক নিয়ে, ভারতে ওরাই হল মুখ্য; আর আমরাই হলুম গৌণ—মোহাভিভূত মনে এই কথাটির স্বীকৃতি অল্প কাল পূর্ব পর্যন্ত আমাদের সকলকে তামসিকতায় জড়বুদ্ধি করে রেখেছিল। স্থানে স্থানে লোকমান্য তিলকের মতো জনকতক সাহসী পুরুষ জড়ত্বকে প্রাণপণে আঘাত করেছেন, এবং আত্মশ্রদ্ধার আদর্শকে জাগিয়ে তোলবার কাজে ব্রতী হয়েছেন, কিন্তু কর্মক্ষেত্রে এই আদর্শকে বিপুল

ভাবে প্রবল প্রভাবে প্রয়োগ করলেন মহাত্মা গান্ধী। ভারতবর্ষের স্বকীয় প্রতিভাকে অন্তরে উপলব্ধি করে তিনি অসামান্য তপস্যার তেজে নূতন যুগগঠনের কাজে নামলেন। আমাদের দেশে আত্মপ্রকাশের ভয়হীন অভিযান এতদিনে যথোপযুক্ত রূপে আরম্ভ হল।

এত কাল আমাদের নিঃসাহসের উপরে দুর্গ বেঁধে বিদেশী বণিকরাজ সাম্রাজ্যিকতার ব্যাবসা চালিয়েছে। অস্ত্রশস্ত্র সৈন্যসামন্ত ভালো করে দাঁড়াবার জায়গা পেত না যদি আমাদের দুর্বলতা তাকে আশ্রয় না দিত। পরাভবের সবচেয়ে বড়ো উপাদান আমরা নিজের ভিতর থেকেই জুগিয়েছি। এই আমাদের আত্মকৃত পরাভব থেকে মুক্তি দিলেন মহাত্মাজি; নববীর্যের অনুভূতির বন্যাধারা ভারতবর্ষে প্রবাহিত করলেন। এখন শাসনকর্তারা উদ্যত হয়েছেন আমাদের সঙ্গে রফানিষ্পত্তি করতে; কেননা তাঁদের পরশাসনতন্ত্রের গভীরতর ভিত্তি টলেছে, যে ভিত্তি আমাদের বীর্যহীনতায়। আমরা অনায়াসে আজ জগৎসমাজে আমাদের স্থান দাবি করছি।

তাই আজ আমাদের জানতে হবে, যে মানুষ বিলেতে গিয়ে রাউণ্ড্ টেবল্ কন্‌ফারেন্সে তর্কযুদ্ধে যোগ দিয়েছেন, যিনি খদ্দর চরকা প্রচার করেন, যিনি প্রচলিত চিকিৎসাশাস্ত্রে বৈজ্ঞানিক-যন্ত্রপাতিতে বিশ্বাস করেন বা করেন না—এই-সব মতামত ও কর্মপ্রণালীর মধ্যে যেন এই মহাপুরুষকে সীমাবদ্ধ করে না দেখি। সাময়িক যে-সব ব্যাপারে তিনি জড়িত তাতে তাঁর ত্রুটিও ঘটতে পারে, তা নিয়ে তর্কও চলতে পারে—কিন্তু এহ বাহ্য। তিনি নিজে বারংবার স্বীকার করেছেন, তাঁর ভ্রান্তি হয়েছে; কালের পরিবর্তনে তাঁকে মত বদলাতে হয়েছে। কিন্তু এই-যে অবিচলিত নিষ্ঠা যা তাঁর সমস্ত জীবনকে অচলপ্রতিষ্ঠ করে তুলেছে, এই-যে অপরাজেয় সংকল্পশক্তি, এ তার সহজাত, কর্ণের সহজাত কবচের মতো—এই শক্তির প্রকাশ মানুষের ইতিহাসে চিরস্থায়ী সম্পদ। প্রয়োজনের সংসারে নিত্যপরিবর্তনের ধারা বয়ে চলেছে, কিন্তু সকল প্রয়োজনকে অতিক্রম করে যে মহাজীবনের মহিমা আজ আমাদের কাছে উদ্‌ঘাটিত হল তাকেই যেন আমরা শ্রদ্ধা করতে শিখি।

মহাত্মাজির জীবনের এই তেজ আজ সমগ্র দেশে সঞ্চারিত হয়েছে, আমাদের ম্লানতা মার্জনা করে দিচ্ছে। তাঁর এই তেজোদীপ্ত সাধকের মূর্তিই মহাকালের আসনকে অধিকার করে আছেন। বাধা-বিপত্তিকে তিনি মানেন নি, নিজের ভ্রমে তাঁকে খর্ব করে নি, সাময়িক উত্তেজনার ভিতরে থেকেও তার ঊর্ধ্বে তাঁর মন অপ্রমত্ত। এই বিপুল চরিত্রশক্তির আধার যিনি তাঁকেই আজ তাঁর জন্মদিনে আমরা নমস্কার করি।

পরিশেষে আমার বলবার কথা এই যে, পূর্বপুরুষের পুনরাবৃত্তি করা মনুষ্যধর্ম নয়। জীবজন্তু তাদের জীর্ণ অভ্যাসের বাসাকে আঁকড়ে ধরে থাকে; মানুষ যুগে যুগে নব নব সৃষ্টিতে আত্মপ্রকাশ করে, পুরাতন সংস্কারে কোনোদিন তাকে বেঁধে রাখতে পারে না। মহাত্মাজি ভারতবর্ষের বহুযুগব্যাপী অন্ধতা মূঢ় আচারের বিরুদ্ধে যে বিদ্রোহ এক দিক থেকে জাগিয়ে তুলেছেন, আমাদের সাধনা হোক সকল দিক থেকেই তাকে প্রবল করে তোলা। জাতিভেদ, ধর্মবিরোধ, মূঢ় সংস্কারের আবর্তে যত দিন আমরা চালিত হতে থাকব ততদিন কার সাধ্য আমাদের মুক্তি দেয়। কেবল ভোটের সংখ্যা এবং পরস্পরের স্বত্বের চুলচেরা হিসাব গণনা করে কোনো জাত দুর্গতি থেকে উদ্ধার পায় না। যে জাতির সামাজিক ভিত্তি বাধায় বিরোধে শতছিদ্র হয়ে আছে, যারা পঞ্জিকায় ঝুড়ি ঝুড়ি আবর্জনা বহন করে বেড়ায়, বিচারশক্তিহীন মূঢ় চিত্তে বিশেষ ক্ষণের বিশেষ জলে পুরুষানুক্রমিক পাপক্ষালন করতে ছোটে, যারা আত্মবুদ্ধি-আত্মশক্তির অবমাননাকে আপ্তবাক্যের নাম দিয়ে আদরে পোষণ করছে, তারা কখনও এমন সাধনাকে স্থায়ী ও গভীর ভাবে বহন করতে পারে না যে সাধনায় অন্তরে বাহিরে পরদাসত্বের বন্ধন ছেদন করতে পারে, যার দ্বারা স্বাধীনতার দুরূহ দায়িত্বকে সকল শত্রুর হাত থেকে দৃঢ় শক্তিতে রক্ষা করতে পারে। মনে রাখা চাই, বাহিরের শত্রুর সঙ্গে সংগ্রাম করতে তেমন বীর্যের দরকার হয় না, আপন অন্তরের শত্রুর সঙ্গে যুদ্ধ করাতেই মনুষ্যত্বের চরম পরীক্ষা। আজ যাঁকে আমরা শ্রদ্ধা করছি এই পরীক্ষায়

তিনি জয়ী হয়েছেন; তাঁর কাছ থেকে সেই দুরূহ সংগ্রামে জয়ী হবার সাধনা যদি দেশ গ্রহণ না করে তবে আজ আমাদের প্রশংসাবাক্য, উৎসবের আয়োজন সম্পূর্ণই ব্যর্থ হবে। আমাদের সাধনা আজ আরম্ভ হল মাত্র। দুর্গম পথ আমাদের সামনে পড়ে রয়েছে।

শান্তিনিকেতন

১৫ আশ্বিন ১৩৩৮

চৌঠা আশ্বিন

সূর্যের পূর্ণগ্রাসের লগ্নে অন্ধকার যেমন ক্রমে ক্রমে দিনকে আচ্ছন্ন করে তেমনি আজ মৃত্যুর ছায়া সমস্ত দেশকে আবৃত করছে। এমন সর্বদেশব্যাপী উৎকণ্ঠা ভারতের ইতিহাসে ঘটে নি, পরম শোকে এই আমাদের মহৎসান্ত্বনা। দেশের আপামর সাধারণকে আজকের দিনের বেদনা স্পর্শ করেছে। যিনি সুদীর্ঘকাল দুঃখের তপস্যার মধ্য দিয়ে সমস্ত দেশকে যথার্থ ভাবে, গভীর ভাবে, আপন করে নিয়েছেন, সেই মহাত্মা আজ আমাদের সকলের হয়ে মৃত্যুব্রত গ্রহণ করলেন।

দেশকে অস্ত্রশস্ত্র সৈন্যসামন্ত নিয়ে যারা বাহুবলে অধিকার করে, যত বড়ো হোক-না তাদের প্রতাপ, যেখানে দেশের প্রাণবান সত্তা সেখানে তাদের প্রবেশ অবরুদ্ধ। দেশের অন্তরে সূচ্যগ্রপরিমাণ ভূমি জয় করবে এমন শক্তি নেই তাদের। অস্ত্রের জোরে ভারতবর্ষকে অধিকার করেছে কত বিদেশী কতবার। মাটিতে রোপণ করেছে তাদের পতাকা, আবার সে পতাকা মাটিতে পড়ে ধুলো হয়ে গেছে।

অস্ত্রশস্ত্রের কাঁটাবেড়া দিয়ে যারা বিদেশে আপন স্বত্বকে স্থায়ী করবার দুরাশা মনে লালন করে, একদিন কালের আহ্বানে যে মুহূর্তে তারা নেপথ্যে সরে দাঁড়ায়, তখনই ইঁটকাঠের ভগ্নস্তূপে পুঞ্জীভুত হয় তাদের কীর্তির আবর্জনা। আর যাঁরা সত্যের বলে

বিজয়ী তাঁদের আধিপত্য তাঁদের আয়ুকে অতিক্রম করে দেশের মর্মস্থানে বিরাজ করে।

দেশের সমগ্র চিত্তে যাঁর এই অধিকার তিনি সমস্ত দেশের হয়ে আজ আরও একটি জয়যাত্রায় প্রবৃত্ত হয়েছেন, চরম আত্মোৎসর্গের পথে। কোন্ দুরূহ বাধা তিনি দূর করতে চান, যার জন্যে তিনি এত বড়ো মূল্য দিতে কুণ্ঠিত হলেন না, সেই কথাটি আজ আমাদের স্তব্ধ হয়ে চিন্তা করবার দিন।

আমাদের দেশে একটি ভয়ের কারণ আছে। যে পদার্থ মানসিক তাকে আমরা বাহ্যিক দক্ষিণা দিয়ে সুলভ সম্মানে বিদায় করি। চিহ্নকে বড়ো করে তুলে সত্যকে খর্ব করে থাকি। আজ দেশনেতারা স্থির করেছেন যে দেশের লোকেরা উপবাস করবে। আমি বলি, এতে দোষ নেই, কিন্তু ভয় হয়: মহাত্মাজি যে প্রাণপণ মূল্যের বিনিময়ে সত্যকে লাভ করবার চেষ্টা করছেন তার তুলনায় আমাদের কৃত্য নিতান্ত লঘু এবং বাহ্যিক হয়ে পাছে লজ্জা বাড়িয়ে তোলে। হৃদয়ের আবেগকে কোনো একটা অস্থায়ী দিনের সামান্য দুঃখের লক্ষণে ক্ষীণ রেখায় চিহ্নিত করে কর্তব্য মিটিয়ে দেবার মতো দুর্ঘটনা যেন না ঘটে।

আমরা উপবাসের অনুষ্ঠান করব, কেননা মহাত্মাজি উপবাস করতে বসেছেন—এই দুটোকে কোনো অংশেই যেন একত্রে তুলনা করবার মূঢ়তা কারও মনে না আসে। এ দুটো একেবারেই এক জিনিস নয়। তাঁর উপবাস, সে তো অনুষ্ঠান নয়, সে একটি বাণী, চরম ভাষার বাণী। মৃত্যু তাঁর সেই বাণীকে সমগ্র ভারতবর্ষের কাছে, বিশ্বের কাছে, ঘোষণা করবে চিরকালের মতো। সেই বাণীকেই যদি গ্রহণ করা আমাদের কর্তব্য হয় তবে তা যথোচিত ভাবে করতে হবে। তপস্যার সত্যকে তপস্যার দ্বারাই অন্তরে গ্রহণ করা চাই।

আজ তিনি কী বলছেন সেটা চিন্তা করে দেখো। পৃথিবীময় মানব-ইতিহাসের আরম্ভকাল থেকে দেখি এক দল মানুষ আর এক দলকে নীচে ফেলে তার উপর দাঁড়িয়ে নিজের উন্নতি প্রচার করে। আপন দলের প্রভাবকে প্রতিষ্ঠিত করে অন্য দলের দাসত্বের উপরে।

মানুষ দীর্ঘ কাল ধরে এই কাজ করে এসেছে। কিন্তু তবু বলব এটা অমানুষিক। তাই দাসনির্ভরতার ভিত্তির উপরে মানুষের ঐশ্বর্য স্থায়ী হতে পারে না। এতে কেবল যে দাসেদের দুর্গতি হয় তা নয়, প্রভুদেরও এতে বিনাশ ঘটায়। যাদের আমরা অপমানিত করে পায়ের তলায় ফেলি তারাই আমাদের সম্মুখপথে পদক্ষেপের বাধা। তারা গুরুভারে আমাদের নীচের দিকে টেনে রাখে। যাদের আমরা হীন করি তারা ক্রমশই আমাদের হেয় করে। মানুষ-খেগো সভ্যতা রোগে জীর্ণ হবে, মরবে। মানুষের দেবতার এই বিধান। ভারতবর্ষে মানুষোচিত সম্মান থেকে যাদের আমরা বঞ্চিত করেছি তাদের অগৌরবে আমরা সমস্ত ভারতবর্ষের অগৌরব ঘটিয়েছি।

আজ ভারতে কত সহস্র লোক কারাগারে রুদ্ধ, বন্দী। মানুষ হয়ে পশুর মতো তারা পীড়িত, অবমানিত। মানুষের এই পুঞ্জীভূত অবমাননা সমস্ত রাজ্যশাসনতন্ত্রকে অপমানিত করছে, তাকে গুরুভারে দুরূহ করছে। তেমনি আমরাও অসম্মানের বেড়ার মধ্যে বন্দী করে রেখেছি সমাজের বৃহৎ এক দলকে। তাদের হীনতার ভার বহন করে আমরা এগোতে পারছি নে। বন্দীদশা শুধু তো কারাপ্রাচীরের মধ্যে নয়। মানুষের অধিকার-সংক্ষেপ করাই তো বন্ধন। সম্মানের খর্বতার মতো কারাগার তো নেই। ভারতবর্ষে সেই সামাজিক কারাগারকে আমরা খণ্ডে খণ্ডে বড়ো করেছি। এই বন্দীর দেশে আমরা মুক্তি পাব কী করে। যারা মুক্তি দেয় তারাই তো মুক্ত হয়।

এতদিন এইভাবে চলছিল; ভালো করে বুঝি নি আমরা কোথায় তলিয়ে ছিলাম। সহসা ভারতবর্ষ আজ মুক্তির সাধনায় জেগে উঠল। পণ করলাম, চিরদিন বিদেশী শাসনে মনুষ্যত্বকে পঙ্গু করে রাখার এ ব্যবস্থা আর স্বীকার করব না। বিধাতা ঠিক সেই সময় দেখিয়ে দিলেন কোথায় আমাদের পরাভবের অন্ধকার গহ্বরগুলো। আজ ভারতে মুক্তিসাধনার তাপস যাঁরা তাঁদের সাধনা বাধা পেল তাদেরই কাছ থেকে যাদের আমরা অকিঞ্চিৎকর করে রেখেছি। যারা ছোটো হয়ে ছিল তারাই আজ বড়োকে করেছে অকৃতার্থ। তুচ্ছ বলে যাদের

আমরা মেরেছি তারাই আমাদের সকলের চেয়ে বড়ো মার মারছে।

এক ব্যক্তির সঙ্গে আর-এক ব্যক্তির শক্তির স্বাভাবিক উচ্চনীচতা আছে। জাতিবিশেষের মধ্যেও তেমন দেখা যায়। উন্নতির পথে সকলে সমান দূর এগোতে পারে নি। সেইটেকে উপলক্ষ করে সেই পশ্চাদ্‌বর্তীদেরকে অপমানের দুর্লঙ্ঘ্য বেড়া তুলে দিয়ে স্থায়ী ভাবে যখনই পিছিয়ে রাখা যায় তখনই পাপ জমা হয়ে ওঠে। তখনই অপমানবিষ দেশের এক অঙ্গ থেকে সর্ব অঙ্গে সঞ্চারিত হতে থাকে। এমনি করে মানুষের সম্মান থেকে যাদের নির্বাসিত করে দিলুম তাদের আমরা হারালুম। আমাদের দুর্বলতা ঘটল সেইখানেই, সেইখানেই শনির রন্ধ্র। এই রন্ধ্র দিয়েই ভারতবর্ষের পরাভব তাকে বারে বারে নত করে দিয়েছে। তার ভিতের গাঁথুনি আল্‌গা, আঘাত পাবা মাত্র ভেঙে ভেঙে পড়েছে। কালক্রমে যে ভেদ দূর হতে পারত তাকে আমরা চেষ্টা করে, সমাজরীতির দোহাই দিয়ে, স্থায়ী করে তুলেছি। আমাদের রাষ্ট্রিক মুক্তিসাধনা কেবলই ব্যর্থ হচ্ছে এই ভেদবুদ্ধির অভিশাপে।

যেখানেই এক দলের অসম্মানের উপর আর-এক দলের সম্মানকে প্রতিষ্ঠিত করা হয় সেইখানেই ভারসামঞ্জস্য নষ্ট হয়ে বিপদ ঘটে। এর থেকেই বোঝা যায়, সাম্যই মানুষের মূলগত ধর্ম। য়ুরোপে এক রাষ্ট্রজাতির মধ্যে অন্য ভেদ যদি বা না থাকে, শ্রেণীভেদ আছে। শ্রেণীভেদে সম্মান ও সম্পদের পরিবেশন সমান হয় না। সেখানে তাই ধনিকের সঙ্গে কর্মিকের অবস্থা যতই অসমান হয়ে উঠছে ততই সমাজ টলমল করছে। এই অসাম্যের ভারে সেখানকার সমাজব্যবস্থা প্রত্যহই পীড়িত হচ্ছে। যদি সহজে সাম্য স্থাপন হয় তবেই রক্ষা, নইলে নিষ্কৃতি নেই। মানুষ যেখানেই মানুষকে পীড়িত করবে সেখানেই তার সমগ্র মনুষ্যত্ব আহত হবেই; সেই আঘাত মৃত্যুর দিকেই নিয়ে যায়।

সমাজের মধ্যেকার এই অসাম্য, এই অসম্মানের দিকে, মহাত্মাজি অনেক দিন থেকে আমাদের লক্ষ নির্দেশ করেছেন। তবুও তেমন একান্ত চেষ্টায় এই দিকে আমাদের সংস্কারকার্য প্রবর্তিত হয় নি।

চরখা ও খদ্দরের দিকে আমরা মন দিয়েছি, আর্থিক দুর্গতির দিকে দৃষ্টি পড়েছে, কিন্তু সামাজিক পাপের দিকে নয়। সেইজন্যেই আজ এই দুঃখের দিন এল। আর্থিক দুঃখ অনেকটা এসেছে বাইরে থেকে, তাকে ঠেকানো একান্ত কঠিন না হতে পারে। কিন্তু যে সামাজিক পাপের উপর আমাদের সকল শত্রুর আশ্রয় তাকে উৎপাটন করতে আমাদের বাজে, কেননা তার উপরে আমাদের মমত্ব। সেই প্রশ্রয়প্রাপ্ত পাপের বিরুদ্ধে আজ মহাত্মা চরম যুদ্ধ ঘোষণা করে দিলেন। আমাদের দুর্ভাগ্যক্রমে এই রণক্ষেত্রে তাঁর দেহের অবসান ঘটতেও পারে। কিন্তু সেই লড়াইয়ের ভার তিনি আমাদের প্রত্যেককে দান করে যাবেন। যদি তাঁর হাত থেকে আজ আমরা সর্বান্তঃকরণে সেই দান গ্রহণ করতে পারি তবেই আজকের দিন সার্থক হবে। এত বড়ো আহ্বানের পরেও যারা একদিন উপবাস ক'রে তার পরদিন হতে উদাসীন থাকবে, তারা দুঃখ থেকে যাবে দুঃখে, দুর্ভিক্ষ থেকে দুর্ভিক্ষে। সামান্য কৃচ্ছ্রসাধনের দ্বারা সত্যসাধনার অবমাননা যেন না করি।

মহাত্মাজির এই ব্রত আমাদের শাসনকর্তাদের সংকল্পকে কী পরিমাণে ও কী ভাবে আঘাত করবে জানি নে। আজ সেই পোলিটিকাল তর্ক-অবতারণার দিন নয়। কেবল একটা কথা বলা উচিত বলে বলব। দেখতে পাচ্ছি, মহাত্মাজির এই চরম উপায়-অবলম্বনের অর্থ অধিকাংশ ইংরেজ বুঝতে পারছেন না। না পারবার একটা কারণ এই যে, মহাত্মাজির ভাষা তাঁদের ভাষা নয়। আমাদের সমাজের মধ্যে সাংঘাতিক বিচ্ছেদ ঘটাবার বিরুদ্ধে মহাত্মাজির এই প্রাণপণ প্রয়াস তাঁদের প্রয়াসের প্রচলিত পদ্ধতির সঙ্গে মেলে না বলেই এটাকে এত অদ্ভুত বলে মনে হচ্ছে। একটা কথা তাঁদের স্মরণ করিয়ে দিতে পারি—আয়র্লণ্ড্ যখন ব্রিটিশ ঐক্যবন্ধন থেকে স্বতন্ত্র হবার চেষ্টা করেছিল তখন কী বীভৎস ব্যাপার ঘটেছিল। কত রক্তপাত, কত অমানুষিক নিষ্ঠুরতা। পলিটিক্সে এই হিংস্র পদ্ধতিই পশ্চিম-মহাদেশে অভ্যস্ত। সেই কারণে আয়র্লণ্ডে রাষ্ট্রিক প্রয়াসের এই রক্তাক্ত মূর্তি তো কারও কাছে, অন্তত অধিকাংশ লোকের কাছে, আর যাই হোক,

অদ্ভুত বলে মনে হয় নি। কিন্তু অদ্ভুত মনে হচ্ছে মহাত্মাজির অহিংস্র আত্মত্যাগী প্রয়াসের শান্ত মূর্তি। ভারতবর্ষের অবমানিত জাতির প্রতি মহাত্মাজির মমতা নেই, এত বড়ো অমূলক কথা মনে স্থান দেওয়া সম্ভব হয়েছে তার কারণ এই যে, এই ব্যাপারে তিনি আমাদের রাজসিংহাসনের উপর সংকটের ঝড় বইয়ে দিয়েছেন। রাজপুরুষদের মন বিকল হয়েছে বলেই এমন কথা তাঁরা কল্পনা করতে পেরেছেন। এ কথা বুঝতে পারেন নি, রাষ্ট্রিক অস্ত্রাঘাতে হিন্দুসমাজকে দ্বিখণ্ডিত হতে দেখা হিন্দুর পক্ষে মৃত্যুর চেয়ে কম বিপদের নয়। একদা বাহির থেকে কোনো তৃতীয় পক্ষ এসে যদি ইংলণ্ডে প্রটেস্টাণ্ট্ ও রোমান-ক্যাথলিকদের এই ভাবে সম্পূর্ণ বিভক্ত করে দিত তা হলে সেখানে একটা নরহত্যার ব্যাপার ঘটা অসম্ভব ছিল না। এখানে হিন্দুসমাজের পরম সংকটের সময় মহাত্মাজির দ্বারা সেই বহুপ্রাণঘাতক যুদ্ধের ভাষান্তর ঘটেছে মাত্র। প্রটেস্টাণ্ট্ ও রোমান-ক্যাথলিকদের মধ্যে বহুদীর্ঘকাল যে অধিকারভেদ এসেছিল, সমাজই আজ স্বয়ং তার সমাধান করেছে; সেজন্যে তুর্কির বাদশাকে ডাকে নি। আমাদের দেশের সামাজিক সমস্যা সমাধানের ভার আমাদের ’পরেই থাকার প্রয়োজন ছিল।

রাষ্ট্রব্যাপারে মহাত্মাজি যে অহিংস্রনীতি এতকাল প্রচার করেছেন আজ তিনি সেই নীতি নিজের প্রাণ দিয়ে সমর্থন করতে উদ্যত, এ কথা বোঝা অত্যন্ত কঠিন বলে আমি মনে করি নে।

শান্তিনিকেতন

৪ আশ্বিন ১৩৩৯

মহাত্মাজির পুণ্যব্রত

যুগে যুগে দৈবাৎ এই সংসারে মহাপুরুষের আগমন হয়। সব সময় তাঁদের দেখা পাই নে। যখন পাই সে আমাদের সৌভাগ্য। আজকের দিনে দুঃখের অন্ত নেই; কত পীড়ন, কত দৈন্য, কত রোগ শোক তাপ আমরা নিত্য ভোগ করছি; দুঃখ জমে উঠেছে রাশি রাশি। তবু সব দুঃখকে ছাড়িয়ে গেছে আজ এক আনন্দ। যে মাটিতে আমরা বেঁচে আছি, সঞ্চরণ করছি, সেই মাটিতেই একজন মহাপুরুষ, যাঁর তুলনা নেই, তিনি ভারতবর্ষে জন্মগ্রহণ করেছেন।

যাঁরা মহাপুরুষ তাঁরা যখন আসেন, আমরা ভালো করে চিনতে পারি নে তাঁদের। কেননা, আমাদের মন ভীরু অস্বচ্ছ, স্বভাব শিথিল, অভ্যাস দুর্বল। মনেতে সেই সহজ শক্তি নেই যাতে করে মহৎকে সম্পূর্ণ বুঝতে পারি, গ্রহণ করতে পারি। বারে বারে এমন ঘটেছে, যাঁরা সকলের বড়ো তাঁদেরই সকলের চেয়ে দূরে ফেলে রেখেছি।

যাঁরা জ্ঞানী, গুণী, কঠোর তপস্বী, তাঁদের বোঝা সহজ নয়; কেননা আমাদের জ্ঞান বুদ্ধি সংস্কার তাঁদের সঙ্গে মেলে না। কিন্তু একটা জিনিস বুঝতে কঠিন লাগে না, সেটা ভালোবাসা। যে মহাপুরুষ ভালোবাসা দিয়ে নিজের পরিচয় দেন, তাঁকে আমাদের ভালোবাসায় আমরা একরকম করে বুঝতে পারি। সেজন্যে ভারতবর্ষে এই এক

আশ্চর্য ঘটনা ঘটল যে, এবার বুঝেছি। এমনটি সচরাচর ঘটে না। যিনি আমাদের মধ্যে এসেছেন তিনি অত্যন্ত উচ্চ, অত্যন্ত মহৎ। তবু তাঁকে স্বীকার করেছি, তাঁকে জেনেছি। সকলে বুঝেছে 'তিনি আমার'। তাঁর ভালোবাসায় উচ্চ-নীচের ভেদ নেই, মুর্খ-বিদ্বানের ভেদ নেই, ধনী-দরিদ্রের ভেদ নেই। তিনি বিতরণ করেছেন সকলের মধ্যে সমান ভাবে তাঁর ভালোবাসা। তিনি বলেছেন, সকলের কল্যাণ হোক, সকলের মঙ্গল হোক। যা বলেছেন, শুধু কথায় নয় বলেছেন দুঃখের বেদনায়। কত পীড়া, কত অপমান তিনি সয়েছেন। তাঁর জীবনের ইতিহাস দুঃখের ইতিহাস। দুঃখ অপমান ভোগ করেছেন কেবল ভারতবর্ষে নয়, দক্ষিণ আফ্রিকায় কত মার তাঁকে মৃত্যুর ধারে এনে ফেলেছে। তাঁর দুঃখ নিজের বিষয়সুখের জন্যে নয়, স্বার্থের জন্যে নয়, সকলের ভালোর জন্যে। এই-যে এত মার খেয়েছেন, উল্টে কিছু বলেন নি কখনও, রাগ করেন নি। সমস্ত আঘাত মাথা পেতে নিয়েছেন। শত্রুরা আশ্চর্য হয়ে গেছে ধৈর্য দেখে, মহত্ত্ব দেখে। তাঁর সংকল্প সিদ্ধ হল, কিন্তু জোর-জবরদস্তিতে নয়। ত্যাগের দ্বারা, দুঃখের দ্বারা, তপস্যার দ্বারা তিনি জয়ী হয়েছেন। সেই তিনি আজ ভারতবর্ষের দুঃখের বোঝা নিজের দুঃখের বেগে ঠেলবার জন্যে দেখা দিয়েছেন।

তোমরা সকলে তাঁকে দেখেছ কি না জানি না। কারও কারও হয়তো তাঁকে দেখার সৌভাগ্য ঘটেছে। কিন্তু তাঁকে জান সকলেই, সমস্ত ভারতবর্ষ তাঁকে জানে। সবাই জান, সমস্ত ভারতবর্ষ কিরকম করে তাঁকে ভক্তি দিয়েছে; একটি নাম দিয়েছে—মহাত্মা। আশ্চর্য, কেমন করে চিনলে। মহাত্মা অনেককেই বলা হয়, তার কোনো মানে নেই। কিন্তু এই মহাপুরুষকে যে মহাত্মা বলা হয়েছে, তার মানে আছে। যাঁর আত্মা বড়ো, তিনিই মহাত্মা। যাদের আত্মা ছোটো, বিষয়ে বদ্ধ, টাকাকড়ি-ঘরসংসারের চিন্তায় যাদের মন আচ্ছন্ন, তারা দীনাত্মা। মহাত্মা তিনিই, সকলের সুখ দুঃখ যিনি আপনার করে নিয়েছেন, সকলের ভালোকে যিনি আপনার ভালো বলে জানেন। কেননা, সকলের হৃদয়ে তাঁর স্থান, তাঁর হৃদয়ে সকলের স্থান। আমাদের

শাস্ত্রে ঈশ্বরকে বলে মহাত্মা, মর্তলোকে সেই দিব্য ভালোবাসা সেই প্রেমের ঐশ্বর্য দৈবাৎ মেলে। সেই প্রেম যাঁর মধ্যে প্রকাশ পেয়েছে তাঁকে আমরা মোটের উপর এই বলে বুঝেছি যে, তিনি হৃদয় দিয়ে সকলকে ভালোবেসেছেন। কিন্তু সম্পূর্ণ বুঝতে পারি না, ভালো করে চিনতে একটু বাধা লাগে। বাঁকা হয়ে গেছে আমাদের মন। সত্যকে স্বীকার করতে ভীরুতা দ্বিধা সংশয় আমাদের জাগে। বিনা ক্লেশে যা মানতে পারি তাই মানি, কঠিনটাকে সরিয়ে রেখে দিই এক পাশে। তাঁর সকলের চেয়ে বড়ো সত্যটাকে নিতে পারলুম না। এইখানেই তাঁকে মারলুম। তিনি এসেছেন, ফিরে গেলেন, শেষ পর্যন্ত তাঁকে নিতে পারলুম না।

খৃস্টানশাস্ত্রে পড়েছি, আচারনিষ্ঠ য়িহুদিরা যিশুখৃস্টকে শত্রু বলে মেরেছিল। কিন্তু মার কি শুধু দেহের। যিনি প্রাণ দিয়ে কল্যাণের পথ খুলে দিতে আসেন, সেই পথকে বাধাগ্রস্ত করা সেও কি মার নয়। সকলের চেয়ে বড়ো মার সেই। কী অসহ্য বেদনা অনুভব করে তিনি আজকের দিনে মৃত্যুব্রত গ্রহণ করেছেন। সেই ব্রতকে যদি আমরা স্বীকার করে না নিই, তবে কি তাঁকে আমরা মারলুম না। আমাদের ছোটো মনের সংকোচ, ভীরুতা, আজ লজ্জা পাবে না? আমরা কি তাঁর সেই বেদনাকে মর্মের মধ্যে ঠিক জায়গায় অনুভব করতে পারব না। গ্রহণ করতে পারব না তাঁর দান? এত সংকোচ, এত ভীরুতা আমাদের? সে ভীরুতার দৃষ্টান্ত তো তাঁর মধ্যে কোথাও নেই। সাহসের অন্ত নেই তাঁর; মৃত্যুকে তিনি তুচ্ছ করেছেন। কঠিন কারাগার, তার সমস্ত লোহার শিকল নিয়ে তাঁর ইচ্ছাকে ঠেকাতে পারে নি। সেই তিনি এসেছেন আজ আমাদের মাঝখানে। আমরা যদি ভয়ে পিছিয়ে পড়ি, তবে লজ্জা রাখবার ঠাঁই থাকবে না। তিনি আজ মৃত্যুব্রত গ্রহণ করেছেন ছোটো-বড়োকে এক করবার জন্যে। তাঁর সেই সাহস, তাঁর সেই শক্তি, আসুক আমাদের বুদ্ধিতে, আমাদের কাজে। আমরা যেন আজ গলা ছেড়ে বলতে পারি, 'তুমি যেয়ো না, আমরা গ্রহণ করলাম তোমার ব্রত।' তা যদি না পারি, এত বড়ো জীবনকে যদি ব্যর্থ হতে

দিই, তবে তার চেয়ে বড়ো সর্বনাশ আর কী হতে পারে।

আমরা এই কথাই বলে থাকি যে, বিদেশীরা আমাদের শত্রুতা করছে। কিন্তু তার চেয়ে বড়ো শত্রু আছে আমাদের মজ্জার মধ্যে, সে আমাদের ভীরুতা। সেই ভীরুতাকে জয় করার জন্যে বিধাতা আমাদের শক্তি পাঠিয়ে দিয়েছেন তাঁর জীবনের মধ্য দিয়ে; তিনি আপন অভয় দিয়ে আমাদের ভয় হরণ করতে এসেছেন। সেই তাঁর দান-সুদ্ধ তাঁকে আজ কি আমরা ফিরিয়ে দেব। এই কৌপীনধারী আমাদের দ্বারে দ্বারে আঘাত করে ফিরেছেন, তিনি আমাদের সাবধান করেছেন কোন্‌খানে আমাদের বিপদ। মানুষ যেখানে মানুষের অপমান করে, মানুষের ভগবান সেইখানেই বিমুখ। শত শত বছর ধরে মানুষের প্রতি অপমানের বিষ আমরা বইয়ে দিয়েছি ভারতবর্ষের নাড়ীতে নাড়ীতে। হীনতার অসহ্য বোঝা চাপিয়ে দিয়েছি শত শত নত মস্তকের উপরে; তারই ভারে সমস্ত দেশ আজ ক্লান্ত, দুর্বল। সেই পাপে সোজা হয়ে দাঁড়াতে পারছি নে। আমাদের চলবার রাস্তায় পদে পদে পঙ্ককুণ্ড তৈরি করে রেখেছি; আমাদের সৌভাগ্যের অনেকখানি তলিয়ে যাচ্ছে তারই মধ্যে। এক ভাই আর এক ভাইয়ের কপালে স্বহস্তে কলঙ্ক লেপে দিয়েছে, মহাত্মা সইতে পারেন নি এই পাপ।

সমস্ত অন্তঃকরণ দিয়ে শোনো তাঁর বাণী। অনুভব করো, কী প্রচণ্ড তাঁর সংকল্পের জোর। আজ তপস্বী উপবাস আরম্ভ করেছেন, দিনের পর দিন তিনি অন্ন নেবেন না। তোমরা দেবে না তাঁকে অন্ন? তাঁর বাণীকে গ্রহণ করাই তাঁর অন্ন, তাই দিয়ে তাঁকে বাঁচাতে হবে। অপরাধ অনেক করেছি, পাপ পুঞ্জীভূত হয়ে উঠেছে। ভাইয়ের সঙ্গে ব্যবহার করেছি দাসের মতো, পশুর মতো। সেই অপমানে সমস্ত পৃথিবীর কাছে ছোটো করে রেখেছে আমাদের। যদি তাদের প্রাপ্য সম্মান দিতাম তা হলে আজ এত দুর্গতি হত না আমাদের। পৃথিবীর অন্য সব সমাজকে লোকে সম্মান করে, ভয় করে, কেননা তারা পরস্পর ঐক্যবন্ধনে বদ্ধ। আমাদের এই হিন্দুসমাজকে আঘাত করতে, অপমান করতে, কারও মনে ভয় নেই, বার বার তার প্রমাণ

পাই। কিসের জোরে তাদের এই স্পর্ধা সে কথাটা যেন এক মুহূর্ত না ভুলি।

যে সম্মান মহাত্মাজি সবাইকে দিতে চেয়েছেন, সে সম্মান আমরা সকলকে দেব। যে পারবে না দিতে, ধিক্ তাকে। ভাইকে ভাই বলে গ্রহণ করতে বাধা দেয় যে সমাজ, ধিক্ সেই জীর্ণ সমাজকে। সব চেয়ে বড়ো ভীরুতা তখনই প্রকাশ পায় যখন সত্যকে চিনতে পেরেও মানতে পারি নে। সে ভীরুতার ক্ষমা নেই।

অভিশাপ অনেক দিন থেকে আছে দেশের উপর। সেই জন্যে প্রায়শ্চিত্ত করতে বসেছেন একজন। সেই প্রায়শ্চিত্তে সকলকে মিলতে হবে, সেই মিলনেই আমাদের চিরমিলন শুরু হবে। মৃত্যুর বৃহৎ পাত্রে তাঁর প্রায়শ্চিত্ত তিনি আমাদের সকলের সামনে ধরলেন, এগিয়ে দিলেন আমাদের হাতের কাছে। গ্রহণ করো সকলে, ক্ষালন করো পাপ। মঙ্গল হবে। তাঁর শেষ কথা আজ আমি তোমাদের শোনাতে এসেছি। তিনি দূরে আছেন, কিন্তু তিনি দূরে নেই। তিনি আমাদের অন্তরেই আছেন। যদি জীবন দিতে হয় তাঁকে আমাদের জন্যে তবে অন্ত থাকবে না পরিতাপের।

মাথা হেঁট হয়ে যাবে আমাদের। তিনি আমাদের কাছে যা চেয়েছেন, তা দুরূহ, দুঃসাধ্য ব্রত। কিন্তু তার চেয়ে দুঃসাধ্য কাজ তিনি করেছেন, তার চেয়ে কঠিন ব্রত তাঁর। সাহসের সঙ্গে যেন গ্রহণ করতে পারি তাঁর দেওয়া ব্রত। যাকে আমরা ভয় করছি সে কিছুই নয়। সে মায়া, মিথ্যা। সে সত্য নয়; মানব না আমরা তাকে। বলো আজ সবাই মিলে, আমরা মানব না সেই মিথ্যাকে। বলো, আজ সমস্ত হৃদয় দিয়ে বলো, ভয় কিসের। তিনি সমস্ত ভয় হরণ করে বসে আছেন। মৃত্যুভয়কে জয় করেছেন। কোনো ভয় যেন আজ থাকে না আমাদের। লোকভয়, রাজভয়, সমাজভয়, কিছুতেই যেন সংকুচিত না হই আমরা। তাঁর পথে তাঁরই অনুবর্তী হয়ে চলব, পরাভব ঘটতে দেব না তাঁর। সমস্ত পৃথিবী আজ তাকিয়ে আছে। যাদের মনে দরদ নেই তারা উপহাস করছে। এত বড়ো ব্যাপারটা সত্যই উপহাসের

বিষয় হবে, যদি আমাদের উপরে কোনো ফল না হয়। সমস্ত পৃথিবী আজ বিস্মিত হবে, যদি তাঁর শক্তির আগুন আমাদের সকলের মনের মধ্যে জ্বলে ওঠে; যদি সবাই বলতে পারি, 'জয় হোক তপস্বী, তোমার তপস্যা সার্থক হোক।' এই জয়ধ্বনি সমুদ্রের এক পার থেকে পৌঁছবে আর-এক পারে; সকলে বলবে, সত্যের বাণী অমোঘ। ধন্য হবে ভারতবর্ষ। আজকের দিনেও এত বড়ো সার্থকতায় যে বাধা দেবে সে অত্যন্ত হেয়; তাকে তোমরা ভয়ে যদি মান তবে তার চেয়ে হেয় হবে তোমরা।

জয় হোক সেই তপস্বীর যিনি এই মুহূর্তে বসে আছেন মৃত্যুকে সামনে নিয়ে, ভগবানকে অন্তরে বসিয়ে, সমস্ত হৃদয়ের প্রেমকে উজ্জ্বল করে জ্বালিয়ে। তোমরা জয়ধ্বনি করো তাঁর, তোমাদের কণ্ঠস্বর পৌঁছক তাঁর আসনের কাছে। বলো, 'তোমাকে গ্রহণ করলেম, তোমার সত্যকে স্বীকার করলেম।'

আমি কীই-বা বলতে পারি। আমার ভাষায় জোর কোথায়। তিনি যে ভাষায় বলেছেন সে কানে শোনবার নয়, সে প্রাণে শোনবার; মানুষের সেই চরম ভাষা, নিশ্চয়ই তোমাদের অন্তরে পৌঁচেছে।

আমাদের সকলের চেয়ে বড়ো সৌভাগ্য, পর যখন আপন হয়। সকলের চেয়ে বড়ো বিপদ, আপন যখন পর হয়। ইচ্ছে করেই যাদের আমরা হারিয়েছি, ইচ্ছে করেই আজ তাদের ফিরে ডাকো; অপরাধের অবসান হোক, অমঙ্গল দূর হয়ে যাক। মানুষকে গৌরবদান করে মনুষ্যত্বের সগৌরব অধিকার লাভ করি।

শান্তিনিকেতন

৫ আশ্বিন ১৩৩৯

ব্রত উদ্‌যাপন

গভীর উদ্বেগের মধ্যে, মনে আশা নিয়ে, পুনা অভিমুখে যাত্রা করলেম। দীর্ঘ পথ, যেতে যেতে আশঙ্কা বেড়ে ওঠে, পৌঁছে কী দেখা যাবে। বড়ো স্টেশনে এলেই আমার সঙ্গী দুজনে খবরের কাগজ কিনে দেন, উৎকণ্ঠিত হয়ে পড়ে দেখি। সুখবর নয়। ডাক্তারেরা বলছে, মহাত্মাজির শরীরের অবস্থা danger zone-এ পৌঁচেছে। দেহেতে মেদ বা মাংসের উদ্বৃত্ত এমন নেই যে দীর্ঘকালের ক্ষয় সহ্য হয়, অবশেষে মাংসপেশী ক্ষয় হতে আরম্ভ করেছে। apoplexy হয়ে অকস্মাৎ প্রাণহানি ঘটতে পারে। সেই সঙ্গে কাগজে দেখছি, দিনের পর দিন দীর্ঘকাল ধরে জটিল সমস্যা নিয়ে তাঁকে স্বপক্ষ প্রতিপক্ষের সঙ্গে গুরুতর আলোচনা চালাতে হচ্ছে। শেষ পর্যন্ত হিন্দুসমাজের অন্তর্গত রূপেই অনুন্নত সমাজকে রাষ্ট্রনৈতিক বিশেষ অধিকার দেওয়া বিষয়ে দুই পক্ষকে তিনি রাজি করেছেন। দেহের সমস্ত যন্ত্রণা দুর্বলতাকে জয় করে তিনি অসাধ্য সাধন করেছেন; এখন বিলেত হতে এই ব্যবস্থা মঞ্জুর হওয়ার উপর সব নির্ভর করছে। মঞ্জুর না হওয়ার কোনো সংগত কারণ থাকতে পারে না; কেননা প্রধান মন্ত্রীর কথাই ছিল, অনুন্নত সমাজের সঙ্গে একযোগে হিন্দুরা যে ব্যবস্থা মেনে নেবে তাকে তিনিও স্বীকার করতে বাধ্য।

আশানৈরাশ্যে আন্দোলিত হয়ে ছাব্বিশে সেপ্টেম্বর প্রাতে আমরা কল্যাণ স্টেশনে পৌঁছলেম। সেখানে শ্রীমতী বাসন্তী ও শ্রীমতী ঊর্মিলার সঙ্গে দেখা হল। তাঁরা অন্য গাড়িতে কলকাতা থেকে কিছু পূর্বে এসে পৌঁচেছেন। কালবিলম্ব না করে আমাদের ভাবী গৃহস্বামিনীর প্রেরিত মোটরগাড়িতে চড়ে পুনার পথে চললেম।

পুনার পার্বত্য পথ রমণীয়। পুরদ্বারে যখন পৌঁছলেম, তখন সামরিক অভ্যাসের পালা চলেছে—অনেকগুলি armoured car, machine gun, এবং পথে পথে সৈন্যদলের কুচকাওয়াজ চোখে পড়ল। অবশেষে শ্রীযুক্ত বিঠলভাই থ্যাকার্‌সে মহাশয়ের প্রাসাদে গাড়ি থামল। তাঁর বিধবা পত্নী সৌম্যসহাস্য মুখে আমাদের অভ্যর্থনা করে নিয়ে চললেন। সিঁড়ির দু পাশে দাঁড়িয়ে তাঁর বিদ্যালয়ের ছাত্রীরা গান করে অভিনন্দন জানালেন।

গৃহে প্রবেশ করেই বুঝেছিলেম, গভীর একটি আশঙ্কায় হাওয়া ভারাক্রান্ত। সকলের মুখেই দুশ্চিন্তার ছায়া। প্রশ্ন করে জানলেম, মহাত্মাজির শরীরের অবস্থা সঙ্কটাপন্ন। বিলাত হতে তখনও খবর আসে নি। প্রধান মন্ত্রীর নামে আমি একটি জরুরি তার পাঠিয়ে দিলেম।

দরকার ছিল না পাঠাবার। শীঘ্রই জনরব কানে এল, বিলাত থেকে সম্মতি এসেছে। কিন্তু জনরব সত্য কি না তার প্রমাণ পাওয়া গেল বহু ঘণ্টা পরে।

মহাত্মাজির মৌনাবলম্বনের দিন আজ। একটার পরে কথা বলবেন। তাঁর ইচ্ছা, সেই সময়ে আমি কাছে থাকি। পথে যেতে যারবেদা জেলের খানিক দূরে আমাদের মোটর গাড়ি আটকা পড়ল; ইংরেজ সৈনিক বললে, কোনো গাড়ি এগোতে দেবার হুকুম নেই। আজকের দিনে জেলখানায় প্রবেশের পথ ভারতবর্ষে প্রশস্ত বলেই তো জানি। গাড়ির চতুর্দিকে নানা লোকের ভিড় জমে উঠল।

আমাদের পক্ষ হতে লোক জেলের কর্তৃপক্ষের কাছে অনুমতি নিতে খানিক এগিয়ে যেতেই শ্রীমান দেবদাস এসে উপস্থিত, জেল-প্রবেশের ছাড়পত্র তাঁর হাতে। পরে শুনলেম, মহাত্মাজি তাঁকে

পাঠিয়েছিলেন। কেননা তাঁর হঠাৎ মনে হয়, পুলিস কোথাও আমাদের গাড়ি আটকেছে—যদিও তার কোনো সংবাদ তাঁর জানা ছিল না।

লোহার দরজা একটার পর একটা খুলল, আবার বন্ধ হয়ে গেল। সামনে দেখা যায় উঁচু দেয়ালের ঔদ্ধত্য, বন্দী আকাশ, সোজা-লাইন-করা বাঁধা রাস্তা, দুটো চারটে গাছ।

দুটো জিনিসের অভিজ্ঞতা আমার জীবনে বিলম্বে ঘটেছে। বিশ্ববিদ্যালয়ের গেট পেরিয়ে ঢুকেছি সম্প্রতি। জেলখানায় প্রবেশে আজ বাধা ঘটলেও অবশেষে এসে পৌঁছনো গেল।

বাঁ দিকে সিঁড়ি উঠে, দরজা পেরিয়ে, দেয়ালে-ঘেরা একটি অঙ্গনে প্রবেশ করলেম। দুরে দুরে দু-সারি ঘর। অঙ্গনে একটি ছোটো আমগাছের ঘনছায়ায় মহাত্মাজি শয্যাশায়ী।

মহাত্মাজি আমাকে দুই হাতে বুকের কাছে টেনে নিলেন, অনেক ক্ষণ রাখলেন। বললেন, কত আনন্দ হল।

শুভ সংবাদের জোয়ার বেয়ে এসেছি, এ জন্যে আমার ভাগ্যের প্রশংসা করলেম তাঁর কাছে। তখন বেলা দেড়টা। বিলাতের খবর ভারতময় রাষ্ট্র হয়ে গেছে; রাজনৈতিকের দল তখন সিমলায় দলিল নিয়ে প্রকাশ্য সভায় আলোচনা করছিলেন, পরে শুনলেম। খবরের কাগজওয়ালারাও জেনেছে। কেবল যাঁর প্রাণের ধারা প্রতি মুহূর্তে শীর্ণ হয়ে মৃত্যুসীমায় সংলগ্নপ্রায় তাঁর প্রাণসংকট-মোচনের যথেষ্ট সত্বরতা নেই। অতি দীর্ঘ লাল ফিতের জটিল নির্মমতায় বিস্ময় অনুভব করলেম। সওয়া চারটে পর্যন্ত উৎকণ্ঠা প্রতিক্ষণ বেড়ে চলতে লাগল। শুনতে পাই, দশটার সময় খবর পুনায় এসেছিল।

চতুর্দিকে বন্ধুরা রয়েছেন। মহাদেব, বল্লভভাই, রাজা গোপালাচারী, রাজেন্দ্রপ্রসাদ, এঁদের লক্ষ্য করলেম। শ্রীমতী কস্তুরীবাঈ এবং সরোজিনীকে দেখলেম। জওহরলালের পত্নী কমলাও ছিলেন।

মহাত্মাজির স্বভাবতই শীর্ণ শরীর শীর্ণতম, কণ্ঠস্বর প্রায় শোনা যায় না। জঠরে অম্ল জমে উঠেছে, তাই মধ্যে মধ্যে সোডা মিশিয়ে জল খাওয়ানো হচ্ছে। ডাক্তারদের দায়িত্ব অতিমাত্রায় পৌঁচেছে।

অথচ চিত্তশক্তির কিছুমাত্র হ্রাস হয় নি। চিন্তার ধারা প্রবহমাণ, চৈতন্য অপরিশ্রান্ত। প্রায়োপবেশনের পূর্ব হতেই কত দুরূহ ভাবনা, কত জটিল আলোচনায় তাঁকে নিয়ত ব্যাপৃত হতে হয়েছে। সমুদ্রপারের রাজনৈতিকদের সঙ্গে পত্রব্যবহারে মনের উপর কঠোর ঘাত-প্রতিঘাত চলেছে। উপবাসকালে নানান দলের প্রবল দাবি তাঁর অবস্থার প্রতি মমতা করে নি, তা সকলেই জানেন। কিন্তু মানসিক জীর্ণতার কোনো চিহ্নই তো নেই। তাঁর চিন্তার স্বাভাবিক স্বচ্ছ প্রকাশধারায় আবিলতা ঘটে নি। শরীরের কৃচ্ছ্রসাধনের মধ্য দিয়েও আত্মার অপরাজিত উদ্যমের এই মূর্তি দেখে আশ্চর্য হতে হল। কাছে না এলে এমন করে উপলব্ধি করতেম না, কত প্রচণ্ড শক্তি এই ক্ষীণদেহ পুরুষের।

আজ ভারতবর্ষের কোটি প্রাণের মধ্যে পৌঁছল মৃত্যুর বেদীতল-শায়ী এই মহৎ প্রাণের বাণী। কোনো বাধা তাকে ঠেকাতে পারল না—দূরত্বের বাধা, ইঁটকাঠ-পাথরের বাধা, প্রতিকূল পলিটিক্সের বাধা। বহু শতাব্দীর জড়ত্বের বাধা আজ তার সামনে ধূলিসাৎ হল।

মহাদেব বললেন, আমার জন্যে মহাত্মাজি একান্তমনে অপেক্ষা করছিলেন। আমার উপস্থিতি দ্বারা রাষ্ট্রিক সমস্যার মীমাংসা-সাধনে সাহায্য করতে পারি এমন অভিজ্ঞতা আমার নেই। তাঁকে যে তৃপ্তি দিতে পেরেছি, এই আমার আনন্দ।

সকলে ভিড় করে দাঁড়ালে তাঁর পক্ষে কষ্টকর হবে মনে করে আমরা সরে গিয়ে বসলেম। দীর্ঘকাল অপেক্ষা করছি কখন খবর এসে পৌঁছবে। অপরাহ্ণের রৌদ্র আড় হয়ে পড়েছে ইঁটের প্রাচীরের উপর। এখানে ওখানে দু-চারজন শুভ্র-খদ্দর-পরিহিত পুরুষ নারী শান্ত ভাবে আলোচনা করছেন।

লক্ষ্য করবার বিষয়, কারাগারের মধ্যে এই জনতা। কারও ব্যবহারে প্রশ্রয়জনিত শৈথিল্য নেই। চরিত্রশক্তি বিশ্বাস আনে, জেলের কর্তৃপক্ষ তাই শ্রদ্ধা করেই এঁদেরকে সম্পূর্ণ স্বাধীন ভাবে মেলামেশা করতে দিতে পেরেছেন। এঁরা মহাত্মাজির প্রতিশ্রুতির প্রতিকূলে কোনো সুযোগ গ্রহণ করেন নি। আত্মমর্যাদার দৃঢ়তা এবং

অচাঞ্চল্য এঁদের মধ্যে পরিস্ফুট। দেখলেই বোঝা যায়, ভারতের স্বরাজ্য-সাধনার যোগ্য সাধক এঁরা।

অবশেষে জেলের কর্তৃপক্ষ গবর্মেন্টের ছাপ-মারা মোড়ক হাতে উপস্থিত হলেন। তাঁর মুখেও আনন্দের আভাস পেলুম। মহাত্মাজি গম্ভীর ভাবে ধীরে ধীরে পড়তে লাগলেন। সরোজিনীকে বললেম, এখন ওঁর চার পাশ থেকে সকলের সরে যাওয়া উচিত। মহাত্মাজি পড়া শেষ করে বন্ধুদের ডাকলেন। শুনলেম, তিনি তাঁদের আলোচনা করে দেখতে বললেন। এবং নিজের তরফ থেকে জানালেন, কাগজটা ডাক্তার আম্বেদকরকে দেখানো দরকার; তাঁর সমর্থন পেলে তবেই তিনি নিশ্চিন্ত হবেন।

বন্ধুরা এক পাশে দাঁড়িয়ে চিঠিখানি পড়লেন। আমাকেও দেখালেন। রাষ্ট্রবুদ্ধির রচনা সাবধানে লিখিত, সাবধানেই পড়তে হয়। বুঝলেম মহাত্মাজির অভিপ্রায়ের বিরুদ্ধ নয়। পণ্ডিত হৃদয়নাথ কুঞ্জ্রুর 'পরে ভার দেওয়া হল চিঠিখানার বক্তব্য বিশ্লেষণ করে মহাত্মাজিকে শোনাবেন। তাঁর প্রাঞ্জল ব্যাখ্যায় মহাত্মাজির মনে আর কোনো সংশয় রইল না। প্রায়োপবেশনের ব্রত উদ্যাপন হল।

প্রাচীরের কাছে ছায়ায় মহাত্মাজির শয্যা সরিয়ে আনা হল। চতুর্দিকে জেলের কম্বল বিছিয়ে সকলে বসলেন। লেবুর রস প্রস্তুত করলেন শ্রীমতী কমলা নেহেরু। Inspector-General of Prisons—যিনি গবর্মেন্টের পত্র নিয়ে এসেছেন—অনুরোধ করলেন, রস যেন মহাত্মাজিকে দেন শ্রীমতী কস্তুরীবাঈ নিজের হাতে। মহাদেব বললেন 'জীবন যখন শুকায়ে যায় করুণাধারায় এসো' গীতাঞ্জলির এই গানটি মহাত্মাজির প্রিয়। সুর ভুলে গিয়েছিলেম। তখনকার মতো সুর দিয়ে গাইতে হল। পণ্ডিত শ্যামশাস্ত্রী বেদ পাঠ করলেন। তার পর মহাত্মাজি শ্রীমতী কস্তুরীবাঈয়ের হাত হতে ধীরে ধীরে লেবুর রস পান করলেন। পরিশেষে সবর্মতী-আশ্রমবাসীগণ এবং সমবেত সকলে 'বৈষ্ণব জন কো' গানটি গাইলেন। ফল ও মিষ্টান্ন বিতরণ হল, সকলে গ্রহণ করলেম।

জেলের অবরোধের ভিতর মহোৎসব। এমন ব্যাপার আর কখনও ঘটে নি। প্রাণোৎসর্গের যজ্ঞ হল জেলখানায়, তার সফলতা এইখানেই রূপ ধারণ করলে। মিলনের এই অকস্মাৎ আবির্ভূত অপরূপ মূর্তি, একে বলতে পারি যজ্ঞসম্ভবা।

রাত্রে পণ্ডিত হৃদয়নাথ কুঞ্জ্রু প্রমুখ পুনার সমবেত বিশিষ্ট নেতারা এসে আমাকে ধরলেন, পরদিন মহাত্মাজির বার্ষিকী উৎসবসভায় আমাকে সভাপতি হতে হবে; মালব্যজিও বোম্বাই হতে আসবেন। মালব্যজিকেই সভাপতি করে আমি সামান্য দু-চার কথা লিখে পড়ব, এই প্রস্তাব করলেম। শরীরের দুর্বলতাকেও অস্বীকার করে শুভদিনের এই বিরাট জনসভায় যোগ দিতে রাজি না হয়ে পারলেম না।

বিকালে শিবাজিমন্দির-নামক বৃহৎ মুক্ত অঙ্গনে বিরাট জনসভা। অতি কষ্টে ভিতরে প্রবেশ করলেম। ভাবলেম, অভিমন্যুর মতো প্রবেশ তো হল, বেরোবার কী উপায়। মালব্যজি উপক্রমণিকায় সুন্দর করে বোঝালেন তাঁর বিশুদ্ধ হিন্দি ভাষায় যে, অস্পৃশ্যবিচার হিন্দুশাস্ত্রসঙ্গত নয়। বহু সংস্কৃত শ্লোক আবৃত্তি করে তাঁর যুক্তি প্রমাণ করলেন। আমার কণ্ঠ ক্ষীণ, সাধ্য নেই এত বড়ো সভায় আমার বক্তব্য শ্রুতিগোচর করতে পারি। মুখে মুখে দু-চারটি কথা বললেম, পরে রচনা পাঠ করবার ভার নিলেন পণ্ডিতজির পুত্র গোবিন্দ মালব্য। ক্ষীণ অপরাহ্নের আলোকে অদৃষ্টপূর্ব রচনা অনর্গল অমন সুস্পষ্ট কণ্ঠে পড়ে গেলেন, এতে বিস্মিত হলেম।

আমার সমগ্র রচনা কাগজে আপনারা দেখে থাকবেন। সভায় প্রবেশ করবার অনতিপূর্বে তার পাণ্ডুলিপি জেলে গিয়ে মহাত্মাজির হাতে দিয়ে এসেছিলেম।

মতিলাল নেহেরুর পত্নী কিছু বললেন তাঁর ভ্রাতা-ভগিনীদের উদ্দেশ করে, সামাজিক সাম্যবিধানের ব্রত রক্ষায় তাঁদের যেন একটুও ত্রুটি না ঘটে। শ্রীযুক্ত রাজাগোপালাচারী, রাজেন্দ্রপ্রসাদ প্রমুখ অন্যান্য নেতারাও অন্তরের ব্যথা দিয়ে দেশবাসীকে সামাজিক অশুচি দূর

করতে আবাহন করলেন। সভায় সমবেত বিরাট জনসংঘ হাত তুলে অস্পৃশ্যতানিবারণের প্রতিশ্রুতি গ্রহণ করলেন। বোঝা গেল, সকলের মনে আজকের বাণী পৌঁচেছে। কিছুদিন পূর্বেও এমন দুরূহ সংকল্পে এত সহস্র লোকের অনুমোদন সম্ভব ছিল না।

আমার পালা শেষ হল। পরদিন প্রাতে মহাত্মাজির কাছে অনেক ক্ষণ ছিলেম। তাঁর সঙ্গে এবং মালব্যজির সঙ্গে দীর্ঘকাল নানা বিষয়ে আলোচনা হল। একদিনেই মহাত্মাজি অপ্রত্যাশিত বল লাভ করেছেন। কণ্ঠস্বর তাঁর দৃঢ়তর, blood pressure প্রায় স্বাভাবিক। অতিথি অভ্যাগত অনেকেই আসছেন প্রণাম করে আনন্দ জানিয়ে যেতে। সকলের সঙ্গেই হেসে কথা কইছেন। শিশুর দল ফুল নিয়ে আসছে, তাদের নিয়ে তাঁর কী আনন্দ। বন্ধুদের সঙ্গে সামাজিক সাম্যবিধান প্রসঙ্গে নানাবিধ আলোচনা চলছে। এখন তাঁর প্রধান চিন্তার বিষয় হিন্দু-মুসলমানের বিরোধ-ভঞ্জন।

আজ যে-মহাত্মার জীবন আমাদের কাছে বিরাট ভূমিকায় উজ্জ্বল হয়ে দেখা দিল, তাতে সর্বমানুষের মধ্যে মহামানুষকে প্রত্যক্ষ করবার প্রেরণা আছে। সেই প্রেরণা সার্থক হোক ভারতবর্ষের সর্বত্র।

মুক্তিসাধনার সত্য পথ মানুষের ঐক্যসাধনায়। রাষ্ট্রিক পরাধীনতা আমাদের সামাজিক সহস্র ভেদবিচ্ছেদকে অবলম্বন করেই পুষ্ট।

জড়প্রথার সমস্ত বন্ধন ছিন্ন করে দিয়ে উদার ঐক্যের পথে মানবসভ্যতা অগ্রসর হবে, সেইদিন আজ সমাগত।

শ্রীঅরবিন্দ

ক্রম

অরবিন্দ ঘোষ

অনেক দিন মনে ছিল অরবিন্দ ঘোষকে দেখব। সেই আকাঙ্ক্ষা পূর্ণ হল। তাঁকে দেখে যা আমার মনে জেগেছে সেই কথা লিখতে ইচ্ছা করি।

খৃস্টান শাস্ত্রে বলে বাণীই আদ্যাশক্তি। সেই শক্তিই সৃষ্টিরূপে প্রকাশ পায়। নব যুগ নব সৃষ্টি, সে কখনো পঞ্জিকার তারিখের ফর্দ থেকে নেমে আসে না। যে যুগের বাণী চিন্তায় কর্মে মানুষের চিত্তকে মুক্তির নূতন পথে বাহির করে তাকেই বলি নব যুগ।

আমাদের শাস্ত্রে মন্ত্রের আদিতে ওঁ, অন্তেও ওঁ। এই শব্দটিকেই পূর্ণের বাণী বলি। এই বাণী সত্যের অয়মহং ভো—কালের শঙ্খকুহরে অসীমের নিশ্বাস।

ফরাসী রাষ্ট্র-বিপ্লবের বান ডেকে যে যুগ অতল ভাবসমুদ্র থেকে কলশব্দে ভেসে এল তাকে বলি য়ুরোপের এক নব যুগ। তার কারণ এ নয়, সেদিন ফ্রান্সে যারা পীড়িত তারা পীড়নকারীদের বিরুদ্ধে লড়াই বাধালে। তার কারণ, সেই যুগের আদিতে ছিল বাণী। সে বাণী কেবলমাত্র ফ্রান্সের আশু রাষ্ট্রিক প্রয়োজনের খাঁচায় বাঁধা, খবরের কাগজের মোড়কে ঢাকা, ইস্কুল বইয়ের বুলি-আওড়ানো টিয়ে পাখি নয়। সে ছিল মুক্তপক্ষ আকাশবিহারী বাণী; সকল মানুষকেই পূর্ণতর মনুষ্যত্বের দিকে সে পথ নির্দেশ করে দিয়েছিল।

একদা ইটালির উদ্বোধনের দূত ছিলেন মাট্‌সীনি, গারিবল্‌ডি। তাঁরা যে মন্ত্রে ইটালিকে উদ্ধার করলেন সে ইটালির তৎকালীন শত্রু-বিনাশের দ্রুতফলদায়ক মারণ-উচাটন পিশাচ-মন্ত্র নয়, সমস্ত মানুষের নাগপাশ-মোচনের সে গরুড়-মন্ত্র, নারায়ণের আশীর্বাদ নিয়ে মর্তে অবতীর্ণ। এইজন্যে তাকেই বলি বাণী। আঙুলের আগায় যে স্পর্শবোধ তার দ্বারা অন্ধকারে মানুষ ঘরের প্রয়োজন চালিয়ে নিতে পারে। সেই স্পর্শবোধ তারই নিজের। কিন্তু সূর্যের আলোতে নিখিলের যে স্পর্শবোধ আকাশে আকাশে বিস্তৃত তা প্রত্যেক প্রয়োজনের উপযোগী অথচ প্রত্যেক প্রয়োজনের অতীত। সেই আলোককেই বলি বাণীর রূপক।

সায়ান্স একদিন য়ুরোপে যুগান্তর এনেছিল। কেন? বস্তুজগতে শক্তির সন্ধান জানিয়েছিল ব'লে না, জগৎতত্ত্ব সম্বন্ধে জ্ঞানের অন্ধতা ঘুচিয়েছিল ব'লে। বস্তুসত্যের বিশ্বরূপ স্বীকার করতে সেদিন মানুষ প্রাণ পর্যন্ত দিয়েছে। আজ সায়ান্স সেই যুগ পার করে দিয়ে আর-এক নবতর যুগের সম্মুখে মানুষকে দাঁড় করালে। বস্তুরাজ্যের চরম সীমানায় মূল তত্ত্বের দ্বারে তার রথ এল। সেখানে সৃষ্টির আদি বাণী। প্রাচীন ভারতে মানুষের মন কর্মকাণ্ড থেকে যেই এল জ্ঞানকাণ্ডে, সঙ্গে সঙ্গে এল সৃষ্টির যুগ। মানুষের আচারকে লঙ্ঘন করে আত্মাকে ডাক পড়ল। সেই আত্মা যন্ত্রচালিত কর্মের বাহন নয়, আপন মহিমাতে সে সৃষ্টি করে। সেই যুগে মানুষের জাগ্রত চিত্ত ব'লে উঠেছিল, চিরন্তনের মধ্যে বেঁচে ওঠাই হল বেঁচে যাওয়া; তার উল্‌টাই মহতী বিনষ্টি। সেই যুগের বাণী ছিল—'য এতদ্‌বিদুরমৃতাস্তে ভবন্তি।'

আর-এক দিন ভারতে উদ্বোধনের বাণী এল। সমস্ত মানুষকে ডাক পড়ল—বিশেষ সংকীর্ণ পরামর্শ নিয়ে নয়, যে মৈত্রী মুক্তির পথে নিয়ে যায় তারই বাণী নিয়ে। সেই বাণী মানুষের চিত্তকে তার সমগ্র-উদ্বোধিত শক্তির যোগে বিপুল সৃষ্টিতে প্রবৃত্ত করলে।

বাণী তাকেই বলি যা মানুষের অন্তরতম পরম অব্যক্তকে বাহিরে অভিব্যক্তির দিকে আহ্বান করে আনে, যা উপস্থিত প্রত্যক্ষের চেয়ে অনাগত পূর্ণতাকে বাস্তবতর সত্য বলে সপ্রমাণ করে। প্রকৃতি পশুকে নিছক দিনমজুরি করতেই প্রত্যহ নিযুক্ত করে রেখেছে। সৃষ্টির বাণী

সেই সংকীর্ণ জীবিকার জগৎ থেকে মানুষকে এমন জীবনযাত্রায় উদ্ধার করে দিল যার লক্ষ্য উপস্থিত কালকে ছাড়িয়ে যায়। মানুষের কানে এল—টিঁকে থাকতে হবে, এ কথা তোমার নয়; তোমাকে বেঁচে থাকতে হবে, সেজন্যে মরতে যদি হয় সেও ভালো। প্রাণ-যাপনের বদ্ধ গণ্ডির মধ্যে যে আলো জ্বলে সে রাত্রির আলো, পশুদের তাতে কাজ চলে, কিন্তু মানুষ নিশাচর জীব নয়।

সমুদ্রমন্থনের দুঃসাধ্য কাজে বাণী মানুষকে ডাক দেয় তলার রত্নকে তীরে আনার কাজে। এতে করে বাইরে সে যে সিদ্ধি পায় তার চেয়ে বড়ো সিদ্ধি তার অন্তরে। এ যে দেবতার কাজে সহযোগিতা। এতেই আপন প্রচ্ছন্ন দৈব-শক্তির 'পরে মানুষের শ্রদ্ধা ঘটে। এই শ্রদ্ধাই নূতন যুগকে মর্তসীমা থেকে অমর্তের দিকে উদ্ধার করে নিয়ে যায়। এই শ্রদ্ধাকে নিঃসংশয় স্পষ্টভাবে দেখা যায় তাঁর মধ্যে, যাঁর আত্মা স্বচ্ছ জীবনের আকাশে মুক্ত মহিমায় প্রকাশিত। কেবলমাত্র বুদ্ধি নয়, ইচ্ছাশক্তি নয়, উদ্যম নয়, যাঁকে দেখলে বোঝা যায় বাণী তাঁর মধ্যে মূর্তিমতী।

আজ এইরূপ মানুষকে যে একান্ত ইচ্ছা করি তার কারণ, চার দিকেই আজ মানুষের মধ্যে আত্ম-অবিশ্বাস প্রবল। এই আত্ম-অবিশ্বাসই আত্মঘাত। তাই রাষ্ট্রিক স্বার্থবুদ্ধিই আজ আর-সকল সাধনাকেই পিছনে ঠেলে ফেলেছে। মানুষ বস্তুর মূল্যে সত্যকে বিচার করছে। এমনি করে সত্য যখন হয় উপলক্ষ, লক্ষ্য হয় আর-কিছু, তখন বিষয়ের লোভ উগ্র হয়ে ওঠে, সে লোভের আর তর সয় না। বিষয়সিদ্ধির অধ্যবসায়ে বিষয়বুদ্ধি আপন সাধনার পথকে যতই সংক্ষিপ্ত করতে পারে ততই তার জিত। কারণ, তার পাওয়াটা হল সাধনাপথের শেষ প্রান্তে। সত্যের সাধনায় সর্বক্ষণেই পাওয়া। সে যেন গানের মতো—গাওয়ার অন্তে সে গান নয়, গাওয়ার সমস্তটার মধ্যেই। সে যেন ফলের সৌন্দর্য, গোড়া থেকেই ফুলের সৌন্দর্যে যার ভূমিকা। কিন্তু লোভের প্রবলতায় সত্য যখন বিষয়ের বাহন হয়ে উঠল, মহেন্দ্রকে তখন উচ্চৈঃশ্রবার সহিসগিরিতে ভর্তি করা হল; তখন সাধনাটাকে ফাঁকি দিয়ে, সিদ্ধিকে সিঁধ কেটে নিতে ইচ্ছে করে, তাতে সত্য বিমুখ হয়, সিদ্ধি হয় বিকৃত। সুদীর্ঘ নির্বাসন ব্যাপ্ত করে

রামচন্দ্রের একটি সাধনা সম্পূর্ণ হয়েছিল। যতই দুঃখ পেয়েছেন ততই গাঢ়তর করে উপলব্ধি করেছেন সীতার প্রেম। তাঁর সেই উপলব্ধি নিবিড়ভাবে সার্থক হয়েছিল যেদিন প্রাণপণ যুদ্ধে সীতাকে রাবণের হাত থেকে উদ্ধার করে আনলেন।

কিন্তু রাবণের চেয়ে শত্রু দেখা দিল তাঁর নিজেরই মধ্যে। রাজ্যে ফিরে এসে রামচন্দ্র সীতার মহিমাকে রাষ্ট্রনীতির আশু প্রয়োজনে খর্ব করতে চাইলেন—তাঁকে বললেন, 'সর্বজন-সমক্ষে অগ্নিপরীক্ষায় অনতিকালেই তোমার সত্যের পরিচয় দাও।' কিন্তু এক মুহূর্তে জাদুর কৌশলে সত্যের পরীক্ষা হয় না, তার অপমান ঘটে। দশজন সত্যকে যদি না স্বীকার করে, তবে সেটা দশজনেরই দুর্ভাগ্য, সত্যকে যে সেই দশজনের ক্ষুদ্র মনের বিকৃতি অনুসারে আপনার অসম্মান করতে হবে এ যেন না ঘটে। সীতা বললেন, 'আমি মুহূর্তকালের দাবি মেটাবার অসম্মান মানব না, চিরকালের মতো বিদায় নেব।' রামচন্দ্র এক নিমিষে সিদ্ধি চেয়েছেন, এক মুহূর্তে সীতাকে হারিয়েছেন। ইতিহাসের যে উত্তরকাণ্ডে আমরা এসেছি, এই কাণ্ডে আমরা তাড়াতাড়ি দশের মন-ভোলানো সিদ্ধির লোভে সত্যকে হারাবার পালা আরম্ভ করেছি।

বন্ধু ক্ষিতিমোহন সেনের দুর্লভ বাক্যরত্নের ঝুলি থেকে একদিন এক পুরাতন বাউলের গান পেয়েছিলুম। তার প্রথম পদটি মনে পড়ে:

'নিঠুর গরজী, তুই কি মানসমুকুল ভাজবি আগুনে?'

যে মানসমুকুলের বিকাশ সাধনসাপেক্ষ, দশের সামনে অগ্নিপরীক্ষায় তার পরিণত সত্যকে আশুকালের গরজে সপ্রমাণ করতে চাইলে আয়োজনের ধুমধাম ও উত্তেজনাটা থেকে যায়, কিন্তু তার পিছনে মানসটাই অন্তর্ধান করে।

এই লোভের চাঞ্চল্যে সর্বত্রই যখন সত্যের পীড়ন চলেছে তখন এর বিরুদ্ধে তর্কযুক্তিকে খাড়া করে ফল নেই; মানুষকে চাই; যে মানুষ বাণীর দূত, সত্যসাধনায় সুদীর্ঘ কালেও যাঁর ধৈর্যচ্যুতি ঘটে না, সাধনপথের প্রথম থেকে শেষ পর্যন্ত সত্যেরই অমৃত পাথেয় যাঁকে আনন্দিত রাখে। আমরা এমন মানুষকে চাই যিনি সর্বাঙ্গীণ মানুষের

সমগ্রতাকে শ্রদ্ধা করেন। এ কথা গোড়াতেই মেনে নিতে হবে যে, বিধাতার কৃপাবশতই সর্বাঙ্গীণ মানুষটি সহজ নয়, মানুষ জটিল। তার ব্যক্তিরূপের অঙ্গ-প্রত্যঙ্গ বহুবিচিত্র। কোনো বিশেষ অপ্রশস্ত আদর্শের মাপে ছেঁটে একঝোঁকা ভাবে তাকে অনেক দূর বাড়িয়ে তোলা চলে। মানুষের মনটাকে যদি চাপা দিই তবে চোখ বুজে গুরুবাক্য মেনে চলার ইচ্ছা তার সহজ হতে পারে। বুঝিয়ে বলার পরিশ্রম ও বিলম্বটাকে খাটো করে দিতে পারলে মনের শক্তি বাড়ানোর চেয়ে মনের বোঝা বাড়ানো, বিদ্যালাভের পরিবর্তে ডিগ্রিলাভ সহজ হয়। জীবনযাত্রাকে উপকরণশূন্য করতে পারলে তার বহনভার কমে আসে। তবুও সহজের প্রলোভনে সবচেয়ে বড়ো কথাটা ভুললে চলবে না যে, আমরা মানুষ, আমরা সহজ নই।

তিব্বতে মন্ত্রজপের ঘূর্ণিচাকা আছে। এর মধ্যে মানুষের প্রতি অশ্রদ্ধা প্রকাশ পায় বলেই আমাদের মনে অবজ্ঞা আসে। সত্যকার মন্ত্রজপ একটুও সহজ নয়। সেটা শুদ্ধমাত্র আচার নয়, তার সঙ্গে আছে চিত্ত, আছে ইচ্ছাশক্তির একাগ্রতা। হিতৈষী এসে বললেন, সাধারণ মানুষের চিত্ত অলস, ইচ্ছাশক্তি দুর্বল, অতএব মন্ত্রজপকে সহজ করবার খাতিরে ঐ শক্ত অংশগুলো বাদ দেওয়া যাক—কিছু না ভেবে না বুঝে শব্দ আওড়ে গেলেই সাধারণের পক্ষে যথেষ্ট। সজীব ছাপাখানার মতো প্রত্যহ কাগজে হাজারবার নাম লিখলেই উদ্ধার। কিন্তু সহজ করবার মধ্যেই যদি বিশেষ গুণ থাকে তবে আরো সহজই বা না করব কেন? চিত্তের চেয়ে মুখ চলে বেগে, মুখের চেয়ে চাকা, অতএব চলুক চাকা, মরুক চিত্ত।

কিন্তু মানুষের পন্থা সম্বন্ধে যে-গুরু বলেন, 'দুর্গং-পথস্তৎ', তাঁকে নমস্কার করি। চরিতার্থতার পথে মানুষের সকল শক্তিকেই আমরা দাবি করব। বহুলতা পদার্থটিই মন্দ, এই মতের খাতিরে বলা চলে যে, ভেলা জিনিষটাই ভালো, নৌকাটা বর্জনীয়। এক সময়ে অত্যন্ত সাদাসিধে ভেলায় অত্যন্ত সাদাসিধে কাজ চলত। কিন্তু মানুষ পারলে না থাকতে, কেননা সে সাদাসিধে নয়। কোনোমতে স্রোতের উপর বরাত দিয়ে নিজের কাজ সংক্ষেপ করতে তার লজ্জা। বুদ্ধি ব্যস্ত হয়ে উঠল, নৌকোয় হাল লাগালো, দাঁড় বানালে, পাল দিলে তুলে, বাঁশের

লগি আনলে বেছে, গুণ টানবার উপায় করলে, নৌকোর উপর তার কর্তৃত্ব নানা গুণে নানা দিকে বেড়ে গেল, নৌকোর কাজও পূর্বের চেয়ে হল অনেক বেশি ও অনেক বিচিত্র। অর্থাৎ মানুষের তৈরি নৌকো মানবপ্রকৃতির জটিলতার পরিচয়ে কেবলি এগিয়ে চলল। আজ যদি বলি নৌকো ফেলে দিয়ে ভেলায় ফিরে গেলে অনেক দায় বাঁচে, তবে তার উত্তরে বলতে হবে, মনুষ্যত্বের দায় মানুষকে বহন করাই চাই। মানুষের বহুধা শক্তি, সেই শক্তির যোগে নিহিতার্থকে কেবলি উদ্‌ঘাটিত করতে হবে—মানুষ কোথাও থামতে পাবে না। মানুষের পক্ষে 'নাল্পে-সুখমস্তি'। অধিককে বাদ দিয়ে সহজ করা মানুষের নয়, সমস্তকে নিয়ে সামঞ্জস্য করাই তার। কলকারখানার যুগে ব্যাবসা থেকে সৌন্দর্যবোধকে বাদ দিয়ে জিনিসটাকে সেই পরিমাণে সহজ করেছে, তাতেই মুনফার বুভুক্ষা কুশ্রীতায় দানবীয় হয়ে উঠল। এদিকে মান্ধাতার আমলের হাল লাঙল ঘানি ঢেঁকি থেকে বিজ্ঞানকে চেঁচে মুছে ফেলায় ওগুলো সহজ হয়েছে, সেই পরিমাণে এদের আশ্রিত জীবিকা অপটুতায় স্থাবর হয়ে রইল; বাড়েওনা, এগিয়ে চলেও না, নড়বড় করতে করতে কোনোমতে টিঁকে থাকে। তার পরে মার খেয়ে মরে শক্ত হাতের থেকে। প্রকৃতি পশুকেই সহজ করেছে, তারই জন্য স্বল্পতা; মানুষকে করেছে জটিল, তার জন্যে পূর্ণতা। সাঁতারকে সহজ করতে হয় বিচিত্র হাত-পা নাড়ার সামঞ্জস্য ঘটিয়ে; হাঁটুজলে কাদা আঁকড়ে অল্প পরিমাণে হাত-পা ছুঁড়ে নয়। ধনের আড়ম্বর থেকে গুরু আমাদের বাঁচান, দারিদ্রের সকীর্ণতার মধ্যে ঘের দিয়ে নয়, ঐশ্বর্যের অপ্রমত্ত পূর্ণতায় মানুষের গৌরববোধকে জাগ্রত করে।

এই-সমস্ত কথা ভাবছি এমন সময় আমাদের ফরাসী জাহাজ এল পণ্ডিচেরী বন্দরে। ভাঙা শরীর নিয়ে যথেষ্ট কষ্ট করেই নামতে হল—তা হোক, অরবিন্দ ঘোষের সঙ্গে দেখা হয়েছে। প্রথম দৃষ্টিতেই বুঝলুম—ইনি আত্মাকেই সবচেয়ে সত্য করে চেয়েছেন, সত্য করে পেয়েওছেন। সেই তাঁর দীর্ঘ তপস্যার চাওয়া ও পাওয়ার দ্বারা তাঁর সত্তা ওতঃপ্রোত। আমার মন বললে, ইনি এঁর অন্তরের আলো দিয়েই বাহিরে আলো জ্বালবেন। কথা বেশি বলবার সময় হাতে ছিল না। অতি অল্পক্ষণ ছিলুম। তারই মধ্যে মনে হল, তাঁর মধ্যে সহজ প্রেরণা-

শক্তি পুঞ্জিত। কোনো খর-দস্তুর মতের উপদেবতার নৈবেদ্যরূপে সত্যের উপলব্ধিকে তিনি ক্লিষ্ট ও খর্ব করেন নি। তাই তাঁর মুখশ্রীতে এমন সৌন্দর্যময় শান্তির উজ্জ্বল আভা। মধ্যযুগের খৃস্টান সন্ন্যাসীর কাছে দীক্ষা নিয়ে তিনি জীবনকে রিক্ত শুষ্ক করাকেই চরিতার্থতা বলেন নি। আপনার মধ্যে ঋষি পিতামহের এই বাণী অনুভব করেছেন, 'যুক্তাত্মানঃসর্বমেবাবিশন্তি।' পরিপূর্ণের যোগে সকলেরই মধ্যে প্রবেশাধিকার আত্মার শ্রেষ্ঠ অধিকার। আমি তাঁকে বলে এলুম— আত্মার বাণী বহন করে আপনি আমাদের মধ্যে বেরিয়ে আসবেন এই অপেক্ষায় থাকব। সেই বাণীতে ভারতের নিমন্ত্রণ বাজবে, শৃণ্বন্তু বিশ্বে।

প্রথম তপোবনে শকুন্তলার উদ্বোধন হয়েছিল যৌবনের অভিঘাতে প্রাণের চাঞ্চল্যে। দ্বিতীয় তপোবনে তাঁর বিকাশ হয়েছিল আত্মার শান্তিতে। অরবিন্দকে তাঁর যৌবনের মুখে ক্ষুব্ধ আন্দোলনের মধ্যে যে তপস্যার আসনে দেখেছিলুম সেখানে তাঁকে জানিয়েছি–

অরবিন্দ, রবীন্দ্রের লহো নমস্কার।

আজ তাঁকে দেখলুম তাঁর দ্বিতীয় তপস্যার আসনে, অপ্রগল্‌ভ স্তব্ধতায়—আজও তাঁকে মনে মনে বলে এলুম—

অরবিন্দ, রবীন্দ্রের লহো নমস্কার।

শান্তিলি জাহাজ

২৯ মে ১৯২৮

দেশনায়ক

দেশনায়ক

সুভাষচন্দ্র,

বাঙালি কবি আমি, বাংলাদেশের হয়ে তোমাকে দেশনায়কের পদে বরণ করি। গীতায় বলেন, সুকৃতের রক্ষা ও দুষ্কৃতের বিনাশের জন্য রক্ষাকর্তা বারংবার আবির্ভূত হন। দুর্গতির জালে রাষ্ট্র যখন জড়িত হয় তখনই পীড়িত দেশের অন্তর্বেদনার প্রেরণায় আর্বিভূত হয় দেশের অধিনায়ক। রাজশাসনের দ্বারা নিষ্পিষ্ট, আত্মবিরোধের দ্বারা বিক্ষিপ্তশক্তি বাংলাদেশের অদৃষ্টাকাশে দুর্যোগ আজ ঘনীভূত। নিজেদের মধ্যে দেখা দিয়েছে দুর্বলতা, বাইরে একত্র হয়েছে বিরুদ্ধ শক্তি। আমাদের অর্থনীতিতে কর্মনীতিতে শ্রেয়োনীতিতে প্রকাশ পেয়েছে নানা ছিদ্র, আমাদের রাষ্ট্রনীতিতে হালে দাঁড়ে তালের মিল নেই। দুর্ভাগ্য যাদের বুদ্ধিকে অধিকার করে, জীর্ণ দেহে রোগের মতো, তাদের পেয়ে বসে ভেদবুদ্ধি; কাছের লোককে তারা দূরে ফেলে, আপনকে করে পর, শ্রদ্ধেয়কে করে অসম্মান, স্বপক্ষকে পিছন থেকে করতে থাকে বলহীন; যোগ্যতার জন্য সম্মানের বেদী স্থাপন করে যখন স্বজাতিকে বিশ্বের দৃষ্টিসম্মুখে উর্ধ্বে তুলে ধ'রে মান বাঁচাতে হবে তখন সেই বেদীর ভিত্তিতে ঈর্যান্বিতের আত্মঘাতক মূঢ়তা নিন্দার ছিদ্র খনন করতে থাকে, নিজের প্রতি বিদ্বেষ ক'রে

শত্রুপক্ষের স্পর্ধাকে প্রবল ক'রে তোলে।

বাহিরের আঘাত যখন দেহে ক্ষতবিস্তার করতে থাকে তখন নাড়ীর ভিতরকার সমস্ত প্রসুপ্ত বিষ জেগে উঠে সাংঘাতিকতাকে এগিয়ে আনে। অন্তর-বাহিরের চক্রান্তে অবসাদগ্রস্ত মন নিজেকে নিরাময় করবার পূর্ণশক্তি প্রয়োগ করতে পারে না। এই রকম দুঃসময়ে একান্তই চাই এমন আত্মপ্রতিষ্ঠ শক্তিমান পুরুষের দক্ষিণ হস্ত, যিনি জয়যাত্রার পথে প্রতিকূল ভাগ্যকে তেজের সঙ্গে উপেক্ষা করতে পারেন।

সুভাষচন্দ্র, তোমার রাষ্ট্রিক সাধনার আরম্ভক্ষণে তোমাকে দূর থেকে দেখেছি। সেই আলো-আঁধারের অস্পষ্ট লগ্নে তোমার সম্বন্ধে কঠিন সন্দেহ জেগেছে মনে, তোমাকে সম্পূর্ণ বিশ্বাস করতে দ্বিধা অনুভব করেছি, কখনো কখনো দেখেছি তোমার ভ্রম, তোমার দুর্বলতা—তা নিয়ে মন পীড়িত হয়েছে। আজ তুমি যে আলোকে প্রকাশিত, তাতে সংশয়ের আবিলতা আর নেই, মধ্যদিনে তোমার পরিচয় সুস্পষ্ট। বহু অভিজ্ঞতাকে আত্মসাৎ করেছে তোমার জীবন, কর্তব্যক্ষেত্রে দেখলুম তোমার যে পরিণতি তার থেকে পেয়েছি তোমার প্রবল জীবনীশক্তির প্রমাণ। এই শক্তির কঠিন পরীক্ষা হয়েছে কারাদুঃখে, নির্বাসনে, দুঃসাধ্য রোগের আক্রমণে, কিছুতে তোমাকে অভিভূত করে নি; তোমার চিত্তকে করেছে প্রসারিত, তোমার দৃষ্টিকে নিয়ে গেছে দেশের সীমা অতিক্রম ক'রে ইতিহাসের দূরবিস্তৃত ক্ষেত্রে। দুঃখকে তুমি ক'রে তুলেছ সুযোগ, বিঘ্নকে করেছ সোপান। সে সম্ভব হয়েছে, যেহেতু কোনো পরাভবকে তুমি একান্ত সত্য ব'লে মানো নি। তোমার এই চারিত্রশক্তিকেই বাংলাদেশের অন্তরের মধ্যে সঞ্চারিত ক'রে দেবার প্রয়োজন সকলের চেয়ে গুরুতর।

নানা কারণে আত্মীয় ও পরের হাতে বাংলাদেশ যত-কিছু সুযোগ থেকে বঞ্চিত, ভাগ্যের সেই বিড়ম্বনাকেই সে আপন পৌরুষের আকর্ষণে ভাগ্যের আশীর্বাদে পরিণত ক'রে তুলবে—এই চাই। আপাতপরাভবকে অস্বীকার করায় যে বল জাগ্রত হয়, সেই স্পর্ধিত

বলই তাকে নিয়ে যাবে জয়ের পথে। আজ চারিদিকেই দেখতে পাই বাংলাদেশের অকরুণ অদৃষ্ট তাকে প্রশ্রয় দিতে বিমুখ, এই বিমুখতাকে অবজ্ঞা করেই সে যদি দৃঢ় চিত্তে বলতে পারে আত্মরক্ষার দুর্গ বানাবার উপকরণ আছে আপন চরিত্রের মধ্যেই—বাধ্য হয়ে যদি সেই উপকরণকে রুদ্ধ ভাণ্ডারের তালা ভেঙে সে উদ্ধার করতে পারে—তবেই সে বাঁচবে। হিংস্র দুঃসময়ের পিঠের উপরে চড়েই বিভীষিকার পথ উত্তীর্ণ হতে হবে, এই দুঃসাহসিক অভিযানে উৎসাহ দিতে পারবে তুমি, এই আশা করে তোমাকে আমাদের যাত্রানেতার পদে আহ্বান করি।

দুঃসাধ্য অধ্যবসায়ে দুর্গম লক্ষ্যে গিয়ে পৌঁছবই যদি আমরা মিলতে পারি। আমাদের সকলের চেয়ে দুরূহ সমস্যা এইখানেই। কিন্তু কেন বলব "যদি", কেন প্রকাশ করব সংশয়! মিলতেই হবে, কেননা দেশকে বাঁচতেই হবে। বাঙালি অদৃষ্ট-কর্তৃক অপমানিত হয়ে মরবে না এই আশাকে সমস্ত দেশে তুমি জাগিয়ে তোলো, সাংঘাতিক মার খেয়েও বাঙালি মারের উপরে মাথা তুলবে। তোমার মধ্যে অক্লান্ত তারুণ্য, আসন্ন সংকটের প্রতিমুখে আশাকে অবিচলিত রাখার দুর্নিবার শক্তি আছে তোমার প্রকৃতিতে। সেই দ্বিধাদ্বন্দ্বমুক্ত মৃত্যুঞ্জয় আশার পতাকা বাংলার জীবনক্ষেত্রে তুমি বহন ক'রে আনবে সেই কামনায় আজ তোমাকে অভ্যর্থনা করি দেশনায়কের পদে—অসন্দিগ্ধ দৃঢ়কণ্ঠে বাঙালি আজ একবাক্যে বলুক, তোমার প্রতিষ্ঠার জন্যে তার আসন প্রস্তুত। বাঙালির পরস্পরবিরোধের সমাধান হোক তোমার মধ্যে, আত্মসংশয়ের নিরসন হোক তোমার মধ্যে, হীনতা লজ্জিত ও দীনতা ধিক্কৃত হোক তোমার আদর্শে—জয়ে পরাজয়ে আপন আত্মসম্ভ্রম অক্ষুণ্ণ রাখার দ্বারা তোমার মর্যাদা সে রক্ষা করুক।

বাঙালি নৈয়ায়িক, বাঙালি অতি সূক্ষ্ম যুক্তিতে বিতর্ক করে, কর্ম উদ্যোগের আরম্ভ থেকে শেষ পর্যন্ত বিপরীত পক্ষ নিয়ে বন্ধ্যা বুদ্ধির গর্বে প্রতিবাদ করতে তার অদ্ভুত আনন্দ, সমগ্র দৃষ্টির চেয়ে রন্ধ্রসন্ধানের ভাঙন-লাগানো দৃষ্টিতে তার ঔৎসুক্য! ভুলে যায় এই

তার্কিকতা নিষ্কর্মা বুদ্ধির নিষ্ফল শৌখিনতামাত্র। আজ প্রয়োজন হয়েছে তর্কের নয়, স্বতঃ-উদ্যত ইচ্ছার। বাঙালির সম্মিলিত ইচ্ছা বরণ করুক তোমাকে নেতৃত্বপদে, সেই ইচ্ছা তোমাকে সৃষ্টি ক'রে তুলুক তোমার মহৎ দায়িত্বে। সেই ইচ্ছাতে তোমার ব্যক্তিস্বরূপকে আশ্রয় ক'রে আর্বিভূত হোক সমগ্র দেশের আত্মস্বরূপ।

বাংলাদেশের ইচ্ছার মূর্তি একদিন প্রত্যক্ষ করেছি বঙ্গভঙ্গরোধের আন্দোলনে। বঙ্গকলেবর দ্বিখণ্ডিত করবার জন্যে সমুদ্যত খড়্গকে প্রতিহত করেছিল এই ইচ্ছা। যে বহুবলশালী শক্তির প্রতিপক্ষে বাঙালি সেদিন ঐক্যবদ্ধ হয়েছিল সেই রাজশক্তির অভিপ্রায়কে বিপর্যস্ত করা সম্ভব কি না এ নিয়ে সেদিন সে বিজ্ঞের মতো তর্ক করে নি, বিচার করে নি—কেবল সে সমস্ত মন দিয়ে ইচ্ছা করেছিল।

তার পরবর্তীকালের প্রজন্মে (Generation) ইচ্ছার অগ্নিগর্ভরূপ দেখেছি বাংলার তরুণদের চিত্তে। দেশে তারা দীপ জ্বালাবার জন্যে আলো নিয়েই জন্মেছিল—ভুল করে আগুন লাগাল, দগ্ধ করল নিজেদের, পথকে ক'রে দিল বিপথ। কিন্তু সেই দারুণ ভুলের সাংঘাতিক ব্যর্থতার মধ্যে বীর-হৃদয়ের যে মহিমা ব্যক্ত হয়েছিল, সেদিন ভারতবর্ষের আর কোথাও তো তা দেখি নি। তাদের সেই ত্যাগের পর ত্যাগ, সেই দুঃখের পর দুঃখ, সেই তাদের প্রাণ নিবেদন, আশু নিষ্ফলতায় ভস্মসাৎ হয়েছে, কিন্তু তারা তো নির্ভীক মনে চিরদিনের মতো প্রমাণ ক'রে গেছে বাংলার দুর্জয় ইচ্ছাশক্তিকে। ইতিহাসের এই অধ্যায়ে অসহিষ্ণু তারুণ্যের যে হৃদয়বিদারক প্রমাদ দেখা দিয়েছিল তার উপরে আইনের লাঞ্ছনা যত মসী লেপন করুক, তবু কি কালো করতে পেরেছে তার অন্তর্নিহিত তেজস্ক্রিয়তাকে?

আমরা দেশের দৌর্বল্যের লক্ষণ অনেক দেখেছি, কিন্তু যেখানে পেয়েছি তার প্রবলতার পরিচয় সেইখানেই আমাদের আশা প্রচ্ছন্ন ভূগর্ভে ভবিষ্যতের প্রতীক্ষা করছে। সেই প্রত্যাশাকে সম্পূর্ণ প্রাণবান ও ফলবান করবার ভার নিতে হবে তোমাকে; বাঙালির স্বভাবে যা কিছু শ্রেষ্ঠ, তার সরসতা, তার কল্পনাবৃত্তি, তার নতুনকে চিনে

নেবার উজ্জ্বল দৃষ্টি, রূপসৃষ্টির নৈপুণ্য, অপরিচিত সংস্কৃতির দানকে গ্রহণ করবার সহজ শক্তি, এই-সকল ক্ষমতাকে ভাবের পথ থেকে কাজের পথে প্রবৃত্ত করতে হবে। দেশের পুরাতন জীর্ণতাকে দূর ক-রে তামসিকতার আবরণ থেকে মুক্ত ক'রে নব বসন্তে তার নতুন প্রাণকে কিশলয়িত করবার সৃষ্টিকর্তৃত্ব গ্রহণ করো তুমি।

বলতে পারো, এত বড় কাজ কোনো একজনের পক্ষে সম্ভব হতে পারে না। সে কথা সত্য। বহু লোকের দ্বারা বিচ্ছিন্নভাবেও সাধ্য হবে না। একজনের কেন্দ্রাকর্ষণে দেশের সকল লোকে এক হতে পারলে তবেই হবে অসাধ্যসাধন। যাঁরা দেশের যথার্থ স্বাভাবিক প্রতিনিধি তাঁরা কখনোই একলা নন। তাঁরা সর্বজনীন, সর্বকালে তাঁদের অধিকার। তাঁরা বর্তমানের গিরিচূড়ায় দাঁড়িয়ে ভবিষ্যতের প্রথম সূর্যোদয়ের অরুণাভাসকে প্রথম প্রণতির অর্ঘ্যদান করেন। সেই কথা মনে রেখে আমি আজ তোমাকে বাংলাদেশের রাষ্ট্রনেতার পদে বরণ করি, সঙ্গে সঙ্গে আহ্বান করি তোমার পার্শ্বে সমস্ত দেশকে।

এমন ভুল কেউ যেন না করেন যে, বাংলাদেশকে আমি প্রাদেশিকতার অভিমানে ভারতবর্ষ থেকে বিচ্ছিন্ন করতে চাই অথবা সেই মহাত্মার প্রতিযোগী আসন স্থাপন করতে চাই রাষ্ট্রধর্মে যিনি পৃথিবীতে নূতন যুগের উদ্‌বোধন করেছেন, ভারতবর্ষকে যিনি প্রসিদ্ধ করেছেন সমস্ত পৃথিবীর কাছে। সমগ্র ভারতবর্ষের কাছে বাংলার সম্মিলন যাতে সম্পূর্ণ হয়, মূল্যবান হয়, পরিপূর্ণ ফলপ্রসূ হয়, যাতে সে রিক্তশক্তি হয়ে পশ্চাতের আসন গ্রহণ না করে, তারই জন্যে আমার এই আবেদন। ভারতবর্ষে রাষ্ট্রমিলনযজ্ঞের যে মহদনুষ্ঠান আজ প্রতিষ্ঠিত, প্রত্যেক প্রদেশকে তার জন্যে উপযুক্ত আহুতির উপকরণ সাজিয়ে আনতে হবে। তোমার সাধনায় বাংলাদেশের সেই আত্মাহুতি যোড়শোপচারে সত্য হোক, ওজস্বী হোক—তার আপন বিশিষ্টতা উজ্জ্বল হয়ে উঠুক।

বহুকাল পূর্বে একদিন আর-এক সভায় আমি বাঙালি সমাজের অনাগত অধিনায়কের উদ্দেশে বাণীদূত পাঠিয়েছিলুম। তার বহু বৎসর

পরে আজ আর-এক অবকাশে বাংলাদেশের অধিনেতাকে প্রত্যক্ষ বরণ করছি। দেহে মনে তাঁর সঙ্গে কর্মক্ষেত্রে সহযোগিতা করতে পারব আমার সে সময় আজ গেছে, শক্তিও অবসন্ন। আজ আমার শেষ কর্তব্যরূপে বাংলাদেশের ইচ্ছাকে কেবল আহ্বান করতে পারি। সেই ইচ্ছা তোমার ইচ্ছাকে পূর্ণ শক্তিতে প্রবুদ্ধ করুক—কেবল এই কামনা জানাতে পারি। তারপরে আশীর্বাদ ক'রে বিদায় নেব এই জেনে যে, দেশের দুঃখকে তুমি তোমার আপন দুঃখ করেছ, দেশের সার্থক মুক্তি অগ্রসর হয়ে আসছে তোমার চরম পুরস্কার বহন করে।

[১৯৩৯ সালে নেতাজী সুভাষচন্দ্র বসুর সংবর্ধনা অনুষ্ঠানের জন্য লিখিত রবীন্দ্রনাথের বক্তৃতা।]

রবীন্দ্রনাথের প্রতিকৃতিটি সম্ভবত জ্যোতিরিন্দ্রনাথ ঠাকুরের আঁকা।
সৌজন্যে: ব্রিটিশ মিউজিয়াম

চারিত্রপূজা

চারিত্রপূজা

আমাদের দেশে আমরা বলিয়া থাকি, মহাত্মাদের নাম প্রাতঃস্মরণীয়। তাহা কৃতজ্ঞতার ঋণ শুধিবার জন্য নহে—ভক্তিভাজনকে দিবসারম্ভে যে ব্যক্তি ভক্তিভাবে স্মরণ করে তাহার মঙ্গল হয়—মহাপুরুষদের তাহাতে উৎসাহ বৃদ্ধি হয় না, যে ভক্তি করে সে ভালো হয়। ভক্তি করা প্রত্যেকের প্রাত্যহিক কর্তব্য।

কিন্তু তবে তো একটা লম্বা নামের মালা গাঁথিয়া প্রত্যহ আওড়াইতে হয় এবং সে মালা ক্রমশই বাড়িয়া চলে। তাহা হয় না। যথার্থ ভক্তিই যেখানে উদ্দেশ্য সেখানে মালা বেশি বাড়িতে পারে না। ভক্তি যদি নির্জীব না হয় তবে সে জীবনের ধর্ম অনুসারে গ্রহণ-বর্জন করিতে থাকে, কেবলই সঞ্চয় করিতে থাকে না।

পুস্তক কতই প্রকাশিত হইতেছে—কিন্তু যদি অবিচারে সঞ্চয় করিবার প্রবৃত্তি না থাকে, যদি মনে করি, কেবল যে-বইগুলি যথার্থই আমার প্রিয়, যাহা আমার পক্ষে চিরদিন পড়িবার যোগ্য, সেইগুলিই রক্ষা করিব, তবে শত বৎসর পরমায়ু হইলেও আমার পাঠ্যগ্রন্থ আমার পক্ষে দুর্ভর হইয়া উঠে না।

আমার প্রকৃতি যে মহাত্মাদিগকে প্রত্যহস্মরণযোগ্য বলিয়া ভক্তি করে তাঁহাদের নাম যদি উচ্চারণ করি তবে কতটুকু সময় লয়।

প্রত্যেক পাঠক যদি নিজের মনে চিন্তা করিয়া দেখেন তবে কয়টি নাম তাঁহাদের মুখে আসে। ভক্তি যাঁহাদিগকে হৃদয়ে সজীব করিয়া না রাখে, বাহিরে তাঁহাদের পাথরের মূর্তি গড়িয়া রাখিলে আমার তাহাতে কী লাভ।

তাঁহাদের তাহাতে লাভ আছে এমন কথা উঠিতেও পারে। লোকে দল বাঁধিয়া প্রতিমা স্থাপন করিবে, অথবা মৃতদেহ বিশেষ স্থানে সমাহিত হইয়া গৌরব প্রাপ্ত হইবে, এই আশা স্পষ্টত বা অলক্ষ্যে মনকে উৎসাহ দিতেও পারে। কবরের দ্বারা খ্যাতিলাভ করিবার একটা মোহ আছে।

কিন্তু মহাত্মাদিগকে সেই বেতন দিয়া বিদায় করা নিজেরই ভক্তিকে বঞ্চিত করা। মাহাত্ম্যের অর্ঘ্য সম্পূর্ণ বিনা-বেতনের। ভারতবর্ষে অধ্যাপক সমাজের নিকট হইতে ব্রাহ্মণের প্রাপ্য দান-দক্ষিণা গ্রহণ করিয়া থাকেন, কিন্তু এমন দিন ছিল যখন অধ্যাপনার বেতন শোধ করিয়া দিয়া আমাদের সমাজ তাঁহাদিগকে অপমানিত করিত না। মঙ্গলকর্ম যিনি করিবেন তিনি নিজের মঙ্গলের জন্যই করিবেন, ইহাই প্রকৃষ্ট আদর্শ। কোনো বাহ্যমূল্য লইতে গেলেই মঙ্গলের মূল্য কমিয়া যায়।

দলের একটা উৎসাহ আছে, তাহা সংক্রামক—তাহা মূঢ়ভাবে পরস্পরের মধ্যে সঞ্চারিত হয়— তাহার অনেকটা অলীক। 'গোলে হরিবোল' ব্যাপারে হরিবোল যতটা থাকে, গোলের মাত্রা তাহা অপেক্ষা অনেক বেশি হইয়া পড়ে। দলের আন্দোলনে অনেক সময় তুচ্ছ উপলক্ষে ভক্তির ঝড় উঠিতে পারে— তাহার সাময়িক প্রবলতা যতই হোক-না কেন, ঝড় জিনিসটা কখনোই স্থায়ী নহে। সংসারে এমন কতবার কতশত দলের দেবতার অকস্মাৎ সৃষ্টি হইয়াছে এবং জয়ঢাক বাজিতে বাজিতে অতলস্পর্শ বিস্মৃতির মধ্যে তাঁহাদের বিসর্জন হইয়াছে। পাথরের মূর্তি গড়িয়া জবরদস্তি করিয়া কি কাহাকেও মনে রাখা যায়। ওয়েস্ট্ মিন্স্টার-অ্যাবিতে কি এমন অনেকের নাম পাথরে খোদা হয় নাই, ইতিহাসে যাহাদের নামের

অক্ষর প্রত্যহ ক্ষুদ্র ও ম্লান হইয়া আসিতেছে। এই-সকল ক্ষণকালের দেবতাগণকে দলীয় উৎসাহে চিরকালের আসনে বসাইবার চেষ্টা করা, না দেবতার পক্ষে ভালো, না দলের পক্ষে শুভকর। দলগত প্রবল উত্তেজনা যুদ্ধে বিগ্রহে এবং প্রমোদ-উৎসবে উপযোগী হইতে পারে, কারণ ক্ষণিকতাই তাহার প্রকৃতি, কিন্তু ভক্তির পক্ষে সংযত-সমাহিত শান্তিই শোভন এবং অনুকূল, কারণ তাহা অকৃত্রিমতা এবং ধ্রুবতা চাহে, উন্মত্ততায় তাহা আপনাকে নিঃশেষিত করিতে চাহে না।

য়ুরোপেও আমরা কী দেখিতে পাই। সেখানে দল বাঁধিয়া যে ভক্তি উচ্ছ্বসিত হয় তাহা কি যথার্থ ভক্তিভাজনের বিচার করে। তাহা কি সাময়িক উপকারকে চিরন্তন উপকারের অপেক্ষা বড়ো করে না। তাহা কি গ্রাম্যদেবতাকে বিশ্বদেবতার চেয়ে উচ্চে বসায় না। তাহা মুখর দলপতিগণকে যত সম্মান দেয়, নিভৃতবাসী মহাতপস্বীদিগকে কি তেমন সম্মান দিতে পারে। শুনিয়াছি লর্ড পামার্স্টোনের সমাধিকালে যেরূপ বিরাট সম্মানের সমারোহ হইয়াছিল, এমন কচিৎ হইয়া থাকে। দুরে হইতে আমাদের মনে এ কথা উদয় হয় যে, এই ভক্তিই কি শ্রেয়। পামার্স্টোনের নামই কি ইংলণ্ডের প্রাতঃস্মণীয়ের মধ্যে, সর্বাগ্রগণনীয়ের মধ্যে স্থান পাইল। দলের চেষ্টায় যদি কৃত্রিম উপায়ে সেই উদ্দেশ্য কিয়ৎপরিমাণে সাধিত হইয়া থাকে তবে দলের চেষ্টাকে প্রশংসা করিতে পারি না, যদি না হইয়া থাকে তবে সেই বৃহৎ আড়ম্বরে বিশেষ গৌরব করিবার এমন কী কারণ আছে।

যাঁহাদের নামস্মরণ আমাদের সমস্ত দিনের বিচিত্র মঙ্গলচেষ্টার উপযুক্ত উপক্রমণিকা বলিয়া গণ্য হইতে পারে তাঁহারাই আমাদের প্রাতঃস্মরণীয়। তাহার অধিক আর বোঝাই করিবার কোনো দরকার নাই। ব্যয়কাতর কৃপণের ধনের মতো, ছোটো বড়ো মাঝারি, ক্ষণিক এবং চিরন্তন, সকলপ্রকার মাহাত্ম্যকেই সাদা পাথর দিয়া লাঞ্ছিত করিবার প্রবৃত্তি যদি আমাদের না হয়, তবে তাহা লইয়া লজ্জা না করিলেও চলে। ভক্তিকে যদি প্রতিদিনের ব্যবহারযোগ্য করিতে হয়, তবে তাহা হইতে প্রতিদিনের অভ্যাগত অনাবশ্যক ভারগুলি বিদায়

করিবার উপায় রাখিতে হয়, তাহার বিপরীত প্রণালীতে সমস্তই স্তূপাকার করিবার চেষ্টা না করাই ভালো।

যাহা বিনষ্ট হইবার তাহাকে বিনষ্ট হইতে দিতে হইবে, যাহা অগ্নিতে দগ্ধ হইবার তাহা ভস্ম হইয়া যাক। মৃতদেহ যদি লুপ্ত লইয়া না যাইত তবে পৃথিবীতে জীবিতের অবকাশ থাকিত না, ধরাতল একটি প্রকাণ্ড কবরস্থান হইয়া থাকিত। আমাদের হৃদয়ের ভক্তিকে পৃথিবীর ছোটো এবং বড়ো, খাঁটি এবং ঝুঁটা, সমস্ত 'বড়ো'ত্বের গোরস্থান করিয়া রাখিতে পারি না। যাহা চিরজীবী তাহাই থাক্, যাহা মৃত-দেহ, আজ বাদে কাল কীটের খাদ্য হইবে, তাহাকে মুগ্ধস্নেহে ধরিয়া রাখিবার চেষ্টা না করিয়া শোকের সহিত অথচ বৈরাগ্যের সহিত শ্মশানে ভস্ম করিয়া আসাই বিহিত। পাছে ভুলি এই আশঙ্কায় নিজেকে উত্তেজিত রাখিবার জন্য কল বানাইবার চেয়ে ভোলাই ভালো। ঈশ্বর আমাদিগকে দয়া করিয়াই বিস্মরণশক্তি দিয়াছেন।

সঞ্চয় নিতান্ত অধিক হইয়া উঠিতে থাকিলে বাছাই করা দুঃসাধ্য হয়। তাহা ছাড়া সঞ্চয়ের নেশা বড়ো দুর্জয় নেশা, একবার যদি হাতে কিছু জমিয়া যায় তবে জমাইবার ঝোঁক আর সামলানো যায় না। আমাদের দেশে ইহাকেই বলে নিরেনব্বইয়ের ধাক্কা। য়ুরোপ বড়োলোক জমাইতে আরম্ভ করিয়া এই নিরেনব্বইয়ের আবর্তের মধ্যে পড়িয়া গেছে। য়ুরোপে দেখিতে পাই, কেহ বা ডাকের টিকিট জমায়, কেহ বা দেশালাইয়ের বাক্সের কাগজের আচ্ছাদন জমায়, কেহ বা পুরাতন জুতা, কেহ বা বিজ্ঞাপনের ছবি জমাইতে থাকে—সেই নেশার রোখ যতই চড়িতে থাকে, ততই এই-সকল জিনিসের একটা কৃত্রিম মূল্য অসম্ভবরূপে বাড়িয়া উঠে। তেমনি য়ুরোপে মৃত বড়োলোক জমাইবার যে-একটা প্রচণ্ড নেশা আছে তাহাতে মূল্যের বিচার আর থাকে না। কাহাকেও আর বাদ দিতে ইচ্ছা করে না। যেখানে একটুমাত্র উচ্চতা বা বিশেষত্ব আছে সেইখানেই য়ুরোপ তাড়াতাড়ি সিঁদুর মাখাইয়া দিয়া ঘণ্টা নাড়িতে থাকে। দেখিতে দেখিতে দল জুটিয়া যায়।

বস্তুত মাহাত্ম্যের সঙ্গে ক্ষমতা বা প্রতিভার প্রভেদ আছে। মহাত্মারা আমাদের কাছে এমন একটি আদর্শ রাখিয়া যান যাহাতে তাঁহাদিগকে ভক্তিভরে স্মরণ করিলে জীবন মহত্ত্বের পথে আকৃষ্ট হয়। কিন্তু ক্ষমতাশালীকে স্মরণ করিয়া আমরা যে ক্ষমতাপ্রাপ্ত হইতে পারি তাহা নহে। ভক্তিভরে শেক্স্পিয়রের স্মরণমাত্র আমাদিগকে শেক্স্পিয়রের গুণের অধিকারী করে না, কিন্তু যথার্থভাবে কোনো সাধুকে অথবা বীরকে স্মরণ করিলে আমাদের পক্ষে সাধুত্ব বা বীরত্ব কিয়ৎপরিমাণেও সরল হইয়া আসে।

তবে গুণী সম্বন্ধে আমাদের কী কর্তব্য। গুণীকে তাঁহার গুণের দ্বারা স্মরণ করাই আমাদের স্বাভাবিক কর্তব্য। শ্রদ্ধার সহিত তানসেনের গানের চর্চা করিয়াই গুণমুগ্ধ গায়কগণ তানসেনকে যথার্থভাবে স্মরণ করে। ধ্রুপদ শুনিলে যাহার গায়ে জ্বর আসে সেও তানসেনের প্রতিমা গড়িবার জন্য চাঁদা দিয়া ঐহিক-পারত্রিক কোনো ফললাভ করে, এ কথা মনে করিতে পারি না। সকলকেই যে গানে ওস্তাদ হইতে হইবে এমন কোনো অবশ্যবাধ্যতা নাই। কিন্তু সাধুতা বা বীরত্ব সকলেরই পক্ষে আদর্শ। সাধুদিগের এবং মহৎকর্মে-প্রাণবিসর্জনপর বীরদিগের স্মৃতি সকলেরই পক্ষে মঙ্গলকর। কিন্তু দল বাঁধিয়া ঋণশোধ করাকে সেই স্মৃতিপালন কহে না; স্মরণব্যাপার প্রত্যেকের পক্ষে প্রত্যহের কর্তব্য।

য়ুরোপে এই ক্ষমতা এবং মাহাত্ম্যের প্রভেদ লুপ্তপ্রায়। উভয়েরই জয়ধ্বজা একই রকম, এমন-কি, মাহাত্ম্যের পতাকাই যেন কিছু খাটো।

পাঠকগণ অনুধাবন করিয়া দেখিলেই বুঝিতে পারিবেন, বিলাতে অভিনেতা আর্তিঙের সম্মান পরমসাধুর প্রাপ্য সম্মান অপেক্ষা অল্প নহে। রামমোহন রায় আজ যদি ইংলণ্ডে যাইতেন তবে তাঁহার গৌরব ক্রিকেট-খেলোয়াড় রঞ্জিতসিংহের গৌরবের কাছে খর্ব হইয়া থাকিত।

য়ুরোপে ক্ষমতাশালী লোকের জীবনচরিত লেখার একটা নিরতিশয় উদ্যম আছে। য়ুরোপকে চরিত-বায়ুগ্রস্ত বলা যাইতে পারে। কোনো মতে, একটা যে-কোনো প্রকারের বড়োলোকত্বের

সুদূর গন্ধটুকু পাইলেই তাহার সমস্ত চিঠিপত্র, গল্পগুজব, প্রাত্যহিক ঘটনার সমস্ত আবর্জনা সংগ্রহ করিয়া মোটা দুই ভল্যুমে জীবনচরিত লিখিবার জন্য লোকে হাঁ করিয়া বসিয়া থাকে। যে নাচে তাহার জীবনচরিত, যে গান করে তাহার জীবনচরিত, যে হাসাইতে পারে তাহার জীবনচরিত—জীবন যাহার যেমনই হোক, যে লোক কিছু-একটা পারে তাহারই জীবনচরিত! কিন্তু যে মহাত্মা জীবনযাত্রার আদর্শ দেখাইয়াছেন তাঁহারই জীবনচরিত সার্থক; যাঁহারা সমস্ত জীবনের দ্বারা কোনো কাজ করিয়াছেন তাঁহাদেরই জীবন আলোচ্য। যিনি কবিতা লিখিয়াছেন, গান তৈরি করিয়াছেন, তিনি কবিতা এবং গানই দান করিয়া গেছেন, তিনি জীবন দান করিয়া যান নাই, তাঁহার জীবনচরিতে কাহার কী প্রয়োজন। টেনিসনের কবিতা পড়িয়া আমরা টেনিসনকে যত বড়ো করিয়া জানিয়াছি, তাঁহার জীবনচরিত পড়িয়া তাঁহাকে তাহা অপেক্ষা অনেক ছোটো করিয়া জানিয়াছি মাত্র।

কৃত্রিম আদর্শে মানুষকে এইরূপ নিবিবেক করিয়া তোলে, মেকি এবং খাঁটির এক দর হইয়া আসে। আমাদের দেশে আধুনিক কালে পাপপুণ্যের আদর্শ কৃত্রিম হওয়াতে তাহার ফল কী হইয়াছে। ব্রাহ্মণের পায়ের ধুলা লওয়া এবং গঙ্গায় স্নান করাও পুণ্য, আবার অচৌর্য ও সত্যপরায়ণতাও পুণ্য, কিন্তু কৃত্রিমের সহিত খাঁটি পুণ্যের কোনো জাতি-বিচার না থাকাতে, যে ব্যক্তি নিত্য গঙ্গাস্নান ও আচারপালন করে, সমাজে অলুব্ধ ও সত্যপরায়ণের অপেক্ষা তাহার পুণ্যের সম্মান কম নহে, বরঞ্চ বেশি। যে ব্যক্তি যবনের অন্ন খাইয়াছে আর যে ব্যক্তি জাল মকদ্দমায় যবনের অন্নের উপায় অপহরণ করিয়াছে উভয়েই পাপীর কোঠায় পড়ায় প্রথমোক্ত পাপীর প্রতি ঘৃণা ও দণ্ড যেন মাত্রায় বাড়িয়া উঠে।

যথার্থ ভক্তির উপর পূজার ভার না দিয়া লোকারণ্যের উপর পূজার ভার দিলে দেবপূজার ব্যাঘাত ঘটে। বারোয়ারির দেবতার যত ধুম গৃহদেবতা-ইষ্টদেবতার তত ধুম নহে। কিন্তু বারোয়ারির দেবতা কি মুখ্যত একটা অবান্তর উত্তেজনার উপলক্ষমাত্র নহে।

আমাদের দেশে আধুনিক কালের বারোয়ারির শোকের মধ্যে—বারোয়ারির স্মৃতিপালনচেষ্টার মধ্যে, গভীর শূন্যতা দেখিয়া আমরা পদে পদে ক্ষুব্ধ হই। নিজের দেবতাকে কোন্ প্রাণে এমন কৃত্রিম সভায় উপস্থিত করিয়া পূজার অভিনয় করা হয় বুঝিতে পারি না। সেই অভিনয়ের আয়োজনে যদি মালমসলা কিছু কম হয় তবে আমরা পরস্পরকে লজ্জা দিই—কিন্তু লজ্জার বিষয় গোড়াতেই। যিনি ভক্ত তিনি মহতের মাহাত্ম্যকীর্তন করিবেন ইহা স্বাভাবিক এবং সকলের পক্ষেই শুভফলপ্রদ, কিন্তু মহাত্মাকে লইয়া সকলে মিলিয়া একদিন বারোয়ারির কোলাহল তুলিয়া কর্তব্যসমাধার চেষ্টা লজ্জাকর এবং নিষ্ফল।

আমরা বলি—কীর্তির্যস্য স জীবতি। যিনি ক্ষমতাপন্ন লোক তিনি নিজের কীর্তির মধ্যেই নিজে বাঁচিয়া থাকেন। কৃত্তিবাসের জন্মস্থানে বাঙালি একটা কোনোপ্রকারের ধুমধাম করে নাই বলিয়া বাঙালি কৃত্তিবাসকে অবজ্ঞা করিয়াছে এ কথা কেমন করিয়া বলিব। যেমন ‘গঙ্গা পূজি গঙ্গাজলে’, তেমনি বাংলাদেশে মুদির দোকান হইতে রাজার প্রাসাদ পর্যন্ত কৃত্তিবাসের কীর্তি-দ্বারাই কৃত্তিবাস কত শতাব্দী ধরিয়া প্রত্যহ পূজিত হইয়া আসিতেছেন। এমন প্রত্যক্ষপূজা আর কিসে হইতে পারে।

চৈত্র ১৩০৮

www.ingramcontent.com/pod-product-compliance
Lightning Source LLC
LaVergne TN
LVHW100419051026
849518LV00004B/1319
* 9 7 8 8 1 1 9 8 5 8 2 8 6 *